上海市教委085知识创新工程项目资助
上海市教委重点学科外国语言学与应用语言学资助　项目编号：J51203

NORTH AMERICAN FREE TRADE AGREEMENT

北美自由贸易协定

叶兴国　陈满生/译

法律出版社
LAW PRESS · CHINA

译 者 序

1994 年 1 月 1 日《北美自由贸易协定》(North America Free Trade Agreement, NAFTA)正式生效以来,对北美各国乃至世界经济都产生了重大影响。《北美自由贸易协定》的宗旨是减少贸易壁垒,促进商品和劳务在缔约国间的自由流通;改善自由贸易区内公平竞争的环境;增加各成员国境内的投资机会;在各成员国境内有效保护知识产权;创造有效程序以确保协定的履行和争端的解决;建立机制,扩展和加强协定利益。

北美地区是我国重要的出口市场,也是我国吸收境外投资的主要来源,在经济全球化的背景下,北美自由贸易区的建立势必影响我国的经济发展。北美自由贸易区的建立使北美地区的生产要素重新配置,劳动生产率得以提高,从而拉动对区外产品的需求;同时,北美自由贸易区导致的贸易转移效应使我国劳动密集型的出口产品在美国和加拿大市场处于不利地位。由于北美自由贸易区的建立而引起的国际资金和技术的流向变化也增加了中国吸引外资的难度。

北美自由贸易区的建立在给美国、加拿大、墨西哥三国带来巨大经济利益和世界经济带来巨大经济影响的同时,也开创了南北国家利用自由贸易区进行合作的先河,对于世界各国具有一定的示范效应。

自由贸易区是世界贸易组织明文允许存在的例外,自由贸易区的重要性和有效性证明,积极利用世贸规则有利于我国参与激烈的国际竞争,享受区域贸易安排产生的贸易创造效应,有利于我国谋取应得的利益。同时,也有专家提醒人们高度关注自由贸易区可能带来就业问题、贫富差距问题、环境问题、地区发展不平衡问题、产业发展不平衡问题等。

近年来,我国把参加自由贸易区作为增强自身发展的一种工具和机遇,扬长避短、趋利避害,已先后与东盟、巴基斯坦、智利、新西兰、新加坡、秘鲁、哥斯达黎加和《亚太贸易协定》协定签署国签署了自由贸易协定,与海合会、澳大利亚、冰岛、挪威、南部关税同盟之间的自由贸易协定也在谈判之中。

为了更好地了解北美自由贸易区的内涵、重要性、有效性和局限性,在上海市教委 085 创新项目和上海市教委重点学科外国语言学与应用语言学(项目编号:J51203)的资助下,我们翻译出版了《北美自由贸易协定》。希望对从事宏观经济管理与研究的政府官员、学者和从事微观经济运营的企业家有所帮助。

《北美自由贸易协定》的翻译也是上海对外贸易学院"商务英语翻译实践与研究"课程教学改革成果之一。外国语言学和应用语言学 2009 级硕士研究生参与了部分章节的翻译。

叶兴国

于上海对外贸易学院思源湖畔

2011 年 5 月

DIRECTORY

简目

CONTENTS

目录

第五编 投资、服务及其相关事宜

第七编　行政与机构条款

附件

序　　言

加拿大政府、墨西哥合众国政府与美利坚合众国政府决定：

加强三国之间的特殊友谊纽带与合作；

促进世界贸易的和谐发展与增长，推动更广泛的国际合作；

为三国境内生产的货物与服务，创造一个更为广阔和稳定的市场；

减少贸易扭曲；

建立管理三国贸易的明确与互利的规则；

为商务规划与投资，确立一个可预测的商业框架；

根据《关税与贸易总协定》以及其他多边和双边合作协定，明确各自的权利与义务；

提升三国企业在全球市场的竞争力；

鼓励创造与创新，促进拥有知识产权的货物与服务的贸易发展；

创造新的就业机会，改善各自境内的工作条件与生活水平；

以环保的方式，开展上述活动；

为保障公共福利，保持灵活性；

促进可持续发展；

加强环境法律法规的制定与执法；以及

保护、扩大和落实基本的劳工权利；

兹协议如下：

第一编　总　　则

第一章　目　标

第101条:建立自由贸易区

根据《关税与贸易总协定》第24条,本协定各缔约方特此建立一个自由贸易区。

第102条:目标

1. 正如本协定的原则与规则所备述,包括国民待遇、最惠国待遇和透明度,本协定的目标是:

(1)为各缔约方境内货物和服务,消除贸易壁垒,促进跨境流动;

(2)改善自由贸易区内公平竞争的条件;

(3)实质性增加在各缔约方境内的投资机会;

(4)在各缔约方境内,为知识产权提供充分而有效的保护与执法;

(5)设立有效的程序,以贯彻和实施本协定,共同管理本协定,解决争端;以及

(6)建立一个深化三边、区域和多边合作的框架,以扩大和增进本协定带来的利益。

2. 各缔约方应根据第1款所列目标以及国际法的适用规则,解释并实施本协定各项条款。

第103条:与其他协定的关系

1. 各缔约方确认《关税与贸易总协定》以及各自签署的其他协定下相互之间既存的权利与义务。

2. 如果本协定与其他协定出现任何不一致,不一致之处应以本协定为准,除非本协定另有规定。

第104条:与环境和保护协定的关系

1. 如果本协定与以下各项协定规定的具体贸易义务出现任何不一致:

(1)《濒危野生动植物种国际贸易公约》,1973年3月3日签订于华盛顿,1979年6月22日修订,

(2)《关于消耗臭氧层物质的蒙特利尔议定书》,1987 年 9 月 6 日签订于蒙特利尔,1990 年 6 月 29 日修订,

(3)《关于控制危险废弃物的越境转移及其处置的巴赛尔公约》,1989 年 3 月 22 日签订于巴塞尔,在加拿大、墨西哥与美国业已生效,或者

(4)本协定附件 104.1 所列其他协定,

不一致之处应以上述义务为准,前提条件是如果一缔约方可从同等有效、合理可行的履行此类义务的若干方式中作一选择,该缔约方应选择与本协定其他条款冲突最小的方式。

2. 各缔约方可通过书面协议,修改附件 104.1,以便纳入对第 1 款所列协定的修订以及任何其他环境和保护协定。

第 105 条:义务的范围

各缔约方应保证采取一切必要措施,使本协定各项条款生效,除非本协定另有规定,包括州和省级政府对各项条款的遵守。

附件 104.1:双边以及其他环境和保护协定

1.《加拿大政府与美利坚合众国政府关于危险废弃物跨境转移的协定》,1986 年 10 月 28 日签订于渥太华。

2.《美利坚合众国与墨西哥合众国关于边界地区环境保护和改善的协定》,1983 年 8 月 14 日签订于墨西哥南下加利福尼亚州拉巴斯。

第二章　一 般 定 义

第 201 条：普遍适用的定义
　附件 201.1：国别定义

第 201 条：普遍适用的定义

1. 除非另有规定，在本协定中：

"委员会"，系指根据第 2001 条（自由贸易委员会）第 1 款设立的自由贸易委员会；

"海关估价准则"，系指《关于实施关税与贸易总协定第七条的协定》，包括其解释性说明；

"日期"，系指日历日，包括周末和节假日在内；

"企业"，系指根据适用法律组建或组织的任何实体，不论是否出于营利目的，也不论是私人所有还是政府所有，包括任何公司、信托、合伙、独资、合资或其他组织；

"一缔约方的企业"，系指根据一缔约方的法律组建或组织的企业；

"现行"，系指在本协定生效之日已经生效；

"公认会计准则"，系指在一缔约方境内，在记录收入、支出、成本、资产和负债、信息披露和财务报表编制方面，得到承认的共识或实质性权威支持。这些标准可以是普遍适用的一般准则，也可以是详细的标准、惯例和程序；

"一缔约方的货物"，系指《关税与贸易总协定》所理解的国内产品，或各缔约方可能同意的货物，包括该缔约方的原产货物；

"协调制度"，系指《商品名称与编码协调制度》及其法律解释，以及各缔约方在各自的关税法中通过并实施的规则；

"措施"，包括任何法律、法规、程序、要求或惯例；

"国民"，系指一缔约方的公民或永久居民，以及附件 201.1 所指任何其他自然人；

"原产"，系指符合第四章（原产地规则）规定的原产地规则；

"人士"，系指自然人或企业；

"一缔约方的人士"，系指一缔约方的国民或企业；

"秘书处"，系指根据第 2002 条（秘书处）第 1 款设立的秘书处；

"国有企业"，系指一缔约方所有或通过所有权权益控制的企业；以及

"境内"，系指对一缔约方而言，附件 201.1 所述该缔约方的领土范围。

2. 在本协定中，除非另有规定，凡提及州或省之处，均包括该州或该省的地方政府。

附件 201.1：国别定义

除非另有规定，在本协定中：

"国民",还包括:

(1)对墨西哥而言,《墨西哥宪法》第30条与第34条分别所指墨西哥国民或公民;以及

(2)对美国而言,《移民与国籍法》现行条款定义的"美国国民";

"境内",系指:

(1)对加拿大而言,加拿大海关法适用的领土,包括根据国际法与加拿大国内法,加拿大对海床和地下土层及其自然资源行使权力的加拿大领海以外的任何区域;

(2)对墨西哥而言,

1)墨西哥联邦各州与联邦地区,

2)附近海域的岛屿,包括礁石与暗礁,

3)位于太平洋的瓜德罗普岛与雷维亚希赫多群岛,

4)大陆架以及上述岛屿、礁石与暗礁的海底架,

5)根据国际法规定的领海水域,以及内海水域,

6)根据国际法与附件201.1,墨西哥领土上方的领空,

7)根据包括《联合国海洋法公约》在内的国际法与墨西哥国内法,墨西哥对海床和地下土层及其自然资源行使权力的墨西哥领海以外的任何区域;以及

(3)对美国而言,

1)美国的关税辖区,包括50个州、哥伦比亚特区与波多黎各,

2)位于美国与波多黎各的对外贸易区,以及

3)根据国际法与美国国内法,美国对海床和地下土层及其自然资源行使权力的美国领海以外的任何区域。

第二编　货 物 贸 易

第三章　国民待遇与货物市场准入

附件 307.1:维修或改造之后重新入境的货物

附件 307.3:船舶的维修与改建

附件 308.1:某些自动数据处理设备及其部件的最惠国税率

附件 308.2:某些彩色阴极射线电视显像管的最惠国税率

附件 308.3:局域网设备的最惠国免税待遇

附件 310.1:现行海关使用费

附件 311:原产地标识

附件 312.2:葡萄酒与蒸馏酒

附件 313:特色产品

附件 314:出口税

附件 315:其他出口措施

附件 300 - 甲:汽车行业的贸易与投资

附件 300 - 乙:纺织品与服装

第 300 条:适用范围

本章适用一缔约方的货物贸易,包括:

(1)附件 300 - 甲(汽车行业的贸易与投资)涵盖的货物,

(2)附件 300 - 乙(纺织品与服装)涵盖的货物,以及

(3)本编另一章涵盖的货物,但是此类附件或章节另有规定的除外。

第一节 国民待遇

第 301 条:国民待遇

1. 根据《关税与贸易总协定》第 3 条,包括其解释性说明,各缔约方应给予另一缔约方的货物国民待遇。为此目的,《关税与贸易总协定》第 3 条,包括其解释性说明,或者各缔约方均为缔约方的后续协定的任何对应条款,纳入本协定,并成为本协定的一部分。

2. 第一款关于国民待遇的规定应表示,对一个州或省而言,待遇不得低于该州或该省给予它所在缔约方的任何相似、直接竞争或可替代货物的最优惠待遇。

3. 第 1 款与第 2 款不适用附件 301.3 所列措施。

第二节 关　　税

第 302 条:关税的消除

1. 除非本协定另有规定,对原产货物,各缔约方均不得提高任何现行关税,或新增任何关税。

2. 除非本协定另有规定,各缔约方应根据附件 302.2 中各自的明细表,逐步消除原产货物的关税。

3. 应任何缔约方的请求,各缔约方应进行磋商,考虑加快消除各自明细表规定的关税。两

个或两个以上缔约方之间关于加快消除某一货物关税的协定,在所涉各缔约方根据其适用的法律程序得以批准之后,应取代各自明细表对该货物确定的关税税率或分阶段削减类别。

4. 各缔约方可根据附件302.2规定的关税配额,采取或维持进口措施,分配配额内进口的货物,前提条件是此类措施不会对进口产生除实施关税配额之外的贸易限制影响。

5. 应任何缔约方的书面请求,根据第4款采取或拟议采取措施的一缔约方应开展磋商,审议此类措施的实施情况。

第303条:对退税与关税延付的限制

1. 除非本条另有规定,任何缔约方在下列情形下,对进口至其境内的货物,不得退还已付关税,或者豁免或减少应付关税:

(1)该货物随后出口到另一缔约方境内,

(2)该货物作为原料,用于生产随后出口至另一缔约方境内的另一货物,或者

(3)该货物被一种相同或相似的货物替代,作为原料用于生产随后出口至另一缔约方境内的另一货物,金额超过进口至其境内的货物的已付或应付关税总额和随后出口至另一缔约方境内的货物的关税总额之间较低者。

2. 任何缔约方不得以出口为条件,退还、豁免或降低:

(1)根据一缔约方国内法征收并且与第十九章(反倾销和反补贴税事宜的审议与争端解决)并不相悖的反倾销税或反补贴税;

(2)根据管理进口数量限制、关税配额或关税特惠水平的任何招标制度,对进口货物提供或征收的额外费用;

(3)在符合第七章(农业、卫生与植物卫生措施)的前提下,根据《美国农业调整法》第22节收取的费用;或者

(4)进口至其境内的货物的已付或应付关税,并且该货物被一种相同或相似的货物替代随后出口至另一缔约方境内。

3. 如果根据关税延付安排,一种货物进口至一缔约方境内并随后出口至另一缔约方境内,或作为原料用于生产另一货物并随后出口至另一缔约方境内,或被一种相同或相似的货物替代作为原料用于生产另一货物并随后出口至另一缔约方境内,则自其境内出口该货物的缔约方:

(1)应在假设该出口货物已被撤回而用于国内消费的背景下,评估关税;以及

(2)可在第1款允许的范围内,豁免或降低关税。

4. 根据第1款,对进口至其境内的货物,确定可以退还、豁免或降低的关税税额时,各缔约方应要求出示令人满意的证据,以证明随后出口至另一缔约方境内的该货物支付另一缔约方的关税额。

5. 根据第3款所述关税延付安排,随后出口至一缔约方的货物,如果自出口之日起60天内,未能出示已付关税的令人满意的证据,则自其境内出口该货物的缔约方:

(1)应将该出口货物视为已被撤回而用于国内消费,征收关税;以及

(2)如果根据其法律法规及时出示此种证据,可在第1款允许的范围内,退还关税。

6. 本条不适用:

(1)运往和出口至另一缔约方境内的保税入境货物。

(2)进口至一缔约方境内并随后又以同样状态出口至另一缔约方境内的货物(测试、清

洁、重新包装或检验货物,或保持货物状态不变等过程,不应视为改变货物的状态)。除非附件703.2第1节第12款另有规定,如果此类货物已经与可替代货物混合并以同样状态出口,对本项而言,该货物的原产地可根据第511条(统一规则)设立的"统一规则"规定的盘存法确定。

(3)进口至一缔约方境内并被视为自其境内出口的货物,或作为原料用于生产另一货物并被视为出口至另一缔约方境内的货物,或被相同或相似的一种货物替代作为原料用于生产另一货物并被视为出口至另一缔约方境内的货物,因为该货物:

1)交付免税商店,

2)交付轮船上的商店或者作为轮船或飞机的补给,或者

3)交付供两个或两个以上的缔约方的合作项目使用,并且随后成为该货物被视为进口至其境内的缔约方的财产。

(4)一缔约方退还进口至其境内并随后出口至另一缔约方境内的某一特定货物的关税,如果退还关税是因为该货物与样品或规格不符,或未经收货方同意而发货。

(5)进口至一缔约方境内并随后出口至另一缔约方境内的原产货物,或作为原料用于生产另一货物并随后出口至另一缔约方境内的原产货物,或被一种相同或相似的货物替代作为原料用于生产另一货物并随后出口至另一缔约方境内的原产货物。或者

(6)附件303.6所列货物。

7. 本条应在附件303.7涉及每一缔约方的部分规定的日期生效,但是第2款第4项除外。

8. 虽有本条的任何其他规定,并且除非附件303.8另有明确规定,对税目8540.11.aa(对角线超过14英尺的彩色阴极射线电视显像管,包括视频监控显像管)或税目8540.11.cc(对角线超过14英尺、用于高清电视机的彩色阴极射线电视显像管)所列非原产货物,任何缔约方不得退还已付关税,或者豁免或降低应付关税,如果该货物进口至一缔约方境内并随后出口至另一缔约方境内,或作为原料用于生产另一货物并随后出口至另一缔约方境内,或被一种相同或相似的货物替代作为原料用于生产另一货物并随后出口至另一缔约方境内。

9. 在本条中:

"关税",系指假设货物没有出口至另一缔约方境内,对进入一缔约方关税境内用于消费的货物适用的关税;

"相同或相似的货物",系指第415条(原产地规则的定义)定义的"相同或相似的货物";

"原料",系指第415条定义的"原料";以及

"用于",系指第415条定义的"用于"。

10. 在本条中:

如果本条对关税税目编码所指货物,在关税税目编码之后用括号加以说明,该说明仅供参考。

第304条:关税的豁免

1. 除非附件304.1另有规定,只要关税豁免明示或暗示以满足业绩要求为条件,任何缔约方不得采取任何新的关税豁免,或者对既有的受惠人扩大关税豁免或对任何新的受惠人实施现行关税豁免。

2. 除非附件304.2另有规定,任何缔约方不得明示或暗示以满足业绩要求为条件,延展任何现行关税豁免。

3. 如果另一缔约方证明,一缔约方给予某一指定人商业使用的货物的一项或多项关税豁免,对另一缔约方人士的商业利益,或对另一缔约方人士拥有或控制并位于给予关税豁免的缔约方境内的人士的商业利益,或对另一缔约方的经济,产生负面影响,给予关税豁免的缔约方应停止实施此种关税豁免,或使该关税豁免普遍适用任何进口商。

4. 本条不适用受第 303 条约束的措施。

第 305 条:货物的临时入境

1. 各缔约方对自另一缔约方境内进口的以下货物,应给予免税临时入境,不论其原产地来源,也不论该缔约方境内是否存在相似、直接竞争或可替代的货物:

(1)符合第十六章(商务人士的临时入境)临时入境要求的商务人士开展商务活动、贸易或职业所必需的专业设备,

(2)新闻或广播电视播放的设备,以及电影的拍摄设备,

(3)体育用途的进口货物,以及预定用于展示或演示的货物,以及

(4)商业样品以及广告片。

2. 除非本协定另有规定,任何缔约方对第 1 款第 1 项、第 2 项或第 3 项所指货物的免税临时入境,不得设立条件,但是对此类货物的以下要求除外:

(1)应由申请临时入境的另一缔约方的国民或居民进口;

(2)应仅供该人或在其监管下用于该人开展商务活动、贸易或职业;

(3)在其境内期间,不得出售或出租;

(4)应缴纳金额不超过在其他情况下入境或最终进口应付规费 110% 的保证金,或另外形式的担保,在该货物出口时返还,但是对原产货物不得要求关税保证金;

(5)出口时应可以识别;

(6)应在该人士离境时或与其临时入境目的相关的其他合理期限间内出口;以及

(7)进口不得超过其预定用途的合理数量。

3. 除非本协定另有规定,任何缔约方对第 1 款第 4 项所指货物的免税临时入境,不得设立条件,但是对此类货物的以下要求除外:

(1)应仅为另一缔约方或非缔约方境内提供的货物或服务招揽订单而进口;

(2)在其境内期间,不得出售、出租或用于展示或演示以外的其他用途;

(3)出口时应可以识别;

(4)与临时入境目的相关的合理期限内出口;以及

(5)进口不得超过其预定用途的合理数量。

4. 如果一缔约方在第 2 款或第 3 款规定的任何条件未得到满足,该缔约方可对根据第 1 款免税临时入境的货物,征收该货物入境或最终进口时应付的关税和任何其他费用。

5. 在符合第十一章(投资)与第十二章(跨境服务贸易)的前提下:

(1)对自另一缔约方境内进入其境内用于国际运输的车辆或集装箱,各缔约方应允许此种车辆或集装箱按照经济快捷的任何合理路线离境;

(2)任何缔约方不得仅因为车辆或集装箱的驶入港与驶离港不同,而要求任何保证金或征收任何罚金或费用;

(3)对车辆或集装箱进入其境内时征收的任何费用,包括保证金,任何缔约方不得以任何特定的驶离港离境,作为返还的条件;以及

(4)任何缔约方不得要求自另一缔约方境内运送集装箱进入其境内的车辆或运输工具，必须与运送该集装箱至另一缔约方境内的车辆或运输工具相同。

6. 在第5款中，“车辆”系指卡车、卡车拖车、牵引车、挂车车厢或挂车、机车、或火车车厢或其他铁路设备。

第306条：某些商业样品与广告印刷品的免税入境

对自另一缔约方境内进口的价值甚微的商业样品，以及对广告印刷品，不论其原产地来源，各缔约方应准许免税入境，但是可要求：

(1)此种样品的进口仅用于为另一缔约方或非缔约方境内提供的货物或服务招揽订单；或者

(2)此种广告品进口时应以包装的形式，每份包装只限装一份此种广告品，并且此种广告品或包装不得构成大宗托运的一部分。

第307条：维修或改造之后重新入境的货物

1. 除非附件307.1另有规定，对自其境内出口至另一缔约方境内维修或改造之后重新入境的货物，不论其原产地来源，也不论此种维修或改造能否在其境内进行，任何缔约方不得征收关税。

2. 虽有第303条的规定，对为维修或改造目的自另一缔约方境内临时进口的货物，不论其原产地来源，任何缔约方不得征收关税。

3. 对船舶修理与重建，附件307.3适用该附件所列各缔约方。

第308条：对某些货物的最惠国关税税率

1. 附件308.1适用某些自动数据处理产品及其零件。

2. 附件308.2适用某些彩色电视机显像管。

3. 对进口至其境内的任何局域网设备，各缔约方应给予最惠国免税待遇，并应参照附件308.3的规定。

第三节　非关税措施

第309条：进口与出口限制

1. 除非本协定另有规定，对另一缔约方任何货物的进口，或者对至另一缔约方境内任何货物的出口或销售以供出口，任何缔约方不得采取或维持任何禁止或限制，除非符合《关税与贸易总协定》第11条规定，包括其解释性说明。为此目的，《关税与贸易总协定》第11条，包括其解释性说明，或者各缔约方均为缔约方的后续协定的任何对应条款，纳入本协定，并成为本协定的一部分。

2. 各缔约方认识到，纳入第1款的《关税与贸易总协定》的权利和义务，在任何情况下，除禁止任何其他形式的限制之外，禁止出口价格要求，并且除非实施反补贴与反倾销命令和承诺而获许可，禁止进口价格要求。

3. 如果一缔约方对一非缔约方的货物进口或出口，采取或维持禁止或限制，本协定中的任何规定，不得解释为妨碍该缔约方：

(1)限制或禁止自另一缔约方境内进口该非缔约方的该货物；或者

(2)作为该缔约方此类货物出口至另一缔约方境内的条件,要求该货物即便没有在另一缔约方境内消费,也不得将该货物直接或间接重新出口至该非缔约方。

4. 如果一缔约方对一非缔约方的货物进口,采取或维持禁止或限制,根据任何缔约方的请求,各缔约方应进行磋商,以避免对另一缔约方的价格、营销和分销安排,造成不必要的干扰或扭曲。

5. 第1款至第4款不适用附件301.3所列措施。

第310条:海关使用费

1. 任何缔约方对原产货物,不得收取附件310.1所指类型的海关使用费。

2. 附件310.1所指各缔约方可根据该附件规定,维持现行的此类费用。

第311条:原产地标识

附件311适用有关原产地标识的措施。

第312条:葡萄酒与蒸馏酒

1. 任何缔约方不得采取或维持任何措施,要求出于装瓶目的而自另一缔约方境内进口的蒸馏酒,必须混合该缔约方的蒸馏酒。

2. 附件312.2适用有关葡萄酒与蒸馏酒的其他措施。

第313条:特色产品

附件313适用该附件所列特色产品的标准与标签。

第314条:出口税

除非附件314另有规定,对出口至另一缔约方境内的任何货物,任何缔约方不得采取或维持任何关税、国内税或其他费用,除非对以下货物同样采取或维持此类关税、国内税或费用:

(1)出口至所有其他缔约方境内的任何此类货物;以及

(2)用于国内消费的任何此类货物。

第315条:其他出口措施

1. 除非附件315另有规定,一缔约方可根据《关税与贸易总协定》第11条第2款第1项或第20条第7项、第9项或第10项,采取或维持措施,限制该缔约方货物出口至另一缔约方境内,但是以下列条件为前提:

(1)向另一缔约方提供的特定货物出口装运总量与维持限制措施的缔约方的该货物供应总量之比,相较该措施实施前有数据可查的最近36个月期间的该比例、或者各缔约方均认可的其他代表性期间的该比例,并不因为该限制措施而降低;

(2)该缔约方向另一缔约方出口货物时,并不通过任何措施,如许可证、规费、税收和最低价格要求,收取比此类货物在其国内消费时更高的价格。前述规定不适用根据第一项采取的仅限制出口数量的措施而可能导致的更高价格;以及

(3)该限制措施并不导致对另一缔约方正常供应渠道的中断,也并不影响供应另一缔约方的特定货物或货物类别之间的正常比例。

2. 各缔约方在实施本条规定时,应进行合作,以维护和完善各自货物对非缔约方的有效出口控制。

第四节 磋 商

第 316 条:磋商与货物贸易委员会

1. 各缔约方特此设立货物贸易委员会,由各缔约方代表组成。

2. 根据任何缔约方或委员会的请求,货物贸易委员会应召开会议,考虑本章出现的任何问题。

3. 各缔约方应至少每年召集一次由负责海关、移民、食品和农产品检验、边境检查设施以及运输管理的官员参加的会议,以处理经各缔约方入境口岸货物流动的相关问题。

第 317 条:第三国倾销

1. 各缔约方确认,对根据《关于实施关税与贸易总协定第六条的协定》第 12 条采取的行动,进行合作的重要性。

2. 如果一缔约方向另一缔约方提出申请,请求另一缔约方代表其实施反倾销行动,缔约双方应在 30 天内,就请求的事实依据进行磋商,被请求方应对请求给予充分考虑。

第五节 定 义

第 318 条:定义

在本章中:

"广告片",系指录制的视觉媒体,无论是否配有原声带,主要由影像构成,展示任何缔约方境内定居或常居的人士提供的供销售或租赁的货物或服务的性质或功能,但是前提条件是该影片仅适合对潜在客户群展示,而非对一般公众播放,并且该影片以包装的形式进口,每份包装只限一部影片,而且不构成大宗托运的一部分。

"价值甚微的商业样品",系指商业样品无论是单个还是装运的批量,价值均不超过一美元或另一缔约方货币的等价金额,或者通过标注、撕裂、穿孔或其他处理方式,表明不适合销售或作商业样品之外的用途。

"消费",系指:

(1)实际消费;或者

(2)进一步加工或制造,从而导致货物的价值、外形或用途的实质性改变或者另一种货物的产生。

"关税",包括任何海关或进口的关税,以及与货物进口有关而征收的任何形式的费用,包括与此类进口有关的任何形式的附加税或附加费,但是不包括以下各项:

(1)根据《关税与贸易总协定》第 3 条第 2 款,或者各缔约方均为缔约方的后续协定的任何对应条款,对缔约方相似、直接竞争或可替代的货物,或者对用于制造或生产进口货物的全部或部分的货物,征收的相当于国内税的费用;

(2)根据一缔约方国内法征收并且与第十九章(反倾销与反补贴税事宜的审议和争端解决)并不相悖的反倾销税或反补贴税;

(3)与进口有关的并且与提供的服务成本相当的费用或其他收费;

(4)根据管理进口数量限制、关税配额或关税特惠水平的招标制度,对进口货物缴纳或收

取的额外费用;以及

(5)在符合第七章(农业、卫生与植物卫生措施)的前提下,根据美国《农业调整法》第22节,收取的费用。

"蒸馏酒",包括蒸馏酒以及含蒸馏酒的饮料。

"关税延付安排",包括诸如管理对外贸易区、保税临时进口、保税仓库、墨西哥边境加工厂("马奎拉多拉")、进料加工项目等措施。

"免税",系指免予征收关税。

"体育用途的进口货物",系指进口至一缔约方境内,用于该缔约方境内体育赛事、演示或训练的体育必需品。

"预定用于展示或演示的货物",包括这些货物的零部件、辅助设备和配件。

"税目"系指一缔约方关税表所列以八位或十位数字表示的海关税则分类项目编码。

"局域网设备",系指专门或主要用于允许网络中自动数据处理设备及其部件相互连接的货物,该网络的主要用途是共享资源,如中央处理单元、数据存储设备与输入或输出单元,包括内嵌式中继器、转换器、集线器、网桥与路由器,以及用于物理接入专门或主要适用专用网络的自动数据处理设备及其部件的印刷电路装配,并且为非语音数据通过局域网提供传输、接收、错误检查、控制、信号转换或修正功能。

"业绩要求",系指要求:

(1)货物或服务的一定数量或比例,必须用于出口;

(2)给予关税豁免的缔约方的国内货物或服务,必须替代进口的货物或服务;

(3)关税豁免的受益人必须购买给予关税豁免的缔约方境内的其他货物或服务,或者优先考虑国内生产的货物或服务;

(4)关税豁免的受益人在给予关税豁免的缔约方境内生产的货物或提供的服务,必须达到一定的国产化水平或比例;或者

(5)以任何方式,将进口的数量或价值,与出口的数量或价值,或者与外汇流入量挂钩。

"广告印刷品",系指列入《协调制度》第四十九章的那些货物,包括宣传小册子、宣传手册、宣传传单、贸易目录、行业协会出版的年鉴、旅游宣传资料和海报,用于推广、推介或宣传商品或服务,主要是为一种商品或服务做广告宣传,而且是免费提供。

"维修或改造",不包括破坏货物的基本特征或者产生一个新的或商业上完全不同的货物的操作或工艺。

"令人满意的证据",系指:

(1)证明特定入境关税已付的收据或收据副本;

(2)证明入境文件已被海关验收的入境文件副本;

(3)海关出具的相关入境货物最终关税决定书副本;以及

(4)根据第五章(海关程序)确立的"统一规则",关税已付的可以接受的任何其他凭证。

"出口装运总量",系指提供给另一缔约方境内用户的供应总量中的所有装运量。

"供应总量"系指所有装运量,无论是拟供应国内用户还是国外用户,包括:

(1)国内产量;

(2)国内库存;以及

(3)相关的其他进口。

“关税豁免”，系指对自任何国家包括另一缔约方境内进口的任何货物，放弃征收其他情况下应收关税的措施。

附件 301.3：第 301 条与第 309 条的例外

第 1 节：加拿大的措施

1. 第 301 条与第 309 条不适用加拿大对所有物种的原木出口管制。

2. 根据 1992 年 8 月 12 日修订的以下现行法律，第 301 条与第 309 条不适用加拿大对未加工鱼类的出口管制：

(1)《新不伦瑞克鱼类加工法》，1982 年《新不伦瑞克修订法典》第 F18.01 章，以及《渔业发展法》，1977 年《新不伦瑞克法典》第 F15.1 章；

(2)《纽芬兰鱼类检验法》，1990 年《纽芬兰修订法典》第 F12 章；

(3)《新斯科舍渔业法》，1977 年《新斯科舍法典》第九章；

(4)《爱德华王子岛鱼类检验法》，1988 年《爱德华王子岛修订法典》第 F13 章；以及

(5)《魁北克海产品加工法》第 38 号，1987 年《魁北克法典》第五十一章。

3. 第 301 条与第 309 条不适用：

(1) 除非附件 300－甲中的附录 300－甲.1 第 4 款另有规定，对《关税税则》(1985 年《加拿大修订法典》第四十一章，第 3 增补版) 关税税率表七所列或所指任何货物的进口，加拿大采取的措施；

(2) 根据《出口法》(1985 年《加拿大修订法典》第 E－14 章) 现行条款，对向立法禁止酒类进口的任何国家的酒的出口，加拿大采取的措施；

(3) 根据《海运运费率法》(1985 年《加拿大修订法典》第 M－1 章) 现行条款，对一些货运的优惠费率，加拿大采取的措施；

(4) 根据《特别消费税法》(1985 年《加拿大修订法典》第 E－14 章) 现行条款，对生产中使用的无水酒精，征收的加拿大特别消费税；以及

(5) 加拿大采取的禁止在加拿大沿海贸易中使用国外或非完税船舶的措施，除非根据《沿海贸易法》(1992 年《加拿大法典》第三十一章) 船舶取得了许可证，前提条件是加拿大加入《关税与贸易总协定》之际，此类条款为强制性立法，并且迄今未作修订，以降低此类条款与《关税与贸易总协定》的相符程度。

4. 第 301 条与第 309 条不适用对原产于美国境内——同时将美国在墨西哥的业务或自墨西哥获得的原料，视为在非缔约方的业务或自非缔约方获得的原料——并且在《加拿大与美国自由贸易协定》附件 401.2 (加拿大关税税率表) 第八十九章以星号标注的货物实施的进口数量限制，只要根据 1920 年《海运法》(《美国法典》第 46 篇第 883 节) 与 1936 年《海运法》(《美国法典》第 46 篇第 1171、1176、1241 和 1241o 节) 采取的措施，对加拿大原产的同类货物在美国市场的销售或供应到美国市场的销售，产生数量限制效果。

5. 第 301 条与第 309 条不适用：

(1) 对第 2 款或第 3 款所述任何法律中不一致条款的延续或迅速延期；以及

(2) 对第 2 款或第 3 款所述任何法律中不一致条款的修正，只要该修正不降低与第 301 条和第 309 条条款的相符程度。

第 2 节：墨西哥的措施

1. 第 301 条与第 309 条不适用墨西哥对所有物种的原木出口管制。

2. 第301条与第309条不适用:

(1)根据《一般通信法》第192条至第194条现行条款而采取的措施,外国船舶未得授权的所有服务和业务全部保留给墨西哥船舶,并授予墨西哥通讯交通部拒绝外国船舶开展授权服务的权力,如果该船舶的原籍国不给予墨西哥船舶对等的权利;以及

(2)对出口至另一缔约方的货物的出口许可措施,只要另一缔约方采取或维持对该货物的数量限制或关税配额。

3. 第301条和309条不适用:

(1)对第2款第1项所述法律中不一致条款的延续或迅速延期;以及

(2)对第2款第1项所述法律中不一致条款的修正,只要该修正不降低与第301条与第309条条款的相符程度。

4. (1)虽有第309条的规定,自本协定生效之日起第一个十年期间,墨西哥可采取或维持措施,禁止或限制进口1992年8月12日修订的《一般进口关税法》关税表所列税目的二手货物,具体如下:

(注释:税目旁边提供相应的说明,仅供参考。)

税目	说明
8407.34.99	超过1000立方厘米的汽油发动机,摩托车用除外
8413.11.01	带有计量装置的配电器,即便附带总计装置
8413.40.01	挂车式,流量36~60立方米/小时,不含液压升降台的排放软管
8426.12.01	轮胎和跨运车的移动式支架
8426.19.01	其他(高架移动式起重机、桥式起重机和跨运车)
8426.30.01	门座式起重机
8426.41.01	自行式钢架悬臂起重机,机械工作模式,单位重量可高达55吨
8426.41.02	自行式液压制动刚臂起重机,最大吊载量9.9吨以上但是不超过30吨
8426.41.99	其他(轮式自推进机械与设备)
8426.49.01	自行式钢架悬臂(格形)起重机,机械工作模式,单位重量可高达55吨
8426.49.02	自行式液压制动刚臂起重机,最大吊载量9.9吨以上但是不超过30吨
8426.91.01	税目8426.91.02、8426.91.03和8426.91.04之外的起重机
8426.91.02	液压起重机,带铰链或刚性吊杆,在1米的半径内,吊载能力可高达9.9吨
8426.91.03	吊篮式独立升降机,吊载量小于等于1吨,最大提升高度为15米
8426.91.99	其他(安装在道路交通工具上的机械设备)
8426.99.01	税目8426.91.02之外的起重机
8426.99.02	旋转起重机
8426.99.99	其他(起重机和空中电缆;高架移动式起重机,搬运或卸载车架,桥式起重机,跨运车和跨装起重机)
8427.10.01	载荷可高达3500千克,自叉车正面620毫米处测得,不包括电池或装载机
8427.20.01	带有爆燃式或内燃发动机,承载量可高达7000千克,从叉车正面620毫米处测得

续表

税目	说明
8428.40.99	其他(自动扶梯和自动人行道)
8428.90.99	其他(起重、装卸或搬运的机械与设备)
8429.11.01	履带式起重机
8429.19.01	其他(推土机和角式推土机)
8429.20.01	推土机
8429.30.01	铲运机
8429.40.01	捣固机
8429.51.02	前端装载机,液压工作模式,轮式,功率等于或小于 335 马力
8429.51.03	税目 8429.51.01 之外的机械铲
8429.51.99	其他(机械铲、挖掘机、装载机和前端铲式装载机)
8429.52.02	税目 8429.52.01 之外的拉索斗式挖土机或挖掘机
8429.52.99	其他(机械,可 360 度旋转的上部结构)
8429.59.01	挖沟机
8429.59.02	拉铲挖掘机,拖动负载能力高达 4000 千克
8429.59.03	税目 8429.59.04 之外的拉铲挖土机或挖掘机
8429.59.99	其他(自走式推土机、角式推土机、平地机、铲运机、机械铲、挖掘机、装载机、铲式装载机、捣固机和压路机)
8430.31.01	旋转和(或)冲击穿孔机
8430.31.99	其他(自动推进式切割工具、拉伸工具或扭拧工具,以及开凿隧道或坑道的机器)
8430.39.01	盾构
8430.39.99	其他(非自动推进式切割工具、拉伸工具或扭拧工具,以及开辟隧道或洞穴的机器)
8430.41.01	税目 8430.41.02 之外的钻探机或沉桩机
8430.41.99	其他(自推进式探测机或钻孔机)
8430.49.99	其他(非自推进式探测机或钻孔机)
8430.50.01	挖掘机,带有液压机制的前端装载机,功率等于或小于 335 马力
8430.50.02	铲土机
8430.50.99	其他(自推进机器与设备)
8430.61.01	平地机(顶推机)
8430.61.02	夯实滚压机或压缩滚压机
8430.61.99	其他(非自推进式机器与设备)
8430.62.01	松土机(裂土机)
8430.69.01	非自推进式平土机

续表

税目	说　明
8430.69.02	税目 8430.69.03 之外的挖沟机
8430.69.99	其他（税目 8430.69.01、8430.69.02 和 8430.69.03 之外的挖沟机）
8452.10.01	家用缝纫机
8452.21.04	税目 8452.21.02、8452.21.03 和 8452.21.05 之外的工业用缝纫机
8452.21.99	其他（自动缝纫机）
8452.29.05	工业用缝纫机或机头，有直缝接口、直针及一个旋转和振荡线连接装置，双倒针、平板、仅用于运输
8452.29.06	税目 8452.29.01、8452.29.03 和 8452.29.05 之外的工业用缝纫机
8452.29.99	其他（非自动缝纫机）
8452.90.99	其他（缝纫机零件）
8471.10.01	模拟式或混合式自动数据处理设备
8471.20.01	数码或数字自动数据处理设备，同一机壳中至少包含一个中央处理单元和一个输入和输出单元
8471.91.01	数字或数码处理单元，即便与系统的其余部分在一起，同一机壳中包括以下单元的一种或两种：储存单元、输入单元和输出单元
8471.92.99	其他（输入或输出单元，不论是否与系统的其余部分一起安装入机器，也无论同一机壳中是否装有存储单元）
8471.93.01	存储单元，包括系统的其余部分
8471.99.01	其他（自动数据处理设备及其单元）
8474.20.01	带有两个或两个以上汽缸的粉碎机和研磨机
8474.20.02	粉碎颌骨和研磨磨石
8474.20.03	刀片式粉碎机
8474.20.04	用于粉碎球状物或棒状物的粉碎机
8474.20.05	拉伸圆锥粉碎机，直径不超过 1200 毫米
8474.20.06	磨锤敲击
8474.20.99	其他（打破、压碎、研磨或粉碎泥块、岩石和其他固体矿物材料的机器与设备）
8474.39.99	其他（搅拌机）
8474.80.99	其他（分类、筛选、分离、打破、粉碎、研磨、搅拌或糅合泥块、岩石和其他固体矿物材料的机器与设备）
8475.10.01	用于组装灯具的机器
8477.10.01	用于制造热塑性材料的注射塑模机，一次注塑成型最大容量为可达 5 千克
8701.30.01	履带拖拉机，在飞轮处的发动机功率等于或大于 105 马力但是小于 380 马力，测得转速为每分钟 1900 转，包括推动刀片
8701.90.02	轨道牵引车，配备路面机械机制的轮胎
8711.10.01	摩托车，配有一个辅助往复式活塞发动机，汽缸容量不超过 50 立方厘米

续表

税目	说　明
8711.20.01	摩托车,配有一个辅助往复式活塞发动机,汽缸容量超过50立方厘米,但是不超过250立方厘米
8711.30.01	摩托车,配有一个辅助往复式活塞发动机,汽缸容量超过250立方厘米,但是不超过500立方厘米
8711.40.01	摩托车,配有一个辅助往复式活塞发动机,汽缸容量超过550立方厘米,但是不超过550立方厘米
8711.90.09	其他(摩托车,配有一个辅助电动机与挎斗,但是没有往复式活塞发动机,并且挎斗不是单独提供给任何种类的摩托车或三轮自行车)
8712.00.02	赛车之外的自行车
8712.00.99	其他(自行车之外的非机动轮子车,以及货运三轮车)
8716.10.01	篷车类型的拖车和半拖车,用于居住和露营
8716.31.02	钢罐型罐式汽车,包括能用于低温保存的料斗
8716.31.99	其他(钢罐型之外的罐式汽车,类似用于牛奶运输的恒温型)
8716.39.01	平板式挂车或半挂车,无论是否带有仓栅,包括用于运输瓶罐的仓笼式或金属栅栏式结构,或集装箱车,或低平板挂车,但是不包括液压或气压悬架装置和可伸缩的鹅颈式连接处的挂车
8716.39.02	用于运输汽车的挂车和半挂车
8716.39.04	带有定向轴的模件化的平板式挂车,包括输送桥部分、液压接头或鹅颈式装置或用于液压控制设备的发动机
8716.39.05	低平板的半挂车,包括带有液压或气压悬架装置和可伸缩的鹅颈式连接处
8716.39.06	密封式箱体挂车和半挂车,包括冷藏式的
8716.39.07	钢罐式的挂车和半挂车,包括能用于低温保存的或底卸的铁箱
8716.39.99	其他(税目8716.39.01、8716.39.02、8716.39.04、8716.39.05、8716.39.06和8716.39.07之外的货运挂车和半挂车,以及使用橡胶硬胎并且不用于货运的挂车和半挂车,也不是专用于运输牲畜的双层挂车和半挂车)
8716.40.01	其他非货运挂车和半挂车
8716.80.99	其他(挂车和半挂车之外的非自动车辆,独轮手推车和多轮手推车,或液压独轮手推车)

(2)虽有第1项的规定,墨西哥不得禁止或限制第3项所列税目的二手货物临时性进口,只要此类货物是用于第十二章(跨境服务贸易)规定的提供跨境服务或第十章(政府采购)规定的履行合同,但是前提条件是该进口货物:

1)对提供跨境服务或对另一缔约方的供应商履行中标合同是必不可少的,

2)仅供服务提供商或履行合同的供应商使用,或者在其监督下使用,

3)在墨西哥境内期间,不进行销售、租赁或借出,

4)进口的数量不超出提供服务或履行合同的实际需要,

5)在服务或合同履行完毕之后,即刻重新出口,以及

6)遵守对此类货物进口的其他相关要求,以这些要求与本协定并不相悖为限。

(3)第2项适用以下税目所列二手货物：

税目	说　明
8413.11.01	带有测量装置的配电盘，即便附带总计装置
8413.40.01	液体混凝土泵，未装流量为36～60立方米/小时的测量装置
8426.12.01	轮胎和跨运车的可移动支架
8426.19.01	其他(高架移动式起重机、桥式起重机和跨运车)
8426.30.01	门座式起重机
8426.41.01	自行式液压驱动刚臂起重机，最大吊载量9.9吨以上但是不超过30吨
8426.41.02	自行式钢架悬臂(格形)起重机，机械工作模式，单位重量可高达55吨
8426.41.99	其他(轮式自推进机器和设备)
8426.49.01	自行式钢架悬臂起重机，机械工作模式，单位重量可高达55吨
8426.49.02	自行式液压制动刚臂起重机，最大吊载量9.9吨以上但是不超过30吨
8426.91.01	起重机，不包括税目8426.91.02、8426.91.03和8426.91.04所列内容
8426.99.01	起重机
8426.99.02	旋转式起重机
8426.99.99	其他(起重机和空中电缆)；高架移动式起重机，桥式起重机，搬运或卸载车架，桥式起重机，跨运车和跨装起重机
8427.10.01	载荷可高达3500千克，自叉车正面620毫米测得，不包括电池或装料器
8428.40.99	其他(自动扶梯和自动人行道)
8428.90.99	其他(起重、装卸或搬运的机械与设备)
8429.11.01	履带式起重机
8429.19.01	其他(推土机和侧铲推土机)
8429.30.01	铲土机
8429.40.01	捣固机
8429.51.02	前端装料器，液压工作模式，轮式，功率等于或小于335马力
8429.51.03	掘凿机，不包括税目8429.51.01所列内容
8429.51.99	其他(掘凿机、挖掘机、装载机和机铲前置式装载机)
8429.52.02	拉铲挖土机或挖掘机，不包括税目8429.52.01所列内容
8429.52.99	其他(上部结构可旋转360度的机械)
8429.59.01	挖沟机
8429.59.02	牵引承载力小于等于4000公斤的拉铲挖掘机
8429.59.03	拉铲挖掘机或挖掘机，不包括税目8429.59.04所列内容
8429.52.99	其他(上部结构可旋转360度的机械)
8429.59.01	挖沟机

续表

税目	说　明
8429.59.02	拖动负载能力高达4000千克的拉铲挖掘机
8429.59.03	拉铲挖土机或挖掘机,不包括税目8429.59.04所列内容
8429.59.99	其他(自推进推土机、斜铲推土机、平地机、铲运机、机械铲、挖掘机、装载机、铲装机、捣固机和压路机)
8430.31.01	旋转和(或)敲击穿孔器
8430.31.99	其他(自动推进式切割机、张力辊或扳钳,以及用于开凿隧道或坑道的机器)
8430.39.01	镗盾牌
8430.39.99	其他(非自动推进式切割机、张力辊或扳钳,以及用于开凿隧道或坑道的机器)
8430.41.01	钻探机或沉桩机,不包括税目8430.41.02所列内容
8430.41.99	其他(自动推进式探测机或钻探机)
8430.49.99	其他(非自动推进式探测机或钻探机)
8430.50.01	挖掘机,带有液压机制的前端装载机,功率等于或小于335马力
8430.50.02	铲运机
8430.50.99	其他(自动推进式机器与设备)
8430.61.01	平地机(顶推机)
8430.61.02	夯实滚压机或压实滚压机
8430.62.01	松土机(翻土机)
8430.69.01	非自动推进式铲运机
8430.69.02	挖沟机,不包括用税目8430.69.03所列内容
8430.69.99	其他(开沟机,不包括税目8430.69.01、8430.69.02和8430.69.03所列内容)
8452.10.01	家用型缝纫机
8452.21.04	工业用缝纫机,不包括税目8452.21.02、8452.21.03和8452.21.05所列内容
8452.21.99	其他(自动缝纫机)
8452.29.06	工业用缝纫机,不包括税目8452.29.01、8452.29.03和8452.29.05所规定之内容
8452.29.99	其他(非自动缝纫机)
8452.90.99	其他(缝纫机零部件)
8471.10.01	模拟或混合自动数据处理设备
8474.20.01	带有两个或两个以上汽缸的粉碎机和研磨机
8474.20.03	刀片式粉碎机
8474.20.04	用于粉碎球状物和棒状物的粉碎机
8474.20.99	其他(分解、粉碎、磨碎或研磨泥土、石块以及其他固体矿物材料的机器与设备)
8474.39.99	其他(搅拌机)

续表

税目	说明
8474.80.99	其他(分类、筛选、分离、分解、粉碎、研磨、搅拌或糅合泥土、石块以及其他固体矿物材料的机器与设备)
8477.10.01	热塑性材料的注塑机,一次注塑成型最大容量为5千克
8701.30.01	履带拖拉机,飞轮发动机功率等于或大于105马力但是低于380马力,包括推动刀片在内测得的转速为每分钟1900转

第3节:美国的措施

1. 第301条与第309条不适用美国对所有物种的原木出口管制。

2. 第301条与第309条不适用:

(1)根据1986年《国内税收法》(《美国法典》第26篇第5001.1.3和5007.2.2节)第5001.1.3和第5007.2.2节的现行条款,对含蒸馏酒的香水的进口税,以及

(2)根据1920年《海运法》(《美国法典》第46篇第883节)与《客船法》(《美国法典》第46篇第289、292和316节,以及《美国法典》第46篇第12108节)的现行条款采取的措施,只要在美国加入《关税与贸易总协定》之际,此类条款为强制性立法,并且迄今未作修订,以降低此类条款与《关税与贸易总协定》的相符程度。

3. 第301条与第309条不适用:

(1)对第2款提及的任何法律中不一致条款的延续或迅速延期;以及

(2)对第2款提及的任何法律中不一致条款的修正,只要该修正并不降低与第301条和第309条的相符程度。

附件302.2:关税的消除

1. 除非本附件所附各缔约方关税削减时间表另有规定,根据第302条第2款,以下分阶段类别适用各缔约方的关税消除:

(1)一缔约方关税削减时间表第一阶段(阶段A)所列税目的货物关税,应完全取消,并应自1994年1月1日免征关税;

(2)一缔约方关税削减时间表第二阶段(阶段B)所列税目的货物关税,应自1994年1月1日每年平均等量降低1/5,并自1998年1月1日免征关税;

(3)一缔约方关税削减时间表第三阶段(阶段C)所列税目的货物关税,应自1994年1月1日每年平均等量降低1/10,并自2003年1月1日免征关税;

(4)一缔约方关税削减时间表第四阶段(阶段C+)所列税目的货物关税,应自1994年1月1日每年平均等量降低1/15,并自2008年1月1日免征关税;以及

(5)一缔约方关税削减时间表第五阶段(阶段D)所列税目的货物,应继续享受免税待遇。

2. 基准关税税率以及决定美国普遍优惠制与加拿大一般优惠关税中各个阶段的过渡关税税率。

3. 为根据第302条消除关税,除非本附件所附各缔约方关税削减时间表另有规定,各阶段的过渡关税应仅保留百分比小数点后第一位数字;如果关税税率以货币单位表示,则应保留一缔约方官方货币单位的0.001。

4. 对原产货物,加拿大征收的关税税率,不得高于纳入本协定并构成本协定一部分的《加拿大与美国自由贸易协定》修订后的附件401.2所列税目的货物各阶段税率,但是以下列条件

为限：

(1)不论第四章有何规定，在确定此种货物是否为原产货物时，在墨西哥的运营或自墨西哥获得的原料，一律视为在非缔约方的运营或自非缔约方获得的原料；以及

(2)根据第1项确定为原产的货物，再于墨西哥进行任何加工而增加的交易价值不得高于7%。

5. 对原产货物，加拿大征收的关税税率，不得高于本附件中加拿大关税削减时间表第一纵栏所列税目的货物各阶段税率，但是以下列条件为限：

(1)不论第四章有何规定，在确定此种货物是否为原产货物时，在美国的运营或自美国获得的原料，一律视作在非缔约方的运营或自非缔约方获得的原料；以及

(2)根据第1项确定为原产的货物，再于美国进行任何加工而增加的交易价值不得高于7%。

6. 对第4款和第5款规定以外的原产货物，加拿大征收的关税税率，不得高于本附件中加拿大关税削减时间表第二纵栏相应税目所示税率。第二纵栏对此类货物的关税税率应：

(1)在第一纵栏所示各阶段的每一年，取以下两个税率中的较高者：

1)《加拿大与美国自由贸易协定》修订后的附件401.2所列税目的各阶段关税税率，以及

2)1991年7月1日实施的一般优惠关税税率，并根据本附件加拿大关税削减时间表第一纵栏所示税目适用的各阶段类别予以相应削减；或者

(2)本附件加拿大关税削减时间表第二纵栏如有说明，1991年7月1日实施的最惠国关税税率，并根据本附件加拿大关税削减时间表第一纵栏所示税目适用的各阶段类别予以相应削减，或根据另有注明的适用阶段类别予以相应削减。

7. 第4款至第6款以及第10款至第13款，不适用附件300－乙（纺织品与服装）中的附录1.1所列纺织品与服装。

8. 第4款、第5款与第6款，不适用第708条定义的农产品。对此类货物，加拿大对原产货物应适用《加拿大与美国自由贸易协定》修订后的附件401.2所列税目的相应各阶段税率，如果根据附件311该货物符合条件可视作美国原产货物，无论是否标明。如果根据附件311某货物符合条件可视作墨西哥原产货物，无论是否标明，加拿大应适用本附件加拿大关税削减时间表第一纵栏所列税目的各阶段关税税率。

9. 对美国与加拿大之间的贸易，《加拿大与美国自由贸易协定》第401条第7款与第8款纳入本附件，并成为本附件的一部分。该协定第401条第7款所称“原产自美国境内的货物”这一术语应根据本附件第4款决定。“原产货物”这一术语应根据本附件第12款决定。

10. 对原产货物，墨西哥征收的关税税率，不得高于本附件中墨西哥关税削减时间表第一纵栏所列税目货物的各阶段税率，如果根据附件311该货物符合条件可视作美国原产货物，不论是否标明。

11. 对原产货物，墨西哥征收的关税税率，不得高于本附件墨西哥关税削减时间表第二纵栏所列税目的货物各阶段税率，如果根据附件311该货物符合条件可视作加拿大原产货物，不论是否标明。

12. 对原产货物，美国征收的关税税率，不得高于《加拿大与美国自由贸易协定》修订后的附件401.2所列税目的相应各阶段税率，如果根据附件311该货物符合条件可视作加拿大原产货物，无论是否标明。

13. 对原产货物，美国征收的关税税率，不得高于本附件美国关税削减时间表所列税目的相应各阶段税率，如果根据附件311该货物符合条件可视作墨西哥原产货物，无论是否标明。

加拿大关税削减时间表

（关税税率表别册另附）

墨西哥关税削减时间表

（关税税率表别册另附）

美国关税削减时间表

（关税税率表别册另附）

附件303.6：不受第303条约束的货物

1. 对于自美国境内向加拿大或墨西哥境内的出口，美国关税税目1701.11.0所列货物不受第303条约束，如果该货物进口到美国境内并作为原料用于生产或者用相同或相似的货物替代作为原料用于生产加拿大关税税目1701.99.00所列货物或墨西哥关税税目1701.99.01和1701.99.99（精制糖）所列货物。

2. 对加拿大与美国之间的贸易，以下货物不受第303条约束：

（1）进口的柑橘类产品；

（2）进口的货物，如果该货物作为原料用于生产或者用相同或相似的货物替代作为原料用于生产美国关税税目5811.00.20（绗缝棉布匹）、5811.00.30（绗缝人造布匹）或6307.90.99（家具移动垫）所列货物，或者加拿大关税税目5811.00.10（绗缝棉布匹）、5811.00.20（绗缝人造布匹）或6307.90.30（家具移动垫）所列货物，并且以上税目货物在出口至另一缔约方境内时享受最惠国关税税率；以及

（3）进口的货物，如果该货物作为原料用于生产或者用相同或相似的货物替代作为原料用于生产服装，并且该服装出口至另一缔约方境内时享受最惠国关税税率。

附件303.7：第303条的生效日期

第1节：加拿大

对加拿大而言，第303条适用进口至加拿大境内的以下货物：

（1）随后在1996年1月1日或之后，又出口至美国境内；或者随后在2001年1月1日或之后，又出口至墨西哥境内；

（2）作为原料生产另一种货物，随后在1996年1月1日或之后，又出口至美国境内；或者作为原料生产另一种货物，随后在2001年1月1日或之后，又出口至墨西哥境内；或者

（3）用相同或相似的货物替代作为原料生产另一种货物，随后在1996年1月1日或之后，又出口至美国境内；或者用相同或相似的货物替代作为原料生产另一种货物，随后在2001年1月1日或之后，又出口至墨西哥境内。

第2节：墨西哥

对墨西哥而言，第303条适用进口至墨西哥境内的以下货物：

（1）随后在2001年1月1日或之后，又出口至另一缔约方境内；

（2）作为原料生产另一种货物，随后在2001年1月1日或之后，又出口至另一缔约方境内；或者

（3）用相同或相似的货物替代作为原料生产另一种货物，随后在2001年1月1日或之后，

又出口至另一缔约方境内。

第 3 节:美国

对美国而言,第 303 条适用进口至美国境内的以下货物:

(1)随后在 1996 年 1 月 1 日或之后,又出口至加拿大境内;或者随后在 2001 年 1 月 1 日或之后,又出口至墨西哥境内;

(2)作为原料生产另一种货物,随后在 1996 年 1 月 1 日或之后,又出口至加拿大境内;或者作为原料生产另一种货物,随后在 2001 年 1 月 1 日或之后,又出口至墨西哥境内;或者

(3)用相同或相似的货物替代作为原料生产另一种货物,随后在 1996 年 1 月 1 日或之后,又出口至加拿大境内;或者用相同或相似的货物替代作为原料用于生产另一货物,随后在 2001 年 1 月 1 日或之后,又出口至墨西哥境内。

附件 303.8:第 303 条第 8 款对某些彩色阴极射线电视显像管的例外

墨西哥

对税目 8540.11.aa(彩色阴极射线电视显像管,包括视频监视器阴极射线管,对角线长度超过 14 英寸)或 8540.11.cc(高清电视机的彩色阴极射线电视显像管,对角线长度超过 14 英寸)所列货物,如果在 1991 年 7 月 1 日至 1992 年 6 月 30 日期间,有人进口该货物至墨西哥境内的数量不低于 20,000 个,并且假设在上述期间本协定已经有效,那么该货物不会被视为原产货物,只要该货物满足下列条件,墨西哥可退还已付关税,或者豁免或降低应付关税:

(1)随后自墨西哥境内出口至美国境内,或作为原料生产另一种货物,随后自墨西哥境内出口至美国境内,或用相同或相似的货物替代作为原料生产另一种货物,随后出口至美国境内,并且所有此类出口商合计的该货物美国出口总量不超过:

1)1994 年,1,200,000 个;

2)1995 年,1,000,000 个;

3)1996 年,800,000 个;

4)1997 年,600,000 个;

5)1998 年,400,000 个;

6)1999 年,200,000 个以及

7)2000 年及其以后为零,前提条件是任何一年获得关税退还、豁免或降低的该货物数量,应减去对应年份前一年符合原产货物规定的该货物数量,同时应将在加拿大与美国境内的业务或自加拿大与美国境内获得的原料,视为在非缔约方的业务或自非缔约方获得的原料。

(2)随后自墨西哥境内出口至加拿大境内,或作为原料生产另一种货物,随后自墨西哥境内出口至加拿大境内,或用相同或相似的货物替代作为原料生产另一种货物,随后出口至加拿大境内,并且所有此类出口商合计的该货物加拿大出口总量不超过:

1)1994 年,75,000 个;

2)1995 年,50,000 个;以及

3)1996 年及其以后,为零。

附件 304.1:现行关税豁免措施的例外

第 304 条第 1 款不适用墨西哥现行关税豁免措施,但是墨西哥不得:

(1)根据任何此类关税豁免要求的相应业绩,提高豁免关税与应付关税之比;或者

(2)对1991年7月1日生效的任何关税豁免措施,增加任何种类的进口货物作为可以获得关税豁免的对象。

附件304.2:现行关税豁免的延续

对第304条第2款而言:

(1)对加拿大与墨西哥之间的贸易,对1998年1月1日之前入境或从仓库提出以供消费的任何货物,加拿大可以满足业绩要求为条件,根据1998年1月1日或此前业已生效的任何措施,给予关税豁免;

(2)对加拿大与美国之间的贸易,《加拿大与美国自由贸易协定》第405条纳入本附件,并成为本附件的一部分,仅仅是针对本协定生效日之前美国或加拿大采取的措施;

(3)对2001年1月1日之前入境或从仓库提出以供消费的任何货物,墨西哥可以满足业绩要求为条件,根据2001年1月1日业已生效的措施,给予关税豁免;以及

(4)加拿大可豁免附件300－甲(汽车行业的贸易与投资)所列海关关税。

附件307.1:维修或改造之后重新入境的货物

第1节:加拿大

对自其境内出口至另一缔约方境内维修或改造后重新入境的货物,不论其原产地来源,加拿大可征收关税,具体如下:

(1)对第4节所列自墨西哥境内重新入境的货物,加拿大应根据附件302.2中加拿大关税削减时间表对此类货物适用的税率,对此类货物维修或改造的价值,征收关税;

(2)对第4节所列自美国或墨西哥境内重新入境的货物之外的货物,或对根据保单维修或改造的货物之外的货物,加拿大应根据纳入本协定附件302.2的《加拿大与美国自由贸易协定》附件401.2中加拿大关税表对此类货物适用的税率,对此类货物维修或改造的价值,征收关税;以及

(3)对第4节所列自美国境内重新入境的货物,加拿大应根据纳入本协定附件302.2的《加拿大与美国自由贸易协定》附件401.2中加拿大关税表对此类货物适用的税率,对此类货物维修或改造的价值,征收关税。

第2节:墨西哥

对第4节所列自其境内出口至另一缔约方境内维修或改造后重新入境的货物,不论其原产地来源,墨西哥可对此类货物维修或改造的价值,征收关税,所征税率为假设该货物被列入附件302.2中墨西哥关税削减时间表第二阶段应适用的关税税率。

第3节:美国

1. 美国可对以下货物征收关税:

(1)第4节所列货物,或者

(2)第4节未列并且并非根据保单维修或改造的货物,

不论其原产地来源,对自其境内出口至加拿大境内维修或改造后重新入境的上述货物,美国应根据纳入本协定附件302.2的《加拿大与美国自由贸易协定》适用的税率,对此类货物维修或改造的价值,征收关税。

2. 对第4节所列自其境内出口至墨西哥境内维修或改造后重新入境的货物,不论其原产地来源,美国可对此类货物维修或改造的价值,征收关税,关税税率为50%,并自1994年1月

1日分五年平均等量递减，自1998年1月1日此类货物维修或改造的价值免征关税。

第4节：货物清单

一缔约方根据其法律，登记在案的从事对外贸易或沿海贸易的任何船舶，包括以下所列在内，或拟从事此类贸易的船舶：

(1)游轮、游览船、轮渡船、货船、驳船以及用于运送乘客或货物的类似船只，包括：

1)油轮，

2)油轮之外的冷藏船，以及

3)其他货船以及其他客货两用船，包括开式船；

(2)捕鱼船，包括工厂船只以及用于加工或保存鱼类制品的其他船只，其注册长度不超过30.5米；

(3)灯船、消防艇、挖泥船、浮吊，以及对主要功能而言适航性是次要性的其他船只，浮动码头、浮动或可潜式钻探或生产平台，以及钻井船、钻井驳船和浮动钻井平台；以及

(4)拖船。

附件307.3：船舶的维修与改建

美国

关于船舶在美国境外的船坞进行何种维修不会损害该船舶的以下特殊权利：

(1)仍有资格从事沿海贸易或美国渔业，

(2)运输美国政府的货物，或者

(3)参与美国援助项目，包括"经营差别补贴"，

为了提高透明度，美国应

(4)不迟于1993年7月1日，向其他缔约方提供美国海关与海岸警卫队现行惯例的书面说明，解释并区别船舶维修与改建，包括解释"现成船接长工程"、船舶改装和事故维修，以及

(5)不迟于本协定生效之日，根据美国海商法，包括1920年《海运法》(《美国法典》第46篇第883节)与1936年《海运法》(《美国法典》第46篇第1171、1176、1241和1241o节)，启动定义"维修"与"改建"的立法进程。

附件308.1：某些自动数据处理设备及其部件的最惠国税率

第1节：一般条款

1. 对第2节附表308.1.1和附表308.1.2中关税条款所列货物，各缔约方应降低其最惠国关税税率，减至附表所示税率，减至任何缔约方在多边贸易谈判乌拉圭回合中同意的最低税率，或者减至根据第2节所列关税减让时间表或根据各缔约方可能同意的加速减让时间表中各缔约方可能同意的减让税率。

2. 虽有第四章(原产地规则)的规定，对第2节附表308.1.1中关税条款所列货物，如果最惠国关税税率与第一款规定的税率一致，那么各缔约方应将自另一缔约方境内进口至其境内的货物视为原产货物。

3. 一缔约方可以在第2节附表308.1.1或附表308.1.2规定的关税减让时间表之前，或者各缔约方可能同意的加速减让时间表之前，提前降低对第2节附表中关税条款所列任何货物的最惠国关税税率，减至任何缔约方在多边贸易谈判乌拉圭回合中同意的最低税率，减至附表308.1.1或附表308.1.2所列税率，或者减至各缔约方可能同意的减让税率。

4. 为进一步明确,最惠国关税税率不包括任何其他优惠税率。

第 2 节:关税税率与减让时间表

表 308.1.1

	关税税率	时间表[1]
自动数据处理设备		
8471.10	3.9%	S
8471.20	3.9%	S
数字处理设备		
8471.91	3.9%	S
输入或输出设备		
输入(输出)设备的总量:		
加拿大:		
8471.92.10	3.7%	S
墨西哥:		
8471.92.09	3.7%	S
美国:		
8471.92.10	3.7%	S
显示器:		
加拿大:		
8471.92.32	3.7%	S
8471.92.33	免税	S
8471.92.34	3.7%	S
8471.92.39	3.7%	S
墨西哥:		
8471.92.10	3.7%	S
8471.92.11	免税	S
美国:		
8471.92.30	免税	S
8471.92.40.75	3.7%	S
8471.92.40.85	3.7%	S
其他输入或输出设备:		
加拿大:		
8471.92.40	3.7%	S

续表

	关税税率	时间表
8471.92.50	免税	S
8471.92.90	免税	S
墨西哥:		
8471.92.12	3.7%	S
8471.92.99	免税	S
美国:		
8471.92.20	免税	S
8471.92.80	免税	S
8471.92.90.20	免税	S
8471.92.90.40	3.7%	S
8471.92.90.60	免税	S
8471.92.90.80	免税	S
存储设备		
8471.93	免税	S
其他自动数据处理设备		
8471.99	免税	S
电脑配件		
8473.30	免税	R
电脑电源		
加拿大:		
8504.40.40	免税	S
8504.90.80	免税	S
墨西哥:		
8504.40.12	免税	S
8504.90.08	免税	S
美国:		
8504.40.00A	免税	S
8504.40.00B	免税	S
8504.90.00B	免税	S

1 R:在本协定生效之日。
S:自 1999 年 1 月 1 日开始的五年内分五个均等阶段。

表 308.1.2

	关税税率	时间表[1]
金属氧化物压敏电阻		
加拿大:		
8533.40.10	免税	R
墨西哥:		
8533.40.07	免税	R
美国:		
8533.40.00A	免税	R
二极管、晶体管以及类似半导体器件;光敏半导体器件;发光二极管;已装配的压电晶体		
8541.10	免税	R
8541.21	免税	R
8541.29	免税	R
8541.30	免税	R
8541.50	免税	R
8541.60	免税	R
8541.90	免税	R
加拿大:		
8541.40	免税	R
墨西哥:		
8541.40	免税	R
美国:		
8541.40.20	免税	S
8541.40.60	免税	R
8541.40.70	免税	R
8541.40.80	免税	R
8541.40.95	免税	R
电子集成电路和微型组件		
8542	免税	R

1 R:在本协定生效之日。
S:自 1999 年 1 月 1 日开始的五年内分五个均等阶段。

附件 308.2:某些彩色阴极射线电视显像管的最惠国税率

1. 自本协定生效之日起第一个十年期间,任何缔约方如果考虑对税目 8540.11.aa(彩色阴极射线电视显像管,包括视频监视器阴极射线管,对角线超过十四英寸)或 8540.11.cc(用于高清电视机的彩色阴极射线电视显像管,对角线超过十四英寸)所列货物,降低其最惠国关税税率,应在降低关税之前,与其他缔约方进行磋商。

2. 除多边贸易谈判乌拉圭回合达成的关税降低之外,如果任何其他缔约方以书面形式反对这一关税降低措施,并且该缔约方仍然继续实施关税降低措施,那么任何表示反对的缔约方可对附件 302.2 所付该缔约方关税削减时间表中的相应关税税目所列原产货物,提高适用关税税率,提高幅度为假设该货物被列在关税削减时间表的第三阶段应适用的关税税率。

附件 308.3:局域网设备的最惠国免税待遇

为便于实施第 308 条第 3 款,各缔约方应就局域网设备的海关税则分类进行磋商,并应努力在 1994 年 1 月 1 日之前就此类货物在各缔约方关税表中的分类达成协议。

附件 310.1:现行海关使用费

第 1 节:墨西哥

墨西哥不得提高原产货物的海关手续费,并应最迟于 1999 年 6 月 30 日取消原产货物的此类费用。

墨西哥不得提高原产货物的海关手续费,并应最迟于 1999 年 6 月 30 日取消原产货物的此类费用。

第 2 节:美国

1. 美国不得提高商品手续费,并应根据《加拿大与美国自由贸易协定》第 403 条所列时间表,取消原产货物的此类费用,如果根据附件 311 此类货物符合条件被视为加拿大原产货物,不论该货物是否标明为原产。

2. 美国不得提高商品手续费,并应最迟于 1999 年 6 月 30 日,取消原产货物的此类费用,如果根据附件 311 此类货物符合条件被视为墨西哥原产货物,不论该货物是否标明为原产。

附件 311:原产地标识

1. 为本附件、附件 300 - 乙与附件 302.2 目的以及各缔约方可能同意的任何其他目的,各缔约方应最迟于 1994 年 1 月 1 日,制定关于确定某一货物是否是一缔约方货物的规则(“标识规则”)。

2. 各缔约方可要求根据标识规则确定的另一缔约方货物在进口至其境内时,须附带原产地标识,为该货物的最终购买者标明其原产地国名。

3. 各缔约方应允许另一缔约方货物以英语、法语或西班牙语标注其原产地,但是作为一般消费者信息措施的一部分,一缔约方可要求进口货物以该缔约方货物同样的方式标注其原产地。

4. 在采取、维持和实施与原产地标识有关的任何措施时,各缔约方应尽可能减少该措施可能对其他缔约方商业和产业造成的困难、成本与不便。

5. 各缔约方应:

(1)接受另一缔约方货物标识的任何合理方法,包括使用贴纸、标签、标牌或涂料,只要该标识显著、易读和足够耐用。

(2)在下列情况下,对另一缔约方货物,免除原产地标识要求:

1)无法标注;

2)在出口至另一缔约方境内之前加以标注,会损坏货物;

3)标识成本占货物海关估价的相当大比重,以至阻碍货物出口至另一缔约方境内;

4)标识会对货物功能造成实质损害,或对货物外观造成严重影响;

5)装载在容器之内,并且该容器的标识可以合理地向最终购买者标明货物的原产地;

6)未加工的物质;

7)进口是供进口商使用,并且不会以进口时的状态销售;

8)在进口缔约方境内,由进口商或代为进口商进行加工,并且根据标识规则,加工后的货物将被视为进口缔约方货物;

9)因其特性或进口状况,即便不加标注,最终购买方也可以合理地判断出货物的原产地;

10)进口的20多年之前生产;

11)进口时未按照要求加以标注,并且进口后注识成本将占货物海关估价的相当大比重,但是前提条件是进口前未加标注并非为了规避遵守标识要求;

12)只是临时免税入境、过境或保税或以其他方式置于海关监管之下;

13)艺术品真迹;或者

14)是子目6904.10或者品目8541或8542所列货物。

6. 除第5款第2项第6目、第7目、第8目、第9目、第10目、第12目、第13目和第14目所述货物之外,一缔约方可要求根据第5款第2项免除标识的货物,应在其最外部的通常容器上标注所装货物的原产地。

7. 各缔约方应规定:

(1)不论是否可以重复使用,进口时为空的通常容器不得要求其必须标注该容器的原产地,但是对其装载容器,可要求标注其所装内容的原产地,以及

(2)不论是否可以重复使用,进口时为满的通常容器,

1)不得要求其必须标注该容器的原产地,但是,

2)可要求标注其所装内容的原产地,除非所装内容已经标注原产地,并且该容器可以随时打开以备检查其所装内容,或者可以透过容器清楚可见所装内容上的标识。

8. 只要管理上切实可行,各缔约方应允许进口方在进口之后,但海关监管或保管结束之前,对一缔约方的货物进行标注,除非该进口商屡次违反该缔约方的原产地标识要求,并且该进口方事先已经收到书面通知,此类货物进口前应予标注。

9. 各缔约方应规定,根据第8款接到通知的进口方除外,未能遵守该缔约方原产地标识要求的,不会对其实施特殊关税或惩罚,除非货物未经正确标注即从海关保管或监管下提走,或者使用欺骗性标注。

10. 各缔约方应根据第513条(海关程序——工作组与海关小组),就本附件相关问题进行合作与磋商,包括免除原产地标注要求的其他情形。

11. 在本附件中:

"显著",系指在正常接触货物或容器的情况下,可以十分容易地看见;

"海关估价",系指为征收进口货物的海关关税而确定的货物完税价值;

"易读",系指可以容易地读到;

"耐用",系指除非有意拿掉,可以维持原样直至货物到达最终购买者;

"进口时的状态",系指标识规则所述海关税则分类发生任何变更之前,货物的状态;

"最终购买者",系指进口缔约方境内,以进口时的状态,购得货物的最后一人;该购买者

不一定是最终使用该货物的人;以及

“通常的容器”,系指在普通的情况下,到达最终购买者时,装载货物的容器。

附件 312.2:葡萄酒与蒸馏酒

第 1 节:加拿大与美国

对加拿大与美国之间的贸易,除第 312 条第 1 款或第 313 条所涉措施之外,与国内销售和分销葡萄酒与蒸馏酒有关的任何措施,应完全以《加拿大与美国自由贸易协定》相关条款为依据,受本协定管辖,为此目的,该协定此类条款纳入本协定,并成为本协定的一部分。

第 2 节:加拿大与墨西哥

对加拿大与墨西哥之间的贸易:

1. 除非第 3 款至第 6 款另有规定,对国内销售和分销葡萄酒与蒸馏酒有关的任何措施,第 301 条不适用:

(1)任何现行措施的不一致条款;

(2)对任何现行措施的不一致条款的延续或迅速延期;或者

(3)对任何现行措施的不一致条款的修正,只要该修正并不降低与第 301 条的相符程度。

2. 主张第一款应适用其任何措施的缔约方,应承担证明该主张有效性的举证责任。

3. (1)对另一缔约方的葡萄酒与蒸馏酒贸易信息发布的任何措施应:

1)符合第 301 条,

2)是透明的、非歧视性的,并对任何贸易信息发布申请及时做出决定,向申请人及时提供决定的书面通知,并且如果是否定性决定,提供拒绝理由的说明,

3)建立贸易信息发布决定的行政上诉程序,提供及时、公正和客观的裁决,

4)以正常的商业考虑为基础,

5)不设立变相的贸易壁垒,以及

6)予以发布,并且普遍提供给另一缔约方的人士。

(2)虽有第 3 款第 1 项和第 301 条的规定,并且如果不列颠哥伦比亚省的贸易信息发布措施在其他方面符合第 3 款第 1 项和第 301 条,不列颠哥伦比亚省的自动贸易信息发布措施可予保留,只要该措施仅适用年产量为不足 3 万加仑葡萄酒并符合现行本土化要求的既有地产酿酒厂。

4. (1)如果分销商是一公共实体,该实体可收取另一缔约方葡萄酒或蒸馏酒与国产葡萄酒或蒸馏酒之间实际服务成本差额。任何此种差额不应超过出口缔约方葡萄酒或蒸馏酒的审计服务成本与进口缔约方葡萄酒或蒸馏酒的审计服务成本之差的实际金额。

(2)虽有第 301 条的规定,应适用 1989 年 2 月 28 日《加拿大与欧共体关于酒精类饮料贸易和商业的协定》“蒸馏酒”定义除外的第 1 条(定义)、第 4.3 条(葡萄酒),以及附件一、附件二和附件三,但是可能因具体情况须略作修改。

(3)对蒸馏酒的所有歧视性加价,应自本协定生效之日立即取消。第 1 项所述服务成本差额加价,则应被允许。

(4)任何其他歧视性的定价措施,应自本协定生效之日立即取消。

5. (1)与另一缔约方葡萄酒或蒸馏酒的分销有关的任何措施,应符合第 301 条。

(2)虽有第 1 项的规定,并且如果分销措施在其他方面保证符合第 301 条,一缔约方可

1)维持或采用措施,以便将葡萄酒厂或蒸馏酒厂销售的供当场消费的酒限制为该厂自产

的葡萄酒或蒸馏酒，以及

2）维持措施，要求安大略省和不列颠哥伦比亚省现有的私营葡萄酒商店对本省产葡萄酒给予特别优惠待遇，只要其程度不超过任何现行措施规定的特别优待。

（3）本协定中的任何条款，不得禁止魁北克省要求该省杂货商店销售的任何葡萄酒必须在该省装瓶，前提条件是魁北克省须有其他店铺销售另一缔约方葡萄酒，不论此类葡萄酒是否在该省装瓶。

6. 各缔约方保留各自在《关税与贸易总协定》以及在《关税与贸易总协定》之下谈判达成的各项协定的权利与义务，本附件另有具体规定的除外。

7. 在本附件中：

“葡萄酒”，包括纯葡萄酒以及含葡萄酒的饮料。

附件 313：特色产品

1. 加拿大与墨西哥应承认波旁威士忌和田纳西威士忌为美国特色产品，田纳西威士忌是一种仅授权在田纳西州生产的纯波旁威士忌。因此，加拿大与墨西哥不得允许任何产品作为波旁威士忌或田纳西威士忌销售，除非它是根据美国管理波旁威士忌和田纳西威士忌生产的各项法律和条例，生产于美国。

2. 墨西哥与美国应承认加拿大威士忌为加拿大特色产品。因此，墨西哥与美国不得允许任何产品作为加拿大威士忌销售，除非它是根据加拿大管理供其国内消费的加拿大威士忌生产的各项法律和条例，生产于加拿大。

3. 加拿大与美国应承认墨西哥龙舌兰酒和麦斯卡尔酒为墨西哥特色产品。因此，加拿大与美国不得允许任何产品作为龙舌兰酒或麦斯卡尔酒销售，除非它是根据墨西哥管理龙舌兰酒和麦斯卡尔酒生产的各项法律和条例，生产于墨西哥。本条款应自本协定生效之日，或墨西哥政府关于麦斯卡尔酒的官方强制标准生效之日 90 天后，对麦斯卡尔酒生效，以较晚的日期为准。

附件 314：出口税

墨西哥

1. 墨西哥可对第 4 款所列基本食品的出口，对其原料或对派生此种基本食品的货物，采取或维持关税、国内税或其他费用，如果采取或维持的此类关税、国内税或其他费用适用对所有其他缔约方境内的此类货物出口，并且用于：

（1）将此类食品的国内食品援助计划的受益对象限制为国内消费者；或者

（2）作为政府稳定计划的一部分，将此类食品的国内价格压低于世界市场价格的时候，保证国内消费者可以获得足够数量的此类食品，或者保证国内加工行业可以获得足够数量的此类食品原料或派生此类食品的货物，前提条件是此类关税、国内税或其他费用：

1）不用于提高对国内相关产业的保护，并且

2）维持的期限不超过维持该稳定计划的完整性所必需的限度。

2. 虽有第 1 款的规定，墨西哥可对出口至另一缔约方境内的任何食品，采取或维持关税、国内税或其他费用，如果此类关税、国内税或其他费用的实施仅限于暂时缓解该食品的严重短缺。就本款而言，“暂时”系指不超过一年，或各缔约方可能同意的更长时间。

3. 自本协定生效之日起 10 年内，墨西哥可对《一般出口税法》关税表中关税税目

4001.30.02所列货物的出口,维持现行国内税。

4. 在第1款中,“基本食品”系指:

豆类

牛排或牛肉馅

牛肝

牛杂和牛骨

啤酒

面包

赤砂糖

罐装沙丁鱼

罐装金枪鱼

罐装辣椒

鸡汤汁

炼乳

熟火腿

墨西哥玉米饼

玉米粉

玉米面团

薄脆饼干

蒸发奶

小型法式面包

白明胶

碎牛肉

速溶咖啡

低价曲奇饼干

人造黄油

燕麦片

巴氏杀菌奶

巧克力粉

儿童奶粉

奶粉

大米

烘焙咖啡

盐

软饮料

汤膏

番茄浓汁

植物油

植物脂肪

小麦粉

白糖

附件 315：其他出口措施

第 315 条不适用墨西哥与其他缔约方之间的贸易。

附件 300 - 甲：汽车行业的贸易与投资

1. 各缔约方给予其境内所有现有的车辆制造商的待遇，不得低于根据本附件所指措施给予其境内任何新的车辆制造商的待遇，但是这一义务不得解释为适用本附件中的附录特别规定的任何待遇差别。

2. 各缔约方应最迟于 2003 年 12 月 31 日，评估北美汽车行业的地位和本附件所指措施的有效性，旨在决定可能采取的行动，以加强这一行业的一体化和全球竞争力。

3. 附录 300 - 甲.1，300 - 甲.2 和 300 - 甲.3 适用该附录所指缔约方之间的汽车行业贸易与投资。

4. 除非各项附录另有规定，在本附件中：

"现有的车辆生产商"，系指 1992 车型年之前，在有关缔约方境内生产车辆的生产商。

"新的车辆生产商"，系指 1991 车型年之后，在有关缔约方境内开始生产车辆的生产商。

"二手车辆"，系指以下车辆：

(1)已经出售、出租或出借的车辆；

(2)车辆行驶里程超过：

1)1,000 千米，如果该车辆的总重量不到 5 公吨，或者

2)5,000 千米，如果该车辆的总重量为 5 公吨或 5 公吨以上；或者

(3)本年度之前生产并且已过自生产日期至少 90 天的车辆。以及

"车辆"，系指汽车、卡车、公交车或特殊用途机动车，但是不包括摩托车。

附录 300 - 甲.1：加拿大

现行措施

1. 根据《加拿大与美国自由贸易协定》第 1001 条以及第 1002 条(关于附件 1002.1 第一部分)第 1 款与第 4 款，第 1005 条第 1 款与第 3 款，以及附件 1002.1 第一部分(关税豁免)，加拿大与美国可维持 1965 年 1 月 16 日在得克萨斯州约翰逊城签署并于 1966 年 9 月 16 日生效的《加拿大政府与美国政府关于汽车产品的协定》。为此目的，《加拿大与美国自由贸易协定》的相关条款纳入本协定，并成为本协定的一个部分，但是对该协定第 1005 条第 1 款而言，本协定第四章(原产地规则)应取代《加拿大与美国自由贸易协定》第三章而予以实施。

2. 加拿大可维持《加拿大与美国自由贸易协定》第 1002 条(关于附件 1002.1 第二部分和第三部分)第 1 款与第 4 款、第 1002 条第 2 款与第 3 款、第 1003 条，以及附件 1002.1 第二部分(基于出口的关税豁免)与第三部分(基于生产的关税豁免)所指措施。加拿大应根据该协定所列条款，取消此类措施。

3. 为进一步明确，第 1 款与第 2 款所列待遇差别，不得视为与第 1103 条(投资——最惠国待遇)不一致。

二手车辆

4. 加拿大可采取或维持措施，禁止或限制自墨西哥境内的二手车辆进口，但是以下情形

除外：

(1)自2009年1月1日，加拿大不可采取或维持措施，禁止或限制自墨西哥境内进口车龄至少在十年的原产二手车辆；

(2)自2011年1月1日，加拿大不可采取或维持措施，禁止或限制自墨西哥境内进口车龄至少在八年的原产二手车辆；

(3)自2013年1月1日，加拿大不可采取或维持措施，禁止或限制自墨西哥境内进口车龄至少在六年的原产二手车辆；

(4)自2015年1月1日，加拿大不可采取或维持措施，禁止或限制自墨西哥境内进口车龄至少在四年的原产二手车辆；

(5)自2017年1月1日，加拿大不可采取或维持措施，禁止或限制自墨西哥境内进口车龄至少在两年的原产二手车辆；以及

(6)自2019年1月1日，加拿大不可采取或维持措施，禁止或限制自墨西哥境内进口原产二手车辆。

5. 第4款不得解释为允许加拿大减损其在第十二章(跨境服务贸易)关于陆路运输服务的义务，包括附件一所付加拿大明细表。

附录300－甲.2：墨西哥

《汽车法令》与《汽车法令实施细则》

1. 在2004年1月1日之前，墨西哥可维持1989年12月11日颁布的《汽车行业发展与现代化法令》(以下简称《汽车法令》)与1990年11月30日颁布的《关于确立汽车法令实施细则的决议》(以下简称《汽车法令实施细则》)中与本协定原本不一致的条款，但是以遵守第2款至第12款所列条件为限。墨西哥应最迟于2004年1月1日，使《汽车法令》与《汽车法令实施细则》中的任何不一致条款与本协定其他条款相符合。

汽车零部件行业、全国性供应商与独立的边境加工厂

2. 墨西哥不得要求将一个企业取得超过其销售总额20%的国内附加值，作为其获得汽车零部件行业的全国性供应商或企业的资格。

3. 墨西哥可要求在仅为第2款目的而计算国内附加值时，汽车零部件行业的全国性供应商或企业应将关税计入该供应商或企业用于生产汽车零部件的进口货物的价值。

4. 墨西哥应将全国性供应商地位授予一家独立的边境加工厂，只要该厂申请这一地位并满足经第2款与第3款修改后的现行《汽车法令》规定的这一地位资格要求。墨西哥应继续给予申请全国性供应商地位的所有独立的边境加工厂，根据1989年12月22日颁布的现行《促进和运行边境来料加工出口行业的法令》(以下简称《边境来料加工法令》)，所应给予的一切现有的权利与特权。

国内附加值

5. 墨西哥应规定，制造商计算其对供应商提供货物的法定国内附加值时，须以下列数值的百分比表示：

1)第8款所列该制造商的参考价值；或者

2)该制造商的总的国内附加值，

以上述两个数值中较高者为准，但是墨西哥应规定，1991车型年之后在墨西哥开始生产车辆的制造商，计算其对供应商提供货物的法定国内附加值时，须以其总的国内附加值的百分

比表示。

6. 墨西哥不可要求第5款所指百分比高于下列百分比：

(1)自1994年1月1日开始的前五年中的每一年，34%；

(2)1999年，33%；

(3)2000年，32%；

(4)2001年，31%；

(5)2002年，30%；以及

(6)2003年，29%。

7. 虽有第6款的规定，墨西哥应允许1992车型年之前在墨西哥生产车辆的制造商，使用对供应商提供货物的实际国内附加值与该制造商在1992车型年达到的总的国内附加值之比率，作为第5款所指百分比，只要该比率低于第6款规定的适用比例。在确定1992车型年的此种比率时，制造商购自独立的边境加工厂的汽车零部件，在计算该制造商对供应商提供货物的国内附加值时应予计入，这与购自汽车零部件行业任何其他全国性供应商或企业的计算方法并无不同，前提条件是假设本附录第2款、第3款和第4款在当时具有效力，该独立的边境加工厂便有资格获得全国性供应商地位。

8. 制造商每年的参考价值（"参考价值"）应为：

(1)自1994年至1997年期间的每一年，该制造商的基准值，加上该制造商在墨西哥该年的总销售额与基准值之差的不超过65%；

(2)自1998年至2000年期间的每一年，该制造商的基准值，加上该制造商在墨西哥该年的销售总额与基准值之差的不超过60%；以及

(3)自2001年至2003年期间的每一年，该制造商的基准值，加上该制造商在墨西哥该年的销售总额与基准值之差的不超过50%。

9. 墨西哥应规定，如果制造商在墨西哥某年的销售总额低于其基准值，则该制造商该年的参考价值应等于其在墨西哥该年的销售总额。

10. 如果异常生产中断影响制造商的生产能力，墨西哥应允许该制造商向根据《汽车法令》第五章设立的汽车行业秘书处间委员会，提出申请，降低其参考价值。如果该委员会认定此种异常生产中断确实削弱了该制造商的生产能力，该委员会应根据情况，酌情降低该制造商的参考价值金额。

11. 经制造商请求，如果汽车行业秘书处间委员会判定该制造商的生产能力，确因其生产设施的重大设备更新或厂房改建而显著下降，该委员会应根据受影响情况，酌情降低该制造商该年的参考价值金额，但是前提条件是因该委员会决定降低该制造商的参考价值而可能导致的该制造商对供应商提供货物的法定国内附加值的任何降低金额，制造商应在设备更新或厂房改建完成之日起24个月内，予以完全弥补。

贸易差额

12. 墨西哥不可要求制造商在计算贸易差额时，计入该制造商当年为供在墨西哥的销售而在墨西哥生产所用的直接和间接进口汽车零部件价值的百分比，高于下列百分比：

(1)1994年，80%；

(2)1995年，77.2%；

(3)1996年，74.4%；

(4)1997 年,71.6%;

(5)1998 年,68.9%;

(6)1999 年,66.1%;

(7)2000 年,63.3%;

(8)2001 年,60.5%;

(9)2002 年,57.7%;以及

(10)2003 年,55%。

13. 墨西哥应规定,为了确定制造商总的国内附加值,第 12 款不应适用计算制造商的贸易差额。

14. 墨西哥应允许延续贸易差额出现一次盈余的制造商,用其延续贸易差额除以第 12 款适用的百分比,以确定该制造商可能进口的新车辆的总价值。

15. 墨西哥应规定,制造商在计算其延续贸易差额时,使用的调整系数应等于:

(1)对 1992 车型年之前生产车辆的制造商而言,

1)该制造商的参考价值或该制造商总的国内附加值中较大者,减去

2)该制造商对供应商提供货物的实际国内附加值除以根据第 6 款或第 7 款规定的适当比例;

(2)对所有其他制造商而言,

1)该制造商总的国内附加值,减去

2)该制造商对供应商提供货物的实际国内附加值除以第 6 款规定的适当比例,

但是如果根据第 1 项或第 2 项,第 2 目与第 1 目两者之差为负值,则调整系数为零。

16. 确定制造商从 1991 车型年之前挣得的未用盈余中,可以用于其延续贸易差额的年度数额时,墨西哥应在任何一年允许制造商选择:

(1)使用现行《汽车法令实施细则》的程序;或者

(2)使用最高相当于 1.5 亿美元的墨西哥比索,自本协定生效之日起,按照经济顾问委员会在其"经济指标"上发布的美国国内生产总值的隐含物价平减指数或任何后续指数(以下简称"美国国内生产总值物价平减指数"),每年根据累积通货膨胀对其进行调整。如果根据 1994 年之后至某一年某一月的累积通货膨胀率,调整 1.5 亿美元的上限,1.5 亿美元应乘以下列比率:

(1)该年该月美国国内生产总值物价平减指数,比

(2)本协定生效之日美国国内生产总值物价平减指数,

前提条件是第 1 目与第 2 目中的物价平减指数的基准年必须相同。

据此调整后的金额应取最近的百万美元整数。

《汽车法令》中的其他限制条款

17. 墨西哥应取消根据制造商在墨西哥销售的机动车辆总数,限制该制造商可以进口至墨西哥的机动车辆总数的任何限制措施。

18. 为进一步明确,第 5 款、第 7 款与第 15 款规定的待遇差别,不得视为与第 1103 条(投资——最惠国待遇)不一致。

19. 自本协定生效之日起的第一个十年期间,对《一般进口税法》所付关税表中以下现行税目所列新的汽车产品的进口,墨西哥可维持禁止或限制:税目 8407.34.02(大于 1000 立方

厘米但是小于或等于 2000 立方厘米的汽油发动机,但是摩托车用除外)、8407.34.99(大于 2000 立方厘米的汽油发动机,但是摩托车用除外)与 8703.10.99(其他特种车辆)。但是对以下税目所列汽车产品的进口,墨西哥不可进行禁止或限制:税目 8407.34.02(大于 1000 立方厘米但是小于或等于 2000 立方厘米的汽油发动机,但是摩托车用除外)、8407.34.99(大于 2000 立方厘米的汽油发动机,摩托车用除外)与 8703.10.99(其他特种车辆),只要进口的制造商符合经本附录修改的《汽车法令》与《汽车法令实施细则》。

《汽车运输法令》与《汽车运输法令实施细则》

20. 墨西哥应废除 1989 年 12 月颁布的《汽车运输车辆制造行业发展与现代化法令》与 1990 年 11 月颁布的《关于制定汽车运输法令实施细规的决议》。墨西哥可采取或维持关于汽车运输车辆、汽车运输零部件或汽车运输车辆制造商的任何措施,只要该措施与本协定并无不一致之处。

汽车运输车辆的进口

21. 截至 1999 年 1 月 1 日,墨西哥可采取或维持措施,禁止或限制进口另一缔约方的汽车运输车辆,但是根据第 22 款与第 23 款进口汽车运输车辆的除外。

22. 自 1994 年至 1998 年期间的每一年,对每一型号的汽车运输车辆,墨西哥应允许汽车运输车辆的任何制造商进口一定数量的原产汽车运输车辆,其数量至少达到该制造商同年在墨西哥生产的该型号车辆的 50%。

23. 自 1994 年至 1998 年期间的每一年,墨西哥应允许汽车运输车辆制造商之外的人进口各种型号的原产汽车运输车辆,进口数量应在这些进口人之间分配:

(1)1994 年和 1995 年的每一年,在墨西哥生产的每一种型号的汽车运输车辆总量的至少 15%;

(2)1996 年,在墨西哥生产的每一种型号的汽车运输车辆总量的至少 20%;以及

(3)1997 年和 1998 年的每一年,在墨西哥生产的每一种型号的汽车运输车辆总量的至少 30%。

墨西哥应通过非歧视性拍卖方式,分配此类进口数量。

二手车辆

24. 墨西哥可采取或维持措施,禁止或限制自另一缔约方境内进口二手车辆,但是以下情形除外:

(1)自 2009 年 1 月 1 日,墨西哥不可采取或维持措施,禁止或限制自加拿大或美国境内进口车龄至少在十年的原产二手车辆;

(2)自 2011 年 1 月 1 日,墨西哥不可采取或维持措施,禁止或限制自加拿大或美国境内进口车龄至少在八年的原产二手车辆;

(3)自 2013 年 1 月 1 日,墨西哥不可采取或维持措施,禁止或限制自加拿大或美国境内进口车龄至少在六年的原产二手车辆;

(4)自 2015 年 1 月 1 日,墨西哥不可采取或维持措施,禁止或限制自加拿大或美国境内进口车龄至少在四年的原产二手车辆;

(5)自 2017 年 1 月 1 日,墨西哥不可采取或维持措施,禁止或限制自加拿大或美国境内进口车龄至少在两年的原产二手车辆;以及

(6)自 2019 年 1 月 1 日,墨西哥不可采取或维持措施,禁止或限制自加拿大或美国境内进

口原产二手车辆。

25.(1)第24款不适用《一般进口关税法》关税表中税目8705.20.01(移动钻探井架)、8705.20.99(其他移动钻探井架)或8705.90.019(街道清扫车)所列二手车辆的临时性进口。在墨西哥可能采取或维持禁止或限制第24款所列车辆进口的期间内,此种进口应符合附件301.3第2节第4款第2项规定的条件。

(2)第24款不得解释为允许墨西哥减损其在第十二章(跨境服务贸易)中关于陆路运输服务的义务,包括附件一所付墨西哥明细表。

进口许可措施

26.在必要的限度内,墨西哥可采取或维持进口许可措施:

(1)根据经本附录修改的《汽车法令》与《汽车法令实施细则》,对进口机动车辆实施限制;

(2)根据本附录第19款,对进口《一般进口关税法》关税表中税目8407.34.02(大于1000立方厘米但小于或等于2000立方厘米的汽油发动机,但是摩托车用除外)或8703.10.99(其他特殊车辆)所列新的汽车产品实施限制;

(3)根据本附录第22款与第23款,对进口汽车运输车辆实施限制;以及

(4)根据本附录第24款第1项至第6项,对进口二手机动车辆或二手汽车运输车辆或《一般进口关税法》关税表中现行税目8702.90.01(无轨电车)、8705.10.01(移动吊车)、8705.20.99(其他移动钻探井架)、8705.90.01(街道清扫车)或8705.90.99(其他特殊用途车辆)所列其他二手车辆实施限制;

前提条件是此类措施对此类货物进口的贸易限制作用不得超出根据本附录实施的限制,并且许可应颁发给满足墨西哥此类货物进口法定要求的任何人。

定义

27.在本附录中:

"异常生产中断",系指由于自然灾害、火灾、爆炸或制造商无法控制的其他不可预见事件,造成的制造商生产能力的破坏。

"汽车产品"(《汽车法令实施细则》第1条规则第3款所称"汽车产品"),系指机动车辆与汽车零部件。

"汽车零部件"(《汽车法令》第2条第10款所称"汽车零部件"),系指拟用于机动车辆的零件与部件。

"汽车运输零部件",系指拟用于汽车运输车辆的零件与部件。

"汽车运输车辆",系指下列类型之一的车辆:

(1)没有底盘但是有完整车身的车辆,拟用于载客10人以上,车辆总重达8864千克以上,在《一般进口关税法》关税表中列入税目8702.10.02、8702.10.03、8702.90.03、8702.90.04、8705.20.01或8705.40.01;

(2)有底盘的车辆,拟用于运输货物或载客10人以上,车辆总重达8864千克以上,在《一般进口关税法》关税表中列入税目8702.10.01、8702.10.03、8702.90.02、8702.90.04、8704.22.99、8704.23.99、8704.32.99、8705.20.01、8705.40.01或8706.00.99;或者

(3)有两个或三个轴的车辆,或者拥有完整设备或拟通过牵引拖车来运输货物,或者是半拖车,在《一般进口关税法》关税表中列入税目8701.20.01、8705.20.01、8705.40.01或8706.00.99。

"基准值",系指在1991车型年和1992车型年制造商为供在墨西哥的销售而在墨西哥生产的产量平均值,按照墨西哥银行发布在其"经济指标"中的墨西哥全国车辆、汽车零部件以及其他交通产品生产者价格指数或任何后续指数(以下简称"墨西哥全国生产者价格指数"),每年根据累积通货膨胀率对其进行调整。如果根据至1994年或其后一年的累计通货膨胀率,调整基准值,1991车型年和1992车型年制造商为供在墨西哥的销售而在墨西哥生产的产量平均值,应乘以如下比率:

(1)该年墨西哥全国生产者价格指数,比

(2)1992年墨西哥全国生产者价格指数,

前提条件是第1项与第2项中价格指数的基准年必须相同。

"汽车零部件行业企业"(《汽车法令》第2条第5款、第6条与第7条所称"汽车零部件行业企业"),系指根据墨西哥法律组成或成立并在墨西哥运营的生产汽车零部件的企业,并且:

(1)销售给制造商汽车零部件作为原产设备用于该制造商生产汽车产品在墨西哥销售,该企业每年的上述汽车零部件销售发票金额占其每年总销售发票金额的60%以上,销售给制造商汽车零部件的年发票金额的计算依照1992年8月12日颁布的《汽车法令实施细则》第20条规则或墨西哥通过的限制性不超过该规则的任何其他措施;

(2)符合本附录第2款与第3款规定的国内附加值要求;

(3)符合1973年3月9日通过的《促进墨西哥投资和规范外国投资法》和1989年5月16日通过的《促进墨西哥投资和规范外国投资法的实施细则》规定的资本结构,根据第五编(投资、服务及其相关事宜)附件一所付的时间表中墨西哥所作的承诺这些条款将得到一致地实施;以及

(4)在满足第1项、第2项和第3项要求的前提下,在贸易与工业发展部作为汽车零部件行业企业登记,例外情形是贸易与工业发展部可能给予符合第2项与第3项但不符合第1项的企业登记。

"延续贸易差额",对一个制造商而言,等于 $S + T + W + 0.3I + SFt - Y$,其中

(1)S表示该制造商的贸易差额;

(2)T表示以下的转移:

1)该制造商与其他制造商之间贸易差额盈余的转移,以及

2)汽车零部件行业企业从汽车零部件出口中挣得的外汇转移到该制造商,剔除出口中的进口成分价值,并剔除企业从制造商促成的零部件出口中挣得的外汇,

上述转移须遵照1992年8月12日颁布的《汽车法令实施细则》第8条规则或墨西哥通过的限制性不超过该规则的任何其他措施;

(3)W表示来料加工厂从汽车产品出口中挣得的外汇转移到该制造商,剔除出口中进口成分价值,前提是该来料加工厂不是全国性的供应商,并满足下列条件中的一个或一个以上:

1)无论直接还是间接,该制造商是该来料加工厂的主要股东,

2)该制造商和该来料加工厂拥有共同的主要股东,或者

3)该制造商是该来料加工厂出口的汽车产品的促销者,

计算方法依照1992年8月12日颁布的《汽车法令》第9条与《汽车法令实施细则》第8条规则或墨西哥通过的限制性不超过该条或该规则的任何其他措施;

(4)I表示该制造商对原产于墨西哥并预定永久用于墨西哥的固定资产投资额,不包括在

墨西哥采购但是不在墨西哥生产的机器与设备，根据1992年8月12日颁布的《汽车法令》第11条与《汽车法令实施细则》第8条规则或墨西哥通过的限制性不超过该条或该规则的任何其他措施，该制造商可将这些投资转移到其延续的贸易差额；

(5) SFt 表示该制造商过去年份未用并转移到本年度的贸易差额盈余，其计算方法依照1992年8月12日颁布并经本附录修改的《汽车法令实施细则》第17条和第19条规则或墨西哥通过的限制性不超过这些规则的任何其他措施；以及

(6) Y 表示根据第15款而计算出来的调整系数；

“独立的边境加工厂”，系指根据现行的《边境加工厂法令》注册为边境加工出口企业的企业，该企业与任何制造商没有共同的主要股东，并且也没有制造商是该企业直接或间接的主要股东。

“制造商”(《汽车法令》第2条第4款、第3条、第4条与第5条所称“制造商”)，系指根据墨西哥法律成立或组成并在墨西哥运营的企业：

(1)在墨西哥贸易与工业发展部注册；并且

(2)在墨西哥从事机动车辆的生产或最终组装。

“汽车运输车辆制造商”，系指根据墨西哥法律成立或组成并在墨西哥运营的企业：

(1)在墨西哥贸易与工业发展部注册；

(2)在墨西哥生产汽车运输车辆；并且

(3)该企业：

1)在墨西哥生产的汽车运输车辆与汽车运输车辆零部件销售的发票总金额，减去

2)该企业直接进口的汽车运输车辆零部件的发票总金额，加上该企业在墨西哥购买的汽车运输车辆零部件的进口成分价值，

等于该企业在墨西哥生产的汽车运输车辆与汽车运输车辆零部件销售的发票总金额的至少40%。

“制造商为供在墨西哥的销售而在墨西哥生产的产量”，系指制造商在墨西哥生产的机动车辆与车辆零部件在墨西哥销售的发票总金额，不包括该制造商进口机动车辆的销售额。

“制造商在墨西哥的销售总额”，系指制造商在墨西哥生产并在墨西哥销售的机动车辆的发票总金额，加上该制造商进口机动车辆销售的发票总金额。

“车型年”(《汽车法令》第2条第9款所称“车型年”)，系指从11月1日开始的为期12个月的期间。

“机动车辆”(《汽车法令》第2条第4款所称“机动车辆”)，系指汽车、广泛使用的紧凑型汽车、商用卡车、轻型卡车或中型卡车，其中：

(1)“汽车”，系指拟运输至少10人的车辆，在《一般进口关税法》中列入税目8703.21至8703.33、8703.90.99、8706.00.01、8706.00.02或8706.00.99；

(2)“广泛使用的紧凑型汽车”，系指符合现行的1989年8月2日颁布的《关于给予广泛使用的紧凑型汽车关税豁免的法令》规定的特点的车辆，在《一般进口关税法》中列入税目8703.21至8703.33、8703.90.99、8706.00.01、8706.00.02或8706.00.99；

(3)“商用卡车”，系指底盘可有可无的车辆，拟用于货物运输或载客10人以上，车辆总重可达2727千克，在《一般进口关税法》中列入税目8702.10、8702.90.02、8702.90.03、8702.90.04、8703.21至8703.33、8703.90.99、8704.21.99、8704.31.99、8705.20.01、

8705.40.01、8706.00.01、8706.00.02 或 8706.00.99；

(4)“轻型卡车”，系底盘可有可无的车辆，拟用于货物运输或载客 10 人以上，车辆总重大于 2727 千克但是不超过 7272 千克，在《一般进口关税法》中列入税目 8702.10、8702.90.02、8702.90.03、8704.90.04、8704.21.99、8704.22.99、8704.31.99、8704.32.99、8705.20.01、8705.40.01、8706.00.01、8706.00.02 或 8706.00.99；以及

(5)“中型卡车”，系指底盘可有可无的车辆，拟用于货物运输或载客 10 人以上，车辆总重大于 7272 千克但是不超过 8864 千克，在《一般进口关税法》列入税目 8702.10、8702.90.02、8702.90.03、8702.90.04、8704.22.99、8704.32.99、8705.20.01、8705.40.01、8706.00.01、8706.00.02 或 8706.00.99。

“全国性供应商”(《汽车法令》第 2 条第 7 款所称之“全国性供应商”)，系指根据墨西哥法律成立或组成并在墨西哥运营的企业：

(1)向制造商提供墨西哥国家统计、地理与信息协会 1980 年发布的投入—产出矩阵中类别为 26、40、41、42、43 以及 57 的汽车零部件；

(2)在墨西哥贸易与工业发展部注册；

(3)没有任何制造商是其直接或间接的主要股东；

(4)其主要股东不是任何厂商的主要股东；以及

(5)符合第 2 款与第 3 款规定的国内附加值要求。

“对供应商提供货物的国内附加值”(《汽车法令实施细则》第 18 条规则所称之“对供应商提供货物的国内附加值”)，系指对制造商而言，以下两个数值之和：

(1)该制造商自全国性供应商和汽车零部件企业购买的汽车零部件中所含的国内附加值，扣除自此种供应商和企业购买的预定用于售后市场的汽车零部件，以及

(2)全国性供应商和汽车零部件行业企业生产的汽车零部件出口创造的外汇，扣除出口中的进口成分价值，并且此种出口是制造商促成的，

计算方法依照 1992 年 8 月 12 日颁布的《汽车福利实施细则》第 18 条规则中的公式七或墨西哥通过的限制性不超过该公式的任何其他措施。

“国内附加值”，系指对汽车零部件行业企业或全国性供应商而言，该企业或该供应商的销售总额减去其直接或间接的进口总额，并根据第 2 款与第 3 款所作的修改，该进口总额不包括面向售后市场的用于汽车零部件组装的进口。

“国内总附加值”(《汽车法令实施细则》第 18 规则所称之“国内总附加值”)，系指对制造商而言，以下两者中的一个：

(1)制造商为供在墨西哥的销售而在墨西哥生产的产量，加上生产商的贸易差额，如果生产商的贸易差额大于零；或者

(2)制造商为供在墨西哥的销售而在墨西哥生产的产量，如果生产商的贸易差额为负值。

“销售总额”，系指对全国性供应商或汽车零部件行业企业来说，以下两个数值之和：

(1)该供应商或该企业销售给制造商的汽车零部件发票金额，前提条件是制造商将这些汽车零部件作为原始设备用于生产机动车辆或汽车零部件，不包括用于售后市场的零部件；以及

(2)该供应商或该企业直接或通过制造商出口的汽车零部件的价值，减去这些汽车零部件的进口成分价值。

"贸易差额"(《汽车法令实施细则》第9条规则所称"贸易差额"),对制造商而言,等于X+TP-ID-IP,其中:

(1)X表示制造商直接出口它所生产的机动车辆和汽车零部件的出口额,

(2)TP表示全国性供应商与汽车零部件行业企业生产的汽车零部件出口创造的外汇,扣除出口中进口成分价值,并且此种出口是制造商促成的,

(3)ID表示制造商直接进口的价值,不包括关税与国内税,并且不管进口是供国内消费还是再出口,均被用于制造商生产的机动车辆和汽车零部件,不包括最终用于售后市场的汽车零部件,以及

(4)IP表示为了生产机动车辆和汽车零部件,制造商自汽车零部件行业企业或全国性供应商购买的汽车零部件中进口部分的价值,不包括最终用于售后市场的汽车零部件中的进口成分,其计算方法依据1992年8月12日颁布的《汽车法令实施细则》第10条、第12条、第13条、第14条和第15条规则或墨西哥通过的限制性不超过这些规则的任何其他措施。

此外,对第3项和第4项而言,用于国内消费的进口价值应按照第12款的规定打上折扣。

附件300-甲.3:美国——公司平均燃油经济性

1. 根据第2款规定的时间表,为了遵守1975年《能源政策与保护法》(《美国法典》第42编第6201条及其以下条款,以下简称《公司平均燃油经济法》),如果在任何一个年型年,制造商生产的汽车成本的至少75%是在加拿大、墨西哥或美国增值的,那么美国就应将此种汽车视为国内生产,除非汽车在加拿大或墨西哥装配,并且在年型车年底之后的30天届满之前未进口至美国。

2. 第1款应适用所有在美国生产并在美国销售的汽车,无论生产地点,也不论是何车系,时间安排如下:

(1)对于1992车型年之前在墨西哥开始生产汽车的制造商,受《公司平均燃油经济法》对汽车燃油性能要求约束的制造商可在1997年1月1日至2004年1月1日之间的任何时间做一次性选择,以使第1款在做出选择之后的下一个车型年开始适用;

(2)对于1991车型年之后在墨西哥开始生产汽车的制造商,第1款应在1994年1月1日后或该制造商在墨西哥开始生产汽车之日后的下一个车型年开始适用,以时间较晚者为准;

(3)对于在一缔约方境内生产汽车的其他任何制造商,受《公司平均燃油经济法》对汽车燃油性能要求约束的制造商可在1997年1月1日至2004年1月1日之间的任何时间做一次性选择,以使第1款在做出选择之后的下一个车型年开始适用。如果一家制造商在墨西哥开始生产汽车,那么它应在开始生产汽车之日起受第2项规定的约束;

(4)对于不在一缔约方境内生产汽车的所有制造商,第1款应在1994年1月1日之后的下一个车型年开始适用;以及

(5)对于第1项或第3项涉及的汽车制造商,如果受《公司平均燃油经济法》对汽车燃油性能要求约束的制造商按照第1项或第3项的规定做一选择,第1款应在2004年1月1日之后的下一个车型年开始适用。

3. 美国应保证其采取的与《公司平均燃油经济法》或该法实施细则中规定的"国内生产"定义有关的任何措施,将同样适用在加拿大或墨西哥的附加值。

4. 本附录不得解释为要求美国对其汽车燃油经济性要求作任何改动,或妨碍美国对其汽车燃油经济性要求作任何改动,只要此种改动在其他方面与本附录一致。

5. 为进一步明确，第1款至第3款规定的待遇差别不应视为与第1103条（投资——最惠国待遇）不一致。

6. 在本附录中：

“汽车”，系指《公司平均燃油经济法》及其实施细则定义的“汽车”；

“制造商”，系指《公司平均燃油经济法》及其实施细则定义的“制造商”；

“车型年”，系指《公司平均燃油经济法》及其实施细则定义的“车型年”。

附件300－乙：纺织品与服装

第1节：适用范围

第2节：关税的消除

第3节：进口与出口禁止、限制与磋商水平

第4节：双边紧急行动（关税行动）

第5节：双边紧急行动（数量限制）

第6节：特别条款

第7节：原产地规则的审议与修订

第8节：标签要求

第9节：旧服装与其他旧衣物的贸易

第10节：定义

附录1.1：附件300－乙所涉货物清单

附录2.1：关税的消除

附录2.4：对某些纺织品与服装的关税消除

附录3.1：对进口与出口禁止、限制与磋商水平的管理

附录5.1：双边紧急行动（数量限制）

附录6：特别规定

附录10.1：国别定义

第1节：适用范围

1. 本附件适用附录1.1所列纺织品与服装。

2. 本协定与修订与延期后的《国际纺织品贸易协定》（《多种纤维协定》），包括1994年1月1日之后的任何修订与延期，或适用纺织品或服装贸易的任何其他现有的或未来的协定，如有不一致，则不一致之处以本协定为准，除非各缔约方另有约定。

第2节：关税的消除

1. 除非本协定另有规定，根据附件302.2（关税的取消）所付时间表，各缔约方应逐步取消对原产纺织品与服装的海关关税，附录2.1均已列出，以便查考。

2. 在本附件中：

（1）一种纺织品或服装应被视为原产货物，如果第四章（原产地规则）规定的海关税则分类的相关变更条件根据第404条（累积）在一个或一个以上的缔约方境内得以满足；以及

（2）为了确定一种原产纺织品或服装适用的关税税率和分阶段类别，以下列方式决定该货物应被视为哪一缔约方的产品：

1）由各进口缔约方的条例、措施或程序决定，除了

2)如果根据本协定附件311,各缔约方之间存在协定,则由该协定决定。

3. 进口缔约方和出口缔约方可在任何时候确定特定纺织品和服装属于双方同意的以下类别:

(1)家庭手工业生产的手工织物;

(2)用此种手工织物制作的家庭手工业产品;或者

(3)传统的民间手工产品。

如果出口缔约方的主管机关出具证明,进口缔约方应给予确定属于上述类别的货物免税待遇。

4. 关于对某些纺织品和服装的关税消除,附录2.4适用该附录所指的各缔约方。

第3节:进口与出口的禁止、限制和磋商水平

1. 仅限附录3.1规定的范围或除非本附件另有规定,各缔约方可维持禁止、限制或磋商水平。

2. 每一缔约方应消除对某种纺织品或服装在其他情况下本附件允许的任何禁止、限制或磋商水平,如果根据该缔约方对《多种纤维协定》的任何后续协定所作的承诺,将该货物纳入《关税与贸易总协定》,从而必须取消此种措施。

第4节:双边紧急行动(关税行动)

1. 在符合第2款至第5款的前提下,并且仅限于在过渡期内,如果由于本协定规定的关税降低或消除,原产自一缔约方境内的纺织品或服装,或者根据一缔约方对《多种纤维协定》的任何后续协定所作的承诺而纳入《关税与贸易总协定》并列入附录6规定的关税优惠水平的货物,进口至另一缔约方境内时,其增长的数量,不论是绝对数量还是相对国内市场对该货物的需求,以及所依据的条件对生产同类货物或直接竞争货物的国内产业造成严重损害或严重损害的实际威胁,进口缔约方可在尽可能小的范围内对损害或损害的实际威胁进行救济:

(1)对该货物暂停进一步降低本协定规定的任何关税税率;或者

(2)对该货物提高关税税率,但是不得超过以下两者中较低的一个:

1)采取紧急行动之日有效的最惠国实施关税税率,以及

2)1993年12月31日有效的最惠国实施关税税率。

2. 在确定严重损害或严重损害的实际威胁时,缔约方:

(1)应考察进口增长对特定行业的影响,如反映在诸如产量、生产效率、产能利用率、库存、市场份额、出口、工资、就业、国内价格、利润与投资等相关经济变量的变化,其中任何一个因素都不必然起决定性作用;以及

(2)不应将技术或消费者偏好的变化作为考虑因素,支持确定严重损害或严重损害的实际威胁。

3. 一缔约方应及时向可能受到根据本节规定采取的紧急行动影响的任何缔约方提交其有意采取此种行动的书面通知,并且在接到请求后同该缔约方进行磋商。

4. 以下条件和限制适用根据本节采取的任何紧急行动:

(1)任何行动的维持时间不可超过三年,或者除非得到其货物受到该行动限制的缔约方同意,也不可在过渡期届满后继续有效;

(2)一缔约方对原产自另一缔约方境内的任何特定货物采取的行动在过渡期内不可超过一次;以及

(3)行动终止之时,关税税率应为根据分阶段关税消除时间表,行动启动一年之后应当有效的税率;行动终止后的次年1月1日开始,关税税率应由采取行动的缔约方选择以下两者中的一个:

1)关税税率应与附件302.2所附的该缔约方关税削减时间表规定的适用税率相符,或者

2)该关税应每年等额分阶段取消,取消日为附件302.2所付的该缔约方关税消除时间表规定的日期。

5. 根据本节规定采取行动的缔约方,应向其货物受到该行动限制的缔约方提供双方同意的以优惠为形式的贸易自由化补偿,该项优惠具有大致相当的贸易效果或相当于该行动预期产生的额外关税额。这种优惠应仅限于附录1.1规定的纺织品和服装,除非各缔约方另有协议。如果相关缔约方无法就补偿达成一致,出口缔约方可对自根据本节规定发起行动的缔约方进口的任何货物,采取关税行动,其贸易效果大致相当于根据本节采取的行动。采取关税行动的缔约方,应在取得大致相当的贸易效果所需的最短期限内实施该行动。

6. 就本节而言,应根据第2节第2款决定原产自缔约方境内的货物。

7. 第1款至第5款应同样适用附录2.4所述的纺织品与服装。

第5节:双边紧急行动(数量限制)

1. 除非附录5.1另有规定,一缔约方可根据本节以及附录3.1对另一缔约方非原产的纺织品或服装采取双边紧急行动。

2. 如果一缔约方认为,某种非原产纺织品或服装,包括附录6所列的在关税优惠水平下进入的货物,自另一缔约方进口至境内时,其增长的数量,不论是绝对数量还是相对国内市场对该货物的需求,以及所依据的条件对进口缔约方生产同类货物或直接竞争货物的国内产业造成严重损害或严重损害的实际威胁,进口缔约方可要求与另一缔约方进行磋商,以消除由此产生的严重损害或严重损害的实际威胁。

3. 提出磋商请求的缔约方应在磋商请求中说明事由,以证明对其国内产业的严重损害或严重损害的实际威胁是由另一缔约方进口所致,包括关于此种损害或威胁的最新数据。

4. 在确定严重损害或严重损害的实际威胁时,缔约方应适用第4节第2款。

5. 相关各缔约方应在磋商请求提出后60天之内开始进行磋商,并努力在磋商请求提出后90天之内就令双方满意的特定货物出口约束水平达成一致,除非磋商各缔约方同意延长磋商时间。为了达成令双方满意的出口约束水平,磋商各缔约方应:

(1)考虑进口缔约方的市场形势;

(2)考虑磋商缔约方之间纺织品和服装交易的历史,包括过去的贸易水平;以及

(3)努力保证与给予非缔约方供应商的同类纺织品和服装的待遇相比,自出口缔约方境内进口的纺织品和服装应获得公正待遇。

6. 如果磋商各缔约方不能就令双方满意的出口约束水平达成一致,请求磋商的缔约方可对自另一缔约方境内进口的货物实施年度数量限制,但是应遵守第7款至第13款的规定。

7. 根据第6款实施的任何数量限制,应不少于以下数量:

(1)在公布的进口缔约方总进口统计中,提出磋商请求之月前最近14个月中的前12个月,自受限制措施影响的缔约方进口至请求磋商的缔约方境内的该货物数量;以及

(2)对棉纤维、化学纤维以及其他非棉植物纤维货物而言,上述条件下所得数量的20%;对毛织品而言,上述条件下所得数量的6%。

8. 根据第6款实施的任何数量限制，其第一阶段开始日期应在提出磋商之日以后，并且应于实施数量限制所在日历年年底终止。第一阶段少于12个月的任何数量限制，其限制数量应按比例分配于实施限制所在日历年所余时间，并且按比例分配的数量可根据附录3.1第8款第2项与第3项规定的灵活性条款进行调整。

9. 在根据第6款实施的数量限制依然有效的每个后续日历年，实施限制的缔约方应：

(1)对棉纤维、化学纤维以及非棉植物纤维纺织品与服装的数量限制额提高6%，对毛质纺织品与服装的数量限制额提高2%，并且

(2)《多种纤维协定》的任何后续协定如有要求，对棉纤维、化学纤维以及非棉植物纤维纺织品与服装的数量限制的增长率予以加速，

此外，附录3.1第8款第2项与第3项规定的灵活性条款也应适用。

10. 在任一日历年7月1日之前根据第6款实施的数量限制，可在该年所余时间及其后的两个日历年继续有效。如果此类限制在任一日历年7月1日或7月1日之后实施，则可在该年所余时间及其后的三个日历年继续有效。任何此类限制在过渡期之后不得继续维持。

11. 任何缔约方不得对任何特定纺织品或服装非原产货物采取本节所述的紧急行动，只要对该货物的数量限制仍处在效期内。

12. 任何缔约方不得对特定纺织品或服装采取或维持在其他情况下本附件允许的本节所述的数量限制，如果该缔约方因其对《多种纤维协定》的任何后续协定所作的承诺而将该货物纳入《关税与贸易协定》，从而必须取消此种限制措施。

13. 在过渡期届满之后，任何缔约方不得因执行本协定使国内产业遭受严重损害或严重损害的实际威胁而采取双边紧急行动，除非得到其货物受到此行动限制的缔约方同意。

第6节：特别条款

附录6规定了适用某些纺织品与服装的特别条款。

第7节：原产地规则的审议与修订

1.(1)各缔约方应监测附件401规定的原产地规则对《协调制度》子目6212.10的适用效果。1995年4月1日以后，一缔约方可要求与其他缔约方进行磋商，以寻求相互满意的方案，以解决该缔约方认为的由于该原产地规则的适用所导致的任何困难。

(2)如果磋商的各缔约方在磋商请求提出的90天之内未能达成一个相互满意的解决方案，那么经任何一缔约方请求，提出请求的缔约方与其他各缔约方之间的贸易，适用子目6212.10的原产地规则应改变为附件401规定的适用税目62.06至税目62.11的原产地规则。任何此类改变应在请求提出后的180天生效。各缔约方应采取措施，以减轻由此对生产商造成的管理负担。

(3)除非各缔约方另有约定，在第1项所述磋商结束后任何时间并且仅仅限于过渡期内，提出磋商请求的缔约方可根据第一项规定再次提出磋商请求，并且采取第2项所述行动。

2.(1)应任何一方请求，各缔约方应进行磋商，考虑特定货物是否应该遵守不同的原产地规则，以解决自由贸易区内纤维、纱线或织物的供应能力问题。

(2)在磋商过程中，各缔约方应考虑任何一方提供的显示其境内存在特定货物的可观的生产能力的所有数据。如果该缔约方证明其国内生产商可以及时提供商业数量的该种货物，那么磋商各缔约方应认为可观的生产能力的证据已被出示。

(3)各缔约方应努力在请求提出的60天之内结束磋商。两个或两个以上缔约方经过磋商达成的协定根据第2202条第2款(修订)获得相关各缔约方的通过,该协定应取代此种货物任何先前的原产地规则。如果未能达成任何协定,各缔约方可诉诸附录6第2款第8项。

(4)关于第1项的进一步说明,如果任何一缔约方提出请求,各缔约方应进行磋商,考虑在自由贸易区内相关纱线或织物供应不断增加的情况下,是否应当修改附件401规定的适用以下条款的原产地规则:

1)加拿大税目5407.60.10、墨西哥税目5407.60.02和美国税目5407.60.22,

2)适用子目6205.20至6205.30的原产地规则中第1项到第9项的规定,

3)子目6107.21、6108.21和6108.31所列货物,加拿大税目6002.92.10、墨西哥税目6002.92.01和美国税目6002.92.10,纯织物,不包括衣领、袖口、腰带、松紧带或蕾丝花边;

4)附件401第62章注释2,以及

5)加拿大税目6303.92.10、墨西哥税目6303.92.01和美国税目6303.92.aa。

3. 自本协定生效之日起五年内,各缔约方应审查适用纺织品与服装的原产地规则,以考虑纺织品与服装日益增长的全球竞争的影响,以及根据《多种纤维协定》的任何后续协定纺织品与服装纳入《关税与贸易总协定》的影响。各缔约方应特别考虑其他经济合作组织或一体化协定中的运作规则以及有关纺织品与服装生产和贸易的发展情况。

第8节:标签要求

根据第913条第5款设立的纺织品与服装标签小组委员会应履行附件913.5.a4所列功能。

第9节:旧服装与其他旧衣物的贸易

1. 各缔约方特此建立由各缔约方代表构成的旧服装贸易委员会。该委员会应:

(1)容纳来自各缔约方制造业和零售业的具有广泛代表性的团体,或向其咨询;并且

(2)以透明的方式行事,如果委员会成员没有公开表示反对,向自由贸易委员会提出建议。

2. 委员会应评估取消各缔约方之间《协调制度》品目63.09所列旧服装与其他旧衣物现行的贸易限制可能带来的潜在利益和风险,包括对各缔约方商业和就业机会的影响以及对各缔约方纺织品与服装市场的影响。

3. 除非在旧服装贸易委员会提交给自由贸易委员会的建议基础上各缔约方另有约定,对《协调制度》归类于品目63.09的旧服装与其他旧衣物的进口,缔约一方可维持在本协定生效之日已经实施的限制。

第10节:定义

在本附件中:

"平均纱线支数",用于棉纤维或化学纤维织物时,系指织物中所含纱线的平均纱线个数。在计算平均纱线支数时,纱线的长度被视作等于纱线在织物中穿过的距离,测量所有剪切纱线时将其视为连续的纱线,并计算织物中单股纱线的总数,包括所有多股纱线或缆线的单股纱线总数。纱线称重之前须通过煮沸或其他适当程序去掉所有多余尺寸。下列公式中的任何一个都可以计算出平均纱线支数:

$$N = \frac{BYT}{1000}, \frac{100T}{Z'}, \frac{BT}{Z} 或 \frac{ST}{10}$$

其中：

N，系指平均纱线支数，

B，系指厘米单位的织物幅度（宽度），

Y，系指每千克的织物米数（延米），

T，系指每平方厘米的单股纱线总数，

S，系指每千克的布料平方米数，

Z，系指每延米织物的克数，以及，

Z′，系指每平方延米的布料克数，

计算“平均纱线支数”时，小数点后面的数字应忽略不计。

“类别”，系指一类纺织品或服装，在附录10.1中各缔约方分别列出。

“磋商水平”，系指可根据附录3.1第7款予以调整的某一特定纺织品或服装的出口数量水平，包括某一确定的磋商水平，但是不包括具体限量。

“出口缔约方”，系指自其境内出口纺织品或服装的缔约方。

“灵活性条款”，系指附录3.1第8款第2项与第8款第3项规定的条款。

“进口缔约方”，系指进口纺织或服装至其境内的缔约方。

“纳入《关税与贸易总协定》”，系指受到《关税与贸易总协定》、在《关税与贸易总协定》下达成的一项协定或其他后续协定的各项义务的约束。

“具体限量”，系指可根据附录3.1第8款予以调整的某一特定纺织或服装的出口数量水平。

“平方米当量”，系指运用附表3.1.3所列各种换算系数转换诸如匹、打或千克等原始度量单位而得出的计量单位。

“关税优惠水平”，系指某一特定货物的进口达到某一确定数量之前可享受优惠关税税率，但是超过这一数量则征收不同关税税率的机制。

“过渡期”，系指自1994年1月1日开始的10年期间。

“羊毛服装”，系指：

(1)羊毛占主要重量的服装；

(2)按重量计，羊毛含量在36%或36%以上的人造纤维为主要原料的机织服装；以及

(3)按重量计，羊毛含量在23%或23%以上的人造纤维为主要原料的针织或钩编服装。

附录1.1：附件300－乙所涉货物清单

注释：本附录中货物描述仅是为了提供参考之便。如果是出于法律方面的原因，货物范围应遵循《协调制度》条款的规定。

协调制度序号	货物名称

第三十章：药品

3005 90	药棉、纱布、绷带以及类似物品

第三十九章:塑料及其制品

第四十二章:皮革制品,鞍具及挽具,旅行用品、手提包及类似容器

ex 4202 12	(行李箱、手提包以及以纺织材料作面的包袋)
ex 4202 22	
ex 4202 32	
ex 4202 92	

第五十章:蚕丝

5004 00	丝纱线(绢纺纱线除外),非供零售用
5005 00	绢纺纱线,非供零售用
5006 00	丝纱线及绢纺纱线,供零售用;蚕胶丝
5007 10	丝落绵机织物
5007 20	丝落绵除外的丝或废丝机织物,按重量计丝或绢丝含量在85%及以上
5007 90	其他丝或绢丝机织物

第五十一章:羊毛、动物细毛或粗毛,马毛纱线及其机织物

5105 10	粗梳羊毛
5105 21	精梳羊毛片
5105 29	羊毛条和其他精梳羊毛,精梳羊毛片除外
5105 30	动物细毛,粗梳或精梳
5106 10	粗梳羊毛纱线,≥85%羊毛,非供零售用
5106 20	粗梳纱,羊毛,85%羊毛,非供零售用
5107 10	精梳羊毛纱线,≥85%羊毛,非供零售用
5107 20	精梳羊毛纱线,<85%羊毛,非供零售用
5108 10	粗梳动物细毛纱线,非供零售用
5108 20	精梳动物细毛纱线,非供零售用
5109 10	羊毛或动物细毛纱线,≥85%羊毛及动物细毛,供零售用
5109 90	羊毛(动物)细毛纱线,<85%羊毛及动物细毛,供零售用
5110 00	动物粗毛或马毛纱线
5111 11	粗梳羊毛或动物细毛的机织物,≥85%羊毛及动物细毛,300克/平方米

续表

5111 19	粗梳羊毛或动物细毛的机织物，≥85%羊毛或动物细毛，>300克/平方米
5111 20	粗梳羊毛或动物细毛的机织物，<85%羊毛或动物细毛，与人造纤维混纺
5111 30	粗梳羊毛或动物细毛的机织物，<85%羊毛或动物细毛，与人造纤维混纺
5111 90	其他粗梳羊毛或动物细毛的机织物，<85%羊毛或动物细毛
5112 11	精梳羊毛或动物细毛的机织物，≥85%羊毛或动物细毛，200克/平方米
5112 19	机织物的精梳羊毛或动物细毛，≥85%羊毛或动物细毛，>200克/平方米
5112 20	机织物的精梳羊毛或动物细毛，<85%羊毛或动物细毛，与人造纤维长丝混纺
5112 30	机织物的精梳羊毛或动物细毛，<85%羊毛或动物细毛，与人造纤维混纺
5112 90	其他机织物的精梳羊毛或动物细毛，<85%羊毛或动物细毛
5113 00	动物粗毛或马毛制成的机织物

第五十二章:棉花

5203 00	粗梳或精梳棉
5204 11	棉制缝纫线，85%棉，非供零售用
5204 19	棉制缝纫线，<85%棉，非供零售用
5204 20	棉制缝纫线，供零售用
5205 11	棉纱线，85%棉，单纱，未精梳，714.29分特，非供零售用
5205 12	棉纱线，85%棉，单纱，未精梳，714.29>分特232.56，非供零售用
5205 13	棉纱线，85%棉，单纱，未精梳，232.56>分特192.31，非供零售用
5205 14	棉纱线，85%棉，单纱，未精梳，192.31>分特125，非供零售用
5205 15	棉纱线，85%棉，单纱，未精梳，<125分特，非供零售用
5205 21	棉纱线，85%棉，单纱，精梳，714.29分特，非供零售用
5205 22	棉纱线，85%棉，单纱，精梳，714.29>分特232.56，非供零售用
5205 23	棉纱线，85%棉，单纱，精梳，232.56>分特192.31，非供零售用
5205 24	棉纱线，85%棉，单纱，精梳，192.31>分特125，非供零售用
5205 25	棉纱线，85%棉，单纱，精梳，<125分特，非供零售用
5205 31	其他棉纱线，85%棉，多股纱线或缆线，未精梳，714.29分特，非供零售用
5205 32	其他棉纱，85%棉，多股纱线或缆线，未精梳，714.29>分特232.56，非供零售用
5205 33	其他棉纱线，85%棉，多股纱线或缆线，未精梳，232.56>分特192.31，非供零售用
5205 34	其他棉纱线，85%棉，多股纱线或缆线，未精梳，192.31>分特125，非供零售用
5205 35	其他棉纱线，85%棉，多股纱线或缆线，未精梳，<125分特，非供零售用
5205 41	其他棉纱线，85%棉，多股纱线或缆线，精梳，714.29分特，非供零售用
5205 42	其他棉纱线，85%棉，多股纱线或缆线，精梳，714.29>分特232.56，非供零售用

续表

5205 43	其他棉纱线,85%棉,多股纱线或缆线,精梳,232.56 > 分特 192.31,非供零售用
5205 44	其他棉纱线,85%棉,多股纱线或缆线,精梳,192.31 > 分特 125,非供零售用
5205 45	其他棉纱线,85%棉,多股纱线或缆线,精梳,<125 分特,非供零售用
5206 11	棉纱线,<85%棉,单纱,未精梳,714.29,非供零售用
5206 12	棉纱线,<85%棉,单纱,未精梳,714.29 > 分特 232.56,非供零售用
5206 13	棉纱线,<85%棉,单纱,未梳理,232.56 > 分特 192.31,非供零售用
5206 14	棉纱线,<85%棉,单纱,未精梳,192.31 > 分特 125,非供零售用
5206 15	棉纱线,<85%棉,单纱,未精梳,<125 分特,非供零售用
5206 21	棉纱线,<85%棉,单纱,精梳,714.29 分特,非供零售用
5206 22	棉纱线,<85%棉,单纱,精梳,714.29 > 分特 232.56,非供零售用
5206 23	棉纱线,<85%棉,单纱,精梳,232.56 > 分特 192.31,非供零售用
5206 24	棉纱线,<85%棉,单纱,精梳,192.31 > 分特 125,非供零售用
5206 25	棉纱线,<85%棉,单纱,精梳,<125 分特,非供零售用
5206 31	其他棉纱线,<85%棉,多股纱线或缆线,未精梳,714.29 分特,非供零售用
5206 32	其他棉纱线,<85%棉,多股纱线或缆线,未精梳,714.29 > 分特 232.56,非供零售用
5206 33	其他棉纱线,<85%棉,多股纱线或缆线,未精梳,232.56 > 分特 192.31,非供零售用
5206 34	其他棉纱线,<85%棉,多股纱线或缆线,未精梳,192.31 > 分特 125,非供零售用
5206 35	其他棉纱线,<85%棉,多股纱线或缆线,未精梳,<125 分特,非供零售用
5206 41	其他棉纱线,<85%棉,多股纱线或缆线,精梳,714.29 分特,非供零售用
5206 42	其他棉纱线,<85%棉,多股纱线或缆线,精梳,714.29 > 分特 232.56,非供零售用
5206 43	其他棉纱线,<85%棉,多股纱线或缆线,精梳,1232.56 > 分特 192.3,非供零售用
5206 44	其他棉纱线,<85%棉,多股纱线或缆线,精梳,192.31 > 分特 125,非供零售用
5206 45	其他棉纱线,<85%棉,多股纱线或缆线,精梳,<125 分特,非供零售用
5207 10	棉纱线(缝纫线除外),85%棉,供零售用
5207 90	棉纱线(缝纫线除外),<85%棉,供零售用
5208 11	平纹棉织物,85%棉,100 克/平方米,未漂白
5208 12	平纹棉织物,85%棉,>100 克/平方米,200 克,未漂白
5208 13	斜纹棉织物,85%棉,200 克/平方米,未漂白
5208 19	棉机织物,85%棉,200 克平方米,未漂白
5208 21	平纹棉织物,85%棉,100 克/平方米,漂白
5208 22	平纹棉织物,85%棉,>100 克/平方米,200 克/平方米,漂白
5208 23	斜纹棉织物,85%棉,200 克/平方米,漂白
5208 29	棉机织物,85%棉,200 克/平方米,漂白

续表

5208 31	平纹棉织物,85%棉,100 克/平方米,染色
5208 32	平纹棉织物,85%棉,>100 克/平方米,染色
5208 33	斜纹棉织物,85%棉,200 克/平方米,染色
5208 39	其他纯棉机织物,85%棉,200 克/平方米,染色
5208 41	平纹棉织物,85%棉,100 克/平方米,色织布(纱染)
5208 42	平纹棉织物,85%棉,>100 克/平方米,200 克/平方米,色织布(纱染)
5208 43	斜纹棉织物,85%棉,200 克/平方米,色织布(纱染)
5208 49	其他纯棉机织物,85%棉,200 克/平方米,色织布(纱染)
5208 51	平纹棉织物,85%棉,100 克/平方米,印花
5208 52	平纹棉织物,85%棉,>100 克/平方米,200 克/平方米,印花
5208 53	斜纹棉织物,85%棉,200 克/平方米,印花
5208 59	其他纯棉机织物,85%棉,200 克/平方米,印花
5209 11	平纹棉织物,85%棉,>200 克/平方米,未漂白
5209 12	斜纹棉织物,85%棉,>200 克/平方米,未漂白
5209 19	其他纯棉机织物,85%棉,>200 克/平方米,未漂白
5209 21	平纹棉织物,85%棉,>200 克/平方米,未漂白
5209 22	斜纹棉织物,85%棉,>200 克/平方米,未漂白
5209 29	其他纯棉机织物,85%棉,>200 克/平方米,未漂白
5209 31	平纹棉织物,85%棉,>200 克/平方米,染色
5209 32	斜纹棉织物,85%棉,>200 克/平方米,染色
5209 39	其他棉机织物,85%棉,>200 克/平方米,染色
5209 41	平纹棉织物,85%棉,>200 克/平方米,色织
5209 42	蓝色斜纹粗棉织物,85%棉,>200 克/平方米
5209 43	斜纹棉织物,不包括粗棉,85%棉,>200 克/平方米,色织
5209 49	其他棉机织物,85%棉,>200 克/平方米,色织
5209 51	平纹棉织物,85%棉,>200 克/平方米,印花
5209 52	斜纹棉织物,不包括粗棉,85%棉,>200 克/平方米,印花
5209 59	棉机织物,85%棉,>200 克/平方米,印花,其他
5210 11	平纹棉织物,<85%棉,与人造纤维混纺,200 克/平方米,未漂白
5210 12	斜纹棉织物,<85%棉,与人造纤维混纺,200 克/平方米,未漂白
5210 19	其他棉机织物,<85%棉,与人造纤维混纺,200 克/平方米,未漂白
5210 21	平纹棉织物,<85%棉,与人造纤维混纺,200 克/平方米,漂白
5210 22	斜纹棉织物,<85%棉,与人造纤维混纺,200 克/平方米,漂白

续表

5210 29	其他棉机织物,<85%棉,与人造纤维混纺,200克/平方米,漂白
5210 31	平纹棉织物,<85%棉,与人造纤维混纺,200克/平方米,染色
5210 32	斜纹棉织物,<85%棉,与人造纤维混纺,200克/平方米,染色
5210 39	其他棉机织物,<85%棉,与人造纤维混纺,200克/平方米,染色
5210 41	平纹棉织物,<85%棉,与人造纤维混纺,200克/平方米,色织
5210 42	斜纹棉织物,<85%棉,与人造纤维混纺,200克/平方米,色织
5210 49	其他棉机织物,<85%棉,与人造纤维混纺,200克/平方米,色织
5210 51	平纹棉织物,<85%棉,与人造纤维混纺,200克/平方米,印花
5210 52	斜纹棉织物,<85%棉,与人造纤维混纺,200克/平方米,印花
5210 59	其他棉机织物,<85%棉,与人造纤维混纺,200克/平方米,印花
5211 11	平纹棉织物,<85%棉,与人造纤维混纺,>200克/平方米,未漂白
5211 12	斜纹棉织物,<85%棉,与人造纤维混纺,>200克/平方米,未漂白
5211 19	其他棉机织物,<85%棉,与人造纤维混纺,>200克/平方米,未漂白
5211 21	平纹棉织物,<85%棉,与人造纤维混纺,>200克/平方米,漂白
5211 22	斜纹棉织物,<85%棉,与人造纤维混纺,>200克/平方米,漂白
5211 29	其他棉机织物,<85%棉,与人造纤维混纺,>200克/平方米,漂白
5211 31	平纹棉织物,<85%棉,与人造纤维混纺,>200克/平方米,染色
5211 32	斜纹棉织物,<85%棉,与人造纤维混纺,>200克/平方米,染色
5211 39	其他棉机织物,<85%棉,与人造纤维混纺,>200克/平方米,染色
5211 41	平纹棉织物,<85%棉,与人造纤维混纺,>200克/平方米,色织
5211 42	蓝色斜纹粗棉织物,<85%棉,与人造纤维混纺,>200克/平方米
5211 43	斜纹棉织物,斜纹粗棉织物除外,<85%棉,与人造纤维混纺,>200克/平方米,色织
5211 49	其他棉机织物,<85%棉,与人造纤维混纺,>200克/平方米,色织
5211 51	平纹棉织物,<85%棉,与人造纤维混纺,>200克/平方米,印花
5211 52	斜纹棉织物,<85%棉,与人造纤维混纺,>200克/平方米,印花
5211 59	其他棉机织物,<85%棉,与人造纤维混纺,>200克/平方米,印花
5212 11	其他棉机织物,200克/平方米,未漂白
5212 12	其他棉机织物,200克/平方米,漂白
5212 13	其他棉机织物,200克/平方米,染色
5212 14	其他棉机织物,200克/平方米,色织
5212 15	其他棉机织物,200克/平方米,印花
5212 21	其他棉机织物,>200克/平方米,未漂白
5212 22	其他棉机织物,>200克/平方米,漂白

续表

5212 23	其他棉机织物,>200 克/平方米,染色
5212 24	其他棉机织物,>200 克/平方米,色织
5212 25	其他棉机织物,>200 克/平方米,印花

第五十三章:其他植物纺织纤维纱线,纸纱线及其机织物

5306 10	亚麻纱线,单纱
5306 20	亚麻纱线,多股纱线或缆线
5307 10	黄麻纱线或其他纺织用韧皮纤维纱线,单纱
5307 20	黄麻纱线或其他纺织用韧皮纤维纱线,多股纱线或缆线
5308 20	正宗大麻纱线
5308 90	其他植物纺织纤维纱线
5309 11	亚麻机织物,85% 亚麻,未漂泊或漂白
5309 19	亚麻机织物,85% 亚麻,未漂泊或漂白除外
5309 21	亚麻机织物,<85% 亚麻,未漂泊或漂白
5309 29	亚麻机织物,<85% 亚麻,未漂泊或漂白除外
5310 10	黄麻或其他纺织用韧皮纤维机织物,未漂白
5310 90	黄麻或其他纺织用韧皮纤维机织物,未漂白的除外
5311 00	其他纺织用植物纤维;纸纱线机织物

第五十四章:人造纤维长丝

5401 10	合成纤维长丝缝纫线
5401 20	人造纤维长丝缝纫线
5402 10	高强力纱(缝纫线除外),尼龙或其他聚酰胺纤维,非供零售用
5402 20	高强力纱(缝纫线除外),聚酯纤维长丝纱线,非供零售用
5402 31	变形纱线,尼龙或其他聚酰胺纤维,50 特克斯/单纱,非供零售用
5402 32	变形纱线,尼龙或其他聚酰胺纤维,>50 特克斯/单纱,非供零售用
5402 33	变形纱线,其他涤纶丝,非供零售用
5402 39	变形纱线,其他合成纤维丝,非供零售用
5402 41	其他尼龙纱或其他聚酰胺纤维纱,单纱,未加捻,非供零售用
5402 42	其他涤纶丝纱,部分定向,单纱,非供零售用
5402 43	其他涤纶丝纱线,单纱,未加捻,非供零售用
5402 49	其他合成纤维丝纱,单纱,未加捻,非供零售用
5402 51	尼龙纱或其他聚酰胺纤维纱,单纱,>每米 50 转,非供零售用
5402 52	聚酯纤维长丝纱线,单纱,>每米 50 转,非供零售用

续表

5402 59	其他合成纤维丝纱,单纱,>每米50转,非供零售
5402 61	其他尼龙纱或其他聚酰胺纤维纱,多线,非供零售用
5402 62	其他涤纶丝纱,多线,非供零售用
5402 69	其他多股合成长丝纱线,非供零售用
5403 10	高韧度纱线(缝纫线除外),粘胶纤维长丝纺制,非供零售用
5403 20	其他纹理纱线,人造纤维纺制,非供零售用
5403 31	其他单纱,未加捻,粘胶纤维长丝纺制,非供零售用
5403 32	其他单纱,>每米120转,粘胶纤维长丝纺制,非供零售用
5403 33	其他单纱,醋酸纤维长丝纺制,非供零售用
5403 39	其他单纱,人造纤维长丝纺制,非供零售用
5403 41	其他多股纱线,粘胶纤维长丝纺制,非供零售用
5403 42	其他多股纱线,醋酸纤维长丝纺制,非供零售用
5403 49	其他多股纱线,人造纤维长丝纺制,非供零售用
5404 10	合成单丝,67分特,截面尺寸不超过1毫米
5404 90	表观宽度不超过5毫米的合成纤维纺织材料制扁条及类似品
5405 00	人工单丝,67分特,截面尺寸不超过1毫米;人工纺制材料的带宽为5毫米
5406 10	合成长丝纱线(缝纫线除外),供零售用
5406 20	人造长丝纱线(缝纫线除外),供零售用
5407 10	尼龙、聚酰胺、或涤纶为原材料的高强度长丝纱线的机织物
5407 20	合成纺制材料条带或类似材料的机织物
5407 30	第十一类注释九所列机织物(平行合成纤维纱线层迭织物)
5407 41	其他机织物,85%尼龙或聚酰胺纤维长丝,未漂白或漂白
5407 42	其他机织物,85%尼龙或聚酰胺纤维长丝,染色
5407 43	其他机织物,85%尼龙或其他聚酰胺纤维长丝,色织
5407 44	其他机织物,85%尼龙或其他聚酰胺纤维长丝,印花
5407 51	其他机织物,85%聚酯变形长丝,未漂白或漂白
5407 52	其他机织织物,85%聚酯变形长丝,染色
5407 53	其他机织织物,85%聚酯变形长丝,色织
5407 54	其他机织织物,85%聚酯变形长丝,印花
5407 60	其他机织织物,85%聚酯非变形长丝
5407 71	其他机织织物,85%合成纤维长丝,未漂白或漂白
5407 72	其他机织织物,85%合成纤维长丝,染色
5407 73	其他机织织物,85%合成纤维长丝,色织

续表

5407 74	其他机织织物,85%合成纤维长丝,印花
5407 81	其他合成纤维长丝的机织物,<85%合成纤维长丝,与棉混纺,未漂白或漂白
5407 82	其他合成纤维长丝的机织物,<85%棉,染色
5407 83	其他合成纤维长丝的机织物,<85%棉,色织
5407 84	其他合成纤维长丝的机织物,<85%棉,印花
5407 91	其他合成纤维长丝的机织物,未漂白的或经漂白
5407 92	其他合成纤维长丝的机织物,染色
5407 93	其他合成纤维长丝的机织物,色织
5407 94	其他合成纤维长丝的机织物,印花
5408 10	粘胶纤维高强力纱的机织物
5408 21	其他人造纤维长丝纱线的机织物,85%人造纤维长丝或扁条,漂白
5408 22	其他人造纤维长丝纱线的机织物,85%人造纤维长丝或扁条,染色
5408 23	其他人造纤维长丝纱线的机织物,85%人造纤维长丝或扁条,色织
5408 24	其他人造纤维长丝纱线的机织物,85%人造纤维长丝或扁条,印花
5408 31	其他人造纤维长丝纱线的机织物,未漂或漂白
5408 32	其他人造纤维长丝纱线的机织物,染色
5408 33	其他人造纤维长丝纱线的机织物,色织
5408 34	其他人造纤维长丝纱线的机织物,印花

第五十五章:人造纤维短纤

5501 10	尼龙或其他聚酰胺长丝丝束
5501 20	聚酯长丝丝束
5501 30	腈纶或腈氯纶长丝丝束
5501 90	其他合成纤维长丝丝束
5502 00	人造纤维长丝丝束
5503 10	尼龙或其他聚酰胺短纤,未经粗梳或精梳
5503 20	聚酯短纤,未经粗梳或精梳
5503 30	腈纶或腈氯纶短纤,未经粗梳或精梳
5503 40	聚丙烯短纤,未经粗梳或精梳
5503 90	其他合成纤维短纤,未经粗梳或精梳
5504 10	粘胶纤维短纤,未经粗梳或精梳
5504 90	人造纤维短纤,粘胶纤维除外,未经粗梳或精梳
5505 10	合成纤维的废料

续表

5505 20	人造纤维的废料
5506 10	尼龙或其他聚酰胺短纤,粗梳或精梳
5506 20	聚酯短纤,粗梳或精梳
5506 30	腈纶或腈氯纶短纤,粗梳或精梳
5506 90	其他合成纤维短纤,粗梳或精梳
5507 00	人造纤维短纤,粗梳或精梳
5508 10	合成纤维短纤纺制的缝纫线
5508 20	人造纤维短纤纺制的缝纫线
5509 11	纱线,85%尼龙或其他聚酰胺短纤,单股线,非供零售用
5509 12	其他纱线,85%尼龙或其他聚酰胺短纤,多股线,非供零售用
5509 21	纱线,85%聚酯短纤,单股线,非供零售用
5509 22	其他纱线,85%聚酯短纤,多股线,非供零售用
5509 31	纱线,85%腈纶或腈氯纶短纤,单股线,非供零售用
5509 32	其他纱线,85%腈纶或腈氯纶短纤,多股线,非供零售用
5509 41	纱线,85%其他合成纤维短纤,单股线,非供零售用
5509 42	其他纱线,85%其他合成纤维短纤,多股线,非供零售用
5509 51	其他聚酯短纤纺制的纱线,与人造纤维短纤混纺,非供零售用
5509 52	其他聚酯短纤纺制的纱线,与羊毛或动物细毛混纺,非供零售用
5509 53	其他聚酯短纤纺制的纱线,与棉混纺,非供零售用
5509 59	其他聚酯短纤纺制的纱线,非供零售用
5509 61	其他腈纶短纤纺制的纱线,与羊毛或动物细毛混纺,非供零售用
5509 62	其他腈纶短纤纺制的纱线,与棉混混纺,非供零售用
5509 69	其他腈纶短纤纺制的纱线,非供零售用
5509 91	其他合成纤维短纤纱线,与羊毛或动物细毛混纺,非供零售用
5509 92	其他合成纤维短纤纱线,与棉线混纺,非供零售用
5509 99	其他合成纤维短纤纱线,非供零售用
5510 11	纱线,85%人造纤维短纤,单股线,非供零售用
5510 12	其他纱线,85%人造纤维短纤,多股线,非供零售用
5510 20	其他人造纤维短纤纺制的纱线,与羊毛或动物细毛混纺,非供零售用
5510 30	其他人造纤维短纤纺制的纱线,与棉混纺,非供零售用
5510 90	其他人造纤维短纤纺制的纱线,非供零售用
5511 10	纱线,85%合成纤维短纤,缝纫线除外,供零售用
5511 20	其他纱线,<85%合成纤维短纤,供零售用

续表

5511 30	人造纤维短纤纺制的纱线(缝纫线除外),供零售用
5512 11	机织物,85% 聚酯短纤,未漂白或漂白
5512 19	机织物,85% 聚酯短纤,未漂白或漂白的除外
5512 21	机织物,85% 腈纶短纤,未漂白或漂白
5512 29	机织物,85% 腈纶短纤,未漂白或漂白的除外
5512 91	机织物,85% 其他合成纤维短纤,未漂白或漂白
5512 99	机织物,85% 其他合成纤维短纤,未漂白或漂白的除外
5513 11	聚酯短纤纺制的平纹机织物,<85% 合成纤维短纤,与棉混纺,170 克/平方米,未漂白或漂白
5513 12	聚酯短纤纺制的斜纹机织物,<85% 合成纤维短纤,与棉混纺,170 克/平方米,未漂白或漂白
5513 13	聚酯短纤纺制的其他机织物,<85% 合成纤维短纤,与棉混纺,170 克/平方米,未漂白或漂白
5513 19	其他合成纤维短纤纺制的机织物,<85% 合成纤维短纤,与棉混纺,170 克/平方米,未漂白或漂白
5513 21	聚酯短纤纺制的平纹机织物,<85% 合成纤维短纤,与棉混纺,170 克/平方米,染色
5513 22	聚酯短纤纺制的斜纹机织物,<85% 合成纤维短纤,与棉混纺,170 克/平方米,染色
5513 23	聚酯短纤纺制的其他机织物,<85% 合成纤维短纤,与棉混纺,170 克/平方米,染色
5513 29	其他合成纤维短纤纺制的机织物,<85% 合成纤维短纤,与棉混纺,170 克/平方米,染色
5513 31	聚酯短纤纺制的平纹机织物,<85% 合成纤堆短纤,与棉混纺,170 克/平方米,色织
5513 32	聚酯短纤纺制的斜纹机织物,<85% 合成纤维短纤,与棉混纺,170 克/平方米,色织
5513 33	聚酯短纤纺制的其他机织物,<85% 合成纤维短纤,与棉混纺,170 克/平方米,色织
5513 39	其他合成纤维短纤纺制的机织物,<85% 合成纤维短纤,与棉混纺,170 克/平方米,色织
5513 41	聚酯短纤纺制的平纹机织物,<85% 合成纤维短纤,与棉混纺,170 克/平方米,印花
5513 42	聚酯短纤纺制的斜纹机织物,<85% 合成纤维短纤,与棉混纺,< =170 克/平方米,印花
5513 43	聚酯短纤纺制的其他机织物,<85% 合成纤维短纤,与棉混纺,170 克/平方米,印花
5513 49	其他合成纤维短纤纺制的机织物,<85% 合成纤维短纤,与棉混纺,170 克/平方米,印花
5514 11	聚酯短纤纺制的平纹机织物,<85% 合成纤维短纤,与棉混纺,>170 克/平方米,未漂白或漂白
5514 12	聚酯短纤纺制的斜纹机织物,<85% 合成纤维短纤,与棉混纺,>170 克/平方米,未漂白或漂白
5514 13	聚酯短纤纺制的其他机织物,<85% 合成纤维短纤,与棉混纺,>170 克/平方米,未漂白或漂白
5514 19	其他合成纤维短纤纺制的机织物,<85% 合成纤维短纤,与棉混纺,>170 克/平方米,未漂白或漂白
5514 21	聚酯短纤纺制的平纹机织物,<85% 合成纤维短纤含量在 85% 以下,与棉混纺,>170 克/平方米,染色

续表

5514 22	聚酯短纤纺制的斜纹机织物,<85%合成纤维短纤,与棉混纺,>170克/平方米,染色
5514 23	聚酯短纤纺制的机织物,<85%合成纤维短纤,与棉混纺,>170克/平方米,染色
5514 29	其他合成纤维短纤纺制的机织物,<85%合成纤维短纤,与棉混纺,>170克/平方米,染色
5514 31	聚酯短纤纺制的平纹机织物,<85%合成纤维短纤,与棉混纺,>170克/平方米,色织
5514 32	聚酯短纤纺制的斜纹机织物,<85%合成纤维短纤,与棉混纺,>170克/平方米,色织
5514 33	聚酯短纤纺制的其他机织物,<85%合成纤维短纤,与棉混纺,>170克/平方米,色织
5514 39	其他合成纤维短纤纺制的机织物,<85%合成纤维短纤,与棉混纺,>170克/平方米,色织
5514 41	聚酯短纤纺制的平纹机织物,<85%合成纤维短纤,与棉混纺,>170克/平方米,印花
5514 42	聚酯短纤纺制的斜纹机织物,<85%合成纤维短纤,与棉混纺,>170克/平方米,印花
5514 43	聚酯短纤纺制的其他机织物,<85%合成纤维短纤,与棉混纺,>170克/平方米
5514 49	其他合成纤维短纤纺制的机织物,<85%合成纤维短纤,与棉混纺,>170克/平方米,印花
5515 11	聚酯短纤纺制的其他机织物,与粘胶纤维短纤混纺
5515 12	聚酯短纤纺制的其他机织物,与人造纤维长丝混纺
5515 13	聚酯短纤纺制的其他机织物,与羊毛或动物细毛混纺
5515 19	聚酯短纤纺制的其他机织物
5515 21	腈纶短纤纺制的其他机织物,与人造纤维长丝混纺
5515 22	腈纶短纤纺制的其他机织物,与羊毛或动物细毛混纺
5515 29	腈纶或晴氯纶短纤纺制的机织物
5515 91	其他合成纤维短纤纺制的其他机织物,与人造长丝混纺
5515 92	其他合成纤维短纤纺制的其他机织物,与羊毛或动物细毛混纺
5515 99	合成纤维短纤纺制的其他机织物
5516 11	机织物,85%人造纤维短纤,未漂白或漂白
5516 12	机织物,85%人造纤维短纤,染色
5516 13	机织物,85%人造纤维短纤,色织
5516 14	机织物,85%人造纤维短纤,印花
5516 21	人造纤维短纤纺制的机织物,<85%人造纤维短纤,与人造纤维长丝混纺,未漂白或漂白
5516 22	人造纤维短纤纺制的机织物,<85%人造纤维短纤,与人造纤维长丝混纺,染色
5516 23	人造纤维短纤纺制的机织物,<85%人造纤维短纤,与人造纤维长丝混纺,色织
5516 24	人造纤维短纤纺制的机织物,<85%人造纤维短纤,与人造纤维长丝混纺,印花
5516 31	人造纤维短纤纺制的机织物,<85%人造纤维短纤,与羊毛或动物细毛混纺,未漂白或漂白
5516 32	人造纤维短纤纺制的机织物,<85%人造纤维短纤,与羊毛或动物细毛混纺,染色

续表

5516 33	人造纤维短纤纺制的机织物，<85%人造纤维短纤,与羊毛或动物细毛混纺,色织
5516 34	人造纤维短纤纺制的机织物，<85%人造纤维短纤,与羊毛或动物细毛混纺,印花
5516 41	人造纤维短纤纺制的机织物，<85%人造纤维短纤,与棉混纺,未漂白或漂白
5516 42	人造纤维短纤纺制的机织物，<85%人造纤维短纤,与棉混纺,染色
5516 43	人造纤维短纤纺制的机织物，<85%人造纤维短纤,与棉混纺,色织
5516 44	人造纤维短纤纺制的机织物，<85%人造纤维短纤,与棉混纺,印花
5516 91	其他人造纤维短纤纺制的机织物,未漂白或漂白
5516 92	其他人造纤维短纤纺制的机织物,染色
5516 93	其他人造纤维短纤纺制的机织物,色织
5516 94	其他人造纤维短纤纺制的机织物,印花

第五十六章:絮胎、毡呢及无纺织物,特种纱线,线、绳、索、缆及其制品

5601 10	纺织材料絮胎制成的卫生用品,包括卫生巾、止血塞和婴儿尿片
5601 21	棉制絮胎及其制品,卫生用品除外
5601 22	化学纤维制絮胎及其制品,卫生用品除外
5601 29	其他纺织材材料絮胎及其制品,卫生用品除外
5601 30	纤维屑、纤维粉末及球结
5602 10	针刺机制成的毡呢和纤维缝编织物
5602 21	针刺机制成的毡呢除外的毡呢,羊毛或动物细毛纺制,未浸渍、涂布、包覆或层压
5602 29	针刺机制成的毡呢除外的毡呢,其他纺织材料纺制,未浸渍、涂布、包覆或层压
5602 90	其他纺织材料制成的毡呢
5603 00	无纺织物,不论是否浸渍、涂布、包覆或层压
5604 10	橡胶线和绳,用纺织材料包覆
5604 20	高强力纱,聚酯、尼龙、其他聚酰胺或粘胶纤维纺制,浸渍或涂布
5604 90	其他纺织纱线和扁条,用橡胶或塑料浸渍、涂布、包覆或铠装
5605 00	含金属纱线,由纺织纱线与金属的线、扁条或粉末混合制成
5606 00	其他粗松螺旋花线;绳绒线;纵行起圈纱线
5607 10	线、绳、索、缆,黄麻或其他纺织用韧皮纤维纺制
5607 21	装订或包扎用绳,剑麻或其他龙舌兰类纺织用纤维纺制
5607 29	其他线、绳、索、缆,剑麻纺织用纤维纺制
5607 30	线、绳、索、缆,蕉麻或其他硬质(叶)纤维纺制
5607 41	装订或包扎用绳,聚乙烯或聚丙烯纺制
5607 49	其他线、绳、索、缆,聚乙烯或聚丙烯纺制

续表

5607 50	线、绳、索、缆,其他合成纤维纺制
5607 90	线、绳、索、缆,其他材料纺制
5608 11	制成的渔网,人造纺织材料纺制
5608 19	线、绳、索、缆纺制的网织品,以及人造纺织材料纺制的其他制成网织品
5608 90	其他线、绳、索、缆纺制的网织品,以及其他纺织材料纺制的制成网织品
5609 00	纱纱、扁条、线、绳、索、缆制成的其他制品

第五十七章:地毯及其他纺织材料的铺地制品

5701 10	结织栽绒地毯,羊毛或动物细毛制
5701 90	结织栽绒地毯,其他纺织材料制
5702 10	“开来姆”、“苏麦克”、“卡拉马尼”及类似的手织纺织地毯
5702 20	椰壳纤维制的铺地制品
5702 31	其他机织地毯,羊毛或动物细毛制,起绒结构,未制成的
5702 32	其他机织地毯,人造纺织材料制,起绒结构,未制成的
5702 39	其他机织地毯,其他纺织材料制,起绒结构,未制成的
5702 41	其他机织地毯,羊毛或动物细毛制,起绒结构,制成的
5702 42	其他机织地毯,人造纺织材料制,起绒结构,制成的
5702 49	其他机织地毯,其他纺织材料制,起绒结构,制成的
5702 51	其他机织地毯,羊毛或动物细毛制,未制成的
5702 52	其他机织地毯,人造纺织材料制,未制成的
5702 59	其他机织地毯,其他纺织材料制,未制成的
5702 91	其他机织地毯,羊毛或动物细毛制,制成的
5702 92	其他机织地毯,人造纺织材料制,制成的
5702 99	其他机织地毯,其他纺织材料制,制成的
5703 10	簇绒地毯,羊毛或动物细毛制
5703 20	簇绒地毯,尼龙或其他聚酰胺制
5703 30	簇绒地毯,其他人造纺织材料制
5703 90	簇绒地毯,其他纺织材料制
5704 10	纺织材料毡呢地毯,最大表面面积为 0.3 平方米
5704 90	其他纺织材料毡呢地毯
5705 00	其他地毯及纺织材料制成的其他铺地制品

第五十八章:特种机织物、簇绒织物、花边、壁毯、装饰带、刺绣制品

5801 10	羊毛或者动物细毛制起绒机织物,毛圈机织物及狭幅机织物除外
5801 21	不割绒的棉制纬起绒织物,毛圈机织物及狭幅机织物除外
5801 22	割绒的棉制灯芯绒,狭幅机织物除外
5801 23	其他棉制纬起绒织物
5801 24	不割绒的棉制经起绒织物(棱纹绸),毛圈机织物及狭幅机织物除外
5801 25	割绒的棉制经起绒织物,毛圈机织物及狭幅机织物除外
5801 26	棉制绢绒织物,狭幅机织物除外
5801 31	不割绒的化学纤维制纬起绒织物,毛圈机织物及狭幅机织物除外
5801 32	割绒的化学纤维制灯芯绒,狭幅机织物除外
5801 33	化学纤维制成的其他纬起绒织物
5801 34	不割绒的化学纤维制经起绒织物(棱纹绸),毛圈机织物及狭幅机织物除外
5801 35	割绒的化学纤维制经起绒织物,毛圈机织物及狭幅机织物除外
5801 36	化学纤维制绳绒织物,狭幅机织物除外
5801 90	其他纺织材料制成的起绒机织物和绳绒机织物,毛圈机织物及狭幅机织物除外
5802 11	棉制毛巾织物及类似毛圈机织物,狭幅机织物除外,未漂白
5802 19	棉制毛巾织物及类似毛圈机织物,未漂白的或狭幅机织物除外
5802 20	其他纺织材料制的毛巾织物及类似的毛圈机织物,狭幅机织物除外
5802 30	簇绒织物,税目 57.03 的产品除外
5803 10	棉制纱罗,狭幅机织物除外
5803 90	其他纺织材料制纱罗,狭幅机织物除外
5804 10	网眼薄纱及其他网眼织物,但不包括机织物、针织物或钩编织物
5804 21	机器制花边,化学纤维制,成卷、成条或成小块图案
5804 29	机器制花边,其他纺织材料制,成卷、成条或成小块图案
5804 30	手工制花边,成卷、成条或成小块图案
5805 00	手织装饰毯及手工针绣嵌花装饰毯,不论是否制成
5806 10	狭幅起绒机织物及绳绒织物
5806 20	其他狭幅机织物,含弹性纱线或橡胶线 5%
5806 31	其他狭幅机织物,棉制
5806 32	其他狭幅机织物,化学纤维制
5806 39	其他狭幅机织物,其他纺织材料制
5806 40	有经纱而无纬纱的织物,用黏合剂黏合制成
5807 10	纺织材料制的标签、徽章及类似品,机织
5807 90	其他纺织材料制的标签、徽章及类似品,非机

续表

5808 10	成匹的编带
5808 90	成匹的装饰带,针织除外;流苏、绒球及类似品
5809 00	其他金属丝或金属纱线的机织物,供衣着服饰及室内装饰用
5810 10	不见底布的刺绣品,成匹、成条或成小块图案
5810 91	其他刺绣品,棉制,成匹、成条或成小块图案
5810 92	其他刺绣品,化学纤维制,成匹、成条或成小块图案
5810 99	其他刺绣品,其他纺织材料制,成匹、成条或成小块图案
5811 00	成匹的被褥状纺织产品

第五十九章:浸渍、涂布、包覆或层压的纺织物,工业用纺织品

5901 10	用胶涂布的纺织物,作书籍封面及类似用途
5901 90	制图用透写布;制成的油画布;做帽里的其他硬化纺织物
5902 10	尼龙或其他聚酰胺高强力纱制的胎帘子布
5902 20	聚酯高强力纱制的轮胎帘子布
5902 90	粘胶纤维高强力纱制的轮胎帘子布
5903 10	用聚氯乙烯浸渍、涂布、包覆或层压的其他纺织物
5903 20	用聚氨基甲酸酯浸渍、涂布、包覆或层压的其他纺织物
5903 90	用塑料浸渍、涂布、包覆或层压的其他纺织物
5904 10	列诺伦(亚麻油地毡),不论是否剪切成形
5904 91	铺地制品(列诺伦除外),以针刺机制毡呢或无纺织物为底布
5904 92	铺地制品(列诺伦除外),以其他纺织物为底布
5905 00	糊墙织物
5906 10	用橡胶处理的胶粘带,宽度不超过 20 厘米
5906 91	用橡胶处理的其他针织或钩编织物
5906 99	用橡胶处理的其他纺织物
5907 00	用其他材料浸渍、涂布、包覆的纺织物;已绘制画布,用于舞台、布景等
5908 00	用于油灯、火炉、蜡烛或类似品的纺织材料制灯芯;煤气灯纱筒及纱罩
5909 00	纺织材料制的水龙软管及类似的管子
5910 00	纺织材料制的传送带或输送带,不论是否已作强化处理
5911 10	混杂着橡胶、皮革或其他材料的毛毡编织物,用于技术用途
5911 20	纺织筛布,不论是否制成
5911 31	用于造纸机器或类似机器的纺织物,不论是否配有接头,每平方米重量 650 克以下
5911 32	用于造纸机器或类似机器的纺织物,不论是否配有接头,每平方米重量 650 克及以上

续表

5911 40	用于榨油机器或类似机械的滤布,包括人发制滤布
5911 90	其他用于技术用途的纺织产品及制品

第六十章:针织或钩编织物

6001 10	针织或钩编的长毛绒织物
6001 21	针织或钩编的毛圈绒头织物,棉制
6001 22	针织或钩编的毛圈绒头织物,化学纤维制
6001 29	针织或钩编的毛圈绒头织物,其他纺织材料制
6001 91	针织或钩编的其他起绒织物,棉制
6001 92	针织或钩编的其他起绒织物,化学纤维制
6001 99	针织或钩编的其他起绒织物,其他纺织材料制
6002 10	其他针织或钩编织物,宽度不超过 30 厘米,弹性纱线或橡胶线含量 5% 及以上
6002 20	其他针织或钩编织物,宽度不超过 30 厘米
6002 30	其他针织或钩编织物,宽度超过 30 厘米,弹性纱线或橡胶线含量 5% 及以上
6002 41	其他经编针织物,羊毛或动物细毛制
6002 42	其他经编针织物,棉制
6002 43	其他经编针织物,化学纤维制
6002 49	其他经编针织物,其他纺织材料制
6002 91	其他针织或钩编织物,羊毛或动物细毛制
6002 92	其他针织或钩编织物,棉制
6002 93	其他针织或钩编织物,化学纤维制
6002 99	其他针织或钩编织物,其他材料制

第六十一章:针织或钩编的服装及衣着附件

6101 10	针织或钩编男式大衣、风衣及类似品,羊毛或动物细毛制
6101 20	针织或钩编男式大衣、风衣及类似品,棉制
6101 30	针织或钩编男式大衣、风衣及类似品,化学纤维制
6101 90	针织或钩编男式大衣、风衣及类似品,其他纺织材料制
6102 10	针织或钩编女式大衣、风衣及类似品,羊毛或动物细毛制
6102 20	针织或钩编女式大衣、风衣及类似品,棉制
6102 30	针织或钩编女式大衣、风衣及类似品,人造纤维制
6102 90	针织或钩编女式大衣、风衣及类似品,其他纺织材料制
6103 11	针织或钩编男式西服套装,羊毛或动物细毛制
6103 12	针织或钩编男式西服套装,合成纤维制

续表

6103 19	针织或钩编男式西服套装,其他纺织材料制
6103 21	针织或钩编男式便服套装,羊毛或动物细毛制
6103 22	针织或钩编男式便服套装,棉制
6103 23	针织或钩编男式便服套装,合成纤维制
6103 29	针织或钩编男式便服套装,其他纺织材料制
6103 31	针织或钩编男式夹克衫和运动夹克衫,羊毛或动物细毛制
6103 32	针织或钩编男式夹克衫和运动夹克衫,棉制
6103 33	针织或钩编男式夹克衫和运动夹克衫,合成纤维制
6103 39	针织或钩编男式夹克衫和运动夹克衫,其他纺织材料制
6103 41	针织或钩编男式长裤和短裤,羊毛或动物细毛制
6103 42	针织或钩编男式长裤和短裤,棉制
6103 43	针织或钩编男式长裤和短裤,合成纤维制
6103 49	针织或钩编男式长裤和短裤,其他纺织材料制
6104 11	针织或钩编女式西服套装,羊毛或动物细毛制
6104 12	针织或钩编女式西服套装,棉制
6104 13	针织或钩编女式西服套装,合成纤维制
6104 19	针织或钩编女式西服套装,其他纺织材料制
6104 21	针织或钩编女式便服套装,羊毛或动物细毛制
6104 22	针织或钩编女式便服套装,棉制
6104 23	针织或钩编女式便服套装,合成纤维制
6104 29	针织或钩编女式便服套装,其他纺织材料制
6104 31	针织或钩编女式夹克衫,羊毛或动物细毛制
6104 32	针织或钩编女式夹克衫,棉制
6104 33	针织或钩编女式夹克衫,合成纤维制
6104 39	针织或钩编女式夹克衫,其他纺织材料制
6104 41	针织或钩编连衣裙,羊毛或动物细毛制
6104 42	针织或钩编连衣裙,棉制
6104 43	针织或钩编连衣裙,合成纤维制
6104 44	针织或钩编连衣裙,化学纤维制
6104 49	针织或钩编连衣裙,其他纺织材料制
6104 51	针织或钩编短裙和裙裤,羊毛或动物细毛制
6104 52	针织或钩编短裙和裙裤,棉制
6104 53	针织或钩编短裙和裙裤,合成纤维制

续表

6104 59	针织或钩编短裙和裙裤,其他纺织材料制
6104 61	针织或钩编女式长裤和短裤,羊毛或动物细毛制
6104 62	针织或钩编女式长裤和短裤,棉制
6104 63	针织或钩编女式长裤和短裤,合成纤维制
6104 69	针织或钩编女式长裤和短裤,其他纺织材料制
6105 10	针织或钩编男式衬衫,棉制
6105 20	针织或钩编男式衬衫,人造纤维制
6105 90	针织或钩编男式衬衫,其他纺织材料制
6106 10	针织或钩编的女式衬衫,棉制
6106 20	针织或钩编的女式衬衫,化学纤维制
6106 90	针织或钩编的女式衬衫,其他纺织材料制
6107 11	针织或钩编的男式内裤和三角裤,棉制
6107 12	针织或钩编的男式内裤和三角裤,化学纤维制
6107 19	针织或钩编的男式内裤和三角裤,其他纺织材料制
6107 21	针织或钩编的男式长睡衣和睡衣裤,棉制
6107 22	针织或钩编的男式长睡衣和睡衣裤,化学纤维制
6107 29	针织或钩编的男式长睡衣和睡衣裤,其他纺织材料制
6107 91	针织或钩编的男式衬裤、内裤、浴衣及类似品,棉制
6107 92	针织或钩编的男式衬裤、内裤、浴衣及类似品,化纤制
6107 99	针织或钩编的男式衬裤、内裤、浴衣及类似品,其他纺织材料制
6108 11	针织或钩编的女式长衬裙和衬裙,化学纤维制
6108 19	针织或钩编的女式长衬裙和衬裙,其他纺织材料制
6108 21	针织或钩编的女式三角裤和短衬裤,棉制
6108 22	针织或钩编的女式三角裤和短衬裤,化学纤维制
6108 29	制针织或钩编的女式三角裤和短衬裤,其他纺织材料
6108 31	针织或钩编的女式睡衣和睡衣裤,棉制
6108 32	针织或钩编的女式睡衣和睡衣裤,化学纤维制
6108 39	针织或钩编的女式睡衣和睡衣裤,其他纺织材料制
6108 91	针织或钩编的女式浴衣、晨衣及类似品,棉制
6108 92	针织或钩编的女式浴衣、晨衣及类似品,化学纤维制
6108 99	针织或钩编的女式浴衣、晨衣及类似品,其他纺织材料制
6109 10	针织或钩编的短袖圆领衫、汗衫、无袖圆领衫及类似品,棉制
6109 90	针织或钩编的短袖圆领衫、汗衫、无袖圆领衫及类似品,其他纺织材料制

续表

6110 10	针织或钩编的毛线衣、套衫、长袖圆领运动衫及类似品，羊毛或动物细毛制
6110 20	针织或钩编的毛线衣、套衫、长袖圆领运动衫及类似品，棉制
6110 30	针织或钩编的毛线衣、套衫、长袖圆领运动衫及类似品，化学纤维制
6110 90	针织或钩编的毛线衣、套衫、长袖圆领运动衫及类似品，其他纺织材料制
6111 10	针织或钩编的婴儿服装和衣着附件，羊毛或动物细毛制
6111 20	针织或钩编的婴儿服装和衣着附件，棉制
6111 30	针织或钩编的婴儿服装和衣着附件，合成纤维制
6111 90	针织或钩编的婴儿服装和衣着附件，其他纺织材料制
6112 11	针织或钩编的运动服，棉制
6112 12	针织或钩编的运动服，合成纤维制
6112 19	针织或钩编的运动服，其他纺织材料制
6112 20	针织或钩编的滑雪服，纺织材料制
6112 31	针织或钩编的男式游泳装，合成纤维制
6112 39	针织或钩编的男式游泳装，其他纺织品制
6112 41	针织或钩编的女式游泳装，合成纤维制
6112 49	针织或钩编的女式游泳装，其他纺织材料制
6113 00	用浸渍、涂布、包覆或层压的纺织品针织或钩编的服装
6114 10	针织或钩编的其他服装，羊毛或动物细毛制
6114 20	针织或钩编的其他服装，棉制
6114 30	针织或钩编的其他服装，化学纤维制
6114 90	针织或钩编的其他服装，其他纺织材料制
6115 11	针织或钩编的连裤袜和紧身裤袜，合成纤维纱线制，每根单丝细度小于 67 分特
6115 12	针织或钩编的连裤袜和紧身裤袜，合成纤维纱线制，每根单丝细度大于或等于 67 分特
6115 19	针织或钩编的连裤袜和紧身裤袜，其他纺织材料制
6115 20	针织或钩编的女式长筒袜或中统袜，纺织纱线制，每根单丝细度小于 67 分特
6115 91	针织或钩编的其他袜类，羊毛或动物细毛制成
6115 92	针织或钩编的其他袜类，棉花制成
6115 93	针织或钩编的其他袜类，合成纤维制成
6115 99	针织或钩编的其他袜类，其他纺织材料制成的
6116 10	针织或钩编的分指手套、连指手套或露指手套，用塑料或橡胶浸渍、层布或包覆
6116 91	针织或钩编的其他分指手套、连指手套或露指手套，羊毛或动物细毛制成
6116 92	针织或钩编的其他分指手套、连指手套或露指手套，棉制
6116 93	针织或钩编的其他分指手套、连指手套或露指手套，合成纤维制

续表

6116 99	针织或钩编的其他分指手套、连指手套或露指手套,其他纺织材料制
6117 10	针织或钩编的披巾、头巾、面纱及类似品,纺织材料制
6117 20	针织或钩编的领带、领结和领巾,纺织材料制
6117 80	针织或钩编的其他衣着附件,纺织材料制
6117 90	针织或钩编的服装或衣着附件的零件,纺织材料制

第六十二章:非针织或非钩编的服装及衣着附件

6201 11	非针织或非钩编的男式大衣及类似品,羊毛或动物细毛制
6201 12	非针织或非钩编的男式大衣及类似品,棉制
6201 13	非针织或非钩编的男式大衣及类似品,化学纤维制
6201 19	非针织或非钩编的男式大衣及类似品,其他纺织材料制
6201 91	非针织或非钩编的男式风衣及类似品,羊毛或动物细毛制
6201 92	非针织或非钩编的男式风衣及类似品,棉制
6201 93	非针织或非钩编的男式风衣及类似品,化学纤维制
6201 99	非针织或非钩编的男式风衣及类似品,其他纺织材料制成
6202 11	非针织或非钩编的女士大衣及类似品,羊毛或动物细毛制
6202 12	非针织或非钩编的女士大衣及类似品,棉制
6202 13	非针织或非钩编的女士大衣及类似品,化学纤维制
6202 19	非针织或非钩编的女士大衣及类似品,其他纺织材料制
6202 91	非针织或非钩编的女士风衣及类似品,羊毛或动物细毛制
6202 92	非针织或非钩编的女士风衣及类似品,棉制
6202 93	非针织或非钩编的女士风衣及类似品,化学纤维制
6202 99	非针织或非钩编的女士风衣及类似品,其他纺织材料制
6203 11	非针织或非钩编的男式西服套装,羊毛或动物细毛制
6203 12	非针织或非钩编的男式西服套装,合成纤维制
6203 19	非针织或非钩编的男式便服套装,其他纺织材料制
6203 21	非针织或非钩编的男式便服套装,羊毛或动物细毛制
6203 22	非针织或非钩编的男式便服套装,棉制
6203 23	非针织或非钩编的男式便服套装,合成纤维制
6203 29	非针织或非钩编的男式便服套装,其他纺织材料制
6203 31	非针织或非钩编的男式夹克衫和运动夹克衫,羊毛或动物细毛制
6203 32	非针织或非钩编的男式夹克衫和运动夹克衫,棉制
6203 33	非针织或非钩编的男式夹克衫和运动夹克衫,合成纤维制

续表

6203 39	非针织或非钩编的男式夹克衫和运动夹克衫,其他纺织材料制
6203 41	非针织或非钩编的男式长裤和短裤,羊毛或动物细毛制
6203 42	非针织或非钩编的男式长裤和短裤,棉制
6203 43	非针织或非钩编的男式长裤和短裤,合成纤维制
6203 49	非针织或非钩编的男式长裤和短裤,其他纺织材料制
6204 11	非针织或非钩编的女式西服套装,羊毛或动物细毛制
6204 12	非针织或非钩编的女式西服套装,棉制
6204 13	非针织或非钩编的女式西服套装,合成纤维制
6204 19	非针织或非钩编的女式西服套装,其他纺织材料制
6204 21	非针织或非钩编的女式便服套装,羊毛或动物细毛制
6204 22	非针织或非钩编的女式便服套装,棉制
6204 23	非针织或非钩编的女式便服套装,合成纤维制
6204 29	非针织或非钩编的女式便服套装,其他纺织材料制
6204 31	非针织或非钩编的女式夹克衫,羊毛或动物细毛制
6204 32	非针织或非钩编的女式夹克衫,棉制
6204 33	非针织或非钩编的女式夹克衫,合成纤维制
6204 39	非针织或非钩编的女式夹克衫,其他纺织材料制
6204 41	非针织或非钩编的连衣裙,羊毛或动物细毛制
6204 42	非针织或非钩编的连衣裙,棉制
6204 43	非针织或非钩编的连衣裙,合成纤维制
6204 44	非针织或非钩编的连衣裙,化学纤维制
6204 49	非针织或非钩编的连衣裙,其他纺织材料制
6204 51	非针织或非钩编的短裙和裙裤,羊毛或动物细毛制
6204 52	非针织或非钩编的短裙和裙裤,棉制
6204 53	非针织或非钩编的短裙和裙裤,合成纤维制
6204 59	非针织或非钩编的短裙和裙裤,其他纺织材料制
6204 61	非针织或非钩编的女式长裤和短裤,羊毛或动物细毛制
6204 62	非针织或非钩编的女式长裤和短裤,棉制
6204 63	非针织或非钩编的女式长裤和短裤,合成纤维制
6204 69	非针织或非钩编的女式长裤和短裤,其他纺织材料制
6205 10	非针织或非钩编的男式衬衫,羊毛或动物细毛制
6205 20	非针织或非钩编的男式衬衫,棉制
6205 30	非针织或非钩编的男式衬衫,化学纤维制

续表

6205 90	非针织或非钩编的男式衬衫,其他纺织材料制
6206 10	非针织或非钩编的女式衬衫,丝或绢丝制
6206 20	非针织或非钩编的女式衬衫,羊毛或动物细毛制
6206 30	非针织或非钩编的女式衬衫,棉制
6206 40	非针织或非钩编的女式衬衫,化学纤维制
6206 90	非针织或非钩编的女式衬衫,其他纺织材料制
6207 11	非针织或非钩编的男式内裤和三角裤,棉制
6207 19	非针织或非钩编的男式内裤和三角裤,其他纺织材料制
6207 21	非针织或非钩编的男式长睡衣和睡衣裤,棉制
6207 22	非针织或非钩编的男式长睡衣和睡衣裤,化学纤维制
6207 29	非针织或非钩编的男式长睡衣和睡衣裤,其他纺织材料制
6207 91	非针织或非钩编的男式浴衣、晨袍及类似品,棉制
6207 92	非针织或非钩编的男式浴衣、晨袍及类似品,化学纤维制
6207 99	非针织或非钩编的男式浴衣、晨袍及类似品,其他纺织材料制
6208 11	非针织或非钩编的女式长衬裙和衬裙,化学纤维制
6208 19	非针织或非钩编的女式长衬裙和衬裙,其他纺织材料制
6208 21	非针织或非钩编的女式长睡衣和睡衣裤,棉制
6208 22	非针织或非钩编的女式长睡衣和睡衣裤,化学纤维制
6208 29	非针织或非钩编的女式长睡衣和睡衣裤,其他纺织材料制
6208 91	非针织或非钩编的女式浴衣、晨袍及类似品,棉制
6208 92	非针织或非钩编的女式浴衣、晨袍及类似品,化学纤维
6208 99	非针织或非钩编的女式浴衣、晨袍及类似品,其他纺织材料制
6209 10	非针织或非钩编的婴儿服装及衣着附件,羊毛或动物细毛制
6209 20	非针织或非钩编的婴儿服装及衣着附件,棉制
6209 30	非针织或非钩编的婴儿服装及衣着附件,合成纤维制
6209 90	非针织或非钩编的婴儿服装及衣着附件,其他纺织材料制
6210 10	用毡呢或无纺织物制成的服装
6210 20	浸渍、涂布、包覆等机织物制成的男式大衣及类似品
6210 30	浸渍、涂布、包覆等机织物制成的女式大衣及类似品
6210 40	浸渍、涂布、包覆或层压的机织物制成的其他男式服装
6210 50	浸渍、涂布、包覆或层压的机织物制成的其他女式服装
6211 11	非针织或非钩编的男式游泳服,纺织材料制
6211 12	非针织或非钩编的女式游泳服,纺织材料制

续表

6211 20	非针织或非钩编的滑雪服,纺织材料制
6211 31	非针织或非钩编的其他男式服装,羊毛或动物细毛制
6211 32	非针织或非钩编的其他男式服装,棉制
6211 33	非针织或非钩编的其他男式服装,化学纤维制
6211 39	非针织或非钩编的其他男式服装,其他纺织材料制
6211 41	非针织或非钩编的其他女式服装,羊毛或动物细毛制
6211 42	非针织或非钩编的其他女式服装,棉制
6211 43	非针织或非钩编的其他女式服装,化学纤维制
6211 49	非针织或非钩编的其他女式服装,其他纺织材料制
6212 10	文胸及其部件,纺织材料制,不论是针织或钩编,还是非针织或非钩编
6212 20	束腰带、短裤腰带及其部件,纺织材料制,不论是针织或钩编,还是非针织或非钩编
6212 30	紧身胸衣及其部件,纺织材料制,不论是针织或钩编,还是非针织或非钩编
6212 90	吊裤带、吊袜带及类似品和其部件,纺织材料制,不论是针织或钩编,还是非针织或非钩编
6213 10	非针织或非钩编的手帕,丝或绢丝制
6213 20	非针织或非钩编的手帕,棉制
6213 90	非针织或非钩编的手帕,其他纺织材料制
6214 10	非针织或非钩编的披巾、头巾、面纱及类似品,丝或绢丝制
6214 20	非针织或非钩编的披巾、头巾、面纱及类似品,羊毛或动物细毛制
6214 30	非针织或非钩编的披巾、头巾、面纱及类似品,合成纤维制
6214 40	非针织或非钩编的披巾、头巾、面纱及类似品,人造纤维制
6214 90	非针织或非钩编的披巾、头巾、面纱及类似品,其他纺织材料制
6215 10	非针织或非钩编的领带、领结和领巾,丝或绢丝制
6215 20	非针织或非钩编的领带、领结和领巾,化学纤维制
6215 90	非针织或非钩编的领带、领结和领巾,其他纺织材料制
6216 00	非针织或非钩编的分指手套、连指手套和露指手套,纺织材料制
6217 10	非针织或非钩编的其他衣着附件,纺织材料制
6217 90	非针织或非钩编的其他服装或衣着附件的零件,纺织材料制

第六十三章:其他纺织制成品、成套物品、旧衣物和旧纺织品、碎织物

6301 10	电热毯,纺织材料制
6301 20	毯子(电热毯除外)及旅行毯,羊毛或动物细毛制
6301 30	毯子(电热毯除外)及旅行毯,棉制
6301 40	毯子(电热毯除外)及旅行毯,合成纤维制

续表

6301 90	毯子(电热毯除外)及旅行毯,其他纺织材料制
6302 10	床上用织物制品,纺织材料制,针织或钩编
6302 21	床上用织物制品,棉制,印花,非针织或非钩编
6302 22	床上用织物制品,化学纤维制,印花,非针织或非钩编
6302 29	床上用织物制品,其他纺织材料制,印花,非针织或非钩编
6302 31	其他床上用织物制品,棉制
6302 32	其他床上用织物制品,化学纤维制
6302 39	其他床上用织物制品,其他纺织材料制
6302 40	餐桌用织物制品,纺织材料制,针织或钩编
6302 51	餐桌用织物制品,棉制,非针织或非钩编
6302 52	餐桌用织物制品,亚麻制,非针织或非钩编
6302 53	餐桌用织物制品,化学纤维制,非针织或非钩编
6302 59	餐桌用织物制品,其他纺织材料制,非针织或非钩编
6302 60	盥洗及厨房用织物制品,棉制,毛巾织物或类似毛圈织物制
6302 91	盥洗及厨房用其他织物制品,棉制
6302 92	盥洗及厨房用织物制品,亚麻制
6302 93	盥洗及厨房用织物制品,化学纤维制
6302 99	盥洗及厨房用织物制品,其他纺织材料制
6303 11	窗帘、帷帘和帐幔或床帷,棉质,针织或钩编
6303 12	窗帘、帷帘和帐幔或床帷,合成纤维制,针织或钩编
6303 19	窗帘、帷帘和帐幔或床帷,其他纺织材料制,针织或钩编
6303 91	窗帘、帷帘和帐幔或床帷,棉制,非针织或非钩编
6303 92	窗帘、帷帘和帐幔或床帷,合成纤维制,非针织或非钩编
6303 99	窗帘、帷帘和帐幔或床帷,其他纺织材料制,非针织或非钩编
6304 11	其他床罩,纺织材料制,针织或钩编
6304 19	其他床罩,纺织材料制,非针织或非钩编
6304 91	其他装饰用织物制品,纺织材料制,针织或钩编
6304 92	其他装饰用织物制品,棉制,非针织或非钩编
6304 93	其他装饰用织物制品,合成纤维制,非针织或非钩编
6304 99	其他装饰用织物制品,其他纺织材料制,非针织或非钩编
6305 10	货物包装用袋,黄麻或其他韧皮纺织纤维制
6305 20	货物包装用袋,棉制
6305 31	货物包装用袋,聚乙烯或聚丙烯扁条制

续表

6305 39	货物包装用袋,其他化学纤维材料制
6305 90	货物包装用袋,其他纺织材料制
6306 11	油毡布、天篷和遮阳篷,棉制
6306 12	油毡布、天篷和遮阳篷,合成纤维制
6306 19	油毡布、天篷和遮阳篷,其他纺织材料制
6306 21	帐篷,棉制
6306 22	帐篷,合成纤维制
6306 29	帐篷,其他纺织材料制
6306 31	风帆,合成纤维制
6306 39	风帆,其他纺织材料制
6306 41	充气褥垫,棉制
6306 49	充气褥垫,其他纺织材料制
6306 91	其他露营用品,棉制
6306 99	其他露营用品,其他纺织材料制
6307 10	擦地布、洗碗布、抹布及类似擦拭用布,纺织材料制
6307 20	救生衣和安全带,纺织材料制
6307 90	其他纺织材料的制成品,包括服装裁剪样
6308 00	机织物和纱线构成的成套物品,供零售用,用以制作小地毯、装饰毯及类似纺织用品
6309 00	旧衣服和其他旧纺织物品

第六十四章:鞋靴、护腿和类似品及其零件

ex 6405 20	羊毛毡呢制鞋底和鞋面的鞋靴
ex 6406 10	外部表面的50%及以上采用纺织材料的鞋靴
ex 6406 99	纺织材料制的护腿及绑腿

第六十五章:帽类及其零件

6501 00	毡呢制的帽坯、帽身和帽兜;毡呢制的圆帽片及制帽用的毡呢筒
6502 00	编结的帽坯或用任何材料的条带拼制而成的帽坯
6503 00	毡呢帽和其他毡呢帽类
6504 00	编结帽或用任何材料的条带拼制而成的帽类
6505 90	针织的帽类或用花边或其他纺织材料制成的帽类

第六十六章:雨伞、阳伞、手杖、上马棍、马鞭、骑手短鞭及其零件

6601 10	庭园用伞
6601 91	折叠伞
6601 99	其他雨伞和阳伞

第七十章:玻璃及其制品

ex 7019 10	玻璃纤维纱
7019 20	玻璃纤维机织物

第八十七章:车辆及其零件和附件,但铁道或电车道车辆除外

8708 21	坐椅安全带

第八十八章:航空器、航天器及其零件

8804 00	降落伞及其零件和附件

第九十一章:钟表及其零件

9113 90	纺织材料制表带和表链

第九十四章:家具,寝具、床垫、弹簧床垫、软座垫及类似的填充制品

第九十五章:玩具、游戏用品和运动用品及其零件和附件

9502 91	玩偶服饰

第九十六章:杂项制品

ex 9612 10	机织的色带,化学纤维制,但宽度少于 30 毫米并已永久装于色盒里的除外

附录 2.1:关税的消除

就本附录而言,各缔约方应适用第 2 节第 2 款,以确定某一纺织品与服装是否属于某一特定缔约方的原产货物。

1. 加拿大与美国之间的贸易

正如第 302 条的规定,加拿大与美国应分别根据《加拿大与美国自由贸易协定》已修订的附件 401.2,逐步消除各自对对方原产纺织品与服装的关税。附件 401.2 已纳入本协定附件 302.2,并体现在该附件的各自关税削减时间表中。

2. 墨西哥与美国之间的贸易

除非时间表 2.1. 乙另有规定,正如第 302 条的规定,墨西哥与美国应分别根据附件 302.2 中各自的关税削减时间表,逐步消除各自对对方原产纺织品与服装的关税,具体如下:

(1)对一缔约方关税削减时间表阶段 A 所列税目的纺织品与服装的关税应完全取消,此类货物应自 1994 年 1 月 1 日免税;

(2)对一缔约方关税削减时间表阶段 B6 所列税目的纺织品与服装的关税应在 1994 年 1 月 1 日以对基础税率的百分比计,降低相同的数量。此后,关税自 1995 年 1 月 1 日分五年每年等额逐步取消,此类货物应自 1999 年 1 月 1 日免税;

(3)对一缔约方关税削减时间表阶段C所列税目的纺织品与服装的关税应自1994年1月1日分10年每年等额逐步取消,此类货物应自2003年1月1日免税;以及

(4)如果对阶段类别B6或C适用第2款或第3款规定的方案导致任何年度阶段的关税超过20%的从价税,则当年阶段的关税税率应为20%从价税,而非本来按其他规定应适用的税率。

3. 加拿大与墨西哥之间的贸易

正如第302条的规定,加拿大与墨西哥应分别根据附件302.2中各自的关税削减时间表,逐步消除各自对对方原产纺织品与服装的关税,具体如下:

(1)对一缔约方关税削减时间表阶段A所列税目的纺织品与服装的关税应完全取消,此类货物应自1994年1月1日免税;

(2)对一缔约方关税削减时间表阶段BI所列税目的纺织品与服装的关税应自1994年1月1日分六年每年等额逐步取消,此类货物应自1999年1月1日免税;

(3)对一缔约方关税削减时间表阶段B+所列税目的纺织品与服装的关税应自1994年1月1日按照基础税率的下述百分比降低,此类货物应自2001年1月1日免税:

1)1994年1月1日,20%

2)1995年1月1日,0%

3)1996年1月1日,10%

4)1997年1月1日,10%

5)1998年1月1日,10%

6)1999年1月1日,10%

7)2000年1月1日,10%

8)2001年1月1日,30%,以及

(4)对一缔约方关税削减时间表阶段C所列税目的纺织品与服装的关税应自1994年1月1日分10年每年等额逐步取消,此类货物应自2003年1月1日免税。

4. 所有缔约方之间的贸易

附件302.2中各缔约方关税表阶段D所列税目的原产纺织品与服装应继续享受免税待遇。

关税削减时间表2.1.乙:附录2.1所列关税逐步取消方案的例外

1. 在过渡期内,美国应对关税税目5111.11.70、5111.19.60、5112.11.20和5112.19.90适用以下关税税率:

1994年	25.0%
1995年	24.1%
1996年	18.0%
1997年	12.0%
1998年	6.0%
1999年及其以后	0.0%

2. 在过渡期内,墨西哥应对调整后以对应第一款中美国关税税目的税目5111.11.01、5111.19.99、5112.11.01和5112.19.99适用以下关税税率:

1994 年	15.0%
1995 年	14.5%
1996 年	10.8%
1997 年	7.2%
1998 年	3.6%
1999 年及其以后	0.0%

3. 在过渡期内，美国应对关税税目 5111.20.90、5111.30.90、5112.20.30、5112.30.30、5407.91.05、5407.92.05、5407.93.05、5407.94.05、5408.31.05、5408.32.05、5408.33.05、5408.34.05、5515.13.05、5515.22.05、5515.92.05、5516.31.05、5516.32.05、5516.33.05 和 5516.34.05 适用以下的关税税率：

1994 年	25.0%
1995 年	25.0%
1996 年	20.0%
1997 年	13.3%
1998 年	6.7%
1999 年及其以后	0.0%

4. 在过渡期内，墨西哥应对调整后以对应第 3 款美国关税税目的税目 5111.20.99、5111.30.99、5112.20.01、5112.30.01、5407.91.99、5407.92.99、5407.93.99、5407.94.99、5408.31.99、5408.32.99、5408.33.99、5408.34.99、5515.13.01、5515.22.01、5515.92.01、5516.31.01、5516.32.01、5516.33.01 和 5516.34.01 适用以下关税税率：

1994 年	15.0%
1995 年	15.0%
1996 年	12.0%
1997 年	8.0%
1998 年	4.0%
1999 年及其以后	0.0%

5. 在过渡期内，墨西哥应对子目 5703.20 和 5703.30 中手钩尼龙除外的面积小于 5.25 平方米的货物适用如下税率：

1994 年	20.0%
1995 年	20.0%
1996 年	10.0%
1997 年	6.6%
1998 年	3.3%
1999 年及其以后	0.0%

附录2.4:对某些纺织品与服装的关税消除

1994年1月1日,美国应对墨西哥用完全在美国制造和剪裁的织物组装制成的纺织品与服装取消关税,自美国出口和重新进口至美国时的海关税则分类是:

(1)美国关税税目9802.00.80.10;或者

(2)第六十一章、第六十二章或第六十三章,如果组装制成的货物原本可按税目9802.00.80.10对待,但是已作漂白、染色、石洗、酸洗或永久压熨处理。

此后,凡满足第1项或第2项要求或满足美国税目9802.00.80.10的任何后续规定要求的墨西哥纺织品与服装,美国不应征收或维持关税。

附录3.1:对进口与出口禁止、限制与磋商水平的管理

1. 加拿大与墨西哥以及墨西哥与美国之间的贸易

(1)本附录适用对非原产纺织品与服装的禁止、限制与磋商水平。

(2)如果出口缔约方的某种纺织品或服装受到禁止、限制或磋商水平的约束,该出口缔约方应按照规定的限额或水平控制该货物的年度出口。在实施禁止、限制或磋商水平过程中,进口缔约方可通过控制其进口协助出口缔约方。

(3)各缔约方应根据限额或水平,对受到限制或磋商水平约束的纺织品与服装出口进行统计:

1)适用已有货物出口的日历年的额度;或者

2)假如仍获准许进入进口缔约方境内,来年货物出口的批准额度,如果出口超过了已有货物出口的日历年批准的限额或水平。

(4)在出口受到限制或磋商水平约束的产品时,各出口缔约方应在每一日历年全年内努力均匀出口此类货物到进口缔约方境内,并同时考虑正常的季节性因素。

(5)如果其货物受到禁止、限制或磋商水平约束的出口缔约方提出书面请求,该缔约方与进口缔约方应在进口缔约方收到该请求的30天之内,对本附录执行过程中出现的任何问题进行协商。

(6)如果出口缔约方认为本附件实施的禁止、限制或磋商水平,使其相对于另一缔约方或非缔约方处于不公平的地位,并因此提出书面请求,出口缔约方与进口缔约方应在进口缔约方收到该请求的60天之内,协商寻求互利的解决方案。

(7)进口缔约方与出口缔约方可在相互同意的任何时候,对年度"指定磋商水平"作如下调整:

1)如果其货物受到指定磋商水平约束的出口缔约方欲在任何一日历年内出口超过可适用指定磋商水平的任何类别货物,该出口缔约方可向进口缔约方提交一份提高指定磋商水平的正式书面请求;以及

2)进口缔约方应在收到该请求的30天之内,以书面形式做出答复。如果答复是否定的,相关缔约方应在收到该答复的15天之内或在相互方便的时候尽早展开协商,并应努力达成双方满意的解决方案。相关缔约方应通过互致信函,确认关于新的指定磋商水平的任何协议。

(8)年度"具体限额",包括时间表3.1.2所列的具体限额,可作如下调整:

1)如果出口缔约方欲对一项具体限额进行调整,该出口缔约方应将调整的意图通知进口缔约方;

2)出口缔约方可在一个日历年内增加不超过6%("幅度")的具体限额;以及

3)除了根据上述第2项对具体限额的任何增加之外,出口缔约方还可把上一个日历年(“下结转”)相应具体限额中未使用的部分(“差额”),或把下一日历年(“上结转”)相应具体限额中的一部分,划转到当年(“接受年”)的具体限额中,增加幅度不得超过11%的当年未调整的具体限额,具体如下:

①在符合以下第3目的条件下,出口缔约方如有可能,可利用下结转,最高可增加接受年未调整的具体限额的11%;

②出口缔约方可利用上结转,从下一日历年相应具体限额中划拨,最高可增加接受年未调整的具体限额的6%;

③出口缔约方上结转和下结转的总数不应超过接受年未调整的具体限额的11%;以及

④只有在进口缔约方确认存在足够的差额之后,才可下接转。如果进口缔约方认为不存在足够的差额,该缔约方应及时提供出口缔约方数据以证明其观点。在计算差额时,如果进口数据与出口数据存在很大统计分歧,相关各缔约方应努力及时解决这些分歧。

2. 墨西哥与美国之间的贸易

(9)根据本附录及其关税削减时间表,在过渡期内,墨西哥出口至美国的非原产纺织品与服装应受关税削减时间表3.1.2规定的各项限制和磋商水平的约束。此种限制和磋商水平应逐步消除,具体如下:

1)时间表3.1.1阶段类别1中的纺织品与服装类别所列各项货物的限制或磋商水平应在1994年1月1日取消;

2)时间表3.1.1阶段类别2中的纺织品与服装类别所列各项货物的限制或磋商水平应在2001年1月1日取消;以及

3)时间表3.1.1阶段类别3中的纺织品与服装类别所列各项货物的限制或磋商水平应在2004年1月1日取消。

(10)此外,1994年1月1日,美国应对墨西哥用完全在美国制造和剪裁的织物组装制成的纺织品与服装取消关税,自美国出口和重新进口至美国时的海关税则分类是:

1)美国关税税目9802.00.80.10;或者

2)第六十一章、第六十二章或第六十三章,如果组装制成的货物原本可按税目9802.00.80.10对待,但是已作漂白、染色、石洗、酸洗或永久压熨处理。

此后,虽有第5节的规定,凡满足第1项或第2项要求或满足美国税目9802.00.80.10的任何后续规定要求的墨西哥纺织品与服装,美国不应征收或维持关税。

(11)墨西哥与美国可以在任何时候确定特定纺织品和服装属于以下双方同意的类别:

1)家庭手工业生产的手工织物;

2)用此种手工织物制作的家庭手工业产品;或者

3)传统的民间手工产品。

如果出口缔约方的主管机关出具证明,进口缔约方应对确定属于上述类别的货物免除限制和磋商水平。

(12)1988年2月13日在马萨特兰签署的《美利坚合众国与墨西哥合众国双边纺织品协定》(以下简称《双边协定》),虽经修订和延期,应在本协定生效之日终止。

(13)应任何一缔约方请求,缔约双方应进行磋商,考虑加快消除关税削减时间表3.1.2规定的对特定纺织品与服装的限制或磋商水平。缔约双方之间加快消除限制或磋商水平的协定,经各缔约方根据第2202条(修正)第2款通过后,应取代关税削减时间表3.1.1。

(14)根据本附录第8款所述灵活性条款,在1994年,墨西哥可结转《双边协定》规定的1993年限额中任何未使用部分,或按照本附录规定的1994年限额减去1993年对《双边协定》规定的该年限额的超出部分实施出口。

(15)根据缔约双方之间生效的任何双边签证安排,如果自墨西哥境内至美国境内的纺织品和服装出口受到本附录规定的限制或磋商水平约束,出口时应随附墨西哥主管部门出具的出口签证。

(16)应任何一缔约方的书面请求,缔约双方应在收到该请求的30天之内,就实施本附录过程中的任何问题进行蹉商。此外,应任何一缔约方的书面请求,缔约双方应在1999年1月1日之前,对本附录进行评审。

(17)为了实施禁止、限制或磋商水平,各缔约方应认为一种货物的主要成分是属于:

1)化学纤维,如果以重量计该货物主要含量为化学纤维,除非

①该货物为针织或钩编的服装,并且以所有纤维的重量计羊毛含量等于或大于23%,则该货物的主要成分应视为羊毛;

②该货物为非针织或非钩编的服装,并且以所有纤维的重量计羊毛含量等于或大于36%,则该货物的主要成分应视为羊毛;或者

③该货物为机织织物,并且以所有纤维的重量计羊毛含量等于或大于36%,则该货物的主要成分应视为羊毛。

2)棉,如果该货物不是第1项涵盖的范围,并且以重量计主要含量为棉,除非该货物为机织织物,并且以所有纤维的重量计羊毛含量等于或大于36%,则该货物的主要成分应视为羊毛。

3)羊毛,如果该货物不是第1项或第2项涵盖的范围,并且按重量计主要含量为羊毛。以及

4)非棉植物纤维,如果该货物不是第1项、第2项或第3项涵盖的范围,并且按重量计主要含量为非棉植物纤维,除非

①以重量计与羊毛和(或)化学纤维混纺的棉总计含量等于或大于混纺构成纤维的50%,并且棉含量大于或等于羊毛和(或)化学纤维的总含量,则该货物的主要成分应视为棉;

②如果该货物不是第1项涵盖的范围,并且以重量计羊毛大于所有构成纤维总量的17%,则该货物的主要成分应视为羊毛;或者

③如果该货物不是第1项或第2项涵盖的范围,并且以重量计与棉和(或)羊毛混纺的化学纤维总计含量等于或大于混纺构成纤维的50%,并且化学纤维成分大于羊毛和(或)棉的总含重,则该货物的主要成分应视为化学纤维。

就本款而言,只考虑货物成分中决定该货物海关税则分类的纺织纤维。

3. 明细表

在确定列入本附录明细表中的美国货物类别包含的《协调制度》条款时,各缔约方应参照以下文件:位于华盛顿特区的美国商务部国际贸易局纺织品与服装办公室贸易与数据处颁布的《对照表:1992年纺织品与服装类别与美国协调关税税则》(或其后继文件)。明细表中的货物描述仅是为了提供参考之便。如果是出于法律方面的原因,货物类别的范围应根据《对照表》确定。

明细表 3.1.1:消除墨西哥出口美国货物的限制和磋商水平的时间表

1. 特别管理货物

类　别	货物名称	分阶段类别
335 SR	C W & G 外套,特殊管理	1
336/636 SR	C/MMF 连衣裙,特殊管理	1
338/339/638/639 SR	C/MMF 针织衫,特殊管理	1
340/640 SR	C/MMF 机织衬衫,特殊管理	1
341/641 SR	C/MMF 女衬衫,特殊管理	1
342/642 SR	C/MMF 短裙,特殊管理	1
347/348/647/648 SR	C/MMF 裤子,特殊管理	1
351/651 SR	C/MMF 睡衣等,特殊管理	1
352/652 SR	C/MMF 内衣,特殊管理	1
359C/659C SR	C/MMF 连身工作服,特殊管理	1
633 SR	MMF 西装外套,特殊管理	1
635 SR	MMF 外套,特殊管理	1

2. 非原产货物

类　别	货物名称	分阶段类别
宽幅织物类	C/MMF	1
218	C/MMF 色织布	1
219	C/MMF 帆布	2
220	C/MM 特殊织物	1
225	C/MM 牛仔布	1
226	C/MM 计司布,细亚麻布	1
227	C/MM 牛津布	1
300/301/607 - Y	C 精梳/普梳纱等	1
313	C 平纹布	2
314	C 府绸和宽幅织物	2
315	C 印花布	2
317	C 斜纹织物	2
326	C 贡缎	1
334/634	C/MMF 男式外套	1
335 NR	C 女式外套	1
336/636 NR	C/MMF 连衣裙	1

续表

类　别	货物名称	分阶段类别
338/339/638/639 NR	C/MMF 针织衬衫	2
340/640 NR	C/MMF 机织衬衫	2
341/641 NR	C/MMF 机织女衬衫	1
342/642	C/MMF 短裙	1
347/348/647/648 NR	C/MMF 长裤和短裤	2
351/651	C/MMF 睡衣	1
352/652 NR	C/MMF 内衣	1
359C/659 - C NR	C/MMF 连身工作服	1
363	C 毛圈与起绒毛巾	1
410	机织呢绒	3
433	W 男式西服样式外套	3
435	W 女式外套	1
443	W 男式西服套装	3
604 - A	腈纶纱	1
604O/607O	人造短纤维纱	1
611	人造短纤维机织物	3
613	MMF 平纹布	1
614	MMF 府绸与宽幅织物	1
615	MMF 印花布	1
617	MMF 斜纹布和贡缎	1
625	MMF 府绸/宽幅短纤纱/长纤纱	1
626	MMF 印花布短纤纱/长纤纱	1
627	MMF 平纹布短纤纱/长纤纱	1
628	MMF 斜纹布/贡缎短纤纱/长纤纱	1
629	MMF 其他短纤纱/长纤纱的织物	1
633 NR	MMF 男式西服样式外套	2
635	MMF 女式外套	1
643	MMF 男式西服套装	2
669 - B	MMF 塑料编织袋	1
670	MMF 行李箱,包袋等	1

在本表中：

C,系指棉；

M& B,系指男士与男童;

MMF,系指化学纤维;

NR,系指一般管理;

W,系指羊毛;

W& G,系指女士与女童。

明细表 3.1.2:墨西哥出口美国的限制和磋商水平

类别	形式	计量单位	1994 年	1995 年	1996 年
219	指定磋商水平	平方米	9,438,000	9,438,000	9,438,000
313	指定磋商水平	平方米	16,854,000	16,854,000	16,854,000
314	指定磋商水平	平方米	6,966,904	6,966,904	6,966,904
315	指定磋商水平	平方米	6,966,904	6,966,904	6,966,904
317	指定磋商水平	平方米	8,427,000	8,427,000	8,427,000
611	指定磋商水平	平方米	1,267,710	1,267,710	1,267,710
410	指定磋商水平	平方米	397,160	397,160	397,160
338/339/638/639	指定磋商水平	打	650,000	650,000	650,000
340/640	具体限额	打	120,439	128,822	137,788
347/348/647/648	指定磋商水平	打	650,000	650,000	650,000
433	指定磋商水平	打	11,000	11,000	11,000
443	具体限额	件	150,000	156,000	162,240
633	指定磋商水平	打	10,000	10,000	10,000
643	指定磋商水平	件	155,556	155,556	155,556

类别	1997 年	1998 年	1999 年	2000 年
219	9,438,000	9,438,000	9,438,000	9,438,000
313	16,854,000	16,854,000	16,854,000	16,854,000
314	6,966,904	6,966,904	6,966,904	6,966,904
315	6,966,904	6,966,904	6,966,904	6,966,904
317	8,427,000	8,427,000	8,427,000	8,427,000
611	1,267,710	1,267,710	1,267,710	1,267,710
410	397,160	397,160	397,160	397,160
338/339/638/639	650,000	650,000	650,000	650,000
340/640	147,378	160,200	174,137	189,287
347/348/647/648	650,000	650,000	650,000	650,000
433	11,000	11,000	11,000	11,000
443	168,730	175,479	182,498	189,798
633	10,000	10,000	10,000	10,000
643	155,556	155,556	155,556	155,556

类别	2001 年	2002 年	2003 年
611	1,267,710	1,267,710	1,267,710
410	397,160	397,160	397,160
433	11,000	11,000	11,000
443	197,390	205,286	213,496

明细表 3.1.3：换算系数

1. 本明细表适用根据第 5 节和附录 3.1 第 9 款实施的限制与磋商水平，也适用根据第 6 节和附录 6 实施的关税优惠水平。

2. 除非本附录另有规定，或者根据任何缔约双方对两者之间的贸易可能达成的协议，应适用第 3 款至第 6 款所列转换平方米当量的换算系数。

3. 以下换算系数应适用以下美国货物类别涵盖的货物：

美国货物类别	换算系数	货物名称	原始计量单位
200	6.60	供零售用的纱线、缝纫线	千克
201	6.50	特种纱线	千克
218	1.00	色织布	千克
219	1.00	帆布	千克
220	1.00	特别织布	千克
222	6.00	针织布	千克
223	14.00	无纺布	千克
224	1.00	起绒栽绒布	千克
225	1.00	斜纹劳动布	千克
226	1.00	计司布、上等细亚麻布、上等细麻布、全棉巴里纱	千克
227	1.00	牛津布	千克
229	13.60	特殊用途布	千克
237	19.20	游戏装、日光服等	千克
239	6.30	婴儿服装及其附件	千克
300	8.50	普梳纱线	千克
301	8.50	精梳纱线	千克
313	1.00	棉制平纹布	千克
314	1.00	棉制府绸布和宽幅布	千克
315	1.00	棉制印花布	千克
317	1.00	棉制斜纹布	千克
326	1.00	棉制贡缎	千克
330	1.40	棉制手帕	千克

续表

美国货物类别	换算系数	货物名称	原始计量单位
331	2.90	棉制分指手套和连指手套	千克
332	3.80	棉制袜类	千克
333	30.30	棉制男式西服样式外套	千克
334	34.50	其他棉制男式外套	千克
335	34.50	棉制女式外套	千克
336	37.90	棉制连衣裙	千克
338	6.00	棉制男式针织衬衫	千克
339	6.00	棉制女式针织衬衫	千克
340	20.10	棉制男式非针织衬衫	千克
341	12.10	棉制女式非针织衬衫	千克
342	14.90	棉制短裙	千克
345	30.80	棉制毛衣	千克
347	14.90	棉制男式长裤、马裤、短裤	千克
348	14.90	棉制女式长裤、马裤、短裤	千克
349	4.00	胸罩及其他塑身衣	千克
350	42.60	棉制晨衣、浴袍等	千克
351	43.50	棉制长睡衣、睡衣裤	千克
352	9.20	棉制内衣	千克
353	34.50	棉制男式羽绒服	千克
354	34.50	棉制女式羽绒服	千克
359	8.50	其他棉制服装	千克
360	0.90	棉制枕套	千克
361	5.20	棉制床单	千克
362	5.80	其他棉制床上用品	千克
363	0.40	棉制毛圈毛巾及其他起绒毛巾	千克
369	8.50	其他棉制品	千克
400	3.70	羊毛纱线	千克
410	1.00	羊毛机织物	千克
414	2.80	其他羊毛机织物	千克
431	1.80	羊毛分指手套和连指头手套	千克
432	2.30	羊毛袜类	千克
433	30.10	男式羊毛西服样式外套	千克

续表

美国货物类别	换算系数	货物名称	原始计量单位
434	45.10	其他男式羊毛外套	千克
435	45.10	女式羊毛外套	千克
436	41.10	羊毛连衣裙	千克
438	12.50	羊毛针织衬衫	千克
439	6.30	婴儿羊毛服装及其配件	千克
440	20.10	羊毛衬衫,非针织	千克
442	15.00	羊毛短裙	千克
443	3.76	男式羊毛西服套装	千克
444	3.76	女式羊毛西服套装	千克
445	12.40	男式羊毛毛衣	千克
446	12.40	女式羊毛毛衣	千克
447	15.00	男式羊毛长裤、马裤、短裤	千克
448	15.00	女式羊毛长裤、马裤、短裤	千克
459	3.70	其他羊毛服装	千克
464	2.40	羊毛毯	千克
465	1.00	羊毛铺地制品	千克
469	3.70	其他羊毛制品	千克
600	6.50	长纤弹性纱线	千克
603	6.30	纱线,85%人造短纤维	千克
604	7.60	纱线,85%合成短纤维	千克
606	20.10	长纤非弹性纱线	千克
607	6.50	其他短纤纱线	千克
611	1.00	织物,85%人造短纤维	千克
613	1.00	化学纤维平纹布	千克
614	1.00	化学纤维府绸布和宽幅布	千克
615	1.00	化学纤维印花布	千克
617	1.00	化学纤维斜纹布和贡缎	千克
618	1.00	人造纤维长丝机织物	千克
619	1.00	聚酯长丝织物	千克
620	1.00	其他合成纤维长丝织物	千克
621	14.40	印花帆布	千克
622	1.00	玻璃纤维织物	千克

续表

美国货物类别	换算系数	货物名称	原始计量单位
624	1.00	化学纤维机织物,15% ~36%羊毛	千克
625	1.00	化学纤维短纤、长丝府绸和宽幅布	千克
626	1.00	化学纤维短纤、长丝印花布	千克
627	1.00	化学纤维短纤、长丝平纹布	千克
628	1.00	化学纤维短纤、长丝斜纹、贡缎布	千克
629	1.00	其他化学纤维短纤、长丝布	千克
630	1.40	化学纤维手帕	千克
631	2.90	化学纤维分指手套和连指手套	千克
632	3.80	化学纤维袜类	千克
633	30.30	男式化学纤维西服样式外套	千克
634	34.50	其他男式化学纤维外套	千克
635	34.50	女式化学纤维外套	千克
636	37.90	化学纤维连衣裙	千克
638	15.00	男式化学纤维针织衬衫	千克
639	12.50	女式针织衬衫	千克
640	20.10	男式非针织化学纤维衬衫	千克
641	12.10	女式非针织化学纤维长丝	千克
642	14.90	化学纤维短裙	千克
643	3.76	男式化学纤维西服套装	千克
644	3.76	女式化学纤维西服套装	千克
645	30.80	男式化学纤维毛衣	千克
646	30.80	女式化学纤维毛衣	千克
647	14.90	男式化学纤维长裤、马裤、短裤	千克
648	14.90	女式化学纤维长裤、马裤、短裤	千克
649	4.00	化学纤维胸罩及其他塑身衣	千克
650	42.60	化学纤维浴袍、晨衣等	千克
651	43.50	化学纤维长睡衣和睡衣裤	千克
652	13.40	化学纤维内衣	千克
653	34.50	男式化学纤维羽绒服	千克
654	34.50	女式化学纤维羽绒服	千克
659	14.40	其他化学纤维服装	千克
665	1.00	化学纤维铺地制品	千克

续表

美国货物类别	换算系数	货物名称	原始计量单位
666	14.40	其他化学纤维装饰品	千克
669	14.40	其他化学纤维制品	千克
670	3.70	化学纤维包袋、手提包、行李箱	千克
800	8.50	纱线，丝绸混纺、植物纤维	千克
810	1.00	机织物，丝绸混纺、植物纤维	千克
831	2.90	分指手套和连指手套，丝绸混纺、植物纤维	千克
832	3.80	袜类，丝绸混纺、植物纤维	千克
833	30.30	男式西服样式外套，丝绸混纺、植物纤维	千克
834	34.50	其他男式外套，丝绸混纺、植物纤维	千克
835	34.50	女式外套，丝绸混纺、植物纤维	千克
836	37.90	连衣裙，丝绸混纺、植物纤维	千克
838	11.70	针织衬衫，丝绸混纺、植物纤维	千克
839	6.30	婴儿服装及其配件，丝绸混纺、植物纤维	千克
840	16.70	女式衬衫，非针织，丝绸混纺、植物纤维	千克
842	14.90	女式短裙，丝绸混纺、植物纤维	千克
843	3.76	男式西服套装，丝绸混纺、植物纤维	千克
844	3.76	女士西服套装，丝绸混纺、植物纤维	千克
845	30.80	毛衣，非棉植物纤维	千克
846	30.80	毛衣，丝绸混纺	千克
847	14.90	长裤、马裤、内裤，丝绸混纺、植物纤维	千克
850	42.60	浴袍、晨衣等，丝绸混纺、植物纤维	千克
851	43.50	长睡衣和睡衣裤，丝绸混纺、植物纤维	千克
852	11.30	内衣，丝绸混纺、植物纤维	千克
858	6.60	围巾，丝绸混纺、植物纤维	千克
859	12.50	其他丝绸混纺、植物纤维服装	千克
863	0.40	毛巾，丝绸混纺、植物纤维	千克
870	3.70	行李，丝绸混纺、植物纤维	千克
871	3.70	手提包和包袋，丝绸混纺、植物纤维	千克
899	11.10	其他丝绸混纺、植物纤维制品	千克

4. 以下换算系数应适用美国货物类别中未涵盖的以下货物：

美国协调制度统计编号	换算系数	原始计量单位	货物名称
5208.31.2000	1.00	MC	Tejidos, 85% > algodón, <100 gr/m2, certificados como hechos con telares manuales, teñidos
5208.31.2000	1.00	平方米	机织物,85% >棉,<100 克/平方米,认证的手工织物,染色
5208.32.1000	1.00	平方米	机织物,85% >棉,100 ~ 200 克/平方米,认证的手工织物,染色
5208.41.2000	1.00	平方米	机织物,85% 棉,100 克/平方米,认证的手工织物,色织
5208.42.1000	1.00	平方米	机织物,85% 棉,100 ~ 200 克/平方米,认证的手工织物,色织
5208.51.2000	1.00	平方米	机织物,85% >棉,100 克/平方米,平织,认证的手工织物,印花
5208.52.1000	1.00	平方米	机织物,85% 棉,100 ~ 200 克/平方米,平织,认证的手工织物,印花
5209.31.3000	1.00	平方米	机织物,85% >棉,200 克/平方米,平织,认证的手工织物,染色
5209.41.3000	1.00	平方米	机织物,85% >棉,200 克/平方米,平织,色织
5209.51.3000	1.00	平方米	机织物,85% >棉,200 克/平方米,平织,认证的手工织物,印花
5307.10.0000	8.50	千克	纱线,黄麻或其他纺织用韧皮纤维(不包括亚麻、大麻、苎麻),单纱
5307.20.0000	8.50	千克	纱线,黄麻或其他纺织用韧皮纤维(不包括亚麻、大麻、苎麻),多股纱线或缆线
5308.10.0000	8.50	千克	纱线,椰壳纤维
5308.30.0000	8.50	千克	纱线,纸张纤维
5310.10.0020	1.00	平方米	机织物,黄麻或其他纺织用韧皮纤维(不包括亚麻、大麻、苎麻),宽度 130 厘米,未漂白
5310.10.0040	1.00	平方米	机织物,黄麻或其他纺织用韧皮纤维(不包括亚麻、大麻、苎麻),宽度 >130 ~ 250 厘米,未漂白
5310.10.0060	1.00	平方米	机织物,黄麻或其他纺织用韧皮纤维(不包括亚麻、大麻、苎麻),宽度 >250 厘米,未漂白
5310.90.0000	1.00	平方米	其他机织物,黄麻或其他纺织用韧皮纤维(不包括亚麻、大麻、苎麻)
5311.00.6000	1.00	平方米	纸纱线机织物
5402.10.3020	20.10	千克	尼龙高强力纱线,<5 转/米,非供零售用
5402.20.3020	20.10	千克	聚酯高强力纱线,<5 转/米,非供零售用
5402.41.0010	20.10	千克	尼龙复丝纱线,部分定向,未加捻或加捻,<5 转/米,非供零售用
5402.41.0020	20.10	千克	其他尼龙单丝、复丝纱线,未加捻或加捻,<5 转/米,非供零售用

续表

美国协调制度统计编号	换算系数	原始计量单位	货物名称
5402.41.0030	20.10	千克	尼龙单丝、复丝纱线,未加捻或加捻,<5 转/米,非供零售用
5402.42.0000	20.10	千克	聚酯纱线,部分定向,未加捻或加捻,<50 转/米,非供零售用
5402.43.0020	20.10	千克	聚酯纱线、单丝,未加捻或加捻,<5 转/米,非供零售用
5402.49.0010	20.10	千克	聚乙烯、聚丙烯长丝纱线,未加捻或加捻,<5 转/米,非供零售用
5402.49.0050	20.10	千克	其他合成长丝纱线,未加捻或加捻,<5 转/米,非供零售用
5403.10.3020	20.10	千克	粘胶纤维高强力长丝纱线,未加捻或加捻,<5 转/米,非供零售用
5403.31.0020	20.10	千克	粘胶纤维长丝纱线,单纱,未加捻或加捻,<5 转/米,非供零售用
5403.33.0020	20.10	千克	醋酸纤维长丝纱线,单纱,未加捻或加捻,<5 转/米,非供零售用
5403.39.0020	20.10	千克	其他人造长丝纱线,未加捻或加捻,<5 转/米,非供零售用
5404.10.1000	20.10	千克	合成单丝球拍网绳,67 分特,截面尺寸 >1 毫米
5404.10.2020	20.10	千克	尼龙单丝,67 分特,截面尺寸 >1 毫米
5404.10.2040	20.10	千克	聚酯单丝,>67 分特,截面尺寸 >1 毫米
5404.10.2090	20.10	千克	合成单丝,67 分特,截面尺寸 >1 毫米
5404.90.0000	20.10	千克	合成扁条,宽度 5 毫米
5405.00.3000	20.10	千克	人造单丝,67 分特,截面尺寸 1 毫米
5405.00.6000	20.10	千克	人造扁条及其类似条带,宽度 5 毫米
5407.30.1000	1.00	平方米	合成纤维长丝机织物,直角处材料为纱线,>60% 塑料
5501.10.0000	7.60	千克	尼龙和其他聚酰胺长丝丝束
5501.20.0000	7.60	千克	聚酯长丝丝束
5501.30.0000	7.60	千克	聚丙烯腈或变性聚丙烯腈长丝丝束
5501.90.0000	7.60	千克	其他合成纤维长丝丝束
5502.00.0000	6.30	千克	人造纤维长丝丝束
5503.10.0000	7.60	千克	尼龙、其他聚酰胺短纤维,未粗梳、未精梳或未经其他方式处理
5503.20.0000	7.60	千克	聚酯短纤维,未粗梳、未精梳或未经其他方式处理
5503.30.0000	7.60	千克	聚丙烯腈或变性聚丙烯腈短纤维,未粗梳、未精梳或未经其他方式处理
5503.40.0000	7.60	千克	聚丙烯短纤维,未粗梳、未精梳或未经其他方式处理

续表

美国协调制度统计编号	换算系数	原始计量单位	货物名称
5503.90.0000	7.60	千克	其他合成短纤维,未粗疏、未精梳或未经其他方式处理
5504.10.0000	6.30	千克	粘胶短纤维,未粗疏、未精梳或未经其他方式处理
5504.90.0000	6.30	千克	其他人造短纤维,未粗疏、未精梳或未经其他方式处理
5505.10.0020	7.60	千克	废丝,尼龙和其他聚酰胺纤维
5505.10.0040	7.60	千克	废丝,聚酯
5505.10.0060	7.60	千克	其他废丝,甲基甲酰胺合成纤维
5505.20.0000	6.30	千克	废丝,甲基甲酰胺人造纤维
5506.10.0000	7.60	千克	尼龙、其他聚酰胺纤维,粗疏、精梳或经其他方式处理
5506.20.0000	7.60	千克	聚酯短纤维,粗疏、精梳或经其他方式处理
5506.30.0000	7.60	千克	聚丙烯腈或变性聚丙烯腈短纤维,粗疏、精梳或经其他方式处理
5506.90.0000	7.60	千克	其他合成短纤维,粗疏、精梳或经其他方式处理
5507.00.0000	6.30	千克	人造短纤维,粗疏、精梳或经其他方式处理
5801.90.2010	1.00	平方米	长毛绒织物,>85%丝或绢丝
5802.20.0010	1.00	平方米	毛圈毛巾织物,>85%丝或绢丝
5802.30.0010	1.00	平方米	簇绒纺织织物,>85%丝或绢丝
5803.90.4010	1.00	平方米	纱罗,>85%丝或绢丝
5804.10.0010	11.10	千克	网眼薄纱以及其他网眼织物,针织或钩编,>85%丝或绢丝
5804.29.0010	11.10	千克	成匹、成条或成小块图案的花边,>85%丝或绢丝
5804.30.0010	11.10	千克	成匹、成条或成小块图案的手工花边,>85%丝或绢丝
5805.00.1000	1.00	平方米	手工编织的挂毯,价值>215美元/平方米
5805.00.2000	1.00	平方米	手工编织的其他挂毯,羊毛制,认证的手工织物
5805.00.4090	1.00	平方米	手工编织的其他挂毯
5806.10.3010	11.10	千克	窄幅长毛绒和绳绒线织物,>85%丝或绢丝
5806.39.3010	11.10	千克	窄幅织物,非长毛绒,>85%或绢丝
5806.40.0000	13.60	千克	窄幅织物,有经纱而无纬纱,黏合制成
5807.10.1090	11.10	千克	机织的标签,纺织材料制,非刺绣,非棉或化学纤维
5807.10.2010	8.50	千克	机织的徽章及类似品,棉制,非刺绣
5807.10.2020	14.40	千克	机织的徽章及类似品,化学纤维制,非刺绣
5807.10.2090	11.10	千克	机织的徽章及类似品,纺织材料制,非刺绣,非棉或化学纤维
5807.90.1090	11.10	千克	非机织的标签,纺织材料制,非刺绣,非棉或化学纤维

续表

美国协调制度统计编号	换算系数	原始计量单位	货物名称
5807.90.2010	8.50	千克	非机织的徽章及类似物,棉制,非刺绣
5807.90.2020	14.40	千克	非机织的徽章及类似品,化学纤维,非刺绣
5807.90.2090	11.10	千克	非机织的徽章及类似品,纺织材料制,非刺绣,非棉或化学纤维
5808.10.2090	11.10	千克	用于帽子的其他成条的编织带,其他纺织材料制,非针织或绣花
5808.10.3090	11.10	千克	其他成条的编织带
5808.90.0090	11.10	千克	成条的装饰带,纺织材料制,非针织或绣花,非棉或化学纤维
5810.92.0040	14.40	千克	绣花的徽章、徽标或图案,底色可见,化学纤维
5810.99.0090	11.10	千克	其他成匹、成条或成小块图案的刺绣物,底色可见,纺织材料制
5811.00.4000	1.00	平方米	其他被褥状纺织品,一层纺织材料,纺织材料制
6001.99.0010	1.00	平方米	起绒织物,针织或钩编,85%丝或绢丝
6002.99.0010	11.10	千克	其他织物,针织或钩编,85%丝或绢丝
6301.90.0020	11.10	件	毛毯或旅行毯,>85%丝或绢丝
6302.29.0010	11.10	件	床上用织物,印花,>85%丝或绢丝
6302.39.0020	11.10	件	其他床上用织物,>85%丝或绢丝
6302.99.1000	11.10	件	其他亚麻织物,>85%或绢丝制
6303.99.0030	11.10	件	窗帘或帷帘,非针织或非钩编,>85%丝或绢丝
6304.19.3030	11.10	件	床罩,非针织或非钩编,>85%丝或绢丝
6304.91.0060	11.10	件	其他装饰用织物,针织或钩编,>85%丝或绢丝
6304.99.1000	1.00	平方米	壁挂,羊毛或动物细毛制,认证的手工织物或民间艺术品、非针织
6304.99.2500	11.10	千克	壁挂,黄麻制,非针织
6304.99.4000	3.70	千克	枕套,羊毛或动物细毛制,认证的手织织物或民间艺术品
6304.99.6030	11.10	千克	其他装饰用织物,非针织,>85%丝或绢丝
6305.10.0000	11.10	千克	货物包装用袋,黄麻或韧皮纤维制
6306.21.0000	8.50	千克	帐篷,棉制
6306.22.1000	14.40	件	背包帐篷,合成纤维制
6306.22.9010	14.40	千克	屏风帐篷,合成纤维制
6306.29.0000	14.40	千克	其他帐篷,纺织材料制
6306.31.0000	14.40	千克	帆,合成纤维制
6306.39.0000	8.50	千克	其他帆,纺织材料制

续表

美国协调制度统计编号	换算系数	原始计量单位	货物名称
6306.41.0000	8.50	千克	充气褥垫，棉制
6306.49.0000	14.40	千克	其他充气褥垫，纺织材料制
6306.91.0000	8.50	千克	其他野营用品，棉制
6306.99.0000	14.40	千克	野营用品，其他纺织材料制
6307.10.2030	8.50	千克	其他抹布
6307.20.0000	11.40	千克	救生衣及救生圈
6307.90.6010	8.50	千克	会阴垫，纸基织物
6307.90.6090	8.50	千克	其他手术用消毒帷帘，纸基织物
6307.90.7010	14.40	千克	手术用消毒帷帘，一次性与无纺化学纤维
6307.90.7020	8.50	千克	其他手术用消毒帷帘
6307.90.7500	8.50	件	宠物用玩具，纺织材料制
6307.90.8500	8.50	千克	海报，化学纤维
6307.90.9425	14.50	件	美国国旗
6307.90.9435	14.50	件	美国国旗之外的国旗
6307.90.9490	14.50	千克	其他制成品
6309.00.0010	8.50	千克	旧衣物和其他旧纺织品
6309.00.0020	8.50	千克	其他旧衣物和其他旧纺织品
6310.10.1000	3.70	千克	破布、碎布料、麻线、缆索、绳索、缆线，已分类，羊毛或动物细毛制
6310.10.2010	8.50	千克	破布、碎布料、麻线、缆索、绳索、缆线，已分类，棉制
6310.10.2020	14.40	千克	破布、碎布料、麻线、缆索、绳索、缆线，已分类，化学纤维制
6310.10.2030	11.10	千克	破布、碎布料、麻线、缆索、绳索、缆线，已分类，非棉或化学纤维制
6310.90.1000	3.70	千克	破布、碎布料、麻线、缆索、绳索、缆线，未分类，羊毛或动物细毛制
6310.90.2000	8.50	千克	破布、碎布料、麻线、缆索、绳索、缆线，未分类，非羊毛制
6501.00.30	4.4	打	帽坯、帽身，未楦制成形，也未加帽边，皮制，适用男士或男童
6501.00.60	4.4	打	帽坯、帽身，未楦制成形，也未加帽边，皮制，适用女士或女童
6502.00.20	18.7	打	帽坯，用条带拼制，植物纤维制，缝制
6502.00.40	18.7	打	帽坯，编结或用条带拼制，植物纤维制，非缝制，未漂白或未染色

续表

美国协调制度统计编号	换算系数	原始计量单位	货物名称
6502.00.60	18.7	打	帽坯,编结或用条带拼制,植物纤维制,非缝制,漂白或染色
6503.00.30	5.8	打	毡呢帽及其他帽类,适用男士或男童
6503.00.60	5.8	打	其他毡呢帽及其他帽类
6504.00.30	7.5	打	帽子及其他帽类,用条带拼制,植物纤维制,缝制
6504.00.60	7.5	打	帽子及其他帽类,用条带拼制
6601.10.00	17.9	打	庭院遮阳伞及其他类似品
6601.91.00	17.8	打	其他类型的伞,有伸缩轴
6601.99.00	11.2	打	其他类型的伞
8708.21.00	2.72	千克	座位安全带

5.(1)美国货物类别666中以下关税税目的原始计量单位应为件数,并且应根据换算系数5.5转换成平方米当量:

6301.10.0000	电热毯
6301.40.0010	毛毯(不包括电热毯)和旅行毯,合成纤维制成,机织
6301.40.0020	其他毛毯(不包括电热毯)和旅行毯,合成纤维制
6301.90.0010	毛毯和旅行毯,人造纤维制
6302.10.0020	床上用织物,针织或钩编织物,不含棉
6302.22.1030	床单,镶装饰带,起绒,印花,化学纤维制
6302.22.1040	床单,镶装饰带,不起绒,印花,化学纤维制
6302.22.1050	长枕套,镶装饰带,印花,化学纤维制
6302.22.1060	其他床单,镶装饰带,印花,化学纤维制
6302.22.2020	床单,不镶装饰带,印花,化学纤维制
6302.22.2030	其他床单,不镶装饰带,印花,化学纤维制
6302.32.1030	床单,镶装饰带,起绒,化学纤维制
6302.32.1040	床单,镶装饰带,不起绒,化学纤维制
6302.32.1050	长枕套,镶装饰带,化学纤维制
6302.32.1060	其他床上用织物,镶装饰带,化学纤维制
6302.32.2030	床单,不镶装饰带,起绒,化学纤维制
6302.32.2040	床单,不镶装饰带,不起绒,化学纤维制
6302.32.2050	长枕套,不镶装饰带,化学纤维制
6302.32.2060	其他床上用织物,化学纤维制

续表

6304.11.2000	床罩,针织或钩编,化学纤维制
6304.19.1500	其他床罩,镶装饰带,化学纤维制
6304.19.2000	其他床罩,化学纤维制

(2)美国货物类别666中的以下关税税目的原始计量单位应是件数,而且应根据换算系数0.9转换成平方米当量:

6302.22.1010	枕套,镶装饰带,印花,起绒,化学纤维制
6302.22.1020	Fundas para almohadas de fibras sintéticas y artificiales, con adornos, estampadas, no afelpadas(原文如此——译者注)
6302.22.1020	枕套,镶装饰带,印花,不起绒,化学纤维制
6302.22.2010	枕套,不镶装饰带,印花,化学纤维制
6302.32.1010	枕套,镶装饰带,起绒,化学纤维制
6302.32.1020	枕套,镶装饰带,起绒,化学纤维制
6302.32.2010	枕套,不镶装饰带,起绒,化学纤维制
6302.32.2020	枕套,不镶装饰带,不起绒,化学纤维制

6. 子目为6117.90和6217.90的服装零件的原始计量单位应是千克,而且应根据以下换算系数转换成平方米当量:

棉制服装	8.50
羊毛服装	3.70
化学纤维服装	14.40
其他非棉植物纤维服装	12.50

7. 在本明细表中:

DPR,系指十二双;

DZ,系指一打;

KG,系指千克;

NO,系指件数;

SM,系指平方米。

附录5.1:双边紧急行动(数量限制)

在加拿大与美国之间的贸易中,在其他情况下第5节允许的行动应受《加拿大与美国自由贸易协定》第407条制约,为此目的,该协定被纳入本协定并作为本协定的一部分。

附录6:特别规定

1. 适用特定地毯与毛衣的规则

就墨西哥与美国之间的贸易而言,《协调制度》(世界海关组织编制的《商品名称及编码协调制度》(HS),一般简称《协调制度》——译者注)第五十七章子目6110.30、6103.23或6104.23下任何缔约方的货物应视为原产货物,前提条件是在一个或多个缔约方境内该货物发生了海关税则分类中的以下任何变更:

(1)自第五十七章以外的任何品目改变至子目5703.20、5703.30或品目57.04,但是改变起点不包括子目51.06至51.13、52.04至52.12、53.08、53.11或第五十四章或第五十五章的任何品目;或者自第五十七章以外的任何品目改变至第五十七章的任何品目或子目,但是改变起点不包括品目51.06至51.13、52.04至52.12、53.08、53.11、第五十四章的任何品目、或品目55.08至55.16;以及

(2)如果该货物在一个或多个缔约方境内裁剪(或针织成型)并缝制或以其他方式组装拼制而成,自第六十一章以外的任何品目改变至美国税目6110.30.10.10、6110.30.10.20、6110.30.15.10、6110.30.15.20、6110.30.20.10、6110.30.20.20、6110.30.30.10、6110.30.30.15、6110.30.30.20或6110.30.30.25,或者改变至墨西哥税目6110.30.01,或者改变至子目6103.23或子目6104.23中税目归类为全套服装的一个部分的货物,但是改变起点不包括品目51.06至51.13、52.04至52.12、53.07至53.08、53.10至53.11、第五十四章或第五十五章的任何品目、60.01或60.02;或者,如果该货物是在一个或多个缔约方境内裁剪(或针织成型)并缝制或者以其他方式组装拼制而成,自第六十一章以外的任何品目改变至子目6110.30中的任何税目,但是改变起点不包括品目51.06至51.13、52.04至52.12、53.07至53.08、53.10至53.11、60.01或60.02。

2. 对另一缔约方非原产货物的优惠关税待遇

服装与制成品

(1)

1)如果第六十一章和第六十二章所列服装是在一缔约方境内利用自由贸易区之外生产或获得的织物或纱线剪裁(或针织成型)并缝制或以其他方式组装拼制而成,并且符合本协定优惠关税待遇的其他相关条件,各缔约方应对此类服装适用附件302.2所附各自的明细表所列原产货物关税税率,并且根据附录2.1,每年享受这一优惠关税待遇的服装数量应遵照明细表6.乙.1规定的平方米当量。平方米当量应根据时间表3.1.3规定的换算系数决定。

2)从加拿大进口到美国的货物的年度关税优惠水平,应自1995年1月1日起连续5年根据以下的年增长系数进行调整:

①棉或化学纤维服装,2%;

②由非缔约方机织或针织织物生产的棉或化学纤维服装,1%;以及

③毛纺服装,1%。

(2)如果第六十一章、第六十二章或第六十三章所列纺织品或服装是在墨西哥利用美国或墨西哥境外针织或机织的织物(美国关税税目9802.00.80.60)缝制或以其他方式组装拼制而成,当此类货物出口至美国时,美国应适用附件302.2中其明细表所列原产货物关税,并且根据附录2.1,每年享受这一优惠关税待遇的货物数量应遵照明细表6.乙.1。根据《多种纤维协定》或任何后继协定设立的数量限制终止之后,本款不再适用。

例外

(3)就墨西哥与美国之间的贸易而言:

1)《协调制度》第六十一章和第六十二章所列服装不得享受明细表6.乙.1规定的优惠关税待遇水平,如果决定改货物海关税则分类的面料属于以下任何关税税目:

①蓝色牛仔布:子目5209.42和5211.42,美国关税税目5212.24.60.20和5514.32.00.10,或墨西哥税目5212.24.xx和5514.32.xx。以及

②由两个或两个以上经纱端机织而成、平均纱线支数少于135公制支数的平纹布料(牛津布):子目5208.19、5208.29、5208.39、5208.49、5208.59、5210.19、5210.29、5210.39、5210.49、5210.59、5512.11、5512.19、5513.13、5513.23、5513.33和5513.43。

2)美国关税税目6107.11.00、6107.12.00、6109.10.00和6109.90.0或墨西哥关税税目6107.11.01、6107.12.01、6109.10.01和6109.90.01所列服装不得享受明细表6.2.1规定的优惠关税待遇水平,如果该货物主要由纱线支数等于或少于100公制支数的圆形针织物组成。子目6108.21和6108.22所列服装不得享受明细表6.乙.1中2.1、2.2、3.1和3.2部分规定的优惠关税待遇水平,如果该货物主要由纱线支数等于或少于100公制支数的圆形针织物组成。以及

3)美国关税税目6110.30.10.10、6110.30.10.20、6110.30.15.10、6110.30.15.20、6110.30.20.10、6110.30.20.20、6110.30.30.10、6110.30.30.15、6110.30.30.2和6110.30.30.25,或美国关税税目6103.23.00.30、6103.23.00.70、6104.23.00.22和6104.23.00.40所列全套服装的一部分的货物的关税税目,或墨西哥关税税目6110.30.01,或子目6103.23或6104.23所列全套服装的一部分的货物的关税税目所列服装不得享受明细表6.乙.1规定的优惠关税待遇水平。

织物与制成品

3.(1)如果第五十二章至第五十五章、第五十八章、第六十章、第六十三章所列棉或化学纤维织物以及棉或化学纤维制成纺织品是在一缔约方利用自由贸易区之外生产或获得的纱线机织或针织而成,或在一缔约方利用另一缔约方利用自由贸易区之外生产或获得的纤维所纺的纱线针织而成,如果子目9404.90所列货物是利用自由贸易区之外生产或获得的子目5208.11至5208.29、5209.11至5209.29、5210.11至5210.29、5211.11至5211.29、5212.11、5212.12、5212.21、5212.22、5407.41、5407.51、5407.71、5407.81、5407.91、5408.21、5408.31、5512.11、5512.21、5512.91、5513.11至5513.19、5514.11至5514.19、5516.11、5516.21、5516.31、5516.41、5516.91所列织物剪裁并缝制或以其他方式组装拼制而成,并且符合本协定优惠关税待遇的其他相关条件,各缔约方应对上述货物适用附件302.2所附各自的明细表所列原产货物关税税率,并且根据附录2.1,每年享受这一优惠关税待遇的货物数量应遵照明细表6.乙.2规定的平方米当量。平方米当量应根据时间表3.1.3规定的换算系数决定。

(2)从加拿大进口到美国的货物的年度关税优惠水平和次级优惠水平,应自1995年1月1日起连续5年以2%的年增长率进行调整。

4.对第4款而言,计入加拿大与美国之间实施的关税优惠水平的平方米当量的数目应为:

(1)如果某纺织品不能视为原产货物的原因是其非原产纺织材料未能符合附件401对该货物规定的相关海关税则分类变更,但是如果以该货物材料的重量计,此种纺织材料仅占50%或更少,则只按该货物根据明细表3.1.3所列换算系数决定的平方米当量的50%计算;以及

(2)如果某纺织品不能视为原产货物的原因是其非原产纺织材料未能符合附件401对该货物规定的相关海关税则分类变更,但是如果以该货物材料的重量计,此种纺织材料占50%以上,则按该货物根据明细表3.1.3所列换算系数决定的平方米当量的100%计算。

短纤纱

5.(1)如果品目52.05至52.07或52.09至55.11所列棉或化学纤维纱线是在一缔约方利用自由贸易区之外生产或获得的品目52.01至52.03或55.01至55.07所列纤维纺线而

成,并且符合本协定优惠关税待遇的其他相关条件,各缔约方应对上述货物适用附件302.2所附各自的明细表所列原产货物关税税率,并且根据附录2.1,每年享受这一优惠关税待遇的货物数量应遵照明细表6.乙.3规定的千克数目。

(2)从加拿大进口到美国的货物的年度关税优惠水平,应自1995年1月1日起连续5年以2%的年增长率进行调整。

6. 根据第1款、第2款、第4款或第6款的规定,进入一缔约方境内的纺织品或服装不应视为原产货物。

评审与磋商

7. (1)第1款、第2款、第4款或第6款所指货物的贸易应受各缔约方的监控。如果任何一缔约方依据其获得特定纤维、纱线或织物的能力,可以用于生产原产货物,因此提出请求,希望调整自墨西哥或美国进口到加拿大、自加拿大或美国进口到墨西哥、自墨西哥进口到美国的任何年度关税优惠水平,相关各缔约方应进行磋商以调整关税优惠水平。关税优惠水平的任何调整都需得到相关各缔约方的一致同意。

(2)在第7节第3款所述评审中,加拿大与美国应决定在连续五年过后是否对各关税优惠水平继续适用年增长系数。如果评审决定不再维持某一关税优惠水平的增长系数,上述第1项的规定也应适用该关税优惠水平针对的自加拿大进口到美国的货物。

明细表6.乙.1:对非原产服装与制成品的优惠关税待遇

1. 进口至加拿大: (1)棉或化学纤维服装 (2)羊毛服装	自墨西哥 6,000,000平方米当量 250,000平方米当量	自美国 9,000,000平方米当量 919,740平方米当量
2. 进口至墨西哥: (1)棉或化学纤维服装 (2)羊毛服装	自加拿大 6,000,000平方米当量 250,000平方米当量	自美国 12,000,000平方米当量 1,000,000平方米当量
3. 进口至美国: (1)棉或化学纤维服装 (2)羊毛服装 (3)按美国关税税目9802.00.80.60进口的货物	自加拿大 80,000,000平方米当量[1] 5,066,948平方米当量[2] 无	自墨西哥 45,000,000平方米当量 1,500,000平方米当量 25,000,000平方米当量

1. 每年加拿大进口至美国的80,000,000平方米当量的棉或化学纤维服装中,利用非缔约方针织或机织的织物生产的服装不应超过60,000,000平方米当量。

2. 每年加拿大进口至美国的5,066,948平方米当量的羊毛服装中,美国货物类别443中的男式羊毛服装不应超过5,016,780平方米当量。

明细表6.乙.2:对非原产棉或化学纤维织物与制成品的优惠税待遇

1. 进口至加拿大:	自墨西哥 7,000,000平方米当量	自美国 2,000,000平方米当量[1]
2. 进口至墨西哥:	自加拿大 7,000,000平方米当量	自美国 2,000,000平方米当量
3. 进口至美国:	自加拿大 65,000,000平方米当量[2]	自墨西哥 24,000,000平方米当量[3]

1. 每年美国进口至加拿大的2,000,000平方米当量的货物,应仅限《协调制度》第六十章所列货物。

2. 每年加拿大进口至美国的65,000,000平方米当量的货物中,《协调制度 》第五十二章至第五十五章、第五十八章和第六十三章(不含子目6302.10、6302.40、6303.11、6303.12、6303.19、6304.11和6304.91)所列货物不应超过35,000,000平方米当量;《协调制度》第六十三章以及子目6302.10、6302.40、6303.11、6303.12、6303.19、6304.11或6304.91所列货物不应超过35,000,000平方米当量。

3. 每年墨西哥进口至美国的24,000,000平方米当量的货物中,《协调制度》第六十章以及子目6302.10、6302.40、6303.11、6303.12、6303.19、6304.11或6304.91所列货物不应超过18,000,000平方米当量;《协调制度》第五十二章至第五十五章,第五十八章和第六十三章(不含子目6302.10、6302.40、6303.11、6303.12、6303.19、6304.11或6304.91)所列的货物不应超过6000,000,000平方米当量。

明细表6.乙.3:对非原产棉或化学纤维短纤纱的优惠关税待遇

1. 进口至加拿大的商品:	自墨西哥 1,000,000千克	自美国 1,000,000千克
2. 进口到墨西哥的商品:	自加拿大 100,0000千克	自美国 100,0000千克
3. 进口到美国的商品:	自加拿大 1070,0000千克	自墨西哥 100,0000千克

附录10.1:国别定义

加拿大特定的定义

"一般进口统计",系指加拿大统计局发布的统计数据,外交与国际贸易部进出口许可局提供的进口许可证数据,或接替其职能的后继部门提供的数据。

墨西哥特定的定义

"一般进口统计",系指墨西哥贸易信息系统或其后继者提供的统计数据。

美国特定的定义

"类别",系指位于华盛顿特区的美国商务部国际贸易局纺织品与服装办公室贸易与数据处发布的《对照表:1992年纺织品与服装类别与美国协调关税税则》(或后续文件)中定义的纺织品或服装的货物分类。"一般进口统计"系指美国人口普查局或其后继者发布的统计数据。

第四章　原产地规则

第 401 条:原产货物

除非本章另有规定,货物在以下情况下应视为原产自一缔约方境内:

(1)根据第 415 条的定义,整个货物完全在一个或一个以上缔约方境内获得或生产;

(2)完全在一个或一个以上缔约方境内生产之后,该货物生产中使用的每种非原产材料发生了附件 401 规定的相关关税分类变更,或者如果没有海关税则分类变更的要求,该货物在其他方面满足该附件的相关要求,并且该货物满足本章所有其他相关要求;

(3)该货物全部采用原产材料,完全在一个或一个以上缔约方境内生产;或者

(4)除了《协调制度》第六十一章至第六十三章所列货物之外,该货物完全在一个或一个以上缔约方境内生产,但是货物生产中使用的《协调制度》列为零件的一种或多种非原产材料在关税分类上并没有发生变更,因为

1）该货物以未组装或拆散的形式进口至一缔约方境内，但是根据《协调制度》解释总则第2条第1款将其归类为已组装货物，或者

2）该货物的品目列明并详述了该货物本身及其零件，但是并未进一步细分为子目，或者该货物的子目列明并详述了该货物本身及其零件。

前提条件是根据第402条决定的该货物的区域价值成分，采用交易价值法计算不低于60%，或采用净成本法计算不低于50%，并且该货物满足本章所有其他相关要求。

第402条：区域价值成分

1. 除非第5款另有规定，各缔约方应规定，货物的区域价值成分应根据第2款规定的交易价值法或第3款规定的净成本法计算，货物出口商或生产商可从两者中选择其一。

2. 各缔约方应规定，出口商或生产商可根据以下交易价值法，计算货物的区域价值成分：

$$RVC = \frac{TV - VNM}{TV} \times 100$$

其中

RVC　系指以百分比表示的区域价值成分；

TV　系指调整为离岸价的货物交易价值；以及

VNM　系指生产商在货物生产中使用的非原产材料的价值。

3. 各缔约方应规定，出口商或生产商可根据以下净成本法，计算货物的区域价值成分：

$$RVC = \frac{NC - VNM}{NC} \times 100$$

其中

RVC　系指以百分比表示的区域价值成分；

NC　系指货物的净成本；以及

VNM　系指生产商在货物生产中使用的非原产材料的价值。

4. 根据第2款或第3段计算货物的区域价值成分时，生产商在货物生产中使用的非原产材料的价值不应包括用于生产该货物的原产材料的非原产材料的价值，但是第403条第1款规定的货物、第403条第2款规定的机动车辆或附件403.2规定的部件除外。

5. 各缔约方应规定，出口商或生产商在以下情况下应只能根据第3款规定的净成本法，计算货物的区域价值成分：

（1）没有该货物的交易价值；

（2）该货物的交易价值根据《海关估价规则》第1条不被接受；

（3）该货物被制造商销售给任何一关联人，并且在该货物销售之月的前6个月期间，销售给各个关联人的相同或相似货物的销售量（以数量单位计）超过该生产商在此期间此类货物总销售量的85%；

（4）该货物是

1）品目87.01或87.02、子目8703.21至8703.90或品目87.04、87.05、87.06所列机动车辆，

2）列入附件403.1或403.2，并且是用于品目87.01或87.02、子目8703.21至8703.90或品目87.04、8705、87.06所列机动车辆，

3）子目6401.10至6406.10所列货物，或者

4）关税税目 8469.10.aa（文字处理机）所列货物；

（5）出口商或生产商根据第 404 条选择累积货物的区域价值成分；或者

（6）该货物根据第 10 款被确定为中间材料，并且受区域价值成分要求的约束。

6. 如果货物的出口商或生产商根据第 2 款规定的交易价值法计算货物的区域价值成分，但是在根据第五章（海关程序）而开展的核查过程中，一缔约方随后通知该出口商或生产商，货物的交易价值或货物生产中使用的任何材料的价值需要进行调整或者根据《海关估价规则》第 1 条不被接受，那么该出口商或生产商可同时根据第 3 款规定的净成本法计算货物的区域价值成分。

7. 第 6 款的任何规定不应解释为阻碍根据第 510 条（评审与上诉）进行的对以下价值的调整或驳回的评审或上诉：

（1）货物的交易价值；或者

（2）货物生产中使用的任何材料的价值。

8. 在根据第 3 款计算货物的净成本时，该货物的生产商可：

（1）计算该生产商生产全部货物产生的总成本，减去计入所有此类货物总成本中的任何促销、营销和售后服务成本、特许权使用费、运输和包装成本，以及非允许利息成本，然后将所得的全部货物的总净成本合理地分摊到该货物；

（2）计算该生产商生产全部货物产生的总成本，将总成本合理地分摊到该货物，然后减去计入总成本中分摊到该货物份额中的任何促销、营销和售后服务成本、特许权使用费、运输和包装成本，以及非允许利息成本；或者

（3）合理地分摊构成该货物总成本各部分的各项成本，使得这些成本的总和不包括任何促销、营销和售后服务成本、特许权使用费、运输和包装费用，以及非允许利息成本。

前提条件是所有此类成本的分摊应符合第 511 条（海关程序统一规定）中“统一规定”所述的合理成本分摊条款。

9. 除非第 11 款另有规定，货物生产中使用的材料的价值应按以下方式确定：

（1）根据《海关估价规则》第 1 条确定的该材料的交易价值；或者

（2）如果没有该材料的交易价值或该材料的交易价值根据《海关估价规则》第 1 条不被接受，则应根据《海关估价规则》第 2 条至第 7 条确定该材料的交易价值；以及

（3）如果以下各项没有包括在上述第 1 项或第 2 项中，则应包括：

1）运费、保险费、包装费，以及运输该材料至生产商所在地过程中发生的一切其他费用，

2）在一个或一个以上缔约方境内为该材料支付的关税、国内税和报关费，以及

3）货物生产中使用该材料产生的损耗费用，减去可回收废料或副产品的价值。

10. 除非第 403 条第 1 款另有规定，货物的生产商根据第 2 款或第 3 款计算货物的区域价值成分时，可将货物生产中使用的任何自产材料指定为中间材料，但是附件 403.2 所列部件除外，前提条件是生产该中间材料的中间材料受区域价值成分约束，并且其本身也可能被生产商指定为中间原料。

11. 中间材料的价值应按以下方式确定：

（1）货物生产商生产全部货物产生的总成本，合理地分摊在该中间材料；或者

（2）构成该中间材料总成本各部分的各项成本总和，合理地分摊在该中间材料。

12. 间接材料的价值应根据该货物生产所在的缔约方境内适用的一般公认会计准则

确定。

第403条:汽车产品

1. 根据第402条第3款规定的净成本法,计算以下货物的区域价值成分时:

(1)关税税目8702.10.bb或8702.90.bb(载客15人或15人以下的车辆)或子目8803.21至8703.90、8704.21或8704.31所列的机动车辆,或者

(2)附件403.1所列关税税目的货物,该货物受区域价值成分要求约束,并且作为原始设备用于生产关税税目8702.10.bb或8702.90.bb(载客15人或15人以下的车辆)或子目8702.xx、8703.21至8703.90、8704.21或8704.31所列货物。

生产商生产货物中使用的非原产材料的价值应为非原产材料价值的总和,其计算方法应根据第402条第9款,以一缔约方境内对非原产材料拥有所有权的第一人收到非原产材料之时的价值为准,上述非原产材料系指自缔约方境外进口的附件403.1所列关税税目的材料,并且用于货物的生产或用于货物生产所需的任何材料的生产。

2. 根据第402条第3款规定的净成本法,计算以下货物的区域价值成分时:品目87.01、关税税目8702.10.aa或8702.90.aa(载客16人或16人以上的车辆)、子目8704.10、8704.22、8704.23、8704.32或8704.90、或品目87.05和87.06所列机动车辆,或者附件403.2所列作为原始设备生产机动车辆的部件,生产商生产货物中使用的非原产材料的价值应是下列各项的总和:

(1)对于生产商使用的附件403.2所列各种材料,不论是否为生产商生产,该材料价值的计算方法可由生产商从以下两者中选择其一,但是须符合第402条的规定:

1)这种材料的非原产材料的价值,或者

2)用于生产这种材料的非原产材料的价值;以及

(2)根据第402条的规定,生产商使用的未列入附件403.2的任何其他非原产材料的价值。

3. 为了计算第1款或第2款所指机动车辆的区域价值成分,生产商可在所有同类机动车辆或出口至一个或一个以上其他缔约方境内的同类机动车辆的基础上,使用以下任何一个类别,求出一个会计年度的区域价值成分平均值:

(1)一缔约方境内同一工厂生产的同一等级车辆的同一型号的机动车辆;

(2)一缔约方境内同一工厂生产的同一等级机动车辆;

(3)一缔约方境内生产的同一型号的机动车辆;或者

(4)如果适用,附件403.3所述的计算基础。

4. 为了计算同一工厂生产的附件403.1所列关税税目的任何或所有货物或者附件403.2所指的部件或材料的区域价值成分,该货物生产商可:

(1)取以下期间的平均值:

1)购买该货物的机动车辆生产商的会计年度,

2)任何一季或一月,或者

3)该货物生产商的会计年度,如果该货物作为售后市场零件销售;

(2)对销售给一个或一个以上的机动车辆生产商的任何或所有货物,分别计算出上述第1项所指的平均值;或者

(3)对于本款中的任何计算方法,分别计算出口至一个或一个以上缔约方境内的货物。

5. 虽有附件 401 的规定，并且除非第 6 款另有规定，下列货物的区域价值成分的要求如下：

(1)对下列货物而言，在距离 1998 年 1 月 1 日最近的一天及其以后开始的生产商的各个会计年度，以净成本法计算，区域价值成分要求为 56%；在距离 2002 年 1 月 1 日最近的一天及其以后开始的生产商的各个会计年度，以净成本法计算，区域价值成分要求为 62.5%：

1)关税税目 8702.10.bb 或 8702.90.bb(载客 15 人或 15 以下的车辆)或子目 8703.21 至 8703.90、8704.21 或 8704.31 所列机动车辆，以及

2)品目 84.07 或 84.08、或子目 8708.40 所列货物，并且该货物用于第 1 项第 1 目所指机动车辆；以及

(2)对下列货物而言，在距离 1998 年 1 月 1 日最近的一天及其以后开始的生产商的各个会计年度，以净成本法计算，区域价值成分要求为 55%；在距离 2002 年 1 月 1 日最近的一天及其以后开始的生产商的各个会计年度，以净成本法计算，区域价值成分要求为 60%：

1)品目 87.01、关税税目 8702.10.aa 或 8702.90.aa(载客 16 人或 16 人以上的车辆)、或子目 8704.10、8704.22、8704.23、8704.32 或 8704.90、或品目 87.05 或 87.06 所列机动车辆，

2)品目 84.07 或 84.08、或子目 8708.40 所列货物，并且该货物用于第 2 项第 1 目所指机动车辆，以及

3)附件 403.1 所指货物，并且该货物受区域价值成分要求的约束并用于第 1 项第 1 目或第 2 项第 2 目所指机动车辆，但是第 1 项第 2 目或子目 8482.10 至 8482.80、8483.20 或 8483.30所列货物除外。

6. 第 403 条第 1 款或第 403 条第 2 款所指机动车辆的区域价值成分的要求如下：

(1)在下列情况下，机动车辆组装商在工厂生产出第一台原型车之日以后 5 年内，区域价值成分要求为 50%：

1)该机动车辆不是机动车辆组装商在任何缔约方境内以前生产的同一种等级、品牌(第 403 条第 2 款所指机动车辆除外)尺寸类型和底盘，

2)该机动车辆组装于工厂的一幢新建筑，并且

3)工厂有组装该机动车辆的大量崭新的机器设备；或者

(2)改装之后在工厂生产出第一台原型车之日以后 2 年内，区域价值成分要求为 50%，如果该机动车辆与改装之前机动车辆组装商在工厂组装的车辆是不同的等级、品牌(第 403 条第 2 款所指机动车辆除外)尺寸类型和底座。

第 404 条：累积

1. 在确定某一货物是否为原产货物时，可由申请优惠关税待遇的该货物的出口商或生产商作出选择，在一个或多个缔约方境内一个或多个生产商生产的该货物应被视为在任何一个缔约方境内由该出口商或生产商完成，但是以下列条件为限：

(1)完全在一个或多个缔约方境内，用于该货物生产的所有非原产材料发生了附件 401 规定的相关关税分类变更，并且该货物满足任何相关的区域价值成分要求；以及

(2)该货物满足本章所有其他相关要求。

2. 就第 402 条第 10 款而言，如果一个生产商根据第一款选择将其生产与其他生产商的生产进行累积，该生产商的生产应被视为单个生产商的生产。

第405条:微量允许

1. 除非第3款至第6款另有规定,某一货物应被视为原产货物,即便该货物未能实现附件401规定的相关海关税则分类变更,只要该货物生产中使用的所有非原产材料的价值不超过该货物交易价值(调整为以离岸价基准)的7%,或者如果该货物的交易价值根据《海关估价规则》第1条不被接受,则所有非原产材料的价值应不超过该货物总成本的7%,但是以下列条件为限:

(1)如果该货物受区域价值成分要求的约束,在计算该货物的区域价值成分时应考虑非原产材料的价值;以及

(2)该货物满足本章所有其他相关要求。

2. 在其他情况下本应受区域价值成分要求约束的货物无须满足此项要求,如果该货物生产中使用的所有非原产材料的价值不超过该货物交易价值(调整为以离岸价基准)的7%,或者,假如该货物的交易价值根据《海关估价规则》第1条不被接受,则所有非原产材料的价值不超过该货物总成本的7%,但是以该货物满足本章所有其他相关要求为限。

3. 第1款不适用于:

(1)《协调制度》第四章所列非原产材料,或关税税目1901.90.aa(乳固体含量超过总重量10%的乳品制剂)所列非原产材料,并且后者用于生产《协调制度》第四章所列货物;

(2)《协调制度》第四章所列非原产材料,或关税税目1901.90.aa(乳固体含量超过总重量10%的乳品制剂)所列非原产材料,并且后者用于生产关税税目1901.10.aa(乳固体含量超过总重量10%的婴幼儿乳品制剂)、1901.20.aa(非供零售用的乳脂含量超过总重量25%的调制品和面团)、1901.90.aa(乳固体含量超过总重量10%的乳品制剂)、品目21.05、或关税税目2106.90.dd(乳固体含量超过总重量10%的制剂)、2202.90.cc(含乳饮料)、或2309.90.aa(乳固体含量超过总重量10%的动物饲料)所列货物;

(3)品目08.05或子目2009.11至2009.30所列非原产材料,并且该材料用于生产子目2009.11至2009.30或关税税目2106.90.bb(任何单一水果或蔬菜所榨的浓缩水果汁或蔬菜汁,加入矿物质或维生素强化)或2202.90.aa(任何单一水果或蔬菜所榨的水果汁或蔬菜汁,加入矿物质或维生素强化)所列货物;

(4)《协调制度》第九章所列非原产材料,并且该材料用于生产关税税目2101.10.aa(速溶咖啡,不加香料)所列货物;

(5)《协调制度》第十五章所列非原产材料,并且该材料用于生产品目15.01至15.08、15.12、15.14或15.15所列货物;

(6)品目17.01所列非原产材料,并且该材料用于生产品目17.01至17.03所列货物;

(7)《协调制度》第十七章或品目18.05所列的非原产材料,并且该材料用于生产子目1806.10所列货物;

(8)品目22.03至22.08所列的非原产材料,并且该材料用于生产品目22.07至22.08所列货物;

(9)用于生产以下货物的非原产材料:关税税目7321.11.aa(煤气炉或煤气灶)、子目8415.10、8415.81至8415.83、8418.10至8418.21、8418.29至8418.40、8421.12、8422.11、8450.11至450.20、或8451.21至8451.29、墨西哥关税税目8479.82.aa(垃圾压缩机)或加拿大或美国关税税目8479.89.aa(垃圾压缩机)或关税税目8516.60.aa(电炉或电灶);以及

(10)在货物生产中作为非原产材料使用的印制电路板组装件，根据附件 401 的规定，该货物的相关海关税则分类变更的要求，限制了这类非原产材料的使用。

4. 第 1 款不适用品目 20.09 所列的非原产单一果汁和蔬菜汁原料，并且该原料用于生产子目 2009.90、或关税税目 2106.90.cc（富含矿物质或维生素的果汁或蔬菜汁的浓缩混合饮料）或 2202.90.bb（富含矿物质或维生素的果汁或蔬菜汁的混合饮料）所列货物。

5. 第 1 款不适用《协调制度》第一章至第二十七章所列货物生产中使用的非原产材料，除非该非原产材料所在的子目不同于需要根据本章确定原产地来源的货物所在的分类。

6. 如果《协调制度》第五十章至第六十三章所列货物不能视为原产货物的原因是货物成分生产中使用的某些纤维或纱线决定了该货物的海关税则分类，并且未能实现附件 401 规定的相关海关税则分类变更，但是如果此种纤维或纱线在该成分中的总重量不超过该成分总重量的 7%，则该货物依然可视为原产货物。

第 406 条：可替代货物与材料

为了决定某一货物是否为原产货物：

(1)如果货物生产中使用的原产和非原产材料是可替代材料，决定材料是否为原产不需通过对任何具体可替代材料的识别，而是可根据"统一规则"所述的任何一个库存管理法来确认；以及

(2)如果原产和非原产可替代货物以同样形式混合在一起并出口，原产货物可以根据"统一规则"所述的任何一个库存管理法来确定。

第 407 条：配件、备件与工具

如果货物是原产，与该货物一同交付并构成该货物标准配置一部分的配件、备件与工具也应被视为原产，并且在决定该货物生产中使用的所有非原产材料是否发生了附件 401 规定的相关海关税则分类变更时，不应考虑这些配件、备件与工具，但是以下列条件为限：

(1)配件、备件与工具未与该货物分别开具发票；

(2)配件、备件与工具的数量和价值对该货物而言是通行的；并且

(3)如果该货物受区域价值成分要求的约束，在计算该货物的区域价值成分时，配件、备件与工具的价值应根据情况，作为原产材料或非原产材料而考虑在内。

第 408 条：间接材料

间接材料不论其生产地点，应视为原产材料。

第 409 条：零售的包装材料与容器

供货物零售用的包装材料与容器，如果与货物同归一类，在决定该货物生产中使用的所有非原产材料是否发生了附件 401 规定的相关关税分类变更时，应忽略不计；但是如果该货物受区域价值成分要求的约束，在计算该货物的区域价值成分时，包装材料与容器的价值应根据情况，作为原产材料或非原产材料而考虑在内。

第 410 条：运输的包装材料与容器

供货物运输用的包装材料与容器，在判断以下两种情况时应忽略不计：

(1)该货物生产中使用的非原产材料是否发生了附件 401 规定的海关税则分类变更；以及

(2)该货物是否符合区域价值成分的要求。

第 411 条:转运

货物不仅仅因为满足第 401 条对生产过程的要求而被视为原产货物,如果在生产之后,该货物在缔约方境外经历了进一步的生产或任何其他操作,但是卸载、重装或保持货物完好的任何其他必要操作或运输货物至一缔约方境内除外。

第 412 条:不合格运作

货物不仅仅因为以下运作而被视为原产货物:

(1)单纯用水或其他物质稀释而不实质性地改变货物特征;或者

(2)任何生产或定价措施,在证据优势的基础上可以证明该措施的目的在于规避本章的规定。

第 413 条:解释与适用

在本章中:

(1)本章海关税则分类的基础是《协调制度》;

(2)关税税目所指货物其后括号中的描述只供参考;

(3)在适用第 401 条第 4 款时,应在《协调制度》品目或子目的命名方法、归类总规则、章注释或类注释的基础上,决定《协调制度》中的品目或子目是否列明并详述货物及其零部件;

(4)在本章适用《海关估价规则》时,

1)正如《海关估价规则》的原则适用国际交易一样,也应同样适用国内交易,但是可能需要根据具体情况进行必要的修改,

2)本章条款与《海关估价规则》如有任何不一致之处,应以本章条款为准,以及

3)第 415 条的定义与《关税估价法》的定义如有任何不一致之处,应以第 415 条的定义为准;以及

(5)本章所指所有成本,应根据货物生产所在地的缔约方境内适用的一般公认会计准则,予以记录和留存。

第 414 条:磋商与修订

1. 各缔约方应定期磋商,以保证本章按照本协定的精神与目标,得以有效、统一、一致实施,并应根据第五章相互合作实施本章条款。

2. 如果任何缔约方鉴于生产程序的进展或其他事项,认为需要对本章进行修订,该缔约方可提交一份修订建议方案并附带支持依据和任何研究资料,供其他缔约方考虑并根据第五章采取适当行动。

第 415 条:定义

在本章中:

"机动车辆等级",系指以下任何一种机动车辆类别:

(1)子目 8701.20、关税税目 8702.10.aa 或 8702.90.aa(载客 16 人或 16 人以上的车辆)、子目 8704.10、8704.22、8704.23、8704.32 或 8704.90、或品目 87.05 和 87.06 所列机动车辆;

(2)子目 8701.10 或 8701.30 至 8701.90 所列机动车辆;

(3)关税税目 8702.10.bb 或 8702.90.bb(载客 15 人或 15 人以下的车辆)、或子目 8704.21 和 8704.31 所列机动车辆;或者

(4)子目 8703.90 至 8703.21 所列机动车辆。

“离岸价”，系指卖方在直接运输地点的指定运输工具上交货给买方的价格，不论运输方式。

“可替代货物或可替代材料”，系指在商业上可以互换、性能基本相同的货物或材料。

“完全在一个或多个缔约方境内获得或生产的货物”，系指：

(1)在一个或多个缔约方境内开采的矿产品；

(2)在一个或多个缔约方境内收获的蔬菜，其定义以《协调制度》为准；

(3)在一个或多个缔约方境内出生或养殖的活动物；

(4)在一个或多个缔约方境内通过捕猎、诱捕或捕捞获得的货物；

(5)在一个缔约方注册或登记并悬挂该缔约方旗帜的船只从海上获取的货物(鱼类、贝类以及其他海洋生物)；

(6)水产加工船使用第五项所指货物生产的制品，只要该水产加工船在该缔约方注册或登记并悬挂该缔约方旗帜；

(7)一个缔约方或一个缔约方的人员从海床或领水以外的海床底下获取的货物，只要该缔约方有权开采该海床；

(8)从外层空间获取的货物，只要该货物由一个缔约方或一个缔约方的人员获得，并且没有在非缔约方境内加工；

(9)以下方式获得的废品与废料：

1)一个或多个缔约方境内生产过程中产生的废品与废料，或者

2)一个或多个缔约方境内收集的旧货，以这些旧货只适于原材料回收为限；以及

(10)一个或多个缔约方境内完全利用第一项至第十项所指货物或其衍生品(不论生产阶段)生产的货物。

“相同或相似货物”，系指《海关估价规则》分别定义的“相同货物”和“相似货物”。

“间接材料”，系指用于生产、测试或者检验货物但是并不直接构成这一货物实体的货物，或用于与货物生产有关的建筑物维护或设备操作的货物，包括：

(1)燃料与能源；

(2)工具、模具与模型；

(3)设备和建筑物维护所使用的备件与材料；

(4)生产或设备操作和建筑物所使用的润滑剂、油脂、复合材料以及其他材料；

(5)防护手套、护目眼镜、鞋类、衣物、安全设备和安全用品；

(6)货物测试或检验所使用的设备、装置以及用品；

(7)催化剂与溶剂；以及

(8)不构成货物实体，但是可以合理地证明其在货物生产中的使用是该货物生产的一部分的其他任何货物。

“中间材料”，系指第402条第10款指定的、在货物生产中自我生成并使用的材料。

“品牌”，系指机动车辆组装商另一营销部门使用的品牌名称。

“材料”，系指用于另一货物生产的货物，包括零部件或配料成分。

“车型”，系指拥有相同平台和型号名称的一系列机动车辆。

“机动车辆组装商”，系指机动车辆生产商及其参与的任何相关厂商或合资企业。

“新建筑物”，系指一幢新的构筑物，至少包括为了一条完整的车辆装配线而浇铸或建筑新的地基和楼层、构筑新的结构和屋顶、安装新的管道、电力以及其他设施。

“净成本”，系指总成本减去包括在总成本中的促销、营销和售后服务成本、特许权使用费、运输和包装成本、以及非允许利息成本。

“货物的净成本”，系指利用第 402 条第 8 款所述的任何一种方法，合理地分摊到某一货物的净成本。

“非允许利息成本”，系指生产商产生的、超过“统一规则”确定的可比到期年限的适用联邦政府利率 700 个基点的利息成本。

“非原产货物或非原产材料”，系指不符合本章原产条件的货物或材料。

“生产商”，系指种植、开采、收割、捕捞、诱捕、狩猎、制造、加工或组装货物的人员。

“生产”，系指种植、开采、收割、捕捞、诱捕、狩猎、制造、加工或组装货物。

“合理分摊”，系指根据具体情况按比例分配。

“改装”，系指工厂因厂房改建或设备更新而关闭至少 3 个月。

“关联人”，系指因以下原因与另一人有关系的人：

(1)他们是彼此公司的管理人员或董事；

(2)他们是法律承认的商业合作伙伴；

(3)他们是雇主和雇员关系；

(4)直接或间接拥有、控制或持有 25% 或 25% 以上的已发行表决权股票的任何人；

(5)其中一方直接或间接控制另一方；

(6)双方都直接或间接受第三方控制；或者

(7)他们是同一家庭的成员(同一家庭的成员系指亲生子女或养子女、兄弟、姐妹、父母、祖父母、外祖父母或配偶)。

“特许权使用费”，系指任何种类的支付金，包括技术援助或类似协定下的付款，以作为版权、文学、艺术或科学作品、专利、商标、设计、模型、方案、秘方或工序的使用或使用权而付出的对价，但是不包括与以下特定服务相关的技术援助或类似协定下的付款，例如：

(1)员工培训，不论培训地点；以及

(2)在一个或多个缔约方境内开展的工程、机床安装、模具安装、软件设计和类似计算机服务，或其他服务。

“促销、营销和售后服务成本”，系指与以下促销、营销和售后服务有关的成本：

(1)销售和市场推广；媒体广告；广告和市场调查；宣传和展示材料、展品；销售会议、商业展览和会议；横幅广告；营销展示；免费样品；促销、营销和售后服务宣传册(产品手册、产品目录、技术资料、价格表、用户手册、销售援助信息)；公司标志和商标的建立和保护；赞助；批发和零售的补货费用；招待费；

(2)有奖销售和营销；消费者、零售商或批发商的回扣；货物推销奖励；

(3)促销人员、营销人员和售后服务人员的薪金和工资、销售佣金、奖金、福利(例如，医疗、保险、养老金)、交通和生活补助、会员费和专业协会年费；

(4)促销人员、销售人员和售后服务人员的招聘和培训，以及客户雇员的售后培训费用，如果此项成本在生产商财务报表或成本账户的货物促销、营销和售后服务项目中分别列出；

(5)产品责任保险；

(6)货物促销、营销和售后服务的办公用品，如果此项成本在生产商财务报表或成本账户的货物促销、营销和售后服务项目中分别列出；

(7)电话、邮件和其他通讯,如果此项成本在生产商财务报表或成本账户的货物促销、营销和售后服务项目中分别列出;

(8)促销、营销和售后服务处以及配送中心的租金和折旧;

(9)促销、营销和售后服务处以及配送中心的财产保险、税收、水电煤气费、维修和保养,如果此类成本在生产商财务报表或成本账户的货物促销、营销和售后服务项目中分别列出;以及

(10)生产商向其他人支付的保修期内的维修费用。

"自产材料",系指货物生产商自行生产并且用于该货物生产的材料。

"运输和包装成本",系指货物运输的包装成本和货物从直接装运点运至买方的成本,不包括为零售而准备及包装货物的成本。

"尺寸类别",系指第 403 条第 1 款第 1 项所指机动车辆的大小:

(1)乘客和行李的内部空间等于或小于 85 立方英尺;

(2)乘客和行李的内部空间为 85 ~ 100 立方英尺;

(3)乘客和行李的内部空间为 100 ~ 110 立方英尺;

(4)乘客和行李的内部空间为 110 ~ 120 立方英尺;以及

(5)乘客和行李的内部空间等于或大于 120 立方英尺。

"总成本",系指一个或多个缔约方境内产生的所有的产品成本、期间成本和其他成本。

"交易价值",系指货物生产商在交易中实际支付或应支付的货物或材料的价格,适用第 403 条第 1 款或第 403 条第 2 款第 1 项的除外,并根据《海关估价规则》第 8 条第 1 款、第 3 款和第 4 款的原则予以调整,无论该货物或材料是否出口。

"使用",系指在货物生产过程中的使用或消费。以及

"底盘",系指机动车辆的车身底座。

附件 403.1:第 403 条第 1 款的关税税目清单

注释:关税税目旁边提供了说明,仅供参考。

40.09	管子、管道及软管
4010.10	橡胶带
40.11	轮胎
4016.93.aa	汽车用橡胶、衬垫、垫圈及其他密封垫圈
4016.99.aa	振动控制货物
7007.11 7007.21	夹层安全玻璃
7009.10	后视镜
8301.20	汽车用锁
8407.31	发动机,气缸容量不超过 50 立方厘米
8407.32	发动机,气缸容量超过 50 立方厘米,但是不超过 250 立方厘米
8407.33	发动机,气缸容量超过 250 立方厘米,但是不超过 1000 立方厘米
8407.34.aa	发动机,气缸容量超过 1000 立方厘米,但是不超过 2000 立方厘米
8407.34.bb	发动机,气缸容量超过 2000 立方厘米

续表

8408.20	第 87 章所涉汽车的柴油发动机
84.09	发动机零部件
8413.30	液体泵
8414.80.22	子目 8414.59 未列的汽车用涡轮增压器和超级增压器
8414.59.aa	子目 8414.80 未列的汽车用涡轮增压器和超级增压器
8415.81 8415.83	空调
8421.39.aa	催化转换器
8481.20 8481.30 8481.80	阀门
8482.10 8482.80	滚珠轴承
8483.10 8483.40	传动轴和装有滚珠或滚子轴承的轴承座
8483.50	飞轮
8501.10	电动机
8501.20	电动机
8501.31	电动机
8501.32.aa	为子目 8703.90 电动车辆提供主要能源的电动机
8507.20.aa 8507.30.aa 8507.40.aa 8507.80.aa	为电动车提供主要能源的电池
8511.30	配电盘
8511.40	启动电机
8511.50	其他发电机
8512.20	其他照明或视觉信号设备
8512.40	挡风玻璃雨刷、除霜器
8519.91	盒式磁带录音机
8527.21	收录放音组合机
8527.29	收音机
8536.50	开关
8536.90	接线箱
8537.10.aa	电机控制中心
8539.10	封闭式聚光灯

续表

8539.21	钨卤灯
8544.30	点火布线组
87.06	底盘
87.07	车身
8708.10.aa	保险杠,但非其零件
8708.21	坐椅安全带
8708.29.aa 8708.29.bb 8708.29.cc	车身冲压件 安全气囊气体发生器和模块 车门组件
8708.29.dd	子目 8708.99 未列的汽车用安全气囊
8708.39	制动器,伺服制动器及其零件
8708.40	齿轮箱、变速箱
8708.50	装有差速器的驱动桥,不论是否配有其他传动部件
8708.60	非驱动桥及其零件
8708.70.aa	车轮,但非其零件或附件
8708.80	悬挂减震器
8708.91 8708.92	散热器 消声器和排气管
8708.93.aa	离合器，但非其零件
8708.94	转向盘，转向柱及转向箱
8708.99.aa	含橡胶的防振产品
8708.99.bb	双法兰轮毂单元
8708.99.cc	子目 8708.29 未列的汽车用安全气囊
8708.99.dd 8708.99.ee 8708.99.ff 8708.99.gg	半轴和传动轴 动力传动系的其他零件 悬挂系统中的其他零件 转向系统中的其他零件
8708.99.hh	子目 8708.99 未列的其他零件和配件
9031.80	监测装置
9032.89	自动调节仪器
9401.20	坐椅

附件 403.2:部件与材料清单

1. 部件:品目 84.07 或 84.08 所列发动机

材料:整铸、铸造头、燃油喷嘴、燃油喷射泵、预热塞、涡轮增压器和超级增压器、发动机电子控制、进气歧管、排气歧管、进气阀和排气阀、曲轴和凸轮轴、交流发电机、起动装置、空气净化器组件、活塞、连杆及其制成的配件(或转子发动机的转子组件)、飞轮(用于手动变速器)、齿圈(用于自动变速器)、油盘、油泵、压力调节器、水泵、曲轴和凸轮轴齿轮,散热器组件或增压空气冷却器。

2. 部件:子目 8708.40 所列齿轮箱(变速箱)

材料:(1)手动变速箱:变速箱和离合器壳体、离合器、内部转换机制、齿轮组、同步器和轴;以及(2)液力变矩器式传动箱:变速箱和转换器壳体、液力变矩器组件、齿轮组和离合器、电子控制变速器。

附件 403.3:凯米汽车公司的区域价值成分计算

1. 就第 403 条而言,在决定凯米汽车有限公司(以下简称"凯米")在加拿大境内生产并进口到美国境内的机动车辆是否属于原产货物时,凯米可对凯米在一个会计年度在加拿大境内生产并销售到一个或多个缔约方境内的同一机动车辆等级或同一机动车辆车型的区域价值成分与加拿大通用汽车有限公司在加拿大境内与凯米最为接近的会计年度生产的相应机动车辆等级或机动车辆车型的区域价值成分取其平均值,但是以下列条件为限:

(1)在凯米的会计年度开始,加拿大通用汽车有限公司持有凯米 50% 或 50% 以上的具有表决权的普通股;并且

(2)加拿大通用汽车有限公司、通用汽车公司、墨西哥通用汽车有限公司以及他们单独或联合直接或间接拥有的任何一家子公司(以下简称"通用汽车公司"),以数量单位计,拥有 75% 或 75% 以上的凯米在一个凯米会计年度在加拿大境内生产并销售到一个或多个缔约方境内的机动车辆等级或机动车辆车型。

2. 如果以数量单位计,通用汽车公司拥有不到 75% 的凯米在一个凯米会计年度在加拿大境内生产并销售到一个或多个缔约方的机动车辆等级或机动车辆车型,凯米可根据第 1 款规定的方式,只能对通用汽车公司拥有的以 GEO 品牌或其他通用汽车公司品牌经销的机动车辆取其平均值。

3. 在计算凯米在加拿大境内生产的机动车辆的区域价值成分时,如果凯米运营的任何机动车辆组装厂或凯米与之取区域价值成分平均值的加拿大通用汽车有限公司运营的任何机动车辆组装厂,因以下原因关闭连续两个月以上,凯米可选择在两个会计年度期间内对第 1 款或第 2 款所述计算取其平均值:

(1)为生产车型变化而进行的改装;或者

(2)不能预期凯米或通用汽车公司可以通过纠正措施或应有的谨慎小心或勤勉尽责而避免的事件或境况(反倾销税和反补贴税的征收,或者凯米或通用汽车公司雇员或对其雇员的罢工、停工、劳工纠纷、罢工工人劝阻工人上班或抵制的情形除外),包括材料短缺、公共设施故障、或者原料、零件、燃料或公共设施无法获得或延期获得。

取其平均值的两年可以是凯米工厂或凯米与之取平均值的加拿大通用汽车有限公司任何工厂关闭的凯米会计年度与上一个或下一个会计年度。如果关闭时间跨两个会计年度,只能

对这两个会计年度取其平均值。

4. 就本条而言,如果由于合并、重组、分割或类似协定:

(1)一个机动车辆生产商(以下简称"后继生产商")取得通用汽车公司使用的全部或几乎全部资产;并且

(2)后继生产商直接或间接控制或受控于通用汽车公司,或者后续生产商和通用汽车公司均受控于同一人,后续生产商应被视为通用汽车公司。

第五章 海关程序

第一节 原产地认证

第 501 条:原产地证书

1. 各缔约方应在 1994 年 1 月 1 日之前设立原产地证书,以证明自一缔约方境内出口至另一缔约方境内的货物符合原产货物规定,此后可通过协定修改原产地证书。

2. 各缔约方可要求进口至其境内的货物的原产地证书以本国法律规定的语言填写。

3. 各缔约方应:

(1)要求其境内出口商为货物出口填写并签署原产地证书,如果进口商可能对该货物进口至另一缔约方境内申报优惠关税待遇;并且

(2)规定如果其境内出口商并非该货物的生产商,该出口商可在以下基础上填写并签署原产地证书:

1)该出口商对该货物是否符合原产货物规定的认知;

2)该出口商对该生产商关于该货物符合原产货物规定的书面陈述的合理信赖;或者

3)该生产商自愿出具给该出口商的填妥并签署的该货物原产地证书。

4. 第3款的任何规定不应解释为要求生产商向出口商出具原产地证书。

5. 各缔约方应规定另一缔约方境内的出口商或生产商填妥并签署的以下原产地证书:

(1)至该缔约方境内的一次货物进口有效的原产地证书;或者

(2)该出口商或该生产商在证书上填写的不超过12个月的指定时期内,至该缔约方境内多次相同货物进口有效的原产地证书,

应在证书签署日起四年内被其海关当局接受。

第502条:与进口相关的义务

1. 除非本章另有规定,各缔约方应要求对另一缔约方进口至其境内的货物申报优惠关税待遇的境内进口商:

(1)根据有效的原产地证书,作出关于该货物符合原产货物规定的书面声明;

(2)作出该声明之时,持有原产地证书;

(3)应该缔约方海关当局要求,提供一份原产地证书副本;

(4)迅速对报关作出修正,并且支付任何应缴关税,如果该进口商有理由相信,原先报关所依据的原产地证书包含不正确的信息。

2. 各缔约方应规定,该缔约方境内进口商对另一缔约方境内进口至其境内的货物申报优惠关税待遇时:

(1)如果该进口商未能遵守本章规定的任何要求,该缔约方可拒绝给予该货物优惠关税待遇;以及

(2)如果该进口商根据第1款第4项主动对报关作出修正,则不应为错误报关遭受惩罚。

3. 各缔约方应规定,货物进口至其境内时,原本符合原产货物规定,但是当时没有申报优惠关税待遇,该货物的进口商可在货物进口之日起一年内,提交以下材料,申请退还货物由于没有给予优惠关税待遇而支付的额外关税:

(1)一份关于进口时货物符合原产货物规定的书面声明;

(2)一份原产地证书副本;以及

(3)该缔约方可能要求提交的与货物进口有关的其他文件。

第503条:例外

各缔约方应规定,对下列情形不得要求原产地证书:

(1)商业性进口的货物价值不超过1,000美元或该缔约方货币的等值金额,或者该缔约方可能设定的更高金额,但是可要求进口所附发票包括一项声明,证明货物符合原产货物规定;

(2)非商业性进口的货物价值不超过1,000美元或该缔约方货币的等值金额,或者该缔约方可能设定的更高金额;或者

(3)进口的货物属于该缔约方宣布放弃原产地证书要求的一类货物,前提条件是该进口

不构成一系列进口中的一部分,否则可合理地认为这种做法或安排是为了规避第501条和第502条的认证要求。

第504条:与出口相关的义务

1. 各缔约方应规定:

(1)其境内出口商,或根据第501条第3款第2项第3目向该出口商出具原产地证书的境内生产商,根据海关当局要求,应向海关当局提供一份原产地证书副本;并且

(2)如果其境内出口商或生产商填妥并签署了原产地证书,随后有理由相信该原产地证书包含不正确的信息,该出口商或生产商应及时以书面形式通知该原产地证书送达的所有相关人员,可能会影响该原产地证书的准确性与有效性的任何变动。

2. 各缔约方:

(1)应规定,其境内出口商或生产商提供的关于出口至另一缔约方境内的货物符合原产货物规定的虚假证明,与其境内进口商违反关于作虚假声明或陈述的关税法律和条例一样,应承担同样的法律后果,虽然需要作适当的修改;以及

(2)可根据情况的需要,对其境内不遵守本章规定的出口商或生产商,采取相应措施。

3. 如果其境内出口商或生产商根据第1款第2项关于不实证明的规定,主动提供书面通知,任何缔约方不得对其做出处罚。

第二节 管理与执行

第505条:记录

各缔约方应规定:

(1)填写并签署原产地证明书的其境内出口商或生产商,应自原产地证书签署之日起5年期间或该缔约方可能指定的更长时限,在其境内保留有关在另一缔约方境内享受优惠关税待遇的货物原产地的所有记录,包括以下内容的相关记录:

1)自其境内出口的货物的采购、成本、价值以及付款;

2)自其境内出口的货物生产中使用的包括间接材料在内的所有材料的采购、成本、价值以及付款;以及

3)自其境内出口时该形态的货物的生产;并且

(2)为进口至该缔约方境内的货物申报优惠关税待遇的进口商,应自货物进口之日起5年期间或该缔约方可能指定的更长时限,在其境内保留该缔约方可能要求的与货物进口有关的文件,包括原产地证书副本。

第506条:原产地核查

1. 为了确定另一缔约方境内进口至其境内的货物是否符合原产货物规定,一缔约方只能以下列方式通过海关当局来进行核查:

(1)对另一缔约方境内出口商或生产商的书面问卷调查;

(2)对另一缔约方境内出口商或生产商的生产经营场所的访问,以审查第505条第1款所指记录并考察货物生产中使用的设施;或者

(3)各缔约方可能同意的其他程序。

2. 根据第1款第2项进行现场核查访问之前，一缔约方应通过其海关当局：

(1)向以下各方送达一份拟议进行访问的书面通知：

1)拟议访问其生产经营场所的出口商或生产商，

2)拟议访问所在地的缔约方海关当局，

3)如果拟议访问所在地的缔约方要求，该缔约方在提出访问建议的缔约方境内的大使馆；并且

(2)获得拟议访问其生产经营场所的出口商或生产商的书面同意。

3. 第2款所指通知应包括：

(1)发出通知的海关当局的身份；

(2)拟议访问其生产经营场所的出口商或者生产商的名称；

(3)拟议中的现场核查访问的日期与地点；

(4)拟议中的现场核查访问的目的与范围，包括特别指明接受核查的货物；

(5)执行现场核查访问的官员的姓名与头衔；以及

(6)现场核查访问的法律权力。

4. 如果出口商或生产商在接到第2款所指通知30日之内，未对拟议中的现场核查访问做出书面同意，发出通知的缔约方可拒绝给予拟议接受核查访问的货物优惠关税待遇。

5. 各缔约方应规定，如果海关当局接到第2款所指通知，海关当局可在接到该通知15日之内，推迟拟议中的现场核查访问，但是推迟时间不超过自接到该通知之日起60日或各缔约方可能同意的更长时限。

6. 一缔约方不得仅仅因为根据第5款推迟现场核查访问而拒绝给予货物优惠关税待遇。

7. 各缔约方应允许货物接受另一缔约方现场核查访问的出口商或生产商指定两名观察员在访问期间到场，前提条件是：

(1)观察员仅以观察员的身份参加；并且

(2)如果出口商或生产商未指定观察员，不应推迟核查访问。

8. 各缔约方应通过其海关当局，根据货物出口的缔约方境内适用的公认会计准则，开展区域价值成分要求的核查。

9. 开展核查的缔约方应向货物接受核查的出口商或生产商提供关于货物是否符合原产货物的书面决定，包括事实的认定和决定的法律依据。

10. 如果一缔约方的核查显示，出口商或生产商关于进口至其境内的货物符合原产货物规定的虚假或未经证实的陈述已成为一种行为模式，该缔约方可对该出口商或该生产商出口或生产的相同货物拒绝给予优惠关税待遇，直至该出口商或该生产商遵守第四章(原产地规则)的规定。

11. 各缔约方应规定，如果一缔约方根据该缔约方适用货物生产中使用的一种或多种材料的海关税则分类或价值，确定进口至其境内的某种特定货物不符合原产货物规定，而且该缔约方关于材料的海关税则分类或价值不同于货物自其境内出口的缔约方适用的材料的海关税则分类或价值，那么该缔约方书面通知该货物出口商和该货物原产地证书的填写与签署人之后，该缔约方的上述决定始能生效。

12. 一缔约方不得将根据第11款作出的决定适用于该决定生效日之前的进口，但是以下列条件为限：

(1)货物自其境内出口的海关当局已经根据第509条作出了预先裁定或对此类材料的海关税则分类或价值的任何其他裁定,或者对争议中的材料在海关税则分类中的位置或价值的处理是一贯的,因此人们有权依赖此种裁定或处理;并且

(2)预先裁定或一贯处理的发生是在该决定的通知发出之前。

13. 如果一缔约方根据第11款作出的决定,拒绝给予货物优惠关税待遇,该缔约方应推迟该否决的生效日,推迟时间不超过90日,如果该货物出口商或该货物原产地证书的填写与签署人能够证明,他出于善意,依赖了与己不利的自其境内货物出口的缔约方海关当局对此类材料的海关税则分类或价值。

第507条:保密

1. 各缔约方应依照本国法律,对根据本章规定获取的机密商业信息予以保密,并保护此类信息不被泄露,以避免可能有损信息提供者的竞争地位。

2. 根据本章规定获取的机密商业信息,只能披露给负责原产地确定的管理和执行以及负责海关和税收事宜的官方机构。

第508条:惩罚

1. 各缔约方应对违反与本章有关的本国法律与条例的行为,维持实施刑事、民事或行政处罚的措施。

2. 第502条第2款、第504条第3款与第506条第6款的任何规定,不应理解为妨碍一缔约方视情况需要,实施必要的措施。

第三节 预先裁定

第509条:预先裁定

1. 各缔约方应通过海关当局,在货物进口至境内之前,依据该缔约方境内的货物进口商或另一缔约方境内的出口商或生产商提供的以下事实与情况,尽速核发进口商、出口商或生产商书面的预先裁定:

(1)因完全在一个或多个缔约方境内的生产,货物生产中使用的自非缔约方进口的材料是否发生了附件401规定的海关税则分类的相关变更;

(2)根据第四章规定的交易价值法或净成本法,货物是否满足区域价值成分要求;

(3)为了确定货物是否满足第四章规定的区域价值成分要求,另一缔约方境内的出口商或生产商是否根据《海关估价规则》的原则,采用适当的估价基础或方法,以计算货物的交易价值或货物生产中使用的材料的交易价值;

(4)为了确定货物是否满足第四章规定的区域价值成分要求,出口商或生产商是否根据“统一规则”规定的分摊方法,采用合理分摊成本的基础或方法,以计算货物的净成本或中间材料的价值;

(5)货物是否符合第四章规定的原产地货物规则;

(6)自其境内出口至另一缔约方境内进行维修或改造之后,重新进入其境内的货物是否符合第307条(维修或改造后重新入境的货物)规定的免税待遇条件;

(7)拟定或实际的货物标识是否符合第311条(原产地标识)规定的原产地标识要求;

(8)原产货物是否符合附件300－乙(纺织品与服装)、附件302.2(关税的消除)或第七章(农业、卫生与植物检疫措施)规定,属于一缔约方的货物;

(9)货物是否符合第七章规定,属于符合资格的货物;或者

(10)各缔约方可能同意的其他事项。

2. 各缔约方应建立或维持预先裁定的核发程序,包括详细列明审批预先裁定申请所需的合理信息。

3. 各缔约方应规定其海关当局:

(1)在审核预先裁定申请过程中的任何时候,可要求预先裁定申请人提供补充信息;

(2)在获得预先裁定申请人提供的所有必要信息之后,应在"统一规则"指定的期限内作出预先裁定;并且

(3)在预先裁定对申请人不利时,应向申请人充分解释该裁定的理由。

4. 在符合第6款的前提下,各缔约方应自预先裁定作出之日或预先裁定可能指定的一较晚日期起,对申请预先裁定的货物的进口适用预先裁定。

5. 只要事实与情况实质上相同,各缔约方应向预先裁定的任何申请人提供与已经作出的预先裁定中的任何其他申请人相同的待遇,包括对第四章有关原产地确定的条款作出相同的解释和适用。

6. 作出预先裁定的缔约方可修改或撤销一项预先裁定:

(1)如果该裁定是基于以下任何错误:

1)事实错误;

2)对申请裁定的货物或材料,海关税则分类错误;

3)第四章规定的区域价值成分要求的适用错误;

4)根据附件300－乙、附件302.2或第七章,对货物是否符合一缔约方的货物条件,判定规则适用错误;

5)根据第七章,对货物是否属于符合资格的货物,判定规则适用错误;

6)根据第307条,对自该缔约方境内出口至另一缔约方境内进行维修或改造之后,重新入境的货物是否符合免税待遇条件,判定规则适用错误。

(2)如果该裁定不符合各缔约方对第三章(货物的国民待遇与市场准入)或第四章的一致解释。

(3)如果该裁定依据的重要事实或情况发生了变化。

(4)以符合对第三章、第四章、本章、第七章、标识原则或统一规则的修改。或者

(5)以符合司法决定或其国内法的变化。

7. 各缔约方应规定,对预先裁定的任何修改或撤销,应在修改或撤销决定发布之日或该决定中可能指定的较晚日期生效,并且不得适用该日期之前进口的货物,除非预先裁定的申请人没有根据裁定的条款行事。

8. 虽有第7款的规定,作出预先裁定的缔约方应推迟裁定的修改或撤销的生效日期,推迟时间不超过90天,如果预先裁定的申请人能够证明,他已经出于善意依赖了与己不利的该项裁定。

9. 各缔约方应规定,海关当局根据第1款第3项、第4项或第5项,对货物作出预先裁定之后,在审查该货物的区域价值成分时,海关当局应对下述要求作出评估:

(1)出口商或生产商是否遵守预先裁定的条款;

(2)出口商或生产商的行为是否符合预先裁定所依据的重要事实和情况;并且

(3)计算价值或分摊成本的基础或方法中使用的支持数据和计算结果在所有重大方面是否正确。

10. 各缔约方应规定,在海关当局判定第 9 款的任何一项要求未得到满足时,海关当局可根据情况需要,修改或撤销预先裁定。

11. 各缔约方应规定,如果已经作出的预先裁定的申请人能够证明,他本着合理的谨慎和善意,提供了该裁定所依据的事实和情况,在一缔约方海关当局判定该裁定是基于不正确的信息时,则该裁定的申请人不应受到惩罚。

12. 各缔约方应规定,如果该缔约方作出了预先裁定,而该裁定的申请人歪曲或隐瞒了裁定所依据的重要事实和情况,或未能根据该裁定的条款行事,该缔约方可视情况需要,采取必要的措施。

第四节　原产地判定与预先裁定的复议与上诉

第 510 条:复议与上诉

1. 对海关当局作出的原产地标识判定、原产地判定和预先裁定,各缔约方应给予下列人士与其境内进口商实质上相同的复议与上诉的权利:

(1)作为原产地判定对象的货物原产地证书的填写与签署人;

(2)该人的货物是根据第 311 条(原产地标识)进行原产地标识判定的对象;或者

(3)该人已经收到了根据第 509 条第 1 款作出的预先裁定。

2. 除了第 1804 条(行政诉讼)和第 1805 条(复议与上诉)的规定,各缔约方应规定,第 1 款所称复议与上诉的权利应包括:

(1)至少有一级独立于作出原判定的官员或政府机关的行政复议;以及

(2)根据其国内法律,对行政复议最后一级作出的判定或决定进行司法或准司法性审查。

第五节　统一规则

第 511 条:统一规则

1. 关于第四章、本章与各缔约方可能同意的其他事项的解释、适用和管理,各缔约方应建立统一规则,并在 1994 年 1 月 1 日之前通过各自的法律或法规实施统一规则。

2. 对统一规则所作的任何修改或增补,应在各缔约方同意后不迟于 180 天内或在各缔约方可能同意的其他时限内,由各缔约方付诸实施。

第六节　合　　作

第 512 条:合作

1. 各缔约方应通知其他缔约方以下判定、措施与裁定,包括在最大限度的可行范围内通知那些拟议施行的判定、措施与裁定:

(1)根据第 506 条第 1 款开展的核查而作出的原产地判定;

(2)该缔约方知悉,某一原产地判定与其他判定相反:

1)在货物的海关税则分类或价值、货物生产中使用的材料的海关税则分类或价值或成本的合理分摊方面——在计算货物的净成本时,上述各项是原产地判定的考察点——与另一缔约方海关当局作出的裁定相反;或者

2)在货物的海关税则分类或价值、货物生产中使用的材料的海关税则分类或价值或成本的合理分摊方面——在计算货物的净成本时,上述各项是原产地判定的考察点——与另一缔约方海关当局的一贯处理相反;

(3)制定或显著修改一项行政政策的措施,这可能会影响将来对原产地的判定、对原产地标识的要求或根据标识规则对一种货物是否符合一缔约方的货物条件而作出的判定;以及

(4)根据第509条作出的预先裁定,或者修改或废除预先裁定的裁定。

2. 各缔约方应在以下领域进行合作:

(1)实施各自与海关有关的法律或法规以执行本协定,并实施任何海关互助协定或各缔约方均为成员方的其他海关相关协定;

(2)实施禁止或数量限制以检测和防止非法转运非缔约方的纺织品与服装,包括根据本章所述程序,一缔约方核查另一缔约方境内的出口商或者生产商货物的生产能力,但是在进行核查之前,拟议开展核查的缔约方海关当局应:

1)获得另一缔约方同意,允许在其境内开展核查;以及

2)通知出口商或生产商,将要访问其生产经营场所;

此外,通知出口商或生产商将要访问其生产经营场所的程序,应与各缔约方可能同意的其他程序一致;

(3)在可行的范围之内,并且以促进彼此之间贸易流通为目的,探讨与海关相关的各种事宜,如进出口货物数据的收集与交换、贸易文件的一致化、数据元素的标准化、国际数据句法规则的认可度以及信息的交换;以及

(4)在可行的范围内,储存和传输与海关相关的文件。

第513条:工作组与海关小组

1. 各缔约方就此设立原产地规则工作组,其成员包括各缔约方代表,以保证:

(1)有效实施和管理第303条(退税与关税延付安排的限制)、第308条(对某些货物的最惠国关税税率)与第311条、第四章、本章、标识规则与统一规则;以及

(2)有效管理第三章中与海关相关的条款。

2. 工作组会议应每年至少召开四次,并且可应任何一缔约方要求而召开。

3. 工作组应:

(1)监督各缔约方海关当局实施和管理第303条、第308条与第311条、第四章、本章、标识规则与统一规则,以保证对其解释的统一性;

(2)应任何一缔约方请求,对第303条、第308条或第311条、第四章、本章、标识规则或统一规定的任何修改或增补提议,努力达成一致意见;

(3)通知委员会对统一规则达成一致意见的任何修改或增补;

(4)向委员会提议修改或增补第303条、第308条或第311条、第四章、本章、标识规则、统一规则或本协定任何其他条款,以遵从《协调制度》的任何变化;

(5)考虑任何一缔约方或依照第6款设立的海关小组提交的任何其他问题。

4. 在最大限度的可行范围内，各缔约方应在委员会同意对本协定所作的任何修改或增补之日起 180 天之内，采取所有必要措施予以实施。

5. 如果工作组对根据第 3 款第 5 项提交的问题，在提交日起 30 天之内仍未能解决，任何一缔约方可根据第 2007 条（委员会的斡旋、调解与调停）请求召开一次委员会会议。

6. 工作组应建立海关小组，并监督其工作。海关小组由各缔约方代表组成。海关小组应每年至少召开四次会议，并且如果任何一缔约方要求，应召开会议。海关小组应：

（1）在以下方面，努力达成共识：

1）对第 303 条、第 308 条与第 311 条、第四章、本章、标识规则与统一规则的解释、适用和管理，

2）与原产地判定有关的海关税则分类和估价问题，

3）预先裁定的申请、核准、修改、撤销与执行的等效程序和标准，

4）原产地证书的修改，

5）一缔约方、工作组或依照第 316 条设立的货物贸易委员会提交的任何其他事项，以及

6）本协定产生的与关税有关的任何其他问题；

（2）考虑：

1）与关税有关的自动化要求和文件的一致化；以及

2）可能会影响各缔约方之间贸易流量的与海关有关的行政和运作改革提议；

（3）定期向工作组汇报，并通知工作组根据本款达成的任何一致意见；以及

（4）如果海关小组对根据第 1 项第 5 目提交的任何问题，在提交日起 60 天之内仍未能达成一致意见，海关小组应将此问题提交工作组处理。

7. 本章的任何规定不应解释为妨碍一缔约方对工作组或海关小组正在审议的相关问题，作出原产地判定或预先裁定，也不应解释为在根据本协定解决该问题之前，妨碍该缔约方采取它认为的其他必要措施。

第 514 条：定义

在本章中：

“商业性进口”，系指为销售目的或任何商业、工业或其他类似用途，进口货物至任何一缔约方境内；

“海关当局”，系指根据一缔约方的法律，负责管理与海关有关的法律与法规的主管机关；

“原产地判定”，系指根据第四章，对货物是否符合原产货物规定而作出的判定；

“一缔约方境内的出口商”，系指位于一缔约方境内的出口商以及根据本章要求必须在该缔约方境内留存货物出口记录的出口商；

“相同货物”，系指在各方面都相同的货物，包括物理属性、质量和声誉，不论外观上的细微差异，只要不影响根据第四章判定这些货物的原产地；

“一缔约方境内的进口商”，系指位于一缔约方境内的进口商以及根据本章要求必须在该缔约方境内留存货物进口记录的进口商；

“中间材料”，系指第 415 条定义的“中间材料”；

“标识规则”，系指附件 311 定义的“标识规则”；

“材料”，系指第 415 条定义的“材料”；

“货物的净成本”，系指第 415 条定义的“货物的净成本”；

“优惠关税待遇”，系指适用原产货物的关税税率；

“生产商”，系指第 415 条定义的“生产商”；

“生产”，系指第 415 条定义的“生产”；

“交易价值”，系指第 415 条定义的“交易价值”；

“统一规则”，系指根据第 511 条设立的“统一规则”；

“使用”，系指第 415 条定义的“使用”；以及

“价值”，系指为计算海关关税或实施第四章而确定的货物或材料的价值。

第六章　能源与基本石化产品

第 601 条:原则

1. 各缔约方重申对各国宪法的充分尊重。

2. 各缔约方确认,有必要巩固能源与基本石化产品贸易在自由贸易区所发挥的重要作用,并通过持续渐进的自由化增强这一作用。

3. 各缔约方确认,拥有充满活力、具有国际竞争力的能源与石化行业对促进各自国家的利益至关重要。

第 602 条:适用范围

1. 本章适用原产自各缔约方境内的能源与基本石化产品的措施, 以及本章所述的与此类产品相关的服务投资与服务跨境贸易的措施。

2. 在本章中,能源与基本石化产品系指《协调制度》所分类的以下产品:

(1)子目 2612.10;

(2)品目 27.01 至 27.06;

(3)子目 2707.50;

(4) 子目 2707.99(仅涉及溶剂油、橡胶填充油和炭黑原料);

(5) 品目 27.08 和 27.09;

(6) 品目 27.10(不包括 C9 至 C15 范围内的正烷烃混合物)；
(7)品目 27.11(不包括纯度超过 50%的乙烯、丙烯、丁烯和丁二烯)；
(8)品目 27.12 至 27.16；
(9)子目 2844.10 至 2844.50（仅涉及归类在子目下的铀化合物)；
(10)子目 2845.10；以及
(11)子目 2901.10(仅涉及乙烷、丁烷、戊烷、己烷和庚烷)。

3. 除非附件 602.3 另有规定，能源与石化产品及其活动应受本协定的约束。

第 603 条：进口与出口限制

1. 在符合本协定其他权利与义务的前提下，各缔约方对能源与基本石化产品贸易的禁止或限制，适用《关税与贸易总协定》条款。各缔约方同意，这一表述并不包括他们各自的《关税与贸易总协定》临时适用议定书。

2. 各缔约方了解，纳入第 1 款的《关税与贸易总协定》条款在任何情况下，除禁止任何其他形式的数量限制之外，禁止最低或最高出口价格要求，并且除非是实施反补贴与反倾销命令和承诺而获允许，禁止最低或最高进口价格要求。

3. 如果一缔约方对某一非缔约方进口或出口某种能源或基本石化产品采取或维持限制，本协定的任何规定不应解释为妨碍该缔约方：

(1)限制或禁止自任何其他缔约方境内进口该非缔约方的此类能源或基本石化产品；或者

(2)作为向任何其他缔约方境内出口该缔约方的此类能源或基本石化产品的条件，要求该产品在另一缔约方境内消费。

4. 如果一缔约方对非缔约方国家的某种能源或基本石化产品采取或维持进口限制，应任何一缔约方请求，各缔约方应进行磋商，以避免对另一缔约方定价、营销和分销安排造成不必要的干扰或扭曲。

5. 各缔约方可对能源或基本石化产品，实施进口与出口许可证制度，只要该制度的运作方式与本协定条款一致，包括第 1 款与第 1502 条(垄断与国有企业)。

6. 本条受附件 603.6 所列保留的约束。

第 604 条：出口税

任何一缔约方不得对任何能源或基本石化产品至另一缔约方境内的出口，征收或维持任何关税、国内税或其他费用，除非此种关税、国内税或费用同样适用：

(1)出口至所有其他缔约方境内的任何此类产品；以及
(2)用于国内消费的任何此类产品。

第 605 条：其他出口措施

在符合附件 605 的前提下，一缔约方可对某种能源或基本石化产品至另一缔约方的出口，采取或维持《关税与贸易总协定》第 11 条第 2 款第 1 项或第 20 条第 7 项、第 9 项或第 10 项所允许的限制，但是以下列条件为前提：

(1)向另一缔约方可提供的特定能源或基本石化产品出口装运总量与实施该限制措施的缔约方的该产品供应总量之比，较之于该措施实施前并且有数据可查的最近 36 个月期间的该比例或者各缔约方均认可的其他代表性期间的该比例，并不因为采取该限制措施而降低；

(2)该缔约方向另一缔约方出口能源或基本石化产品时,并不以任何方式如许可证、规费、税收和最低价格要求,而收取比此类产品在其国内消费时更高的价格。前述规定并不适用根据第1项采取的仅限制出口数量的措施而可能导致的更高价格;并且

(3)该限制措施并不导致另一缔约方正常供应渠道的中断,也并不影响供应另一缔约方的特定能源或基本石化产品之间的正常比例。例如,原油与成品油产品之间的正常比例,以及不同种类的原油或成品油产品之间的正常比例。

第606条:能源监管措施

1. 各缔约方承认,能源监管措施应遵守以下规范:

(1)第301条规定的国民待遇;

(2)第603条规定的进口与出口限制;以及

(3)第604条规定的出口税。

2. 各缔约方应设法保证在实施能源监管措施过程中,其境内的能源监管机构能在可行的最大范围内,避免破坏契约关系,并有序公正地执行此类措施。

第607条:国家安全措施

在符合附件607的前提下,任何缔约方不得根据《关税与贸易总协定》第21条或本协定第2102条(国家安全),采取或维持措施,以限制自另一缔约方进口能源或基本石化产品或向另一缔约方出口能源或基本石化产品,除非必要程度的限制措施是为了:

(1)供应一缔约方的军事机构或履行一缔约方极为重要的国防合同;

(2)应对涉及采取限制措施的缔约方的武装冲突局面;

(3)执行有关防止核武器或其他核爆炸装置扩散的国家政策或国际协定;或者

(4)应对用于国防的核原料供应中断的直接威胁。

第608条:其他规定

1. 各缔约方同意允许对石油和天然气勘探、开发和相关活动的现行或未来的鼓励措施,以维持这些能源资源的储备基础。

2. 关于能源货物贸易的其他协定,附件608.2仅适用该附件特别指明的缔约方。

第609条:定义

在本章中:

"消费",系指经过转变以符合第四章(原产地规则)规定的原产地规则或实际消耗掉;

"跨境服务贸易",系指第1213条(跨境服务贸易定义)定义的"跨境服务贸易";

"能源监管措施",系指直接影响能源或基本石化产品的运输、传输或分销、购买或销售的联邦或亚联邦实体采取的任何措施;

"企业",系指第1139条(投资—定义)定义的"企业";

"缔约方企业",系指第1139条定义的"缔约方企业";

"独立发电设施",系指用于发电并仅销售给电力公司供其转售的设施;

"第一手销售",系指对所指货物的第一次商业交易;

"投资",系指第1139条定义的"投资";

"限制",系指任何管制,不管是通过配额、执照、许可证、最低或最高价格要求还是任何其他手段;

“出口装运总量”，系指供应总量之中供给位于另一缔约方境内用户的发货总量；以及

“供应总量”，系指供给国内用户和国外用户的发货总量，包括：

(1)国内产量；

(2)国内库存；以及

(3)其他进口货物，视情况而定。

附件 602.3：保留与特别条款

保留

1. 墨西哥合众国保留下列战略活动权，包括对该类活动的投资以及为该类活动提供服务：

(1)原油和天然气的勘探及开采，原油和天然气的提炼或加工，以及人造煤气、基本石化产品及其原料和管道的生产；

(2)对下列货物的对外贸易、运输、储存和分销，直至并包括第一手销售：

1)原油，

2)天然气和人造煤气，

3)本章所涵盖的原油和天然气提炼或加工而成的货物，以及

4)基本石化产品；

(3)在墨西哥，作为一项公共服务的电力供应，除第 5 款规定外，包括发电、输电、变电、配电和售电；以及

(4)放射性矿物的勘探、开采和加工，核燃料循环，核能发电，核废料的运输和储存，核燃料的使用、再加工和对核燃料作为他用的管理，以及重水的生产。

本款与本协定其他条款如有不一致，不一致之处应以本款为准。

2. 根据第 1101 条第 2 款(投资—适用范围)，对第 1 款所列活动，不允许私人投资。只有当墨西哥批准第 1 款涉及的提供服务活动的合同之后，第十二章(跨境服务贸易)才仅适用此类活动，并且只适用该合同的范围。

天然气与基本石化产品贸易

3. 如果天然气或基本石化产品的最终用户和供应商认为，此类货物的跨境贸易对其有利，各缔约方应允许最终用户和供应商，以及根据其国内法可能要求的该缔约方的任何国有企业，谈判供应合同问题。

各缔约方应允许最终用户、供应商以及根据其国内法可能要求的该缔约方的国有企业决定任何此类合同的履行模式，可采取国有企业和其他各个实体之间独立合同的形式。此种合同可能须经监管结构的批准。

业绩要求条款

4. 各缔约方应允许其国有企业谈判服务合同中的业绩要求条款。

发电设施的活动与投资

5. (1)自用发电

另一缔约方企业可在墨西哥取得、建立和(或)运营发电设施，以满足企业自身的电力需求。超过需要的所余电能须售予联邦电力委员会。联邦电力委员会应按照与企业共同商定的条款和条件购买这些电能。

(2)合作发电

另一缔约方企业可在墨西哥取得、建立和(或)运营合作发电设施，该设施利用工业生产

中产生的热能、蒸汽或其他能源发电。工业设施所有人无须是合作发电设施所有人。满足工业设施电力需求之外的所余电能须售予联邦电力委员会。联邦电力委员会应按照与企业共同商定的条款和条件购买这些电能。

(3)独立发电

另一缔约方企业可在墨西哥取得、建立和(或)运营独立发电设施。该设施如果在墨西哥销售自己所发的电,应售予联邦电力委员会。联邦电力委员会应按照与该设施共同商定的条款购买这些电。如果位于墨西哥的独立发电设施与另一缔约方的电力公司认为,电力的跨境贸易对其有利,各相关缔约方应允许这些实体与联邦电力委员会谈判电力购买与电力销售合同的条款和条件。履行此类供应合同的模式由最终用户、供应商和联邦电力委员会决定,可采取联邦电力委员会和其他各个实体之间独立合同的形式。各相关缔约方应决定此类合同是否需要监管机构的批准。

附件 603.6:第 603 条的例外

仅对下列货物,墨西哥可限制进口与出口许可证的发放,唯一目的是保留此类货物的对外贸易。

2707.50	其他芳香烃混合物,按照美国材料与试验学会 D86 方法蒸馏,在 250℃时以体积计馏出量在 65% 及以上(包括损失部分)。
2707.99	仅涉及橡胶填充油、溶剂油和炭黑原料。
2709	石油原油及从沥青矿物提取的原油。
2710	航空汽油;汽油和发动机燃料调和料(航空汽油除外)及用作发动机燃料调和料的重整油;煤油;汽油和柴油;石油醚;燃油;非润滑用石蜡油;戊烷;炭黑原料;己烷;庚烷和石脑油。
2711	石油气及其他气态碳氢化合物,纯度超过 50% 的乙烯、丙烯、丁烯和丁二烯除外。
2712.90	仅涉及石蜡,以重量计原油含量超过 0.75%,散装(墨西哥将此类货物归类在《协调制度》子目 2712.90.02),并且进口仅用于进一步提炼。
2713.11	未煅烧石油焦。
2713.20	石油沥青(用于铺设路面并且归类在《协调制度》子目 2713.20.01 的除外)
2713.90	石油或从沥青矿物提取的油类的其他残渣。
2714	沥青和天然沥青;沥青页岩或油页岩和焦油砂,沥青岩(用于铺设路面并且归类在《协调制度》子目 2714.90.01 的除外)。
2901.10	仅涉及乙烷、丁烷、戊烷、己烷和庚烷。

附件 605:第 605 条的例外

本章虽有任何其他规定,第 605 条的规定不应适用墨西哥和其他缔约方之间的贸易。

附件 607:国家安全

1. 第 607 条不应施加墨西哥任何义务,也不应赋予墨西哥任何权利。

2. 第 2102 条(国家安全)应适用墨西哥和其他缔约方之间的贸易。

附件 608.2:其他协定

1. 加拿大和美国应遵守《加拿大与美国自由贸易协定》附件 902.5 与附件 905.2 的规定,

为此目的,《加拿大与美国自由贸易协定》纳入本协定并成为本协定一部分。本款不应施加墨西哥任何义务,也不应赋予墨西哥任何权利。

2. 加拿大和美国无意在本章与《国际能源纲领协定》之间制造任何不一致。如果《国际能源纲领协定》和本章之间存在任何不一致,在加拿大和美国之间的贸易中,该不一致之处应以《国际能源纲领协定》为准。

第七章 农业、卫生与植物卫生措施

第一节 农 业

第 701 条:适用范围

1. 本节适用缔约方对农业贸易采取或维持的措施。

2. 本节与本协议其他条款如有任何不一致,不一致之处应以本节为准。

第 702 条:国际责任

1. 对缔约方之间某些协定下的农业贸易,附件 702.1 适用该附件所指缔约方。

2. 根据政府间商品协定,采取一项可能会影响缔约方之间某一农产品贸易的措施之前,拟采取该措施的缔约方应与其他缔约方进行磋商,以避免对该缔约方在附件 302.2 所付该方明细表中作出的某项减让造成丧失或减损。

3. 对根据政府间咖啡协定采取或维持的措施,附件 702.3 适用该附件所指缔约方。

第 703 条:市场准入

1. 各缔约方应通力合作,通过减少或消除缔约方之间农产品贸易的进口壁垒,改善各自的市场准入。

关税、数量限制以及农产品分级与销售标准

2. 对关税和数量限制、糖和糖浆产品的贸易以及农产品分级与销售标准,附件 703.2 适用该附件所指缔约方。

特殊保障条款

3. 各缔约方可根据附件 302.2 所附该缔约方明细表,以关税配额的形式,对附件 703.3 该缔约方部分所列农产品采取或维持特殊保障措施。虽有第 302 条第 2 款的规定,一缔约方不可根据特殊保障措施,实施超过以下两种税率中较低者的配额外关税税率:

(1)1991 年 7 月 1 日的最惠国关税税率;以及

(2)现行的最惠国关税税率。

4. 对于同一种商品、同一个国家、同一个时间,任何缔约方不得:

(1)实施第 3 款所述配额外关税税率;以及

(2)采取第八章(紧急行动)所述紧急行动。

第 704 条:国内支持

各缔约方确认,国内支持措施对其农业部门至关重要,但是也可能产生贸易扭曲和生产效应,《关税与贸易总协定》下的农业多边贸易谈判可能取得国内支持削减承诺。因此,如果一缔约方对其农业生产者提供支持,该缔约方应努力实施符合以下条件的国内支持措施:

(1)具有最少的或没有贸易扭曲或生产效应;或者

(2)从《关税与贸易总协定》谈判可能达成的任何相关国内支持削减承诺中获得豁免。

各缔约方进一步确认,一缔约方可在符合其在《关税与贸易总协定》中的权利与义务的前提下,酌情改变其国内支持措施,包括可能受削减承诺约束的措施。

第 705 条:出口补贴

1. 各缔约方在多边消除农产品出口补贴方面拥有共同目标,并应努力合作,在《关税与贸易总协定》下达成取消这些补贴的协定。

2. 各缔约方确认，农产品出口补贴可能会损害进口与出口缔约方的利益，特别是可能会扰乱进口缔约方的市场。因此，除附件702.1规定的缔约方权利与义务之外，各缔约方申明，一缔约方对出口至另一缔约方境内的农产品提供出口补贴是不妥当的，如果没有同样获得出口补贴的其他同类产品进口到该另一缔约方境内。

3. 除附件702.1的规定之外，如果出口缔约方认为，某一非缔约方正向另一缔约方境内，出口获得出口补贴的农产品，应出口缔约方书面请求，进口缔约方应与出口缔约方进行磋商，以便就进口缔约方应对此类补贴进口影响，可能采取的具体措施达成一致意见。如果进口缔约方实施了双方商定的措施，出口缔约方应避免适用，或立即停止适用，对出口至进口缔约方的此类货物的任何出口补贴。

4. 除附件702.1的规定之外，一出口缔约方应在对出口至另一缔约方境内的农产品采取出口补贴措施至少3天（不含周末）之前，向进口缔约方送达书面通知。出口缔约方应在收到进口缔约方书面请求后72小时之内，与进口缔约方进行磋商，以便取消该补贴或将对进口缔约方市场该货物的任何不良影响降低至最小限度。在请求与出口缔约方进行磋商时，进口缔约方应同时向第三缔约方送达该请求。第三缔约方可请求参加此种磋商。

5. 各缔约方在使用任何农产品出口补贴时，应考虑其他缔约方的利益，认识到此种补贴可能会对其他缔约方的利益造成有害影响。

6. 各缔约方特此设立农业补贴工作组，由各缔约方代表构成。工作组应至少半年或各缔约方可能约定的其他间隔时间，召集一次会议，以努力消除影响各缔约方之间农业贸易的一切出口补贴。工作组的职能应包括：

（1）跟踪进口到任何一缔约方境内的出口补贴受惠农产品的价格与数量；

（2）为各缔约方提供一个论坛，对限制或消除进口到缔约方的农产品出口补贴，建立相互可以接受的达成协定的标准与程序；以及

（3）每年向根据第706条设立的农业贸易委员会汇报本条的执行情况。

7. 虽有本条的任何其他规定：

（1）如果进口缔约方和出口缔约方对出口至进口缔约方境内的某种农产品出口补贴达成一致意见，出口的一个或多个缔约方可采取或维持此种补贴；以及

（2）对自一缔约方或非缔约方境内进口的补贴受惠农产品，各缔约方保留征收反补贴税的权利。

第706条：农业贸易委员会

1. 各缔约方特此设立农业贸易委员会，由各缔约方代表构成。

2. 委员会的职能应包括：

（1）对本节的实施和管理，进行监查并促进合作；

（2）为各缔约方磋商与本节有关的问题提供一个论坛，至少半年或各缔约方可能约定的其他间隔时间磋商一次；以及

（3）每年向自由贸易区委员会汇报本节的执行情况。

第707条：农产品私人商事争端咨询委员会

农业贸易委员会应设立农产品私人商事争端咨询委员会，由在解决农业贸易私人商事争端方面有相关经验或专业知识的人士组成。咨询委员会应向农业贸易委员会汇报工作或提出

建议,以便在各缔约方境内建立迅速有效地解决此类争端的体系,并考虑任何特殊情况,包括某些农产品的易腐性。

第 708 条:定义

在本节中:

"农产品",系指下列各项产品:

注释:关税税目旁边提供了货物说明,仅供参考。

(1)《协调制度》(HS)第一章至第二十四章中的货物(鱼或鱼制品除外),或者

(2)

HS 子目	2905.43	甘露醇
HS 子目	2905.44	山梨醇
HS 品目	33.01	精油
HS 品目	35.01 至 35.05	蛋白类物质、改性淀粉、胶
HS 子目	3809.10	整理剂
HS 子目	3823.60	2905.44 以外的山梨醇
HS 品目	41.01 至 41.03	生皮
HS 品目	43.01	生毛皮
HS 品目	50.01 至 50.03	生丝和废丝
HS 品目	51.01 至 51.03	羊毛和动物毛
HS 品目	52.01 至 52.03	原棉、废棉、已梳(粗梳或精梳)棉
HS 品目	53.01	生亚麻
HS 品目	53.02	生大麻

"关税",系指第 318 条(国民待遇与市场准入—定义)定义的"关税";

"免税",系指第 318 条定义的"免税";

"鱼或鱼制品",系指鱼、甲壳动物、软体动物,或其他水生无脊椎动物、水生哺乳动物,或以下任何制成品:

HS 章	03	鱼和甲壳动物、软体动物和其他水生无脊椎动物
HS 品目	05.07	龟壳、鲸须和鲸须毛、鱼或甲壳动物、软体动物或其他水生无脊椎动物、水生哺乳动物,以及本品目下的动物制品
HS 品目	05.08	珊瑚及类似品
HS 品目	05.09	源于动物的天然海绵体

续表

HS 品目	05.11	鱼或甲壳动物、软体动物或其他水生无脊椎动物的制品;第三章中的死动物
HS 品目	15.04	鱼或海生哺乳动物的油、脂及其分离品
HS 品目	16.03	"非肉"的精和汁
HS 品目	16.04	制作或保藏的鱼
HS 品目	16.05	制作或保藏的甲壳动物、软体动物及其他水生无脊椎动物
HS 子目	2301.20	鱼的粉、渣和丸

"材料",系指第 415 条(原产地规则—定义)定义的"材料";

"配额外关税税率",系指对超出关税配额规定的数量以外的数量征收的海关关税税率;

"糖或糖浆产品",系指附件 703.2 定义的"糖或糖浆产品";

"关税税目",系指附件 401 定义的"关税项目";以及

"关税配额",系指对某一特定货物直到指定数量(配额内数量)的进口,适用一定的关税税率,而对超过该数量的该货物进口,适用不同税率的一种机制。

附件 702.1:贸易条款的纳入

1.《加拿大与美国自由贸易协定》第 701 条、第 702 条、第 704 条、第 705 条、第 706 条、第 707 条、第 710 条和 711 条,应适用加拿大与美国之间的贸易,并且上述条款纳入本协定并成为本协定的一部分。

2.《加拿大与美国自由贸易协定》第 711 条所列的术语定义,应适用第 1 款纳入的条款。

3. 就本纳入而言,凡是援引《加拿大与美国自由贸易协定》第十八章的,应视为援引本协定第二十章(机构安排与争端解决程序)。

4. 各缔约方理解,《加拿大与美国自由贸易协定》第 710 条在农产品、食品、饮料及其相关产品领域,纳入了加拿大与美国在《关税与贸易总协定》中的权利与义务,包括《关税与贸易总协定临时适用议定书》第 1 款第 2 项赋予的豁免和《关税与贸易总协定》第 25 条给予的豁免。

附件 702.3:政府间咖啡协定

虽有第 2101 条(一般例外)的规定,加拿大与墨西哥均不得根据一项政府间咖啡协定,采取或维持限制双方之间咖啡贸易的措施。

附件 703.2:市场准入

第 1 节:墨西哥与美国

1. 本节仅适用墨西哥与美国之间。

关税与数量限制

2. 对农产品而言,第 309 条(进口与出口限制)第 1 款和第 2 款仅适用符合资格的货物。

3. 对符合资格的货物进口采取或维持的任何措施,各缔约方放弃《关税与贸易总协定》第 11 条第 2 款第 3 项下的权利以及第 309 条所纳入的权利。

4. 附件 703.3 第 2 节或第 3 节或附录 703.2.甲.4 所列货物除外,如果一缔约方根据附件 302.2 所付该缔约方明细表所规定的关税配额,对符合资格的货物适用配额外税率,或者根据第 18 款,对糖或糖浆产品提高关税税率,并超过了 1991 年 7 月 1 日的《关税与贸易总协定》中

该缔约方关税减让表规定的对该货物的关税税率，则另一缔约方对该关税税率的适用，放弃《关税与贸易总协定》下的权利。

5. 虽有第302条（关税的消除）第2款的规定，如果《关税与贸易总协定》下的农产品多边贸易谈判达成的一项协定对一缔约方生效，根据该协定该缔约方同意将对某种农产品进口的禁止或限制变更为关税配额或关税，则该缔约方对符合资格的货物适用的配额外关税税率，不得高于以下规定的配额外关税税率中的较低者：

(1)附件302.2所付该缔约方明细表；以及

(2)该项协定；以及

对该货物而言，第4款应不再适用另一缔约方。

6. 各缔约方可将根据附件302.2所付该缔约方明细表对符合资格的货物实施的关税配额下的配额内数量，算作履行对下述货物关税配额的配额内数量或进口限制下的准入水平承诺：

(1)《关税与贸易总协定》下同意的货物，包括《关税与贸易总协定》所付该缔约方关税减让表中所列货物；或者

(2)根据《关税与贸易总协定》下的农产品多边贸易谈判达成的任何协定，该缔约方承诺的货物。

7. 任何缔约方均不得将进入或许可进入墨西哥组装工厂或对外贸易区后重新出口的农产品，包括加工后重新出口的，算入履行附件302.2所付该缔约方明细表中关税配额的配额内数量承诺。

8. 对符合资格的农产品进口，美国不得采取或维持根据《美国农业调整法》第22节而征收的任何费用。

9. 对肉类中符合资格的货物出口，任何一缔约方均不得寻求与另一缔约方达成自愿限制协定。

10. 虽有第四章（原产地规则）的规定，为了对货物适用关税税率，美国可视以下货物为非原产货物：

(1)自墨西哥境内出口的《协调制度》品目12.02所列货物，如果该货物并非完全在墨西哥境内获得；

(2)自墨西哥境内出口的《协调制度》子目2008.11所列货物，如果该货物生产中使用的品目12.02所列任何材料并非完全在墨西哥境内获得；或者

(3)自墨西哥境内出口的美国关税税目1806.10.42或2106.90.12，如果该货物生产中使用的《协调制度》品目1701.99所列任何材料并非符合资格的货物。

11. 虽有第四章的规定，为了对货物适用关税税率，墨西哥可以视以下货物为非原产货物：

(1)自美国境内出口的《协调制度》品目12.2所列货物，如果该货物并非完全在美国境内获得；

(2)自美国境内出口的《协调制度》子目2008.11所列货物，如果该货物生产中使用的品目12.02所列任何材料并非完全在美国境内获得；或者

(3)自美国境内出口的墨西哥关税税目1806.10.01（含糖量低于90%的除外）或2106.90.05（添加调味剂的除外）所列货物，如果该货物生产中使用的《协调制度》子目1701.99所列任何材料并非符合资格的货物。

对相同条件替代的退税限制

12. 自本协定生效之日起，墨西哥与美国均不得对进口至其境内的任何农产品退还已付关税，或者免除或减少应付关税，如果该农产品被相同或相似的货物替代，随后出口至另一缔约方。

糖和糖浆产品的贸易

13. 各缔约方应在自 1994 年起最初 14 年中的每年 7 月 1 日之前进行磋商，以根据附录 703.2.甲.13 共同决定，缔约双方中的任何一方是否符合以下情形，以及如果是的话，数量是多少：

(1)在下一个销售年，预计成为糖的净盈余生产方；以及

(2)自本协定生效之日起的任何一销售年，包括当前的销售年度，已经成为糖的净盈余生产方。

14. 自本协定生效之日起最初 14 个销售年中的每一年，各缔约方应给予糖和糖浆产品中符合资格的货物免税待遇，并且获得此待遇的产品数量不低于以下数量中最高者：

(1)原糖数值 7,258 公吨；

(2)美国分配给某一非缔约方的配额，并且这里所称的非缔约方系指美国协调关税表第十七章美国附加注释 3 中第 2 款第 9 项列明为“其他指定国家和地区”类别的非缔约方；以及

(3)在符合第 15 款规定的提前下，在该销售年，另一缔约方预计的净生产盈余，该净生产盈余额由第 13 款决定，并根据附录 703.2.甲.13 予以调整。

15. 在符合第 16 款规定的前提下，第 14 款第 3 项规定的免税糖和糖浆产品的数量，不得超过以下上限：

(1)最初的 6 个销售年中的每一年，原糖数值 25,000 公吨；

(2)第 7 个销售年，原糖数值 150,000 公吨；以及

(3)第 8 个到第 14 个销售年中的每一年，前一个销售年上限的 110%。

16. 自第 7 个销售年开始，第 15 款应不再适用，如果根据第 13 款，各缔约方确定在以下时间出口缔约方为净盈余生产方：

(1)自本协定生效之日起，任何两个连续的销售年；

(2)前一销售年度与当前的销售年；或者

(3)当前的销售年并且预计该出口缔约方将在下一个销售年成为净盈余生产方，除非各缔约方接下来确定，与预计相反，该出口缔约方该年并未成为净盈余生产方。

17. 自本协定生效之日起 6 年内，墨西哥应在最惠国待遇的基础上，对糖和糖浆产品实施关税配额，关税税率不低于以下相应税率中较低者：

(1)墨西哥开始实施关税配额之日的美国最惠国关税税率；以及

(2)现行的美国最惠国关税税率。

18. 根据第 17 款实施关税配额时，墨西哥对糖或糖浆产品中符合资格的货物适用的关税税率，不得高于美国对此类货物的关税税率。

19. 确定糖或糖浆产品中符合资格的货物的数量时，各缔约方应以此类货物的实际重量为基础，酌情转算为原始数值，无须考虑该货物的包装或外观。

20. 如果美国取消自非缔约方进口的糖和糖浆产品的关税配额，届时美国给予墨西哥此类符合资格的货物的待遇，应由墨西哥从以下两者中选择其认为更好的待遇：

(1)第14款至第16款规定的待遇;或者

(2)美国给予非缔约方的最惠国待遇。

21. 除第22款的规定之外,美国不得要求墨西哥对糖、糖浆产品或含糖产品中符合资格的货物,实施本附件或附件302.2所付墨西哥明细表规定的适用关税税率,如果美国根据任何再出口项目或与该货物出口相关的任何类似项目,已经或将要给予优惠。如果出口至墨西哥的此类货物出口商,已经或将要享受任何再出口项目或任何其他类似项目的优惠,美国应在两天(不含周末)之内书面通知墨西哥。

22. 虽有本节的任何其他规定:

(1)美国应给予下列进口货物免税待遇:

1)将在美国境内提炼,并且重新出口至墨西哥境内的原糖中符合资格的货物,以及

2)美国境内生产并出口的原糖提炼而成的精制糖中符合资格的货物;

(2)墨西哥应给予下列进口货物免税待遇:

1)将在墨西哥境内提炼,并且重新出口至美国境内的原糖中符合资格的货物,以及

2)墨西哥境内生产并出口的原糖提炼而成的精制糖中符合资格的货物;以及

(3)根据上述第1项和第2项规定,享受免税待遇的进口货物不受任何关税配额的约束,也不算入任何关税配额中。

农产品分级与销售标准

23. 如果一缔约方对一种国内农产品采取或维持分类、分级与销售措施,该缔约方对用于加工的符合资格的相似货物的待遇,应不低于该缔约方在该措施下对用于加工的国内货物的待遇。进口缔约方可采取或维持措施,以保证此类进口货物用于加工。

24. 关于对农产品分类、分级或销售的措施,不论农产品是否用于加工,第23款应无损任何缔约方在《关税与贸易总协定》或第三章(国民待遇与市场准入)下的权利。

25. 各缔约方特此设立工作组,由墨西哥和美国的代表组成。工作组应每年召集一次会议,或另行约定会议次数。与依照第913条(标准相关措施委员会)设立的标准相关措施委员会一道,工作组应评估农产品等级和质量标准的实施对缔约方之间贸易的影响,并解决标准实施中可能出现的问题。工作组应向依照第706条设立的农产品贸易委员会汇报工作。

定义

26. 在本节中:

"销售年",系指自10月1日起12个月的期间。

"净生产盈余",系指在一个销售年期间,某一缔约方国内糖的生产量超过糖的总消费量的那部分数量,该数量的确定方法本节另有规定。

"净盈余生产方",系指拥有净生产盈余的缔约方。

"耕地白糖",系指未经过精炼并且无须进一步加工或精炼即可供人消费的结晶体糖。

"符合资格的货物",系指农产品中的原产货物,但是确定此类货物是否为原产货物时,在加拿大进行的生产或自加拿大获得的原料,应视为在非缔约方的生产或自非缔约方获得的原料。

"原糖数值",系指以偏光镜测得96度的原糖表示的糖的数量当量,其确定方法如下:

(1)耕地白糖的原糖数值等于其千克数乘以1.03;

(2)液体糖和转化糖的原糖数值等于其总糖的千克数乘以1.07;以及

(3)其他进口糖和糖浆产品的原糖数值等于其千克数乘以0.93,或者1.07在偏振度100度以下时每一度减去0.0175(一度的分数取同等比例),乘数以两者中较大的为准。

"糖",系指直接或间接从甘蔗或甜菜获得的原糖或精制糖,包括液态精制糖。以及

"含糖产品",系指含有糖的货物。以及

"完全在境内获得",系指在境内收获。

第2节:加拿大与墨西哥

1. 本节仅适用加拿大与墨西哥之间。

关税与数量限制

2. 对于农产品,第309条(进口与出口限制)第1款和第2款仅适用符合资格的货物。

3. 附件703.3第1节或第2节所列货物除外,如果一方缔约方根据附件302.2所附该缔约方明细表所规定的关税配额,对符合资格的货物适用配额外关税,或者对糖或糖浆产品提高关税税率,并超过1991年7月1日的《关税与贸易总协定》中该缔约方关税减让附表规定的对该货物的关税税率,则另一缔约方对该关税税率的适应,放弃《关贸总协定》下的权利。

4. 虽有第302条第2款(关税的消除)的规定,如果《关税与贸易总协定》下的农产品多边贸易谈判达成的一项协定对一缔约方生效,根据该协定该缔约方同意将对某种农产品进口的禁止或限制变更为关税配额或关税,则该缔约方对符合资格的货物适用的配额外关税税率,不得高于以下规定的配额外关税税率中的较低者:

(1)附件302.2所付该缔约方明细表;以及

(2)该项协定;以及

对该货物而言,第3款应不再适用另一缔约方。

5. 各缔约方可将根据附件302.2所付该缔约方明细表对符合资格的货物实施的关税配额下的配额内数量,算作履行对下述货物关税配额的配额内数量或进口限制下的准入水平承诺:

(1)《关税与贸易总协定》下同意的货物,包括《关税与贸易总协定》所付该缔约方关税减让表所列货物;或者

(2)根据《关税与贸易总协定》下的农产品多边贸易谈判达成的任何协定,该缔约方承诺的货物。

6. 在符合本节规定的条件下并且为了履行本节规定,加拿大与墨西哥将在《关税与贸易总协定》以及《关税与贸易总协定》谈判达成的协定下对农产品的各自权利与义务纳入本节,包括在《关税与贸易总协定》第11条下的各自权利与义务。

7. 虽有第6款与第309条的规定:

(1)《关税与贸易总协定》第11条第2款第3项、第9项下各缔约方的权利与义务以及纳入第309条的权利,在农产品贸易中应仅适用附录703.2.乙.7所规定的奶制品、家禽和蛋类产品;以及

(2)对此类奶制品、家禽和蛋类产品中的符合资格的货物,任何一缔约方可对其进口采取或者维持与《关税与贸易总协定》下各自权利与义务一致的禁止、限制或关税。

8. 在不违反第八章(紧急行动)的前提下,对符合资格的货物的出口,任何一缔约方均不得寻求与另一缔约方达成自愿限制协定。

9. 虽有第四章(原产地规则)的规定,为了对货物适用关税税率,墨西哥可将自加拿大境

内出口的墨西哥关税税目 1806.10.01（含糖量低于 90% 的除外）或 2106.90.05（添加调味剂的除外）所列货物视为非原产货物，如果该货物在生产中使用的《协调制度》子目 1701.99 所列任何材料并非符合资格的货物。

10. 虽有第四章（原产地规则）的规定，为了对货物适用关税税率，加拿大可将自墨西哥境内出口的加拿大关税税目 1806.10.01 或 2106.90.05 所列货物视为非原产货物，如果该货物在生产中使用的《协调制度》子目 1701.99 所列任何材料并非符合资格的货物。

糖类贸易

11. 对糖或糖浆产品中符合资格的货物，墨西哥适用的关税税率应等于其最惠国配额外关税税率。

12. 对糖或糖浆产品中符合资格的货物，加拿大适用的关税税率可等于墨西哥根据第 11 款适用的关税税率。

农产品分级与销售标准

13. 双方特此设立工作组，由加拿大和墨西哥的代表组成。工作组应每年召集一次会议，或另行约定会议次数。与依照第 913 条（标准相关措施委员会）设立的标准相关措施委员会一道，工作组应评估农产品等级和质量标准的实施对缔约方之间贸易的影响，并解决标准实施中可能出现的问题。工作组应向依照第 706 条设立的农产品贸易委员会汇报工作。

定义

14. 在本节中：

"符合资格的货物"，系指农产品中的原产货物，但是确定此类货物是否为原产货物时，在美国进行的生产或自美国获得的原料，应视为在非缔约方的生产或自非缔约方获得的原料。

第 3 节：定义

在本附件中：

"糖或糖浆产品"，系指：

（1）对于加拿大进口的货物，加拿大关税表现行关税税目 1701.11.10、1701.11.20、1701.11.30、1701.11.40、1701.11.50、1701.12.00、1701.91.00、1701.99.00、1702.90.31、1702.90.32、1702.90.33、1702.90.34、1702.90.35、1702.90.36、1702.90.37、1702.90.38、1702.90.40、1806.10.10 和 2106.90.21 中，任何一个关税税目所列货物；

（2）对于墨西哥进口的货物，墨西哥《一般进口关税法》现行关税税目 1701.11.01、1701.11.99、1701.12.01、1701.12.99、1701.91（添加调味剂的除外）、1701.99.01、1701.99.99、1702.90.01、1806.10.01（含糖量低于 90% 的除外）和 2106.90.05（添加调味剂的除外）中，任何一个关税税目所列货物；以及

（3）对于美国进口的货物，美国协调关税表现行关税税目 1701.11.03、1701.12.02、1701.91.22、1701.99.02、1702.90.32、1806.10.42 和 2106.90.12 中，任何一个关税税目所列货物，不论进口的数量。

附录

附录 703.3.甲.4：不受附录 703.2.甲.4 约束的货物

注释：关税税目旁边提供了说明，仅供参考。

墨西哥明细表

墨西哥关税税目	说　明
2009.11.01	橙汁,冷冻
2009.19.01	橙汁,浓度等级不超过1.5(单一浓度橙汁)

美国明细表

美国关税税目	说　明
2009.11.00	橙汁,冷冻
2009.19.20	橙汁,非冷冻,非浓缩(单一浓度橙汁)

附录703.2.甲.13:净生产盈余的确定与调整

1. 对第1节第14款第3项而言,当各缔约方预计一缔约方在下一个销售年的净生产盈余时,该预计盈余应:

(1)加上一个相应的数字(若有的话),如果在最近的一个销售年,各缔约方曾经预计该缔约方会有净生产盈余,结果实际净生产盈余超过预计净生产盈余;或者

(2)减去一个相应的数字(若有的话),如果在最近的一个销售年,各缔约方曾经预计该缔约方会有净生产盈余,结果预计净生产盈余超过实际净生产盈余;

如下列公式所示:

ANPS = (PPy - CPy) + CF

其中:

ANPS =调整后的净生产盈余

PP = 预计国内糖生产量

CP = 预计糖总消费量

CF = 修正因素

y = 下一个销售年

以及

CF = (PAys - CAys) - (PPys - CPys)

其中:

PA = 实际国内糖生产量

CA = 实际糖总消费量

ys = 各缔约方曾经预计该缔约方会有净生产盈余的最近的一个销售年

2. 仅对第1款而言,在各缔约方曾经预计该缔约方会有净生产盈余的最近的一个销售年中,无论该年的预计净生产盈余(PPys - CPys),还是该年的实际净生产盈余(PAys - CAys),任何一个不应:

(1)超过第1节第15款中该年适用的数量;或者

(2)低于以下两个数字中的较大者:

1)原糖数值7,258公吨,或者

2)第1节第14款第2项中该年适用的数量。

3. 如果适当,一缔约方在下列情况下应考虑调整其净生产盈余的预计:

Fc 大于(B+10%)

其中:

F 销售年 Z 年初到年末的库存百分比变化,以正百分比表示

c 当前的销售年

F 根据以下公式计算:

$$F=\frac{Sb-Se}{Sb}\times 100$$

Sb=销售年 Z 的年初库存

Se=销售年 Z 的年末库存

B=过去 5 个销售年的库存年平均百分比变化,根据以下公式计算:

$$B=\frac{\{5/F_N\ 总和\}\ N=1}{5}$$

N 以前的销售年,范围为 1(第一个前销售年)到 5(第五个前销售年)

4. 在确定净生产盈余和预计净生产盈余时:

(1)国内生产量,系指一缔约方境内种植的甘蔗或甜菜制成的所有糖和糖浆产品;以及

(2)总消费量,系指一缔约方境内直接地,或以含糖或糖浆产品的形式间接地,消费的所有糖和糖浆产品。

5. 一缔约方应允许另一缔约方的代表对其生产量、消费量、贸易量和库存量的统计数据及统计方法进行监督和评价。

6. 生产量、消费量、贸易量和库存量的统计数据应由以下机构提供:

(1)墨西哥农业水利部、贸易工业部,以及财政与公共信贷部;以及

(2)美国农业部。

附录 703.2.乙.7:乳制品、家禽与蛋类

注释:关税税目旁边提供了说明,仅供参考。

加拿大明细表

对加拿大而言,乳制品、家禽或蛋类系指以下加拿大关税税目中任何一个关税税目所列货物:

加拿大关税税目	说　明
0105.11.20	属于家鸡的种用肉鸡,重量不超过 185 克
0105.91.00	属于家鸡的活家禽,重量 185 克或以上
0105.99.00	活的鸭、鹅、火鸡和珍珠鸡,重量 185 克或以上
0207.10.00	品目 0105 所列家禽的肉,整只,鲜或冷
0207.21.00	冻鸡肉,整只
0207.22.00	冻火鸡肉,整只
0207.39.00	品目 0105 所列家禽的肉块及食用杂碎(包括肝,但鹅或鸭的肥肝除外),鲜或冷
0207.41.00	冻鸡块及食用鸡杂碎,肝除外
0207.42.00	冻火鸡块及食用火鸡杂碎,肝除外

续表

加拿大关税税目	说　明
0207.50.00	品目0105所列家禽的冻肝
0209.00.20	鲜、冷、冻、干、盐腌、盐渍或熏制的禽脂(未提炼的)
0210.90.10	干、盐腌、盐渍或熏制的家禽肉
0401.10.00	乳及奶油,未浓缩且未加糖或其他甜物质,以重量计脂肪含量不超过1%
0401.20.00	乳及奶油,未浓缩且未加糖或其他甜物质,以重量计脂肪含量超过1%,但是不超过6%
0401.30.00	乳及奶油,未浓缩且未加糖或其他甜物质,以重量计脂肪含量超过6%
0402.10.00	乳及奶油,浓缩,或加糖或其他甜物质,粉状、粒状或其他固状,以重量计脂肪含量不超过1.5%
0402.21.10	乳,浓缩,未加糖或其他甜物质,粉状、粒状或其他固状,以重量计脂肪含量超过1.5%
0402.21.20	奶油,浓缩,未加糖或其他甜物质,粉状、粒状或其他固状,以重量计脂肪含量超过1.5%
0402.29.10	乳,无论是否浓缩,加糖或其他甜物质,粉状、粒状或其他固状,以重量计脂肪含量超过1.5%
0402.29.20	奶油,无论是否浓缩,加糖或其他甜物质,粉状、粒状或其他固状,以重量计脂肪含量超过1.5%
0402.91.00	乳及奶油,浓缩,未加糖或其他甜物质,非粉状、粒状或其他固状
0402.99.00	乳及奶油,无论是否浓缩,加糖或其他甜物质,非粉状、粒状或其他固状
0403.10.00	酸乳
0403.90.10	酪乳粉
0403.90.90	液体酪乳,凝乳及凝奶油,高加索发酵乳和其他发酵或酸化的乳及奶油,不论是否浓缩、加糖或其他甜物质、加香料、加水果、加坚果或加可可
0404.10.10	乳清及改性乳清,粉状,无论是否浓缩、加糖或其他甜物质
0404.10.90	乳清及改性乳清,非粉状,无论是否浓缩、加糖或其他甜物质
0404.90.00	其他品目未列名的含天然乳的产品,无论是否加糖或其他甜物质
0405.00.10	黄油
0405.00.90	从乳中提取的脂及油,不包括黄油
0406.10.00	鲜(未熟化或未固化的)乳酪,包括乳酪、凝乳
0406.20.10	切达干酪及切达类型干酪,磨碎或粉化的
0406.20.90	各种磨碎或粉化的乳酪,不包括切达干酪及切达类型干酪
0406.30.00	经加工的乳酪,非磨碎或粉化的
0406.40.00	蓝纹乳酪
0406.90.10	切达干酪及切达类型干酪,非磨碎、粉化或加工过的
0406.90.90	其他品目未列名的乳酪
0407.00.00	腌制或煮熟的带壳鲜鸟蛋
0408.11.00	干蛋黄,无论是否加糖或其他甜物质

续表

加拿大关税税目	说　明
0408.19.00	鲜蛋黄,蒸过或水煮,制成型,冷冻或用其他方法保藏的,无论是否加糖或其他甜物质
0408.91.00	去壳干鸟蛋,无论是否加糖或其他甜物质
0408.99.00	带壳鲜鸟蛋,蒸过或水煮,制成型,冷冻或用其他方法保藏的,无论是否加糖或其他甜物质
1601.00.11	品目 01.05 所列家禽的肉、食用杂碎或血制成的香肠及类似产品,或用香肠制成的食品,真空容器装
1602.10.10	鸡或火鸡的均化食品
1602.20.20	家禽肝酱
1602.31.10	制作或保藏的火鸡肉、食用杂碎或血制作的食品,不包括香肠及类似品
1602.31.91	制作或保藏的火鸡肉、食用杂碎或血,不包括香肠及类似品,不包括此类制品制作的食品,真空容器装
1602.31.99	制作或保藏的火鸡肉、食用杂碎或血,不包括香肠及类似品,不包括此类制品制作的食品,非真空容器装
1602.39.10	用品目 01.05 所列家禽制作或保藏的禽肉、食用杂碎或血制作的食品,不包括火鸡(即家鸡、鸭、鹅或珍珠鸡),不包括香肠及类似品
1602.39.91	用品目 01.05 所列家禽制作或保藏的禽肉、食用杂碎或血,不包括火鸡(即家鸡、鸭、鹅或珍珠鸡),不包括香肠及类似品,不包括此类制品制作的食品,真空容器装
1602.39.99	用品目 01.05 所列家禽制作或保藏的禽肉、食用杂碎或血,不包括火鸡(即家鸡、鸭、鹅或珍珠鸡),不包括香肠及类似品,不包括此类制品制作的食品,非真空容器装
1901.90.31	品目 0401 至品目 0404 所列货物制成的其他品目未列名的食品,不含可可粉或以重量计可可粉含量不超过 10%,以干重计固态乳含量超过 10%
2105.00.00	冰淇淋及其他冰制食品,不论是否含可可
2106.90.70	其他品目未列名的蛋类制品
2309.90.31	全价饲料和饲料添加物,包括浓缩物,以干重计固态乳含量超过 50%
3501.10.00	酪蛋白
3501.90.00	酪蛋白酸盐及其他酪蛋白衍生物;酪蛋白胶
3502.10.10	干的、浓缩的、脱水的和粉状的卵白蛋白
3502.10.90	其他卵白蛋白

墨西哥明细表

对墨西哥而言,乳制品、家禽或蛋类系指以下关税税目所列货物:

墨西哥关税税目	说　明
0105.11.01	在运输过程中没有喂食的一日龄雏鸡
0105.91.01	野生公鸡
0105.91.99	其他
0105.99.99	其他家禽

续表

墨西哥关税税目	说　明
0207.10.01	火鸡肉
0207.10.99	其他
0207.21.01	鸡肉
0207.22.01	火鸡肉
0207.39.01	机器去骨的家禽肉或火鸡肉(品目16.01或品目16.02中未列名的)
0207.39.02	火鸡肉
0207.39.99	其他
0207.41.01	机器去骨的家禽肉或火鸡肉(品目16.01或品目16.02中未列名的)
0207.41.99	其他
0207.42.01	机器去骨的家禽肉或火鸡肉(品目16.01或品目16.02中未列名的)
0207.42.99	其他
0207.50.01	冷冻的禽肝
0209.00.01	鸡或火鸡脂肪
0210.90.99	其他
0401.10.01	非浓缩乳,密封容器装
0401.10.99	其他
0401.20.01	密封容器装
0401.20.99	其他
0401.30.01	密封容器装
0401.30.99	其他
0402.10.01	乳粉
0402.10.99	其他
0402.21.01	乳粉
0402.21.99	其他
0402.29.99	其他
0402.91.01	蒸发乳
0402.91.99	其他
0402.99.01	炼乳
0402.99.99	其他
0403.10.01	酸乳
0403.90.01	蛋白质含量小于或等于12%的乳清乳粉
0403.90.99	其他乳清奶油

续表

墨西哥关税税目	说　明
0404.10.01	乳清,浓缩的,加糖或其他甜物质
0404.90.99	其他
0405.00.01	黄油,包括直接容器重量小于或等于1千克
0405.00.02	黄油,包括直接容器重量超过1千克
0405.00.03	脱水丁酸脂
0405.00.99	其他
0406.10.01	鲜乳酪,包括乳清乳酪
0406.20.01	乳酪,磨碎或粉化的
0406.30.01	融化乳酪,未磨碎或粉化的
0406.30.99	其他,融化乳酪
0406.40.01	蓝纹乳酪
0406.90.01	萨尔多硬质奶酪酱
0406.90.02	硬质雷其乳酪酱
0406.90.03	软质科隆乳酪酱
0406.90.04	硬质乳酪,以重量计脂肪含量小于或等于40%,以在非脂肪物质中的重量计水分含量小于或等于47%(称为"格拉纳"、"帕尔马"或"基亚诺");或以重量计非脂肪物质含量大于47%,但是不超过72%的半硬质乳酪(称为"丹博、伊丹、芳丹、梵堤那、芬宝、高达、哈瓦蒂、玛利波、萨姆索、艾丝荣、意塔利科、科亨、圣·耐克泰尔、圣宝林或塔乐基")
0406.90.05	新鲜小乳酪
0406.90.06	埃格蒙特乳酪
0406.90.99	其他硬质和半硬质乳酪
0407.00.01	鲜鸟蛋,受精过
0407.00.02	冰冻蛋
0407.00.99	其他禽蛋
0408.11.01	干蛋黄
0408.19.99	其他
0408.91.01	冷冻或粉状
0408.91.99	其他
0408.99.01	冷冻或粉状
0408.99.99	其他
1601.00.01	家禽肉或火鸡肉制成的香肠或类似品
1602.10.01	家禽或火鸡的均化食品
1602.20.01	制作或保藏的家禽肝或火鸡肝

续表

墨西哥关税税目	说　明
1602.31.01	制作或保藏的火鸡肉
1602.39.99	其他
1901.90.03	以重量计固态乳含量超过10%的乳制品
2105.00.01	冰淇淋及其他冰制食品
2106.90.09	蛋食品
2309.90.11	以重量计固态乳含量超过50%的乳制品
3501.10.01	酪蛋白
3501.90.01	酪蛋白胶
3501.90.02	酪蛋白酸盐
3501.90.99	其他
3502.10.01	卵白蛋白

附件703.3:特别保障货物

注释:关税税目旁边提供了说明,仅供参考。

第1节:加拿大

加拿大关税税目	说　明
0603.10.90	鲜的插花及花蕾,兰花除外,制作花束或装饰用
0702.00.91	鲜或冻冻的西红柿,非加工用(应课税期间)
0703.10.31	鲜或冷藏的绿洋葱或青葱(应课税期间)
0707.00.91	鲜或冷藏的黄瓜或小黄瓜,非加工用(应课税期间)
0710.80.20	冷冻的西兰花,不论是否蒸煮
0811.10.10	冷冻的草莓,不论是否蒸煮,不论是否加糖或其他甜物质,加工用
0811.10.90	冷冻的草莓,不论是否蒸煮,不论是否加糖或其他甜物质,非加工用
2002.90.00	番茄,用醋或醋酸以外的其他方法制作或保藏的,整个或切片的除外

第2节:墨西哥

墨西哥关税税目	说　明
0103.91.99	生猪,单只重量不超过50千克,改良种用猪及有血统证书或特种品种证书的除外
0103.92.99	生猪,单只重量50千克或以上,改良种用猪及有血统证书或特种品种证书的除外
0203.11.01	鲜或冻的猪肉,整只或半只
0203.12.01	鲜或冷的猪腿、肩肉及其肉块,带骨
0203.19.99	鲜或冻的其他猪肉
0203.21.01	冻的猪肉,整只或半只

续表

墨西哥关税税目	说　明
0203.22.01	冻的猪腿、上前夹及其肉块，带骨
0203.29.99	冻的其他猪肉
0210.11.01	干、熏、盐腌或盐渍的猪腿、肩肉及其肉块，带骨
0210.12.01	干、熏、盐腌或盐渍的腹肉（五花条肉）及其肉块
0210.19.99	干、熏或盐渍其他猪肉
0710.10.01	冻的土豆，不论是否蒸煮
0712.10.01	干的土豆，整个、切块、切片、切碎或制成粉状，但未经进一步加工
0808.10.01	鲜的苹果
2004.10.01	冻的土豆，用醋或醋酸以外的其他方法制作或保藏的
2005.20.01	未冻的土豆，用醋或醋酸以外的其他方法制作或保藏的
2101.10.01	咖啡的浓缩精汁及以其为基本成分或以咖啡为基本成分的制品

第3节：美国

美国关税税目	说　明
0702.00.06	鲜或冷的西红柿（圣女果除外），如果11月15日至次年2月最后一日期间入境，包括起讫日期
0702.00.20	鲜或冷的西红柿（圣女果除外），如果3月1日至7月14日期间入境，包括起讫日期
0703.10.40	鲜或冷的洋葱和青葱（不包括洋葱苗和直径未超过16毫米的小洋葱），如果1月1日至4月30日期间入境，包括起讫日期
0709.30.20	鲜或冷的茄子（圆形茄子），如果4月1日至6月30日期间入境，包括起讫日期
0709.60.00	红辣椒，如果10月1日至7月31日期间入境，包括起讫日期（当前关税税目0709.60.00.20）
0709.90.20	压碎、鲜或冷的其他蔬菜，如果10月1日至次年6月30日期间入境，包括起讫日期
0807.10.40	鲜的西瓜，如果5月1日至9月30日期间入境，包括起讫日期

第二节　卫生与植物卫生措施

第709条：适用范围

为了建立一个规则与纪律的框架，以指导卫生与植物卫生措施的制定、采用与实施，本节适用一缔约方可能直接或间接影响缔约方之间贸易的任何此类措施。

第710条：与其他各章的关系

第301条（国民待遇）和第309条（进口与出口限制），以及纳入第2101条（一般例外）第1款的《关税与贸易总协定》第20条第2款，不适用任何卫生或植物卫生措施。

第711条：依靠非政府实体

各缔约方应保证其实施卫生或植物卫生措施中依靠的任何非政府实体的行为，应与本节规定一致。

第 712 条:基本权利与义务

采取卫生与植物卫生措施的权利

1. 各缔约方可根据本节规定,为保护其境内人类、动物或植物的生命或健康,采取、维持或实施任何必需的卫生与植物卫生措施,包括比国际标准、指南或建议更为严格的措施。

制定保护水平的权利

2. 虽有本节的任何其他规定,各缔约方为保护人类、动物或植物的生命或健康,可根据第 715 条制定适当的保护水平。

科学原则

3. 各缔约方应保证其采取、维持或实施的任何卫生或植物卫生措施应:

(1)以科学原则为基础,并考虑相关因素,包括不同的地理环境;

(2)在不再有科学依据时不得维持;以及

(3)以适合有关情况的风险评估为基础。

非歧视性待遇

4. 各缔约方应保证其采取、维持或实施的卫生或植物卫生措施在相同或相似的情况下,对该缔约方的货物和另一缔约方的相似货物,或对另一缔约方的货物和任何其他国家的相似货物,不构成任意或不合理的歧视。

不必要的障碍

5. 各缔约方应保证其采取、维持或实施的任何卫生或植物卫生措施仅在为达到其适当的保护水平所必需的限度内实施,并考虑技术与经济的可行性。

变相限制

6. 任何缔约方不得为了制造或构成对缔约方之间贸易的变相限制而采取、维持或适用任何卫生或植物卫生措施。

第 713 条:国际标准与标准化组织

1. 在不降低对人类、动物或植物的生命或健康保护水平的前提下,各缔约方应利用相关国际标准、指南或建议,作为其卫生与植物卫生措施的依据,并采取与其他缔约方等效,或如有可能,相同的卫生与植物卫生措施。

2. 一缔约方的卫生或植物卫生措施如果与相关国际标准、指南或建议相符,该措施应被视为与第 712 条一致。如果一项措施产生的卫生或植物卫生保护水平不同于以相关国际标准、指南或建议为基础的措施产生的保护水平,不得仅仅凭此推定该措施与本节不符。

3. 第 1 款的任何规定不应理解为阻碍一缔约方根据本节的其他规定,采取、维持或适用比相关国际标准、指南或建议更为严格的卫生或植物卫生措施。

4. 如果一缔约方有理由相信,另一缔约方的卫生或植物卫生措施对其出口正在产生或可能产生不利影响,同时该措施不是建立在相关国际标准、指南或建议基础上的,则根据该缔约方请求,另一缔约方应书面提供该措施的理由。

5. 各缔约方应在可行的最大限度内,参加相关国际和北美标准化组织,包括食品法典委员会、国际兽疫局、国际植物保护公约和北美植物保护组织,以促进国际标准、指南和建议的制定和定期评审。

第714条:等效性

1. 在不降低对人类、动物或植物的生命或健康保护水平的前提下,各缔约方应在可行的最大限度内并根据本节,取得各自卫生与植物卫生措施的等效性。

2. 各进口缔约方:

(1)应将出口缔约方采取或维持的卫生与植物卫生措施视为与自己的措施是等效的,如果出口缔约方在与进口缔约方合作过程中,根据各缔约方达成一致的风险评估方法,并且在符合第2项的前提下,向进口缔约方提供科学证据或其他信息,客观地证明出口缔约方的措施达到进口缔约方适当的保护水平;

(2)可在科学依据的基础上,决定出口缔约方的措施不能达到进口缔约方的合理保护水平;以及

(3)应根据请求,向出口缔约方书面提供第2项所指决定的理由。

3. 为了确立等效性,各出口缔约方应根据进口缔约方请求,采取可行的合理措施,提供在其境内检验、检测和其他相关程序的机会。

4. 各缔约方在制定卫生或植物卫生措施时,应考虑其他缔约方现行或拟议的相关卫生或植物卫生措施。

第715条:风险评估与合理的保护水平

1. 在进行风险评估时,各缔约方应考虑:

(1)国际或北美标准化组织制定的相关风险评估的技术与方法;

(2)相关科学证据;

(3)相关工艺与生产方法;

(4)相关检验、抽样和检测方法;

(5)相关病害或虫害的流行,包括虫害或病害非疫区、虫害或病害低疫区的存在;

(6)相关生态和其他环境条件;以及

(7)相关处理,如检疫。

2. 在第1款的基础上,各缔约方在确定适当的保护水平,以防止动物或植物虫害或病害的流入、定植或扩散的相关风险,以及在评估此类风险时,也应考虑以下相关经济因素:

(1)虫害或病害可能造成的生产或销售损失;

(2)在其境内控制或根除虫害或病害的费用;以及

(3)替代方法控制风险的相关成本效益。

3. 各缔约方在确定适当的保护水平时:

(1)应考虑将对贸易的消极影响降低到最小程度的目标;以及

(2)应在实现此种保护水平一致性的目标下,应避免此种保护水平在不同情况下存在任意或不合理的差异,如果这些差异导致对另一缔约方货物的任意或不合理的歧视,或构成对缔约方之间贸易的变相限制。

4. 虽有第1款至第3款以及第712条第3款第3项的规定,如果进行风险评估的一缔约方认为,现有的相关科学证据或其他信息不足以完成评估,则该缔约方可根据现有的相关信息,包括来自国际或北美标准化组织或者来自其他缔约方卫生或植物卫生措施的现有的相关信息,采取临时卫生或植物卫生措施。该缔约方应在获得能够完成评估的充分信息之后的合

理期限内,完成评估,审议并且根据评估适当修改临时措施。

5. 如果一缔约方可通过分阶段实施卫生或植物卫生措施以达到适当的保护水平,该缔约方可应另一缔约方请求并根据本节规定,允许实施该分阶段措施,或准许在限定期限内该措施的特定例外,以考虑提出请求的缔约方的出口利益。

第716条:适应地区条件

1. 各缔约方应使动物或植物虫害或病害的传入、定植或传播相关的任何卫生或植物卫生措施,适应受该措施约束的货物的生产地和该货物在其境内的目的地的卫生或植物卫生特点,并考虑上述地区之间的任何相关条件,包括运输和装卸的相关问题。在评估一个地区的此类特点时,包括一个地区是否属于并且可能继续属于病虫害非疫区或病虫害低度流行区,各缔约方应至少考虑以下因素:

(1)该地区相关虫害或病害的流行程度;

(2)该地区是否存在消除或控制计划;以及

(3)任何相关国际标准、指南或建议。

2. 在第1款的基础上,各缔约方在决定一个地区是否属于病虫害非疫区或病虫害低度流行区时,应根据该地区的地理环境、生态系统、流行病监测力度以及卫生或植物卫生控制效果等因素,作出决定。

3. 各进口缔约方应承认,出口缔约方境内的某一地区属于并且可能继续属于病虫害非疫区或病虫害低度流行区,如果出口缔约方向进口缔约方提供的科学证据或其他信息,足以充分证明以上事实,令进口缔约方满意。为此目的,各出口缔约方应在其境内向进口缔约方提供检验、检测和其他相关程序的合理机会。

4. 各缔约方可根据本节的规定:

(1)对病虫害非疫区和病虫害低度流行区,采取、维持或适用不同的风险评估程序;或者

(2)对病虫害非疫区生产的货物与对病虫害低度流行区生产的货物的处理,作出不同的最终决定,同时考虑任何相关条件,包括运输和装卸的相关问题。

5. 各缔约方在采取、维持或适用与动物或植物虫害或病害的流入、发生或传播相关的任何卫生或植物卫生措施时,给予另一缔约方境内病虫害非疫区生产的货物的待遇,应不低于该缔约方给予具有同等风险水平的另一国家非疫区生产的货物的待遇。该缔约方应使用等效的风险评估技术来评估病虫害非疫区和该地区周边地区的相关条件和控制,并考虑任何相关条件,包括运输和装卸的相关问题。

6. 各进口缔约方应根据出口缔约方请求,就具体条件寻求与出口缔约方达成协定,如果满足这些具体条件,允许出口缔约方境内病虫害低度流行区生产的货物进口至进口缔约方境内,并达到进口缔约方的适当保护水平。

第717条:控制、检验与批准程序

1. 各缔约方实施任何控制或检验程序时:

(1)应尽快启动并完成该程序,并且对待其他缔约方货物的方式不低于该缔约方或任何其他国家相似货物的方式;

(2)应公布该程序的正常处理期限,或应请求,通知申请人预期的处理期限;

(3)应保证主管机构:

1）接到申请之后，迅速审查文件是否齐全，并以准确和完整的方式告知申请人其中的任何缺陷，

2）尽快以准确和完整的方式向申请人传达程序的结果，以便申请人可以采取任何必要的纠正措施，

3）即便申请存在缺陷，如果申请人请求，在可能的范围内继续进行该程序，并且

4）应请求，通知申请人申请的处理阶段以及任何迟延的原因；

（4）应将要求申请人提供的信息限制在实施程序必须的限度内；

（5）应对另一缔约方货物实施程序中产生或提供的机密或专有信息给予的待遇：

1）不低于对该缔约方货物给予的待遇，并且

2）在任何情况下，等于该缔约方的法律所提供的对申请人合法商业利益的保护程度的待遇；

（6）应将对货物的独个样品或样本的任何要求限制在合理和必要的限度内；

（7）对另一缔约方货物因实施程序而征收的费用，不应不公平地高于对该缔约方相似货物或对任何其他国家相似货物所征收的任何此类费用，并考虑通讯、交通以及其他相关成本；

（8）实施程序的设施地点的选择标准应不对申请人或其代理人照成不必要的不便；

（9）应设立机制，处理有关程序实施的投诉，并在投诉合理时采取纠正措施；

（10）货物样品的选择标准应不对申请人或其代理人照成不必要的不便；

（11）如果货物满足相关卫生或植物卫生措施要求的决定作出之后，该货物作了更改，对此类货物的程序应限制在确定该货物仍满足该措施要求所必需的限度内。

2. 经必要的修改，各缔约方应对批准程序适用第 1 款第 1 项至第 9 项。

3. 如果进口缔约方的卫生的或植物卫生措施要求在生产阶段实施控制或检验程序，出口缔约方应根据进口缔约方请求，采取可行的合理措施，在其境内提供机会，并且给予必要的协助，方便进口缔约方实施控制或检验程序。

4. 维持批准程序的一缔约方可根据该程序，在准许含有添加剂或污染物的食品、饮料或饲料进入其国内市场之前，要求批准食品、饮料或饲料中使用的添加剂，或制定食品、饮料或饲料中污染物的允许量。如果该缔约方作此要求，该缔约方应考虑使用相关国际标准、指南或建议作为市场准入的基础，直到该缔约方完成此程序。

第 718 条：信息的通报、公布与提供

1. 在第 1802 条（发布）与第 1803 条（信息的通报与提供）的基础上，有意采取或修改普遍适用的联邦卫生或植物卫生措施的各缔约方应：

（1）在采取或修改该措施（法律除外）至少 60 天之前，发布公告并书面通报其他缔约方拟议措施，并且向其他缔约方提供并公布该拟议措施的全文，以便让利害关系方知晓该拟议措施；

（2）在公告和通报中指明该措施适用的货物，并且简要说明该措施的目标与理由；

（3）应请求，提供任何缔约方或利害关系方该拟议措施的副本，并且只要可能，指出在实质上偏离相关国际标准、指南或建议的任何条款；以及

（4）在非歧视原则的基础上，允许其他缔约方和利害关系方提出书面意见，并且应请求，讨论这些意见，并考虑这些意见以及讨论的结果。

2. 对州或省级政府的卫生或植物卫生措施，各缔约方应通过适当的措施努力保证：

（1）在早期适当的阶段，第1款第1项与第2项所指类别的公告和通报应在其采纳之前发布；以及

（2）遵守第1款第3项与第4项的规定。

3. 如果一缔约方认为必须应对与卫生或植物卫生有关的紧急问题，该缔约方可省略第1款或第2款规定的任何步骤，只要在采取卫生或植物卫生措施之时，该缔约方应：

（1）及时提供其他缔约方第1款第2项所指类别的通报，包括对紧急问题的简要说明；

（2）应请求，提供任何缔约方或利害关系方该措施的副本；以及

（3）在非歧视原则的基础上，允许其他缔约方和利害关系方提出书面意见，并且应请求，讨论这些意见，并考虑这些意见以及讨论的结果。

4. 除非必须应对第3款所述紧急问题，各缔约方应在普遍适用的卫生或植物卫生措施的发布与生效之间留出合理时间间隔，以便利害关系方有时间适应这一措施。

5. 各缔约方应指定一政府机构，负责在联邦一级实施本条的通报规定，并且就此事宜通报其他缔约方。如果一缔约方为此目的指定两个或两个以上的政府机构，该缔约方应提供其他缔约方各个相关政府机构职责范围的完整和清晰的信息。

6. 如果一进口缔约方拒绝另一缔约方货物进入其境内，因为该货物不符合卫生或植物卫生措施，此时进口缔约方应根据请求，向出口缔约方提供书面解释，说明适用的措施和货物不符合措施的原因。

第719条：咨询点

1. 各缔约方应保证设立一咨询点，负责答复其他缔约方和利害关系方的所有合理咨询，并且提供以下相关文件：

（1）任何普遍适用的卫生或植物卫生措施，包括中央、州或省级政府在其境内拟议、采用或维持的任何控制或检验程序或批准程序；

（2）该缔约方的风险评估程序，以及进行评估和确立适当的保护水平时考虑的因素；

（3）该缔约方或其相关联邦、州或省级政府机构在国际和区域卫生与植物卫生组织和体系、在本节范围内的双边与多边安排中的成员资格和参与情况，以及此类体系和安排的文本；以及

（4）根据本节规定发布的公告的地方或可以获得此类信息的地方。

2. 各缔约方应保证，如果另一缔约方或利害关系方根据本节规定索取文件副本，除递送的实际费用之外，应按照国内购买的相同价格提供副本。

第720条：技术合作

1. 各缔约方应根据另一缔约方请求，促进技术建议、信息和援助的提供，以便在相互同意的条款和条件基础上，加强该缔约方卫生与植物卫生措施和相关活动，包括研究、加工技术、基础设施和国家监管机构的建立。此类援助可包括为获得专业技术、培训和设备，而提供信贷、捐赠和赠与，以方便该缔约方适应和符合一缔约方的卫生与植物卫生措施。

2. 各缔约方应根据另一缔约方请求：

（1）提供该缔约方关于具体关注领域的卫生或植物卫生措施的技术合作项目信息；而且

（2）在任何卫生或植物卫生措施的制定过程中，或在任何卫生或植物卫生措施的实施或适用变化之前，与另一缔约方进行磋商。

第 721 条:对信息提供的限制

本节的任何规定,不得解释为要求一缔约方:

(1)以该缔约方官方语言之外的语言,进行交流,发布文本,或提供文件的细节或副本;或者

(2)提供一经披露将会妨碍执法或在其他方面违背公共利益,或将会损害特定企业合法商业利益的任何信息。

第 722 条:卫生与植物卫生措施委员会

1. 各缔约方特此设立卫生与植物卫生措施委员会,由各缔约方代表组成,负责卫生与植物卫生事宜。

2. 委员会应推动:

(1)在各缔约方境内食品安全的提高以及卫生与植物卫生条件的改善;

(2)根据第 713 条与第 714 条各缔约方开展的活动;

(3)各缔约方之间的技术合作,包括就卫生与植物卫生措施的制定、适用和执行进行合作;以及

(4)就卫生或植物卫生措施的相关具体事宜的协商。

3. 委员会:

(1)应尽可能在履行其职能过程中,向相关国际和北美标准化组织寻求帮助,以获取可获得的科学和技术意见,并将重复工作降低至最小程度;

(2)可在其认为适当的情况下,利用专家和专家机构;

(3)应每年向自由贸易委员会汇报本节的执行情况;

(4)应根据任何一缔约方请求,召集会议,并且除非各缔约方另有约定,每年至少召集会议一次;以及

(5)可在其认为适当的情况下,建立和确定各工作组的范围和授权。

第 723 条:技术磋商

1. 一缔约方可要求与另一缔约方就本节涉及的任何问题进行磋商。

2. 各缔约方应在各自授权内,利用相关国际和北美标准化组织(包括第 713 条第 5 款提及的组织)的斡旋,以获取卫生与植物卫生事宜的建议和协助。

3. 如果一缔约方请求就本节对该缔约方的卫生或植物卫生措施的适用进行磋商,并将此事通知委员会,委员会如果本身不考虑此事,可将此事转交一工作组,包括特设工作组,或另一组织,以获得非约束性的技术意见或建议,从而促进磋商。

4. 委员会应尽快考虑根据第 3 款所提交的任何事宜,特别是有关易腐货物的事项,并及时向各缔约方提供其出具或收到的关于此事的任何技术意见或建议。有关缔约方应在委员会可能要求的时限内,向委员会提供关于技术意见或建议的书面答复。

5. 如果相关缔约方获得委员会根据第 3 款所促成的磋商,则该磋商应在相关缔约方同意的基础上,构成第 2006 条(磋商)下的磋商。

6. 各缔约方确认,主张另一缔约方的卫生或植物卫生措施与本节不一致的缔约方,应负此种不一致的举证责任。

第 724 条:定义

“动物”,包括鱼和野生动物。

“适当的保护水平”,系指一缔约方认为是适当的对在该缔约方境内的人类、动物或植物的生命或健康的保护水平。

“批准程序”,系指在食品、饮料或饲料中许可使用添加剂或者含有添加剂或污染物的食品、饮料或饲料销售之前的任何登记、通知或其他强制性行政程序:

(1)批准添加剂用于指定的用途或在指定的条件下使用;或者

(2)制定污染物在指定的用途或在指定的条件下使用的允许量。

“地区”,系指一个国家、一个国家的一部分或者若干国家的全部或部分。

“病虫害低度流行区”,系指一种特定的虫害或病害发生水平较低的区域。

“污染物”,包括农药和兽药的残留以及外来杂质。

“控制或检验程序”,系指直接或间接用于确定卫生或植物卫生措施受到遵守的任何程序,包括抽样、检测、检验、评估、验证、监督、审计、合格保证、鉴定、注册、认证,或其他涉及对货物、货物的包装或货物的生产、销售或使用直接相关的设备或设施的物理检查程序,但是并不指批准程序。

“国际标准、指南或建议”,系指以下标准、指南或建议:

(1)国际食品法典委员会通过的食品安全,包括食品法典委员会水产与水产加工品专业委员会详述的分解,食品添加剂、污染物、卫生惯例以及分析与抽样方法的标准、指南或建议;

(2)国际兽疫局主持下制定的有关动物健康与人兽共患病的标准、指南或建议;

(3)与北美植物保护组织合作,《国际植物保护公约》秘书处主持下制定的有关植物健康的标准、指南或建议;或者

(4)各缔约方同意的任何其他国际组织制定的或该组织主持下制定的标准、指南或建议。

“虫害”,包括杂草。

“病虫害非疫区”,系指尚未出现特定的虫害或病害的地区。

“植物”,包括野生植物。

“风险评估”,系指对下列可能性的评估:

(1)一种虫害或病害传入、定植或传播的可能性,以及相关的生物与经济后果;或者

(2)食品、饮料或饲料中存在的添加剂、污染物、毒素或致病有机体引起的对人类或动物的生命或健康产生不利影响的可能性。

“卫生或植物卫生措施”,系指一缔约方为以下目的而采取、维持或适用的一种措施:

(1)保护在其境内的动物或植物的生命或健康免受虫害或病害的传入、定植或传播所导致的风险,

(2)保护在其境内的人类或动物的生命或健康免受食品、饮料或饲料中存在的添加剂、污染物、毒素或致病有机体所导致的风险,

(3)保护在其境内的人类的生命或健康免受动物或植物或动植物产品所携带的致命有机物或虫害而导致的危险,或者

(4)阻止或限制其境内因虫害的传入、定植或传播所导致的其他损害,

包括最终产品标准;与产品相关的加工或生产方法;测试、检验、鉴定或批准程序;相关统计方法;抽样程序;风险评估方法;与食品安全直接相关的包装和标签要求;以及检疫处理。例如,与运输动物或植物相关的要求,或在运输过程中动物或植物生存所需的材料的相关要求。以及

“科学依据”,系指建立在使用科学方法而获得的数据或信息之上的理由。

第八章　紧 急 行 动

第 801 条:双边行动

1. 在符合第 2 款至第 4 款以及附件 801.1 的前提下,并且仅限于在过渡期内,如果由于本协定规定的关税降低或消除,原产自一缔约方境内的货物进口至另一缔约方境内时,其增长的绝对数量以及所依据的条件使得仅仅是该缔约方出口的货物足以对生产相似或直接竞争货物的国内产业构成严重损害或严重损害威胁的实质原因,货物进口至其境内的缔约方为在尽可能小的限度内救济或阻止损害,可:

(1)对该货物暂停本协定规定的进一步降低任何关税税率;

(2)对该货物提高关税税率,但是不得超过以下两个税率中的较低者:

1)采取行动之日有效的最惠国实施关税税率,以及

2)本协定生效之日前一天有效的最惠国实施关税税率;或者

(3)如果对货物征收的是季节性关税,提高关税税率,但是不得超过本协定生效之日前对该货物在相应季节有效的最惠国实施关税税率。

2. 以下条件和限制应适用可能导致第 1 款下的紧急行动的程序:

(1)一缔约方应就启动程序可能导致对某一缔约方境内原产的货物采取紧急行动的事宜,立即向可能受到影响的所有缔约方递送书面通知和磋商请求,

(2)应在程序启动之日后一年内,采取任何此类行动,

(3)任何此类行动不得维持:

1)超过三年,例外情形是该行动针对的货物是附件 302.2 中采取行动的缔约方明细表内分阶段类别 C + 所列货物,并且该缔约方判定,受到行动影响的产业已经作了调整,因此需要延长救济期,在这种情况下,救济期可延长一年,但是救济初期适用的关税应在救济延长期的开始予以大幅降低,或者

2)超过过渡期届满之日,除非得到其货物是该行动针对对象的缔约方的同意;

(4)任何缔约方对原产自另一缔约方境内的任何特定货物,采取行动的次数在过渡期内不得超过一次;并且

(5)行动终止之时,关税税率应为根据附件 302.2 该缔约方分阶段关税消除明细表中,行动启动一年之后应当有效的税率;行动终止后的次年 1 月 1 日开始,关税税率应由采取行动的缔约方选择以下两者中的一个:

1)关税税率应符合附件 302.2 所付的该缔约方明细表规定的适用税率,或者

2)该关税应在附件 302.2 所付的该缔约方明细表规定的关税消除之日,每年等额分阶段消除。

3. 过渡期届满后,一缔约方可采取双边紧急行动,以应对执行本协定所造成的对国内产业的严重损害或严重损害威胁,但是只有在另一缔约方同意针对其货物采取措施时方可。

4. 根据本条规定采取行动的缔约方,应向其货物受到该行动限制的缔约方提供双方同意的以贸易优惠为形式的贸易自由化补偿,这种补偿具有大致相当的贸易效果或相当于该行动预期产生的额外关税额。如果相关各缔约方无法在补偿问题上达成一致,其货物受到该行动限制的缔约方可采取关税行动,其贸易效果大致相当于根据本条采取的行动。采取关税行动的缔约方,应在取得大致相当的贸易效果所需的最短期限内实施该行动。

5. 本条不适用针对附件 300 - 乙(纺织品与服装)所涉货物的紧急行动。

第 802 条:全球行动

1. 各缔约方保留《关税与贸易总协定》第 19 条或根据《关税与贸易总协定》达成的任何保障协定下的权利与义务,但是不包括有关补偿或报复和行动排除的权利或义务,只要此种权利或义务与本条不符。根据第 19 条或任何此类协定采取紧急行动的任何缔约方,应相互将自其他缔约方进口的货物排除在该行动之外,除非存在以下情况:

(1)自某一缔约方进口的货物,如果单独考虑,占进口总量相当大的份额;以及

(2)自某一缔约方进口的货物,如果单独考虑,或在特殊情况下自其他两个缔约方进口的货物考虑在一起,在进口导致的严重损害或严重损害威胁中,起了十分重要的作用。

2. 在确定:

(1)自某一缔约方进口的货物,如果单独考虑,是否占进口总量相当大的份额时,以最近 3 年期间的进口份额计,该缔约方未在接受程序调查的该货物的供应方前五名之列,则这些进口一般不得视为在进口总额中占有相当大的份额。以及

(2)自一个或多个缔约方进口的货物是否构成严重损害或严重损害威胁时,调查主管机构应考虑各种因素。例如,自各缔约方进口的份额变化,以及自各缔约方进口的数量及其数量的变化。在这方面,如果自某一缔约方进口的增长率在损害性进口激增发生期间,要明显低于同期所有来源的总进口的增长率,则自该缔约方的进口一般不得视为在严重损害或严重损害威胁中起了十分重要的作用。

3. 根据第 1 款最初将自一个或多个缔约方进口的货物排除在行动之外,采取行动的缔约方应有权随后将自其他一个或多个缔约方进口的该货物纳入行动中,如果调查主管机构确定,自其他一个或多个缔约方进口的该货物激增破坏了行动的效果。

4. 一缔约方应立即就启动程序可能导致第 1 款或第 3 款所述紧急行动的事宜,向其他缔约方递交书面通知。

5. 在以下情况下,任何缔约方不得在第1款或第3款所述行动中对货物施加限制:

(1)未事先向自由贸易委员会递交书面通知,并且未给予其货物受到拟采取的行动限制的缔约方充分的磋商机会;以及

(2)考虑到合理的增长,与最近的代表性基期自该缔约方该货物进口的趋势相比,该行动的效果将会降低自该缔约方该货物的进口。

6. 根据本条规定采取行动的缔约方,应向其货物受到该行动限制的一个或多个缔约方提供相互同意的以贸易优惠为形式的贸易自由化补偿,这种补偿具有大致相当的贸易效果或相当于该行动预期产生的额外关税额。如果相关各缔约方无法在补偿问题上达成一致,其货物受到该行动限制的缔约方可采取行动,其贸易效果大致相当于根据第1款或第3款采取的行动。

第803条:紧急行动程序管理

1. 各缔约方应保证其管理紧急行动的所有程序的法律、法规、决定与裁定得到一致、公正与合理的执行。

2. 各缔约方应将紧急行动程序中对严重损害或严重损害威胁的裁定赋予一调查主管机构,并在本国法律规定的范围内交由司法或行政法院复审。否定性损害裁定不得修改,除非复审作出修改。国内法律授权实施此种程序的调查主管机构应得到必要的资源支持,使其得以履行自己的职责。

3. 各缔约方应根据附件803.3所列要求,采取或维持公平、及时、透明且有效的紧急行动程序的手续。

4. 本条不适用根据附件300-乙(纺织品与服装)采取的紧急行动。

第804条:紧急行动事宜的争端解决

任何缔约方不得就拟议中的任何紧急行动请求成立第2008条(设立仲裁小组的请求)规定的仲裁小组。

第805条:定义

在本章中:

"调查主管机构",系指附件805定义的一缔约方的"调查主管机构";

"起了十分重要的作用",系指一个重要原因,但是不一定是最重要的原因;

"紧急情况",系指在此种情况下,迟延将会造成难以弥补的损害;

"国内产业",系指在缔约方境内经营相似或直接竞争产品的的生产商整体;

"紧急行动",不包括根据1994年1月1日之前启动的程序而采取的任何紧急行动;

"原产自一缔约方境内的货物",系指原产货物,只是在确定该货物是原产自哪个缔约方境内时,应适用附件302.2的相关规则;

"严重损害",系指对国内产业的重大全面减损;

"激增",系指与最近的代表性基期的趋势相比,进口量的显著增加;

"严重损害威胁",系指根据事实而非仅凭指控、推测或者微乎其微的可能性,明显迫近的严重损害;以及

"过渡期",系指始于1994年1月1日的10年期间,但是如果行动针对的货物是附件302.2中采取行动的缔约方明细表内分阶段类别C+所列货物时,此时的过渡期系指该货物

分阶段关税消除时期。

附件 801.1:双边行动

1. 虽有第 801 条的规定,加拿大与美国之间对原产自各自境内的货物——附件 300 - 乙(纺织品与服装)所列货物除外——的双边紧急行动,应受《加拿大与美国自由贸易协定》第 1101 条的约束,为此目的,该条纳入本协定并成为本协定的一部分。

2. 为此目的,"原产自一缔约方境内的货物",系指第 805 条定义的"原产自一缔约方境内的货物。"

附件 803.3:紧急行动程序管理

程序的启动

1. 紧急行动程序可由国内法规定的实体提交的申诉书或投诉书而启动。提交申诉书或投诉书的实体应证明其代表生产与进口货物相似或直接竞争货物的国内产业。

2. 一缔约方可根据自己的动议启动程序,或要求调查主管机构实施程序。

申诉书或投诉书的内容

3. 如果调查的基础是代表国内产业的实体提交的申诉书或投诉书,申诉实体应在申诉书或投诉书中提供以下信息,只要该信息可以公开从政府或其他来源获得,或是最佳估计以及估计的基础,如果该信息从公开途径无法获得:

(1)产品描述:所诉进口货物的名称和描述,该货物关税分类的子目,该货物目前的关税待遇,以及相似或直接竞争的国内货物的名称和描述;

(2)代表性:

1)提交申诉书或投诉书的实体的名称和住所,以及该实体生产国内货物的企业的住所,

2)该实体在相似或直接竞争货物的国内产量中所占比例,以及声称其代表这一产业的依据,以及

3)生产相似或直接竞争货物的所有其他国内企业的名称和住所;

(3)进口数据:最近 5 年的全年进口数据,这是声称所诉货物进口数量增长的依据,此种增长可以是绝对增长,也可以是相对国内生产的增长,视实际情况而定;

(4)国内生产数据:相似或直接竞争货物最近五年的全年国内总产量数据;

(5)反映损害的数据:显示相关产业损害的性质和程度的量化与客观数据,如反映销售、价格、产量、生产效率、产能利用率、市场份额、盈亏和就业水平的变动的数据;

(6)损害原因:列举和描述损害或损害威胁的引证原因,并在相关数据的支持下简述以下判断的依据:进口货物的增长,无论是实际增长或是相对国内生产而言,正在造成严重损害或有造成严重损害威胁;以及

(7)纳入标准:显示自各个缔约方的进口所占的进口份额的量化和客观数据,以及在该货物进口对产业造成严重伤害或严重损害威胁中此类进口起了重要作用的程度,申诉人对此发表的观点。

4. 申诉书或投诉书应在提交之后立即公开供公众查阅,但是其中包含的商业机密信息除外。

通知要求

5. 紧急行动程序一旦启动,调查主管机构应在该缔约方的官方公报上发布紧急行动程序

启动的通知。通知应列明申诉人或其他请求人、程序所涉及的进口货物及其关税分类子目、裁定的性质和时间安排、公开听证会的时间和地点、提交要点摘录的最后期限、声明和其他文件、可以查阅程序进行过程中提交的申诉书和其他文件的地点,以及需要更多信息时可以联系的机构的名称、地址和电话号码。

6. 如果紧急行动程序的启动建立在声称代表国内产业的实体提交的申诉书或投诉书基础上,调查主管机构应首先仔细审核该申诉书或投诉书符合第3款规定(包括代表性)之后,才可根据第5款规定发布通知。

公开听证会

7. 在各程序进行过程中,调查主管机构应:

(1)在发布合理的通知之后,举行公开听证会,并允许所有利害关系方以及在启动该程序的缔约方境内代表消费者利益的任何组织亲自或请律师出席,对严重损害或严重损害威胁和适当的救济措施此类问题,提交证据并发表意见;并且

(2)向出席公开听证会的所有利害关系方和任何消费者组织提供机会,质问在公开听证会上作陈述的利害关系方。

机密信息

8. 对程序进行过程中提供的受国内法保护的机密信息,调查主管机构应采取或维持对待机密信息的程序,包括规定提供机密信息的利害关系方和消费者组织须提交该信息的非机密书面摘要,或不能提交摘要的理由,如果他们表示不能概述该信息。

损害和因果关系的证据

9. 在进行程序时,调查主管机构应尽其全力,收集与作出裁定相关的所有相关信息。调查主管机构应评估影响该产业状况的具有客观性和可量化性的所有相关因素,包括所诉货物进口增长的绝对或相对的比率和数量,增长的进口所占国内市场的份额,以及销售、产量、生产效率、产能利用率、盈亏和就业水平的变动。在作出裁定时,调查主管机构也可考虑其他经济因素,如价格和库存的变动,以及该产业的企业融资能力。

10. 除非在客观证据的基础上,调查证明所诉货物的进口增长与严重损害或严重损害威胁之间存在清晰的因果关系,否则调查主管机构不得作出肯定性损害裁定。如果进口增长之外的因素正在同时对国内产业造成损害,此种损害不得归因于进口增长。

审议与报告

11. 除非紧急情况或涉及容易变质的农产品的全球行动,调查主管机构在紧急行动程序中作出肯定性裁决之前,应留出足够时间收集和考虑相关信息,举行公开听证会,给予所有利害关系方和消费者组织准备和提交观点的机会。

12. 调查主管机构应及时在该缔约方的官方公报上发布报告及其摘要,阐述法律和事实的所有相关问题的调查结果和论证结论。该报告应描述进口货物及其关税税目号码,采用的标准以及得出的结论。原因陈述应阐明裁决的基础,包括描述:

(1)遭受严重损害或严重损害威胁的国内产业;

(2)进口正在增长,国内产业受到严重损害或严重损害威胁,并且进口增长正在造成或威胁造成严重损害这一结论的支持信息;以及

(3)如果国内法律已有规定,有关恰当的救济的结论或建议及其基础。

13. 在报告中,调查主管机构根据在程序进行过程中对机密信息可能作出的承诺,不得披

露任何机密信息。

附件 805:国别定义

在本章中:

“调查主管机构”,系指:

(1)就加拿大而言,加拿大国际贸易法庭,或其后继者;

(2)就墨西哥而言,贸易与工业发展部内指定机构,或其后继者;以及

(3)就美国而言,美国国际贸易委员会,或其后继者。

第三编　技术性贸易壁垒

第九章　标准相关措施

第901条:适用范围

1. 本章适用可能直接或间接影响各缔约方之间货物或服务贸易的一缔约方的标准相关措施,第七章第二节(卫生与植物卫生措施)除外,也适用各缔约方与此类措施相关的措施。

2. 政府机构为其生产或消费需要而制定的技术规范,应只受第十章(政府采购)约束。

第902条:义务范围

1. 第105条(义务范围)不适用本章。

2. 各缔约方应通过适当的措施,保证其境内的州或省级政府和非政府标准化机构遵守第904条至第908条。

第 903 条:对《技术性贸易壁垒协定》与其他协定的确认

在第 103 条(与其他协定的关系)的基础上,各缔约方相互确认各缔约方加入的《关税与贸易总协定技术性贸易壁垒协定》与环境保护协定在内的所有其他国际协定下的与标准相关措施有关的各自现有的权利与义务。

第 904 条:基本权利与义务

采取标准相关措施的权利

1. 各缔约方可根据本协议,采取、维持或实施任何标准相关措施,包括与安全,保护人类、动物或植物的生命或健康,保护环境或消费者有关的任何措施,以及保证此类措施的执行或实施的任何措施。这些措施包括对未能遵守该措施的适用规定或未能完成该缔约方批准程序的另一缔约方的货物禁止进口或另一缔约方服务提供商的服务禁止提供。

建立保护水平的权利

2. 虽有本章的任何其他规定规定,各缔约方在追求安全,或保护人类、动物或植物的生命或健康,保护环境或消费者的合法目标时,可根据第 907 条第 2 款,建立该缔约方认为适当的保护水平。

非歧视待遇

3. 各缔约方应在标准相关措施方面,给予另一缔约方的货物和服务提供商:

(1)第 301 条(市场准入)或第 1202 条(跨境服务贸易)规定的国民待遇;以及

(2)不低于该缔约方给予任何其他国家的相似货物或在相似情况下的服务提供商的待遇。

不必要的障碍

4. 任何缔约方拟定、采取、维持或适用的任何标准相关措施,不得在目的或效果上对缔约方之间的贸易制造不必要的障碍。以下措施不应认为是制造了不必要的贸易障碍:

(1)该项措施的目的显然是为了达到一个合法目标;以及

(2)该项措施的实施并没有将达到合法目标的另一缔约方的货物排除在外。

第 905 条:国际标准的使用

1. 各缔约方应使用相关国际标准或即将拟订的国际标准,作为其标准相关措施的基础,除非此类标准对达到其合法目标无效或不适到,例如由于基本的气候、地理、技术和基础设施因素,科学根据或者该缔约方认为恰当的保护水平。

2. 一缔约方符合国际标准的标准相关措施应视为与第 904 条第 3 款与第 4 款一致。

3. 第 1 款中任何规定,不得解释为阻碍一缔约方在追求其合法目标时,采用、维持或适用与基于相关国际标准的措施相比导致更高保护水平的任何标准相关措施。

第 906 条:一致性与等效性

1. 认识到标准相关措施在达到合法目标过程中的重要作用,各缔约方应根据本章规定,通力合作,以提高安全水平和提高对人类、动物和植物的生命和健康、环境和消费者的保护水平。

2. 在不减低安全水平或对人类、动物或植物的生命或健康、环境或消费者的保护水平,在不损害本章下各缔约方权利的前提下,并考虑国际标准化活动,各缔约方应在可行的最大限度内,使各自的标准相关措施一致,以促进各缔约方之间货物或服务贸易。

3. 在第902条和第905条的基础上,一缔约方应根据另一缔约方请求,通过适当的措施,努力促进该缔约方境内维持的特定标准或合格评定程序与另一缔约方境内维持的标准或合格评定程序的一致性。

4. 各进口缔约方应将一出口缔约方采取或维持的技术法规视为等效于自己的法规,如果该出口缔约方与进口缔约方合作,向进口缔约方满意地证明,其技术法规足以达到进口缔约方的合法目标。

5. 进口缔约方应根据请求,以书面形式提供出口缔约方不能按照第四款将其技术法规视为等效的原因。

6. 各缔约方只要可能,应接受另一方境内经过合格评定程序得出的结果,如果该缔约方确信该合格评定程序能保证,相关货物或服务符合该缔约方境内采取或维持的适用技术法规或标准,并且该保证与该缔约方实施的程序或该缔约方境内实施的程序得出的其可以接受的结果所提供的保证是等效的。

7. 在根据第6款接受合格评定程序结果之前,为了增强对各自合格评定结果持续可靠性的信赖,各缔约方应对诸如相关合格评定机构的技术能力问题进行磋商,包括通过认证等手段对遵守相关国际标准情况进行核实。

第907条:风险评估

1. 为实现其合法目标,一缔约方可进行风险评估。在评估过程中,一缔约方可考虑与货物或服务相关的各种因素:

(1)现有的科学依据或技术信息;

(2)预定的最终用途;

(3)工艺或生产、操作、检验、抽样或测试方法;或者

(4)环境条件。

2. 根据第904条第2款,一缔约方确定了其认为适当的保护水平,并进行风险评估时,该缔约方应避免在相似货物或服务之间制造任意或不合理的区别,如果此种区别:

(1)导致对另一缔约方的货物或服务提供商任意或不合理的歧视;

(2)构成各缔约方贸易之间的变相限制;

(3)对同样条件下、同样用途、具有同样风险并提供同样益处的相似货物或服务构成歧视。

3. 如果进行风险评估的缔约方确定,现有的科学证据或其他信息不足以完成评估,该缔约方可在现有相关信息的基础上,采取临时性技术法规。该缔约方应在接受足以完成风险评估的信息之后合理期限内,完成评估,审查并根据评估酌情修改临时性技术法规。

第908条:合格评定

1. 在第906条的基础上,并认识到各自境内的合格评定程序的结构、组织和操作存在很大差别,各缔约方应在可行的最大限度内,使此类程序一致。

2. 认识到对相关各缔约方互利这一事实,并且附件908.2所列内容除外,各缔约方应认可、批准、许可或以其他方式承认另一缔约方境内的合格评定机构,并且不低于给予该缔约方境内的合格评定机构的待遇。

3. 在合格评定程序方面,各缔约方应:

(1)不采取或维持任何过分严格的程序,也不应过分严格地适用程序,其严格程度超过保证货物或服务符合适用的技术法规或标准所必需的信心,同时考虑到不符合法规或标准可能产生的风险;

(2)尽快启动并完成程序;

(3)根据第904条第3款,在顺序上按照非歧视原则处理申请;

(4)公布每一程序的正常处理时限,或应请求,告知申请人预期的处理时限;

(5)保证主管机构:

1)一旦收到申请,迅速审查文件的完整性,如有任何缺陷,以准确和完整的方式通知申请人,

2)尽快以准确和完整的方式向申请人转达合格评定程序结果,以便申请人可以采取任何必要的纠正措施,

3)如果申请存在缺陷,根据申请人请求,尽可能地继续程序,并且

4)根据请求,通知申请人申请进行的阶段,并说明任何延迟的原因;

(6)申请人必须提供的信息,仅限于实施程序和确定适当费用必需的限度;

(7)对另一缔约方的货物或另一缔约方服务商提供的服务实施程序中产生或提供的机密或专有信息给予的待遇:

1)等于对该缔约方的货物或该缔约方服务商提供的服务实施程序中的机密或专有信息的待遇,以及

2)在任何情况下,等于该缔约方法律允许的范围内保护申请人合法商业利益的待遇;

(8)保证对另一缔约方的货物或另一缔约方的服务提供商因实施程序而征收的费用,不应不公平地高于对该缔约方相似货物或服务提供商或对任何其他国家相似货物或服务提供商所征收的任何此类费用,并考虑通讯、交通以及其他相关成本;

(9)保证实施合格评定程序的设施的地点不对申请人或其代理人造成不必要的不便;

(10)如果货物或服务符合适用的技术法规或标准的决定作出之后,该货物或服务作了更改,对此类货物或服务的程序仅限于确定该货物或服务仍继续符合该技术法规或标准所必需的限度内;

(11)对货物样品的任何要求限定在合理的范围之内,并且保证样品的选择不对申请人或其代理人造成不必要的不便。

4. 经必要的修改,各缔约方应对批准程序适用第3款的相关规定。

5. 应另一缔约方请求,各缔约方应采取合理的可能措施,在其境内提供开展合格评定活动的机会。

6. 应另一缔约方请求就相互承认合格评定程序结果协定进行谈判,各缔约方应给予体恤考虑。

第909条:信息的通报、发布与提供

1. 在第1802条(发布)和第1803条(信息的通报与提供)的基础上,有意采取或修改技术法规的各缔约方应:

(1)在采取或修改该措施(法律除外)至少60天之前,发布公告并以书面形式通报其他缔约方拟议措施,以便利害关系方知晓该拟议措施,但是与易腐货物有关的此类措施,各缔约方应在最大可行限度内,在采取或修改该措施至少30天之前,发布公告并提供通报,但是不能迟

于该通报提供给国内生产商的时间；

(2)在公告和通报中指明该措施适用的货物或服务，并且简要说明该措施的目标和理由；

(3)应请求，提供任何缔约方或利害关系方该拟议措施的副本，并且只要可能，指出在实质上偏离国际标准的任何条款；以及

(4)在非歧视原则的基础上，允许其他缔约方和利害关系方提出书面意见，并且应请求，讨论这些意见，并考虑这些意见以及讨论的结果。

2. 如果不存在与拟议措施相关的国际标准或该措施与国际标准有实质上的不同，而且如果该措施可能对其他缔约方的贸易产生重大影响，有意采取或修改在其他方面不被视为技术法规的某一标准或任何合格评定程序的各缔约方应：

(1)在早期适当阶段，根据第1款第1项与第2项的规定，发布公告并提供通报；以及

(2)遵守第3项与第4项的规定。

3. 对除地方政府之外的州或省级政府的技术法规，各缔约方应通过适当的措施，努力保证：

(1)在早期适当阶段，通过上述法规之前发布第1款第1项与第2项所列类型的通告和通报；以及

(2)遵守第3项与第4项的规定。

4. 当一缔约方认为必须应对有关安全或保护人类、动物或植物的生命或健康、环境或消费者的紧急问题时，该缔约方可省略第1款或第3款规定的任何步骤，前提条件是在采取标准相关措施时，该缔约方应：

(1)立即向其他缔约方提供第1款第2项所列类型的通报，包括简要说明该紧急问题；

(2)应请求，向任何缔约方或利害关系方提供该措施的副本；以及

(3)在非歧视原则的基础上，允许其他缔约方和利害关系方提出书面意见，并且应请求，讨论这些意见，并考虑这些意见以及讨论的结果。

5. 除非必须应对第4款所述紧急问题，各缔约方应在标准相关措施的公布日和生效日之间留出合理时间间隔，以便利害关系方适应该措施。

6. 如果一缔约方允许其境内的非政府人士参与制定标准相关措施，该缔约方也应允许其他缔约方境内的非政府人士参与。

7. 各缔约方应通报其他缔约方标准相关措施的制定、修改或适用变更，时间不迟于该缔约方通知其境内一般的非政府人士或相关产业。

8. 各缔约方应通过适当的措施，努力保证其境内的州或省级政府以及非政府标准化机构遵守第6款和第7款的规定。

9. 各缔约方应在1994年1月1日之前，指定一政府机构，负责在联邦一级实施本条的通报规定，并且就此事宜通报其他缔约方。如果一缔约方为此目的指定两个或两个以上的政府机构，该缔约方应提供其他缔约方各个相关政府机构职责范围的完整和清晰的信息。

第910条：咨询点

1. 各缔约方应保证设立一咨询点，负责答复其他缔约方和利害关系方的所有合理咨询，并且提供以下相关文件：

(1)其境内联邦、州或省级政府拟议、采取或维持的任何标准相关措施；

(2)该缔约方或其相关联邦、州或省级政府机构在国际和区域标准化组织与合格评定体

系,以及在双边与多边标准相关措施安排中的成员资格和参与情况,以及此类体系与安排的文本;

(3)根据第 909 条发布的通告的地方或可以获取此类信息的地方;

(4)第 3 款所指咨询点的所在地点;以及

(5)该缔约方的风险评估程序,以及进行评估和根据第 904 条第 2 款确立其认为适当的保护水平的过程中,该缔约方考虑的因素。

2. 如果一缔约方指定一个以上的咨询点,该缔约方应:

(1)提供其他缔约方各个咨询点职责范围的完整和清晰的信息;并且

(2)保证向不正确的咨询点的任何咨询及时转交正确的咨询点。

3. 各缔约方应采取合理的可能措施,以保证至少有一个咨询点能够答复其他缔约方和利害关系方的所有合理咨询,并且提供以下相关文件或可以获取此类文件的地点的信息:

(1)其境内非政府标准化机构拟议、采取或维持的任何标准或合格评定程序;以及

(2)其境内相关非政府标准化机构在国际和区域标准化组织与合格评定体系的成员资格和参与情况。

4. 各缔约方应保证,如果另一缔约方或利害关系方根据本章规定索取文件副本,除递送的实际费用之外,应按照国内购买的相同价格提供副本。

第 911 条:技术合作

1. 应另一缔约方要求,各缔约方应:

(1)在相互同意的条款和条件下,提供该缔约方技术咨询、信息和援助,以加强该缔约方的标准相关措施,及有关活动、程序和制度;

(2)提供该缔约方关于具体关注领域的标准相关措施的技术合作项目信息;以及

(3)在制定任何标准相关措施的过程中,或在采取或变更适用任何标准相关措施之前,与该缔约方进行磋商。

2. 各缔约方应鼓励其境内的标准化机构与其他缔约方境内的标准化机构在参与标准化活动中进行合作,如通过国际标准化机构的成员资格。

第 912 条:对信息提供的限制

本章中任何规定,不得解释为要求一缔约方:

(1)以该缔约方官方语言之外的语言,进行交流、发布文本,或提供文件的细节或副本;或者

(2)提供一经披露将会妨碍执法或在其他方面违背公共利益,或将会损害特定企业的合法商业利益的任何信息。

第 913 条:标准相关措施委员会

1. 各缔约方特此设立标准相关措施委员会,由各缔约方代表组成。

2. 委员会的职责应包括:

(1)监督本章的实施与管理,包括根据第 4 款设立的小组委员会和工作组的进展,以及根据第 910 条设立的咨询点的运行。

(2)促进各缔约方使各自标准相关措施一致的进程;

(3)提供一个讨论场所,以便各缔约方磋商标准相关措施的问题,包括根据第 914 条提供

技术咨询和建议的问题；

(4)加强在标准相关措施的制定、适用和实施方面的合作；以及

(5)考虑标准相关措施的非政府、区域与多边发展，包括《关税与贸易总协定》下的发展。

3. 委员会应：

(1)根据任何缔约方请求，召开会议，并且除非各缔约方另有约定，每年至少召开一次会议；以及

(2)每年向自由贸易委员会汇报本章执行情况。

4. 委员会可视需要，建立由各缔约方代表组成的小组委员会或工作组，并确定其职责范围与授权。各小组委员会或工作组可：

(1)在其认为必要或合适的情况下，容纳或咨询：

1)包括标准化组织在内的非政府机构的代表；

2)科学家，以及

3)技术专家；以及

(2)根据相关国际活动，决定其工作计划。

5. 在第4款的基础上，委员会应建立：

(1)以下小组委员会：

1)根据附件913.5.甲-1，陆运标准小组委员会，

2)根据附件913.5.甲-2，电信标准小组委员会，

3)根据附件913.5.甲-3，汽车标准理事会；以及

4)根据附件913.5.甲-4，纺织品与服装标签小组委员会；以及

(2)视必要，处理包括以下问题在内的任何问题的其他小组委员会或工作组：

1)受标准相关措施约束的货物的识别和命名，

2)质量和特性标准及技术法规，

3)包装、标签与消费者信息介绍，包括语言、计量系统、成分、尺寸、术语、符号以及相关事宜，

4)产品审批和投放市场后的监控项目，

5)合格评定机构、程序和系统的认证和承认的原则，

6)统一的化学危险品分类和信息系统的制定和实施，

7)执法项目，包括监管、分析和执法人员所做的培训与检验，

8)良好实验室规范的推广和实施，

9)良好制造规范的推广和实施，

10)货物潜在的环境危害评估的标准，

11)风险评估的方法，

12)化学品测试准则，包括工农业化学品、药品和生物制品，

13)促进消费者保护的方法，包括与消费者赔偿相关的事项，以及

14)本章对其他服务业的适用延伸。

6. 各缔约方应根据另一缔约方请求，采取合理的可行措施，以允许州或省级政府的代表酌情参与委员会的活动。

7. 根据第911条请求技术咨询、信息或援助的缔约方应通报委员会，委员会应为任何此

类请求提供便利。

第 914 条:技术磋商

1. 如果一缔约方请求就本章对标准相关措施的适用进行磋商,并将此事通报委员会,委员会如果本身不考虑此事,可将此事转交一小组委员会或工作组,包括特设小组委员会或工作组,或另一组织,以获得非约束性的技术意见或建议,从而促进磋商。

2. 委员会应尽快考虑根据第 1 款所提交的任何事宜,并及时向各缔约方提供其出具或受到的关于此事的任何技术意见或建议。相关缔约方应在委员会可能要求的时限内,向委员会提供关于技术意见或建议的书面答复。

3. 如果相关缔约方获得委员会根据第 1 款所促成的磋商,则该磋商应在相关缔约方同意的基础上,构成第 2006 条(协商)下的磋商。

4. 各缔约方确认,主张另一缔约方的标准相关措施与本章不一致的缔约方,应负此种不一致的举证责任。

第 915 条:定义

1. 在本章中:

“审批程序”,系指批准某一货物或服务为特定用途或在特定条件下的生产、销售或使用的任何登记、通知或其他强制性行政程序。

“风险评估”,系指对潜在不利影响的评估。

“合格评定程序”,系指直接或间接用于确定达到某一技术法规或标准的任何程序,包括为此目的的抽样、检测、检验、评价、核实、监控、审计、合格保证、认证、登记或批准,但是不包括批准程序。

“国际标准”,系指于国际标准化组织通过并公之于众的标准相关措施或其他指南或建议。

“国际标准化组织”,系指成员资格至少对《关税与贸易总协定技术性贸易壁垒协定》所有缔约方的相关机构开放的标准化组织,包括国际标准化组织、国际电工委员会、食品法典委员会、世界卫生组织、粮食及农业组织、国际电信联盟;或缔约方指定的任何其他组织。

“陆运服务”,系指由汽车承运人或铁路提供的运输服务。

“合法目标”包括以下目标:

(1)安全,

(2)保护人类、动物或植物的生命或健康,保护环境或消费者,包括涉及货物或服务的质量和可识别性的事宜,以及

(3)可持续发展,

同时适当考虑诸如基本的气候或其他地理因素、技术或基础设施因素或科学依据,但是不包括保护国内生产。

“使一致”,系指使不同标准化组织批准的同一范围的不同标准相关措施达到一种水平,从而这些措施是等同或等效的或者具有使不同货物或服务可以互相替代或满足同一目的效果。

“服务”,系指陆运服务和电信服务。

“标准”,系指经公认机构批准的文件,为货物或相关工艺和生产方法,或者为服务或相关操作方法,提供共同使用或重复使用的但并非强制性的规则、指南或特性。该文件也可包括或

专门涉及对货物、工艺或者生产或操作方法的术语、符号、包装、标示或标签的要求。

"标准化组织",系指在标准化活动中已获承认的组织。

"标准化相关措施",系指标准、技术法规或合格评定程序。

"技术法规",系指规定强制性的货物特性或其相关工艺和生产方法,或者服务特性或其相关操作方法的文件,包括适用的行政规定。该文件也可包括或专门涉及对货物、工艺或者生产或操作方法的术语、符号、包装、标识或标签的要求;以及

"电信服务",系指以任何电磁手段,通过信号的传输和接收提供的服务,但是不指面向公众的广播或电视节目的电缆、播送或其他电磁传送服务。

2. 除非本协定另有定义,本章中其他术语的解释应根据上下文的通常意义,同时考虑本协定的目标,并且如有必要,参照国际标准化组织与国际电工委员会1991年指南二第六版《关于标准化及相关活动的一般术语及其定义》所列术语。

附件908.2:合格评定程序的过渡性规则

1. 对政府合格评定机构的规定除外,第908条第2款应自本协定生效之日四年内,对墨西哥不施加任何义务,也不赋予任何权利。

2. 如果一缔约方对另一缔约方境内合格评定机构的认证、批准、许可或其他方式的承认,收取金额仅限于所提供的服务的大致成本的合理费用,该缔约方在1998年12月31日之前或各缔约方可能同意的更早时间,对其境内合格评定机构,无须收取此种费用。

附件913.5.甲-1:陆运标准小组委员会

1. 根据第913条第5款第1项第1目设立的陆运标准小组委员会应由各缔约方代表组成。

2. 小组委员会应执行以下工作计划,使各缔约方的以下标准相关措施一致:

(1)公共汽车与货车业务

1)自本协定生效之日起一年半内,司机的非医疗标准相关措施,包括司机的年龄和使用语言方面的措施,

2)自本协定生效之日起两年半内,司机的医疗标准相关措施,

3)自本协定生效之日起三年内,车辆的标准相关措施,包括根据附件913.甲-3规定的汽车标准理事会工作计划未涉及的重量与尺寸、轮胎、刹车、零件与配件、货物的固定、维修与保养、检验、排放与环境污染水平的措施,

4)自本协定生效之日起三年内,各缔约方监督汽车运营商符合安全规定的标准相关措施,以及

5)自本协定生效之日起三年内,道路标志的标准相关措施;以及

(2)铁路业务

1)自本协定生效之日起一年内,有关跨境业务的运营人员的标准相关措施,以及

2)自本协定生效之日起一年内,机车和其他铁路设备的标准相关措施;以及

(3)自本协定生效之日起六年内,危险货物运输的标准相关措施,以《联合国关于危险货物运输的建议》或缔约方可能同意的其他类似标准为基础。

3. 小组委员会可处理其认为适当的其他类似标准相关措施。

附件913.5.甲-2:电信标准小组委员会

1. 根据第913条第5款第1项第2目设立的电信标准小组委员会应由各缔约方代表

组成。

2. 小组委员会应在本协定生效之日起六个月内，制订包括时间表在内的工作计划，在可行的最大限度内，使各缔约方关于第十三章（电信）定义的授权设备的标准有关措施一致。

3. 小组委员可处理关于电信设备或服务的其他适当标准相关事宜以及其认为合适的其他类似问题。

4. 小组委员应考虑各缔约方在其他论坛以及非政府标准化机构开展的相关工作。

附件 913.5.甲－3：汽车标准理事会

1. 根据第 913 条第 5 款第 1 项第 3 目设立的汽车标准理事会应由各缔约方代表组成。

2. 理事会的目的应在可行的限度内，促进实现各缔约方适用汽车产品的国家标准相关措施的一致化，审议该措施的实施，并处理其他相关事宜。

3. 为便于目标的实现，理事会可成立小组、磋商程序和其他适当的运行机制。根据各缔约方的协定，理事会可在小组内容纳州和省级政府代表或私营部门代表。

4. 理事会的任何建议应获得各缔约方的同意。如果一缔约方无须通过法律，该缔约方应根据法定和程序要求以及其国际义务，在合理时间内实施理事会的建议。如果一缔约方需要通过法律，该缔约方应尽最大努力，保证该法律的通过，并应在合理时间内实施该法律。

5. 认识到各缔约方标准相关措施的现存差异，理事会应制订工作计划，在以下准则的基础上，使适用汽车产品和其他相关事宜的国家标准相关措施一致：

(1) 对产业整合的影响；

(2) 贸易壁垒的广度；

(3) 影响贸易的强度；以及

(4) 差异的幅度。

在制订工作计划时，理事会可处理其他相关问题，包括道路和非道路移动源的废气排放。

6. 对本附件关于州和省级政府当局以及私营部门组织维持的标准相关措施的各项目标，各缔约方应采取合理的可行措施，促使其实现。理事会应尽一切努力，协助此类实体的这些活动，特别是确定优先事项和制定工作日程。

附件 913.5.甲－4：纺织品与服装标签小组委员会

1. 根据第 913 条第 5 款第 1 项第 4 目设立的纺织品与服装标签小组委员会应由各缔约方代表组成。

2. 小组委员会应容纳并咨询各缔约方境内的技术专家以及来自制造业和零售业的具有广泛代表性的群体。

3. 小组委员会应制订并实施协调标签要求的工作计划，通过采用统一标签规定以促进各缔约方之间纺织品与服装贸易。工作计划应包括以下事项：

(1) 如有可能，用图案和符号取代法定要求的文字信息，以及其他方法减少纺织品与服装标签上的多种语言；

(2) 纺织品与服装的保养须知；

(3) 纺织品与服装的纤维含量信息；

(4) 纺织品与服装的法定要求信息可接受的统一附着方法；以及

(5) 各缔约方的纺织品与服装生产商或出口商的登记号码在其他缔约方境内的使用。

第四编　政府采购

第十章　政府采购

第一节　适用范围与国民待遇

第 1001 条:适用范围

第 1002 条:合同估价

第 1003 条:国民待遇与非歧视

第 1004 条:原产地规则

第 1005 条:利益的拒绝给予

第 1006 条:补偿的禁止

第 1007 条:技术规格

第二节　招标程序

第 1008 条:招标程序

第 1009 条:供应商资格

第 1010 条:参与邀请

第 1011 条:选择性招标程序

第 1012 条:投标与交付的期限

第 1013 条:招标文件

第 1014 条:谈判准则

第 1015 条:投标书的提交、接收和开启以及合同的授予

第 1016 条:有限招标程序

第三节　投标异议

第 1017 条:投标异议

第四节　总则

第 1018 条:例外

第 1019 条:信息的提供

第 1020 条:技术合作

第 1021 条:小型企业的联合项目

第 1022 条:更正或修改

第 1023 条:实体的剥离

第 1024 条:进一步的谈判

第 1025 条:定义

附件 1001.1 甲 -1:联邦政府实体

附件 1001.1 甲 -2:政府企业

附件 1001.1 甲 – 3:州和省级政府实体
附件 1001.1 乙 – 1:货物
附件 1001.1 乙 – 2:服务
附件 1001.1 乙 – 2 – 甲:墨西哥服务暂定明细表
附件 1001.1 乙 – 2 – 乙:通用分类系统
附件 1001.1 乙 – 3:建筑服务
附件 1001.1 乙 – 3 – 甲:通用分类系统
附件 1001.1 丙:门槛价值(最低价值)的指数化与转换
附件 1001.2 甲:墨西哥过渡性条款
附件 1001.2 乙:一般说明
附件 1001.2 丙:国别门槛价值(最低价值)
附件 1010.1:出版物

第一节　适用范围与国民待遇

第 1001 条:适用范围

1. 本章适用一缔约方采取或维持的与采购有关的措施:

(1)根据第 1024 条,采购实体为附件 1001.1 甲 – 1 所列联邦政府实体,附件 1001.1 甲 – 2 所列政府企业,或附件 1001.1 甲 – 3 所列州或省级政府实体;

(2)采购附件 1001.1 乙 – 1 规定的货物,附件 1001.1 乙 – 2 规定的服务,或附件 1001.1 乙 – 3规定的建筑服务;以及

(3)授予的合同估价等于或超过根据附件 1001.1(丙)所列美国通货膨胀率计算并调整的一个门槛价值(最低限值):

1)对于联邦政府实体,货物、服务或货物与服务的任何组合合同的估价为 50,000 美元,建筑服务合同的估价为 650 万美元;

2)对于政府企业,货物、服务或货物与服务的任何组合合同的估价为 250,000 美元,建筑服务合同的估价为 800 万美元;以及

3)对于州和省级政府实体,根据第 1024 条,附件 1001.1 甲 – 3 所列的适用门槛价值。

2. 第 1 款应符合:

(1)附件 1001.2(甲)所规定的临时条款;

(2)附件 1001.2(乙)所规定的一般说明;以及

(3)附件 1002.2(丙)所指明的各缔约方条款。

3. 在符合第 4 款的前提下,如果有关实体授予的合同不属本章涵盖范围,本章不应解释为涵盖该合同的任何货物或服务部分。

4. 任何缔约方不得拟定、设计或以其他方式订立任何采购合同,以规避本章的义务。

5. 采购包括购买、租赁或租借等方式的采购,无论有无购买选择权。采购不包括:

(1)非合同协定或任何形式的政府援助,包括合作协定、拨款、贷款、资本注入、担保、财政鼓励,以及政府提供给个人或州、省和地方政府的货物和服务;以及

(2)对财政机构或托管服务、监管金融机构的清算和管理服务、政府债务的销售和分销服务的收购。

第1002条:合同估价

1. 各缔约方应保证其实体在确定一项合同是否属于本章的涵盖范围时,应适用第2款至第7款的规定计算该合同的价值。

2. 合同的价值应在根据第1010条发布通告之时予以估算。

3. 在计算合同价值时,有关实体应考虑所有形式的报酬,包括奖金、酬金、佣金与利息。

4. 在第1001条第4款的基础上,有关实体不可选择估价方法,或将采购要求分隔成若干单独的合同,以规避本章的义务。

5. 如果一个单项采购要求授予一个以上的合同或使合同分割为若干单独的部分授予时,估价基础应为:

(1)上一财政年度或12个月中订立的类似续生合同的实际价值,如有可能,根据其后12个月中数量和金额的预期变化予以调整;或者

(2)本财政年度或首份合同后的12个月中续生合同的估算价值。

6. 对于租赁或租借合同,无论有无购买选择权,或对于未列明总价的合同,估价基础应为:

(1)对于定期合同,如果期限为12个月或少于12个月,合同有效期内的合同总价值;或如果期限超过12个月,合同总价值,包括估算的剩余价值;或者

(2)对于期限不确定的合同,估算的月摊付款额乘以48。

如果有关实体对合同是定期还是期限不确定的合同有疑问,应根据第2项规定的方法计算合同价值。

7. 如果招标文件要求选择性条款,估价基础应为最大允许采购的总价值,包括所有可能的选择性采购。

第1003条:国民待遇与非歧视

1. 对本章涵盖的措施,各缔约方应给予另一缔约方的货物、另一缔约方的该货物供应商和服务供应商不低于该缔约方给予的以下最优惠待遇:

(1)其境内货物和供应商的待遇;以及

(2)另一缔约方货物和供应商的待遇。

2. 对本章涵盖的措施,各缔约方不得:

(1)根据国外联营或所有权的程度,给予一当地设立的供应商低于给予另一当地设立的供应商的待遇;或者

(2)根据供应商为特定采购提供的货物或服务是另一缔约方的货物或服务,歧视当地设立的供应商。

3. 第1款不适用对进口征收或与进口有关的关税或任何形式的其他费用,征收此类关税或费用的方法,或其他进口法规,包括限制和手续的措施。

第1004条:原产地规则

任何缔约方对为本章涵盖的政府采购目的,自另一缔约方进口的货物实施的原产地规则,不得与正常贸易过程中实施的原产地规则不同或不一致;原产地规则可以是根据附件311规

定的标识规则，如果这些规则成为该缔约方在正常贸易过程中实施的原产地规则。

第 1005 条：利益的拒绝给予

1. 根据第 1803 条（信息的通报和提供）和第 2006 条（磋商），经事先通报和磋商，一缔约方可拒绝给予另一缔约方服务供应商本章下的利益，如果该缔约方确定，提供的服务来自非缔约方人士拥有或控制的企业，并且该企业在任何缔约方境内没有实质性的商业活动。

2. 一缔约方可以拒绝给予另一缔约方企业本章下的利益，如果非缔约方的国民拥有或控制该企业，并且

（1）满足第 1113 条第 1 款第 1 项（利益的拒绝给予）规定的情况；或者

（2）作出拒绝的缔约方对该非缔约方采取或维持禁止与该企业交易的措施，或如果给予该企业本章下的利益，该项措施就会遭到违反或规避。

第 1006 条：补偿的禁止

各缔约方应保证，在对供应商、货物或服务进行合格审查和选择时，在对投标进行评估或授予合同时，该缔约方的实体不考虑、寻求或施加补偿。本章所称补偿，系指一实体在采购过程中或之前，施加或考虑的条件，即通过要求当地成分、技术许可、投资、反向贸易或其他要求，鼓励当地的发展或改善该缔约方的国际收支账户。

第 1007 条：技术规格

1. 各缔约方应保证，其实体不制定、采取或实施在目的或效果上造成不必要的贸易障碍的任何技术规格。

2. 各缔约方应保证，在合适的情况下，其实体规定的任何技术规格：

（1）根据性能标准而非设计或描述性特征；以及

（2）根据国际标准、国家技术法规、公认国家标准或建筑规范。

3. 各缔约方应保证，其实体规定的技术规格不要求或设计某一特定商标或商号、专利、设计或型号、具体原产地、生产商或供应商，除非舍此无足够准确或易懂的方式描述采购要求，并且在此种情况下，招标文件中需有"或相当于"之类的措辞。

4. 各缔约方应保证，其实体不以可能具有妨碍竞争效果的方式，征求或接受可能用于拟定或采用有关具体采购的任何技术规格的建议，只要该建议来自对采购有商业利益的人士。

第二节 招标程序

第 1008 条：招标程序

1. 各缔约方应保证，其实体的招标程序：

（1）以非歧视的方式实施；并且

（2）符合本条以及第 1009 条至第 1016 条。

2. 在这方面，各缔约方应保证，其实体：

（1）不以可能具有妨碍竞争效果的方式，向任何供应商提供具体采购信息；并且

（2）在任何通告或招标文件发布之前，向所有供应商提供获取采购信息的平等权利。

第 1009 条：供应商资格

1. 除第 1003 条的规定外，任何缔约方的实体在招标程序中审查供应商资格时，不得在其

他缔约方的供应商之间或在国内供应商与其他缔约方的供应商之间造成歧视。

2. 有关实体遵循的资格审查程序应与下列规定相符:

(1)供应商参与招标程序的条件应尽早提前公布,以便供应商有充足时间开始资格审查程序,并在与采购过程的有效运作相符的限度内,完成资格审查程序;

(2)供应商参与招标程序的条件,包括财务担保、技术资格以及确定供应商的金融、商业和技术能力所需的信息,以及对供应商是否符合这些条件的核实,应限制在保证完成所涉合同必需的范围内;

(3)判断供应商的金融、商业和技术能力应根据供应商的全球商业活动,包括在供应商所在缔约方境内的活动,以及在采购实体所在缔约方境内可能有的活动;

(4)有关实体不得滥用资格审查过程,包括资格审查所需的时间,以便从供应商名录中排除另一缔约方的供应商或不将其列入一特定采购的考虑对象;

(5)如果另一缔约方的供应商满足一特定采购的参与条件,有关实体应承认该供应商为合格供应商;

(6)如果另一缔约方的供应商要求参与采购,但是尚未符合资格,有关实体也应考虑该供应商参与特定采购,只要有充足的时间完成资格审查程序;

(7)保存合格供应商常设名录的实体,应保证供应商可以随时提出资格申请,保证提出请求的所有合格供货商应在合理的较短时间内列入该名录,并且保证名录内的所有合格供应商在名录废止或自名录中将其除名时应获得通知;

(8)如果根据第1010条发布通告之后,尚未获得资格的供货商请求参与一特定采购,有关实体应立即启动资格审查程序;对于提出成为合格供应商请求的任何供应商,有关实体应将与此有关的决定通知该供应商;

(9)对于请求成为合格供应商的任何供应商,有关实体应将其是否符合资格的决定通知该供应商;以及

(10)如果有关实体否决供应商的资格申请或停止承认供货商的资格,该实体应根据该供货商请求,立即提供该实体决定理由的相关信息。

3. 各缔约方应:

(1)保证各个实体采用单一的资格审查程序,除非一实体确定需要采用不同的程序,并且应另一缔约方请求,证明这一需要,则该实体可使用附加的资格审查程序;以及

(2)努力将各个实体之间资格审查程序的差异降到最小化程度。

4. 第2款与第3款的任何规定,不应妨碍任何实体根据破产或虚假申报等理由排除供应商。

第1010条:参与邀请

1. 除非第1016条另有规定,有关实体应根据第2款、第3款和第5款,在附件1010.1所列的适当出版物上,发布所有采购的参与邀请。

2. 采购参与邀请应采取拟议采购通告的形式,并包括以下信息:

(1)说明拟采购货物或服务的性质和数量,包括进一步采购的任何选择权,并且如有可能,包括以下信息:

1)行使此类选择权的估计时间;以及

2)对续生合同,后续通告发布的估计时间;

(2)声明该程序是公开的还是选择性的,以及是否会涉及谈判;

(3) 拟采购货物或服务的交付开始或结束的日期;

(4)投标邀请申请书或供应商名录资格申请书必须提交的地址,接收申请书的最后期限,以及提交申请书的一种或多种语言;

(5)投标书必须提交的地址,接受投标的最后期限,以及提交投标书的一种或多种语言;

(6)授予合同并为提供获得规格和其他文件所需的任何信息的有关实体地址;

(7)任何经济或技术要求,以及供应商必须提供的任何财务担保、信息和文件的声明;

(8)对投标文件应付的任何款项的金额及支付条件;以及

(9)关于实体是否对购买、租赁或租借(无论有无购买选择权)邀请报盘的声明。

3. 虽有第2款的规定,附件1001.1甲-2或1001.1甲-3所列的任何实体可采用计划采购通告,作为采购参与邀请,并且该通告应尽可能包括第2款所列的、该实体可获得的信息,且至少包括以下信息:

(1)对采购标的物的说明;

(2)接收投标书或招标邀请申请书设定的时限;

(3)索取有关采购文件应提交的地址;

(4)感兴趣的供应商应向有关实体对此项采购表明兴趣的声明;以及

(5)索取进一步信息的有关实体的联络点的说明。

4. 采用计划采购通告作为参与邀请的实体,应随后邀请已对采购表示兴趣的供应商,在该实体提供的信息的基础上,确认其兴趣,并至少包括第2款所列信息。

5. 虽有第2款的规定,附件1001.1甲-2或1001.1甲-3所列实体可采用资格审查制度通告,作为采购参与邀请。采用此种通告的实体应根据第1015条第8款的规定,及时提供信息,以便表示参与采购兴趣的所有供应商有适当的机会评估其兴趣。该信息一般应包括第2款所列通告必须包括的信息。提供给表示兴趣的任何供应商的信息应以非歧视的方式提供给表示兴趣的所有其他供应商。

6. 对选择性招标程序,保存合格供应商常设名录的实体,应在附件1010.1所列的适当出版物上,每年发布包括以下信息的通知:

(1)所持名录的细目,包括通过名录采购的货物或服务的标题,或者货物或服务类别的标题;

(2)列入供应商名录必须满足的条件,以及有关实体核实各项条件的方法;以及

(3)名录的有效期以及展期手续。

7. 在参与邀请发布之后,但是在通告或投标文件规定的开启或接收投标书之前,如果有关实体发现需要修正或重新发布通告或投标文件,该实体应保证收到原件的所有供应商都能收到经修改后或重新发布的通告或投标文件。有关实体提供给某一供应商特定采购的任何重要信息,应同时提供给表示兴趣的所有其他供应商,并尽早提前提供以便所有相关供应商有充足时间考虑此类信息并作出反应。

8. 有关实体应在本条所指的通告中指明该项采购属于本章涵盖的范围。

第1011条:选择性招标程序

1. 为了保证在选择性招标程序下各缔约方的供应商之间最有效的竞争,有关实体应对每项采购,在符合采购制度有效运作的情况下,邀请最大数量的国内供应商和其他缔约方供应商

招标。

2. 在符合第3款的前提下,保存合格供应商常设名录的实体,可自名录中选择被邀请投标特定采购的供应商。在选择过程中,该实体应为名录上的供应商提供公平的机会。

3. 在符合第1009条第2款第6项的前提下,有关实体应允许请求参加特定采购投标的供应商提交投标书并应予考虑。额外获准参与投标的供应商数量应仅以采购制度有效运作为限。

4. 如果有关实体不邀请或允许某一供应商投标,应该向供应商请求,该实体应及时提供其决定理由的相关信息。

第1012条:投标与交付的期限

1. 有关实体应:

(1)在设定期限时,为另一缔约方的供应商提供充裕的时间,以允许其在投标程序截止之前准备和提交投标书;

(2)在确定期限时,在符合自身合理需要的情况下,考虑诸多因素,如采购的复杂性、预期分包的程度,以及自国外或国内各地邮寄投标书通常所需的时间;并且

(3)在决定接收投标书或投标申请书的截止日期时,适当考虑通告发布的时间延误。

2. 在符合第3款的前提下,有关实体应规定:

(1)在公开招标程序中,接收投标书的期限自根据第1010条发布通告之日起不少于40天;

(2)在不涉及使用合格供应商常设名录的选择性招标程序中,提交招标邀请申请书的期限自根据第1010条发布通告之日起不少于25天,接收投标书的期限自招标邀请发布之日起不少于40天;以及

(3)在涉及使用合格供应商常设名录的选择性招标中,接受投标书的期限自招标邀请首次发布之日起不少于40天,但是如果招标邀请首次发布的日期与根据第1010条发布通告的日期不同,则这两个日期间距不得少于40天。

3. 在下列情况下,有关实体可缩短第2款所指的期限:

(1)如果第1010条第3款或第5款所指的通告已发布至少40天但少于12个月,则接收投标书的40天期限可缩短为不少于24天;

(2)对第1010条第2款第1项所称的续生合同而发布的第二次或随后通告,则解释投标书的40天期限可缩短为不少于24天;

(3)如果有关实体充分证明出现紧急状态,使所涉期限不可行,则该期限可缩短至根据第1010条发布通告之日起不少于10天;或者

(4)如果附件1001.1甲-2或附件1001.1甲-3所列实体采用第1010条第5款所指的通告作为参与邀请,则期限的确定可根据该实体和所有选定的供应商之间的相互约定,但是如无约定,该实体可确定足够长的期限,以便投标符合要求,并且无论如何不得少于10天。

4. 在确定货物或服务的交付日期时,并符合自身合理需要的情况下,有关实体应考虑诸多因素,如采购的复杂性、预期分包的程度,以及生产、缩减储量和自供应点运输货物所需的实际时间。

第1013条:招标文件

1. 如果有关实体向供应商提供招标文件,该文件应包含允许供应商提交符合要求的投标

书必需的所有信息，包括第 1010 条第 2 款所指通告要求发布的信息，但是第 1010 条第 2 款第 8 项要求的信息除外。该文件还应包括：

(1) 投标书应提交的有关实体的地址；

(2) 索取补偿信息应提交的地址；

(3) 投标书或招标文件可使用的一种或多种语言；

(4) 接收投标书的截止日期和时间，以及投标书开放供接受的时限；

(5) 授权出席开标的人员，以及开标的日期、时间和地点；

(6) 任何经济或技术要求，以及要求供应商提供的任何财务担保、信息或文件的声明；

(7) 对采购的货物或服务以及任何其他要求的完整描述，包括技术规格、合格认证、必需的设计图、图纸和说明材料；

(8) 授予合同的标准，包括评估投标书时考虑的价格之外的任何因素，以及评估投标价格时包括的费用因素，如运输、保险和检验费用，对于另一缔约方的货物或服务，还包括关税和其他进口费用、国内税和支付货币；

(9) 支付条件；以及

(10) 任何其他条款或条件。

2. 有关实体应：

(1) 根据参与公开招标程序或申请参与选择性招标程序的供应商请求，递送招标文件，并及时答复对招标文件进行说明的任何合理咨询。

(2) 及时答复参与招标程序的供应商关于提供有关信息的任何合理请求，前提条件是此类信息不至于使该供应商在授予合同的程序中获得优于其竞争者的有利地位。

第 1014 条：谈判准则

1. 有关实体仅在下列情况下可进行谈判：

(1) 在采购中，有关实体在根据第 1010 条发布的通告中已表明其谈判意向；或者

(2) 如果在评估投标书时，有关实体发现根据通告或招标文件所列的具体评估标准，没有一份投标书占明显优势。

2. 有关实体应主要利用谈判以确定投标书的优势和劣势。

3. 有关实体应将投标书视为机密。特别是，任何实体不得提供任何人士信息，旨在帮助任何供应商将其投标书提高至任何其他投标书的水平。

4. 在谈判过程中，任何实体不得歧视任何供货商。特别是，有关实体应：

(1) 根据通告和招标文件所列标准，对供应商进行淘汰；

(2) 以书面形式，向谈判中余下的所有供应商提供标准或技术要求的所有修订；

(3) 允许余下的所有供应商在修订后的标准或要求的基础上，提交新的或修正的投标书；以及

(4) 在谈判结束时，允许余下的所有供应商根据一个共同的截止日期，提交最终的投标书。

第 1015 条：投标书的提交、接收和开启以及合同的授予

1. 有关实体采用的投标书的提交、接收和开启以及合同授予的程序应符合下列规定：

(1) 投标书一般应以书面形式直接或通过邮寄提交。

(2)如果允许使用电传、电报、传真印件或其他电子传送方式提交投标书,则此类投标书必须包括评估投标书所需的所有信息,特别是供应商提出的最终价格,以及供应商同意投标邀请中的所有条款和条件的声明;

(3)通过电传、电报、传真印件或电子传送方式提交的投标书,必须立即通过信函或通过电传、电报、传真印件或电子信息的签字副本予以确认;

(4)如果电传、电报、传真印件或电子信息内容与逾期收到的任何文件存在差异或冲突,应以电传、电报、传真印件或电子信息的内容为准;

(5)不得允许通过电话提交投标书;

(6)参与选择性投标程序的请求可用电传、电报或传真印件提出,并且如果允许,也可用其他电子传送方式提出;以及

(7)在开标和授予合同之间,可给予供应商更正表格中无意失误的机会,但是不得造成供应商之间的歧视。

在本款中,"电子传送方式"系指可以在传送目的地为接收人出示一份投标书副本的方式。

2. 如果仅仅由于有关实体处理不当而造成迟延,致使投标文件中指定的办事机构逾期收到投标书,则该供应商不应受到该实体的处罚。如果有关实体的投标程序如此规定,则在特殊情况下,该实体也可考虑逾期收到的投标书。

3. 有关实体依照公开或选择性投标程序征得的所有投标书,应根据保证开标的规则性而制定的程序和条件,予以接受和开启。有关实体应留存开标的信息。开标信息应由该缔约方的主管机构处理,如果需要,用于第1017条、第1019条或第二十章(制度安排与争端解决程序)的目的。

4. 有关实体应根据以下规定授予合同:

(1)投标书必须在开标之时,符合通告或招标文件的基本要求,并由符合参与条件的供应商提交,方可被考虑授予合同。

(2)如果有关实体收到相比提交的其他投标书而言,价格异常之低的一份投标书,该实体可询问该供应商,以保证该供应商能够遵守参与条件,并有能力或会有能力履行合同条款。

(3)除非有关实体出于公共利益,决定不授予合同,否则该实体应将合同授予已被确定完全具有能力履行合同的供应商,并且该供应商提交的投标书或是价格最低的,或是根据通告或招标文件所列的具体评估标准,被确定为条件是最具优势的。

(4)合同授予应依照招标文件所列的标准和基本要求;以及

(5)不得使用选择性条款以规避本章的规定。

5. 一缔约方的任何实体不得将供应商曾经被该缔约方的实体授予一次或多次合同,或供应商在该缔约方境内有过工作经验作为授予合同的条件之一。

6. 相关实体应:

(1)根据请求,及时通告参与招标程序的供应商合同授予的决定,并且如果如此请求,以书面形式通告供应商;以及

(2)应未中标的供应商请求,告知其相关信息,包括其未被授标的原因,中标投标书的相关特点和优势,以及中标供应商的名称。

7. 相关实体应在授予合同之日起72天内,在附件1010.1所列的适当出版物上刊登包括

以下信息的公告：

(1)对合同货物或服务的性质和数量的说明；

(2)授予合同的实体的名称和地址；

(3)授予日期；

(4)各个中标供应商的名称和住所；

(5)合同价值，或在授予合同过程中曾经考虑的报价最高和报价最低的投标书；以及

(6)使用的招标程序。

8. 虽有第1款至第7款的规定，有关实体可保留授予合同的某些信息，如果该信息的披露：

(1)可能会妨碍执法或在其他方面违背公共利益；

(2)可能会损害特定人士的合法商业利益；或者

(3)可能损害供应商之间的公平竞争。

第1016条：有限招标程序

1. 在第2款规定的情况和条件下，一缔约方的有关实体可采用有限招标程序，并因此不适用第1008条至第1015条的规定，只要此种有限招标程序不是用于规避最大可能的竞争，或以某种方式构成其他缔约方供应商之间的歧视或保护国内供应商。

2. 有关实体可在下列情况下，依下列条件，酌情采用有限招标程序：

(1)公开或选择性招标遭遇流标，或者提交的投标书是串谋的结果或不符合招标文件的基本要求，或者提交的投标书来自不符合本章规定的参与条件的供应商，但前提条件是最初采购的要求在授予的合同中未进行实质性修改；

(2)对于艺术作品，或者因保护专利、版权或其他专有权或专有信息的原因，或者由于技术原因而无竞争，货物或服务只能由一特定的供应商提供，并且不存在合理的选择或替代；

(3)在绝对必要的情况下，由于有关实体不可预见的事件所造成的极端紧急状态，货物或服务不能通过公开或选择性招标程序迅速获得；

(4)对于原始供应商的额外交货，目的在于为现有供应、服务或装置提供更换部件或继续服务，如果更换供应商将迫使有关实体购买的设备或服务不能满足于现有设备或服务的互换性要求，其中包括软件，只要该软件的最初采购属于本章的涵盖范围；

(5)有关实体采购的原型或第一个货物或服务是在研究、试验、考察或原始开发的特定合同中因应该实体要求而专门开发的。该合同履行完毕之后，随后的货物或服务采购应遵守第1008条至第1015条的规定。第一个货物的原始开发可包括有限的生产，以吸收实地测验的结果，并证明该货物能够在可接受的质量标准下批量生产，但是并不包括为建立商业可行性或收回研究与开发成本而进行的批量生产；

(6)在商品市场购买的货物；

(7)只在非常短的时间内出现的特别有利的条件下进行的采购，如通常情况下不属于供应商的企业进行的非正常处置，或对清算或破产管理企业的资产处置，但是不包括与正常供应商进行的例行采购；

(8)授予建筑设计竞赛获胜者的合同，只要该项竞赛符合以下条件：

1)组织形式符合本章的各项原则，包括向符合资格的供应商发出参加竞赛的邀请的规定；

2)组织目的是将设计合同授予获胜者；

3)评审由一个独立的评判委员会进行；以及

(9)有关实体需要采购机密事项的咨询服务，一经披露可以合理地预见将会有损政府机密，导致经济崩溃或类似与公共利益相抵触的后果。

3. 有关实体应就根据第2款授予的每份合同，准备一份书面报告。每份报告应包括采购实体的名称，说明所购货物或服务的价值和种类、原产国，以及指出第2款中有限投标使用理由的状况和条件的声明。该实体应保留每份报告。报告应由该缔约方的主管机构处理，如有需要，用于第1017条、第1019条或第二十章(制度安排与争端解决程序)的目的。

第三节 投标异议

第1017条：投标异议

1. 为了促进公平、公开和公正的采购程序，各缔约方应根据以下规定，对本章涵盖的采购采用并维持投标异议程序：

(1)各缔约方应允许供应商提交涉及采购程序任何方面的投标异议，对本条而言，采购程序自有关实体确定采购要求开始，直至合同的授予；

(2)一缔约方可鼓励供应商在提起投标异议之前，寻求与相关实体解决任何投诉；

(3)各缔约方应保证，其实体对与本章涵盖的采购有关的任何投诉，给予公平和及时的考虑；

(4)无论供应商是否尝试与相关实体解决投诉，或者在尝试解决投诉失败之后，任何缔约方不得阻碍供应商提起投标异议或寻求任何其他救济；

(5)一缔约方可要求供应商就提起投标异议，通告有关实体；

(6)一缔约方可限制供应商提起投标异议的期限，但是在任何情况下该期限自供应商获悉或理应获悉投诉依据之时起不少于10个工作日；

(7)各缔约方应设立或指定一个与采购结果没有实际利害关系的复议机构，受理投标异议，并就投标异议作出结论，提出建议；

(8)收到投标异议后，复议机构应迅速调查异议；

(9)一缔约方可要求其复议机构仅考虑异议本身；

(10)在调查异议的过程中，复议机构可推迟拟议中的合同授予，直到异议的解决，除非是在紧急状态下或延误会违背公共利益；

(11)复议机构应提出解决异议的建议，该建议可包括要求有关实体重新评估报盘，终止或重新竞争该项合同；

(12)有关实体一般应遵循复议机构的建议；

(13)各缔约方应授权其复议机构在结束投标异议程序之后，对相关实体提出书面的补充建议，指出在调查异议时发现的该实体采购过程中存在问题的任何方面，包括修改该实体采购程序使之符合本章规定的建议；

(14)复议机构应以书面形式及时提交有关投标异议的调查结论和建议，并向各缔约方和利害关系方公开调查结论和建议；

(15)各缔约方应以书面形式规定其投标异议程序，并应向一般公众公开；

(16)各缔约方应保证,自合同授予之日起至少三年,其各个实体留存每项采购的完整文件,包括实质影响每项采购的所有联系信息的一份书面记录,以便核实该项采购过程是根据本章规定进行的。

2. 一缔约方可要求,只有在采购通告发布之后,或在未发布通告的情况下,在招标文件发出之后,才能提起投标异议。如果一缔约方作出如此规定,第 1 款第 6 项所述 10 个工作日的期限的开始日期应不早于通告发布之日或投标文件发出之日。

第四节 总 则

第 1018 条:例外

1. 本章中任何规定,不得解释为妨碍一缔约方采取其认为必要的任何行动或不披露任何信息,以保护在武器、弹药或战争物资采购,或者为国家安全或国防目的必不可少的采购有关的基本安全利益。

2. 只要此类措施的实施方式,在同等情况下不构成各缔约方之间任意或不合理歧视的手段,或者不构成各缔约方之间贸易的变相限制,则本章中任何规定,不得解释为妨碍任何缔约方采取或维持以下措施:

(1)保护公共道德、秩序或安全所必需的措施;

(2)保护人类、动物或植物的生命或健康所必需的措施;

(3)保护知识产权所必需的措施;或者

(4)与残障人士、慈善机构或监狱囚犯劳工的货物或服务有关的措施。

第 1019 条:信息的提供

1. 在第 1802 条(发布)第 1 款的基础上,各缔约方应在附件 1010.1 所列的适当出版物上,及时公布有关本章涵盖的政府采购且普遍适用的任何法律、法规、司法先例判决、行政裁决,以及任何程序,包括标准合同条款。

2. 各缔约方应:

(1)应请求,向另一缔约方说明其政府采购程序;

(2)保证其实体根据供应商请求,及时解释该实体的采购惯例和程序;以及

(3)在 1994 年 1 月 1 日之前,指定一个或多个联络点:

1)以便利各缔约方之间的交流,以及

2)以答复其他缔约方关于提供本章所涉问题相关信息的所有合理咨询。

3. 一缔约方可寻求关于合同授予的额外信息,以便确定采购是否公平和公正,特别是关于未中标投标书的信息。为此目的,采购实体的缔约方应提供关于中标投标书的特点和相对优势以及合同价格的信息。如果披露此类信息可能损害未来招标中的竞争,除非与提供信息的缔约方磋商之后并征得其同意,否则请求缔约方不得发布该信息。

4. 应请求,各缔约方应向另一缔约方就其实体进行的本章所涉采购以及有关实体所授予的各个合同的信息,提供该缔约方及其实体已知的信息。

5. 任何缔约方未经向该缔约方提供信息的人士正式授权,不得披露机密信息,如果这可能会损害特定人的合法商业利益,或可能损害供应商之间的公平竞争。

6. 本章中任何规定,不得解释为要求任何缔约方披露机密信息,如果该信息一经披露,可

能会妨碍执法或在其他方面违背公共利益。

7. 为了保证有效监控本章所涉采购,各缔约方应根据以下报告要求,收集统计数据并提供另一缔约方一份年度报告,除非缔约各方另有约定:

(1)关于所有授予合同估计价值的统计数据,无论高于还是低于适用门槛价值,按照实体划分;

(2)关于高于适用门槛价值的合同数量和总价值的统计数据,按照实体划分,按照本章所定分类体系的货物和服务类别划分,并按照所采购的货物和服务原产地划分;

(3)关于根据第1016条所指各个程序授予合同的数量和总价值的统计数据,按照实体划分,按照货物和服务类别划分,并按照所采购的货物和服务原产地划分;以及

(4)关于根据附件1001.2甲和1001.2乙所列的本章背离规定所授予的合同数量和总价值的统计数据,按照实体划分。

8. 对第7款所涉报告中有关附件1001.1甲-3所列实体,各缔约方可按照州或省划分。

第1020条:技术合作

1. 为了给予所有缔约方的供应商以参与政府采购的最大机会,各缔约方应在相互商定的条件下开展合作,以增加对各自的政府采购制度的理解。

2. 各缔约方应在收回成本的基础上,向其他缔约方和其他缔约方的供应商提供有关政府采购制度的培训和指导项目的信息,并以无歧视的方式提供参与该缔约方进行的任何此类培训项目。

3. 第2款所指培训和指导项目包括:

(1)对直接参与政府采购程序的政府工作人员的培训;

(2)对有意寻求政府采购机会的供应商的培训;

(3)对各缔约方政府采购制度中具体要素的解释与介绍,如投标异议处理机制;以及

(4)与政府采购市场机会有关的信息。

4. 各缔约方应在1994年1月1日之前,设立至少一个联络点,以提供本条所指培训和指导项目的信息。

第1021条:小型企业的联合项目

1. 各缔约方应在本协定生效之日起12个月内,设立小型企业委员会,由各缔约方代表组成。委员会应按相互约定召开会议,但是每年不得少于一次,并每年向自由贸易委员会报告各缔约方努力为各自的小型企业提供政府采购机会的情况。

2. 委员会应努力为各缔约方的以下活动提供便利:

(1)参与政府采购程序的小型企业工作人员培训机会的确定;

(2)对有意成为另一缔约方境内小型企业贸易伙伴的小型企业的确定;

(3)供另一缔约方有意从小型企业采购的有关实体使用的各缔约方境内小型企业数据库的建设;

(4)关于各缔约方为任何小型企业项目设立资格标准时所用因素的磋商;以及

(5)解决各类相关问题的活动。

第1022条:更正或修改

1. 一缔约方仅在特殊情况下方可修改本章对其的适用范围;

2. 当一缔约方修改本章对其的适用范围时,该缔约方应:

(1)通报其他缔约方及其秘书处所作的修改;

(2)在相应的附件中反映所作的修改;以及

(3)向其他缔约方提议适当的适用范围补偿性调整,以便将适用范围维持在未修改之前的可比水平。

3. 虽有第1款与第2款的规定,一缔约方可对附件1001.1甲-1至1001.1乙-3以及附件1001.2甲和1001.2乙中的该缔约方明细表作纯粹形式上的更正或次要的修订,前提条件是该缔约方通报其他缔约方及其秘书处此类更正,并且另一缔约方在30天内未对拟议中的更正表示异议。在这种情况下,无须提出补偿。

4. 虽有本章的任何其他规定,一缔约方可对本章涵盖的政府采购实体进行重组,包括此类实体采购的分散化或相应的政府职能不再由任何政府实体(不论其是否受本章约束)执行的各种方案。在这种情况下,无须提出补偿。任何缔约方不得采取此类重组或方案以规避本章的义务。

5. 如果一缔约方认为:

(1)第2款第3项下的拟议调整不足以维持互相商定的涵盖范围的可比水平;或者

(2)第3款下的更改或次要修订或者第4款下的重组不符合那些条款的适用要求,因此需要补偿;

该缔约方可根据第二十章(制度安排与争端解决程序),诉诸争端解决程序。

第1023条:实体的剥离

1. 本章中任何规定,不得解释为妨碍一缔约方将本章涵盖的实体剥离出去。

2. 如果附件1001.1甲-2所列实体的股票公开发行,或通过其他方式,该实体不再受联邦政府控制,该缔约方可在通报其他缔约方及其秘书处之后,将该实体从附件该缔约方明细表中删除,并将该实体退出本章的涵盖范围。

3. 如果一缔约方以该实体仍然受联邦政府控制为由,对该退出表示异议,该缔约方可根据第二十章(制度安排与争端解决程序),诉诸争端解决程序。

第1024条:进一步的谈判

1. 各缔约方应在1998年12月31日之前,开始进一步的谈判,以进一步开放各自的政府采购市场。

2. 在谈判中,各缔约方应根据以下目的,审议各自政府采购惯例中的各方面:

(1)评估政府采购制度的运作;

(2)努力扩大本章的涵盖范围,包括纳入:

1)其他政府企业;以及

2)因其他原因作为法定或行政例外的采购;以及

(3)审查门槛价值(最低限值)。

3. 在审议之前,各缔约方应努力与其州和省级政府磋商,以获得其承诺,在自愿互惠的基础上,将州和省级政府实体和企业的采购纳入本章涵盖范围。

4. 如果根据《关税与贸易总协定政府采购协定》(以下简称"守则")第9条第6款第2项进行的谈判在此审议之前完成,各缔约方应:

(1)立即同州和省级政府磋商,以获得其承诺,在自愿互惠的基础上,将州和省级政府实体和企业的采购纳入本章涵盖范围;以及

(2)扩展本章所规定义务及包含范围,使其至少与本守则相一致。

5. 各缔约方应承诺,在本协定生效之日起一年内,开始对电子传送问题的进一步谈判。

第1025条:定义

在本章中:

"建筑服务合同",系指为附录1001.1乙-3-甲所列民用或建筑工程而签订的合同;

"实体",系指附件1001.1甲-1、1001.1甲-2或1001.1甲-3所列实体;

"另一缔约方的货物",系指根据第1004条认定的、原产自另一缔约方境内的货物;

"国际标准",系指第915条(定义—标准相关措施)定义的"国际标准";

"有限招标程序",系指根据第1016条规定的状况和条件,有关实体与供应商单独洽谈的程序;

"当地设立的供应商",包括在该缔约方境内的自然人居民,根据该缔约方法律组织或建立的企业,以及设在该缔约方境内的分公司或办事处;

"公开招标程序",系指所有感兴趣的供应商均可提交投标书的程序;

"选择性招标程序",系指根据第1011条第3款,有关实体邀请参与投标的供应商可提交投标书的程序;

"服务",包括建筑服务合同,另有规定的除外;

"标准",系指第915条定义的"标准";

"供应商",系指根据有关实体的招标公告,已经提供或能够提供货物或服务的人;

"技术法规",系指第915条定义的"技术法规";

"技术规范",系指规定货物特性或其相关工艺和生产方法,或者服务特性或其相关操作方法的规范,包括适用的行政规定。它也可包括或专门涉及对货物、工艺,或者生产或操作方法的术语、符号、包装、标识或标签的要求;以及

"招标程序",系指公开招标程序、选择性招标程序和有限招标程序。

附件1001.1甲-1:联邦政府实体

加拿大明细表

1. 加拿大大西洋沿岸省份商业机会署
2. 加拿大边境服务署
3. 加拿大就业保险委员会
4. 加拿大工业关系委员会
5. 加拿大税务局
6. 加拿大公共服务学院
7. 加拿大职业健康与安全中心
8. 加拿大食品检验局
9. 加拿大人权委员会
10. 加拿大健康研究院
11. 加拿大政府间会议秘书处

12. 加拿大国际开发署(独立)
13. 加拿大国际贸易法庭
14. 加拿大核安全委员会
15. 加拿大广播电视与电信委员会
16. 加拿大交通事故调查与安全局
17. 加拿大交通局
18. 版权局
19. 加拿大矫正局
20. 法院管理局
21. 农业与农业食品部
22. 加拿大文化遗产部
23. 公民与移民部
24. 财政部
25. 渔业和海洋部
26. 外交事务与国际贸易部
27. 卫生部
28. 人力资源与社会发展部
29. 印第安事务与北部发展部
30. 工业部
31. 司法部
32. 国防部
33. 自然资源部
34. 公共安全与应急准备部
35. 公共工程与政府服务部(独立)
36. 环境部
37. 交通部
38. 退役军人事务部
39. 西部经济多样化部
40. 士兵安置事务主任
41.《退役军人土地法案》主任
42. 加拿大魁北克区域经济发展局
43. 有害物质信息审议委员会
44. 移民与难民委员会
45. 加拿大图书馆与档案馆
46. 城市发展与贷款委员会
47. 国家战场委员会
48. 国家能源局
49. 国家农产品理事会
50. 国家假释委员会

51. 加拿大国家研究理事会
52. 加拿大自然科学与工程研究理事会
53. 北方管道局
54. 审计长公署
55. 总选举事务主任公署
56. 联邦司法专员署
57. 法定语文专员署
58. 妇女地位协调员公署
59. 总督秘书办公室
60. 金融机构监管署
61. 加拿大信息与隐私专员署
62. 加拿大公园管理局
63. 专利药物价格审查委员会
64. 枢密院办公室
65. 公共卫生署
66. 公务员叙用委员会
67. 加拿大公共服务人力资源管理署
68. 公共服务劳动关系委员会
69. 竞争法庭注册处
70. 加拿大皇家骑警
71. 加拿大皇家骑警外部评审委员会
72. 加拿大皇家骑警公共投诉委员会
73. 社会科学与人文研究理事会
74. 加拿大统计局
75. 法律修改委员会
76. 加拿大最高法院
77. 加拿大交通上诉法庭
78. 财政委员会秘书处

墨西哥明细表

1. 内政部

国家人口委员会总秘书处
国家总档案馆
国立墨西哥革命历史研究所
国家防灾中心
国立联邦制与城市发展研究所
画报与图画出版物审查委员会技术秘书处
信息节目与特别节目生产中心
墨西哥难民援助委员会总协调处
国家移民局

北部边境事务委员会技术秘书处
2. 外交部
墨西哥—美国国际边界与水域委员会
墨西哥—危地马拉—伯利兹国际边界与水域委员会
墨西哥学院
3. 财政与公共信贷部
国家银行与证券委员会
国家保险与担保委员会
国家统计、地理与信息协会
税务管理署
运用多媒体计算与控制进行的信托改进计划
海关
保险货物管理服务处
国家退休储蓄金制度委员会
4. 农业部
墨西哥水技术研究所
国家农林畜牧业研究所
农业市场营销服务处
国家水产与渔业委员会
国家健康、无公害与农业食品质量服务处
信息服务及农业食品与渔业统计署
国家种子检验与认证服务处
国家渔业研究所
5. 交通运输部
联邦电信委员会
墨西哥运输研究所
6. 经济部
联邦管理改进委员会
联邦能力委员会
7. 公共教育部
国家人类学与历史学研究所
国家美术与文学研究所
教育电台
工程与产业发展中心
国家文化与艺术理事会
国家体育委员会
国家版权研究所
8. 卫生部
公共慈善基金管理署

国家输血中心
墨西哥生物制剂与试剂实验室
国家康复中心
国家艾滋病预防与控制中心
国家流行病监控中心
国家儿童与青少年健康中心
联邦健康风险预防委员会
心理卫生服务处
国家医事仲裁委员会
国家器官移植中心
9. 劳动与社会福利部
劳工保护联邦检察官办公室
10. 农业改革部
农业检察官办公室
国家农业注册处
11. 环境与自然资源部
12. 共和国总检察官办公室
13. 能源部
核安全与保障委员会
国家节能委员会
能源管理委员会
14. 社会发展部
国家住房开发委员会
国家教育、健康与喂养项目协调处
15. 旅游部
16. 公共管理部
17. 国家干旱地区委员会
18. 国家免费教科书委员会
19. 国家人权委员会
20. 国家教育发展理事会
21. 国防部
22. 海军部
23. 公安部
国家公共安全系统执行秘书处
联邦防暴警察
预防与社会再适应服务处
青少年理事会
注释：
1. 此表涵盖编号的实体以及其下所列的实体。

2. 译名仅供参考。

美国明细表

1. 农业部(不包括为促进农业支持项目或人类食物项目所作的农产品采购。)

2. 商务部

3. 教育部

4. 卫生与公众服务部

5. 住房与城市发展部

6. 内政部,包括垦务局(对加拿大货物、加拿大货物供应商以及服务供应商而言,只有本章适用加拿大除地方之外的各省级水电事业部门的采购时,本章才适用内政部垦务局的采购。)

7. 司法部

8. 劳动部

9. 国务院

10. 美国国际开发署

11. 财政部

12. 运输部

13. 能源部(不包括为保障核原料或核技术,经《原子能法案》授权所作的国家安全采购,以及与战略石油储备有关的石油采购)

14. 总务管理局(联邦供应51组和52组、联邦供应7340子类除外)

15. 国家航空航天局

16. 退伍军人事务部

17. 环境保护署

18. 广播理事会

19. 国家科学基金会

20. 总统行政办公室

21. 农业信贷局

22. 国家信贷联盟局

23. 绩效制度保护委员会

24. 国家与社区服务机构

25. 储蓄机构监理局

26. 联邦住房融资委员会

27. 国家劳资关系委员会

28. 国家调解委员会

29. 铁路职工退休管理委员会

30. 美国战役纪念碑委员会

31. 联邦通信委员会

32. 联邦贸易委员会

33. 证券交易委员会

34. 人事管理局

35. 美国国际贸易委员会
36. 美国进出口银行
37. 联邦调解与调停服务处
38. 选征兵役署
39. 史密森学会
40. 美国存款保险公司
41. 消费品安全委员会
42. 平等就业机会委员会
43. 联邦海事委员会
44. 国家交通安全委员会
45. 核管理委员会
46. 海外私人投资公司
47. 民权委员会
48. 商品期货交易委员会
49. 和平队
50. 国家档案与记录局
51. 国防部,包括陆军工程兵部队
52. 农村公用事业局(农村公用事业局推行的作为拨款条件的要求购买本国货的联邦规定,不适用墨西哥和加拿大货物,以及墨西哥和加拿大货物供应商和服务供应商)
53. 国土安全部(对第1018条而言,适用国防部的国家安全考虑同样适用海岸警卫队这一美国军事单位)

附件1001.1甲-2:政府企业

加拿大明细表

加拿大邮政公司

加拿大文明博物馆

加拿大自然博物馆

加拿大旅游委员会

国防建设(1951)股份有限公司

国家资产委员会

加拿大国家美术馆

国家科技博物馆

加拿大皇家造币厂

加拿大威尔铁路公司

注释:

1. 为进一步明确,第1019条第5款关于保护所提供信息的商业机密性的规定,适用加拿大国家铁路公司、圣劳伦斯航道管理局和加拿大威尔铁路公司的采购。

2. 除加拿大法定招标之外,本章不适用由或代表加拿大皇家造币厂为铸币而使用的直接投入所作的采购。

3. 在符合本章任何其他例外的前提下,对加拿大国家铁路公司,本章适用为其铁路运营所作的货物、服务和建筑服务采购。

墨西哥明细表

印刷与编辑

1. 墨西哥塔耶雷斯印刷服务

交通与运输

2. 机场与辅助服务

3. 联邦收费公路和桥梁及相关服务

4. 墨西哥邮政服务

5. 墨西哥电信

工业

6. 墨西哥石油公司(不包括燃料与天然气采购)

- 墨西哥石油公司法人
- 墨西哥石油公司勘探和生产
- 墨西哥石油公司精炼
- 墨西哥石油公司天然气和基本石化
- 墨西哥石油公司石化
- 卡马戈石化公司
- 康日加拉石化公司
- 康索里加克石化公司
- 埃斯科林石化公司
- 莫洛雷斯石化公司
- 帕加利托斯石化公司
- 图拉石化公司

7. 联邦电力委员会

8. 矿产资源理事会

商业

9. 商业经销和商业推广

10. 工业乳品公司(不包括为促进农业支持项目或人类食物项目所作的农产品采购)

11. 联邦消费者检察官办公室

12. 政府工作人员社会保障协会

13. 墨西哥社会保障协会

14. 国家综合家庭发展体系(不包括为促进农业支持项目或人类食物项目所作的农产品采购)

社会保障

15. 墨西哥武装部队社会保障协会

16. 全国土著民族协会

17. 国家成人教育协会

18. 青年融合中心

19. 全国老年人协会

其他
20. 学校建设联邦项目管理委员会
21. 国家水资源委员会
22. 土地使用权规范化委员会
23. 国家科学技术理事会
24. 墨西哥通讯社
25. 墨西哥电影协会
26. 国家公共援助彩票
27. 体育彩票
28. 国家妇女协会
29. 墨西哥城机场集团
30. 墨西哥城国际机场
31. 墨西哥城机场服务
32. 墨西哥工业产权协会
33. 国家林业委员会
34. 墨西哥青年协会
35. 特万特佩克地峡铁路
36. 墨西哥旅游促进协会

美国明细表
1. 田纳西河流域管理局
2. 邦纳维尔电力管理局
3. 西部地区电力管理局
4. 东南电力管理局
5. 西南电力管理局
6. 圣劳伦斯海运发展公司

注释:对加拿大货物、加拿大货物供应商以及服务供应商而言,只有本章适用加拿大除地方之外的省级水电事业部门的采购时,本章才适用第 1 项至第 5 项所列的流域管理局和电力管理局的采购。

附件 1001.1 甲 -3:州和省级政府实体

根据第 1024 条,本附件的涵盖范围将与州和省级政府进行磋商。

附件 1001.1 乙 -1:货物

第 1 节:总则

1. 本章适用所有货物,但是范围以第 2 款至第 5 款以及第 2 节的规定为限。

2. 对加拿大而言,在符合第 1018 条第 1 款的前提下,国防部和加拿大皇家骑警采购的第 2 节所列货物属于本章的涵盖范围。

3. 对墨西哥而言,在符合适用第 1018 条第 1 款的前提下,国防部和海军部采购的第 2 节所列货物属于本章的涵盖范围。

4. 对美国而言,在符合美国政府根据第 1018 条第 1 款所作决定的前提下,本章将普遍适用国防部采购的第 2 节所列联邦采购分类类别的货物。

5. 本章不适用美国国防部的以下采购：

(1)联邦采购分类 83——别针、缝纫针、针线包、旗杆、旗杆和旗杆滑轮除外的所有部分；

(2)联邦采购分类 84——子类 8460(箱包)除外的所有部分；

(3)联邦采购分类 89——子类 8975(烟草制品)除外的所有部分；

(4)联邦采购分类 2310——(仅限公共汽车)；

(5)特种金属，其定义为位于美国或美国领地的钢材制造厂生产的钢材，其中合金最大含量超过以下一个或多个限值，国防部采购的货物必须使用此种特种金属：1)锰，1.65%；硅，0.60%；或铜，0.06%；或含有超过 0.25% 的任何以下物质：铝、铬、钴、铌、钼、镍、钛、钨和钒；2)其他所有合金金属(铁除外)含量超过 10% 的镍基合金、铁镍合金和钴基合金；3)钛和钛合金；或 4)锆基合金；

(6)联邦采购分类 19 和 20——定义为海军舰只或海军舰只的船体或上层建筑的重要组成部分；

(7)联邦采购分类 51；以及

(8)由于第 1018 条第 1 款的适用，以下联邦采购分类类别一般不包括在涵盖范围内：10、12、13、14、15、16、17、19、20、28、31、58、59 以及 95。

第 2 节：某些货物的目录

(代码系指联邦采购分类代码)

22. 铁路设备

23. 机动车辆、拖车和摩托车(不包括代码为 2310 的公共汽车；对加拿大和墨西哥，不包括代码为 2320 和 2330 的军用卡车和拖车，以及代码为 2350 的履带式战斗、攻击和战术车辆)

24. 牵引车

25. 车用设备元件

26. 轮胎和内胎

29. 发动机附件

30. 机械传动设备

32. 木工机械和设备

34. 金属加工机械

35. 服务和贸易设备

36. 特种行业机械

37. 农业机械和设备

38. 建筑、采矿、挖掘和公路养护设备

39. 材料装卸设备

40. 绳索、缆线、链条及配件

41. 制冷和空调设备

42. 消防、救援和安全设备(对加拿大，不包括代码为 4220 的海洋救生和潜水装置；以及代码为 4230 的净化和浸渍设备)

43. 泵和压缩机

44. 锅炉、蒸汽设备、干燥设备和核反应堆

45. 水管、供暖和卫生设备
46. 水净化和污水处理设备
47. 管道、管材、软管和管件
48. 阀门
49. 保养和修理车间设备
52. 测量工具
53. 五金和砂轮
54. 预制结构和脚手架
55. 木材、木制品、胶合板和装饰板
56. 建筑建材
61. 电线以及发电和配电设备
62. 照明器材和灯具
63. 警报和信号系统
65. 医疗、牙科和兽医设备及用品
66. 仪器和实验室设备(对加拿大,不包括代码为6615的自动导航装备和机载陀螺仪元件,以及代码为6665的危险探测仪器和器械)
67. 照相器材
68. 化工产品
69. 培训器材和设备
70. 通用自动数据处理设备、软件、用品和辅助设备(对加拿大,不包括代码为7010的自动数据处理设备配置)
71. 家具
72. 家用和商用家具和电器
73. 食品预加工和餐饮设备
74. 办公设备、文字处理系统和可视化记录设备
75. 办公室用品和设备
76. 书籍、地图和其他出版物(对加拿大和墨西哥,不包括代码为7650的图纸和规格)
77. 乐器、留声机和家用收音机
78. 休闲和运动设备
79. 清洁设备和用品
80. 刷子、油漆、封口机和胶黏剂
81. 容器、包装和包装材料
85. 化妆用品
87. 农业用品
88. 活动物
91. 燃料、润滑剂、石油和蜡(仅对加拿大和美国)
93. 非金属预制材料
94. 非金属天然材料
96. 矿石、矿物及其初级产品(对墨西哥,不包括代码为9620的天然和合成矿物)

99. 杂项物品

附件 1001.1 乙 -2:服务

第 1 节:总则

1. 本章适用附件 1001.1 甲 -1 和附件 1001.1 甲 -2 所列实体采购的全部服务,但是以符合以下规定为限:

(1)第 3 款和第 2 节;以及

(2)附件 1001.1 乙 -2 -(甲)对该附件中的各缔约方的规定。

2. 附件 1001.1 乙 -2 -(乙)规定了各缔约方实体采购服务的“通用分类系统”。各缔约方应在编制报表时使用该系统,并且应在约定的时间更新附件 1001.1 乙 -2(乙)。

3. 附件 1001.1 乙 -3 适用建筑服务合同。

第 2 节:排除的范围

加拿大明细表

主要服务类别中排除在外的服务

以下服务合同排除在外:

A.	**研究与开发**
	所有子类
B.	**专门研究与分析——非研究与开发类**
B002	动物和渔业研究
B003	放牧和牧场研究
B400	航空(太空)研究
B503	医疗卫生研究
B507	法律研究(外国法律的咨询服务除外)
C.	**建筑与工程服务**
C112	机场、通讯和导弹设施
C216	海洋设计和工程服务
D.	**信息加工与相关电信服务**
D304	自动数据处理电信和传输服务,不包括第 1310 条定义的“增强或增值服务”类别,此类服务在附件二加拿大明细表 2 - 丙 -3 或 2 - 丙 -5 所列的保留中作了明示的排除。对本条款而言,“自动数据处理电信和传输服务”的采购不包括语音或数据传输服务设施的所有权或提供
D305	自动数据处理的远程处理和分时共享服务
D309	信息和数据传播或数据分配服务
D316	电信网络管理服务
D317	自动化新闻服务、数据服务或其他信息服务。购买数据、电子版书籍、期刊、报纸等
D399	其他自动数据处理和电信服务

续表

F.	**自然资源与保护服务**
F004	土地治理实践服务(犁耕或开垦等)
F005	牧场播种服务(地面设备)
F006	包括种子采集或生产服务在内的农作物服务
F007	育苗生产或移植服务
F011	农药和杀虫剂支持服务
F010	其他牧场或森林改良服务
F021	兽医或动物护理服务(包括牲畜服务)
F029	其他动物护理或管理服务
F030	渔业资源管理服务
F031	鱼苗孵化服务
F050	娱乐场所维护服务(非建筑物)
F059	其他自然资源和保护服务
G.	**保健和社会服务**
	所有子类
H.	**质量控制、测试与检验以及技术服务**
	对交通部、通信部以及渔业和海洋部提供的与联邦采购分类36(特种行业机器),联邦采购分类70(自动数据处理设备、软件供应和配套设备),以及联邦采购分类74(办公设备、文字处理系统和可视化记录设备)相关的服务 联邦采购分类58(通信、探测和相关辐射设备) 与交通设备相关的服务
J.	**设备的维护、维修、改装、重建与安装**
	对交通部、通信部以及渔业和海洋部提供的与联邦采购分类36(特种行业机器),联邦采购分类70(自动数据处理设备、软件供应和配套设备),以及联邦采购分类74(办公设备、文字处理系统和可视化记录设备)相关的服务 联邦采购分类58(通信、探测和相关辐射设备) 与交通设备相关的服务
J019	与船舶设备有关的维护、维修、调整、重建和安装
J998	非核动力船舶的维修
K.	**保管业务与相关服务**
K0	个人护理服务
K105	警卫服务
K109	监测服务
K115	多余和剩余财产的安排和处理
L.	**金融与相关服务**
	所有子类

续表

M.	**政府自有设施的运作**
	由以下部门运作的所有设施： 国防部、交通部、能源、矿产和资源部 由所有部门运作的以下设施：M180 和 M140
R.	**专业、行政与管理支持服务**
R003	法律服务（外国法律的咨询服务除外）
R004	产品和机构的认可和认证，教育机构除外
R007	系统工程服务[1]
R012	专利和商标服务
R101	专家证人
R102	天气预报（观测）服务
R104	转录服务
R106	邮政服务
R109	翻译和口译服务（包括手语）
R113	数据收集服务
R114	后勤支持服务[2]
R116	法庭报告服务
R117	文件粉碎服务
R201	文职人员招聘（包括职业介绍所服务）
S.	**公共事业**
	所有子类
T.	**通讯、摄影、测绘、印刷与出版服务** 所有子类
U.	**教育与培训服务**
U010	教育机构的认可和认证
V.	**交通运输、旅游和搬迁服务**
	所有子类[V503 旅行社服务（不含导游）除外]
W.	**设备的租赁或租借**
	对运输部、通信部以及海洋和渔业部提供的与联邦采购分类 36（特种行业机器），联邦采购分类 70（自动数据处理设备、软件供应和支持设备），以及联邦采购分类 74（办公设备、文字处理系统和可视化记录设备）相关的服务 联邦采购分类 58（通讯、检测和相关辐射设备） 与交通设备相关的服务

1. 与交通系统相关。
2. 与交通和国防相关。

注释：

1. 如果国防部、加拿大皇家骑警和加拿大海岸警卫队采购的货物不在本章(附件1001.1乙-1)涵盖范围内，则与此类货物相关的所有服务，不受本章的约束。

2. 为支持驻扎在海外的军事力量采购的所有服务，不受本章的约束。

3. 适用附件1001.2乙和附件1001.1乙-3所列加拿大明细表。

4. 如果在拟议中的《北美自由贸易协定》分类系统中没有一致同意的服务类别定义，在达成一致同意的定义之前，加拿大将继续适用适当的《联合国中心产品分类》定义来确定其认为可豁免的类别。

墨西哥明细表

以下服务合同排除在外：(以《联合国中心产品分类》为基础)

1. 所有运输服务，包括：

中心产品分类	中心产品分类
组别	类别
71	陆路运输
72	水路运输
73	航空运输
74	支持性与辅助性运输
75	邮政与电信
	8868 在付费或合同基础上的其他运输设备的维修服务

2. 公共事业设施服务(包括电信、传输、水或能源服务)

3. 授予联邦政府资助的研究与开发中心或与开展政府资助的研究项目有关的管理与营运合同

4. 金融服务

5. 研究与开发服务

美国明细表

主要服务类别中排除在外的服务

A.	**研究与开发**
	所有子类
D.	**信息处理与相关电信服务**
D304	自动数据处理电信和传输服务，不包括第1310条定义的“强化或增值服务”类别，此类服务在附件二美国明细表2-U-3所列的保留中作了明示的排除。在本条款中，“自动数据处理电信传输服务”的采购不包括语音或数据传输服务设施的所有权或提供。
D305	自动数据处理的远程处理和分时共享服务
D316	电信网络管理服务
D317	自动化新闻服务、数据服务或其他信息服务
D399	其他自动数据处理和电信服务

续表

J.	**设备的维护、维修、改装、重建与安装**
J019	与船舶设备有关的维护、维修、改装、重建和安装
J998	非核动力船舶的修理
M.	**政府自有设施的运作**
	国防部、能源部和航空航天管理局运作的所有设施；以及所有实体的以下设施：
M180	研究与开发
S.	**公共事业设施**
	所有子类
V.	**交通运输、旅游与搬迁服务**
	V503 旅行社服务除外的所有子类

备注：

1. 为支持海外军事力量采购的所有服务，排除在本章的涵盖范围之外。

2. 对加拿大服务供应商而言，只有本章适用加拿大除地方之外的省级水电事业部门的采购时，本章才适用附件 1001.1 甲 -2（政府企业）美国明细表第 1 项至第 6 项所列流域管理局和电力管理局的采购，以及内政部垦务局的采购。

附件 1001.1 乙 -2 - 甲：墨西哥服务暂定明细表

1. 在墨西哥根据第 2 款，完成其在附件 1001.1 乙 -2 第 2 节的明细表之前，本章只适用暂定明细表所列服务。

2. 墨西哥应在 1995 年 7 月 1 日之前，制定并在与其他缔约方磋商之后，完成其在附件 1001.1 乙 -2 第 2 节的明细表所列的服务清单。

3. 在墨西哥根据第 2 款，完成其清单后，各缔约方可在与其他缔约方磋商之后，审查并修订其在附件 1001.1 乙 -2 第 2 节的明细表。

暂定明细表

注释：以《联合国中心产品分类》为基础

中心产品分类	专业服务	
863	税务服务(不包括法律服务)	
	建筑服务	
	86711	咨询和预设计建筑服务
	86712	建筑设计服务
	86713	合同管理服务
	86714	建筑设计和合同管理联合服务
	86719	其他建筑服务
	工程服务	
	86721	顾问和咨询工程服务
	86722	地基和建筑结构的工程设计服务
	86723	建筑物机械和电力安装的工程设计服务
	86724	民用工程建设的工程设计服务
	86725	工艺和生产的工程设计服务
	86726	不另分类的工程设计服务
	86727	建设和安装阶段的其他工程服务
	86729	其他工程服务
	综合工程服务	
	86731	交通运输和基础设施交钥匙工程(总包工程)的综合工程服务
	86732	供水和卫生设施交钥匙工程的综合工程和工程管理服务
	86733	制造业建设交钥匙工程的综合工程服务
	86739	其他交钥匙工程的综合工程服务
	86740	城市规划和景观设计服务
电脑与相关服务		
841	电脑硬件安装的相关咨询服务	
842	软件实施服务,包括系统和软件咨询服务、系统分析、设计、编程和维护服务	
843	数据处理服务,包括加工、制表和工具管理服务	
844	数据库服务	
845	包括电脑在内的办公机器和设备的维护和维修服务	
849	其他电脑服务	
房地产服务		
821	房地产服务,包括自有的或租赁的物业	
822	在付费或合同基础上的房地产服务	

续表

中心产品分类	专业服务	
不带操作人员的租赁(租借)服务		
831	与不带操作人员的机器和设备有关的租赁或租借服务,包括电脑	
832	与个人和家用产品有关的租赁或租借服务(不包括83201中预录唱片、盒式录音磁带、高密度光盘的租借,也不包括83202中录像带的租借)	
其他商业服务		
	管理咨询服务	
	86501	一般管理咨询服务
	86503	营销管理咨询服务
	86504	人力资源管理咨询服务
	86505	生产管理咨询服务
	86509	其他管理咨询服务,包括土壤学、农艺学、农场管理和相关咨询服务
8676	技术测试与分析服务,包括质量控制与检验	
8814	与林业和伐木相关的服务,包括森林管理	
883	与采矿相关的服务,包括钻探和现场服务	
	相关的科学与技术咨询服务	
	86751	地质学、地球物理学和其他科学勘探服务,包括与采矿有关的服务
	86752	地下勘测服务
	86753	表面勘测服务
	86754	绘制地图服务
8861至8866		
	与金属制品、机器和设备(包括计算机)、8866、通信设备相关的维修服务	
874	建筑清洁	
876	包装服务	
环境服务		
940	污水和垃圾处理、卫生和其他环境保护服务,包括污水处理服务、自然和景观保护服务,以及不另分类的其他环境保护服务	
宾馆和饭店(包括餐饮)		
641	宾馆和其他住宿服务	
642	食品服务	
643	饮料供应项目	
旅行社和旅游经营者服务		
7471	旅行社和旅游经营者服务	

附件1001.1乙-2-乙:通用分类系统

服务

注释:

1. 各缔约方理解,需要继续致力于制定各类别的定义和其他正在进行中的对分类系统的完善。

2. 各缔约方将继续审议可能不时出现的未决技术性问题。

3. 通用分类系统遵循下述的格式:

组=一个数字　　分组=两个数字　　子类=四个数字

A　研究与开发

研究与开发合同的定义:研究与开发服务的采购包括购买特殊的专门知识或技能,以增长科学知识;运用增长的科学知识或探索科学发现和技术进步的潜能,以提高现有的技术水平;并系统地运用科学知识的增长和技术水平的进步来设计、开发、测试或评估新的产品或服务。

研究与开发代码:研究与开发代码由两个字母代码组成。第一个代码总是字母“A”,以识别研究与开发,第二个代码是字母“A到Z”,以识别主要的分组。

代码描述

AA	农业
AB	社区服务和开发
AC	国防系统
AD	国防—其他
AE	经济增长和生产率
AF	教育
AG	能源
AH	环境保护
AJ	一般科学与技术
AK	住房
AL	收入保障
AM	国际事务与合作
AN	医疗
AP	自然资源
AQ	社会服务
AR	太空
AS	运输—联运
AT	运输——一般
AV	采矿活动
AZ	其他研究与开发

B 研究与分析——非研究与开发类

研究与分析的定义

采购的专门研究和分析，系指系统化、分析性的评估意见，为理解复杂问题、改进政策制定或决策，提供深刻的洞察力。从此类采购中获得的输出是一个正式的、结构化的文件，包括作为结论或建议基础的数据或其他信息。

B0	**自然科学**
B000	化学、生物学研究与分析
B001	濒危物种研究—植物与动物
B002	动物和渔业研究
B003	放牧、牧场研究
B004	自然资源研究
B005	海洋学研究
B009	其他自然科学研究
B1	**环境研究**
B100	空气质量分析
B101	环境研究——环境影响的发展报告和评估
B102	土壤研究
B103	水质研究
B104	野生生物研究
B109	其他环境研究
B2	**工程研究**
B200	地质研究
B201	地球物理研究
B202	岩土工程研究
B203	科学数据研究
B204	地震研究
B205	建筑技术研究
B206	能源研究
B207	技术研究
B208	住房与社区开发研究（包括城市、城镇规划研究）
B219	其他工程研究
B3	**行政管理支持研究**
B300	成本收益分析
B301	数据分析（科学数据除外）

续表

B302	可行性研究（非建筑）
B303	数学、统计分析
B304	监管研究
B305	情报研究
B306	国防研究
B307	安全性研究（身体与个人安全）
B308	会计、财务管理研究
B309	贸易问题研究
B310	外交政策、国家安全政策研究
B311	组织、行政、人事研究
B312	动员、应急研究
B313	人力资源研究
B314	收购政策、程序研究
B329	其他行政管理支持研究
B4	**太空研究**
B400	航空、航天研究
B5	**社会与人文研究**
B500	考古、古生物研究
B501	历史研究
B502	娱乐研究
B503	医疗与保健研究
B504	教育研究与分析
B505	老人、残障人研究
B506	经济研究
B507	法律研究
B509	其他研究与分析

C　建筑与工程服务

C1	**建筑与工程服务——与建筑相关**
C11	建筑与设施结构
C111	行政与服务建筑
C112	机场、通讯与导弹设施
C113	教育建筑

续表

C114	医院建筑
C115	工业建筑
C116	住宅建筑
C117	仓库建筑
C118	研究与开发设施
C119	其他建筑
C12	非建筑结构
C121	保护与发展
C122	高速公路、道路、街道、桥梁和铁路
C123	发电
C124	公用事业
C129	其他非建筑结构
C130	修复
C2	**建筑与工程服务——与建筑无关**
C211	建筑师—工程师服务(包括景观、室内布局与设计)
C212	工程制图服务
C213	建筑与工程检验服务
C214	建筑与工程管理工程服务
C215	建筑与工程生产工程服务(包括设计、控制与建筑编程)
C216	海事建筑与工程服务
C219	其他建筑与工程服务

D　信息处理与相关电信服务

D301	自动数据处理设施操作与维护服务
D302	自动数据处理系统开发服务
D303	自动数据处理数据输入服务
D304	自动数据处理电信与传输服务
D305	自动数据处理远程处理与分时共享服务
D306	自动数据处理系统分析服务
D307	自动信息系统设计与集成服务
D308	编程服务
D309	信息和数据传播或数据分配服务
D310	自动数据处理的备份和安全服务

续表

D311	自动数据处理的数据转换服务
D312	自动数据处理的光学扫描服务
D313	计算机辅助设计、计算机辅助生产服务
D314	自动数据处理系统采购支持服务（包括对工作、基准和规格等声明的准备工作）
D315	数字化服务（包括地图和地理信息）
D316	电信网络管理服务
D317	自动化新闻服务、数据服务或其他信息服务。购买数据（电子版图书、期刊、报纸等）
D399	其他自动数据处理和电信服务（包括磁带、高密度光盘等的数据存储）

E 环境服务

E101	空气质量支持服务
E102	有关空气污染的工业调研和技术支持
E103	水质支持服务
E104	有关水质污染的工业调研和技术支持
E106	有毒物质支持服务
E107	有害物质分析
E108	有害物质的清除、清理和处理服务以及操作支持
E109	对泄漏的地下储罐的支持服务
E110	多种污染物的工业调研和技术支持
E111	石油泄漏对策，包括清理、清除、处理和操作支持
E199	其他环境服务

F 自然资源服务

F0	**农业与林业服务**
F001	森林、牧场灭火、防火服务（包括投掷水弹）
F002	森林、牧场火灾后修复服务（非建筑）
F003	森林植树造林服务
F004	土地处理实践服务（包括犁耕、清理等）
F005	牧场播种服务（地面设备）
F006	作物服务（包括种子采集和生产服务）
F007	育苗生产、移植服务
F008	树木培育服务（包括装饰性灌木）
F009	树木间伐服务
F010	其他牧场、森林改善服务（非建筑）

续表

F011	农药、杀虫剂支持服务
F02	**动物养护、控制服务**
F020	其他野生生物管理服务
F021	兽医、动物养护服务(包括牲畜服务)
F029	其他动物养护、控制服务
F03	**渔业和海洋服务**
F030	渔业资源管理服务
F031	鱼类孵化场服务
F04	**采矿**
F040	露天开采回填服务(非建筑)
F041	钻井
F042	F040 和 F041 之外的与采矿相关的其他服务
F05	**其他自然资源服务**
F050	娱乐场所维护服务(非建筑)
F051	勘测线清障服务
F059	其他自然资源和保护服务

G 保健和社会服务

G0	**保健服务**
G001	医疗保健
G002	内科
G003	外科
G004	病理学
G009	其他保健服务
G1	**社会服务**
G100	遗体护理和(或)殡葬服务
G101	牧师服务
G102	休闲服务(包括娱乐服务)
G103	社会康复服务
G104	老人服务
G199	其他社会服务

H 质量控制、测试、检验与技术服务

H0	技术服务
H1	质量控制服务
H2	设备和材料测试
H3	检验服务(包括商业检验和实验室服务,医疗、牙医除外)
H9	其他质量控制、测试、检验和技术服务

J 产品(设备)的维护、维修、改装、重建与安装

J0	产品、设备的维护、维修、改装、重建和安装,如包括: 1. 织物整理、染色和印花 2. 非建筑类焊接服务 (参见中心产品分类 5155 建筑类焊接) 非核动力船舶的维修(包括整修和改造)

K 保管业务与相关服务

K0	个人护理服务(如包括理发店和美容店,修鞋和缝纫等服务)
K1	保管服务
K100	保管—房屋看管服务
K101	防火服务
K102	食品服务
K103	加油和其他燃油服务——不包括储存
K104	废物、垃圾收集服务——包括移动卫生服务
K105	保安服务
K106	昆虫和鼠类控制服务
K107	景观、场地管理服务
K108	衣物水洗与干洗服务
K109	监测服务
K110	固体燃料装卸服务
K111	地毯清洁
K112	室内植物造景
K113	除雪、撒盐融雪服务(包括撒碎石或其他融雪物质)
K114	废品的处理与储存
K115	过剩和剩余财物的制备与处理
K116	其他救助服务
K199	其他保管和相关服务

L　金融与相关服务

L000	政府人寿保险项目
L001	政府健康保险项目
L002	其他政府保险项目
L003	非政府保险项目
L004	其他保险服务
L005	信用报告服务
L006	银行业务服务
L007	债务追讨服务
L008	硬币铸造
L009	纸币印刷
L099	其他金融服务

M　政府自有设施的运作

M110	行政设施和服务建筑
M120	机场、通讯和导弹设施
M130	教育建筑
M140	医院建筑
M150	工业建筑
M160	住宅建筑
M170	仓库建筑
M180	研究与开发设施
M190	其他建筑
M210	保护和开发设施
M220	高速公路、公路、街道、桥梁和铁路
M230	发电设施
M290	其他非建筑设施

R　专业、行政与管理支持服务

R0	专业服务
R001	规格开发服务
R002	技术共享、利用服务
R003	法律服务
R004	产品和机构的认可和认证，不包括教育机构
R005	技术援助

续表

R006	技术写作服务
R007	系统工程服务
R008	工程与技术服务(包括机械、电气、化工、电子工程)
R009	会计服务
R010	审计服务
R011	持续审计行动支援
R012	专利和商标服务
R013	房地产评估服务
R014	运筹学研究、定量分析研究
R015	模拟
R016	个人服务合同
R019	其他专业服务
R1	**行政与管理支持服务**
R100	情报服务
R101	专家证人
R102	天气预报、观测服务
R103	速递和信使服务
R104	转录服务
R105	邮寄和分销服务(不包括邮政服务)
R106	邮政服务
R107	图书馆服务
R108	文字处理、打字服务
R109	笔译和口译服务(包括手语)
R110	速记服务
R111	个人物业管理服务
R112	信息检索(非自动化)
R113	数据收集服务
R114	后勤支持服务
R115	合同、采购和兼并支持服务
R116	法院报告服务
R117	文件粉碎服务
R118	房地产经纪服务
R119	工业卫生学

续表

R120	政策评审、开发服务
R121	项目评价研究
R122	项目管理、支持服务
R123	项目评审、开发服务
R199	其他行政和管理支持服务
R2	**人员招聘**
R200	军事人员招聘
R201	文职人员招聘(包括职业介绍所服务)

S 公共事业

S000	煤气服务
S001	电力服务
S002	电话和(或)通讯服务(包括电报、电传和有线电视服务)
S003	供水服务
S099	其他公共事业

T 通讯、摄影、测绘、印刷和出版服务

T000	传播研究
T001	市场调研和公共舆论服务(过去称为电话和实地访谈服务,包括焦点小组测试、综合调查和态度调查)
T002	传播服务(包括展览服务)
T003	广告服务
T004	公共关系服务(包括写作服务、活动策划与管理、媒体关系、广播电视分析、新闻服务)
T005	艺术、图片服务
T006	制图服务
T007	制表服务
T008	电影加工服务
T009	电影、录影带制作服务
T010	缩微胶片服务
T012	空中摄影服务
T013	一般摄影服务——静止
T014	打印、装订服务
T015	复制服务
T016	地形图服务

续表

T017	一般摄影服务——运动
T018	音频、视频服务
T019	土地测量、地籍服务(非建筑)
T099	其他通讯、摄影、测绘、印刷和出版服务

U 教育与培训服务

U001	培训讲座
U002	人员测试
U003	预备役培训(军事)
U004	科学和管理教育
U005	学费、注册和会员费
U006	职业、技术
U007	海外学校教师薪金
U008	培训、课程开发
U009	信息培训
U010	教育机构的认可和认证
U099	其他教育和培训服务

V 交通运输、旅游与搬迁服务

V0	**陆路交通运输服务**
V000	车辆调配场的运作
V001	公路货运
V002	铁路货运
V003	公路货运包租
V004	铁路货运包租
V005	公路客运服务
V006	铁路客运服务
V007	公路客运包租服务
V008	铁路客运包租服务
V009	救护车服务
V010	出租车服务
V011	安全车服务
V1	**水路交通运输服务**
V100	船舶货运

续表

V101	海洋货运包租
V102	海洋客运服务
V103	海洋客运包租服务
V2	**空运服务**
V200	航空货运
V201	航空货运包租
V202	航空客运服务
V203	客运包机服务
V204	特殊航空服务，包括空中施肥、喷洒和播种
V3	**航天运输和发射服务**
V4	**其他运输服务**
V401	其他交通旅行和搬迁服务
V402	其他货物和货运服务
V403	其他货运车辆包租
V5	**支持性和辅助性运输服务**
V500	装卸服务
V501	拖船服务
V502	搬迁服务
V503	旅行代理服务
V504	包装、装箱服务
V505	仓储服务
V506	海上船舶救助
V507	航空救助
V508	导航援助和引航服务

W　设备的租赁和租借

W0	设备的租赁或租借

附件 1001.1 乙 -3：建筑服务

第 1 节：总则

1. 本章适用附件 1001. 乙 -3 - 甲所列的所有建筑服务，但是附件 1001.1 甲 -1 和附件 1001.1 甲 -2 所列实体采购的第 2 节所列建筑服务除外。

2. 各缔约方应在约定的时间，更新附件 1001.1 乙 -3 - 甲。

第2节:排除的范围

加拿大明细表

以下服务合同排除在外:

1. 疏浚;

2. 由或代表交通部招标的建筑合同。

美国明细表

以下服务合同排除在外:

疏浚

注释:

根据本章规定,凡采购的物品、物资和材料是用于本章涵盖的建筑合同的,购买本国货要求不适用加拿大或墨西哥的货物。

附件1001.1乙-3-甲:通用分类系统

建筑工程代码

注释:以《联合国中心产品分类》类别51为基础

建筑工程的定义:

开工前准备;住宅建筑、非住宅建筑或土木工程的新建以及修缮、改建、修复和维护。此项工作可由总承包商为项目业主或以自己的名义,完成整个建筑工程;或者通过分包该建筑工程的部分,转给专门从事例如安装工程的各承包商完成,各分包商完成的工程价值计入总承包商工程价值的一部分。此处分类的产品是不同类型的建筑物——建筑活动的最终产出物——生产过程中必不可少的服务。

代码	说明
511	**建筑工地的开工前准备**
5111	工地勘察
5112	爆破拆除
5113	工地平整和清理
5114	开凿和挖掘
5115	开采位置准备(列在FO42中的石油和天然气开采除外)
5116	脚手架搭建
512	**建筑物建造工程**
5121	建造一栋至两栋住宅楼
5122	建造多栋住宅楼群
5123	建造仓库和工业用楼
5124	建造商业用楼
5125	建造公共娱乐建筑
5126	建造宾馆,餐馆和类似建筑
5127	建造教育用楼

续表

代码	说明
5128	建造医院等公共卫生用楼
5129	建造其他建筑
513	**市政建设工程**
5131	建造高速公路(高架道路除外)、街道、公路、铁路和机场跑道
5132	建造桥梁、高架道路、隧道、地铁和铁路
5133	建造航路、港口、水坝和其他水上建筑
5134	铺设远程管道、通讯和配电电线(电缆)
5135	铺设本地管道和电缆以及配套设施
5136	建造采矿和制造业建筑
5137	建造运动和娱乐设施
5138	疏浚服务
5139	建造别处未分类的工程
514	**预制建筑物的组装和搭建**
515	**特殊商业建筑工程**
5151	地基工程,包括打桩
5152	挖掘水井
5153	屋面和防水
5154	混凝土工程
5155	钢筋弯曲和装配,包括焊接
5156	石材工程
5159	其他特殊商业建筑工程
516	**安装工程**
5161	供暖、通风和空调工程
5162	供水管和排水管的铺设工程
5163	煤气装置安装工程
5164	电力工程
5165	绝缘工程(电线线路、水、热和声音)
5166	护栏和栏杆建造工程
5169	其他安装工程
517	**建筑的落成和修整工程**
5171	上釉工程和窗户玻璃安装工程
5172	抹灰工程

续表

代码	说明
5173	涂漆工程
5174	地面和墙面的贴砖工程
5175	其他地板铺设、墙壁覆盖和墙面壁纸工程
5176	木材和金属加工和木工工程
5177	室内装修工程
5178	装饰安装工程
5179	其他建筑物的落成和修整工作
518	**与建造或拆除建筑物或土木工程有关的设备租赁服务,带有操作人员**

附件 1001.1 丙:门槛价值(最低价值)的指数化与转换

1. 第 1001 条(适用范围)第 1 款第 3 项所指的计算应按以下方法进行:

(1)美国通货膨胀率应以美国劳工统计局公布的制成品生产者价格指数来衡量;

(2)1996 年 1 月 1 日生效的对通货膨胀的首次调整,应按 1993 年 11 月 1 日至 1995 年 10 月 31 日这一时间段计算;

(3)所有后续调整应按 2 年期计算,每个时期 11 月 1 日开始,并于两年期结束之后最初的那年 1 月 1 日生效;

(4)美国应在调整生效的前一年 11 月 16 日之前,通知其他缔约方调整后的门槛价值;以及

(5)通货膨胀的调整应按照以下公式进行估计:

$T_0 \times (1 + pi_i) = T_1$

T_0 = 基期门槛价值

pi_i = 第 i 个两年期的美国累积通货膨胀率

T_1 = 新的门槛价值

2. 墨西哥与加拿大应将第 1001 条第 1 款第 3 项所列门槛价值,视情况用第 3 款或第 4 款规定的换算公式,计算并转换成其本国货币。墨西哥与加拿大应通知对方以及美国以本国货币表示的新计算出的门槛价值,时间为各自门槛价值生效前至少一个月。

3. 加拿大应以加拿大银行官方兑换汇率为基础计算。1994 年 1 月 1 日至 1995 年 12 月 31 日,兑换汇率应取 1992 年 10 月 1 日至 1993 年 9 月 30 日,加元兑换美元的每周价值的平均值。1996 年 1 月 1 日起的随后每两年期,兑换汇率应为每个两年期开始之前的那年 9 月 30 日为结束日的两年期内,加元兑换美元的每周价值的平均值。

4. 墨西哥应使用墨西哥银行的兑换汇率。兑换汇率应为每年 12 月 1 日和 6 月 1 日或其后的首个工作日当天的墨西哥比索兑换美元的价值。12 月 1 日的兑换汇率应适用次年 1 月 1 日至 6 月 30 日,6 月 1 日的兑换汇率应适用该年 6 月 1 日至 12 月 31 日。

附件 1001.2 甲:墨西哥过渡性条款

虽有本章的其他规定,附件 1001.1 甲 -1 至 1001.1 甲 -3 应符合下列规定:

墨西哥石油公司、联邦电力委员会与非能源建设

1. 墨西哥可在第2款规定的日历年，将以下价值的该款所列百分比排除在本章义务之外：

(1)墨西哥石油公司该年货物、服务以及货物与服务的任何组合和建筑服务的采购合同总价值中，超过第1001条第1款第3项所列门槛价值的部分；

(2)联邦电力委员会该年货物、服务以及货物与服务的任何组合和建筑服务的采购合同总价值中，超过第1001条第1款第3项所列门槛价值的部分；以及

(3)该年建筑服务采购合同总价值（不包括墨西哥石油公司和联邦电力委员会的建筑服务采购合同）中，超过第1001条第1款第3项所列门槛价值的部分。

2. 第1款适用的各日历年以及各日历年的百分比，如下表所示：

1994年	1995年	1996年	1997年	1998年
50%	45%	45%	40%	40%
1999年	2000年	2001年	2002年	2003年及其后
35%	35%	30%	30%	0%

3. 由区域和多边金融机构提供贷款融资的采购合同的价值，不应纳入第1款和第2款规定的采购买合同总价值的计算。由此种贷款融资的采购买合同也不应受本章规定的任何限制。

4. 墨西哥应保证，墨西哥石油公司或联邦电力委员会在任何一年根据第1款与第2款排除在外的任何单个联邦采购类别（或各缔约方商定的其他分类系统）的采购合同总价值，不应超过墨西哥石油公司或联邦电力委员会当年可能排除在外的采购合同总价值的10%。

5. 墨西哥应保证，1998年12月31日之后，墨西哥石油公司或联邦电力委员会应各自尽一切合理努力，以保证墨西哥石油公司或联邦电力委员会在任何一年根据第1款与第2款排除在外的任何单个联邦采购类别（或各缔约方商定的其他分类系统）的采购合同总价值，不超过墨西哥石油公司和联邦电力委员会当年该单个联邦采购类别（或各缔约方商定的其他分类系统）的所有采购合同总价值的50%。

制药

6. 2002年1月1日之前，本章不适用卫生部、墨西哥社会保障协会、政府工作人员社会保障协会、国防部和海军部采购的尚未在墨西哥获得专利或在墨西哥的专利已经到期的药物。本款的任何规定不得损害第十七章（知识产权）下的权利。

招标与交付的时限

7. 墨西哥应尽最大努力，遵守第1012条规定的40天时限，但是无论如何应至少在1995年1月1日之前，完全遵守这一义务。

信息提供

8. 各缔约方认识到，为遵守第1019条，墨西哥可能需要对工作人员进行广泛的再培训，引入新的数据维护和报告制度，并对某些实体的采购制度做出重大调整。各缔约方同样应认识到，墨西哥在过渡到促进完全遵守本章的采购制度过程中可能会遇到困难。

9. 各缔约方应在本协定生效之日起的头五年内，每年进行磋商，以审议过渡期的问题，并制订相互同意的解决方案。此类解决方案可包括在适当的情况下，对墨西哥在本章下的义务

的暂时调整,例如对报告要求的调整。

10. 加拿大与美国应根据第1020条,以适当并且相互同意的方式,与墨西哥开展合作,提供技术支持,帮助墨西哥的过渡。

11. 第8款至第10款中任何规定,不得解释为对本章义务的豁免。

注释:附件1001.2乙所列关于墨西哥的一般说明适用本附件。

附件1001.2乙:一般说明

加拿大明细表

1. 本章不适用以下采购:

(1)船舶的制造与维修;

(2)城市轨道交通及其城市交通设备、系统、部件和材料,以及与工程相关的所有钢或铁的材料。

(3)关于联邦采购分类58(通信、探测和相关辐射设备)的合同;

(4)对小型企业和少数民族企业所作的保留。

(5)交通部、通信部以及渔业与海洋部关于联邦采购分类70(自动数据处理设备、软件供应和支持设备)、联邦采购分类74(办公机器、文字处理系统和可视化记录设备),以及联邦采购分类36(特种工业设备)的采购;以及

(6)为促进农业支持项目或人类食物项目所采购的农产品。

2. 本章不适用构成采购合同的一部分或附带部分的交通运输服务采购。

3. 根据第1018条,国家安全豁免包括与任何战略储备要求相关的石油采购。

4. 国家安全例外包括为支持保障核材料或核技术所作的采购。

5. 第1003条规定的最惠国义务不适用附件1001.2丙涵盖的采购。

墨西哥明细表

1. 本章不适用以下采购:

(1)政府拥有的零售店以商业转售为目的所作的采购;

(2)根据区域或多边金融机构的贷款所作的采购,但是以此类金融机构实施不同的程序(本国成分要求除外)为限;或者

(3)贷款为墨西哥某机构向另一机构所贷款项。

2. 本章不适用构成采购合同的一部分或附带部分的交通运输服务采购。

3. 虽有本章的其他规定,墨西哥可将采购合同排除在本章义务之外,但是以符合以下条件为限:

(1)所有实体(墨西哥石油公司和联邦电力委员会除外)可能分配到的、排除在本章义务之外的合同总价值,不得超过相当于以下金额的墨西哥比索:

1)2002年12月31日之前的每一年,10亿美元;以及

2)2003年1月1日起的每一年,12亿美元;

(2)2003年1月1日之前,墨西哥石油公司或联邦电力委员会不得根据本款,将任何合同排除在本章义务之外;

(3)2003年1月1日起,墨西哥石油公司和联邦电力委员会根据本款,排除在本章义务之外的合同总价值,不得超过相当于三亿美元的墨西哥比索;

(4)根据本款,在任何一年,可能排除在本章义务之外的任何单个联邦采购类别(或各缔

约方商定的其他分类系统）的合同总价值，不得超过根据本款该年可能排除在外的合同总价值的 10%；以及

（5）第 1 项下的任何实体在任何一年，排除在本章义务之外的合同价值，不得超过当年可能排除的合同总价值的 20%。

4. 本协定生效之日一年后，第 3 款所指的美元价值应根据经济顾问委员会在《经济指标》上发布的美国国内生产总值隐性价格平减指数或其任何后继指数，视本协定生效之日起的累积通货膨胀率，每年对其调整。

根据到 1994 年之后每年 1 月的累积通货膨胀率而调整的美元价值，应等于原始美元价值乘以如下比率：

（1）经济顾问委员会在《经济指标》上发布的美国国内生产总值隐性价格平减指数或其任何后继指数中，该年 1 月的数值；

（2）经济顾问委员会在《经济指标》上发布的美国国内生产总值隐性价格平减指数或其任何后继指数中，本协定生效日的数值；

前提条件是第 1 项与第 2 项中的价格平减指数的基年须相同。

据此调整后的美元价值应四舍五入至最接近的百万美元。

5. 国家安全例外包括为支持保障核材料或核技术所作的采购。

6. 虽有本章的任何其他规定，一实体实施的当地成分要求应不超过：

（1）对劳动密集型交钥匙或大型综合工程而言，40%；或者

（2）对资本密集型交钥匙或大型综合工程而言，25%。

对本款而言，交钥匙或大型综合工程，概而言之，系指根据一实体的授权，一人按照以下条件承担建筑、供应或安装工程：

（3）主承包商被赋予选择总承包商或分承包商的权力；

（4）无论墨西哥政府还是其实体都不提供该项目的资金；

（5）该人承受与违约相关的风险；以及

（6）该设施将由一实体或通过该实体的采购合同来运作。

7. 虽有第 1001 条第 1 款第 3 项规定的门槛价值（最低限价），第 1003 条应适用墨西哥石油公司在其施工的任何项目现场，自当地设立的供应商采购的任何石油和天然气野外用品或设备。

8. 如果在任何特定一年，墨西哥超过根据第 3 款该年可以排除在本章义务之外的合同总价值或者根据附件 1001.2 甲第 2 条或附件 1001.2 甲第 4 条规定的保留采购，墨西哥应与其他缔约方磋商，以便达成协定，在次年以额外采购机会的形式作为补偿。此类措施不得损害第二十章（制度安排与争端解决程序）下的任何缔约方的权利。

9. 虽有附件 1001.2 甲第 6 条的规定，墨西哥不得将其实体采购在墨西哥注册专利的生物制品和药物合同，排除在本章义务之外。

10. 本章中任何规定，不得解释为要求墨西哥石油公司签订风险分担合同。

美国明细表

1. 本章不适用对小型企业和少数民族企业所作的保留。

2. 本章不适用构成采购合同的一部分或附带部分的交通运输服务采购。

3. 第 1003 条规定的最惠国义务不适用附件 1001.2 丙涵盖的采购。

附件 1001.2 丙:国别门槛价值(最低价值)

对于加拿大与美国之间

(1)附件 1001.1 甲-1 中加拿大或美国明细表所列任何实体,货物合同适用的门槛价值,其中可能包括交付和运输等附带服务,应为 25,000 美元和等值的加元,视情况而定;

(2)附件 1001.1 丙,除了该附件第 2 款与第 3 款中为计算和转换第 1 项所列门槛价值的规定之外,不适用此类货物合同;以及

(3)始于 1994 年 1 月 1 日之前的任何采购程序,应受《加拿大与美国自由贸易协定》第十三章的约束,仅为此目的,该章纳入本协定,并成为本协定的一部分。

附件 1010.1:出版物

第 1 节:第 1010 条(参与邀请)规定的采购通告发布

加拿大明细表

1.《政府商业机会》

2.《公开招标服务》,信息系统管理出版社

墨西哥明细表

1. 全国发行的主要日报或《联邦官方公报》。

2. 墨西哥应努力设立刊登采购通告的一专门出版物。创刊后,该出版物应代替第 1 款所指出版物。

美国明细表

《商务日报》

第 2 节:第 1019 条(信息的提供)规定的措施发布

加拿大明细表

1. 法律与法规:

(1)《加拿大法律汇编》;以及

(2)《加拿大官方公报》。

2. 司法先例判决:

(1)《自治领法律汇编》;

(2)《最高法院案例汇编》;

(3)《联邦法院案例汇编》;以及

(4)《国家案例汇编》。

3. 行政裁决与程序:

(1)《政府商业机会》;以及

(2)《加拿大公报》。

墨西哥明细表

1.《联邦官方公报》

2.《联邦司法周刊》(只刊登司法先例判决)

3. 墨西哥应努力为普遍适用的行政裁决以及包括标准合同条款在内的与采购相关的任何程序,设立一专门出版物。创刊后,该出版物应代替第 1 款与第 2 款所指出版物。

美国明细表

1. 法律与法规：

(1)《美国法令全书文库》

(2)《美国联邦法规法典》

2. 先例判决：

(1)《美国最高法院判例集》(美国最高法院)；

(2)《联邦法律判例集》(巡回上诉法院)；

(3)《联邦法律补充判例集》(地区法院)；

(4)《索赔法院判例集》(索赔法院)；

(5)《合同上诉委员会》(商务结算所出版社的非官方出版物)；以及

(6)《美国总审计长》(总审计长非正式发布的决定，由联邦出版公司非正式出版)。

3. 本章所涉与政府采购相关的所有美国法律、法规、司法决定、行政裁定和程序，都编纂入《联邦采购条例国防补充规定》和《联邦采购条例》，并且作为《美国联邦法规法典》的一部分予以出版。《联邦采购条例补充规定》和《联邦采购条例》见《美国联邦法规法典》的第48篇。

第五编　投资、服务及其相关事宜

第十一章　投　　资

第一节 投　资

第1101条:适用范围

1. 本章适用一缔约方采取或维持的涉及以下方面的措施:

(1)另一缔约方投资者;

(2)另一缔约方投资者在该缔约方境内的投资;以及

(3)对第1106条与第1114条而言,在该缔约方境内的所有投资。

2. 一缔约方有开展附件三所述经济活动的排他性权利,并拒绝允许对此类活动进行投资。

3. 凡一缔约方采取或维持的措施是受第十四章(金融服务)约束的,本章概不适用。

4. 本章中任何规定,不得解释为妨碍一缔约方以与本章并无不一致的方式,提供服务或履行职能,例如执法、狱政服务、收入保障或保险、社会保障或保险、社会福利、公共教育、公共培训、保健以及儿童护理。

第1102条:国民待遇

1. 在投资的设立、收购、扩大、管理、经营、运作以及出售或其他处置方面,任何缔约方给予另一缔约方投资者的待遇,应不低于在相似情况下该缔约方给予其本国投资者的待遇。

2. 在投资的设立、收购、扩大、管理、经营、运作以及出售或其他处置方面,任何缔约方给予另一缔约方投资者投资的待遇,应不低于在相似情况下该缔约方给予其本国投资者投资的待遇。

3. 一缔约方根据第1款与第2款给予的待遇,对州或省而言,系指不低于在相似情况下该州或该省给予其所属缔约方投资者以及投资者投资的最优惠待遇。

4. 为进一步明确,任何缔约方不得:

(1)对另一缔约方投资者强加如下要求,即该缔约方境内企业的一个最低限度股本应由其国民持有,对公司董事或创办人的名义合资格股本除外;或者

(2)要求另一缔约方投资者因其国籍,出售或以其他方式处置在该缔约方的一项投资。

第 1103 条:最惠国待遇

1. 在投资的设立、收购、扩大、管理、经营、运作以及出售或其他处置方面,各缔约方给予另一缔约方投资者的待遇,应不低于在相似情况下该缔约方给予任何其他缔约方或非缔约方投资者的待遇。

2. 在投资的设立、收购、扩大、管理、经营、运作以及出售或其他处置方面,各缔约方给予另一缔约方投资者投资的待遇,应不低于在相似情况下该缔约方给予任何其他缔约方或非缔约方投资者投资的待遇。

第 1104 条:待遇标准

各缔约方应给予另一缔约方投资者以及另一缔约方投资者投资第 1102 条与第 1103 条规定的待遇中的较优者。

第 1105 条:最低待遇标准

1. 各缔约方应根据国际法,给予另一缔约方投资者投资相应的待遇,包括公平和公正的待遇以及全面保护和保障。

2. 在不违背第 1 款的前提下,并且虽有第 1108 条第 7 款第 2 项的规定,在针对因武装冲突或内乱而造成的其境内投资损失所采取或维持的措施方面,各缔约方应给予另一缔约方投资者以及另一缔约方投资者投资非歧视性待遇。

3. 第 2 款不适用若非第 1108 条第 7 款第 2 项,将会与第 1102 条不一致的涉及补贴或拨款的现有措施。

第 1106 条:业绩要求

1. 在涉及其境内一缔约方或非缔约方投资者投资的设立、收购、扩大、管理、经营或运作时,任何缔约方不得强加或实施以下任何要求,或实施任何承诺或保证:

(1)出口一定数量或百分比的货物或服务;

(2)达到一定数量或百分比的国内成分;

(3)购买、使用或优先选择其境内生产的货物或提供的服务,或者购买其境内人士的货物或服务;

(4)以任何方式将此类投资相关的进口数量或价值与出口数量或价值,或者与外汇流入数量联系起来;

(5)限制此类投资生产或提供的货物或服务在其境内的销售,以任何方式将此类销售与出口数量或价值或者外汇收入联系起来;

(6)向其境内人士转移技术、生产工艺或其他专有知识,除非是法院、行政法庭或竞争主管当局施加的此类要求或实施的此类承诺或保证,以对据称违反竞争法的行为进行救济或以与本协定其他规定并无不一致的方式行事;或者

(7)作为其生产的货物或提供的服务在特定地区或世界市场的独家供应商。

2. 规定投资需使用技术以达到普遍适用的健康、安全或环境要求的措施,不得解释为与

第1款第6项不一致。为进一步明确，第1102条与第1103条适用此类措施。

3. 在涉及一缔约方或非缔约方投资者在其境内的投资时，任何缔约方不得以符合下列任何要求，作为获得或继续获得投资优惠的条件：

(1)达到一定数量或百分比的国内成分；

(2)购买、使用或优先选择其境内生产的货物，或者购买其境内生产商的货物；

(3)以任何方式将与此类投资相关的进口数量或价值与出口数量或价值，或者与外汇流入数量联系起来；或者

(4)限制此类投资生产或提供的货物或服务在其境内的销售，以任何方式将此类销售与出口数量或价值或者外汇收入联系起来。

4. 第3款中任何规定，不得解释为在涉及一缔约方或非缔约方投资者在其境内的投资时，妨碍一缔约方以符合在其境内地点生产、提供服务、培训或雇佣工人、建设或扩建特定生产设施、或进行研究与开发的要求，作为获得或继续获得投资优惠的条件。

5. 第1款与第3款不适用该款所述要求之外的任何要求。

6. 只要此类措施不以任意或不合理的方式适用，或不构成对国际贸易或投资的变相限制，第1款第2项或第3项或者第3款第1项或第2项中任何规定，不得解释为妨碍任何缔约方采取或维持以下措施，包括环境措施：

(1)为保证遵守与本协定条款并无不一致的法律与法规所必需的措施；

(2)为保护人类、动物或植物的生命或健康所必需的措施；或者

(3)为保护生物或非生物可耗竭自然资源所必需的措施。

第1107条：高级管理层与董事会

1. 任何缔约方不得要求，另一缔约方投资者投资的该缔约方企业任命任何特定国籍的个人担任高级管理层职务。

2. 一缔约方可要求，另一缔约方投资者投资的该缔约方企业董事会或董事会的任何委员会中的多数，必须是某一特定国籍的人士，或是该缔约方境内的居民，只要此种规定不在实质上影响投资者控制其投资的能力。

第1108条：保留与例外

1. 第1102条、第1103条、第1106条与第1107条不适用：

(1)以下当局维持的任何现行不一致措施：

1)附件一或附件三各缔约方明细表所列该缔约方联邦机构，

2)州或省，期限为本协定生效之日起两年，在此之后根据第2款规定，附录一各缔约方明细表载明的期限，或者

3)地方政府；

(2)对第1项所指任何不一致措施的延续或迅速延期，或者

(3)对第1项所指任何不一致措施的修正，只要该修正不降低该措施在修正之前与第1102条、第1103条、第1106条与第1107条的相符程度。

2. 各缔约方可在本协定生效之日起两年内，在附件一该缔约方明细表中，列明州或省维持的任何现行不一致措施，但是不包括地方政府。

3. 第1102条、第1103条、第1106条与第1107条不适用一缔约方采取或维持的与附件二

该缔约方明细表所列产业、子产业或活动相关的任何措施。

4. 任何缔约方不得根据本协定生效之日后采取的并且附件二该缔约方明细表涵盖的任何措施,要求另一缔约方投资者因其国籍,出售或以其他任何方式处置该措施生效时已有的投资。

5. 凡属第1703条(知识产权的国民待遇)具体规定的对该条义务的例外或减损的任何措施,第1102条与第1103条概不适用。

6. 第1103条不适用一缔约方根据协定给予或附件四该缔约方明细表对各产业所列的待遇。

7. 第1102条、第1103条与第1107条不适用:

(1)一缔约方或国有企业的采购;或者

(2)一缔约方或国有企业提供的补贴或拨款,包括政府支持的贷款、担保与保险。

8. 第1106条中:

(1)第1款第1项、第2项和第3项与第3款第1项和第2项的规定,不适用有关出口促进和外国援助项目的货物或服务的资格审查要求;

(2) 第1款第2项、第3项、第6项和第7项与第3款第1项和第2项的规定,不适用一缔约方或国有企业的采购;以及

(3)第3款第1项和第2项的规定,不适用一进口缔约方为符合优惠关税或优惠配额资格所必需的货物成分而实施的要求。

第1109条:转移

1. 各缔约方应允许在该缔约方境内的另一缔约方投资者可以自由、及时地进行与投资相关的所有转移。此类转移包括:

(1)利润、股息、利息、资本收益、特许使用费、管理费、技术援助和其他费用、实物偿付以及投资所得的其他款项;

(2)销售所有或部分投资或者清算部分或全部投资所得的收益;

(3)根据投资者或投资签订的合同支付的款项,包括根据贷款协定支付的款项;

(4)根据第1110条支付的款项;以及

(5)根据第二节产生的款项。

2. 各缔约方应允许转移使用自由流通货币,并以转移之日转移货币即期交易的现行市场外汇汇率进行。

3. 任何缔约方不得要求其投资者转移,或惩罚其投资者因其未能转移,在另一缔约方境内投资所得的或产生的收入、盈利、利润或其他款项。

4. 虽有第1款与第2款的规定,一缔约方可通过公正、非歧视和善意执行以下相关法律,阻止一项转移:

(1)破产、资不抵债或保护债权人权利;

(2)证券的发行、买卖或交易;

(3)刑事罪行;

(4)货币或其他货币票据转让的报告;以及

(5)保证审判程序中判决的履行。

5. 第3款不得解释为妨碍一缔约方通过公正、非歧视和善意执行与第4款第1项至第5

项所列事宜相关的法律,实施任何措施。

6. 虽有第1款的规定,一缔约方在根据本协定,可以包括第4款在内的其他理由,限制实物偿付转移的情况下,可限制此类转移。

第1110条:征用与补偿

1. 任何缔约方不得对其境内另一缔约方投资者的投资直接或间接国有化或征用,或对此类投资采取等于国有化或征用的措施(下称"征用"),但是下列情形除外:

(1)出于公共目的;

(2)在非歧视的基础上;

(3)根据法律与第1105条第1款规定的正当程序;并且

(4)根据第2款至第6款规定的补偿支付。

2. 补偿应相当于即将征用之前(下称"征用日")被征用投资的公平市场价值,而且不应由于提前获悉即将征用而发生任何价值变化。估价标准应包括持续经营价值,含有形资产的申报税款价值在内的资产价值,以及确定公平市场价值的其他适当标准。

3. 补偿应迅速支付,并且可以完全变现。

4. 如果以某七国集团货币支付,补偿应包括自征用日至实际支付日以合理商业利率计算的该货币利息。

5. 如果一缔约方选择以非七国集团货币支付,支付日所付补偿金额如果以当日现行市场外汇汇率兑换为某七国集团货币金额,应不少于征用日应付补偿金额如果以当日现行市场外汇汇率兑换为该七国集团货币金额,并且利息自征用日至支付日以该七国集团货币的合理商业利率增长。

6. 一旦支付,根据第1109条规定,补偿应可自由转移。

7. 本条不适用实施与知识产权相关的强制许可,或知识产权的撤销、限制或确立,只要此类许可、撤销、限制或确立符合第十七章(知识产权)。

8. 对本条而言,并且为进一步明确,普遍适用的非歧视性措施不应仅仅由于该措施对债务人施加费用而导致债务人拖欠债务,就将其视为等于征用本章所述债务证券或贷款的措施。

第1111条:特殊手续与信息要求

1. 第1102条中任何规定,不得解释为妨碍一缔约方采取或维持规定与另一缔约方投资者投资的设立相关的特殊手续的措施,例如要求投资者为该缔约方居民,或要求投资根据该缔约方法律或法规依法构成,但是前提条件是此类手续不在实质上损害一缔约方根据本章对另一缔约方投资者以及另一缔约方投资者的投资给予的保护。

2. 虽有第1102条或第1103条的规定,一缔约方可纯粹出于信息或统计需要,要求另一缔约方投资者或其境内的投资出具关于此项投资的常规信息。该缔约方应保护机密商业信息,以免泄露导致损害投资者或投资的竞争地位。本条款中任何规定,不得解释为妨碍一缔约方在公正和善意执行法律时以其他方式获得或披露信息。

第1112条:与其他各章的关系

1. 本章与另一章之间如有不一致,不一致之处以另一章为准。

2. 如果一缔约方要求另一缔约方服务提供商缴纳保证金或其他形式的金融担保,作为在该缔约方开展服务的条件,则该要求本身不能使本章适用该跨境服务的提供。本章适用该缔约方对所缴纳的保证金或金融担保的处置。

第 1113 条:利益的拒绝给予

1. 一缔约方可对该缔约方企业的另一缔约方投资者以及该投资者的投资,拒绝给予本章下的利益,如果非缔约方投资者拥有或控制该企业,并且作出拒绝的缔约方:

(1)未与该非缔约方保持外交关系;或者

(2)对该非缔约方采取或维持禁止与该企业交易的措施,或如果给予该企业或其投资本章下的利益,该项措施就会遭到违反或规避。

2. 根据第 1803 条(信息的通报与提供)与第 2006 条(磋商),经事先通报与磋商,一缔约方可对该缔约方企业的另一缔约方投资者以及该投资者的投资,拒绝给予本章下的利益,如果非缔约方投资者拥有或控制该企业,并且该企业虽然根据该缔约方的法律设立或组织,但是在该缔约方境内没有实质性的商业活动。

第 1114 条:环境措施

1. 本章中任何规定,不得解释为妨碍一缔约方采取、维持或实施在其他方面与本章一致的其认为适当的任何措施,以保证其境内投资活动的进行考虑环境关注。

2. 各缔约方认识到,通过放松国内健康、安全或环境措施以鼓励投资是不合适的。因此,一缔约方不应放弃或以其他方式减损,或试图放弃或以其他方式减损,此类措施以鼓励投资者在其境内设立、收购、扩大或保留投资。如果一缔约方认为另一缔约方已经提供此类鼓励措施,该缔约方可请求与另一缔约方磋商,双方应就避免此类鼓励措施开展磋商。

第二节 一缔约方与另一缔约方投资者之间的争端解决

第 1115 条:目标

在不损害第二十章(制度安排与争端解决程序)规定的各缔约方权利与义务的前提下,本节建立一个投资争端解决机制,以保证根据国际互惠原则各缔约方投资者之间的平等待遇和公正的法庭面前的正当程序。

第 1116 条:一缔约方投资者以自己的名义提出的诉求

1. 一缔约方投资者可就另一缔约方违反以下义务,提请根据本节规定进行仲裁:

(1)第一节或第 1503 条(国有企业)第 2 款,或者

(2)第 1502 条(垄断企业与国有企业)第 3 款第 1 项,如果垄断企业的行为方式与第一节规定的该缔约方义务不符,并且该投资者由于或源于上述违反义务而导致损失或损害。

2. 一投资者不得提出索赔请求,如果自投资者首次获悉或应当首次获悉据称的违反义务以及投资者遭受损失或损害之日起,时间已经超过三年。

第 1117 条:一缔约方投资者以企业的名义提出的诉求

1. 一缔约方投资者以该投资者直接或间接拥有或控制的另一缔约方法人企业的名义,可就另一缔约方违反以下义务,提请根据本节规定进行仲裁:

(1)第一节或第 1503 条(国有企业)第 2 款,或者

(2)第 1502 条(垄断企业与国有企业)第 3 款第 1 项,如果垄断企业的行为方式与第一节规定的该缔约方义务不符,并且该企业由于或源于上述违反义务而导致损失或损害。

2. 一投资者不得以第 1 款所述企业的名义提出索赔请求，如果自企业首次获悉或应当首次获悉据称的违反义务以及企业遭受损失或损害之日起，时间已经超过三年。

3. 如果由于同样的事件导致本条下的索赔，一投资者根据本条规定提出索赔请求，同时企业的该投资者或一非控制性投资者根据第 1116 条提出索赔请求，并且两个或两个以上的索赔请求根据第 1120 条被提请仲裁，则根据第 1126 条设立的仲裁庭应同时受理这些索赔请求，除非仲裁庭认为某一争端当事方的利益会因此受到损害。

4. 一项投资不得根据本节规定，提出索赔请求。

第 1118 条：通过磋商与谈判解决诉求

各争端当事方应首先努力通过磋商或谈判解决诉求。

第 1119 条：将诉求提请仲裁意向的通知

争端所涉投资者应在提交索赔请求至少 90 天之前，将提请仲裁索赔的意向以书面形式通知争端所涉缔约方，通知应具体载明：

(1) 争端所涉投资者的名称和住所，以及如果根据第 1117 条提出索赔请求，企业的名称和住所；

(2) 据称违反的本协定条款以及任何其他相关条款；

(3) 争论的问题和索赔的事实依据；以及

(4) 请求的救济和大致的赔偿金额。

第 1120 条：仲裁诉求的提交

1. 除了附件 1120.1 的规定之外，并且引发索赔的事件发生六个月之后，争端所涉投资者可提交索赔请求，根据以下规则进行仲裁：

(1)《ICSID 公约》，前提条件是争端所涉缔约方和投资者所属缔约方均为该公约的缔约方；

(2)《ICSID 公约》的“附加便利规则”，前提条件是争端所涉缔约方和投资者所属缔约方中的一方而非双方是该公约的缔约方；或者

(3)《联合国国际贸易法委员会仲裁规则》。

2. 适用的仲裁规则应约束仲裁，但是以本节的修订为限。

第 1121 条：仲裁诉求提交的先决条件

1. 只有在以下条件下，争端所涉投资者才可根据第 1116 条，提交仲裁索赔请求：

(1) 该投资者同意根据本协定规定的程序进行仲裁；并且

(2) 该投资者——以及企业，如果就该投资者直接或间接拥有或控制的另一缔约方法人企业的利益蒙受的损失或损害提出索赔请求——放弃根据任何缔约方的法律向任何行政法庭或法院，或者根据其他争端解决程序，就声称的争端所涉缔约方第 1116 条所指违反义务的措施，提起或继续任何诉讼的权利，但是根据争端所涉缔约方的法律，为获得不涉及支付赔偿金的禁令、确认赔偿请求或其他特殊救济，向行政法庭或法院提起的诉讼除外。

2. 争端所涉投资者可根据第 1117 条，提交仲裁索赔请求，如果该投资者与该企业均：

(1) 同意根据本协定规定的程序进行仲裁；并且

(2) 放弃根据任何缔约方的法律向任何行政法庭或法院，或者根据其他争端解决程序，就声称的争端所涉缔约方第 1117 条所指违反义务的措施，提起或继续任何诉讼的权利，但是根据该争端所涉方的法律，为获得不涉及支付赔偿金的禁令、确认赔偿请求或其他特殊救济，向

行政法庭或法院提起的诉讼除外。

3. 本条要求的同意与弃权应采取书面形式,应交付争端所涉缔约方,并应包括在递交的仲裁索赔请求中。

4. 只有在争端所涉缔约方剥夺了争端所涉投资者对企业的控制的情况下:

(1)不再要求出具第1款第2项或第2款第2项规定的企业弃权书;以及

(2)附件1120.1不再适用。

第1122条:同意仲裁

1. 各当事方同意提交索赔请求,根据本协定规定的程序进行仲裁。

2. 第1款所指同意和争端所涉投资者提交的仲裁索赔请求,应满足以下要求:

(1)《ICSID公约》第二章(解决投资争端国际中心的管辖权)与"附加便利规则"所要求的各当事方书面同意书;

(2)《纽约公约》第2条所要求的书面协定;以及

(3)《美洲公约》第1条所要求的协定。

第1123条:仲裁员的人数与任命方法

除非根据第1126条设立仲裁庭,并且除非各争端当事方另有约定,仲裁庭应由三名仲裁员组成,每一争端当事方各任命一名仲裁员,第三名仲裁员应由各争端当事方通过协议任命,并担任首席仲裁员。

第1124条:一争端当事方未能任命一名仲裁员或各争端当事方未能就首席仲裁员达成一致意见时仲裁庭的组成

1. 秘书长应为本节下的仲裁,行使任命仲裁员的职责。

2. 如果仲裁请求提交90天之内,仲裁庭(根据第1126条组立的仲裁庭除外)仍未组成,秘书长根据任何争端当事方请求,应自行任命尚未任命的一名或数名仲裁员,但是首席仲裁员应根据第3款任命。

3. 秘书长可从第4款所指首席仲裁员名册中,任命首席仲裁员,但是首席仲裁员不得为争端所涉缔约方的国民或争端所涉投资者所属缔约方的国民。如果无合适的首席仲裁员可供任命,秘书长应从解决投资争端国际中心仲裁员小组中,任命一名非任何争端当事方国民的首席仲裁员。

4. 本协定生效日之后,各缔约方应建立并维持45名首席仲裁员名册,各首席仲裁员必须符合第1120条所指公约和规则的资格,并具有国际法和国际投资事务的经验。名册成员应在共识的基础上予以任命,不论国籍。

第1125条:同意仲裁员的任命

为实施《ICSID公约》第39条和《ICSID公约》的"附加便利规则"明细表三第7条,并且不影响根据第1124条第3款或国籍之外的理由而对仲裁员任命提出的异议:

(1)各争端当事方同意根据《ICSID公约》和《ICSID公约》的"附加便利规则"设立的仲裁庭每一名仲裁员的任命;

(2)第1116条所指争端所涉投资者,可根据《ICSID公约》和《ICSID公约》的"附加便利规则",提交仲裁索赔请求,或继续其诉求,前提条件是该争端所涉投资者以书面形式,同意仲裁庭每一名仲裁员的任命;以及

(3)第1117条第1款所指争端所涉投资者,可根据《ICSID公约》和《ICSID公约》的"附加便利规则",提交仲裁索赔请求,或继续其诉求,前提条件是该争端所涉投资者和企业以书面形式,同意仲裁庭每一名仲裁员的任命。

第1126条:合并仲裁

1. 根据本条设立的仲裁庭应根据《联合国国际贸易法委员会仲裁规则》设立,并依照该规则进行程序,但是本节修改之处除外。

2. 如果根据本节设立的仲裁庭确信,其受理的根据第1120条进行仲裁的若干索赔请求,具有共同的法律或事实问题,仲裁庭可为了公平和高效地解决索赔请求,在听取各争端当事方的意见后,依下列次序:

(1)对全部或部分索赔请求,行使管辖权,合并审理并作出裁决;或者

(2)对一个或一个以上索赔请求,行使管辖权,审理并作出裁决,仲裁庭认为该裁决将会有助其他索赔请求的解决。

3. 根据第2款请求仲裁庭命令的一争端当事方,应向秘书长申请设立一仲裁庭,并在申请书中载明:

(1)请求的仲裁庭命令所针对的争端所涉缔约方或争端所涉投资者的名称;

(2)请求的仲裁庭命令的性质;以及

(3)请求仲裁庭命令的依据。

4. 争端当事方应向请求的仲裁庭命令所针对的争端所涉缔约方或争端所涉投资者,送达其申请书的副本。

5. 收到申请书60天之内,秘书长应设立一仲裁庭,由三名仲裁员组成。秘书长应从第1124条第4款所指名册中,任命一名首席仲裁员。如果无适合的首席仲裁员可供任命,秘书长应从解决投资争端国际中心仲裁员小组中,任命一名非任何争端当事方国民的非首席仲裁员。秘书长应从第1124条第4款所指名册中,任命另外两名仲裁员;如果该名册无合适人选,应从解决投资争端国际中心仲裁员小组中任命;如果该仲裁员小组也无合适人选,由秘书长酌情自行任命。一名仲裁员应为争端所涉缔约方的国民,一名仲裁员应为争端所涉投资者所属缔约方的国民。

6. 在仲裁庭已经根据本条设立之后,如果一争端所涉投资者已经提请根据第1116条或第1117条进行仲裁,但是在根据第3款提出的申请书中并未列名,则该争端所涉投资者可向仲裁庭提出书面申请,请求将其列入第2款所指仲裁庭命令中,并应在申请书中载明:

(1)争端所涉投资者的名称与住所;

(2)请求的仲裁庭命令的性质;以及

(3)请求仲裁庭命令的依据。

7. 第6款所指争端所涉投资者应向根据第3款提出的申请书中列名的各争端当事方,送达其申请书的副本。

8. 对一个索赔请求或一个索赔请求的一部分,凡根据本条设立的仲裁庭已经行使管辖权的,根据第1120条设立的仲裁庭不应再享有管辖权。

9. 应一争端当事方请求,根据本条设立的仲裁庭在作出第2款所指裁决之前,可命令根据第1120条设立的仲裁庭暂停审理,除非该仲裁庭已经延期审理。

10. 争端所涉缔约方应在收到以下文书15天之内,向秘书处送达该文书的副本:

(1)根据《ICSID 公约》第 36 条第 1 款提出的仲裁申请书；

(2)根据《ICSID 公约》的“附加便利规则”明细表三第 2 条发出的仲裁通知；或者

(3)根据《联合国国际贸易法委员会仲裁规则》发出的仲裁通知。

11. 争端所涉缔约方应向秘书处送达根据第 3 款提出的申请书的副本：

(1)对于争端所涉投资者提出的申请书，在收到该申请书 15 天之内；

(2)对于该争端所涉缔约方提出的申请书，在提出该申请书 15 天之内。

12. 争端所涉缔约方应在收到根据第 6 款提出的申请书 15 天之内，向秘书处送达该申请书的副本。

13. 秘书处应对第 10 款、第 11 款与第 12 款所指文书，登记造册，并向公众开放。

第 1127 条：通知

争端所涉缔约方应向其他缔约方送达：

(1)在索赔请求提交 30 天之内，已提请仲裁的索赔请求的书面通知；以及

(2)仲裁过程中提交的所有起诉状和答辩状的副本。

第 1128 条：一缔约方的参与

在书面通知各争端当事方之后，一缔约方可就本协定的解释问题，向仲裁庭提出意见。

第 1129 条：文书

1. 一缔约方应有权在自理费用的基础上，向争端所涉缔约方索取以下文书的副本：

(1)向仲裁庭提出的证据；以及

(2)各争端当事方的书面论据。

2. 根据第 1 款收到信息的缔约方应如同争端所涉缔约方一样，对待收到的信息。

第 1130 条：仲裁地点

除非各争端当事方另有约定，仲裁庭应在《纽约公约》缔约方的缔约方境内进行仲裁，仲裁地点根据以下方式选择：

(1)如果仲裁是根据《ICSID 公约》的“附加便利规则”或《ICSID 公约》进行，则依照“附加便利规则”；或者

(2)如果仲裁是根据《联合国国际贸易法委员会仲裁规则》进行，则依照该规则。

第 1131 条：适用法律

1. 根据本节设立的仲裁庭应根据本协定和国际法的适用规则，处理争端问题。

2. 自由贸易委员会对本协定条款的解释，对根据本节设立的仲裁庭应具有约束力。

第 1132 条：对附件的解释

1. 如果争端所涉缔约方辩称，被诉违反义务的措施属于附件一、附件二、附件三或附件四规定的保留或例外的范围，根据该争端所涉缔约方请求，仲裁庭应请求自由贸易委员会对该问题进行解释。委员会应在接到该请求 60 天之内，以书面形式将解释提交仲裁庭。

2. 在第 1131 条第 2 款的基础上，根据第 1 款提交的自由贸易委员会的解释对仲裁庭应具有约束力。如果委员会在 60 天之内，未能提交解释，仲裁庭应对该问题作出裁定。

第 1133 条：专家报告

在不影响任命其他类型的专家的情况下，并且只要适用的仲裁规则允许，仲裁庭应一争端

当事方请求，或者除非各争端当事方拒不同意，自行决定，可任命一名或数名专家，就审理过程中争端当事方提出的关于环境、健康、安全或其他科学事务的事实问题，向其出具书面报告，但是以各争端当事方可能会同意的条款和条件为准。

第 1134 条：临时保全措施

仲裁庭可发布临时保全措施命令，以维护争端当事方的权利，或保证仲裁庭的管辖权充分有效，包括下令保护一争端当事方掌握或控制的证据或者保护仲裁庭的管辖权。仲裁庭不得发布扣押令，或责令禁止适用第 1116 条或第 1117 条所指、被控构成违反义务的措施。就本款而言，命令包括建议。

第 1135 条：最终裁决

1. 仲裁庭对一缔约方作出最终裁决时，仲裁庭只可单独或一并作出以下裁决：

(1) 赔偿金和任何适当的利息；

(2) 返还财产，在此种情况下，裁决应规定争端所涉缔约方可支付赔偿金和任何适当的利息来代替返还。仲裁庭也可根据适用的仲裁规则判决费用。

2. 在符合第 1 款的前提下，如果索赔请求是根据第 1117 条第 1 款提出的：

(1) 返还财产的裁决应规定，财产应归还企业；

(2) 赔偿金和任何适当的利息的裁决应规定，该款项应支付给企业；以及

(3) 裁决应规定，该裁决的作出并不损害任何人根据适用的国内法可能享有的任何救济的权利。

3. 法庭不得命令一缔约方支付惩罚性赔偿。

第 1136 条：裁决的终局性与执行

1. 仲裁庭作出的裁决只对争端当事方和特定的案件，具有约束力。

2. 在符合第 3 款和临时裁决的适用审查程序的前提下，争端当事方应遵守并履行裁决，不得延误。

3. 一争端当事方在以下时限之前，不得寻求最终裁决的执行：

(1) 对根据《ICSID 公约》作出的最终裁决：

1) 自裁决作出之日起已经过去 120 天，并且在此期间无任何争端当事方要求修改或废止该裁决，或者

2) 修改或废止程序已经完成；以及

(2) 对根据《ICSID 公约》的“附加便利规则”或《联合国国际贸易法委员会仲裁规则》作出的最终裁决：

1) 自裁决作出之日起已经过去 3 个月，并且在此期间无任何争端当事方启动修改、撤销或废止该裁决的程序，或者

2) 法庭已经驳回或准许修改、撤销或废止该裁决的申请，并且没有进一步的上诉。

4. 各缔约方应在其境内负责裁决的执行。

5. 如果一争端所涉缔约方未能遵守或履行最终裁决，自由贸易委员会在收到其投资者是仲裁当事方的缔约方请求之后，应根据第 2008 条（设立仲裁小组的请求），设立仲裁小组。提出请求的缔约方在此类程序中可要求：

(1) 裁定未能遵守或履行最终裁决与本协定的义务不符；以及

(2)建议该缔约方遵守或履行最终裁决。

6. 争端所涉投资者可根据《ICSID公约》、《纽约公约》或《美洲公约》,申请仲裁裁决的执行,不论根据第5款的程序是否已经进行。

7. 根据本节提交仲裁的索赔请求,应视为源自《纽约公约》第1条与《美洲公约》第1条所称的商业关系或交易。

第1137条:一般规定

索赔请求提交仲裁的时间

1. 根据本节规定进行仲裁的索赔请求的提交时间应为:

(1)秘书长收到根据《ICSID公约》第36条第1款提出的仲裁请求之时;

(2)秘书长收到根据《ICSID公约》的"附加便利规则"明细表三第2条发出的仲裁通知之时;或者

(3)争端所涉缔约方收到根据《联合国国际贸易法委员会仲裁规则》发出的仲裁通知之时。

文书的送达

2. 致一缔约方的通知和其他文书应递送至附件1137.2列明的地址。

保险或保证合同下的赔偿所得

3. 在根据本节规定进行的仲裁中,一缔约方不得将争端所涉投资者根据保险或保证合同,就其主张的损害赔偿金的全部或部分,已经或将会获得赔偿金或其他补偿金,作为一种抗辩、反索赔、抵销权或其他理由。

裁决的公布

4. 对裁决的公布,附件1137.4适用该附件列明的各缔约方。

第1138条:不能仲裁解决的争端

1. 在不损害本节或第二十章(制度安排与争端解决程序)的争端解决规定对一缔约方根据第2012条(国家安全)采取的其他行动的适用性或非适用性的前提下,一缔约方根据该条作出的禁止或限制另一缔约方投资者收购其境内的投资或进行投资的决定,应不受以上规定的约束。

2. 本节与第二十章的争端解决规定不应适用附件1138.2所指事项。

第三节 定 义

第1139条:定义

在本章中:

"争端所涉投资者",系指根据第二节提出索赔请求的投资者。

"各争端当事方",系指争端所涉投资者和争端所涉缔约方。

"争端当事方",系指争端所涉投资者或争端所涉缔约方。

"争端所涉缔约方",系指根据第二节提出的索赔请求所针对的缔约方。

"企业",系指第201条(普遍适用的定义)定义的"企业",以及企业的分支机构。

"缔约方企业",系指根据一缔约方的法律设立或组织的企业,以及位于一缔约方境内并在境内从事商业活动的分支机构。

“股本或债务证券”，包括有表决权和无表决权的股票、债券、可兑换债券、股票期权和认股权证。

“七国集团的货币”，系指加拿大、法国、德国、意大利、日本、大不列颠及北爱尔兰联合王国或美国的货币。

“ICSID”，系指解决投资争端国际中心。

“ICSID 公约”，系指 1965 年 3 月 18 日在华盛顿签订的《解决国家和他国国民之间投资争端公约》。

“美洲公约”，系指 1975 年 1 月 30 日在巴拿马签订的《美洲国际商事仲裁公约》。

“投资”，系指：

(1)企业；

(2)企业的股权证券；

(3)企业的债权证券：

1)如果该企业是投资者的附属公司，或者

2)如果该债权证券的原始到期期限至少为 3 年，

但是不包括国有企业的债权证券，不论原始到期期限；

(4)对企业的贷款：

1)如果该企业是投资者的附属公司，或者

2)如果该贷款的原始到期期限至少为 3 年，

但是不包括对国有企业的贷款，不论原始到期期限；

(5)可使权益所有者有权分享企业的收入或利润的一种对企业的权益；

(6)可使权益所有者在企业解散时有权分享企业的资产的一种对企业的权益，不包括第 3 项或第 4 项排除的债权证券或贷款；

(7)为经济利益或其他商业目的而购得或使用的不动产或其他财产，无论是有形财产或是无形财产；以及

(8)调拨资金或其他资源到一缔约方境内并在境内从事经济活动所产生的权益，例如根据：

1)投资者必须在该缔约方境内投入资产的合同，包括“交钥匙”(总承包)或建筑合同，或特许经营权，或者

2)报酬在很大程度上取决于企业的生产、收入或利润的合同；

但是投资并不表示，

(9)仅仅通过以下方式获得的金钱请求权：

1)一缔约方境内国民或企业向另一缔约方境内企业销售货物或服务的商业合同，或者

2)与商业交易有关的信贷授予，例如贸易融资，但是不包括第 4 项所指贷款；或者

(10)不涉及第 1 项至第 8 项所列权益类型的其他任何金钱请求权；

“一缔约方投资者的投资”，系指该缔约方投资者直接或间接拥有或控制的投资。

“一缔约方投资者”，系指拟议、正在或已经投资的一缔约方或其国有企业，或该缔约方的国民或企业。

“非缔约方投资者”，系指拟议、正在或已经投资的缔约方投资者之外的投资者。

"纽约公约",系指1958年6月10日在纽约签订的《联合国承认和执行外国仲裁裁决公约》。

"秘书长",系指解决投资争端国际中心秘书长。

"转移",系指转移和国际支付。

"仲裁庭",系指根据第1120条或第1126条设立的仲裁法庭。

"联合国国际贸易法委员会仲裁规则",系指联合国大会1976年12月15日通过的联合国国际贸易法委员会制定的仲裁规则。

附件1120.1:仲裁诉求的提交

墨西哥

关于仲裁诉求的提交:

(1)另一缔约方投资者不可声称,墨西哥违反以下义务:

1)第一节或第1503条(国有企业)第2款,或者

2)第1502条(垄断企业与国有企业)第3款,如果垄断企业的行为方式与第一节规定的该缔约方义务不符,

不论是在根据本节规定进行的仲裁中,还是在墨西哥法庭或行政法庭的诉讼中;以及

(2)如果另一缔约方投资者直接或间接拥有或控制的墨西哥法人企业,在墨西哥法庭或行政法庭的诉讼中声称,墨西哥违反以下义务:

1)第一节或第1503条(国有企业)第2款,或者

2)第1502条(垄断企业与国有企业)第3款,如果垄断企业的行为方式与第一节规定的该缔约方义务不符,

该投资者在根据本节规定进行的仲裁中,不可声称上述违反义务。

附件1137.2:第二节下的致一缔约方的文书送达

各缔约方应在本附件中列明,并于1994年1月1日之前在其官方公报上公布,本节下的通知和其他文书的送达地址。

附件1137.4:裁决的公布

加拿大

如果加拿大是争端所涉缔约方,加拿大或是仲裁当事方的争端所涉投资者可公布裁决。

墨西哥

如果墨西哥是争端所涉缔约方,适用的仲裁规则适用裁决的公布。

美国

如果美国是争端所涉缔约方,美国或是仲裁当事方的争端所涉投资者可公布裁决。

附件1138.2:不能仲裁解决的争端

加拿大

在根据《加拿大投资法》审议之后,关于是否批准需经审议的收购,加拿大作出的决定,应不受第二节或第二十章(制度安排与争端解决程序)的争端解决规定的约束。

墨西哥

在根据附件一第IM4页审议之后,关于是否批准需经审议的收购,国家外国投资委员会作出的决定,应不受第二节或第二十章(制度安排与争端解决程序)的争端解决规定的约束。

第十二章　跨境服务贸易

第 1201 条:适用范围

1. 本章适用一缔约方采取或维持的有关另一缔约方服务供应商的跨境服务贸易的措施,包括以下方面的措施:

(1)服务的生产、分销、营销、销售和交付;

(2)服务的购买、使用或支付;

(3)与提供服务相关的分销和运输系统的获取和使用;

(4)另一缔约方服务供应商在该缔约方境内的存在;以及

(5)提供保证金或其他形式的金融担保作为提供服务的条件。

2. 本章不适用:

(1)第十四章(金融服务)定义的金融服务;

(2)航空服务,包括国内和国际航空运输服务,无论是定期航班还是非定期航班,以及支持航空服务的相关服务,但是不包括以下服务:

1)退出服务期间的飞机维修和保养服务,以及

2）专业航空服务；

(3）一缔约方或国有企业的采购；或者

(4）一缔约方或国有企业提供的补贴或拨款，包括政府支持的贷款、担保和保险。

3. 本章中任何规定，不得解释为：

(1）一缔约方对寻求进入其就业市场或在其境内永久就业的另一缔约方国民承担任何义务，或者一缔约方有义务赋予另一缔约方国民任何进入或就业的权利；或者

(2）阻碍一缔约方以与本章并无不一致的方式，提供服务或行使职能，例如执法、惩教服务、收入保障或保险、社会保障或保险、社会福利、公共教育、公共培训、保健和儿童护理。

第 1202 条：国民待遇

1. 各缔约方给予另一缔约方服务供应商的待遇，应不低于该缔约方在相似情况下给予其本国服务供应商的待遇。

2. 一缔约方根据第一款给予的待遇，对州或省而言，系指不低于在相似情况下该州或省给予其所属缔约方服务供应商的最优惠待遇。

第 1203 条：最惠国待遇

各缔约方给予另一缔约方服务供应商的待遇，应不低于该缔约方在相似情况下给予任何其他缔约方或非缔约方服务供应商的待遇。

第 1204 条：待遇标准

各缔约方应给予任何其他缔约方服务供应商第 1203 条与第 1204 条规定的待遇中的较优者。

第 1205 条：当地存在

任何缔约方不得要求另一缔约方服务供应商在其境内设立或维持办事处或任何形式的企业，或成为居民，作为提供跨境服务的条件。

第 1206 条：保留

1. 第 1202 条、第 1203 条与第 1205 条不适用：

(1）以下当局维持的任何现行不一致措施：

1）附件一各缔约方明细表所列该缔约方联邦机构，

2）州或省，期限为本协定生效之日起两年，在此之后根据第 2 款规定，附录一各缔约方明细表载明的期限，或者

3）地方政府；

(2）对第 1 项所指任何不一致措施的延续或迅速延期，或者

(3）对第 1 项所指任何不一致措施的修正，只要该修正不降低该措施在修正之前与第 1202 条、第 1203 条与第 1105 条的相符程度。

2. 各缔约方可在本协定生效之日两年内，在附件一该缔约方明细表中，列明州或省维持的任何现行不一致措施，但是不包括地方政府。

3. 第 1202 条、第 1203 条与第 1205 条不适用一缔约方采取或维持的与附件二该缔约方明细表所列产业、子产业或活动相关的任何措施。

第 1207 条：数量限制

1. 各缔约方应在附件五该缔约方明细表中，列明其在联邦层次维持的任何数量限制。

2. 自本协定生效之日起一年内,各缔约方应在附件五该缔约方明细表中,列明州或省维持的任何数量限制,但是不包括地方政府。

3. 各缔约方应通报其他缔约方该缔约方在本协定生效之日后采取的任何数量限制,地方政府层次的限制除外,并应将该限制列入附件五该缔约方明细表。

4. 各缔约方应定期,但是无论如何至少每两年,就放宽或取消根据第 1 款至第 3 款的规定载入附件五的数量限制,努力进行谈判。

第 1208 条:非歧视性措施的自由化

各缔约方应在附件六该缔约方明细表中,列明其对数量限制、许可要求、业绩要求或其他非歧视性措施的自由化承诺。

第 1209 条:程序

自由贸易委员会应制定以下程序:

(1)一缔约方通报并在其相应明细表中载入以下措施:

1)根据第 1206 条第 2 款的州或省的措施,

2)根据第 1207 条第 2 款的数量限制,

3)根据第 1208 条的承诺,以及

4)第 1206 条第 1 款第 3 项所指的措施修正;以及

(2)为进一步自由化,关于保留、数量限制或承诺的磋商。

第 1210 条:许可与认证

1. 为了保证一缔约方采取或维持的有关另一缔约方国民的许可或认证的任何措施不构成不必要的贸易壁垒,各缔约方应努力确保任何此类措施:

(1)依据客观和透明的标准,例如提供服务的资格和能力;

(2)不超过保证服务质量所必需的限度;以及

(3)不构成对提供跨境服务的变相限制。

2. 如果一缔约方单方面或通过协定,承认在另一缔约方或非缔约方境内获得的教育、经历、许可或认证,

(1)第 1203 条中任何规定,不得解释为要求该缔约方对在另一缔约方境内获得的教育、经历、许可或认证予以承认,以及

(2)该缔约方应给予另一缔约方充分的机会,以证明在该另一缔约方境内获得的教育、经历、许可或认证也应予承认,或达成类似效果的一项协定或安排。

3. 自本协定生效之日起两年内,各缔约方应取消其维持的作为许可或认证另一缔约方专业服务供应商的条件而列入附件一该缔约方明细表中的任何国籍或永久居留权要求。如果一缔约方在特定行业未能履行此项义务,任何其他缔约方可在同一行业,在未履行义务的缔约方维持其要求的同一期限内,仅仅诉诸维持附件一该缔约方附表所列同等要求或者恢复:

(1)根据本条已被消除的联邦层次的任何此类要求;或者

(2)经通知未履行义务的缔约方,本协定生效之日存在的州或省级层次的任何此类要求。

4. 各缔约方应定期磋商,对许可或认证各自服务供应商的任何现行的国籍或永久居留权要求,确定取消的可行性。

5. 附件 1210.5 适用一缔约方采取或维持的有关许可或认证专业服务供应商的措施。

第 1211 条:利益的拒绝给予

1. 一缔约方可拒绝给予另一缔约方服务供应商本章下的利益,如果该缔约方证实:

(1)提供服务的是非缔约方国民拥有或控制的企业,以及

1)作出拒绝的缔约方未与该非缔约方保持外交关系,或者

2)作出拒绝的缔约方对该非缔约方采取或维持禁止与该企业交易的措施,或如果给予该企业本章下的利益,该项措施就会遭到违反或规避;或者

(2)本章涵盖的跨境运输服务的提供使用了未在任何缔约方注册的设备。

2. 根据第 1803 条(信息的通报与提供)与第 2006 条(磋商),经事先通报和磋商,一缔约方可拒绝给予另一缔约方服务供应商本章下的利益,如果该缔约方证实提供服务的是非缔约方人士拥有或控制的企业,并且该企业在任何缔约方境内没有实质性的商业活动。

第 1212 条:行业附件

附件 1212 适用具体行业。

第 1213 条:定义

1. 本章所指联邦、州或省政府,包括经政府授权而行使监管权、行政权或其他政府权力的非政府机构。

2. 在本章中:

"跨境服务提供"或"跨境服务贸易",系指以下列方式提供服务:

(1)自一缔约方境内向另一缔约方境内提供服务,

(2)一缔约方人士在该缔约方境内向另一缔约方人士提供服务,或者

(3)一缔约方国民在另一缔约方境内提供服务,

但是不包括在一缔约方境内通过在该缔约境内第 1139 条(投资的定义)定义的投资而提供的服务。

"企业",系指第 201 条(普遍适用的定义)定义的"企业",以及企业的分支机构。

"缔约方企业",系指根据一缔约方的法律设立或组织的企业,以及位于一缔约方境内并在境内进行商业活动的分支机构。

"专业服务",系指此类服务的提供需要专业性的中学后教育,或者同等的培训或经历,并且从业的权利由一缔约方许可或限制,但是不包括手艺人或船舶的船务人员和飞机的机务人员提供的服务。

"数量限制",系指对以下事项实施限制的非歧视性措施:

(1)服务供应商的数量限制,无论是以配额、垄断或经济需求测试的形式,还是以任何其他数量方式;或者

(2)服务提供商的营运限制,无论是以配额或经济需求测试的形式,还是以任何其他数量方式。

"缔约方服务供应商",系指寻求提供或已在提供某种服务的一缔约方人士。以及

"专业航空服务",系指航空制图、航空测绘、航空摄影、森林火灾管理、消防、航空广告、滑翔机牵引、跳伞、航空架线、直升机采木、航空观光、飞行训练、航空侦察和监视,以及航空喷洒服务。

附件 1210.5:专业服务

第 1 节:一般规定

许可与认证申请的受理

1. 各缔约方应保证,其主管机构在另一缔约方国民提交许可或认证申请书之后的合理时间内:

(1) 如果申请书是完整的,对申请做出决定,并将决定通知申请人;或者

(2) 如果申请书不完整,及时通知申请人申请所处的阶段以及根据该缔约方法律还需提供的其他信息。

专业标准的制定

2. 各缔约方应鼓励各自境内的相关机构制定许可和认证专业服务供应商的可以相互接受的标准和准则,并就相互承认事宜向自由贸易委员会提交建议。

3. 可就以下事项,制定第 2 款所指标准和准则:

(1) 教育——学校或学科项目的认证;

(2) 考试——许可的资格考试,包括评估的替代性方案,例如口试和面试;

(3) 许可所需的经历年限和经历的性质;

(4) 品行和道德——职业品行的标准,以及对违反此类标准的惩处的性质;

(5) 专业发展和重新认证——为维持专业认证所需的继续教育和新要求;

(6) 执业范围——允许活动的领域及其限制;

(7) 当地知识——对诸如当地法律、法规、语言、地理或气候的知识要求;以及

(8) 消费者保护——为保护消费者所提出的居住地要求的替代性方案,包括提供保证金、职业责任保险和客户赔偿基金。

4. 在接到第 2 款所指建议后,自由贸易委员会应在合理时间内审议该建议,以确定该建议是否与本协定一致。在委员会审议的基础上,各缔约方应鼓励各自主管机构,如果适当,在相互约定的时间内执行该建议。

临时许可

5. 如果各缔约方同意,各缔约方应鼓励各自境内的相关机构制定临时许可另一缔约方专业服务供应商的程序。

审议

6. 自由贸易委员会应定期,至少每三年一次,审议本节的执行情况。

第 2 节:外籍法律咨询人员

1. 在履行对相关明细表所载外籍法律咨询人员的义务和承诺时,并且在符合相关明细表中的任何保留的前提下,各缔约方应保证允许另一缔约方国民在其授权律师执业的任何国别法律领域内,从事法律业务或咨询活动。

与专业机构的磋商

2. 各缔约方应与其相关专业机构进行磋商,以获取他们对以下事宜的建议:

(1) 其境内授权执业的律师与外籍法律咨询人员之间的合作或合伙的形式;

(2) 根据第 1210 条外籍法律咨询人员的认可标准和准则的制定;以及

(3) 有关提供外国法律咨询服务的其他事项。

3. 在启动第 7 款所指磋商之前,各缔约方应鼓励其相关专业机构,就拟定关于第 2 款所

述事宜的联合建议，与其他各缔约方指定的相关专业机构进行磋商。

未来的自由化

4. 各缔约方应确定工作计划，以制定认可外籍法律咨询人员并适用其全境的共同程序。

5. 各缔约方应及时审议第2款与第3款所指的任何建议，以保证其与本协定的一致性。如果建议与本协定一致，各缔约方应鼓励其主管机构在一年之内实施建议。

6. 各缔约方应在本协定生效之日起一年内，并且此后每年一次，向自由贸易委员会报告第4款所指工作计划的实施进展。

7. 各缔约方应在本协定生效之日起一年内，为以下目的召集会议：

(1)评估第2款至第5款的实施情况；

(2)如果适当，修改或取消对外国法律咨询服务的保留；以及

(3)评估有关外国法律咨询服务的适当的进一步工作。

第3节：工程师的临时许可

1. 各缔约方应在本协定生效之日起一年内，召集会议，以确定各缔约方必须执行的工作计划，与其相关专业机构合作，对另一缔约方境内授权工程师执业的另一缔约方国民，给予其境内的临时许可。

2. 为此目的，各缔约方应与其相关专业机构磋商，以获取他们对以下事宜的建议：

(1)为了允许此类工程师在其境内各管辖区域从事他们的工程技术专业，临时许可程序的制定；

(2)为了给此类工程师临时许可提供便利，供全境内主管机构采用的示范程序的制定；

(3)在制定临时许可程序时，应优先考虑的工程技术专业；以及

(4)在此类磋商过程中，一缔约方确定的有关工程师临时许可的其他事宜。

3. 各缔约方应要求其相关专业机构在本协定生效之日起两年内，对第2款所述事宜提出建议。

4. 各缔约方应鼓励其相关专业机构尽速与其他缔约方相关专业机构接触，以便在本协定生效之日两年内，拟定关于第2款所述事宜的联合建议。各缔约方应要求其相关专业机构就拟定这些建议所取得的进展，提交年度报告。

5. 各缔约方应及时审议第3款或第4款所指的任何建议，以保证其与本协定的一致性。如果建议与本协定一致，各缔约方应鼓励其主管机构在一年之内实施建议。

6. 自由贸易委员会应在本节生效之日起两年内，审议本节的实施情况。

7. 附录1210.5丙适用该附录指明的各缔约方。

附件1210.5丙：土木工程师

在土木工程师以及墨西哥可能指定的任何其他工程专业方面，附件1210.5第3节规定的权利与义务适用墨西哥。

附件1212：陆路运输

联络点

1. 在第1801条(联络点)的基础上，各缔约方应在1994年1月1日之前，指定若干联络点，以提供该缔约方公布的关于陆路运输服务的运输许可证、安全性要求、税收、数据、研究与技术的信息，并帮助联系相关的政府机构。

审议程序

2. 自由贸易委员会应在本协定生效之日起第五年,并且此后在附件一各缔约方明细表规定的公共汽车和货车运输的自由化完成之前的每两年,接收并审议各缔约方关于评估自由化进展的报告,包括:

(1)自由化的效果;

(2)自由化给各缔约方的公共汽车和货车运输行业带来的具体问题或未曾预料的影响;以及

(3)自由化期限的调整。

委员会应努力解决报告审议过程中发现的任何问题。

3. 各缔约方应在本协定生效之日起七年内,进行磋商,以考虑进一步的自由化承诺。

第十三章 电 信

第 1301 条:适用范围

1. 本章适用:

(1)一缔约方采取或维持的有关另一缔约方人士获得和使用公共电信传输网络或服务的措施,包括运营专用网络的人士的此种获得和使用;

(2)一缔约采取或维持的有关另一缔约方人士在一缔约方境内或跨境提供增强或增值服务的措施;以及

(3)有关将终端或其他设备连接到公共电信传输网络的标准相关措施。

2. 除了保证运营广播电台和电缆系统的人士继续获得和使用公共电信传输网络和服务之外,本章不适用一缔约方采取或维持的有关电台或电视节目的电缆或广播传送的任何措施。

3. 本章中任何规定,不得解释为:

(1)要求一缔约方授权另一缔约方的人士建立、建设、购买、租赁、运营或提供电信传输网络或电信传输服务;

(2)要求一缔约方或要求一缔约方强制任何人建立、建设、购买、租赁、运营或提供不对公众普遍提供的电信传输网络或电信传输服务;

(3)妨碍一缔约方禁止运营专用网络的人士使用他们的网络向第三方提供公共电信传输网络或服务;或者

(4)要求一缔约方强制从事电台或电视节目的电缆或广播传送的任何人士,将其电缆或广播设施作为公共电信传输网络。

第 1302 条:公共电信传输网络与服务的获得与使用

1. 各缔约方应保证,另一缔约方人士可以按照合理和非歧视的条款与条件,包括第 2 款至第 8 款所列者,获得和使用其境内或跨境提供的任何公共电信传输网络或服务,包括专门租用的电路,以便开展其业务。

2. 在符合第 6 款与第 7 款的前提下,各缔约方应保证此类人士获准:

(1)购买或租赁,并连接终端或其他设备使之与公共电信传输网络接合;

(2)将专门租用或拥有的电路与该缔约方境内或跨境的公共电信传输网络互联,包括用于提供他们的客户或用户之间的拨号连接,或者在相互同意的条款与条件下,与另一人士租用或拥有的电路互联;

(3)实行转换、信号和处理功能;以及

(4)使用自己选择的操作协议。

3. 各缔约方应保证:

(1)公共电信传输服务的定价反映与提供服务直接相关的经济成本;以及

(2)可以统一费率模式获得专门租用的电路。

本款中任何规定,不得解释为阻止公共电信传输服务之间的交叉补贴。

4. 各缔约方应保证,另一缔约方人士可以使用公共电信传输网络或服务,以用于境内或跨境的信息传送,包括公司内部通信,以及用于获取任何缔约方境内数据库中或其他的以机器可读形式存储的信息。

5. 在第 2010 条(一般例外)的基础上,本章中任何规定,不得解释为妨碍一缔约方为以下目的所采取或实施任何必要的措施:

(1)确保信息的安全性和机密性;或者

(2)保护公共电信传输网络或服务用户的隐私。

6. 各缔约方应保证,对获得或使用公共电信传输网络或服务不附加任何条件,但是为以下目的所必需的条件除外:

(1)保障公共电信传输网络或服务供应商的公共服务责任,特别是可使公众普遍获得其网络或服务的能力;或者

(2)保护公共电信传输网络或服务的技术完整性。

7. 只要获得或使用公共电信传输网络或服务的条件满足第 6 款所列标准,此类条件可包括:

(1)限制此类服务的转售或分享使用;

(2)要求使用特定的技术接口,包括接口协议,以便与此类网络或服务互联;

(3)如果电路是用于提供公共电信传输网络或服务,限制专门租用的或拥有的电路与此类网络或服务互联,或者与另一人士租用或拥有的电路互联;以及

(4)许可、准许、注册或通知程序,如果采用或沿用,该程序是透明的,并且据此提交的申请得到迅速处理。

8. 对本条而言,"非歧视"系指给予的条款与条件不低于在相似情况下给予相似公共电信传输网络或服务的任何其他客户或用户的条款与条件。

第 1303 条：提供增强型或增值服务的条件

1. 各缔约方应保证：

(1)其采取或维持的有关提供增强型或增值服务的任何许可、准许、注册或通知程序是透明和非歧视的，并且据此提出的申请得到迅速处理；以及

(2)上述程序要求的信息仅限于证明申请人具有财务偿付能力以开始提供服务，或者评估申请人的终端或其他设备与该缔约方的适用标准或技术规格的一致性。

2. 任何缔约方不得要求提供增强型或增值服务的人士：

(1)提供此类服务供公众普遍使用；

(2)以成本验证其费率；

(3)提交价目表；

(4)将其网络与任何特定的客户或网络互联；或者

(5)符合公共电信传输网络互联之外的任何特定的互联标准或技术规格。

3. 虽有第 2 条第 3 款的规定，一缔约方可要求以下供应商提交价目表：

(1)该缔约方根据其法律判明一供应商在一具体情况下的反竞争做法，为纠正这一做法，该供应商应提交价目表；或者

(2)适用第 1305 条的垄断供应商应提交价目表。

第 1304 条：标准相关措施

1. 在第 904 条(不必要的障碍)第 4 款的基础上，各缔约方应保证，其采取或维持的有关将终端或其他设备连接到公共电信传输网络的标准相关措施，包括与用于合格评定程序的测试和计量设备有关的措施，不超过为以下目的的必要限度：

(1)防止对公共电信传输网络的技术破坏；

(2)防止对公共电信传输服务的技术干扰或削弱；

(3)防止对电磁波频谱其他用途的电磁干扰，并保证电磁兼容；

(4)防止票据设备的故障；或者

(5)保证用户的安全，并保证用户获得公共电信传输网络或服务。

2. 一缔约方可要求，将未经授权的终端或其他设备连接到公共电信传输网络须经批准，只要批准的标准与第 1 款一致。

3. 各缔约方应保证，公共电信传输网络的网络终端点的确定是建立在合理和透明的基础上。

4. 任何缔约方不得要求，在客户端连接满足第 1 款标准的、作为保护装置的授权设备须经单独授权。

5. 在第 904 条第 3 款的基础上，各缔约方应：

(1)保证其合格判定程序是透明的、非歧视的，并且据此提交的申请得到迅速处理；

(2)允许具有技术资质的任何实体按照该缔约方的合格评定程序要求，对拟连接到公共电信传输网络的终端或其他设备进行测试，但是该缔约方有权审查测试结论的准确性和完整性；以及

(3)保证其采取或维持的要求成为电信设备供应商的代理商的人，须经该缔约方相关合格评定机构授权的任何措施是非歧视的。

6. 自本协定生效之日起一年内,作为其合格评定程序的一部分,各缔约方应采用必要的规定,以接受另一缔约方境内实验室或测试设施根据接受缔约方的标准相关措施与程序,进行测试而出具的测试结论。

7. 根据第913条(标准相关措施委员会)第5款设立的电信标准小组委员会,应履行附件913.5.甲.2所列职能。

第1305条:垄断企业

1. 如果一缔约方维持或指定一垄断企业提供公共电信传输网络或服务,并且该垄断企业直接或通过附属公司,参与提供增强或增值服务或者其他电信相关服务或电信相关产品的竞争,该缔约方应保证,该垄断企业不利用其垄断地位,直接或通过与附属公司的交易,在此类市场从事反竞争行为,对另一缔约方的人士造成不利影响。此类行为可包括交叉补贴、掠夺性行为和歧视性地提供公共电信传输网络或服务。

2. 为了防止此类反竞争行为,各缔约方应采取或维持有效的措施,例如:

(1)会计要求;

(2)结构分离要求;

(3)保证垄断企业给予竞争者获得和使用其公共电信传输网络或服务的条款与条件,不低于其给予自己或附属公司的条款与条件的规则;或者

(4)保证及时披露公共电信传输网络及其接口的技术变化的规则。

第1306条:透明度

在第1802条(发布)的基础上,各缔约方应公布其有关获得和使用公共电信传输网络或服务的措施,包括以下相关措施:

(1)服务的价目表以及其他条款与条件;

(2)网络或服务的技术接口的规格;

(3)负责制定和采用影响此类获得和使用的标准相关措施的机构的信息;以及

(4)通报、准许、注册或许可要求。

第1307条:与其他各章的关系

本章与另一章如有任何不一致,不一致之处应以本章为准。

第1308条:与国际组织与协定的关系

各缔约方认识到电信网络或服务的全球兼容性和互操作性的国际标准的重要性,并且保证通过国际电信联盟和国际标准化组织在内的相关国际组织的工作,推广此类标准。

第1309条:技术合作与其他磋商

1. 为了促进可互操作的电信传输服务基础设施的发展,各缔约方应在交换技术信息、开发政府对政府的培训项目和其他相关活动方面,进行合作。在履行这一义务的过程中,各缔约方应对现有的交流项目给予特别重视。

2. 各缔约方应开展磋商,以便确定对所有电信服务贸易进一步自由化的可行性,包括公共电信传输网络和服务。

第1310条:定义

在本章中:

“授权设备”,系指根据一缔约方的合格评定程序,已获批准连接到公共电信传输网络的终端或其他设备。

“合格评定程序”,系指第915条(标准相关措施的定义)定义的合格评定程序,包括附件1310所指程序。

“增强型或增值服务”,系指使用以下功能的计算机处理应用程序的电信服务:

(1)遵守客户传输信息的格式、内容、代码、协议或类似方面,

(2)提供客户额外、不同或重组的信息,或者

(3)允许客户与储存信息互动。

“统一费率模式”,系指不论使用量,以每段时间固定收费为基础的定价方式。

“公司内部通信”,系指一家企业进行以下通信的电信:

(1)用于企业内部,与子公司、分支机构或附属公司,或子公司、分支机构或附属公司之间的通信,此处的子公司、分支机构或附属公司应按各缔约方的定义,或者

(2)在非商业性的基础上,用于与对企业经济活动不可或缺的,并与企业保持续合同关系的其他人士的通信,但是不包括提供给上述人士之外的人士的电信服务。

“网络终端点”,系指公共电信传输网络在客户场所的最终分界点。

“专用网络”,系指专门用于公司内部通信的电信传输网络。

“协议”,系指为了传送信号或数据信息,管理两个对等实体之间信息交换的一套规则与格式。

“公共电信传输网络”,系指允许规定的网络终端点之间进行电信的公共电信基础设施。

“公共电信传输网络或服务”,系指公共电信传输网络或公共电信传输服务。

“公共电信传输服务”,系指一缔约方明确或事实上要求向公众普遍提供的任何电信传输服务,包括电报、电话、电传和数据传输,通常表现为客户提交的信息在两点或多点之间的实时传输,客户信息的形式或内容在终端到终端之间没有任何变化。

“标准相关措施”,系指第915条定义的“标准相关措施”。

“电信”,系指以任何电磁方式传送和接收信号。以及

“终端设备”,系指能够以电磁方式加工、接收、交换、发送信号或传输信号,并在一个终端点与公共电信传输网络无线或有线连接的任何数字或模拟装置。

附件1310:合格评定程序

对加拿大而言:

通信部,终端连接项目处

评定程序(CP01)

《通信部法》,1985年《加拿大修订法典》第C35章

《铁路法》,1985年《加拿大修订法典》第R3章

《无线电通信法》,1985年《加拿大修订法典》第R2章,经1989年《加拿大法典》第17章修订

《电信法》(法案C62)

对墨西哥而言:

通信与运输部

通信与技术发展局

《电信条例》,第 10 章

对美国而言:

《联邦通信委员会规则》第 15 部分和第 68 部分,《美国法典》第 47 篇

第十四章　金融服务

第 1401 条:适用范围

1. 本章适用一缔约方采取或维持的以下相关措施:

(1)另一缔约方的金融机构;

(2)该缔约方境内金融机构的另一缔约方的投资者及其投资;以及

(3)跨境金融服务贸易。

2. 第 1109 条到第 1111 条、第 1113 条、第 1114 条和第 1211 条特此纳入本章并成为本章的一部分。第 1115 条到第 1138 条特此纳入本章并成为本章的一部分,但是仅仅适用一缔约方违反已纳入本章的第 1109 条到第 1111 条、第 1113 条和第 1114 条。

3. 本章中任何规定，不得解释为妨碍一缔约方，包括其公共实体，在其境内排他性地进行或提供以下活动或服务：

(1)构成公共退休计划或社会保障法定制度一部分的活动或服务；或者

(2)代表该缔约方或由该缔约方担保或使用该缔约方财政资源的活动或服务，包括其公共实体。

4. 附件 1401.4 适用该附件列明的各缔约方。

第 1402 条：自律监管组织

如果一缔约方要求，另一缔约方的金融机构或跨境金融服务供应商必须成为一自律监管组织的会员，参与其活动，或可以进入该组织，方可在该缔约方境内或跨境提供金融服务，该缔约方应保证此类自律监管组织遵守本章的义务。

第 1403 条：金融机构的建立

1. 各缔约方承认以下原则，即另一缔约方投资者应该获准在一缔约方境内，以该投资者选择的法人形式，建立金融机构。

2. 各缔约方还承认以下原则，即另一缔约方投资者应该获准通过以下方式，在一缔约方境内广泛参与：

(1)根据该缔约方可能会有的规定，通过其他金融机构，在该缔约方境内提供一系列金融服务；

(2)在该缔约方境内作地域上的扩展；以及

(3)在该缔约方境内拥有金融机构，并且不受专门针对外国金融机构的所有权要求的约束。

3. 在符合附件 1403.3 的前提下，在美国允许位于其境内的另一缔约方的商业银行，通过子公司或直接的分支机构，扩展到几乎所有的美国市场之时，各缔约方应审议并评估各缔约方提供的与第 1 款和第 2 款所述原则有关的市场准入，以便制定相关安排，允许另一缔约方投资者选择法人形式建立商业银行。

4. 如果另一缔约方的投资者在该缔约方境内不拥有或控制金融机构，各缔约方应允许该投资者在该缔约方境内建立金融机构。各缔约方可：

(1)要求另一缔约方的投资者根据该缔约方的法律，在该缔约方境内组建任何金融机构；或者

(2)实施与第 1405 条一致的建立金融机构的条款与条件。

5. 本条所称“另一缔约方的投资者”，系指在该缔约方境内从事提供金融服务业务的另一缔约方的投资者。

第 1404 条：跨境贸易

1. 只要该缔约方在本协定生效之日允许此类贸易，任何缔约方不得采取任何措施，限制另一缔约方的跨境金融服务供应商提供的任何种类的跨境金融服务贸易，但是以附件七该缔约方明细表第 2 节所列范围为限。

2. 各缔约方应允许位于其境内的人士以及不论位于何处的国民，购买位于该另一缔约方或另一缔约方境内的另一缔约方跨境金融服务供应商提供的金融服务。此项义务并不要求一

缔约方允许此类供应商在其境内从事业务或推销业务。在符合第 1 款的前提下,各缔约方可自行定义对此义务而言的“从事业务”和“推销业务”。

3. 在不损害跨境金融服务贸易的其他审慎监管手段的前提下,一缔约方可要求对另一缔约方跨境金融服务供应商和金融工具进行注册。

4. 各缔约方应对附件 1404.4 所列跨境金融服务贸易未来的自由化,开展磋商。

第 1405 条:国民待遇

1. 在其境内金融机构和金融机构投资的设立、收购、扩大、管理、经营、运作以及销售或其他处置方面,各缔约方给予另一缔约方投资者的待遇,应不低于该缔约方在相似条件下给予本国投资者的待遇。

2. 在金融机构和投资的设立、收购、扩大、管理、经营、运作以及销售或其他处置方面,各缔约方给予另一缔约方金融机构与另一缔约方投资者的金融机构投资的待遇,应不低于该缔约方在相似条件下给予本国金融机构与本国投资者的金融机构投资的待遇。

3. 在符合第 1404 条的前提下,如果一缔约方允许提供跨境金融服务,该缔约方给予另一缔约方跨境金融服务供应商的待遇,应不低于该缔约方在相似条件下给予提供此类服务的本国金融服务供应商的待遇。

4. 一缔约方根据第 1 款、第 2 款与第 3 款必须提供的待遇,对任何州或省级措施而言,系指:

(1)对位于一州或省境内的金融机构的另一缔约方投资者、此类投资者的金融机构投资或此类投资者的金融机构而言,待遇不低于在相似情况下给予位于该州或省境内的金融机构的该缔约方投资者、此类投资者的金融机构投资或此类投资者的金融机构的待遇;以及

(2)在任何其他情况下,待遇不低于在相似情况下给予金融机构的该缔约方投资者、此类投资者的金融机构或此类投资者的金融机构投资的最优惠待遇。

为了进一步明确,对位于一个以上的州或省境内的金融机构的另一缔约方投资者或此类投资者的金融机构,根据第 1 项必须提供的待遇系指:

(3)此类投资者的待遇不低于在相似情况下给予位于这些州或省境内的该缔约方投资者的投资的最优惠待遇;以及

(4)对位于一州或省境内的此类投资者的金融机构投资或此类投资者的金融机构,待遇不低于在相似情况下给予位于该州或省境内的该缔约方投资者的投资或此类投资者的金融机构的待遇。

5. 只要一缔约方给予另一缔约方金融机构和跨境金融服务供应商的待遇提供平等竞争机会,不论与在相似情况下给予本国的此类机构或供应商的待遇相同与否,该待遇应视为与第 1 款至第 3 款一致。

6. 只要一缔约方的待遇对另一缔约方金融机构和跨境金融服务供应商提供金融服务的能力,与在相似情况下该缔约方本国金融机构和跨境金融服务供应商提供此类服务的能力相比,不造出不利影响,该待遇应视为提供平等的竞争机会。

7. 市场份额、盈利能力或规模的差异本身不能作为拒绝给予平等竞争机会的确认事实,但是此类差异可以作为一缔约方是否提供平等竞争机会的证据。

第 1406 条:最惠国待遇

1. 各缔约方给予另一缔约方投资者、另一缔约方金融机构、另一缔约方金融机构投资者

的投资和跨境金融服务供应商的待遇,应不低于该缔约方在相似情况下给予任何其他缔约方或非缔约方投资者、金融机构、金融机构投资者的投资和跨境金融服务供应商的待遇。

2. 一缔约方可承认另一缔约方或非缔约方适用本章涵盖的措施时的审慎措施。这种承认可:

(1)单方面给予;

(2)通过协调或其他手段达成;或者

(3)依据与另一缔约方或非缔约方的协定或安排。

3. 根据第 2 款对审慎措施予以承认的一缔约方应提供另一缔约方充分的机会,以证明存在或将会存在与各缔约方信息共享有关的等效法规、监督、法规的实施以及适当的程序。

4. 如果一缔约方根据第 2 款第 3 项对审慎措施予以承认,并且第 3 款所述情况存在,该缔约方应提供另一缔约方充分的机会,以谈判加入该协定或安排,或者谈判达成类似协定或安排。

第 1407 条:新的金融服务与数据处理

1. 各缔约方应允许另一缔约方金融机构提供任何新的金融服务,只要该服务的种类与该缔约方在相似情况下允许本国金融机构根据国内法提供的服务相似。一缔约方可确定提供服务的机构和法人形式,也可要求授权提供服务。如果要求此类授权,授权的决定应在合理的时间内作出,并且只能出于审慎的原因拒绝授权。

2. 各缔约方应允许另一缔约方金融机构以电子或其他形式,将信息传入或传出该缔约方境内,以进行数据处理,只要此类机构正常业务过程需要此类处理。

第 1408 条:高级管理层与董事会

1. 任何缔约方不得要求另一缔约方金融机构任命任何特定国籍的人士作为高级管理人员或其他必要人员。

2. 任何缔约方不得要求另一缔约方金融机构董事会超过简单多数的董事由该缔约方国民、居住在该缔约方境内的人士或以上两者组合的人士组成。

第 1409 条:保留与具体承诺

1. 第 1403 条至第 1408 条不适用:

(1)以下当局维持的任何现行不一致措施:

1)附件七各缔约方明细表第 1 节所列该缔约方联邦机构,

2)一州或省,期限至附件 1409.1 为该州或省规定的截止日期,在此之后期限为附件七该缔约方明细表第 1 节中该缔约方根据附件 1409.1 规定的日期,或者

3)地方政府;

(2)对第 1 项所指任何不一致措施的延续或迅速延期;或者

(3)对第 1 项所指任何不一致措施的修正,只要该修正不降低该措施在修正之前与第 1403 条至第 1408 条的相符程度。

2. 第 1403 条至第 1408 条不适用一缔约方根据附件七该缔约方明细表第 2 节采取或维持的任何不一致措施。

3. 附件七各缔约方明细表第 3 节列明各缔约方的某些具体承诺。

4. 如果一缔约方在附件一、附件二、附件三或附件四该缔约方明细表中列明对第 1102

条、第 1103 条、第 1202 条或第 1203 条的保留，则该保留应根据具体情况，视为对第 1405 条或第 1406 条的保留，只要本章涵盖该保留所列措施、产业、子产业或活动。

第 1410 条：例外

1. 本部分中任何规定，不得解释为妨碍一缔约方出于审慎原因采取或维持的合理措施，例如：

(1) 保护投资者、存款者、金融市场参与者、投保者、保单索赔者或金融机构或跨境金融服务供应商应付信托责任的对象；

(2) 维持金融机构或跨境金融服务供应商的安全、健全、完整性或金融责任；以及

(3) 保证一缔约方金融体系的完整性与稳定性。

2. 本部分中任何规定不适用任何公共实体在追求货币和相关信用政策或汇率政策时采取的普遍适用的非歧视性措施。本款不影响一缔约方根据第 1106 条（投资业绩要求）对第十一章（投资）或第 1109 条（转移）所涉措施的义务。

3. 第 1405 条不适用一缔约方给予一金融机构提供第 1401 条第 3 款第 1 项所指金融服务的专营权。

4. 虽有纳入本章的第 1109 条第 1 款、第 2 款与第 3 款的规定，并且不影响纳入本章的第 1109 条第四款的适用性，一缔约方可通过公正、非歧视和善意适用有关维持金融机构或跨境金融服务供应商的安全、健全、完整行或金融责任的措施，阻止或限制金融机构或跨境金融服务供应商转移给该机构或供应商的附属公司或关联人，或为该机构或供应商的附属公司或关联人转移。本款不影响本协定允许一缔约方限制转移的任何其他规定。

第 1411 条：透明度

1. 作为对第 1802 条（发布）第 2 款的代替，各缔约方应在可行的范围内，提前提供所有利害关系人该缔约方拟议采取的普遍适用的任何措施，以给予此类人士机会，对该措施发表意见。此类措施的提供应：

(1) 通过官方发布；

(2) 采取其他书面形式；或者

(3) 允许利害关系人在了解相关信息的基础上对拟议措施发表意见的任何其他形式。

2. 各缔约方的监管机构应对利害关系人公开该机构对完成提供金融服务申请的要求。

3. 根据一申请人请求，监管机构应通知申请人申请所处的阶段。如果该机构要求申请人提供补充信息，该机构应毫无延迟，通知申请人。

4. 监管机构应在 120 天之内，对另一缔约方金融机构投资者、金融机构或跨境金融服务供应商出具的关于提供金融服务的申请，作出行政决定。只有在召开所有相关听证会和收到所有必要信息之后，一份申请才应视为完整。如果监管机构在 120 天之内作出决定不切实际，监管机构应毫不迟延，通知申请人，并且应随后在合理期限内，努力作出决定。

5. 本章中无任何规定要求一缔约方提供或允许获得：

(1) 金融机构或跨境金融服务供应商个人客户的金融事务与账户的相关信息；或者

(2) 任何一经披露将会妨害执法或在其他方面违背公众利益或损害特定企业合法商业利益的机密信息。

6. 各缔约方应在本协定生效之日不迟于 180 天，维持或设立一个或多个咨询点，以尽速

书面答复利害关系人有关本章涵盖的普遍使用的措施的所有合理咨询。

第 1412 条:金融服务委员会

1. 各缔约方特此设立金融服务委员会。各缔约方首席代表应为附件 1412.1 所列负责金融服务的该缔约方主管机构官员。

2. 在符合第 2001 条(自由贸易委员会)第 2 款第 4 项规定的前提下,委员会应:

(1)监督本章的实施与本章进一步的细化;

(2)考虑一缔约方提交的有关金融服务的问题;以及

(3)根据第 1415 条参与争端解决程序。

3. 委员会应每年召开会议,以评估本协定在金融服务领域的运作情况。委员会应向北美自由贸易委员会汇报每次年会的结果。

第 1413 条:磋商

1. 一缔约方可请求另一缔约方就本协定产生的影响金融服务的任何问题,进行磋商。另一缔约方应对该请求给予善意的考虑。磋商各缔约方应在金融服务委员会的年会之际,向其汇报磋商结果。

2. 附件 1412.1 所列机构的官员应参加本条下的磋商。

3. 一缔约方可请求另一缔约方监管机构参加本条下的磋商,讨论另一缔约方可能影响请求磋商缔约方境内金融机构或跨境金融服务供应商运作的普遍适用的措施。

4. 本条中任何规定,不得解释为要求根据第 3 款参加磋商的监管机构披露信息或采取任何行动,如果这可能影响任何监管、管理、行政或实施事务。

5. 如果一缔约方出于管理原因,需要另一缔约方境内金融机构或另一缔约方境内跨境金融服务供应商的相关信息,该缔约方可联系另一缔约方境内监管机构,以获取相关信息。

6. 附件 1413.6 应适用进一步的磋商与安排。

第 1414 条:争端解决

1. 第二十章(制度安排与争端解决程序)第二节经本章修改后,适用本章引起的争端解决。

2. 各缔约方应在 1994 年 1 月 1 日之前,建立并维持最多 15 名有意并能够作为金融服务小组成员的名册。金融服务名册成员的任命应获一致同意,任期三年,可以连任。

3. 金融服务名册成员应:

(1)具有金融服务法律或实践的专业知识或经验,这可以包括金融机构的监管;

(2)在客观、可靠和良好判断力的基础上,严格挑选,以及

(3)符合第 2009 条(名册)第 2 款第 2 项与第 3 项规定的资格。

4. 如果一缔约方声称,争端是由本章产生,则第 2001 条(小组成员的挑选)应予适用,但是以下情况除外:

(1)如果争端各缔约方同意,小组应完全由符合第 3 款所列资格的小组成员构成;以及

(2)在任何其他情况下,

1)争端各缔约方可选择符合第 3 款或第 2010 条(小组成员的资格)第 1 款所列资格的小组成员,以及

2)如果应诉缔约方援引第 1410 条,小组主席应符合第 3 款所列资格。

5. 在任何争端中，如果小组判定一项措施与本协定义务不一致，并且该措施：

(1)只影响金融服务产业，投诉缔约方仅可在金融服务产业中止给予利益；

(2)影响金融服务产业和任何其他产业，投诉缔约方可在金融服务产业中止给予利益，其效果相当于该措施对该缔约方金融服务产业的影响；或者

(3)只影响金融服务产业以外的一个产业，投诉缔约方不得在金融服务产业中止给予利益。

第 1415 条：金融服务投资争端

1. 如果另一缔约方投资者根据第 1116 条或第 1117 条，提交对一缔约方的索赔诉求，依照第十一章第二节(一缔约方与另一缔约方投资者之间投资争端解决)进行仲裁，而争端所涉缔约方援引第 1410 条，仲裁庭应根据争端所涉缔约方请求，将此事以书面形式转交金融服务委员会作出决定。仲裁庭在收到本条下的决定或报告之前，不得进行程序。

2. 对根据第 1 款所转交的事宜，金融服务委员会应决定第 1410 条是否以及在什么范围内构成对投资者索赔诉求的有效抗辩。金融服务委员会应将其决定副本递送仲裁庭和自由贸易委员会。该决定对仲裁庭具有约束力。

3. 如果金融服务委员会在接到根据第 1 款所转交的事宜之后 60 天内，未能就该问题作出决定，争端所涉方或争端所涉投资者所属缔约方可根据第 2008 条(设立仲裁小组的请求)，请求设立一仲裁小组。仲裁小组应根据第 1414 条组成。在第 2017 条(最终报告)基础上，仲裁小组应将最终报告递送金融服务委员会和仲裁庭。该报告对仲裁庭具有约束力。

第 1416 条：定义

在本章中：

“一缔约方跨境金融服务供应商”，系指在一缔约方境内从事提供金融服务业务，并且试图或正在通过金融服务的跨境提供来提供此类服务的该缔约方人士；

“金融服务的跨境提供”或“跨境金融服务贸易”，系指以下列方式提供金融服务：

(1)自一缔约方境内提供至另一缔约方境内，

(2)在一缔约方境内的该缔约方人士提供另一缔约方人士，或者

(3)一缔约方国民在另一缔约方境内提供，

但是不包括通过一缔约方领境内的投资在该缔约方提供的服务；

“金融机构”，系指根据所处境内的一缔约方法律，授权从事业务，并且作为金融机构予以管理或监管的任何金融中介或其他企业；

“另一缔约方的金融机构”，系指位于一缔约方境内但是由另一缔约方人士控制的金融机构，包括分支机构；

“金融服务”，系指具有金融性质的服务，包括保险，以及具有金融性质的服务的附带或辅助服务；

“一缔约方的金融服务供应商”，系指在一缔约方境内从事提供金融服务业务的该缔约方人士；

“投资”，系指第 1139 条(投资的定义)定义的“投资”，除了对该条所涉“贷款”和“债务证券”而言：

(1)对金融机构的贷款或金融机构发行的债务证券，仅在该金融机构所处境内的缔约方

视其为监管资本时,方构成投资;以及

(2)金融机构发放的贷款或持有的债务证券不构成投资,第一项所指对金融机构的贷款或金融机构的债务证券除外;

为进一步明确:

(3)对一缔约方或其国有企业的贷款,或者一缔约方或其国有企业发行的债务证券,不构成投资;以及

(4)对金融机构的贷款或金融机构发行的债务证券除外,跨境金融服务供应商发放的贷款或持有的债务证券构成投资,如果该贷款或债务证券符合第 1139 条所列投资标准;

"一缔约方的投资者",系指试图、正在或已经作出投资的一缔约方或其国有企业或该缔约方人士;

"新的金融服务",系指一缔约方境内尚未提供但是另一缔约方境内提供的金融服务,包括任何新的金融服务交付方式或该缔约方境内尚未销售的金融产品销售。

"一缔约方人士",系指第二章(一般定义)定义的"一缔约方人士",并且为进一步明确,不包括非缔约方企业的分支机构;

"公共实体",系指一缔约方的中央银行或货币主管当局,或一缔约方拥有或控制的任何金融机构;以及

"自律监管组织",系指对金融服务供应商或金融机构行使自己的或委托的监管或管理权力的任何非政府机构,包括任何证券或期货交易所或市场、清算机构或其他组织或协会。

附件 1401.4:国别承诺

对加拿大与美国而言,《加拿大与美国自由贸易协定》第 1702 条第 1 款与第 2 款,特此纳入本协定并成为本协定的一部分。

附件 1403.3:市场准入的审议

第 1403 条第 3 款所指市场准入审议,不应包括附件七墨西哥明细表第 2 节规定的市场准入限制。

附件 1404.4:跨境贸易自由化的磋商

各缔约方应在 2000 年 1 月 1 日之前,对跨境金融服务贸易的进一步自由化,进行磋商。对保险服务,各缔约方在此类磋商中应:

(1)在跨境的基础上,考虑允许在或至各自境内提供更大范围的保险服务的可能性;以及

(2)对附件七墨西哥明细表第 1 节规定的跨境保险服务限制,决定是否保留、修改或取消。

附件 1409.1:省与州的保留

1. 加拿大可在本协定生效之日前,在附件七加拿大明细表第 1 节中,列明在省级层次上维持的任何现行的不一致措施。

2. 美国可在本协定生效之日前,在附件七美国明细表第 1 节中,列明加利福尼亚州、佛罗里达州、伊利诺伊州、纽约州、俄亥俄州和得克萨斯州维持的任何现行的不一致措施。所有其他各州现行的不一致措施可在 1995 年 1 月 1 日之前列明。

附件 1412.1:负责金融服务的主管机构

各缔约方负责金融服务的主管机构应为:

(1)对加拿大而言,加拿大财政部;

(2)对墨西哥而言,财政与公共信贷部;以及

(3)对美国而言,负责银行和其他金融服务的财政部,以及负责保险服务的商务部。

附件 1413.6:进一步的磋商与安排

第 1 节:有限业务范围的金融机构

本协定生效之日起三年后,各缔约方应就附件七墨西哥明细表第 2 节第 8 款所述有限业务范围的金融机构的累积限额,进行磋商。

第 2 节:支付体系的保护

1. 如果(附件七墨西哥明细表该术语所定义的)外国商业银行附属银行法定资本总额,以墨西哥所有商业银行合计资本的百分比计算,达到 25%,墨西哥可就其他缔约方商业银行在墨西哥市场的存在而产生的潜在负面影响以及对可能需要的救济行动,包括对市场参与的进一步限制,请求与其他缔约方磋商。此类磋商应尽快完成。

2. 在评估潜在负面影响时,各缔约方应考虑:

(1)墨西哥支付体系可能被非墨西哥人士控制的威胁;

(2)在墨西哥设立的外国商业银行可能对墨西哥实施有效货币和汇率政策能力的影响;以及

(3)本章保护墨西哥支付体系的充分性。

3. 如果对第 1 款所指事项未能达成共识,任何缔约方可根据第 1414 条或第 2008 条(设立仲裁小组的请求),请求设立仲裁小组。小组应根据第 2012 条(议事规则)设立的议事示范规则,进行程序。小组应在最后一名小组成员选出之后 60 天内或程序所涉各缔约方可能同意的任何其他期限内,作出决定。第 2018 条(最终报告的实施)和第 2019 条(不实施——中止给予利益)不适用此类程序。

第十五章　竞争政策、垄断机构与国有企业

第1501条：竞争法

1. 认识到此类措施将促进本协定目标的实现，各缔约方应采取或维持禁止反竞争商业行为的措施，并对反竞争商业行为采取适当的行动。为此目的，对各缔约方采取的措施的有效性，各缔约方应随时进行磋商。

2. 各缔约方认识到在自由贸易区进一步有效实施竞争法的过程中，各自主管机构之间合作与协调的重要性。各缔约方应就竞争法实施政策问题，包括在自由贸易区与实施竞争法和政策有关的司法互助、通报、磋商和信息交流，开展合作。

3. 对本条产生的任何事项，任何缔约方不得诉诸本协定下的争端解决。

第1502条：垄断机构与国有企业

1. 本协定中任何规定，不得解释为妨碍一缔约方指定一垄断机构。

2. 如果一缔约方打算指定一垄断机构，并且该指定可能影响另一缔约方人士的利益，该缔约方应：

(1)如有可能，事先提供另一缔约方关于该指定的书面通知；以及

(2)在指定之时，对该垄断机构的运作努力设立条件，以最大限度地降低或消除附件2004(丧失与减损)意义上的利益丧失或减损。

3. 各缔约方应通过监管控制、行政监督或其他措施的适用，保证其指定的任何私有垄断机构和其维持或指定的任何政府垄断机构应：

(1)以与本协定规定的该缔约方义务并无不一致的方式行事，如果此种垄断机构行使该缔约方授权的与垄断商品或服务有关的任何监管、行政或其他政府权力，例如有权授予进口或出口许可证、批准商业交易、实施各类配额或征收各类费用；

(2)除了遵守与第3项或第4项并无不一致的有关指定的任何条款之外，在相关市场采购或销售垄断商品或服务时，仅根据商业考虑行事，包括价格、质量、供应、适销性、运输以及采购或销售的其他条款与条件；

(3)在相关市场采购或销售垄断商品或服务时,对另一缔约方投资者的投资以及另一缔约方货物和服务供应商,给予非歧视性待遇;以及

(4)不直接或间接利用其垄断地位,包括通过与其母公司、子公司或共有所有权的其他公司进行交易,在其境内非垄断市场采取反竞争行为,对另一缔约方投资者的投资造成不利影响,包括通过歧视性供应垄断商品或服务、交叉补贴或掠夺性行为。

4. 第3款不适用政府机构的货物或服务采购,只要该采购是出于政府目的,而非为了商业转售或为了用于供商业销售的货物生产或服务提供。

5. 本条所称"维持",系指在本协定生效之日前指定,并在1994年1月1日业已存在。

第1503条:国有企业

1. 本协定中任何规定,不得解释为妨碍一缔约方维持或设立国有企业。

2. 如果此类企业行使该缔约方授权的任何监管、行政或其他政府权力,例如有权征用、授予许可证、批准商业交易、实施各类配额或征收各类费用,各缔约方应通过监管控制、行政监督或其他措施的适用,保证其维持或设立的任何国有企业以与第十一章(投资)和第十四章(金融服务)规定的该缔约方义务并无不一致的方式行事。

3. 各缔约方应保证,其维持或设立的国有企业在销售商品或服务时,对另一缔约方投资者在该缔约方境内的投资,给予非歧视性待遇。

第1504条:贸易与竞争工作组

自由贸易委员会应设立贸易与竞争工作组,由各缔约方代表组成。自本协定生效之日起五年内,工作组应就竞争法和政策与自由贸易区内贸易之间关系的相关问题,向委员会提交报告,并且如果合适,提出进一步工作的建议。

第1505条:定义

在本章中:

"指定",系指本协定生效之日后,建立、指定或授权,或者扩大垄断机构的范围使之涵盖追加的货物或服务。

"歧视性规定"包括在相似情况下:

(1)与非关联的公司相比,给予母公司、子公司或共有所有权的其他公司更加优惠的待遇,或者

(2)与另一类公司相比,给予一类公司更加优惠的待遇。

"政府垄断",系指一缔约方联邦政府拥有或通过所有权权益控制的垄断机构,或者另一此类垄断机构拥有或通过所有权权益控制的垄断机构。

"根据商业考虑",系指与相关商业或产业的私有企业正常业务行为一致。

"市场",系指货物或服务的地理市场和商业市场。

"垄断",系指在一缔约方境内的任何相关市场,指定作为某一货物或服务的独家供应商或采购商的实体,包括财团或政府机构,但是不包括纯粹由于授予而被授予排他性知识产权的实体。

"非歧视性待遇",系指正如本协定相关条款的规定,国民待遇与最惠国待遇中较优者。以及

"国有企业",系指一缔约方拥有或通过所有权权益控制的企业,附件1505所列者除外。

附件 1505:国有企业的国别定义

对第 1503 条第 3 款而言,“国有企业”是指:

(1)在加拿大方面,系指(加拿大)《金融管理法》意义上的皇家公司,任何类似的省级法律意义上的皇家公司,或者根据其他适用的省级法律而组成的等效实体;以及

(2)在墨西哥方面,不包括以销售玉米、豆类和奶粉为目的的国家基本商品公司及其现存的附属公司,或者任何后继企业或其附属企业。

第十六章　商务人士的临时入境

第 1601 条:总则

在第 102 条(目标)的基础上,本章反映各缔约方之间优惠的贸易关系,在互惠基础上为临时入境提供便利并建立透明的临时入境标准与程序的愿望,以及保证边境安全并保护各自境内国内劳动力和长期就业的需要。

第 1602 条:一般义务

1. 各缔约方应根据第 1601 条,实施与本章条款有关的措施,尤其是应尽快实施相关措施,以避免不必要地妨碍或拖延本协定下的货物或服务贸易或投资活动的开展。

2. 各缔约方应努力制定并采取与本章实施有关的共同标准、定义和解释。

第 1603 条:临时入境许可

1. 各缔约方应根据本章,包括附件 1603 的规定,对根据有关公共卫生、安全和国家安全的适用措施符合入境条件的商务人士,准予临时入境。

2. 一缔约方可拒绝签发许可一商务人士就业的入境文件,如果该商务人士的临时入境可能对下列情况产生不利影响:

(1)在就业地或预定的就业地未决的任何劳动争端的解决;或者

(2)此类争端所涉及的任何人士的就业。

3. 如果一缔约方根据第2款,拒绝签发许可就业的入境文件,该缔约方应:

(1)以书面形式通知该商务人士拒绝的理由;以及

(2)及时以书面形式通报其商务人士被拒绝入境的缔约方拒绝的理由。

4. 各缔约方应将处理商务人士临时入境申请的任何费用,限制在所提供的服务的大致成本。

第1604条:信息的提供

1. 在第1802条(发布)的基础上,各缔约方应:

(1)提供其他缔约方相关资料,以便于他们熟悉与本章有关的措施;以及

(2)自本协定生效之日起一年内,制定并在本国境内和其他缔约方境内发布和提供有关本章下临时入境要求的汇编文件形式的解释性资料,以便其他缔约方商务人士熟悉此类要求。

2. 在符合附件1604.2的前提下,各缔约方应根据其国内法,收集、留存并向其他缔约方提供有关已签发入境文件的其他缔约方商务人士本章下的临时入境许可的数据,包括各个工种、职业或活动的具体数据。

第1605条:工作组

1. 各缔约方特此设立临时入境工作组,由各缔约方代表组成,包括移民局官员。

2. 工作组应至少每年开会一次,以讨论以下问题:

(1)本章的实施与管理;

(2)制定相关措施,在互惠的基础上,进一步为商务人员临时入境提供便利;

(3)根据附件1603第2节、第3节或第4节,已获一年以上临时入境许可的商务人士的配偶,取消对其劳动许可证测试和类似作用的程序;以及

(4)对本章拟议的修改或增补。

第1606条:争端解决

1. 对本章下临时入境许可的拒绝或第1602条第1款产生的具体事由,一缔约方不得启动第2007条(委员会的斡旋、调解与调停)下的程序,但是以下情况除外:

(1)该项事由涉及一习惯性做法;以及

(2)该商务人士已经用尽关于该项具体事由的所有可能的行政救济。

2. 如果在行政程序启动一年之内,主管机构未能对该项事由作出最终决定,并且未能作出决定不能归咎该商务人士造成的延误,则第1款第2项所指救济应视为已用尽。

第1607条:与其他各章的关系

除了本章、第一章(目标)、第二章(一般定义)、第二十章(制度安排与争端解决程序)和第二十二章(最终条款)以及第1801条(咨询点)、第1802条(发布)、第1803条(信息的通报与提供)和第1804条(行政程序)之外,本协定中任何规定在移民措施方面,不施加任何缔约方任何义务。

第1608条:定义

在本章中:

"商务人士",系指从事货物贸易,提供服务,或进行投资活动的一缔约方公民;

"公民",系指附件 1608 为该附件中各缔约方定义的"公民";

"现行",系指附件 1608 为该附件中各缔约方定义的"现行";以及

"临时入境",系指一缔约方的商务人士进入另一缔约方境内,但是没有永久居住的意图。

附件 1603:商务人士的临时入境

第 1 节:商务访问者

1. 各缔约方应对拟从事附录 1603. 甲. 1 所列商务活动的商务人士,给予临时入境,不要求其获得工作许可,只要该商务人士在其他方面符合适用临时入境的现行移民措施,并出示以下证明文件:

(1)一缔约方公民身份的证明;

(2)证明该商务人士将从事此类商务活动并说明入境目的的文件;以及

(3)证明拟议中的商务活动属于国际性质并且该商务人士不试图进入当地劳务市场的证据。

2. 各缔约方应规定,能够证明以下要件的商务人士可视为满足第 1 款第 3 项要求:

(1)拟议中的商务活动报酬主要来源,不在给予暂时入境缔约方境内;以及

(2)该商务人士的主要商务地点和实际获利地点,至少大而言之,不在给予暂时入境缔约方境内。

一缔约方一般应接受关于主要商务地点和实际获利地点的口头声明。如果需要进一步的证明,该缔约方一般应将雇主出具的证明此类事项的信件视为充分的证据。

3. 各缔约方应对拟从事非附录 1603. 甲. 1 所列商务活动的商务人士,给予临时入境,不要求其获得工作许可,入境许可的待遇不低于附录 1603. 甲. 3 所列措施的现行规定,只要该商务人士在其他方面符合适用临时入境的现行移民措施。

4. 任何缔约方不得:

(1)作为第 1 款或第 3 款下临时入境的条件,要求事前批准程序、书面申请、劳务认证测试或者类似效果的其他程序;或者

(2)对第 1 款或第 3 款下临时入境,实施或维持任何数量限制。

5. 虽有第 4 款的规定,一缔约方可要求拟根据本节临时入境的商务人士,在入境之前取得签证或等效证件。在实施签证要求之前,该缔约方应根据请求,与受此影响的商务人士所在缔约方磋商,以避免实施此种要求。对现行签证要求,一缔约方应根据请求,与受此约束的商务人士所在缔约方磋商,以取消此种要求。

第 2 节:贸易商与投资者

1. 各缔约方应对以下商务人士给予临时入境,并为其提供确认文件:

(1)主要在该商务人士是公民的缔约方境内与寻求入境的缔约方境内之间,从事大量的货物或服务贸易,或者

(2)对该商务人士或该商务人士的企业已经投入或正在投入大量资金的投资,建立、开发、管理其运作或为其提供咨询或核心技术服务,

该商务人士的职务是管理、行政或涉及重要技能,只要该商务人士在其他方面符合适用临时入境的现行移民措施。

2. 任何缔约方不得:

(1)作为第 1 款下临时入境的条件,要求劳务认证测试或类似效果的其他程序;或者

(2)对第 1 款下临时入境,实施或维持任何数量限制。

3. 虽有第 2 款的规定,一缔约方可要求拟根据本节临时入境的商务人士,在入境之前取得签证或等效证件。

第 3 节:公司内部调任者

1. 如果供职于某一企业的商务人士拟以管理、行政或专业人员身份,为该企业或该企业的子公司或关联公司提供服务,各缔约方应给予该商务人士临时入境,并为其提供确认文件,只要该商务人士在其他方面符合适用临时入境的现行移民措施。一缔约方可要求该商务人士自申请入境之日起前三年期间,持续供职于该企业满一年。

2. 任何缔约方不得:

(1)作为第 1 款下临时入境的条件,要求劳务认证测试或类似效果的其他程序;或者

(2)对第 1 款下临时入境,实施或维持任何数量限制。

3. 虽有第 2 款的规定,一缔约方可要求拟根据本节临时入境的商务人士,在入境之前取得签证或等效证件。在实施签证要求之前,该缔约方应根据请求,与受此影响的商务人士所在缔约方磋商,以避免实施此种要求。对现行签证要求,一缔约方应根据请求,与受此约束的商务人士所在缔约方磋商,以取消此种要求。

第 4 节:专业人士

1. 如果商务人士拟在附录 1603. 丁.1 所列职业领域内从事专业水平商务活动,各缔约方应给予该商务人士临时入境,并为其提供确认文件,只要该商务人士在其他方面符合适用临时入境的现行移民措施,并出示以下证明文件:

(1)一缔约方公民身份的证明;以及

(2)证明该商务人士将从事此类商务活动并说明入境目的的文件。

2. 任何缔约方不得:

(1)作为第 1 款下临时入境的条件,要求事前批准程序、书面申请、劳务认证测试或类似效果的其他程序;或者

(2)对第 1 款下临时入境,实施或维持任何数量限制。

3. 虽有第 2 款的规定,一缔约方可要求拟根据本节临时入境的商务人士,在入境之前取得签证或等效证件。在实施签证要求之前,该缔约方应根据请求,与受此影响的商务人士所在缔约方磋商,以避免实施此种要求。对现行签证要求,一缔约方应根据请求,与受此约束的商务人士所在缔约方磋商,以取消此种要求。

4. 虽有第 1 款与第 2 款的规定,如果有关缔约方在本协定生效之日以前未能达成另外约定,一缔约方可对拟在附录 1603. 丁.1 所列职业领域从事专业水平商务活动的另一缔约方商务人士的临时入境,设定年度数量限值,并且该限值应载入附录 1603. 丁.4。在设定该限值时,该缔约方应与另一相关缔约方磋商。

5. 除非相关缔约方另有约定,根据第 4 款设定数量限值的缔约方:

(1)应在本协定生效之日第一年以后的每一年,在本节下临时入境需求的基础上,考虑增加附录 1603. 丁.4 所列数量限值,增加的数量与另一相关缔约方磋商后确定;

(2)不得将根据第 1 款设立的程序适用于受数量限值约束的商务人士临时入境,但是可要求商务人士遵从适用专业人士临时入境的其他程序;以及

(3)如果商务人士所从事的职业的认证、许可和认定要求为各相关缔约方相互承认,可在与另一相关缔约方磋商后,根据第1款给予此类商务人士临时入境。

6. 第4款或第5款中任何规定,不得解释为限制商务人士根据一缔约方与专业人士入境有关的适用移民措施,寻求临时入境的能力,但是根据第1款采取或维持的措施除外。

7. 一缔约方根据第4款设定数量限值三年之后,该缔约方应与另一相关缔约方磋商,以确定一个日期,在此日期之后该限值不再适用。

附件1603.甲.1:商务访问者

研究与设计

- 技术、科学与统计研究者,从事独立研究,或为位于另一缔约方境内的企业从事研究。

生长、制造与生产。

- 收割机拥有人,对根据适用法律入境的收割人员进行管理。
- 采购与生产管理人员,为位于另一缔约方境内的企业从事商业交易。

营销

- 市场研究者与分析师,从事独立研究或分析,或为位于另一缔约方境内的企业从事研究或分析。
- 贸易展览与推广人员,参加贸易会展。

销售

- 销售代表与代理,为位于另一缔约方境内企业的货物或服务,接受订单或谈判合同,但是不包括交付货物或提供服务。
- 买方,为位于另一缔约方境内的企业采购。

分销

- 运输经营者,把货物或乘客自一缔约方境内运送至另一缔约方境内,或把货物或乘客自一缔约方境内装载并运送至另一缔约方境内,中途不卸货或卸客。
- 对临时进入美国境内而言,加拿大报关代理,从事自美国境内出口至或通过加拿大境内的货物的报关代理业务。
- 对临时进入加拿大境内而言,美国报关代理,从事自加拿大境内出口至或通过美国境内的货物的报关代理业务。
- 报关代理,提供关于货物进口或出口便利化的咨询服务。

售后服务

- 安装人员、维修与护理人员以及监管人员,具备对卖方合同义务必不可少的专业知识,根据商业或工业设备或机械(包括计算机软件)销售附带的保修或其他服务合同,在保修或服务协定期限内,提供服务或培训工人以提供服务,并且卖方企业位于拟临时入境的一缔约方境外。

一般服务

- 专业人士,在附录1603.丁.1所列职业领域,从事专业水平商务活动。
- 管理与监管人员,为位于另一缔约方境内的企业从事商业交易。
- 金融服务人员(保险商、银行家或投资经纪人),为位于另一缔约方境内的企业从事商业交易。
- 公关与广告人员,与商业同仁进行磋商,或出席或参加会议。

• 旅游业者(旅游与旅行代理、导游或旅游经营商),出席或参加会议,或组织旅程开始于另一缔约方境内的游览。

• 旅游车经营者,进入一缔约方境内:

(1)带旅游团,车程开始于并将回到另一缔约方境内;

(2)接旅游团,车程结束于并且游览主要在另一缔约方境内;或者

(3)带旅游团,在寻求临时入境的缔约方境内下客,并且空车返回或重新载客运送至另一缔约方境内。

• 笔译或口译人员,作为位于另一缔约方境内的企业雇员,提供服务。

定义

在本附录中:

"另一缔约方境内",系指拟临时入境的缔约方之外的一缔约方境内;

"旅游车经营者",系指旅程中旅游车营运必不可少的自然人,包括陪同的或后续的接班人员;以及

"运输经营者",系指旅程中车辆营运必不可少的自然人,旅游车经营者除外,包括陪同的或后续的接班人员。

附件 1603. 甲. 3:现行移民的入境措施

1. 对加拿大而言,修订后的 1978 年《移民法规》(成文法律与法规编号:SOR/78172)第19(1)分节,根据《移民法》制定,1985 年《加拿大修订法典》第 I2 章。

2. 对美国而言,修订后的 1952 年《移民与国籍法》第 101(甲)(15)(乙)节。

3. 对墨西哥而言,修订后的 1974 年《一般人口统计法》第三章。

附件 1603. 丁. 1:专业人士

职业[1]	最低学历要求与替代资格证书
一般	
会计师	学士学位;或注册会计师、英国特许公认会计师、加拿大注册会计师或美国注册管理会计师
设计师	学士学位;或州、省执照[2]
计算机系统分析师	学士学位;或中学后文凭[3] 或中学后证书[4],并具有三年从业经验
灾害救助保险索赔理算师(在位于一缔约方境内的保险公司就职的索赔理算师,或独立索赔理算师)	学士学位,并成功完成与灾害救助索赔有关的保险理算的适当培训;或具有三年索赔理算从业经验,并成功完成与灾害救助索赔有关的保险理算的适当培训
经济学家	学士学位
工程师	学士学位;或州、省执照
林务员	学士学位;或州、省执照
平面设计师	学士学位;或中学后文凭或中学后证书,并具有三年从业经验
宾馆经理	宾馆、酒店管理学士学位;或宾馆、酒店管理中学后文凭或中学后证书,并具有三年宾馆、酒店管理从业经验
工业设计师	学士学位;或中学后文凭或中学后证书,并具有三年从业经验

续表

职业	最低学历要求与替代资格证书
室内设计师	学士学位；或中学后文凭或中学后证书，并具有三年从业经验
土地测量员	学士学位；或州、省、联邦执照
景观设计师	学士学位
律师（包括魁北克省的公证员）	法学学士、法学博士、法学硕士、民法硕士或学士学位（五年制）；或州、省律师协会成员资格
图书管理员	图书馆学硕士或图书馆学学士学位（先决条件是拥有另一个学士位）
管理咨询师	学士学位；或同等专业经验，通过声明或专业证书，证明五年管理咨询师经验，或五年与咨询协议相关的专业领域从业经验
数学家（包括统计学家）	学士学位
牧场经理、牧场生态保护专家	学士学位
研究助理（在中学后教育机构就职）	学士学位
科学技术员、技师[5]	拥有（1）以下任何学科的理论知识：农业科学、天文学、生物学、化学、工程学、林学、地质学、地球物理学、气象学或物理学；以及（2）解决任何上述学科的实际问题的能力，或在基本或运用研究中运用任何上述学科的原理的能力
社会工作者	学士学位
造林专家（包括林业专家）	学士学位
技术出版物作家	学士学位；或中学后文凭或中学后证书，并具有三年从业经验
城市规划师（包括地理学家）	学士学位
职业咨询师	学士学位
医学、类似专业人士	
牙医	牙科博士学位；或州、省执照
食品营养师	学士学位；或州、省执照
医学实验检验师（加拿大）、医学检验师（墨西哥与美国）[6]	学士学位；中学后文凭或中学后证书，并具有三年从业经验
营养师	学士学位
职业治疗师	学士学位；或州、省执照
药剂师	学士学位；或州、省执照
内科医师（仅从事教学或研究）	医学博士学位；或州、省执照
理疗师、物理治疗师	学士学位；或州、省执照
心理医师	州、省执照；或学士学位

续表

职业	最低学历要求与替代资格证书
娱乐疗法师	学士学位
注册护士	州、省执照;或学士学位
兽医	兽医学博士学位;或州、省执照
科学家	
农学家(包括农艺学家)	学士学位
动物育种家	学士学位
动物科学家	学士学位
养蜂家	学士学位
天文学家	学士学位
生化学家	学士学位
生物学家	学士学位
化学家	学士学位
乳品科学家	学士学位
昆虫学家	学士学位
流行病学家	学士学位
遗传学家	学士学位
地质学家	学士学位
地球化学家	学士学位
地球物理学家(包括墨西哥和美国的海洋学家)	学士学位
园艺家	学士学位
气象学家	学士学位
药理学家	学士学位
物理学家(包括加拿大的海洋学家)	学士学位
植物育种家	学士学位
家禽科学家	学士学位
土壤科学家	学士学位
动物学家	学士学位
教师	
学院	学士学位
神学院	学士学位
大学	学士学位

1. 根据本附录寻求临时入境的商务人士，也可从事与其职业相关的培训，包括指导研讨会。

2. “州、省执照”与“州、省/联邦执照”，系指州、省或联邦政府或其下属机构——但是不包括地方政府——颁布的许可个人从事管制的活动或职业的任何文件。

3. “中学后文凭”，系指完成两年或两年以上中学后教育之后，加拿大或美国公认的学术机构颁发的资格证书。

4. “中学后证书”，系指在学术机构完成两年或两年以上中学后教育之后，墨西哥联邦政府或墨西哥州政府、联邦政府或州政府认可的学术机构、联邦或州的法律创立的学术机构颁发的证书。

5. 本类别的商务人士寻求临时入境的目的，必须是从事农业科学、天文学、生物学、化学、工程学、林学、地质学、地球物理学、气象学或物理学领域的专业人士的直接辅助工作。

6. 本类别的商务人士寻求临时入境的目的，必须是为疾病的诊断、治疗或预防，在实验室中从事化学、生物学、血液学、免疫学、微生物学或细菌学的测试与分析。

附件 1603. 丁. 4：美国

1. 自本协定生效之日起，对美国与墨西哥之间而言，对墨西哥商务人士根据附件 1603 寻求临时入境，从事附录 1603. 丁. 1 所列职业领域的专业水平商务活动，美国应每年度批准 5,500份初次申请。

2. 对第 1 款而言，美国不得将下列情形计算在内：

(1)临时入境期限的更新；

(2)陪同或随后跟随主要申请人的商务人士的配偶或子女的入境；

(3)根据可能随时修订的 1952 年《移民与国籍法》第 101. 1. 15. 8. 9. 2 节许可的入境，包括根据该法第 214. 7. 1. 1 节设立的全球数量限值；或者

(4)根据与专业人士入境相关的该法第 101. 1. 15 节任何其他规定许可的入境。

3. 对美国与墨西哥之间而言，附件 1603 第 4 节第 4 款与第 5 款的适用期限不得超过：

(1)上述两款或类似规定可能适用美国与加拿大或任何非缔约方之外的任何其他缔约方的期限；或者

(2)本协定对上述各方生效之日起 10 年，以较短的期限为准。

附件 1604. 2：信息的提供

自本协定生效之日起一年后，第 1604 条第 2 款下的各项义务应对墨西哥生效。

附件 1608：国别定义

在本章中：

“公民”，系指对墨西哥而言，根据《墨西哥宪法》第 30 条与第 34 条各自现行条款所指国民或公民；以及

“现行”，系指：

(1)在加拿大与墨西哥之间，以及在墨西哥与美国之间，本协定生效之日业已生效的；以及

(2)在加拿大与美国之间，1989 年 1 月 1 日业已生效的。

第六编　知 识 产 权

第十七章　知识产权

第 1701 条:义务的性质与范围

1. 各缔约方应在其境内为另一缔约方国民提供充分、有效的知识产权保护与执法,同时保证实施知识产权的措施本身不成为合法贸易的障碍。

2. 为提供充分、有效的知识产权保护与执法,各缔约方应至少落实本章以及下列公约的实质性规定：

（1）1971 年《保护录音制品制作者防止未经许可复制其录音制品日内瓦公约》（下称《日内瓦公约》）；

（2）1971 年《保护文学和艺术作品伯尔尼公约》（下称《伯尔尼公约》）；

（3）1967 年《保护工业产权巴黎公约》（下称《巴黎公约》）；以及

（4）1978 年《保护植物新品种国际公约》，或 1991 年《保护植物新品种国际公约》。

如果一缔约方在本协定生效之日或之前，尚未加入以上任何公约的指定文本，该缔约方应尽一切努力加入。

3. 附件 1701.3 适用该附件载明的各缔约方。

第 1702 条：更为广泛的保护

一缔约方可在其国内法中实施比本协定要求更为广泛的知识产权保护，前提条件是此种保护与本协定并无不一致。

第 1703 条：国民待遇

1. 对各类知识产权的保护与执法，各缔约方给予另一缔约方国民的待遇，应不低于该缔约方给予本国国民的待遇。对录音制品，各缔约方应给予另一缔约方制作者与表演者此种待遇，但是一缔约方可将另一缔约方表演者对录音制品二次使用的权利限定为在另一缔约方境内给予其国民的权利。

2. 任何缔约方不得作为根据本条给予国民待遇的条件，要求权利人遵守任何程序或条件，以取得版权与相关权利。

3. 一缔约方可在有关知识产权保护或执法的司法与行政程序方面，减损第 1 款的规定，包括要求另一缔约方国民在该缔约方境内指定法律文书的送达地址或在该缔约方境内任命代理的任何程序，如果此种减损与第 1701 条第 1 款所列相关公约一致，前提条件是此类减损：

（1）是保证执行与本条并无不一致的措施所必需；以及

（2）适用方式不会构成对贸易的变相限制。

4. 对世界知识产权组织主持下缔结的有关取得或维持知识产权的多边协定中规定的程序，任何缔约方在本条下不负担任何义务。

第 1704 条：对滥用或反竞争行为或条件的控制

本章中任何规定，不妨碍一缔约方在其国内法中列明许可行为或条件在特定情况下可能构成对知识产权的滥用，对相关市场的竞争造成不利影响。在与本协定其他条款一致的前提下，一缔约方可采取或维持适当的措施，以防止或控制此种行为或条件。

第 1705 条：版权

1. 各缔约方应保护《伯尔尼公约》第 2 条涵盖的作品，包括体现该公约意义上的原创性表达方式的任何其他作品，尤其是：

（1）所有类别的计算机程序均为《伯尔尼公约》意义上的文学作品，各缔约方应将计算机程序作为文学作品予以保护；以及

（2）数据或其他资料的汇编，不论采用机读还是其他形式，因为内容的选择或排列而构成智力创作，应作为知识产权予以保护。

一缔约方根据第 2 项提供的保护不得延伸至数据或资料本身，或损害该数据或资料业已

存在的任何版权。

2. 对第1款涵盖的作品，各缔约方应给予作者及其权利继承人《伯尔尼公约》所列权利，包括有权许可或禁止：

(1)未经权利人授权，进口作品的复制品至该缔约方境内；

(2)以销售、出租或其他方式，首次公开发行作品的原件和复制品；

(3)向公众传播作品；以及

(4)商业性出租计算机程序的原件或复制品。

如果计算机程序的复制品本身并非出租的必要标的物，则第4项不适用。各缔约方应规定，经权利人同意，将计算机程序的原件或复制品投放市场，不应视为用尽出租权。

3. 对版权与相关权利，各缔约方应规定：

(1)取得或持有经济权力的任何个人可通过合同，自由并且分别转让此种权利，供受让人使用和欣赏；以及

(2)通过合同(包括构成作品和录音制品的创作的雇佣合同)取得或持有此种经济权利的任何个人应能以自己的名义，行使此种权利，并完全享有此种权利衍生的利益。

4. 各缔约方应规定，摄影作品或实用艺术作品除外，如果作品保护期限的计算基础不是自然人的生命，则保护期限应自作品首次授权出版的日历年年末起不少于50年，或作品完成50年之内未曾授权出版，自作品完成的日历年年末起不少于50年。

5. 各缔约方应将对本条规定的权利的限制或例外限定在某些特别情形，而不与作品的正常使用冲突，也不无理地损害权利人的合法权益。

6. 任何缔约方不得颁发《伯尔尼公约》附录允许的翻译和复制许可证，如果该缔约方境内对作品的复制品或译本的合理需求，若非该缔约方措施造成的障碍，原本可以通过权利人自愿行动而予以满足。

7. 附件1705.7适用该附件载明的各缔约方。

第1706条：录音制品

1. 各缔约方应赋予录音制品的制作者权利以授权或禁止：

(1)直接或间接复制录音制品；

(2)未经制作者同意，进口录音制品的复制品至该缔约方境内；

(3)以销售、出租或其他方式，首次公开发行录音制品的原件和复制品；以及

(4)商业性出租录音制品的原件或复制品，但是录音制品的制作者与录音制品中作品的作者之间的合同另有明文约定的除外。

各缔约方应规定，经权利人同意，将录音制品的原件或复制品投放市场，不应视为用尽出租权。

2. 各缔约方对录音制品的保护期限，应自制作完成的日历年年末起至少50年。

3. 各缔约方应将对本条规定的权利的限制或例外限定在某些特别情形，而不与录音制品的正常使用冲突，也不无理地损害权利人的合法权益。

第1707条：对加密节目传输的卫星信号的保护

自本协定生效之日起一年内，各缔约方应规定：

(1)未经信号合法播送者授权，擅自制造、进口、销售、租赁或以其他方式提供主要用于帮

助加密节目传输卫星信号解码的装置或系统，属刑事犯罪行为；而且

(2)未经信号合法播送者授权，与商业行为相关的接收或进一步传播加密节目传输卫星信号，或进行第一项禁止的任何活动，属民事违法行为。

各缔约方应规定，对根据第2项确定的任何民事违法行为，该信号内容的任何权利人皆可提起诉讼。

第1708条：商标

1. 对本协定而言，商标由任何标志或任何标志的组合构成，包括姓名、设计、字母、数字、颜色、图形要素或者商品或其包装的形状，只要这些标志能够将一人的商品或服务与另一人的商品或服务区别开来。商标应包括服务商标与集体商标，并且可包括证明商标。一缔约方可要求将标志的可视性作为注册条件之一。

2. 各缔约方应赋予注册商标的所有者专有权，以阻止任何人未经所有者同意，在商业上擅自使用相同或相似的商标，只要该商品或服务与所有者注册商标的商品或服务相同或相似，并且此种使用可能造成混淆。上述权利不得损害任何在先权利，也不得影响任何缔约方在使用基础上提供权利的可能性。

3. 一缔约方可将使用作为注册条件。但是，商标的实际使用不得作为提出注册申请的条件。任何缔约方不得仅以自注册申请之日起三年期限届满之前，商标的原定使用未曾发生为由，拒绝申请。

4. 各缔约方应建立商标注册体系，包括：

(1)审查申请；

(2)向申请人送达通知，告知拒绝商标注册的理由；

(3)申请人答复通知的合理机会；

(4)注册之前或之后及时公布各个商标；以及

(5)利害关系方提出请求撤销商标注册的合理机会。

一缔约方可提供利害关系方商标注册异议的合理机会。

5. 商标适用的商品或服务的性质不得构成商标注册的障碍。

6. 《巴黎公约》第6条之二经必要修改，应适用服务。在决定一商标是否为驰名商标时，应考虑相关部分公众对该商标的认知，包括在该缔约方境内因推广该商标而获得的认知。任何缔约方不得要求商标的声誉超出一般惠顾相关商品或服务的部分公众。

7. 各缔约方应规定，商标的首次注册期限至少十年，并且满足续展条件时，注册可无限续展，期限不少于十年。

8. 各缔约方应要求使用商标以维持注册。只有在商标至少连续两年未曾使用的情况下，方可撤销注册，除非商标所有者出示正当理由，说明商标的使用存在障碍。作为未能使用商标的正当理由，各缔约方应承认独立于商标所有者意志之外而对商标的使用构成障碍的情形，例如对商标所指商品或服务的进口限制或其他政府规定。

9. 各缔约方应承认商标所有者之外的人使用商标是出于维持注册目的而使用商标，如果此种使用受商标所有者的控制。

10. 任何缔约方不得通过特殊要求，妨碍商标在商业上的使用，例如降低商标作为显示商品来源的功能的使用，或者与另一商标同时使用。

11. 一缔约方可决定商标许可与转让的条件。不言而喻，不得允许商标的强制许可，并且

注册商标所有者应有权转让商标,不论其是否转让该商标所属的业务。

12. 一缔约方可对商标授予的权利规定有限的例外,例如合理使用描述性词语,前提条件是此种例外应考虑商标所有者与其他人的合法权益。

13. 各缔约方应对一般用于称呼商标所属的商品或服务或各类商品或服务的字词,禁止注册为商标,至少对英语、法语或西班牙语是如此。

14. 各缔约方应对构成或包含不道德、欺骗性或令人反感的内容,或者贬损个人(不论在世或已故)、机构、信仰或任何缔约方的国家象征或者虚构与他们的关系,或者令其受到鄙视或损害其声誉的内容的商标,拒绝予以注册。

第 1709 条:专利

1. 在符合第 2 款与第 3 款的前提下,各缔约方应对所有技术领域的任何发明,不论产品还是工艺,授予专利,只要此种发明具有新颖性,源自发明步骤,并且可供工业应用。对本条而言,一缔约方可将术语"发明步骤"和"可供工业应用"分别视为与术语"非显而易见"和"有用处"同义。

2. 一缔约方可将某些发明排除在可专利性之外,如果必须在其境内阻止该发明的商业利用,以保护公序良俗,包括保护人类、动物或植物的生命或健康或者避免严重损害自然或环境,前提条件是此种排除并非仅仅因为该缔约方禁止在其境内商业利用该专利的主题。

3. 一缔约方还可将以下事项排除在可专利性之外:

(1) 人类或动物的诊断、治疗和手术方法;

(2) 微生物之外的植物和动物;以及

(3) 本质上是植物或动物繁殖的生物工艺,但是此种繁殖的非生物和微生物工艺除外。

虽有第 2 项的规定,各缔约方应通过专利、特别保护的有效安排或以上两者的结合,对植物品种予以保护。

4. 如果一缔约方仍未对制药或农用化学品,提供与第 1 款相称的产品专利保护:

(1) 自 1992 年 1 月 1 日,对微生物工艺制备或生产的或主要衍生的并拟用于食品或药品的天然物质的主题;以及

(2) 自 1991 年 7 月 1 日,对任何其他主题,

该缔约方应提供任何此类产品的发明人或受让人为该产品取得产品专利保护的手段,保护期限为另一缔约方授予此种产品的专利的未到期期限,只要该产品在根据本款提供保护的缔约方境内未曾销售,并且寻求保护的人及时提出申请。

5. 各缔约方应规定:

(1) 如果专利的主题是产品,专利应授予专利权所有者权利,以防止他人未经专利权所有者同意而制造、使用或销售专利的主题;以及

(2) 如果专利的主题是工艺,专利应授予专利权所有者权利,以防止他人未经专利权所有者同意而使用该工艺以及使用、销售或进口至少是以该工艺直接获得的产品。

6. 一缔约方可对专利授予的专有权,规定有限的例外,前提条件是此种例外与专利的正常使用不造成无理冲突,并且不无理损害专利所有者的合法权益,同时考虑其他人的合法权益。

7. 在符合第 2 款与第 3 款的前提下,可授予的专利和可享有的专利权不因技术领域、发明产生的缔约方以及产品是进口还是当地生产的而受到歧视。

8. 一缔约方只能在以下情况下,方可撤销专利:

(1)存在合理拒绝授予专利的理由;或者

(2)强制许可的批准未能弥补专利使用的缺乏。

9. 各缔约方应允许专利所有者让渡并通过继承转让专利,并且订立许可合同。

10. 除了第6款允许的使用之外,如果一缔约方的法律允许未经权利持有者授权而使用专利的主题,包括政府或政府授权的其他人的使用,该缔约方应遵守以下规定:

(1)此类使用的授权应根据个案情况予以考虑。

(2)只有拟使用者在此种使用之前,已经努力在合理商业条款与条件的基础上,试图从权利持有者获得授权,但是在合理期限内此种努力未能成功,方可允许此类使用。在全国紧急状态或极端紧急的其他事态下,或在公共非商业性使用的情况下,一缔约方可豁免此种努力的要求。尽管如此,在全国紧急状态或极端紧急的其他事态下,只要合理可行,仍应尽快通知权利持有者。在公共非商业性使用的情况下,如果政府或承包方未作专利检索,知道或有明显理由应该知道某项有效专利正在或将要被政府使用或为政府而使用,则应迅速通知权利持有者。

(3)此类使用的范围和期限应仅限于授权使用的目的。

(4)此类使用应为非排他性的。

(5)此类使用应为不可转让的,除非与享有此类使用的那部分企业或商誉同时转让。

(6)任何此类使用的授权应主要为供应该缔约方国内市场。

(7)在充分保护被授权人合法权益的前提下,当导致此类使用的事态不复存在并且不大可能再次出现,则此类使用的授权应予终止。应合理的请求,主管机构应有权审议该种事态是否继续存在。

(8)在每种事态下应向权利持有者支付充分赔偿,同时考虑授权的经济价值。

(9)有关授权的任何决定的法律效力,应接受上一级主管机构的司法或其他独立审议。

(10)有关因此类使用而提供的赔偿的任何决定,应接受上一级主管机构的司法或其他独立审议。

(11)如果为了救济经司法或行政程序确定的反竞争行为而允许此类使用,该缔约方应无须适用第2项与第6项所列条件。在确定此种情况下的赔偿金额时,可考虑纠正反竞争行为的需要。当导致此种授权的条件可能重现时,主管机构应有权拒绝终止授权。

(12)该缔约方不得授权使用一项专利的主题以允许利用另一项专利,除非是救济已经判决的触犯有关反竞争行为的国内法的违法行为。

11. 如果专利的主题是获得产品的工艺,各缔约方在任何侵权程序中,应规定被告方负有举证责任,证明被控侵权的产品是通过专利工艺之外的工艺,在下列一种情况下生产的:

(1)通过该专利工艺获得的产品是新的;或者

(2)存在这样一种实质性的可能性,即被控侵权的产品是通过该工艺生产的,但是专利所有者经过合理努力无法确定实际使用的工艺。

在收集和评估证据时,应考虑被告方保护其商业秘密的合法权益。

12. 各缔约方给予专利的保护期限应自申请之日起至少20年,或自授予之日起至少17年。一缔约方在适当的情况下,可续展保护期限,以补偿管理批准程序造成的拖延。

第1710条:半导体集成电路布图设计

1. 各缔约方应根据1989年5月26日开放签字的《关于集成电路的知识产权条约》第2条至第7条、第12条以及第16条第3款,但是第6条第3款除外,保护集成电路布图(拓扑图)

设计(下称“布图设计”)。

2. 在符合第3款的前提下,各缔约方应规定,未经权利持有者授权,任何人出于商业目的进口、销售或以其他方式分销任何以下物品均属非法:

(1)受到保护的布图设计;

(2)含有受到保护的布图设计的集成电路;或者

(3)含有此种集成电路的商品,只要该集成电路仍然继续包含非法复制的布图设计。

3. 对第2款所指任何行为,即含有非法复制的布图设计的集成电路,或含有此种集成电路的任何商品,任何缔约方不得规定属于非法,如果从事此种行为或命令完成此种行为的人,在获得该集成电路或含有此种集成电路的商品之时,不知道并且没有合理的理由知道其中含有非法复制的布图设计。

4. 各缔约方应规定,在第3款所指的人收到该布图设计为非法复制的充分通知之后,该人可对通知之前库存或订购的存货从事此类行为,但是有义务为该行为支付权利持有者费用,金额相当于根据自由谈判达成的此种布图设计许可合同应付的合理特许费。

5. 任何缔约方不得批准集成电路布图设计的强制许可。

6. 要求将注册作为保护布图设计条件的任何缔约方应规定,在自以下日期起算的10年期间届满之前,保护期限不得终止:

(1)注册申请提交之日;或者

(2)布图设计在世界任何地方首次商业利用之日。

7. 如果一缔约方不要求将注册作为保护布图设计的条件,该缔约方应规定,自布图设计在世界任何地方首次商业利用之日起,保护期限不得少于10年。

8. 虽有第6款与第7款的规定,一缔约方可规定,布图设计创作15年之后,保护失效。

9. 附件1710.9适用该附件载明的各缔约方。

第1711条:商业秘密

1. 各缔约方应为任何人提供法律手段,防止商业秘密未经合法控制该信息的人同意,以违背诚实商业行为的方式,向他人披露、被他人获取或使用,只要:

(1)该信息属于秘密,即不论作为整体还是其要素的精确配置和组合,对一般处理此种信息的人而言,它是不为众所周知或轻易获悉的;

(2)正因它属于秘密,该信息具有实际的或潜在的商业价值;以及

(3)合法控制该信息的人在此种情况下,已经采取合理措施保持其机密性。

2. 一缔约方可规定,如果要符合保护的条件,商业秘密必须以文件、电子或磁性手段、光盘、微缩胶卷、胶卷或其他类似工具显现。

3. 只要第1款中的条件存在,任何缔约方不得限制商业秘密的保护期限。

4. 任何缔约方不得通过实施过度或歧视性的许可条件或稀释商业秘密价值的条件,妨碍或阻止商业秘密的自愿许可。

5. 如果一缔约方对利用新型化学个体的制药或农用化学产品,作为批准其销售的条件,要求提交尚未披露的试验或其他数据,以便确定该产品的使用是否安全有效,只要获取此类数据涉及相当的努力,该缔约方应保护提交人的数据不致披露,但是必须披露以保护公众的情况除外,或者除非采取措施,保证数据不致遭到不正当的商业使用。

6. 各缔约方应规定,本协定生效之日后提交该缔约方并受第5款约束的数据,除数据提交

人之外的任何人,未经提交人许可,在其提交后的合理期限内,不得依靠此种数据支持产品批准的申请。为此目的,合理期限通常应指该缔约方对出具该数据以供批准销售其产品的人,作出批准决定之日起不少于五年,并应考虑数据的性质以及该人获取数据的努力和支出。在符合本条款的前提下,对任何缔约方在生物等效性和生物利用度研究的基础上,实施关于此类产品的简化批准程序,没有任何限制。

7. 如果一缔约方依照另一缔约方作出的销售批准决定,对为获批准而提交的数据,其专有使用的合理期限应自依照的首次销售批准决定之日开始计算。

第 1712 条:地理标识

1. 就地理标识而言,各缔约方应提供利害关系方法律手段以防止:

(1)使用任何方法命名或展示货物,以明示或暗示该货物原产自某一国家、地区或地方,而非其真实原产地,从而在该货物的地理原产地方面误导公众;

(2)构成《巴黎公约》第 10 条之二意义上的不正当竞争行为的任何使用。

2. 如果某货物的商标包含地理标识或由地理标识组成,但是该货物并非原产自其显示的国家、地区或地方,并且该货物商标中地理标识的使用性质是为了误导公众该货物的地理原产地,各缔约方如国内法允许则采取主动或根据利害关系方请求,应对该商标拒绝注册或撤销注册。

3. 如果一地理标识尽管正确显示该货物原产的国家、地区或地方,但是向公众虚伪地表示该货物原产自另一国家、地区或地点,各缔约方也应适用第 1 款与第 2 款。

4. 本条中的任何规定,不得解释为要求一缔约方阻止其任何国民或居民在货物或服务上,继续和以类似方式使用另一缔约方特定地理标识,只要他们在该缔约方境内在相同或相关货物或服务上已经以连续的方式使用该地理标识:

(1)至少长达十年,或者

(2)出于善意。

5. 如果在以下时间之前出于善意申请或注册商标,或出于善意使用而取得对商标的权利:

(1)在该缔约方适用此类条款之前,或者

(2)在地理标识来源的缔约方保护地理标识之前,

任何缔约方不得以此种商标与地理标识相同或相似为由,采取任何措施以实施本条规定,只要该措施损害商标注册的资格或效力,或者使用商标的权利。

6. 如果一地理标识与该缔约方境内通用语言中对该标识所指货物或服务的惯用名称相同,则不得要求任何缔约方对该地理标识适用本条规定。

7. 一缔约方可规定,根据本条提出的关于商标使用或注册的任何请求,必须在保护标识的不当使用在该缔约方已经广为人知或该商标在该缔约方注册之日后五年之内提交,如果该日期早于不当使用在该缔约方广为人知之日,只要在该日期之前已经公布该商标,前提条件是该地理标识并非恶意使用或注册。

8. 任何缔约方不得采取任何措施实施本条规定,只要该措施损害任何人在贸易过程中,使用自己的姓名或其商业前任者的姓名的权利,但是以下情况除外,即该姓名构成地理标识受到保护之前业已存在的有效商标的全部或部分,并且存在混淆的可能性,或该姓名的使用方式是为了误导公众。

9. 本章中的任何规定,不得解释为要求一缔约方保护在标识来源的缔约方未受保护或废弃不用的地理标识。

第 1713 条:工业设计

1. 各缔约方应对独立创作的新型或原创工业设计提供保护。一缔约方可规定:

(1)如果设计与已知设计或已知设计特征的组合没有显著差异,则不属新型或原创设计;以及

(2)此种保护不得延伸至实质上由技术或功能因素决定的设计。

2. 各缔约方应保证,获得纺织品设计保护的要求,特别是关于费用、审查或公布的任何要求,不得无理损害一人寻求和获得此种保护的机会。一缔约方可通过工业设计法或版权法,履行这一义务。

3. 各缔约方应赋予受保护工业设计所有者权利,以防止他人未经所有者同意,出于商业目的,制造或销售商品,只要该商品带有或包含的设计是受保护设计的复制品或实际上是复制品。

4. 一缔约方可对工业设计的保护,规定有限的例外,前提条件是此种例外与正常利用受保护工业设计不发生无理冲突,也不无理损害受保护工业设计所有者的合法权益,同时考虑其他人的合法权益。

5. 各缔约方应为工业设计提供至少十年的保护期限。

第 1714 条:知识产权的实施:总则

1. 各缔约方应保证,其国内法应提供本条以及第 1715 条至第 1718 条规定的实施程序,以便对本章涵盖的知识产权的任何侵权行为采取有效行动,包括防止侵权的及时救济与威慑进一步侵权的救济。此种实施程序的适用应避免对合法贸易造成障碍,并且提供防止滥用该程序的保护措施。

2. 各缔约方应保证,其知识产权实施程序公平、公正,不过度烦琐或成本高昂,并且避免不合理的时限或不必要的延误。

3. 各缔约方应规定,对司法与行政实施程序中案件的是非曲直作出的裁决应:

(1)最好采取书面形式,并且最好说明裁决依据的理由;

(2)至少提供程序所涉各当事方,并且不得有不必要的延误;以及

(3)仅仅根据证据,并且向各当事方提供阐述证据的机会。

4. 各缔约方应保证,程序所涉各当事方应有机会将最终行政裁决提交该缔约方司法机构审议,并且在符合其国内法关于案件重要性的司法管辖权规定的前提下,至少审议有关案件是非曲直的初步司法裁决的法律要素。虽有以上规定,不得要求任何缔约方提供刑事案件无罪判决的司法审议。

5. 本条或第 1715 条至第 1718 条中的任何规定,不得解释为要求一缔约方为知识产权的实施而建立的司法制度不同于该缔约方一般法律实施的司法制度。

6. 对第 1715 条至第 1718 条而言,"权利持有者"一语包括具有法律地位以主张此种权利的联合会与协会。

第 1715 条:民事与行政程序的具体程序与救济

1. 各缔约方应提供权利持有者本章规定的任何知识产权实施的民事司法程序。各缔约方应规定:

(1)被告方有权获得书面通知,并且通知必须及时并包含充分细节,包括诉求的依据;

(2)允许程序所涉各当事方由独立的法律顾问维护其利益;

(3)程序不应包括强制本人出庭的过于繁重的要求;

(4)程序所涉所有当事方有权证明自己的主张并出示相关证据;以及

(5)程序包括识别并保护机密信息的方法。

2. 各缔约方应规定,其司法机构应有以下权利:

(1)如果程序所涉一当事方已经出示在合理范围内可以获得并足以支持其诉求的证据,并且指明与证实其诉求有关的证据在另一当事方的控制之下,则根据适当情况,在符合保证保护机密信息的条件下,命令另一当事方出示此种证据;

(2)如果程序所涉一当事方在合理期限内,在自愿并且无正当理由的情况下,拒绝出示或不以其他方式提供该当事方控制之下的相关证据,或者严重阻碍与实施行动有关的程序,则根据所出示的证据,包括由于拒绝提供证据而受到不利影响的当事方提交的申诉或指控,作出肯定或否定的初步和最终裁决,前提条件是提供各当事方就指控或证据发表意见的机会;

(3)责令程序所涉一当事方停止侵权,包括制止涉及侵犯知识产权的进口货物进入其司法管辖范围内的商业渠道,并且该命令应至少在此类货物清关之后立即执行;

(4)如果知识产权侵权者原来知道或有合理理由应当知道其所从事的是侵权活动,责令侵权者支付权利所有者适当的赔偿金,以补偿权利所有者因侵权而遭受的损失;

(5)责令知识产权侵权者支付权利所有者的费用,其中可包括适当的律师代理费;以及

(6)如果根据程序所涉一当事方请求而采取措施,但是该当事方滥用实施程序,责令该当事方支付充分的赔偿金给受到错误禁令或限制的任何当事方,以补偿由于此种滥用而遭受的损失,并支付各当事方的费用,其中可包括适当的律师代理费。

3. 对第 2 款第 3 项所指权利而言,不得要求任何缔约方对一人取得或订购的受到保护的主题行使此种权利,如果此前该人不知道或没有合理理由应当知道从事该主题的交易将会导致侵犯知识产权。

4. 对第 2 款第 4 项所指权利而言,一缔约方可至少针对版权著作与录音制品,授权司法机构责令返还利润或支付预先设定的赔偿金,或者两者并罚,即便侵权者不知道或没有合理理由应当知道其从事的是侵权活动。

5. 各缔约方应规定,为了构成对侵权的有效威慑,其司法机构应有权命令:

(1)不经任何赔偿,将司法机构判明侵权的货物清除出商业渠道以避免对权利所有者造成任何损害,或者予以销毁,除非这与现行的宪法规定相悖;以及

(2)不经任何赔偿,将主要用于生产侵权货物的原料和工具清除出商业渠道以便在最大限度上降低进一步侵权的风险。

在决定是否下达此种命令时,司法机构应考虑侵权的严重程度与责令的救济之间的相称性,以及其他人的权益。对于冒牌商品,除非在特例情况下,仅仅除去非法粘贴的商标并不足以批准放行该商品进入商业渠道。

6. 在执行与知识产权保护或实施相关的任何法律时,只有在执行此类法律过程中采取或拟议采取的行动是出于善意的情况下,各缔约方才可豁免公共机构与官员适当救济措施的责任。

7. 虽有第 1714 条至第 1718 条的其他规定,如果一缔约方因其使用或代表其使用知识产

权而遭到侵犯知识产权的起诉,该缔约方可将针对其可获得的救济仅限为在各个案件中支付权利所有者充分的赔偿,同时考虑使用的经济价值。

8. 各缔约方应规定,如果根据行政程序对案件的是非曲直作出的裁决,可以责令民事救济,此类程序应遵守与本条所列原则实质上等效的原则。

第 1716 条:临时措施

1. 各缔约方应规定,其司法机构应有权责令采取迅速而有效的临时措施:

(1)以制止对任何知识产权的侵权,特别是制止被控侵权的货物进入其司法管辖范围内的商业渠道,包括至少清关之后采取措施以制止进口货物的入境;以及

(2)以保留被控侵权的相关证据。

2. 各缔约方应规定,其司法机构应有权要求临时措施的任何申请人,向司法机构提供该申请人在合理范围内可以获得的并且司法机构认为必要的任何证据,以便司法机构在充分确定性的基础上确信:

(1)申请人为权利持有者;

(2)申请人的权利正在遭受侵犯,或者此种侵权即将发生;以及

(3)采取此种措施的任何延迟可能对权利持有者造成不可弥补的损害,或者存在证据灭失的明显风险。

各缔约方应规定,其司法机构应有权要求申请人提供充分的保证金或等效的担保,以保护被告方的权益并防止临时措施的滥用。

3. 各缔约方应规定,其司法机构应有权要求临时措施的申请人提供必要的其他信息,以便执行临时措施的主管机构确认相关货物。

4. 各缔约方应规定,其司法机构应有权在单方面的基础上责令临时措施,特别是如果任何迟延可能对权利持有者造成不可弥补的损害,或者存在证据灭失的明显风险。

5. 各缔约方应规定,如果该缔约方在单方面的基础上采取临时措施:

(1)应向受此影响的人及时送达关于此种措施的通知,在任何情况下通知应不迟于该措施刚刚实施之后;

(2)应被告方请求,该缔约方司法机构应审议该措施,以便在该措施的通知送达之后合理期限内决定是否修改、取消或确认该措施,并且应给予被告方在审议程序中发表意见的机会。

6. 在不影响第 5 款规定的前提下,各缔约方应规定,如果应对案件是非曲直作出裁决的程序未能在以下期限内启动,应被告方请求,该缔约方司法机构应取消或以其他方式停止适用根据第 1 款与第 4 款采取的临时措施:

(1)如果该缔约方国内法有此规定,在责令该措施的司法机构所决定的合理期限内;或者

(2)如果未作此类规定,在不超过 10 个工作日或 31 个日历日内,以时间较长者为准。

7. 各缔约方应规定,如果临时措施被取消或由于申请人的任何作为或不作为而失效,或者如果司法机构随后判明不存在对知识产权的侵权或侵权的威胁,司法机构应根据被告方的请求,有权责令申请人因此种措施造成的任何损害而支付被告方适当的赔偿。

8. 各缔约方应规定,如果根据行政程序,可以责令临时措施,此类程序应遵守与本条所列原则实质上等效的原则。

第 1717 条:刑事程序与惩罚

1. 各缔约方应至少对具有商业规模的蓄意假冒商标或盗版案件,规定刑事程序与惩罚。

各缔约方应规定,可适用的惩罚包括监禁或罚款,或两者并罚,以便构成足够的威慑,并与对严重性相当的犯罪实施的惩罚水平一致。

2. 各缔约方应规定,在适当的情况下,其司法机构可责令扣押、没收和销毁侵权货物以及主要用于从事侵权活动的任何原料与工具。

3. 一缔约方可对第 1 款之外的知识产权侵权案件,规定刑事程序与惩罚,只要侵权行为是蓄意并具有商业规模。

第 1718 条:在边境实施知识产权

1. 各缔约方应根据本条规定,采取程序,以便有正当理由怀疑进口货物涉嫌假冒商标或盗版的权利所有者,向其行政或司法主管机构提出书面申请,要求海关暂停放行该货物进入自由流通。任何缔约方对过境货物,无义务实施此种程序。在满足本条规定的前提下,一缔约方可允许对涉及知识产权其他侵权行为的货物,实施此种程序。一缔约方还可对海关暂停放行预定自其境内出口的侵权货物,规定相应程序。

2. 各缔约方应要求根据第 1 款启动程序的任何申请人出示相关证据:

(1)以便该缔约方主管机构确信,根据进口国的国内法,可初步判定申请人的知识产权遭受侵犯;以及

(2)以提供货物充分详细的描述,使海关易于识别该货物。

3. 各缔约方应规定,其主管机构应有权要求第 1 款下的申请人提供充分的保证金或等效的担保,以保护被告方与主管机构并防止程序的滥用。此种保证金或等效的担保不得无理妨碍对该程序的求助。

4. 各缔约方应规定,如果根据本条规定采取的程序下的一项适用措施,海关依照司法或其他独立机构之外的机构作出的裁决,暂停涉及工业设计、专利、集成电路或商业秘密的货物进入自由流通,并且第 6 款至第 8 款规定的期限已经届满,但是获得适当授权的机构仍未批准临时救济,在所有其他进口条件均已满足的前提下,此类货物的所有者、进口商或收货人应在交付金额足以保护权利持有者遭受的任何侵权的保证金之后,有权获得货物的放行。此种保证金的交付不得损害权利持有者可能获得的任何其他救济;不言而喻,如果权利持有者在合理期限内未能行使其诉讼权,该保证金应予退还。

5. 各缔约方应规定,在海关根据第 1 款,暂停货物放行之时,海关应立即通知进口商与申请人。

6. 各缔约方应规定,在所有其他进口或出口条件均已满足的前提下,海关应对暂停放行的货物,予以放行,如果向第 1 款下申请人送达暂停放行的通知之后,在不超过 10 个工作日的期限内,海关仍未收到以下内容的通知:

(1)被告方之外的一当事方已经启动对案件是非曲直作出裁决的程序,或者

(2)主管机构已经采取延长暂停放行期限的临时措施。

各缔约方应规定,在适当的情况下,海关可将暂停放行的期限再延长 10 个工作日。

7. 各缔约方应规定,如果对案件是非曲直作出裁决的程序已经启动,根据被告方请求,应进行审议,并提供抗辩权,以便在合理期限内决定这些措施是否应予修改、撤销或确认。

8. 虽有第 6 款与第 7 款的规定,如果暂停放行货物是根据临时司法措施而采取或延续的,应适用第 1716 条第 6 款。

9. 各缔约方应规定,其主管机构应有权责令第 1 款下申请人,由于不当扣押货物或根据第

6 款放行的扣押货物而造成的损失，支付货物的进口商、收货人与所有者适当的赔偿。

10. 在不影响保护机密信息的前提下，各缔约方应规定，其主管机构应有权给予权利持有者充分的机会，要求海关检查扣押的任何货物，以便证明权利持有者的主张。各缔约方还应规定，其主管机构应有权给予进口商同等的机会，以检查任何此类货物。如果主管机构对案件的是非曲直作出肯定裁决，一缔约方可授权主管机构通知权利持有者涉案货物的发货人、进口商与收货人的名称和住所以及涉案货物的数量。

11. 如果一缔约方要求其主管机构自行采取行动，对获得侵犯知识产权初步证据的货物，暂停放行：

(1) 主管机构可随时向权利持有者征询任何信息，以便帮助其行使权利。

(2) 应将该缔约方主管机构暂停放行货物之事立即通知进口商与权利持有者，并且如果进口商就暂停放行一事向主管机构提出上诉，第 6 款至第 8 款所列条件经必要修改之后，应约束此类暂停放行。

(3) 只有在采取或拟议采取的行动是出于善意的情况下，该缔约方才可豁免公共机构与官员适当救济措施的责任。

12. 在不影响权利持有者可行使的其他诉讼权并且被告方有权寻求司法审议的前提下，各缔约方应规定，其主管机构应有权根据第 1715 条第 5 款，责令销毁或处置侵权货物。对商标冒牌货物，主管机构除非在特例的情况下，不得允许侵权货物在未作变更的状态下再出口或对其适用不同的海关程序。

13. 对旅行者个人行李中携带或小额托运中运送的非商业性、非反复性的少量货物，一缔约方可对其免予适用第 1 款至第 12 款的规定。

14. 附件 1718.14 适用该附件载明的各缔约方。

第 1719 条：合作与技术援助

1. 各缔约方应在共同商定的条件下，相互提供技术援助，并且应促进各自主管机构之间的合作。此种合作应包括人员培训。

2. 各缔约方应为消除侵犯知识产权的货物贸易而进行合作。为此目的，各缔约方应在 1994 年 1 月 1 日之前，在其联邦政府设立联络点并通知其他缔约方，并且应交换关于侵权货物贸易的信息。

第 1720 条：对现有主题的保护

1. 第 1705 条第 7 款的规定除外，在本协定相关条款对所涉缔约方适用之日前发生的行为，本协定并不导致义务。

2. 除非本协定另有规定，对本协定相关条款对所涉缔约方适用之日业已存在的所有主题，各缔约方应适用本协定，只要该主题在适用之日已获一缔约方保护，或满足或随后满足本章条款规定的保护标准。对本款以及第 3 款与第 4 款而言，正如本协定所适用的那样，一缔约方对现有作品的义务应完全按照《伯尔尼公约》第 18 条确定；一缔约方对现存录音制品的录音制品制作者权利的义务应完全按照该公约第 18 条确定。

3. 除第 1705 条第 7 款的规定之外，并且虽有第 2 款第一句的规定，不得要求任何缔约方恢复对某一主题的保护，只要在本协定相关条款对所涉缔约方适用之日，该主题在该缔约方已经进入公共领域。

4. 对体现受保护主题的特定实物相关的任何行为，如果根据符合本协定的法律条款构成侵权，并且在本协定对该缔约方生效之日前已经开始并为此进行了大量投资，任何缔约方可就本协定对该缔约方生效之日后此种行为的继续实施，规定权利持有者可获救济的限度。但是，在此种情况下，该缔约方应至少规定支付公平的赔偿。

5. 对在本协定相关条款对该缔约方适用之日前购买的原版或复制品，不得要求任何缔约方适用第 1705 条第 2 款第 4 项或第 1706 条第 1 款第 4 项。

6. 对未经权利持有者授权而使用的情形，如果政府授权此种使用发生在《乌拉圭回合多边贸易谈判结果的最后文件草案》公布之前，则不得要求任何缔约方适用第 1709 条第 10 款或第 1709 条第 7 款有关享有的专利权不因技术领域而受到歧视的规定。

7. 在知识产权保护以注册为条件的情况下，如果保护申请在本协定相关条款对所涉缔约方适用之日仍未决定，应允许修改申请，以便获得本协定规定的任何提高的保护程度。此种修改不得包括新的事项。

第 1721 条：定义

1. 在本章中：

"机密信息"，包括商业秘密、内部信息以及根据该缔约方国内法免予披露的其他资料。

2. 在本协定中：

"加密节目传输的卫星信号"，系指节目传输的卫星信号在传送方式中，修改或变更了听觉和（或）视觉特征，以防止无授权设备的人未经授权接收该信号中传送的节目，而授权设备旨在消除此种修改或变更的影响。

"地理标识"，系指确认货物原产自一缔约方境内或其境内某一地区或地方的任何标注，并且货物的特定品质、声誉或其他特征主要可归因于其地理来源地。

"以违背诚实商业行为的方式"，系指至少包括诸如违反合同、泄露机密和诱使违约的行为，包括其他人对未披露信息的获取，并且该人知道或因严重疏忽而未能知道在获取未披露信息时采取了此类行为。

"知识产权"，系指版权与相关权利、商标权、专利权、半导体集成电路布图设计权、商业秘密权、植物育种者权、地理标识权与工业设计权。

"另一缔约方国民"，系指对相关知识产权而言，满足《巴黎公约》（1967）、《伯尔尼公约》（1971）、《日内瓦公约》（1971）、《保护表演者、录音制品制作者和广播组织的国际公约》（1961）、《保护植物新品种国际公约》（1978）、《保护植物新品种国际公约》（1991）或《关于集成电路的知识产权公约》规定的保护资格标准的人，并假设各缔约方均为上述公约的成员方；对并非上述公约内容的知识产权而言，"另一缔约方国民"应理解为至少系指该缔约方公民或永久居民，并且还包括附件 201.1（国别定义）所指的任何其他自然人。

"公众"，对《伯尔尼公约》第 11 条、第 11 条之二第 1 款与第 14 条第 1 款第 2 项规定的作品传播和表演的权利而言，对戏剧、戏剧—音乐、音乐与电影作品而言，至少包括作品传播或表演的预定对象并能感知作品传播或表演的个人的任何聚集体，不论他们是否可以在相同还是不同时间或者在相同还是不同地点欣赏作品，前提条件是该聚集体大于家庭及其密友圈，也不是由具有同样亲密关系的有限数目的个人构成的小组，并且该小组形成的主要目的不在接收作品的表演和传播。

"对录音制品二次使用"，系指将录音制品直接用于广播或任何其他公共传播。

附件 1701.3:知识产权公约

1. 墨西哥应:

(1)竭尽全力,尽快遵守 1978 年或 1991 年《保护植物新品种国际公约》的实质性条款,并且应自本协定签署之日起不迟于两年完成;以及

(2)在履行第 2 项规定之后,根据该实质性条款,自本协定生效之日起,受理植物育种者关于所有植物属和种的品种申请,并且给予保护。

2. 虽有第 1701 条第 2 款第 2 项的规定,对《伯尔尼公约》第 6 条之二或该条衍生的权利而言,本协定对美国不赋予任何权利,也不施加任何义务。

附件 1705.7:版权

美国应对另一缔约方境内制作的根据《美国法典》第 17 篇第 405 节已经宣布进入公共领域的电影提供保护。本义务的履行应以符合美国宪法为限,并且受预算因素的约束。

附件 1710.9:布图设计

墨西哥应竭尽全力,尽快实施第 1710 条规定,并且应自本协定生效之日起不迟于四年完成。

附件 1718.14:实施知识产权

墨西哥应竭尽全力,尽快实施第 1718 条规定,并且应自本协定签署之日起不迟于三年完成。

第七编　行政与机构条款

第十八章　法律的发布、通报与实施

第 1801 条:联络点

各缔约方应指定一联络点,以便各缔约方之间对本协定涵盖的任何事宜进行交流。应另一缔约方请求,联络点应确认负责该事宜的机构或官员,并且如有必要,协助与提出请求的缔约方的交流。

第 1802 条:公布

1. 各缔约方应保证,关于本协定涵盖的任何事宜并普遍适用的法律、法规、程序与行政裁决必须迅速公布或以其他方式公之于众,以便利害关系方与缔约方知晓它们。

2. 在可能的限度内,各缔约方应:

(1)提请公布拟议采取的任何此类措施;以及

(2)提供利害关系方与缔约方对此类拟议措施发表意见的合理机会。

第 1803 条:信息的通报与提供

1. 在可能的最大限度内,各缔约方应通知对任何拟议或现行措施的事宜具有利益的任何其他缔约方,只要该缔约方认为此类措施可能会实质影响本协定的运作或在其他方面本质影响另一缔约方本协定下的利益。

2. 应另一缔约方请求,一缔约方应迅速提供信息,并且答复有关任何现行或拟议措施的问题,不论另一缔约方此前是否接到关于该措施的通知。

3. 根据本条提供的任何通知或信息,对措施是否与本协定一致,不产生任何影响。

第 1804 条:行政程序

为了以一致、公正与合理的方式,执行影响本协定涵盖事宜并普遍适用的所有措施,各缔约方应保证,在其行政程序中,在具体情况下对另一缔约方特定人士、货物或服务适用第 1802 条所指措施:

(1)只要可能,根据国内程序,在程序启动之际,提供受该程序直接影响的另一缔约方人士合理通知，包括对程序性质的描述，启动程序的法定机构的陈述，以及对任何争议事端的概述；

(2)只要时间、程序性质与公共利益允许，在任何最终行政行动之前，提供此类人士合理机会，以提交支持其立场的事实与论据；以及

(3)程序符合国内法。

第1805条：审议与上诉

1. 各缔约方应设立或维持司法、准司法或行政法庭或程序，以便对本协定涵盖的事宜有关的最终行政行动进行迅速审议，并且如有必要，进行改正。此类法庭应公正并独立于授权行政执行的机构或机关，并且不得对该事宜的结果拥有任何实质利益。

2. 各缔约方应保证，在任何此类法庭或程序中，程序所涉当事方应有以下权利：

(1)支持各自立场或为各自立场辩护的合理机会；以及

(2)以证据和提交的记录，或如果国内法有此要求，行政机构编撰的记录为依据的裁决。

3. 各缔约方应规定，在遵守国内法规定的上诉或进一步审议的前提下，此类裁决应由与争议中的行政行动有关的机构或机关执行，并约束其行为。

第1806条：定义

在本章中：

"普遍适用的行政裁决"，系指适用属于其范围的所有人士和事实情况并建立一套行为规范的行政裁决或解释，但是不包括：

(1)行政或准司法程序作出的适用具体情形中另一缔约方特定人士、货物或服务的决定或裁决；或者

(2)对特定行为或做法作出判决的裁决。

第十九章　反倾销与反补贴税事宜的审议与争端解决

第 1901 条:总则

1. 第 1904 条仅适用进口缔约方调查主管机构在对特定案件的事实适用进口缔约方反倾销或反补贴税法时判定属于另一缔约方的货物。

2. 对第 1903 条与第 1904 条而言,应根据附件 1901.2 的规定建立小组。

3. 除第 2203 条(生效)之外,本协定中任何其他各章的规定,不得解释为在一缔约方反倾销法或反补贴税法方面,对该缔约方施加义务。

第 1902 条:对国内反倾销法与反补贴税法的保留

1. 各缔约方保留对自任何其他缔约方境内进口的货物,适用其反倾销法与反补贴税法的权利。反倾销法与反补贴税法视各缔约方的具体情况,包括相关成文法、立法历史、法规、行政措施与司法判例。

2. 各缔约方保留变更或修改其反倾销法或反补贴税法的权利，前提条件是对该缔约方反倾销或反补贴税法的一项修正而言：

(1)只有修订中的法律具体指明该项修正适用来自本协定另一缔约方或各缔约方的货物，该项修正才应适用来自另一缔约方的货物；

(2)修订法律的缔约方在此种法律通过之日前尽可能早的时间，以书面形式通知该项修正适用的各缔约方；

(3)通知发出之后，修订法律的缔约方根据该项修正适用的另一缔约方请求，在修订中的法律通过之前，与另一缔约方磋商；

(4)适用另一缔约方的此类修正不得与以下内容不一致：

1)《关税与贸易总协定》、《关于实施关税与贸易总协定第六条的协定》(反倾销规则)或《关于解释和实施关税与贸易总协定第六条、第十六条与第二十三条的协定》(补贴规则)，或所有创始签署方均为成员方的任何后继协定；或者

2)本协定与本章的目标与目的——为本协定各缔约方之间贸易的渐进自由化，创造公平与可预测的条件，同时对不正当贸易行为维持有效与公平的约束——由本协定条款所确定的此类目标与目的、本协定的序言与目标，以及各缔约方的惯例。

第 1903 条：法定修正的审议

1. 另一缔约方反倾销或反补贴税法的一项修正适用的一缔约方，可以书面形式请求将该项修正提交两国专家组，就以下事宜提出宣告式意见：

(1)该项修正是否与第 1902 条第 2 款第 4 项第 1 目或第 2 目规定不符；或者

(2)该项修正是否具有推翻专家组根据第 1904 条作出的先行决定的作用和影响，以及是否与第 1902 条第 2 款第 4 项第 1 目或第 2 目规定不符。

此种宣告式意见具有的效力或约束力以本条规定为准。

2. 专家组应根据附件 1903.2 所列程序，开展审议。

3. 如果专家组建议对修订中的法律进行修改，以修正其意见书中确认的不符之处：

(1)缔约双方应立即开始磋商，并且应努力在专家组最终宣告式意见发出之后 90 天之内，达成相互满意的问题解决方案；

(2)如果在第 1 项所指 90 天磋商期间结束之日起 9 个月内，修正立法仍未通过，并且相互满意的其他解决方案未能达成，向专家组提出请求的缔约方可：

1)采取相似的立法或等效的行政行动；或者

2)提前 60 天以书面形式通知该缔约方，对修订法律的缔约方终止本协定。

第 1904 条：最终反倾销与反补贴税裁决的审议

1. 根据本条规定，各缔约方应以两国专家组审议取代对最终反倾销与反补贴税裁决的司法审议。

2. 一当事缔约方可请求专家组根据行政记录，审议进口缔约方调查主管机构的最终反倾销或反补贴税裁决，以便确定该裁决是否符合进口缔约方反倾销或反补贴税法。对本条而言，反倾销或反补贴税法包括相关法律、立法历史、法规、行政惯例与司法判例，但是以进口缔约方法庭以上述资料审议调查主管机构的最终裁决为限。仅仅为本条规定的专家组审议目的，各缔约方可能随时会修订的反倾销与反补贴税法纳入本协定，并且成为本协定的一部分。

3. 专家组应适用附件1911所列审议标准与进口缔约方法庭审议调查主管机构裁决应同样适用的一般法律原则。

4. 提请专家组审议的请求，应自进口缔约方官方公报发布争议中的最终裁决之日起30天内，采用书面形式，向另一当事缔约方提出。如果最终裁决未在进口缔约方官方公报发布，只要该最终裁决涉及另一当事缔约方货物，进口缔约方应立即通知另一当事缔约方该最终裁决，另一当事缔约方可在收到此项通知30天内，提请专家组审议。如果进口缔约方调查主管机构在调查过程中实施临时措施，另一当事缔约方可通知其根据本条提请专家组审议的意向，各当事缔约方应在此时着手设立专家组。如果在本款规定的时限内未能提出设立专家组的请求，则不得进行专家组审议。

5. 一当事缔约方可自行请求专家组审议最终裁决，并且根据依照进口缔约方法律同样有权启动对该最终裁决进行司法审议国内程序的人士请求，应提出此类审议。

6. 专家组应根据第14款规定的程序，开展审议。如果当事缔约双方提请专家组审议最终裁决，该裁决应由一单独的专家组审议。

7. 作出争议中的最终裁决的调查主管机构在专家组审议中，应有权出席或由律师代理。各缔约方应规定，其他人在专家组审议中，应有权出席或由律师代理，只要根据进口缔约方法律，他们在对调查主管机构裁决的国内司法审议中，同样有权出席或由律师代理。

8. 专家组可维持最终裁决，或发回重审，以使裁决行动与专家组的决定并无不一致。如果专家组发回最终裁决，责令重审，专家组应规定遵守发回重审的合理最短时限，同时考虑涉及的事实与法律问题的复杂性以及小组决定的性质。在任何情况下，允许的遵守发回重审的时限，不得超过法律允许的所涉调查主管机构在调查中作出最终裁决的（自请求、申诉或申请提交之日起算的）最长时限。如果需要审议发回重审的调查主管机构采取的行动，此种审议应由同一专家组进行，并且该专家组应通常在此种重审采取的行动提交之日起90天内，作出最终决定。

9. 专家组根据本条，作出的决定，应就当事缔约方之间提交专家组的特定事宜，对当事缔约方具有约束力。

10. 对最终裁决之外的裁决，本协定不得影响：

（1）任何缔约方的司法审议程序；或者

（2）根据该程序上诉的案件。

11. 如果一当事缔约方在本条规定的时限内，提请专家组审议最终裁决，则不得根据进口缔约方的任何司法审议程序，审议该最终裁决。任何缔约方不得在其国内法中规定，可将专家组决定上诉至其国内法庭。

12. 本条对下列情况不适用：

（1）当事缔约双方均不寻求专家组审议最终裁决；

（2）如果当事缔约方双方均未寻求专家组审议原最终裁决，直接根据进口缔约方法庭对原最终裁决的司法审议，作出了修订的最终裁决；或者

（3）在本协定生效之日前，直接根据进口缔约方法庭启动的司法审议，作出了最终裁决。

13. 如果在专家组作出决定之后的合理时限内，一当事缔约方宣称：

（1）

1）专家组一成员有严重不当行为、偏见、重大利益冲突，或以其他方式实质性违反行为准则；

2）专家组严重偏离程序的一项根本原则；或者

3）专家组明显超越本条规定的权利、权限或管辖权，例如，未能使用适当的审议标准；以及

（2）第1项所列任何行为对专家组决定产生实质性影响，并且对两国专家组审议程序的完整性造成威胁，该当事缔约方可诉诸附件1904.13所列特别异议程序。

14.为了实施本条规定，各缔约方应在1994年1月1日之前，通过程序规则。如果适当，该规则应以上诉程序的司法规则为基础，并且应包括如下有关规则：至专家组的请求书内容和送达；调查主管机构应将行政诉讼记录递送专家组的规定；保护商业专有信息、政府机密信息以及其他内部信息（包括对参与专家组审议的人士不当披露此类信息的制裁）；私人参与；将专家组审议限定于各缔约方或私人宣称的错误；提交与送达；时间的计算与续展；辩诉状以及其他文书的形式与内容；听证前后的会议；动议；口头辩论；重新听证的请求；专家组审议的自愿终止。规则的设计保证在提请专家组审议之日起315天内，可作出最终决定，并且应列明：

（1）提交上诉应在30天内；

（2）行政记录的指定或认证与提交专家组应在30天内；

（3）申诉方提交申诉状应在60天内；

（4）应诉方提交答辩状应在60天内；

（5）提交反答辩状应在15天内；

（6）专家组召集和听取口头辩论应在15天至30天内；以及

（7）专家组作出书面决定应在90天内。

15.为了达到本条的目标，各缔约方应修订各自反倾销与反补贴税的法律与法规中涉及其他缔约方货物的反倾销或反补贴税程序，以及适用反倾销与反补贴税法运作的其他法律与法规。特别是在不限制前文通用性的前提下，各缔约方应：

（1）修订其法律或法规，以保证有关反倾销或反补贴税退款（包括利息）的现行程序适用专家组关于退款的最终决定。

（2）修订其法律或法规，以保证法庭应对其管辖权之内的任何人，全面执行根据其他缔约方法律而实施的、履行其他缔约方公布或接受的任何保护令或承诺条款的所有制裁，以便允许专家组审议或特别异议程序利用机密、个人、商业专有或其他内部信息。

（3）修订其法律或法规，以保证：

1）在第4款规定的提请专家组审议的期限届满之前，不得启动对最终裁决的司法审议国内程序；以及

2）作为启动审议最终裁决的国内司法审议程序的先决条件，拟议启动此种程序的一缔约方或其他人应在可以提请专家组审议的最后日期之前不少于10天，将其意向通知相关缔约方和有权对同一最终裁决启动此种审议的其他人；以及

（4）根据附件1904.15中的该缔约方明细表，作进一步修订。

第1905条：保障专家组审议制度

1.如果一缔约方声称，另一缔约方国内法的适用：

（1）阻碍申诉缔约方请求的专家组的设立；

（2）阻碍申诉缔约方请求的专家组作出最终决定；

（3）阻碍申诉缔约方请求的专家组决定的实施，或对提交专家组的特定事宜，拒绝接受决

定的约束力;或者

(4)导致无法提供机会,供专家组或独立于调查主管机构并有司法管辖权的法庭审议最终裁决,以审查调查主管机构裁决的依据以及调查主管机构在作出受到质疑的裁决时对国内反倾销与反补贴税法的适用是否得当,并且采用附件1911确定的相关审议标准,

该缔约方可以书面形式,请求就该项指控与另一缔约方磋商。磋商应自请求之日起15天内开始。

2. 如果该事宜在磋商请求之日起45天内,或磋商各缔约方可能商定的任何其他期限内,未能解决,申诉缔约方可请求成立特别委员会。

3. 除非争议各缔约方另有规定,特别委员会应在请求之日15天内成立,并且以与本协定一致的方式,履行其职能。

4. 特别委员会名册应为附件1904.13规定的名册。

5. 特别委员会应由根据附件1904.13所列程序遴选的三名成员构成。

6. 各缔约方应根据附件1905.6所述原则,建立程序规则。

7. 如果特别委员会对第1款所述一项事由,作出肯定裁定,申诉缔约方与应诉缔约方应在此后10天内,开始磋商,并且应在特别委员会报告发布之日60天内,努力达成相互满意的解决方案。

8. 如果在60天期限内,各缔约方未能达成关于该项事宜的相互满意的解决方案,或应诉缔约方表明它已经改正特别委员会对其作出肯定裁定的问题的作为未能使特别委员会满意,申诉缔约方可暂停:

(1)对应诉缔约方实施第1904条;或者

(2)给予应诉缔约方本协定下的利益,但是以根据情况适度为限。

如果申诉缔约方决定根据本款,采取行动,该缔约方应在60天磋商期限届满之后30天内,采取行动。

9. 如果申诉缔约方对应诉缔约方暂停实施第1904条,后者可在申诉缔约方暂停实施第1904条之后30天内,相应暂停实施第1904条。如果任何缔约方决定暂停实施第1904条,该缔约方应向另一缔约方提供暂停实施的书面通知。

10. 应应诉缔约方请求,特别委员会应重新召集以决定:

(1)申诉缔约方根据第8款第2项,暂停给予利益是否明显过度;或者

(2)应诉缔约方已经改正特别委员会对其作出肯定裁定的问题。

特别委员会应在请求提出的45天内,向缔约方双方提交一份包括裁决的报告。如果特别委员会裁决,应诉缔约方已经改正问题,申诉缔约方和(或)应诉缔约方根据第8款或第9款实施的任何暂停应予终止。

11. 如果特别委员会对第1款所述一项事由,作出肯定裁定,则自特别委员会报告发布之日后第二天,以下内容生效:

(1)两国专家组或特别异议委员会根据第1904条进行的审议应暂停:

1)根据应诉缔约方请求,对申诉缔约方任何最终裁决的审议而言,如果此种审议的请求是在根据第1款请求磋商之日后,并且在任何情况下特别委员会最终裁定之前不超过150天以上;或者

2)根据申诉缔约方请求,对应诉缔约方任何最终裁决的审议而言,如果申诉缔约方请求;

以及

(2)第1904条第4款或附件1904.13规定的关于请求专家组或委员会审议的时间不应计时,除非并且直到根据第12款重新开始。

12. 如果任何一争议缔约方根据第8款第1项,暂停实施第1904条,根据第11款第1项暂停的专家组或委员会审议应予终止,并且对最终裁决的异议应根据以下规定,不可撤销地提交适当的国内法庭作出判决:

(1)根据应诉缔约方请求,对申诉缔约方任何最终裁决的审议而言,如果任何一争议缔约方或根据第1904条进行的专家组审议中的一参与方请求;或者

(2)根据申诉缔约方请求,对应诉缔约方任何最终裁决的审议而言,如果申诉缔约方或是根据第1904条进行的专家组审议中的一参与方的申诉缔约方人士请求。

如果任何一争议缔约方根据第8款第1项暂停实施第1904条,根据第11款第2项暂停计时的任何计时应重新开始。

如果第1904条的暂停实施未能生效,根据第11款第1项暂停的专家组或委员会审议以及根据第11款第2项暂停计时的任何计时应重新开始。

13. 如果申诉缔约方根据第8款第2项,视情况暂停给予应诉缔约方本协定下任何适当的利益,根据第11款第1项暂停的专家组或委员会审议以及根据第11款第2项暂停计时的任何计时应重新开始。

14. 各缔约方应在其国内法中规定,如果特别委员会作出肯定裁定,申请对最终反倾销或反补贴税裁决进行司法审议的时间不应计时,除非并且直到相关缔约方根据第7款谈判达成相互满意的解决方案,根据第8款暂停实施第1904条或暂停给予其他利益。

第1906条:预期适用

本章应只适用以下预期事项:

(1)本协定生效之日后调查主管机构作出的最终裁决;以及

(2)对第1903条下宣告式意见而言,本协定生效之日后通过的对反倾销或反补贴税法的修正。

第1907条:磋商

1. 各缔约方应每年或应任何缔约方请求,开展磋商,以考虑本章执行或实施中产生的任何问题,并且如果适当,提出建议方案。各缔约方应各自指定一名或多名官员,包括调查主管机构的官员,负责保障如果需要即进行磋商,以便本章的规定可以迅速实施。

2. 各缔约方同意对以下事宜,开展磋商:

(1)制定有关使用政府补贴的更为有效的规则与约束的潜力;以及

(2)处理不公平跨境定价行为与政府补贴的替代性规则制度的使用潜力。

3. 各缔约方调查主管机构应每年或应任何缔约方请求,开展磋商,并且如果适当,向自由贸易委员会提交报告。在此类磋商背景下,各缔约方同意,在实施反倾销与反补贴税法过程中应当:

(1)在进口缔约方官方公报上发布调查启动的通知,列明程序的性质、启动程序的法定机构以及涉案货物的描述;

(2)就提交信息的时限和调查主管机构根据法律或法规明文规定应作出决定的时限,提

供通知；

(3)就利害关系方应当提供的信息和答复信息请求的合理期限，提供明确的书面通知与说明；

(4)给予获取信息的合理渠道，同时注意到对此处而言：

1)“合理渠道”，系指在调查过程中，在可行的范围内，根据第5项允许陈述事实与论据的机会；如果在调查过程中，在时间上无法提供获取信息的合理渠道，以允许陈述事实与论据的机会，合理渠道应指允许受到不利影响的关系方就是否寻求司法或专家组审议，及时作出知情决定；以及

2)“信息渠道”，系指调查主管机构确定的有资格获取该调查主管机构收到的信息的代表，包括获取机密（商业专有）信息，但是不包括高度敏感性信息，如果该信息的披露将会导致对信息所有人不可弥补的重大损害，或根据一缔约方国内法需要保密的信息；关于调查主管机构与该机构雇佣或为该机构提供咨询的律师之间交流的信息，根据进口缔约方国内法产生的任何特权可予以维持；

(5)在时间允许的范围内，提供利害关系方陈述事实与论据的机会，包括就倾销或补贴初步裁决发表意见的机会；

(6)保护调查主管机构收到的机密（商业专有）信息，以保证不披露此类信息，但是向调查主管机构确定的有资格的代表披露此类信息除外；

(7)撰写行政记录，包括可能需要保留的官方咨询机构的建议，以及可能需要保留的单方会议的任何记录；

(8)在利害关系方请求之后合理期限内，提供相关信息的披露，包括解释作为倾销或补贴的任何初步或最终裁决依据的、用来确定倾销幅度或补贴金额的估算方法或计算方法；

(9)就倾销或补贴最终裁决，提供理由陈述；以及

(10)就国内产业的实质损害、国内产业的实质损害威胁或国内产业建立的实质阻碍，提供最终裁决的理由陈述。

是否包括第1项至第10项所列项目，并非作为两国专家组根据第1904条审议最终反倾销或反补贴税裁决的指南，以确定该裁决是否符合进口缔约方反倾销或反补贴税法。

第1908条：特别秘书处条款

1. 各缔约方应在根据第2002条设立的秘书处该缔约方代表处，设立一部门，以促进本章的执行，包括根据本章可能召集的专家组或委员会的工作。

2. 秘书处秘书应为根据本章设立的所有专家组或委员会，共同提供行政协助。进行专家组或委员会程序的该缔约方代表处秘书应为该程序做记录，并且在该缔约方代表处办公室留存该记录的原件。该秘书应根据请求，提供任何其他缔约方代表处秘书请求提供的记录某一部分的副本，但是只能向非当事缔约方的任何缔约方代表处秘书提供记录的公开部分。

3. 如果根据本章启动任何程序，对提交该程序的专家组或委员会的所有请求、摘要与其他文书，秘书应正确接收和归档，并且按照数字顺序，为对设立专家组或委员会的所有请求编号。对一请求赋予的编号应为与该请求有关的摘要和其他文书的文件号码。

4. 进行专家组或委员会程序的缔约方代表处秘书应向另一当事缔约方代表处秘书，送达该缔约方代表处办公室接收或归档的有关专家组或委员会程序的所有官方信函、文件或其他文书副本，但是行政记录除外，行政记录依照第2款处理。当事缔约方代表处秘书应根据请

求，提供该程序非当事缔约方的一缔约方代表处秘书请求提供的此类公开文件副本。

第 1909 条：行为准则

各缔约方应在本协定生效之日前，互换信函，为根据第 1903 条、第 1904 条与第 1905 条设立的专家组成员和委员会委员建立行为准则。

第 1910 条：杂项

应另一缔约方请求，一缔约方调查主管机构应向另一缔约方提供出于对另一缔约方货物反倾销或反补贴税调查目的而提交该机构的所有公开信息的副本。

第 1911 条：定义

在本章中：

“行政记录”，系指除非出席专家组审议的各缔约方和其他人士另有约定：

(1)在行政程序过程中调查主管机构接收或获取的所有文件或其他信息，包括有关案件的任何政府备忘录，以及单方会议可能要求保留的任何记录；

(2)调查主管机构最终裁决的副本，包括裁决的理由；

(3)调查主管机构会议或听证会的所有抄本或记录；以及

(4)进口缔约方官方公报上发布的有关行政程序的所有通知。

第 1902 条与第 1903 条所称“反倾销法”，系指附件 1911 定义的一缔约方“反倾销法”。

“调查主管机构”，系指附件 1911 定义的一缔约方“调查主管机构”。

第 1902 条与第 1903 条所称“反补贴税法”，系指附件 1911 定义的一缔约方“反补贴税法”。

第 1905 条第一款所称“国内法”，系指一缔约方宪法、成文法、法规与司法决定，只要它们与反倾销与反补贴税法相关。

“最终裁决”，系指附件 1911 定义的一缔约方“最终裁决”。

“外国利害关系方”，系指其货物是程序对象的缔约方出口商或生产商，或者对反补贴税程序而言，其货物是程序对象的缔约方政府。

“一般法律原则”，系指起诉方的适格性、正当程序、法律解释规则、诉由消失以及行政救济用尽等原则。

“缔约方货物”，系指《关税与贸易总协定》中所理解的国内产品。

“进口缔约方”，系指作出最终裁决的缔约方。

“利害关系方”，包括外国利害关系方。

“当事缔约方”，系指：

(1)进口缔约方；或者

(2)其货物是最终裁决对象的缔约方。

“发回重审”，系指发回以便作出与专家组或委员会决定并无不一致的裁决。

“审议标准”，系指附件 1911 为各缔约方定义的“审议标准”。

附件 1901.2：两国专家组的建立

1. 在本协定生效之日，各缔约方应建立并在此后维持担任本章下争端专家的个人名册。名册应在可行的最大限度内，包括法官或前法官。各缔约方应对拟定名册开展磋商，名册应至少包括 75 名候选人。各缔约方应遴选至少 25 名候选人，所有候选人应为加拿大、墨西哥或美国公民。候选人应品质高尚，享有很高的地位与声誉，并且其遴选应严格以客观性、可靠性、良好的判断力和通晓国际贸易法为基础。候选人不得与一缔约方有关联，并且在任何情况下，候选人不得接受一缔约方指示。各缔约方应维持名册，并且如果需要，经过磋商之后，可修改名册。

2. 各专家组的大多数成员应为声誉良好的律师。设立专家组的请求提出 30 天之内，各当事缔约方应在与另一当事缔约方磋商之后，委任两名专家。各当事缔约方一般应从名册中委任专家。如果不从名册中委任专家，该专家的遴选应遵照第 1 款标准，并且受该标准约束。各缔约方应有权行使无须陈述理由请求专家回避的权利四次，该权利可同时并且不公开行使，否决另一缔约方提名的最多四名专家组候选人。不述理由请求专家回避的权利与替补专家的遴选应在设立专家组请求提出的 45 天之内完成。如果一当事缔约方在 30 天之内未能委任专家组成员，或者如果一名专家已被剔除但是在 45 天之内未能选任替补专家，该名专家应视情况在第 31 天或第 46 天，自该缔约方名册内的候选人中通过抽签选择产生。

3. 设立专家组请求提出 55 天之内，各当事缔约方应商定第五名专家的遴选。如果各当事缔约方未能达成一致，各缔约方应通过抽签决定他们中间的何者应在第 61 天，自名册中选择第五名专家，但是无理由请求专家回避过程中否决的候选人除外。

4. 在第五名专家委任之后，每位专家应通过专家的多数票决，自专家组律师中迅速任命一名主席。如果未能达成多数票决，应通过抽签，自专家组律师中任命主席。

5. 专家组决定应采用多数票决方式，并且以专家组所有成员的投票为基础。专家组应作出包括决定理由在内的书面决定，并且应同时记录专家的任何反对意见或附和意见。

6. 专家应受根据第 1909 条建立的行为准则约束。如果一当事缔约方相信某一专家违反该行为准则，各当事缔约方应进行磋商，并且如果各缔约方达成一致，该名专家应予撤换，并应根据本附件程序遴选一名新专家。

7. 在根据第 1904 条召集专家组之时，每位专家应签署以下文件：

(1) 对美国或美国人士提供的信息中包含的商业专有以及其他内部信息的保护令申请书；

(2) 对加拿大或加拿大人士提供的信息中包含的机密、个人、商业专有以及其他内部信息的承诺书；或者

(3) 对墨西哥或墨西哥人士提供的信息中包含的机密、商业专有以及其他内部信息的承诺书。

8. 在专家接受保护令申请书或披露承诺书的义务与条款之后，进口缔约方应提供机会以获取该命令或披露承诺书所涵盖的信息。对任何缔约方签发的或提交任何缔约方的保护令或披露承诺书的违约行为，各缔约方应设立适当的惩罚。各缔约方应对其管辖权范围内任何人，实施此种惩罚。如果一名专家不签署保护令或披露承诺书，该名专家应丧失专家组成员资格。

9. 如果一名专家不能履行专家组职责或丧失资格，专家组程序应予中止，直到根据本附件程序选定一名替补专家。

10. 在符合根据第 1909 条建立的行为准则并且与该名专家履行职责不冲突的前提下，一名专家可在专家组期间从事其他活动。

11. 在担任专家期间，专家不得在另一专家组担任律师。

12. 除了违反根据第 7 款签署的保护令或披露承诺书之外，专家以其正式身份从事的行为

免予诉讼和法律程序。

附件 1903.2:第 1903 条下专家组程序

1. 除非争端所涉缔约双方在该专家组建立之前另有约定,专家组应建立自己的程序规则。程序应保证争端所涉缔约双方有权至少参加一次专家组听证会,并且有机会提交书面意见和反驳论据。除非争端所涉缔约双方另有约定,专家组程序应秘密进行。专家组应仅仅根据争端所涉缔约双方的论据和意见,作出决定。

2. 除非争端所涉缔约双方另有约定,专家组应在任命主席之后 90 天内,向争端所涉缔约双方提交初步书面宣告式意见,内容应包括根据第 1903 条作出的事实认定与裁决。

3. 如果专家组作出肯定性认定,专家组可在其报告中,对修订中的法律如何才能符合第 1902 条第 2 款第 4 项,提出建议。在决定合适的建议过程中,专家组应考虑修订中的法律对本协定下利益的影响程度。对未能达成一致意见的事宜,专家个人可出具单独意见。除非争端所涉一缔约方根据第 4 款,请求重新考虑初步意见,专家组初步意见应成为最终宣告式意见。

4. 初步宣告式意见发布 14 天之内,如果争端所涉一缔约方对该意见全部或部分表示异议,该缔约方可向专家组提出其异议以及异议理由的书面声明。在此种情况下,专家组应请求争端所涉缔约双方发表见解,并且应重新考虑其初步意见。专家组应开展其认为合适的任何进一步审查,并且应在要求重新考虑的请求提出 30 天之内,作出最终声明意见,内容应包括专家个人的反对意见或附和意见。

5. 除非争端所涉缔约双方另有约定,专家组最终宣告式意见应予公开,包括争端所涉任何缔约方希望公开的专家个人的任何单独意见以及任何书面观点。

6. 除非争端所涉缔约双方另有约定,专家组会议与听证会应在秘书处修订法律的缔约方代表处办公室举行。

附件 1904.13:特别异议程序

1. 争端所涉缔约双方应在根据 1904 条第 13 款提出请求之后 15 天之内,设立由三名委员组成的特别异议委员会。委员应自 15 人名册中选出,该名册由美国联邦司法法庭、加拿大高等司法法庭或墨西哥联邦司法法庭的法官或前法官组成。各缔约方应该名册指定五名人选。争端所涉各缔约方应自名册中选出一名委员,并且争端所涉缔约双方应通过抽签决定何者应自名册中选出第三名委员。

2. 各缔约方应在本协定生效之日,建立委员会程序规则。规则应规定,在其设立 90 天之内,委员会应作出决定。

3. 对提交专家组的各缔约方之间的特定事宜,委员会决定对各缔约方具有约束力。为了确定第 1904 条第 13 款所列理由之一是否成立,在对支撑专家组决定的调查结果与结论的法律与事实分析进行审查之后,如果判定上述理由之一成立,委员会应撤销原专家组决定,或者将其发回原专家组以作出与委员会决定并无不一致的行动;如果上述理由不成立,委员会应否决异议,并且原专家组决定应因此而得以确认。如果原决定被撤销,应根据附件 1901.2,设立新的专家组。

附件 1904.15:国内法的修正

加拿大明细表

1. 加拿大应修正《特别进口措施法》(修正)第 56 节与第 58 节,以便允许美国对美国货物或墨西哥对墨西哥货物,或者美国或墨西哥制造商、生产商或出口商,不论是否支付关税,提出重新裁决的书面请求;以及第59节,以要求副部长在向指定官员或其他海关官员提出请求的一年之内,对重新裁决的请求作出裁定。

2. 加拿大应修正《联邦法院法》(修正)第18.3.1节,以使该节不适用美国与墨西哥;并且应在其法律或法规中规定,在根据第18.1.4节联邦法院可以审议最终裁决的情况下,如果该人有权启动国内司法审议程序,则此人(包括其货物正受到调查的生产商)应有权向加拿大请求专家组审议。

3. 加拿大应修正《特别进口措施法》(修正)以及任何其他相关法律条款,以便规定对本条而言,副部长的以下行动经司法审议,应视为最终裁决:

(1)根据第41节,副部长作出的裁决;

(2)根据第59节,副部长作出的重新裁决;以及

(3)根据第53(1)节,副部长对承诺的审议。

4. 加拿大应修正《特别进口措施法》(修正)第二部分,以便规定两国专家组审议墨西哥与美国货物。

5. 加拿大应修正《特别进口措施法》(修正)第二部分,以便规定可能需要的与本章相关的定义。

6. 加拿大应修正《特别进口措施法》(修正)第二部分,以便允许墨西哥与美国政府请求两国专家组审议对墨西哥与美国货物的最终裁决。

7. 加拿大应修正《特别进口措施法》(修正)第二部分,以便规定根据请求,设立两国专家组,审议对墨西哥与美国货物的最终裁决。

8. 加拿大应修正《特别进口措施法》(修正)第二部分,以便规定两国专家组审议最终裁决应依照本章。

9. 加拿大应修正《特别进口措施法》(修正)第二部分,以便规定特别异议程序的申请和进行应依照第1904条与附件1904.13。

10. 加拿大应修正《特别进口措施法》(修正)第二部分,以便规定行为准则、在专家组程序过程中任何作为与不作为的豁免权、有关机密信息的披露承诺书的签署与遵守,以及根据本章设立的专家组与委员会成员的报酬。

11. 加拿大应对国内法作出必要的修正,以便设立本协定加拿大秘书处,促进本章的运作以及根据本章召集的两国专家组、特别异议委员会与特别委员会的工作。

墨西哥明细表

墨西哥修正其反倾销与反补贴税的法律与法规,以及适用反倾销与反补贴税法运作的其他法律与法规,以便作如下规定:

(1)取消在请求受理之后五个工作日内,征收关税的可能性;

(2)以"初步裁决"一词取代"临时采取",并且以"临时裁决"一词取代"审议临时裁决的裁决";

(3)利害关系方对行政程序的全面参与,以及行政上诉权和对调查最终裁决、审议、产品范围或影响利害关系方的其他最终决定的司法审议权;

(4)取消在作出初步裁决之前,征收临时关税的可能性;

(5)在无须首先用尽行政上诉的条件下,利害关系方迅速取得两国专家组审议最终裁决

的权利；

(6)调查主管机构作出裁决和利害关系方提交调查问卷、证据和意见的明确与充分的时间表，以及在时间允许的限度内，在任何最终裁决作出之前，利害关系方有机会陈述支持其论点的事实与论据，包括对倾销或补贴初步裁决的所有方面以及对其发表意见，有机会接到及时与充分的通知；

(7)就调查主管机构作出的任何行动或裁定，书面通知利害关系方，包括行政审议的启动与结论；

(8)进行调查与审议的调查主管机构在《联邦官方公报》发布初步和最终裁决之日起七个工作日内，邀请利害关系方出席信息披露会，以解释倾销幅度和补贴金额的计算方法，并且提供利害关系方计算样本，以及如果使用，计算机程序的副本；

(9)在程序(包括信息披露会)中和上诉时，不论是在全国法庭还是在专家组，就严格禁止将此类信息用于个人利益和禁止向未经授权获得此类信息的人士披露信息，作出保密承诺之后，利害关系方的合格律师及时获取程序的行政记录中包含的所有信息，包括机密信息，但是其披露将会对所有者造成不可弥补的实质性损害的高度敏感专有信息以及政府机密信息除外；有关违反对全国法庭或专家组程序的承诺的惩罚；

(10)在程序过程中，利害关系方有机会及时获取行政记录中包含的所有非机密信息，以及最终裁决作出90天后，任何程序中的利害关系方或其代表有机会获取此类信息；

(11)设立一机制，要求向调查主管机构提交文件的任何人应在提出申诉之后，同时向利害关系方，包括外国利害关系方，送达任何提交的文件；

(12)撰写调查主管机构与任何一利害关系方之间的单方会议摘要，并且将该摘要纳入行政记录，此类摘要应向程序所涉各当事方公开；如果此类摘要包含商业专有信息，在保密的承诺下，该文件应向一当事方代表披露；

(13)调查主管机构留存本章定义的行政记录，并且要求最终裁决完全以行政记录为依据；

(14)以书面形式，通知利害关系方调查主管机构要求他们提供的调查、审议、产品范围程序或其他反倾销或反补贴税程序必须的所有数据和信息；

(15)利害关系方经请求，有权获得年度个别审议，通过此种审议，该利害关系方可以获得各自的倾销幅度或反补贴税率，或者变更在调查或上次审议中获得的幅度或税率，调查主管机构保留在任何时间，自行决定启动审议的权利，但是要求调查主管机构在接到请求之后合理期限内，发出启动的通知；

(16)对司法、行政或专家组审议之后作出的裁决予以实施，范围涉及原告之外的相关利害关系方，以便惠及所有利害关系方；

(17)调查主管机构作出具有约束力的决定，如果一利害关系方寻求反倾销或反补贴税调查范围之外的澄清，或者寻求对反倾销或反补贴税命令是否涵盖一特定产品进行审议；

(18)对最终裁决的理由与法律依据的详细和充分的说明，以便利害关系方就是否寻求司法或专家组审议，作出知情决定，包括解释计算倾销或补贴时涉及的方法或政策问题；

(19)书面通知利害关系方并在《联邦官方公报》发布调查的启动，列明程序的性质、程序启动的法定机构，以及涉案产品的描述；

(20)书面记录所有咨询机构的决定或建议，包括决定的依据，并且向程序所涉各当事方

发布此类书面决定;任何咨询机构的所有决定或建议应纳入行政记录,并且向程序所涉各当事方公开;以及

(21)两国专家组适用附件1911"审议标准"定义中第3项所列审议标准。

美国明细表

1. 美国应修正1980年《海关法庭法》(修正)第301节,以及任何其他相关法律条款,以便在涉及加拿大或墨西哥一类或一种货物反倾销或反补贴税程序的任何民事诉讼中,取消作出宣告性判决的权利。

2. 美国应修正《1988年美国与加拿大自由贸易协定实施法》第405.1节,以便规定根据《1962年扩大贸易法》第242节设立的跨机构小组应拟定一份名单,规定有资格担任根据本章召集的两国专家组、特别异议委员会与特别委员会成员的人选。

3. 美国应修正《1988年美国与加拿大自由贸易协定实施法》第405.2节,以便规定遴选出任根据本章召集的专家组或委员会职务的专家,以及指定协助此类委任专家的人士,不得视为美国政府雇员。

4. 美国应修正《1988年美国与加拿大自由贸易协定实施法》第405.3节,以便规定遴选出任根据本章召集的专家组或委员会职务的专家,以及指定协助担任此类专家组或委员会专家的人士,对该人士作为此类专家或委员会委员,以其正式身份并在其职责范围内从事的行为,应免予诉讼和法律程序,但是违反《1930年关税法》(修正)第777.6.4.3节所述保护令的行为除外。

5. 美国应修正《1988年美国与加拿大自由贸易协定实施法》第405.4节,以便设立美国秘书处,促进本章的运行以及根据本章召集的两国专家组、特别异议委员会与特别委员会的工作。

6. 美国应修正《1988年美国与加拿大自由贸易协定实施法》第407节,以便规定如果两国专家组成员被控有严重不当行为、偏见、重大利益冲突,或以其他方式实质性违反行为准则,根据第1904条与附件1904.13召集的特别异议委员会应有权获取信息,并且该委员会应有权传唤证人出庭,命令宣誓作证,以及为了帮助委员会的调查,取得美国任何地区或属地法院的协助。

7. 美国应修正《1988年美国与加拿大自由贸易协定实施法》第408节,以便规定在墨西哥与加拿大调查主管机构作出最终裁决的情况下,第1904条第五款所述人士向美国秘书提出两国专家组审议请求,在秘书收到该请求之后,应视为第1904条第四款意义上的两国专家组审议请求。

8. 美国应修正《1930年关税法》(修正)第516.1节,以便规定如果请求两国专家组审议,则不得在国际贸易法庭启动涉及墨西哥与加拿大货物的反倾销或反补贴税案件的司法审议。

9. 美国应修正《1930年关税法》(修正)第516.1.1节,以便规定就涉及墨西哥或加拿大货物反倾销或反补贴税程序,国际贸易法庭启动诉讼的时限,在最终裁决或反倾销税命令的通告在《联邦公报》发布之日起第31天前,不得开始计时。

10. 美国应修正《1930年关税法》(修正)第516.1.7节,以便规定根据本章条款,对涉及墨西哥或加拿大货物反倾销或反补贴税案件,进行两国专家组审议。此项修正应规定,如果请求两国专家组审议,该审议将为排他性的。

11. 美国应修正《1930年关税法》(修正)第516.1.7节,以便规定调查主管机构应在为审

议有关墨西哥或加拿大货物最终裁决而组成的任何专家组指定的期限内，采取与该专家组或委员会决定并无不一致的行动。

12. 美国应修正《1930 年关税法》（修正）第 777 节，以便规定如果请求两国专家组审议对墨西哥或加拿大货物的最终裁决，应向行政记录专有信息保护令下的授权人士披露信息。

13. 美国应修正《1930 年关税法》（修正）第 777 节，以便规定如果调查主管机构发现任何人违反美国调查主管机构签发的保护令或在两国专家组审议期间与墨西哥授权机构或与加拿大调查主管机构达成的保护专有信息的披露承诺，应对其实施惩罚。

附件 1905.6：特别委员会程序

各缔约方应在本协定生效之日前，根据以下原则，制定程序规则：

（1）程序应保证至少出席一次特别委员会听证会的权利，以及以书面形式提交初步与辩驳意见的机会；

（2）程序应保证特别委员会一般情况下应自任命最后一名委员起 60 天之内，拟定初步报告，并且应在出具初步报告 30 天后发布最终报告之前，提供各缔约方 14 天期限对初步报告发表意见；

（3）特别委员会听证会、审议和初步报告，以及提交特别委员会的所有书面意见和交流的信息应予保密；

（4）除非争端所涉各缔约方另有约定，特别委员会的决定应在送达争端所涉各缔约方 10 天之后，予以公布，内容包括个别委员的任何单独意见和争端所涉任何缔约方可能希望公布的任何书面观点；以及

（5）除非争端所涉各缔约方另有约定，特别委员会的会议与听证会应在秘书处应诉缔约方代表处办公室举行。

附件 1911：国别定义

在本章：

"反倾销法"，系指：

（1）对加拿大而言，《特别进口措施法》（修正）以及任何后继法律的相关条款；

（2）对美国而言，《1930 年关税法》（修正）第七篇以及任何后继法律的相关条款；

（3）对墨西哥而言，《墨西哥合众国宪法第 131 条对外贸易法实施细则》（修正）以及任何后继法律的相关条款；以及

（4）规定第 1 项、第 2 项或第 3 项下最终裁决司法审议或者说明适用此类裁决的审议标准的任何其他法律的条款。

"调查主管机构"，系指：

（1）对加拿大而言，

1）加拿大国际贸易法庭，或其后继者；或者

2）《特别进口措施法》（修正）定义的关税与国内税国家岁入部副部长，或其后继者；

（2）对美国而言，

1）美国商务部国际贸易管理局，或其后继者；或者

2）美国国际贸易委员会，或其后继者；或者

（3）对墨西哥而言，贸易与工业发展部的指定机构，或其后继者。

"反补贴税法",系指:

(1)对加拿大而言,《特别进口措施法》(修正)以及任何后继法律的相关条款;

(2)对美国而言,《1930 年关税法》(修正)第 303 节与第七篇的相关条款,以及任何后继法律的相关条款;

(3)对墨西哥而言,《墨西哥合众国宪法第 131 条对外贸易法实施细则》(修正)以及任何后继法律的相关条款;以及

(4)规定第 1 项、第 2 项或第 3 项下最终裁决司法审议或者说明适用此类裁决的审议标准的任何其他法律的条款。

"最终裁决",系指:

(1)对加拿大而言

1)根据《特别进口措施法》(修正)第 43.1 分节,加拿大国际贸易法庭作出的命令或裁定;

2)根据《特别进口措施法》(修正)第 76.4 分节,加拿大国际贸易法庭作出的命令,维持根据该法第 43(1)分节作出的命令或裁定,不论是否作出修正;

3)根据《特别进口措施法》(修正)第 41 节,关税与国内税国家岁入部副部长作出的裁决;

4)根据《特别进口措施法》(修正)第 59 节,副部长作出的重新裁决;

5)根据《特别进口措施法》(修正)第 76.3 分节,加拿大国际贸易法庭作出的不启动审议的决定;

6)根据《特别进口措施法》(修正)第 91.3 分节,加拿大国际贸易法庭作出的复议;以及

7)根据《特别进口措施法》(修正)第 53.1 分节,副部长对承诺的审议;

(2)对美国而言

1)根据《1930 年关税法》(修正)第 705 节或第 735 节,美国商务部国际贸易管理局或美国国际贸易委员会作出的最终肯定裁决,包括该项裁决中的任何否定裁决部分;

2)根据《1930 年关税法》(修正)第 705 节或第 735 节,美国商务部国际贸易管理局或美国国际贸易委员会作出的最终否定裁决,包括该项裁决中的任何肯定裁决部分;

3)根据《1930 年关税法》(修正)第 751 节,作出的最终裁决,不包括第四款所列裁决;

4)根据《1930 年关税法》(修正)第 751.2 节,美国国际贸易委员会作出的裁决,决定不依照情势变迁审议裁决;以及

5)就某一特定类别货物是否属于倾销或反倾销或反补贴税命令中既定认定范围所述货物种类或品种,美国商务部国际贸易管理局作出的最终裁决;以及

(3)对墨西哥而言

1)根据《墨西哥合众国宪法第 131 条对外贸易法实施细则》(修正)第 13 条,贸易与工业发展部就反倾销或反补贴税调查,作出的最终裁定;

2)根据附件 1904.15 墨西哥明细表第 15 款,贸易与工业部就反倾销或反补贴税年度行政审议,作出的最终裁定;以及

3)就某一特定类别货物是否属于现行反倾销或反补贴税裁定所述货物种类或品种,贸易与工业部作出的最终裁定。

"审议标准",系指各相关缔约方可能随时修正的以下标准:

(1)对加拿大而言,《联邦法院法》(修正)第 18.1.4 分节对所有最终裁决规定的依据;

(2)对美国而言,

1)《1930 年关税法》(修正)第 516.1.2.9.2 节规定的标准,第二款所指裁决除外;以及

2)对美国国际贸易委员会根据《1930 年关税法》(修正)第 751.2 节作出的不启动审议的裁决,《1930 年关税法》(修正)第 516.1.2.9.2 节规定的标准;以及

(3)对墨西哥而言,《联邦财政法典》第 238 条规定的只能依据行政记录的标准,或其任何后继法律规定的此类标准。

第二十章　机构安排与争端解决程序

第一节　机构

　第 2001 条：自由贸易委员会

　第 2002 条：秘书处

第二节　争端解决

　第 2003 条：合作

　第 2004 条：诉诸争端解决程序

　第 2005 条：《关税与贸易总协定》争端解决

　第 2006 条：磋商

　第 2007 条：委员会——斡旋、调解与调停

　第 2008 条：成立仲裁小组的请求

　第 2009 条：名册

　第 2010 条：仲裁员的资格

　第 2011 条：仲裁小组的选定

　第 2012 条：程序规则

　第 2013 条：第三方参与

　第 2014 条：专家的作用

　第 2015 条：科学审议委员会

　第 2016 条：初步报告

　第 2017 条：最终报告

　第 2018 条：最终报告的履行

　第 2019 条：不履行——利益中止

第三节　国内程序与私人商事争端解决

　第 2020 条：司法或行政程序事宜的转交

　第 2021 条：私权

　第 2022 条：替代性争端解决

　　附件 2001.2：委员会与工作组

　　附件 2002.2：报酬与费用支付

　　附件 2004：利益丧失与减损

第一节 机 构

第2001条:自由贸易委员会

1.各缔约方特此设立自由贸易委员会,由各缔约方内阁级别代表或其指定人构成。

2.委员会应:

(1)监管本协定的履行;

(2)监督其进一步的细化;

(3)解决因其解释或适用而可能产生的争议;

(4)监管根据本协定设立的附件2001.2所指所有委员会与工作组的工作;以及

(5)考虑可能影响本协定运作的任何其他问题。

3.委员会可:

(1)设立并授权特设或常务委员会、工作组或专家组;

(2)向非政府人士或组织征询意见;以及

(3)在行使其职能时,采取各缔约方可能同意的任何其他行动。

4.委员会应建立其规则与程序。除非委员会另有约定,委员会应通过协商一致,作出所有决定。

5.委员会应至少每年召开一次例会。委员会例会应由各缔约方轮流担任主席。

第2002条:秘书处

1. 委员会应建立并监管秘书处,秘书处由各缔约方代表处构成。

2. 各缔约方应:

(1)建立各自代表处的常设办公室;

(2)负责:

1)其代表处的运作与费用;以及

2)根据本协定设立的附件2002.2所述委员会和科学审议委员会的专家和委员的报酬和费用支付;

(3)指定一人担任其代表处秘书,负责代表处的运行与管理;以及

(4)向委员会通报其代表处办公室的地址。

3.秘书处应:

(1)为委员会提供协助;

(2)为以下机构提供行政协助:

1)根据第1908条建立的程序而设立的第十九章(反倾销与反补贴税事宜的审议与争端解决)下的专家组和委员会,以及

2)根据第2012条建立的程序而设立的本章下的专家组;以及

(3)依照委员会指示

1)支持根据本协定设立的其他委员会和小组的工作;以及

2)以其他方式,为本协定的运作,提供便利。

第二节　争端解决

第 2003 条:合作

各缔约方无论何时应就本协定的解释与适用,努力达成一致意见,并且应就可能影响本协定运作的任何问题,尽一切努力,通过合作与磋商,达成相互满意的解决方案。

第 2004 条:诉诸争端解决程序

除了第十九章(反倾销与反补贴税事宜的审议与争端解决)所涉问题,并且除非本协定另有约定,对各缔约方之间就本协定解释或适用而产生的所有争端的避免或解决,或者如果一缔约方认为另一缔约方的实际或拟议措施与或将会与本协定义务不一致或造成附件 2004 意义上的利益丧失或减损,应适用本章的争端解决规定。

第 2005 条:《关税与贸易总协定》争端解决

1. 在符合第 2 款、第 3 款与第 4 款的前提下,本协定与《关税与贸易总协定》、《关税与贸易总协定》下谈判达成的任何协定或任何后继协定(《关税与贸易总协定》)下产生的任何问题有关的争端,可依照申诉缔约方的选择,在这两者之中任何一个法庭予以解决。

2. 在一缔约方启动针对另一缔约方的《关税与贸易总协定》争端解决程序之前,如果其起诉理由与本协定下该缔约方可依据的理由实质上等效,该缔约方应向任何第三缔约方通知其意向。如果第三缔约方对该问题,希望诉诸本协定下的争端解决程序,该缔约方应迅速告知发出通知的缔约方,这些缔约方应进行磋商,以便就诉诸单一法庭达成一致。如果这些缔约方未能达成一致,该争端一般应根据本协定,予以解决。

3. 在第 1 款所指任何争端中,如果应诉缔约方声称其行动受第 104 条(与环境和保护协定的关系)约束,并且以书面形式请求根据本协定考虑该问题,此后申诉缔约方对该问题只可诉诸本协定下的争端解决程序。

4. 在第 1 款所指任何争端中,如果该争端系由第七章(卫生与植物卫生措施)第二节或第九章(标准相关措施)所引起:

(1)涉及一缔约方采取或维持的保护人类、动物或植物的生命或健康,或者保护环境的措施;并且

(2)提出有关环境、健康、安全或保护的事实问题,包括直接相关的科学问题,

如果应诉缔约方以书面形式请求根据本协定考虑该问题,此后申诉缔约方对该问题只可诉诸本协定下的争端解决程序。

5. 申诉缔约方应将根据第 3 款或第 4 款提出的请求书副本,送达其他缔约方和秘书处该缔约方代表处。如果申诉缔约方对受第 3 款或第 4 款约束的任何问题,已经启动争端解决程序,应诉缔约方应在此后不迟于 15 天之内,送达其请求书。收到该请求书之后,申诉缔约方应立即退出对此类程序的参与,并且可根据第 2007 条,请求争端解决程序。

6. 一旦根据第 2007 条启动争端解决程序或根据《关税与贸易总协定》启动争端解决程序,选定法庭的利用应排除另一法庭的利用,除非一缔约方根据第 3 款或第 4 款提出请求。

7. 对本条而言,《关税与贸易总协定》下的争端解决程序应视为根据一缔约方请求专家组而启动,例如根据《1947 年关税与贸易总协定》第 23 条第 2 款,或者请求委员会调查,例如根

据《海关估价规则》第 20 条第 1 款。

第 2006 条:磋商

1. 任何缔约方可就任何实际或拟议措施或其认为可能影响本协定运作的任何其他事宜,以书面形式,请求与任何其他缔约方磋商。

2. 提出请求的缔约方应将请求书,送达其他缔约方和秘书处该缔约方代表处。

3. 除非自由贸易委员会根据第 2001 条第 4 款建立的规则与程序中另有规定,第三缔约方如果认为其在该事宜中有实质利益,该缔约方在向其他缔约方和秘书处该缔约方办事处,送达书面通知之后,应有权参与磋商。

4. 就易变质农产品有关的事宜的磋商,应在请求书送达之日起 15 天内开始。

5. 参与磋商的各缔约方应根据本条或本协定其他磋商条款,竭尽全力,通过谈判,达成相互满意的对任何问题的解决方案。为此目的,参与磋商的各缔约方应:

(1)提供充分信息,以便能够全面审查,实际或拟议措施或其他问题如何可能影响本协定的运作;

(2)依照提供该信息的缔约方对待信息的方式,对待磋商过程中交换的任何机密或专有信息;以及

(3)努力避免对任何其他缔约方本协定下的利益造成不利影响的任何解决方案。

第 2007 条:委员会——斡旋、调解与调停

1. 如果参与磋商的各缔约方在以下期限内,未能根据第 2006 条解决问题:

(1)磋商请求书送达的 30 天之内;

(2)如果任何其他缔约方就同一事宜,随后请求或已经参与磋商,此类请求书送达 45 天之内;

(3)就易变质农产品有关的事宜,磋商请求书送达的 15 天之内;或者

(4)参与磋商的各缔约方可能商定的任何其他期限。

参与磋商的任何缔约方可以书面形式,请求自由贸易委员会召集会议。

2. 一缔约方也可以书面形式,请求自由贸易委员会召集会议,如果:

(1)该缔约方对受第 2005 条第 3 款或第 4 款约束的任何问题,已经启动《关税与贸易总协定》下的争端解决程序,并且已经收到根据第 2005 条提出的请求,要求诉诸本协定下的争端解决程序;或者

(2)根据第 513 条(原产地规则工作组)、第 723 条(卫生与植物卫生措施技术磋商)与第 914 条(标准相关措施技术磋商),已经举行磋商。

3. 提出请求的缔约方应在请求书中,列明申诉的措施或其他问题,并指出其认为相关的本协定条款,并且应将请求书送达其他缔约方和秘书处该缔约方代表处。

4. 除非委员会另有决定,自由贸易委员会应在请求书送达 10 天之内,召集会议,并且应努力迅速解决争端。

5. 资源贸易委员会应:

(1)如果委员会认为必要,咨询任何技术顾问或设立任何工作组或专家组;

(2)进行斡旋、调解、调停或任何其他争端解决程序;或者

(3)提出建议;

以帮助参与磋商的各缔约方达成相互满意的争端解决方案。

6. 除非委员会另有决定，自由贸易委员会应根据本条，对其进行的关于同一措施的两个或两个以上程序，予以合并。委员会可根据本条，对其进行的关于其他问题的两个或两个以上程序，如果委员会认定可以一并考虑，可予以合并。

第 2008 条：成立仲裁小组的请求

1. 如果自由贸易委员会根据第 2007 条第 4 款，已经召集会议，但是在以下期限内，仍未解决问题：

(1)此后 30 天之内；

(2)就最近提交的问题，委员会召集后 30 天之内，如果根据第 2007 条第 6 款，对程序进行了合并；或者

(3)参与磋商的各缔约方可能商定的任何其他期限。

参与磋商的任何缔约方可以书面形式，请求成立仲裁小组。提出请求的缔约方应将请求书送达其他缔约方和秘书处该缔约方代表处。

2. 在收到请求后，自由贸易委员会应成立仲裁小组。

3. 第三缔约方如果认为其在该事宜中有实质利益，在向其他缔约方和秘书处该缔约方代表处送达其参与意向的书面通知之后，应有权作为申诉缔约方参与仲裁。通知应在尽可能早的时间送达，并且在任何情况下，自一缔约方提出成立仲裁小组的请求送达之日起，不迟于七天。

4. 如果第三缔约方没有根据第 3 款，作为申诉缔约方参与仲裁，该缔约方一般应在经济或商业形势未有重大变化的情况下，对同一问题，此后不得启动或继续：

(1)本协定下的争端解决程序；或者

(2)《关税与贸易总协定》下的争端解决程序，只要其起诉理由与本协定下该缔约方可依据的理由实质上等效。

5. 除非争端所涉各缔约方另有约定，仲裁小组应与本章规定一致的方式，建立并履行职能。

第 2009 条：名册

1. 各缔约方应在 1994 年 1 月 1 日之前，建立并且维持愿意且能够担任仲裁小组仲裁员的至多 30 人的名册。名册成员应通过协商一致，予以任命，任期三年，并且可再次任命。

2. 名册成员应：

(1)具有法律、国际贸易、本协定所涉其他问题或国际贸易协定导致的争端解决的专业知识或经验，并且严格根据客观性、可靠性与良好判断力，予以遴选；

(2)独立于任何缔约方，并且不与任何缔约方有关联或接受其指示；以及

(3)遵守自由贸易委员会建立的行为准则。

第 2010 条：仲裁员的资格

1. 所有仲裁员应符合第 2009 条第 2 款所列资格。

2. 根据第 2007 条第 5 款参与争端的个人，不得担任该争端的仲裁员。

第 2011 条：仲裁小组的选定

1. 如果争端涉及两个缔约方，应适用以下程序：

(1)仲裁小组应由五名仲裁员构成。

(2)争端所涉缔约双方应在成立仲裁小组的请求送达15天之内,就仲裁小组首席仲裁员,努力达成一致。如果争端所涉缔约双方未能在此期限内,就首席仲裁员,达成一致,通过抽签选中的争端所涉缔约方应在五天之内,选择一名非该缔约方公民的个人,出任首席仲裁员。

(3)首席仲裁员选定15天之内,争端所涉各缔约方应各自选择争端所涉另一缔约方公民的两名仲裁员。

(4)如果争端所涉一缔约方未能在此期限内,选择其仲裁员,该仲裁员应通过抽签,自名册成员中,选择争端所涉另一缔约方公民的成员。

2. 如果争端涉及两个以上缔约方,应适用以下程序:

(1)仲裁小组应有五名仲裁员构成。

(2)争端所涉各缔约方应在成立仲裁小组的请求送达15天之内,就仲裁小组首席仲裁员,努力达成一致。如果争端所涉各缔约方未能在此期限内,就首席仲裁员,达成一致,通过抽签选中的争端所涉一个或一个以上缔约方应在10天之内,选择一名非上述该缔约方公民的首席仲裁员。

(3)首席仲裁员选定15天之内,应诉缔约方应选择两名仲裁员,其中一人是一申诉缔约方公民,另一人是另一申诉缔约方公民。申诉缔约方应选择应诉缔约方公民的两名仲裁员。

(4)如果争端所涉任何缔约方未能在此期限内,选择一名仲裁员,该名仲裁员应根据第3项的国籍标准,通过抽签选出。

3. 仲裁员通常应自名册中选出。争端所涉任何缔约方对争端所涉一缔约方提名不在名册内的任何个人担任仲裁员的,在该人获得提名后15天之内,可不述理由而要求该人回避。

4. 如果争端所涉一缔约方确信一名仲裁员违反行为准则,争端所涉各缔约方应进行磋商,并且如果达成一致,该名仲裁员应予除名,一名新的仲裁员应根据本条选出。

第2012条:程序规则

1. 自由贸易委员会应在1994年1月1日之前,根据以下原则,建立程序示范规则:

(1)程序应保证至少出席一次仲裁小组听证会的权利,和以书面形式提交初步与辩驳意见的机会;以及

(2)仲裁小组的听证会、审议与初步报告,以及提交仲裁小组的所有书面意见和交流的信息应予保密。

2. 除非争端所涉各缔约方另有约定,仲裁小组应根据程序示范规则,进行其程序。

3. 除非自建立仲裁小组的请求送达之日起20天之内,争端所涉各缔约方另有约定,授权权限应为:

"根据本协定相关条款,审议提交自由贸易委员会(正如召集委员会会议的请求书中所列)的事宜,并且根据第2016条第2款,作出决定、裁决和建议。"

4. 如果申诉缔约方希望主张某一事项造成利益丧失或减损,授权权限中应作此项说明。

5. 如果申诉缔约方希望仲裁小组就被判定与本协定义务不一致或造成附件2004意义上的利益丧失或减损的任何措施对任何缔约方不利贸易影响的程度,作出决定,授权权限中应作此项说明。

第2013条:第三方参与

不涉及争端的一缔约方在向争端所涉各缔约方和秘书处该缔约方代表处,送达书面通知

之后,应有权出席所有听证会,向仲裁小组提交书面与口头意见,并且获取争端所涉各缔约方的书面意见。

第 2014 条:专家的作用

仲裁小组可应争端所涉一缔约方请求,或者自行决定,向其认为合适的任何人士或机构,征询信息和技术意见,前提条件是获得争端所涉各缔约方同意并且受争端所涉各缔约方可能同意的任何条款与条件的约束。

第 2015 条:科学审议委员会

1. 仲裁小组可应争端所涉一缔约方请求,或者自行决定,除非争端所涉各缔约方不同意,请求科学审议委员会就争端所涉一缔约方在程序中提出的环境、健康、安全或其他科学事宜有关的任何事实问题,出具书面报告,前提条件是符合争端所涉各缔约方可能同意的任何条款与条件的约束。

2. 科学审议委员会应由仲裁小组在与争端所涉各缔约方以及根据第 2112 条第 1 款建立的程序示范规则所列科学机构磋商之后,从在科学问题上具有高度资质的独立专家中选出。

3. 参与程序的各缔约方应获得:

(1)关于提交科学审议委员会的拟议事实问题的提前通知,以及向仲裁小组提交对该问题的意见的机会;以及

(2)科学审议委员会报告的副本,以及向仲裁小组提交对该报告的意见的机会。

4. 仲裁小组在拟定其报告时,应考虑科学审议委员会报告和各缔约方对该报告的任何意见。

第 2016 条:初步报告

1. 除非争端所涉各缔约方另有约定,仲裁小组报告的依据应为各缔约方提交的意见与论据以及根据第 2014 条或第 2015 条获得的任何信息。

2. 除非争端所涉各缔约方另有约定,仲裁小组应在最后一名仲裁员选定之后 90 天内,或根据第 2012 条第 1 款建立的程序示范规则可能规定的任何其他期限内,向争端所涉各缔约方出具初步报告,内容包括:

(1)事实的认定, 包括对根据第 2012 条第 5 款提出的请求,作出的认定;

(2)关于争议中的措施是否与或将会与本协定义务不一致或造成附件 2004 意义上的利益丧失或减损而作出的裁决,或授权权限中请求的任何其他裁决;以及

(3)关于解决争端的任何建议。

3. 对未能取得一致意见的事宜,各个仲裁员可提交单独意见。

4. 争端所涉一缔约方可在报告发布 14 天之内,向仲裁小组提交对初步报告的书面意见。

5. 在此种情况下,并且在考虑该书面意见之后,仲裁小组可自行决定,或应争端所涉任何缔约方请求:

(1)请求参与程序的任何缔约方发表意见;

(2)重新考虑其报告;以及

(3)如果其认为适当,开展进一步审议。

第 2017 条:最终报告

1. 除非争端所涉各缔约方另有约定,在发布初步报告 30 天之内,仲裁小组应向争端所涉

各缔约方出具最终报告，包括对未能取得一致意见的事宜的任何单独意见。

2. 任何仲裁小组在初步报告或最终报告中，均不得披露多数或少数意见的仲裁员姓名。

3. 争端所涉各缔约方应在收到仲裁小组最终报告之后合理期限内，以保密方式，向自由贸易委员会送达仲裁小组最终报告，包括根据第 2015 条设立的科学审议委员会的任何报告，以及争端所涉一缔约方希望附加的任何书面观点。

4. 除非自由贸易委员会另有决定，仲裁小组最终报告在送达委员会之后第 15 天，予以公布。

第 2018 条：最终报告的履行

1. 在收到仲裁小组最终报告之后，争端所涉各缔约方应就争端解决方案，达成一致，解决方案通常应遵守最终小组的裁决与建议，并且应向秘书处的各自代表处，通知任何争端的任何解决方案。

2. 只要可能，解决方案应为不实施或取消与本协定不符或造成附件 2004 意义上的利益丧失或减损的措施，或者如果没有此类解决方案，进行赔偿。

第 2019 条：不履行——利益中止

1. 如果在最终报告中，仲裁小组确认一项措施与本协定义务不一致，或造成附件 2004 意义上的利益丧失或减损，并且应诉缔约方在收到最终报告 30 天内，就相互满意的解决方案，未能根据第 2018 条第 1 款与任何申诉缔约方达成一致，则申诉各缔约方可对应诉缔约方中止实施等效的利益，直到他们就争端解决方案达成一致之时。

2. 在根据第 1 款，考虑中止何种利益之时：

(1) 申诉缔约方应首先争取在仲裁小组判明与本协定不一致或造成附件 2004 意义上的利益丧失或减损的措施或其他问题影响的同样产业，中止利益；以及

(2) 申诉缔约方如果认为在同样产业中止利益，不可行或没有效果，该缔约方可在其他产业中止利益。

3. 在接到争端所涉任何缔约方送达其他缔约方和秘书处该缔约方代表处的书面请求之后，自由贸易委员会应设立一仲裁小组，以便判定一缔约方根据第 1 款，中止利益的水平是否明显过度。

4. 仲裁小组程序应根据程序示范规则进行。仲裁小组应在最后一名仲裁员选出之后 60 天内，或争端所涉各缔约方可能同意的任何其他期限内，提交裁决。

第三节　国内程序与私人商事争端解决

第 2020 条：司法或行政程序事宜的转交

1. 如果一缔约方任何国内司法或行政程序涉及本协定的解释或适用问题并且任何缔约方认为需要予以干涉，或者如果法院或行政机构征询一缔约方的意见，该缔约方应通知其他缔约方和秘书处该缔约方代表处。自由贸易委员会应在尽快就适当的回复，努力达成一致。

2. 法院或行政机构处于其境内的缔约方应根据该法院或机构的规则，向该法院或行政机构提交自由贸易委员会任何商定的解释。

3. 如果自由贸易委员会未能达成一致，任何缔约方可根据该法院或机构的规则，向该法院

或行政机构提交自己的意见。

第 2021 条:私权

任何缔约方不得在其国内法中,以另一缔约方的措施与本协定不一致为由,规定对任何其他缔约方的诉讼权利。

第 2022 条:替代性争端解决

1. 各缔约方应在可能的最大范围内,鼓励并促进利用仲裁以及替代性争端解决的其他方式,解决自由贸易区内私人之间的国际商事争议。

2. 为此目的,各缔约方应提供适当程序,以保证遵守仲裁协议以及承认与执行此类争端的仲裁裁决。

3. 如果一缔约方是 1958 年《联合国承认与执行外国仲裁裁决公约》或 1975 年《美洲国际商事仲裁公约》的成员方并遵守该公约,该缔约方应视为符合第 2 款规定。

4. 自由贸易委员会应设立私人商事争端咨询委员会,由具有私人国际商事争端解决专业知识或经验的人士组成。该咨询委员会应就自由贸易委员会委托的关于自由贸易区内解决此类争端的仲裁与其他程序的可用性、使用情况和有效性的一般问题,向自由贸易委员会提交报告与建议。

附件 2001.2:委员会与工作组

1. 委员会:

(1)货物贸易委员会(第 316 条)

(2)旧服装贸易委员会(附件 300－乙,第 9.1 节)

(3)农业贸易委员会(第 706 条)

- 农产品私人商事争端咨询委员会(第 707 条)

(4)卫生与植物卫生措施委员会(第 722 条)

(5)标准相关措施委员会(第 913 条)

- 陆运标准小组委员会(第 913 条第 5 款)
- 电信标准小组委员会(第 913 条第 5 款)
- 汽车标准理事会(第 913 条第 5 款)
- 纺织品与服装标签小组委员会(第 913 条第 5 款)

(6)小企业委员会(第 1021 条)

(7)金融服务委员会(第 1412 条)

(8)私人商事争端咨询委员会(第 2022 条第 4 款)

2. 工作组:

(1)原产地规则工作组(第 513 条)

- 海关工作小组(第 513 条第 6 款)

(2)农业补贴工作组(第 705 条第 6 款)

(3)双边工作组(墨西哥—美国)(附件 703.2.甲.25)

(4)双边工作组(加拿大—墨西哥)(附件 703.2.乙.13)

(5)贸易与竞争工作组(第 1504 条)

(6)临时入境工作组(第 1605 条)

3. 根据本协定设立的其他委员会与工作组。

附件 2002.2:报酬与费用支付

1. 自由贸易委员会应为支付专家、委员会成员和科学审议委员会委员的报酬与费用,规定金额。

2. 专家或委员会成员及其助手、科学审议委员会委员的报酬,他们的旅行和住宿费用,以及专家组、委员会或科学审议委员会的一般费用,应由以下缔约方平均承担:

(1)对根据第十九章(反倾销与反补贴税事宜的审议与争端解决)设立的专家组或委员会而言,第 1911 条定义的所涉缔约方;或者

(2)对根据本章设立的专家组与科学审议委员会而言,争端所涉缔约方。

3. 每位专家或委员会成员应对各自的时间与费用,保持记录并提供决算账单,专家组、委员会或科学审议委员会应对所有一般费用,保持记录并提供决算账单。自由贸易委员会应为支付专家和委员会成员的报酬与费用,规定金额。

附件 2004:利益丧失与减损

1. 如果任何缔约方认为根据以下任何条款,该缔约方可以合理预期获得的任何利益:

(1)第二编(货物贸易),但是附件 300 - 甲(汽车行业)或第六章(能源)有关投资的条款除外;

(2)第三编(技术性贸易壁垒);

(3)第十二章(跨境服务贸易);或者

(4)第六编(知识产权);

由于与本协定不一致的任何措施的适用而丧失或减损,该缔约方可诉诸本章下的争端解决。

2. 一缔约方对受第 2101 条(一般例外)一项例外约束的任何措施,不得援引:

(1)第 1 款第 1 项或第 2 项,只要该利益来自第二编的提供跨境服务贸易;或者

(2)第 1 款第 3 项或第 4 项。

第八编　其他条款

第二十一章　例　　外

第 2101 条:一般例外

1. 对以下各部分而言:

(1)第二编(货物贸易),除非该编的条款适用服务或投资,以及

(2)第三编(技术性贸易壁垒),除非该编的条款适用服务。

《关税与贸易总协定》第 20 条及其解释性说明,或各缔约方均为成员方的后继协定的任何等效条款,纳入本协定并成为本协定的一部分。

各缔约方理解,《关税与贸易总协定》第 20 条第 2 款所指措施包括为保护人类、动物或植物的生命或健康所必需的环境措施,《关税与贸易总协定》第 20 条第 7 款适用有关保护生物与非生物可耗尽自然资源的措施。

2. 如果此类措施的适用方式在情况相同的国家之间不会构成任意或不合理歧视的手段或各缔约方之间变相贸易限制,以下各部分中任何规定:

(1)第二编(货物贸易),以该编条的条款适用服务为限,

(2)第三编(技术性贸易壁垒),以该编的条款适用服务为限,

(3)第三章(跨境服务贸易),以及

(4)第十三章(电信)。

不得解释为妨碍任何缔约方采取或实施为保证遵守与本协定条款并无不一致的法律或法规所必需的措施,包括与健康、安全和消费者保护有关的措施。

第 2102 条:国家安全

在符合第 607 条(能源——国家安全措施)与第 1018 条(政府采购例外)的前提下,本协

定中任何规定,不得解释为:

(1)要求任何缔约方提供或允许获得该缔约方认为一经披露将会违背其基本安全利益的任何信息;

(2)妨碍任何缔约方采取该缔约方认为保护其基本安全利益所必需的任何行动:

1)有关武器、弹药和战争装备的走私,以及直接或间接为供应军事或其他安全设施目的而进行的其他货物、物资、服务和技术的走私与交易,

2)战争时期或国际关系其他紧急事态中采取的行动,或者

3)实施有关核武器或其他核爆炸装置的国家政策或国际协定;或者

(3)妨碍任何缔约方采取行动,以便为维持国际和平与安全而履行其《联合国宪章》下的义务。

第 2103 条:征税

1. 除了本条所列之外,本协定中任何规定,不得适用税收政策。

2. 本协定中任何规定,不得影响任何征税公约下任何缔约方的权利与义务。本协定与任何此类公约如有任何不一致,不一致之处应以该公约为准。

3. 虽有第 2 款的规定:

(1)第 301 条(市场准入——国民待遇)以及为实施该条所必需的本协定任何其他条款应适用税收措施,并且适用范围与《关税与贸易总协定》第 3 条相同;以及

(2)第 314 条(市场准入——出口税)与第 604 条(能源出口税)应适用税收措施。

4. 在符合第二款的前提下:

(1)第 1202 条(跨境服务贸易——国民待遇)与第 1405 条(金融服务——国民待遇)应适用关于所得、资本收益或公司应税资本的税收措施,以及附件 2103. 4 第 1 款所列有关特定服务的采购或消费的税种,以及

(2)第 1102、1103 条(投资——国民待遇与最惠国待遇)、第 1202、1203 条(跨境服务贸易——国民待遇与最惠国待遇),以及第 1405、1406 条(金融服务——国民待遇与最惠国待遇)应适用所有税收措施,但是关于所得、资本收益或公司应税资本的税收措施,关于不动产、遗产、赠与和隔代财产转移的税收,以及附件 2103. 4 第 1 款所列税种除外。

但是,上述各条中任何规定不得适用:

(3)关于一缔约方根据征税公约给予利益的任何最惠国义务,

(4)任何现行税收措施中不一致条款,

(5)对任何现行税收措施中不一致条款的延续或迅速延期,

(6)对任何现行税收措施中不一致条款的修正,只要该修正不降低在修正之时与上述各条的相符程度,

(7)任何新的税收措施,其目的在于保证税收的公平与有效实施或征收,并且在各缔约方人士、货物或服务之间不构成任意歧视或者对上述各条给予的利益不造成附件 2004 意义上的任意丧失或减损,

(8)附件 2103. 4 第 2 款所列措施。

5. 在符合第 2 款并且不影响第 3 款下各缔约方权利与义务的前提下,第 1106 条(投资——业绩要求)第 3 款、第 4 款与第 5 款应适用税收措施。

6. 第 1110 条(征用与补偿)应适用税收措施,但是如果根据本款确认该措施并非征用,任

何投资者不得援引该条作为第1116条(一缔约方投资者以自己的名义提出诉求)或第1117条(一缔约方投资者以企业的名义提出诉求)下索赔诉求的依据。投资者应在其根据第1119条(将诉求提请仲裁意向的通知)送达通知之时,将该措施是否并非征用这一问题,提请附件2103.6所列适当的主管机构裁决。如果主管机构不同意考虑这一问题,或者同意考虑该问题之后,在提请仲裁六个月期限之内,对该措施并非征用未能达成一致,投资者可将其索赔诉求提请根据第1120条(仲裁诉求的提交)进行仲裁。

第2104条:国际收支

1. 本协定中任何规定,不得解释为妨碍一缔约方采取或维持限制转移的措施,如果该缔约方遭受严重国际收支困难或严重国际收支困难的威胁,同时此种限制与第2款至第4款一致,并且:

(1)与第5款一致,只要此种限制实施于跨境金融服务贸易之外的转移;或者

(2)与第6款与第7款一致,只要此种限制实施于跨境金融服务贸易。

一般规则

2. 一缔约方应在其实施本条下的措施之后尽快:

(1)提请国际货币基金组织根据《国际货币基金协定条款》第8条,审议任何经常项目外汇限制措施;

(2)就经济调整措施,与国际货币基金组织进行具有诚意的磋商,以设法解决造成困难的根本性经济问题;以及

(3)采取或维持与此种磋商一致的经济政策。

3. 根据本条采取或维持的措施应:

(1)避免对另一缔约方的商业、经济或金融利益造成不必要的损害;

(2)其负担不超过处理国际收支困难或其威胁所必需的限度;

(3)为临时性的,并且随着国际收支状况的改善,逐步取消;

(4)与第2款第3项和《国际货币基金协定条款》一致;以及

(5)在国民待遇或最惠国待遇的基础上,予以实施,以两者中较优惠者为准。

4. 一缔约方可根据本条,对其经济计划必不可少的服务,采取或维持优先措施,前提条件是一缔约方不得为保护特定产业或行业而实施一项措施,除非该措施与第2款第3项和《国际货币基金协定条款》第8条第3款一致。

跨境金融服务贸易之外的转移限制

5. 对跨境金融服务贸易之外的转移所实施的限制:

(1)如果实施于经常项目交易的支付,应与《国际货币基金协定条款》第8条第3项一致;

(2)如果实施于国际资本交易,应与《国际货币基金协定条款》第6条一致,并且只能与根据第2款第1项对经常项目交易实施的措施一道实施;

(3)如果实施于第1119条(投资——转移)所涉转移和与货物贸易有关的转移,不得实质性影响按照外汇市场汇率以自由流通货币进行的转移;以及

(4)不得采取关税附加费、配额、许可或类似措施的形式。

跨境金融服务贸易的限制

6. 对跨境金融服务贸易实施限制的一缔约方:

(1)对任何转移不得实施一项以上的措施,除非与第2款第3项和《国际货币基金协定条

款》第8条第3款一致,以及

(2)应迅速通知其他缔约方,并且与其他缔约方磋商,以便评估该缔约方国际收支状况与采取的措施,除了其他因素之外同时考虑:

1)该缔约方国际收支困难的性质与程度,

2)该缔约方外部经济与贸易环境,以及

3)可以采取的替代性纠正措施。

7. 在第6款第2项所指磋商中,各缔约方应:

(1)考虑根据本条采取的措施是否符合第3款,特别是第3款第3项;以及

(2)接受国际货币基金提供的有关外汇、货币储备和国际收支的统计与其他事实的所有调查结果,并且应根据国际货币基金对采取措施的缔约方国际收支状况的评估,作出结论。

第2105条:信息披露

本协定中任何规定,不得解释为要求一缔约方提供或允许获得信息,只要该信息一经披露,将会影响执法或违背该缔约方保护个人隐私或金融机构个人消费者的金融状况和账户的法律。

第2106条:文化产业

在文化产业方面,附件2106适用该附件载明的各缔约方。

第2107条:定义

在本章中:

"文化产业",系指从事以下任何活动的人士:

(1)印刷或机读形式的图书、杂志、期刊或报纸的出版、发行或销售,但是不包括前述任何物品的纯粹印刷或排版活动;

(2)影片或录像制品的制作、发行、销售或展示;

(3)录音或录像音乐制品的制作、发行、销售或展示;

(4)印刷或机读形式的音乐的出版、发行或销售;或者

(5)传输目的在于供一般公众接收的无线通信,所有广播、电视和有线广播电视事业,以及所有卫星节目和广播电视网络服务。

"国际资本交易",系指《国际货币基金协定条款》定义的"国际资本交易"。

"国际货币基金",系指国际货币基金组织。

"经常项目交易的支付",系指《国际货币基金协定条款》定义的"经常项目交易的支付"。

"征税公约",系指避免双重征税的公约或其他国际征税协定或安排。

"税收"与"税收措施",不包括:

(1)第318条(市场准入——定义)定义的"海关关税";或者

(2)该定义第2项、第3项、第4项与第5项例外所列措施。

"转移",系指国际交易以及相关国际转移和支付。

附件2103.4:特定税收措施

1. 对第2103条第4款第1项与第2项而言,所列税种为墨西哥《财产税法》下的财产税。

2. 对第2103条第4款第8项而言,所列税种为墨西哥对保险费征收的任何国内税,前提条件是如果加拿大或美国征收该税,该税为第2103条第4款第4项、第5项与第6项涵盖的

范围。

附件 2103.6:主管机构

在本章中:

“主管机构”,系指:

(1)对加拿大而言,财政部负责税收政策的助理副部长;

(2)对墨西哥而言,财政与公共信贷部负责财政收入的副部长;

(3)对美国而言,财政部(税收政策)助理财政部长。

附件 2106:文化产业

虽有本协定的任何其他条款,对加拿大与美国之间而言,除了第 302 条(市场准入——关税消除)的具体规定之外,对文化产业采取或维持的任何措施,以及作为回应而采取的具有同等商业效果的任何措施,应只能根据《加拿大与美国自由贸易区》的条款而适用本协定。加拿大与任何其他缔约方之间对此种措施的权利与义务,应等同于加拿大与美国之间适用的权利与义务。

第二十二章　最终条款

第 2201 条：附件

本协定附件构成本协定不可分割的一部分。

第 2202 条：修正

1. 各缔约方可对本协定的任何修订或增补，达成一致。

2. 当达成一致并且根据各缔约方适用的法律程序获得批准时，修订或增补应构成本协定不可分割的一部分。

第 2203 条：生效

一经互换书面通知，证明已经完成必要的法律程序，本协定应自 1994 年 1 月 1 日起生效。

第 2204 条：加入

1. 任何国家或国家集团根据该国或该国家集团与自由贸易委员会可能达成的条款与条件，并且根据各国适用的法律程序获得批准后，可加入本协定。

2. 本协定不适用任何缔约方与任何申请加入国或申请加入国家集团之间，如果在加入之时，任何一方不同意在它们之间适用本协定。

第 2205 条：退出

任何缔约方在书面通知其他缔约方退出本协定六个月之后，可退出本协定。如果一缔约方退出，本协定对其他缔约方依然有效。

第 2206 条：正本

本协定英文、法文与西班牙文文本，具有同等效力。

下列签字人，经各自政府正式授权，签署本协定，以昭信守。

注　　释

1. 第201条(普遍适用的定义):一缔约方的货物可含有其他国家的原材料。

2. 第301条(市场准入——国民待遇):第2款所称"缔约方的货物"包括在该缔约方各州或各省生产的货物。

3. 第302条第1款(关税消除):本款并不妨碍任何缔约方对不享受任何《北美自由贸易协定》关税优惠的原产货物,修改非《北美自由贸易协定》关税。

4. 第302条第1款:本款并不禁止一缔约方在单方面降低关税之后,根据《北美自由贸易协定》逐步取消关税时间表,将某一关税重新提高到一个议定的水平。

5. 第302条第1款与第2款:第1款与第2款并不妨碍一缔约方经《关税与贸易总协定》任何争端解决条款或《关税与贸易总协定》下谈判达成的任何协定授权,维持或提高关税。

6. 第303条(对退税与关税延付的限制):在将第415条中"使用"的定义适用本条时,第318条中"消费"的定义不应适用本条。

7. 第305条第2款第4项(货物临时入境):如果使用另一形式的货币抵押金,其负担不得超过本项所指担保要求。如果一缔约方使用非货币形式的抵押,其负担不得超过该缔约方使用的现行形式的抵押。

8. 第307条第1款(维修或改装之后重新入境的货物):本条不适用以保税形式进口、进口至对外贸易区或以相似地位进口之后,出口维修并不再以保税形式进口、进口至对外贸易区或以相似地位进口的货物。

9. 第307条第1款:对本款而言,改装包括对旧纺织品与服装进行洗涤,以及对此前消毒的纺织品与服装进行消毒。

10. 第318条(市场准入——定义):加拿大关税税率表所列十位数字的货物仅作统计用途。

11. 第318条:对"维修或改装"的定义而言,属于半成品到制成品的生产或装配过程中一部分的操作或工序,并非半成品的维修或改装;货物的零部件是指可能会进行维修或改装的货物。

12. 附件300－甲(汽车行业的贸易与投资),附录300－甲.1－加拿大:第1款与第2款不得解释为修改《加拿大与美利坚合众国自由贸易协定》第十章规定的权利和义务,但是对第1005条第1款而言,《北美自由贸易协定》原产地规则应取代《加拿大与美利坚合众国自由贸易协定》原产地规则。

13. 附件300－甲,附录300－A.2－墨西哥:括号中所列关于《汽车法令》和《汽车法令实施细则》的引文,仅供参考之用。

14. 附件300－乙(纺织品与服装),第1节(适用范围):第二章(定义)、第三章(市场准入)、第四章(原产地规则)与第八章(紧急行动)的一般条款,受附件所列纺织品与服装的特殊规则约束。

15. 附件 300－乙,第 2 节(关税取消):对第 1 款而言,“除非本协定另有规定”,系指第 4 节、第 802 条(全球行动)与第 22 章(一般例外)的规定。

16. 附件 300－乙,第 4 节(双边紧急行动之关税行动)与第 5 节(双边紧急行动之数量限制):对第 4 节与第 5 节而言:

1)“增加的数量”应作出比第 801 条第 1 款规定的标准更为宽泛的解释,该条仅仅考虑“绝对数量”的进口。对上述各节而言,“增加的数量”应按照《纺织品与服装协定》草案对这一标准的解释。该协定草案(《纺织品与服装乌拉圭回合协定草案》)见于《关税与贸易总协定》总干事 1991 年 12 月 20 日公布的《乌拉圭回合多边贸易谈判成果的最后文件草案》(《关税与贸易总协定》文件编号 MTN. TNC/W/FA);以及

2)“严重损害”应作为比第 801 条第 1 款规定的“严重损害”更为宽松的标准。“严重损害”标准出自《纺织品与服装乌拉圭回合协定草案》。在确定是否达到这一标准时需要考虑的因素,列于第 4.2 节,并且也出自该协定草案。“严重损害”应根据《多边纤维协定》附件甲或其后续协议,予以解释。

17. 附件 300－乙,第 5 节:第 5 款第 3 项所称“公平待遇”一词应视为与《多边纤维协定》惯例中的含义相同。

18. 附件 300－乙,第 7 节,第 1 款第 3 项(原产地规则的审议与修订):如果在本协定生效之前,各缔约方就有关对关税税目 62.06 至 62.11 的规则适用关税子目 6212.10 中的服装,达成减轻行政负担与降低费用的措施,该规则与第 1 款应不适用关税子目 6212.10。

19. 附件 300－乙,第 7 节,第 2 款第 4 项第 2 目:对关税子目 6205.20 至 6205.30 的第 1 项至第 9 项条款所列规则,在本协定生效之前,各缔约方可开展必要的合作,以鼓励在自由贸易区生产本规则特别说明的衬衫面料。

20. 附件 300－乙,附录 3.1,第 17 款(进口与出口禁止、限制与磋商水平的管理):为了实施第 17 款,应根据《协调制度》GRI 3(2) 确定成分,并进而确定货物的关税分类;如果根据 GRI 3(2) 不能确定成分,则根据 GRI 3(3) 确定;如果 GRI 3(3) 不适用,则根据 GRI 4 确定。如果确定关税分类的成分是由两种或两种以上的纱线或纤维构成的混合物,应考虑该成分中所有的纱线和(或)纤维。

21. 附件 300－乙,明细表 3.1.3(转换系数):本明细表中的转换系数用于美国的进口。加拿大与墨西哥可通过互相协商,为它们之间贸易制定自己的转换系数。

22. 第 401 条(原产货物):“详述”一词仅仅是为了防止第 401 条第 4 款被用来将另一零件中的零件——如果品目或子目列明了最终产品——另一零件制成的零件以及另一零件视为原产材料。

23. 第 402 条(地区价值成分):

(1)第 402 条第 4 款适用中间材料,并且在第 2 款与第 3 款中,生产商在货物生产中使用的非原产材料的价值不包括:

1)另一生产商在生产原产材料时使用的任何非原产材料的价值,如果该原产材料随后被货物生产商获得并用于货物生产,以及

2)生产商在生产原产自产材料时使用的非原产材料的价值,如果根据第 402 条第 10 款,

生产商将该原产自产材料指定为中间材料；

(2)对第4款而言，如果生产商随后使用原产中间材料与非原产材料(无论是否由生产商所生产)生产货物，此种非原产材料的价值应计入生产商在货物生产中使用的非原产材料的价值；

(3)对第8款而言，计入货物生产中使用的材料价值中的促销、营销和售后服务成本、特许权使用费、运输和包装成本，以及非允许利息成本，在根据第403条第3款计算净成本时不应扣除；

(4)对第10款而言，在适用该款所述附带条件时，不应考虑另一生产商在生产原材料时使用的中间材料，如果货物生产商随后获得并使用该原材料，但是根据第404条，两个或两个以上的生产商积累生产的情况除外；

(5)对第10款而言，如果一生产商将某种自产材料指定为原产中间材料，但是进口缔约方海关随后确定该中间材料并非原产，生产商可撤销指定并相应地重新计算货物的价值成分；在此种情况下，对中间材料原产地的确定，生产商应保留其上诉或审议的权利；以及

(6)根据第4款，对未被指定为中间材料的任何自产材料，只有用于生产自产材料的非原产材料的价值，才应计入生产商在货物生产中使用的非原产材料的价值。

24. 第403条(汽车产品)：

(1)对第1款而言，"一缔约方境内的第一人"系指第一个在生产中使用进口货物或转卖进口货物的人；以及

(2)对第2款而言，

1)生产商不得将含有附件403.2所列一个或多个材料的任何组合件指定为中间材料，包括附件403.2中确定的一个构件，以及

2)根据第402条第10款的规定，附件403.2所列材料的生产商可将生产该材料时使用的自产材料指定为中间材料。

25. 第405条第6款(微量允许)：为了实施第6款，应根据《协调制度》GRI 3(2)确定成分，并进而确定货物的关税分类。如果根据GRI 3(2)不能确定成分，则根据GRI 3(3)确定；如果GRI 3(3)不适用，则根据GRI 4确定。如果确定关税分类的成分是由两种或两种以上的纱线或纤维构成的混合物，应考虑该成分中所有的纱线和(或)纤维。

26. 第413条(解释与适用)：第四章中的原产地规则是以1992年《协调制度》为依据，修正之处是为原产地规则目的而新设了关税税目。

27. 第415条(原产地规则——定义)：在"交易价值"的定义中，"适用第403条第1款或第403条第2款第1项的除外"一语仅仅是为了保证在第403条第1款或第403条第2款第1项的背景下，交易价值的确定不仅限于货物生产商的交易。

28. 第514条(海关程序——定义)：《统一规则》将会阐明，"原产地的确定"包括根据第506条第4款，拒绝给予优惠关税待遇，并且此种拒绝受审议和上诉的约束。

29. 第603条，第1款至第5款(能源——进口与出口限制)：上述各款的解释应与第309条(进口与出口限制)一致。

30. 第703条(农业——市场准入)：1991年7月1日的最惠国税率即为附件302.2列明的配额外关税税率。

31. 附件703.2，第1节(墨西哥与美国)：本配额取代墨西哥目前根据本协定生效之日

前,《美国协调关税表》第十七章补充注释3.2.9所述美国关税税率配额“一层级”下的市场准入。

32. 附件703.2,第1节(墨西哥与美国):根据《美国协调关税表》第十七章补充美国注释(3)与《美国联邦法规》第7篇第1530部分(第一与第二子部分),美国设有再出口计划。

33. 附件703.2,第2节(加拿大与墨西哥):第6款所纳入的条款,并非为了推翻附件301.3加拿大与墨西哥各自的明细表所述对第301条和第309条的例外。

34. 第906条第4款与第6款(一致性和等效性):上述各款并非为了限制进口缔约方修订其措施的权利。

35. 第908条第2款(合格评定):本款不涉及在各缔约方各自的合格评定机构中的成员资格问题。

36. 第915条(标准相关措施——定义):“标准”的定义应解释为标准化机构批准的文件所列供日常和重复使用的:

(1)货物或服务的特色,

(2)与以下相关的特色、规则或指南:

1)与货物有关的工艺或生产方法,或者

2)与服务有关的经营方式,以及

(3)与以下相关的具体说明术语、标志、包装、标示或标签的规定:

1)货物或与其相关的工艺或生产方法,或者

2)服务或与其相关的经营方式。

包括解释性规定与其他相关规定,但是这些均不具强制性。

37. 第915条:“技术法规”的定义应解释为文件所列:

(1)货物的特性或与其相关的工艺和生产方法,

(2)服务的特性或与其相关的经营方式,或者

(3)与以下相关的具体说明术语、标志、包装、标示或标签的规定

1)货物或与其相关的工艺或生产方法,或者

2)服务或与其相关的经营方式。

包括适用的管理规定、解释性规定以及其他相关规定,但是这些均不具强制性。

38. 附件1001.2丙(国别门槛价值):在本协定生效之前,加拿大与美国应就本附件开展磋商。

39. 第1101条(投资——适用范围):本章涵盖本协定生效之日业已存在的投资,以及其后进行或收购的投资。

40. 第1101条第2款与附件602.3:只要一缔约方允许对附件三或附件602.3所列活动进行投资,该项投资应有权获得第十一章(投资)的保护。

41. 第1106条(业绩要求):第1106条并不排除私人各当事方之间任何承诺、保证或要求的实施。

42. 第1305条(垄断企业):本条所称“垄断企业”,系指在一缔约方境内的任何相关市场维持或指定作为公共电信传输网络或服务的唯一供应商的一个实体,包括财团或政府机构。

43. 第1501条(竞争法):对本章产生的任何问题,任何投资者不得诉诸投资一方下的投资者与国家之间的仲裁。

44．第 1502 条（垄断企业与国有企业）：本章中任何规定，不得解释为妨碍一垄断企业在不同地理区域市场收取不同价格，只要此种不同是建立在正常商业考虑的基础上，例如考虑不同市场的供应与需求条件。

45．第 1502 条第 3 款："授权"包括立法许可，以及转让垄断企业或授权垄断企业行使政府权利的政府命令、指令或其他法令。

46．第 1502 条第 3 款第 2 项：不同类别的客户之间、关联与非关联企业之间的定价差异以及交叉补贴本身并非与本项规定不一致；相反，上述行为如果用作垄断企业反竞争行为的手段，应受本项规定约束。

47．第 2005 条第 2 款（《关税与贸易总协定》争端解决）：这一义务并不受本章下的争端解决的约束。

附件 401:原产地具体规则

第 1 节:一般解释性说明

为解释本附件所列原产地规则:

(1)适用某一特定品目、子目或关税税目的具体规则或一套具体规则,列于该品目、子目或关税税目的旁边;

(2)适用某一关税税目的规则,应优先于适用包括该关税税目的某一品目或子目的规则;

(3)海关税则分类的变更要求,仅适用非原产材料;

(4)对《协调制度》第一章至第二十四章所列货物而言,原产地规则所指重量系指净重,但是《协调制度》另有规定的除外;

(5)第 405 条(微量允许)第 1 款不适用:

1)在以下关税条目所指货物生产中使用的某些非原产材料:《协调制度》第四章,品目 15.01 至 15.08,15.12,15.14,15.15 或 17.01 至 17.03,子目 1806.10,关税税目 1901.10.aa(以重量计,乳固体含量超过 10% 的婴幼儿乳品制剂),1901.20.aa(以重量计,乳脂含量超过 25% 的调制品和面团,非供零售用)或 1901.90.aa(以重量计,乳固体含量超过 10% 的乳品制剂),子目 2009.11 至 2009.30 或 2009.90,品目 21.05,关税税目 2101.10.aa(速溶咖啡,不加香料),2106.90.bb(任何单一水果或蔬菜所榨的浓缩水果汁或蔬菜汁,加入矿物质或维生素强化),2106.90.cc(水果汁或蔬菜汁的浓缩混合物,加入矿物质或维生素强化),2106.90.dd(以重量计,乳固体含量超过 10% 的制剂),2202.90.aa(任何单一水果或蔬菜所榨的水果汁或蔬菜汁,加入矿物质或维生素强化),2202.90.bb(水果汁或蔬菜汁的混合物,加入矿物质或维生素强化)或 2202.90.cc(含乳饮料),品目 22.07 至 22.08,关税税目 2309.90.aa(以重量计,乳固体含量超过 10% 的动物饲料)或 7321.11.aa(煤气炉或煤气灶),子目 8415.10,8415.81 至 8415.83,8418.10 至 8418.21,8418.29 至 8418.40,8421.12,8422.11,8450.11 至 8450.20 或 8451.21 至 8451.29,墨西哥关税税目 8479.82.aa(垃圾压缩机),加拿大或美国关税税目 8479.89.aa(垃圾压缩机),或关税税目 8516.60.aa(电炉或电灶),

2)在货物生产中作为非原产材料使用的印制电路板组装件,该货物的相关海关税则分类变更的要求,限制了此类非原产材料的使用,以及

3)在《协调制度》第一章至第二十七章所列货物生产中使用的非原产材料,除非该非原产材料所列子目不同于原产地确认对象的货物所在子目;

(6)第 405 条(微量允许)第 6 款适用第五十章至第六十三章所列货物;

(7)适用以下定义:

“章”,系指《协调制度》中的一章;

“品目”,系指《协调制度》中海关税则分类编码的前四位数字;

“类”,系指《协调制度》中的一类;

“子目”,系指《协调制度》中海关税则分类编码的前六位数字;以及

“关税税目”,系指各缔约方采用的《协调制度》中海关税则分类编码的前八位数字。

第2节:原产地具体规则[1]

第一类	活动物;动物产品(第1~5章)
第1章	活动物
01.01-01.06	从任何其他各章变更到品目01.01至01.06。
第2章	肉及食用杂碎
02.01-02.10	从任何其他各章变更到品目02.01至02.10。
第3章	鱼和甲壳动物、软体动物和其他水生无脊椎动物
03.01-03.07	从任何其他各章变更到品目03.01至03.07。
第4章	乳品;蛋品;天然蜂蜜;食用动物产品
04.01-04.10	除加拿大关税税目1901.90.31,美国关税税目1901.90.30A,1901.90.30B,1901.90.30C,1901.90.30D,1901.90.30E,1901.90.40A,1901.90.40B,1901.90.40C,1901.90.40D,1901.90.80A,1901.90.80B,1901.90.80C,1901.90.80D,1901.90.80E,1901.90.80F或1901.90.80G,或墨西哥关税税目1901.90.03之外,从任何其他各章变更到品目04.01至04.10。
第5章	其他动物产品
05.01-05.11	从任何其他各章变更到品目05.01至5.11。
第二类	植物产品(第6~14章) 注释:一缔约方境内种植的农产品和园艺产品应视为原产该缔约方境内,即便其种植是利用自非缔约方进口的种子、鳞茎、根茎、插枝、接枝或其他植物活体部分。
第6章	活树和其他活植物;鳞茎、根及类似品;插花和装饰用簇叶
06.01-06.04	从任何其他各章变更到品目06.01至06.04。
第7章	食用蔬菜、根及块茎
07.01-07.14	从任何其他各章变更到品目07.01至07.14。
第8章	食用水果和坚果;柑橘属水果或甜瓜的果皮
08.01-08.14	从任何其他各章变更到品目08.01至08.14。
第9章	咖啡、茶、马黛茶和调味香料
09.01-09.10	从任何其他各章变更到品目09.01至09.10。
第10章	谷物
10.01-10.08	从任何其他各章变更到品目10.01至10.08。
第11章	麦芽;淀粉;菊粉;面筋
11.01-11.09	从任何其他各章变更到品目11.01至11.09。
第12章	杂谷;种子和果实;工业用或药用植物;秸秆和饲料
12.01-12.14[2]	从任何其他各章节变更到品目12.01至12.14。
第13章	虫胶;树胶、树脂及其他植物液、汁
13.01-13.02	从任何其他各章变更到品目13.01至13.02。

续表

第 14 章	编结用植物材料;其他植物产品
14.01 - 14.04	从任何其他各章变更到品目 14.01 至 14.04。
第三类	动物或植物油、脂及其分解产品;精制的食用油脂;动物或植物蜡(第 15 章)
第 15 章	动物或植物油、脂及其分解产品;精制的食用油脂;动物或植物蜡
15.01 - 15.18	从任何其他各章变更到品目 15.01 至 15.18。
1519.11 - 1519.13	除品目 15.20 之外,从任何其他品目变更到子目 1519.11 至 1519.13。
1519.19	从任何其他子目变更到子目 1519.19。
1519.20	除品目 15.20 之外,从任何其他品目变更到子目 1519.20。
1520.10	除品目 15.19 之外,从任何其他品目变更到子目 1520.10。
1520.90	从任何其他子目变更到子目 1520.90。
15.21 - 15.22	从任何其他各章变更到品目 15.21 至 15.22。
第四类	食物制品;饮料、酒和醋;烟草和烟草代用品的制品(第 16 ~ 24 章)
第 16 章	肉、鱼或甲壳动物、软体动物或其他水生无脊椎动物的制品
16.01 - 16.05	从任何其他各章变更到品目 16.01 至 16.05。
第 17 章	糖和糖果食品
17.01 - 17.03	从任何其他各章变更到品目 17.01 至 17.03。
17.04	从任何其他品目变更到品目 17.04。
第 18 章	可可和可可制品
18.01 - 18.05	从任何其他各章变更到品目 18.01 至 18.05。
1806.10	
1806.10.aa[3]	从任何其他品目变更到加拿大关税税目 1806.10.10,美国关税税目 1806.10.41,1806.10.42A 或 1806.10.42B,或墨西哥关税税目 1806.10.01。
1806.10	从任何其他品目变更到子目 1806.10,前提条件是第 17 章中的非原产的糖含量不超过糖的总重量的 35%,品目 18.05 中的非原产可可粉含量不超过可可粉的总重量的 35%。
1806.20	从任何其他品目变更到子目 1806.20。
1806.31	从任何其他子目变更到子目 1806.31。
1806.32	从任何其他品目变更到子目 1806.32。
1806.90	从任何其他子目变更到子目 1806.90。
第 19 章	谷物、面粉、淀粉或乳的制品;饼糕点心
1901.10	
1901.10.aa	除第四章之外,从任何其他各章变更到加拿大关税税目 1901.10.31,美国关税税目 1901.10.00A、1901.10.00B、1901.10.00C 或 1901.10.00D,或墨西哥关税税目 1901.10.01。

续表

1901.10	从任何其他各章变更到子目1901.10。
1901.20	
1901.20.aa	除第四章之外,从任何其他各章变更改到加拿大关税税目1901.20.11或1901.20.21,美国关税税目1901.20.00A、1901.20.00B、1901.20.00C、1901.20.00D、1901.20.00E或1901.20.00F,或墨西哥关税税目1901.20.02。
1901.20	从任何其他各章变更到子目1901.20。
1901.90	
1901.90.aa	除第四章之外,从任何其他各章变更到加拿大关税税目1901.90.31,美国关税税目1901.90.30A,1901.90.30B,1901.90.30C,1901.90.30D,1901.90.30E,1901.90.40A,1901.90.40B,1901.90.40C,1901.90.40D,1901.90.80A,1901.90.80B,1901.90.80C,1901.90.80D,1901.90.80E,1901.90.80F或1901.90.80G,或墨西哥关税税目1901.90.03。
1901.90	从任何其他各章变更到子目1901.90。
19.02－19.05	从任何其他各章变更到品目19.02到19.05。
第20章	蔬菜、水果、坚果或植物其他部分的制品 注释:仅仅通过冷冻,用水、盐水或天然果汁包装(包括罐装),烧烤——无论干烤或用油烤(包括冷冻、包装或烧烤所附带的加工)——的方法制作或保藏的第20章所列水果、坚果和蔬菜制品,只有当这些新鲜货物是在一个或一个以上的缔约方境内全部生产或完全获得时,才应被视为原产货物。
20.01－20.07	从任何其他各章变更到品目20.01至20.07。
2008.11	
2008.11.aa	除品目12.02之外,从任何其他品目变更到加拿大关税税目2008.11.20,美国关税税目2008.11.00B,2008.11.00C或2008.11.00D,或墨西哥关税税目2008.11.01。
2008.11[4]	从任何其他各章变更到子目2008.11。
2008.19－2008.99	从任何其他各章变更到子目2008.99至2008.19。
2009.11－2009.30	除品目08.05之外,从任何其他各章变更到子目2009.30至2009.11。
2009.40－2009.80	从任何其他各章变更到子目2009.80至2009.40。
2009.90	从任何其他各章变更到子目2009.90;或者 从第20章中的任何其他子目变更到子目2009.90,无论从任何其他各章是否也有变更,前提条件是单一果汁成分,或来自某一非缔约方的多种果汁成分,在单一浓度上不超过货物容量的60%。
第21章	杂项食品
21.01	
2101.10.aa	从任何其他各章变更到加拿大关税税目2101.10.11,美国关税税目2101.10.20A,或墨西哥关税税目2101.10.01,前提条件是第9章中的非原产咖啡不超过货物重量的60%。
21.01	从任何其他各章变更到品目21.01。

续表

21.02	从任何其他各章变更到品目 21.02。
2103.10	从任何其他各章变更到子目 2103.10。
2103.20	
2103.20.aa	除子目 2002.90 之外，从任何其他各章变更到加拿大关税税目 2103.20.10，美国关税税目 2103.20.20，或墨西哥关税税目 2103.20.01。
2103.20	从任何其他各章变更到子目 2103.20。
2103.30 - 2103.90	从任何其他各章变更到子目 2103.90 至 2103.30。
21.04	从任何其他各章变更到品目 21.04。
21.05	除第 4 章，或加拿大关税税目 1901.90.31，美国关税税目 1901.90.30A，1901.90.30B，1901.90.30C，1901.90.30D，1901.90.30E，1901.90.40A，1901.90.40B，1901.90.40C，1901.90.40D，1901.90.80A，1901.90.80B，1901.90.80C，1901.90.80D，1901.90.80E，1901.90.80F 或 1901.90.80G，或墨西哥关税税目 1901.90.03 之外，从任何其他品目变更到品目 21.05。
21.06	
2106.90.bb	除品目 08.05 或 20.09，或加拿大关税税目 2202.90.31，美国关税税目 2202.90.30A，2202.90.30B，2202.90.35 或 2202.90.39A，或墨西哥关税税目 2202.90.02之外，从任何其他各章变更到加拿大关税税目 2106.90.91，或美国关税税目 2106.90.16A，2106.90.16B，或 2106.90.19A，或墨西哥关税税目 2106.90.06。
2106.90.cc	除品目 20.09，或加拿大关税税目 2202.90.32，美国关税税目 2202.90.39B，或墨西哥关税税目 2202.90.03 之外，从任何其他各章变更到加拿大关税税目2106.90.92，或美国关税税目 2106.90.19B，或墨西哥关税税目 2106.90.07；或者从第 21 章中的任何其他子目，或品目 20.90，或加拿大关税税目 2202.90.32，美国关税税目 2202.90.39B，或墨西哥关税税目 2202.90.03 变更到加拿大关税税目 2106.90.92，美国关税税目 2106.90.19B，或墨西哥关税税目 2202.90.03，无论从任何其他各章是否也有变更，前提条件是单一果汁成分，或来自某一非缔约方的多种果汁成分，在单一浓度上不超过货物容量的 60%。
2106.90.dd	除第 4 章，或加拿大关税税目 1901.90.31，美国关税税目 901.90.30A，1901.90.30B，1901.90.30C，1901.90.30D，1901.90.30E，1901.90.40A，1901.90.40B，1901.90.40C，1901.90.40D，1901.90.80A，1901.90.80B，1901.90.80C，1901.90.80D，1901.90.80E，1901.90.80F 或 1901.90.80G，或墨西哥关税税目 1901.90.03 之外，从任何其他各章变更到加拿大关税税目 2106.90.32，美国关税税目 2106.90.05A，2106.90.05B，2106.90.05C，2106.90.15A，2106.90.15B，2106.90.15C，2106.90.15D，2106.90.40A，2106.90.40B，2106.90.40C，2106.90.40D，2106.90.50A，2106.90.50B，2106.90.50C，2106.90.50D，2106.90.50E，2106.90.50F 或 2106.90.65A，或墨西哥关税税目 2106.90.08。
21.06[5]	从任何其他各章变更到品目 21.06。
第 22 章	饮料、酒和醋
22.01	从任何其他各章变更到品目 22.01。
2202.10	从任何其他各章变更到子目 2202.10。

续表

2202.90	
2202.90.aa	除品目 08.05 或 20.09，或加拿大关税税目 2106.90.91，美国关税税目 2106.90.16A，2106.90.16B 或 2106.90.19A，或墨西哥关税税目 2106.90.06 之外，从任何其他各章变更到加拿大关税税目 2202.90.31，美国关税税目 2202.90.30A，2202.90.30B，2202.90.35 或 2202.90.39A，或墨西哥关税税目 2202.90.02。
2202.90.bb	除品目 20.09，或加拿大关税税目 2106.90.92，美国关税税目 2106.90.19B，或墨西哥关税税目 2106.90.07 之外，从任何其他各章变更到加拿大关税税目 2202.90.32，美国关税税目 2202.90.39B，或墨西哥关税税目 2202.90.03；或者从第 22 章中任何其他子目，或品目 20.09，或加拿大关税税目 2106.90.92，美国关税税目 2106.90.19B，或墨西哥关税税目 2106.90.07 变更到加拿大关税税目 2202.90.32，美国关税税目 2202.90.39B，或墨西哥关税税目 2202.90.03，无论从任何其他各章是否也有变更，前提条件是单一果汁成分，或来自某一非缔约方的多种果汁成分，在单一浓度上不超过货物容量的 60%。
2202.90.cc	除第 4 章，或加拿大关税税目 1901.90.31，美国关税税目 1901.90.30A，1901.90.30B，1901.90.30C，1901.90.30D，1901.90.30E，1901.90.40A，1901.90.40B，1901.90.40C，1901.90.40D，1901.90.80A，1901.90.80B，1901.90.80C，1901.90.80D，1901.90.80E，1901.90.80F 或 1901.90.80G，或墨西哥关税税目 1901.90.03 之外，从任何其他各章变更到加拿大关税税目 2202.90.40，美国关税税目 2202.90.10，2202.90.20，2202.90.20B 或 2202.90.20C，或墨西哥关税税目 2202.90.04。
2202.90	从任何其他各章变更到子目 2202.90。
22.03 - 22.09	从该组之外的任何品目变更到品目 22.03 至 22.09。
第 23 章	食品工业的残渣和废料，配制的动物饲料
23.01 - 23.08	从任何其他各章变更到品目 23.01 至 23.08。
2309.10	从任何其他品目变更到子目 2309.10。
2309.90	
2309.90.aa	除第 4 章或加拿大关税税目 1901.90.31，美国关税税目 1901.90.30A，1901.90.30B，1901.90.30C，1901.90.30D，1901.90.30E，1901.90.40A，1901.90.40B，1901.90.40C，1901.90.40D，1901.90.80A，1901.90.80B，1901.90.80C，1901.90.80D，1901.90.80E，1901.90.80F 或 1901.90.80G，或墨西哥关税税目 1901.90.03 之外，从任何其他品目变更到加拿大关税税目 2309.90.31 或 2309.90.32，美国关税税目 2309.90.30A，2309.90.30B 或 2309.90.30C，或墨西哥关税税目 2309.90.10 或 2309.90.11。
2309.90	从任何其他品目变更到子目 2309.90。
第 24 章	烟草及烟草代用品的制品
24.01 - 24.03[6]	从任何其他各章或加拿大关税税目 2401.10.10 或 2403.91.10，美国关税税目 2401.10.20A 或 2403.91.20，或墨西哥关税税目 2401.10.01 或 2403.91.01 变更到品目 24.01 至 24.03。
第五类	矿产品（第 25～27 章）
第 25 章	盐；硫磺；泥土及石料；石膏料、石灰及水泥

续表

25.01 - 25.30	从任何其他各章变更到品目 25.01 至 25.30。
第 26 章	矿砂，灰渣及矿灰
26.01 - 26.21	从任何其他各章变更到品目 26.01 至 26.21。
第 27 章	矿物燃料、矿物油及其蒸馏产品；沥青物质；矿物蜡
27.01 - 27.03	从任何其他各章变更到品目 27.01 至 27.03。
27.04	从任何其他品目变更到品目 27.04。
27.05 - 27.09	从任何其他各章更到品目 27.05 至 27.09。
27.10 - 27.15	从该组之外的任何品目变更到品目 27.10 至 27.15。
27.16	从任何其他品目变更到品目 27.16。
第六类	化工或相关产业的产品（第 28 ~ 38 章）
第 28 章	无机化学品；贵金属、稀土金属、放射性元素或其同位素的有机或无机化合物
28.01 - 28.24	除第 28 章至第 38 章之外，从任何其他各章变更到子目 2801.10 至 2824.90；或者从第 28 章至第 38 章中的任何其他子目，包括该组之内的另一子目，变更到子目 2801.10 至 2824.90，不论从任何其他各章是否也有变更，前提条件是区域价值成分： （1）以交易价值法计，不低于 60%，或者 （2）以净成本法计，不低于 50%。
2825.10 - 2825.60	除第 28 章至第 38 章之外，从任何其他各章变更到子目 2825.10 至 282 5.60；或者从第 28 章至第 38 章中的任何其他子目，包括该组之内的另一子目，变更到子目 2825.10 至 2825.60，不论从任何其他各章是否也有变更，前提条件是区域价值成分： （1）以交易价值法计，不低于 60%，或者 （2）以净成本法计，不低于 50%。
2825.70	除子目 2613.10 之外，从任何其他子目变更到子目 2825.70。
2825.80 - 2825.90	除第 28 章至第 38 章之外，从任何其他各章变更到子目 2825.80 至 2825.90；或者从第 28 章至第 38 章中的任何其他子目，包括该组之内的另一子目，变更到子目 2825.80 至 2825.90，不论从任何其他各章是否也有变更，前提条件是区域价值成分： （1）以交易价值法计，不低于 60%，或者 （2）以净成本法计，不低于 50%。
28.26 - 28.29	除第 28 章至第 38 章之外，从任何其他各章变更到子目 2826.11 至 2829.90；或者从第 28 章至第 38 章中的任何其他子目，包括该组之内的另一子目，变更到子目 2826.11 至 2829.90，不论从任何其他各章是否也有变更，前提条件是区域价值成分： （1）以交易价值法计，不低于 60%，或者 （2）以净成本法计，不低于 50%。
2830.10 - 2830.30	除第 28 章到第 38 章之外，从任何其他各章变更到子目 2830.10 至 2830.30；或者从第 28 章至第 38 章中的任何其他子目，包括该组之内的另一子目，变更到子目 2830.10 至 2830.30，不论从任何其他各章是否也有变更，前提条件是区域价值成分： （1）以交易价值法计，不低于 60%，或者 （2）以净成本法计，不低于 50%。

续表

2830.90	除子目 2613.90 之外,从任何其他子目变更到子目 2830.90。
28.31-28.40	除第 28 章到第 38 章之外,从任何其他各章变更到子目 2831.10 至 2840.30;或者从第 28 章至第 38 章中的任何其他子目,包括该组之内的另一子目,变更到子目 2831.10 至 2840.30,不论从任何其他各章是否也有变更,前提条件是区域价值成分: (1)以交易价值法计,不低于 60%,或者 (2)以净成本法计,不低于 50%。
2841.10-2841.60	除第 28 章至第 38 章之外,从任何其他各章变更到子目 2841.10 至 2841.60;或者从第 28 章至第 38 章中的任何其他子目,包括该组之内的另一子目,变更到子目 2841.10 至 2841.60,不论从任何其他各章是否也有变更,前提条件是区域价值成分: (1)以交易价值法计,不低于 60%,或者 (2)以净成本法计,不低于 50%。
2841.70	除子目 2613.10 之外,从任何其他子目变更到子目 2841.70。
2841.80-2841.90	除第 28 章至第 38 章之外,从任何其他各章变更到子目 2841.80 至 2841.90;或者从第 28 章至第 38 章中的任何其他子目,包括该组之内的另一子目,变更到子目 2841.80 至 2841.90,不论从任何其他各章是否也有变更,前提条件是区域价值成分: (1)以交易价值法计,不低于 60%,或者 (2)以净成本法计,不低于 50%。
28.42-28.51	除第 28 章至第 38 章之外,从任何其他各章变更到子目 2842.10 至 2851.00;或者从第 28 章至第 38 章中的任何其他子目,包括该组之内的另一子目,变更到子目 2842.10 至 2851.00,不论从任何其他各章是否也有变更,前提条件是区域价值成分: (1)以交易价值法计,不低于 60%,或者 (2)以净成本法计,不低于 50%。
第 29 章	有机化学品
29.01-29.42	除第 28 章至第 38 章之外,从任何其他各章变更到子目 2901.10 至 2942.00;或者从第 28 章至第 38 章中的任何其他子目,包括该组之内的另一子目,变更到子目 2901.10 至 2942.00,不论从任何其他各章是否也有变更,前提条件是区域价值成分: (1)以交易价值法计,不低于 60%,或者 (2)以净成本法计,不低于 50%。
第 30 章	药品
30.01	从任何其他品目变更到子目 3001.10 至 3001.90;或者 从品目 30.01 中的任何其他子目变更到子目 2901.10 至 2942.00,不论从任何其他品目是否也有变更,前提条件是区域价值成分: (1)以交易价值法计,不低于 60%,或者 (2)以净成本法计,不低于 50%。
30.02	从任何其他品目变更到子目 3002.10 至 3002.90;或者 从品目 30.02 中的任何其他子目变更到子目 3002.10 至 3002.90,不论从任何其他品目是否也有变更,前提条件是区域价值成分: (1)以交易价值法计,不低于 60%,或者 (2)以净成本法计,不低于 50%。

续表

30.03	从任何其他品目变更到子目3003.10至3003.90;或者 从品目30.03中的任何其他子目变更到子目3003.10至3003.90,不论从任何其他品目是否也有变更,前提条件是区域价值成分: (1)以交易价值法计,不低于60%,或者 (2)以净成本法计,不低于50%。
30.04	除品目30.03之外,从任何其他品目变更到子目3004.10至3004.90;或者 从品目30.04中的任何其他子目变更到子目3004.10至3004.90,不论从任何其他品目是否也有变更,前提条件是区域价值成分: (1)以交易价值法计,不低于60%,或者 (2)以净成本法计,不低于50%。
30.05	从任何其他品目变更到子目3005.10至3005.90;或者 从品目30.05中的任何其他子目变更到子目3005.10至3005.90,不论从任何其他品目是否也有变更,前提条件是区域价值成分: (1)以交易价值法计,不低于60%,或者 (2)以净成本法计,不低于50%。
30.06	从任何其他品目变更到子目3006.10至3006.60;或者 从品目30.06中的任何其他子目变更到子目3006.10至3006.60,不论从任何其他品目是否也有变更,前提条件是区域价值成分: (1)以交易价值法计,不低于60%,或者 (2)以净成本法计,不低于50%。
第31章	肥料
31.01-31.05	从该组之外的任何子目变更到子目3101.00至3105.90;或者 从该组之内的任何其他子目变更到子目3101.00至3105.90,不论从任何其他各章是否也有变更,前提条件是区域价值成分: (1)以交易价值法计,不低于60%,或者 (2)以净成本法计,不低于50%。
第32章	鞣料浸膏或染料浸膏;鞣酸及其衍生物;染料、颜料及其他着色料;油漆及清漆;油灰及其他胶黏剂;墨水、油墨
32.01-32.03	除第28章至第38章之外,从任何其他各章变更到子目3201.10至3203.00;或者 从第28章至第38章中的任何其他子目,包括该组之内的另一子目,变更到子目3201.10至3203.00,不论从任何其他各章是否也有变更,前提条件是区域价值成分: (1)以交易价值法计,不低于60%,或者 (2)以净成本法计,不低于50%。
3204.11-3204.16	从第28章至第38章之外,从任何其他各章变更到子目3204.11至3204.16;或者 从第28章至第38章中的任何其他子目,包括该组之内的另一子目,变更到子目3204.11至3204.16,不论从任何其他各章是否也有变更,前提条件是区域价值成分: (1)以交易价值法计,不低于60%,或者 (2)以净成本法计,不低于50%。

续表

3204.17	对以下色彩列表所列、色彩指数定义的色彩而言,从任何其他子目变更到子目3204.17。 色彩列表 黄色颜料: 1,3,16,55,61,62,65,73,74,75,81,97,120,151,152,154,156,以及175 橙黄色颜料: 4,5,13,34,36,60,以及62 红色颜料: 2,3,5,12,13,14,17,18,19,22,23,24,31,32,48,49,52,53,57,63,112,119,133,146,170,171,175,176, 183,185,187,188,208,以及210;或者 对以上色彩列表未列、色彩指数定义的色彩而言: (1)除第29章中的子目之外,从任何其他子目变更到子目3204.17;或者 (2)从第29章中的任何子目变更到子目3204.17,不论从任何其他子目是否也有变更,前提条件是区域价值成分: 1)以交易价值法计,不低于60%,或者 2)以净成本法计,不低于50%。
3204.19－3204.90	除第28章至第38章之外,从任何其他各章变更到子目3204.19至3204.90;或者 从第28章至第38章中的任何其他子目,包括该组之内的另一子目,变更到子目3204.19至3204.90,不论从任何其他各章是否也有变更,前提条件是区域价值成分: (1)以交易价值法计,不低于60%,或者 (2)以净成本法计,不低于50%。
32.05	从任何其他品目变更到品目32.05。
32.06－32.07	除第28章至第38章之外,从任何其他各章变更到子目3206.10至3207.40;或者 从第28章至第38章中的任何其他子目,包括该组之内的另一子目,变更到子目3206.10至3207.40,不论从任何其他各章是否也有变更,前提条件是区域价值成分: (1)以交易价值法计,不低于60%,或者 (2)以净成本法计,不低于50%。
32.08－32.10	从该组之外的任何品目变更到品目32.08至32.10。
32.11－32.12	从该组之外的任何品目变更到品目32.11至32.12。
32.13－32.15	除品目32.08至32.10之外,从该组之外的任何品目变更到品目32.13至32.15。
第33章	精油与香膏;芳香料制品、化妆或盥洗用品
33.01	从任何其他各章变更到子目3301.11至3301.90;或者 从第33章中的任何其他子目,包括该组之内的另一子目,变更到子目3301.11至3301.90,不论从任何其他各章是否也有变更,前提条件是区域价值成分: (1)以交易价值法计,不低于60%,或者 (2)以净成本法计,不低于50%。
33.02	除品目22.07至22.08之外,从任何其他品目变更到品目33.02。

续表

33.03	从任何其他各章变更到品目33.03;或者 从第33章中的任何其他品目变更到品目33.03,不论从任何其他各章是否也有变更,前提条件是区域价值成分: (1)以交易价值法计,不低于60%,或者 (2)以净成本法计,不低于50%。
33.04-33.07	从该组之外的任何品目变更到子目3304.10至3307.90;或者 从该组之内的任何其他子目变更到子目3304.10至3307.90,不论从该组之外的任何品目是否也有变更,前提条件是区域价值成分: (1)以交易价值法计,不低于60%,或者 (2)以净成本法计,不低于50%。
第34章	肥皂、有机表面活性剂、洗涤剂、润滑剂、人造蜡、调制蜡、光洁剂、蜡烛及类似品、塑型用膏、"牙科用蜡"及牙科用熟石膏制剂
34.01	从任何其他品目变更到子目3401.11至3401.20;或者 从品目34.01中的任何其他子目变更到子目3401.11至3401.20,不论从任何其他品目是否也有变更,前提条件是区域价值成分: (1)以交易价值法计,不低于65%,或者 (2)以净成本法计,不低于50%。
3402.11-3402.19	从任何其他品目变更到子目3402.11至3402.19;或者 从品目34.02中的任何其他子目变更到子目3402.11至3402.19,不论从任何其他品目是否也有变更,前提条件是区域价值成分: (1)以交易价值法计,不低于65%,或者 (2)以净成本法计,不低于50%。
3402.20-3402.90	从该组之外的任何子目变更到子目3402.20至3402.90;或者 从该组之内的任何其他子目变更到子目3402.20至3402.90,不论从该组之外的任何子目是否也有变更,前提条件是区域价值成分: (1)以交易价值法计,不低于65%,或者 (2)以净成本法计,不低于50%。
34.04	从任何其他品目变更到子目3404.10至3404.09;或者 从品目34.04中的任何其他子目变更到子目3404.10至3404.09,不论从任何其他品目是否也有变更,前提条件是区域价值成分: (1)以交易价值法计,不低于65%,或者 (2)以净成本法计,不低于50%。
34.05	从任何其他品目变更到子目3405.10至3405.90;或者 从品目34.05中的任何其他子目变更到子目3405.10至3405.90,不论从任何其他品目是否也有变更,前提条件是区域价值成分: (1)以交易价值法计,不低于65%,或者 (2)以净成本法计,不低于50%。
34.06-34.07	从任何其他品目,包括该组之内的另一品目,变更到子目34.06至34.07。
第35章	蛋白类物质;改性淀粉;胶;酶
35.01	从任何其他品目变更到子目3501.10至3501.90;或者 从品目35.01中的任何其他子目变更到子目3501.10至3501.90,不论从任何其他品目是否也有变更,前提条件是区域价值成分: (1)以交易价值法计,不低于65%,或者 (2)以净成本法计,不低于50%。

续表

35.02	从任何其他品目变更到子目 3502.10 至 3502.90;或者 从品目 35.02 中的任何其他子目变更到子目 3502.10 至 3502.90,不论从任何其他品目是否也有变更,前提条件是区域价值成分: (1)以交易价值法计,不低于 65%,或者 (2)以净成本法计,不低于 50%。
35.03 - 35.04	从任何其他品目,包括该组之内的另一品目,变更到品目 35.03 至 35.04。
35.05	从任何其他品目变更到子目 3505.10 至 3505.20;或者 从品目 35.05 中的任何其他子目变更到子目 3505.10 至 3505.20,不论从任何其他品目是否也有变更,前提条件是区域价值成分: (1)以交易价值法计,不低于 65%,或者 (2)以净成本法计,不低于 50%。
35.06	从任何其他品目变更到子目 3506.10 至 3506.99;或者 从品目 35.06 中的任何其他子目变更到子目 3506.10 至 3506.99,不论从任何其他品目是否也有变更,前提条件是区域价值成分: (1)以交易价值法计,不低于 65%,或者 (2)以净成本法计,不低于 50%。
35.07	从任何其他品目变更到子目 3507.10 至 3507.90;或者 从品目 35.07 中的任何其他子目变更到子目 3507.10 至 3507.90,不论从任何其他品目是否也有变更,前提条件是区域价值成分: (1)以交易价值法计,不低于 65%,或者 (2)以净成本法计,不低于 50%。
第 36 章	炸药;烟火制品;火柴;引火合金;易燃材料制品
36.01 - 36.03	从任何其他品目,包括该组之内的另一品目,变更到品目 36. 01 至 36.03。
36.04	从任何其他品目变更到子目 3604.10 至 3604.90;或者 从品目 36.04 中的任何其他子目变更到子目 3604.10 至 3604.90,不论从任何其他品目是否也有变更,前提条件是区域价值成分: (1)以交易价值法计,不低于 65%,或者 (2)以净成本法计,不低于 50%。
36.05	从任何其他品目变更到品目 36.05。
36.06	从任何其他品目变更到 3606.10 至 3606.90;或者 从品目 36.06 中的任何其他子目变更到子目 3606.10 至 3606.90,不论从任何其他品目是否也有变更,前提条件是区域价值成分: (1)以交易价值法计,不低于 65%,或者 (2)以净成本法计,不低于 50%。
第 37 章	照相或电影用品
37.01 - 37.03	从任何其他各章变更到品目 37.01 至 37.03。
37.04	从任何其他品目变更到品目 37.04。
37.05 - 37.06	从该组之外的任何品目变更到品目 37.05 至 37.06。

续表

37.07	从任何其他各章变更到子目 3707.10 至 3707.90;或者 从第 37 章中的任何其他子目,包括该组之内的另一子目,变更到子目 3707.10 至 3707.90,不论从任何其他各章是否也有变更,前提条件是区域价值成分: (1)以交易价值法计,不低于 65%,或者 (2)以净成本法计,不低于 50%。
第 38 章	杂项化学产品
38.01 - 38.07	除第 28 章至第 38 章之外,从任何其他各章变更到子目 3801.10 至 3807.00;或者 从第 28 章至第 38 章中的任何其他子目,包括该组之内的另一子目,变更到子目 3801.10 至 3807.00,不论从任何其他各章是否也有变更,前提条件是区域价值成分: (1)以交易价值法计,不低于 65%,或者 (2)以净成本法计,不低于 50%。
38.08	注释:进口至一缔约方境内用于生产品目 38.08 所列货物的材料,应视为原产一缔约方境内的材料,如果: (1)此类材料在该缔约方和进口缔约方境内,均按最惠国关税税率符合免税待遇的资格;或者 (2)该货物出口至美国境内,并且此类材料如果进口至美国境内,根据不受竞争需求限制的贸易协定,将享受免税待遇。 从任何其他品目变更到品目 38.08,前提条件是区域价值成分: (1)以交易价值法计,不低于 60%,并且该货物所含活性成分不超过一个,或者以交易价值法计,不低于 80%,并且该货物所含活性成分超过一个;或者 (2)以净成本法计,不低于 50%,并且该货物所含活性成分不超过一个,或者以净成本方法计,不低于 70%,并且该货物所含活性成分超过一个。
38.09 - 38.23	除第 28 章至第 38 章之外,从任何其他各章变更到子目 3809.10 至 3823.90;或者 从第 28 章至第 38 章中的任何其他子目,包括该组之内的另一子目,变更到子目 3809.10 至 3823.90,不论从任何其他各章是否也有变更,前提条件是区域价值成分: (1)以交易价值法计,不低于 60%,或者 (2)以净成本法计,不低于 50%。
第七类	塑料及其制品;橡胶及其制品(第 39 ~ 40 章)
第 39 章	塑料及其制品
39.01 - 39.20	从任何其他品目,包括该组之内的另一品目,变更到品目 39.01 至 39.20,前提条件是区域价值成分: (1)以交易价值法计,不低于 60%,或者 (2)以净成本法计,不低于 50%。
3921.11 - 3921.13	从任何其他品目变更到子目 3921.11 至 3921.13,前提条件是区域价值成分: (1)以交易价值法计,不低于 60%,或者 (2)以净成本法计,不低于 50%。

续表

3921.14	除子目 3920.20 或 3920.71 之外,从任何其他品目变更到子目 3921.14。此外,区域价值成分须: (1)以交易价值法计,不低于 60%,或者 (2)以净成本法计,不低于 50%。
3921.19	从任何其他品目变更到子目 3921.19,前提条件是区域价值成分: (1)以交易价值法计,不低于 60%,或者 (2)以净成本法计,不低于 50%。
3921.90	除子目 3920.20 或 3920.71 之外,从任何其他品目变更到子目 3921.90。此外,区域价值成分须: (1)以交易价值法计,不低于 60%,或者 (2)以净成本法计,不低于 50%。
39.22	从任何其他品目变更到品目 39.22,前提条件是区域价值成分: (1)以交易价值法计,不低于 60%,或者 (2)以净成本法计,不低于 50%。
3923.10 - 3923.21	从任何其他品目变更到子目 3923.10 至 3923.21,前提条件是区域价值成分: (1)以交易价值法计,不低于 60%,或者 (2)以净成本法计,不低于 50%。
3923.29	除子目 3920.20 或 3920.71 之外,从任何其他品目变更到子目 3923.29。此外,区域价值成分须: (1)以交易价值法计,不低于 60%,或者 (2)以净成本法计,不低于 50%。
3923.30 - 3923.90	从任何其他品目变更到子目 3923.90 至 3923.30,前提条件是区域价值成分: (1)以交易价值法计,不低于 60%,或者 (2)以净成本法计,不低于 50%。
39.24 - 39.26	从任何其他品目,包括该组之内的另一品目,变更到品目 39.26 至 39.24,前提条件是区域价值成分: (1)以交易价值法计,不低于 60%,或者 (2)以净成本法计,不低于 50%。
第 40 章	橡胶及其制品
40.01 - 40.06	从任何其他各章变更到品目 40.06 至 40.01;或者 从第 40 章中的任何其他品目,包括该组之内的另一品目,变更到品目 40.06 至 40.01,前提条件是区域价值成分: (1)以交易价值法计,不低于 60%,或者 (2)以净成本法计,不低于 50%。
40.07 - 40.08	从该组之外的任何品目变更到品目 40.08 至 40.07。
4009.10 - 4009.40[7]	除品目 40.10 至 40.17 之外,从任何其他品目变更到子目 4009.40 至 4009.10。

续表

4009.50[8]	除品目40.10至40.17之外,从任何其他品目变更到子目4009.50下的各类橡胶管,此类橡胶管用于加拿大关税税目8702.10.90或8702.90.90,美国关税税目8702.10.00B或8702.90.00B,或墨西哥关税税目8702.10.01,8702.10.02,8702.90.01,8702.90.02或8702.90.03,子目8703.21至8703.90,8704.21或8704.31,或品目87.11所列机动车辆;或者 从子目4009.10至4017.00变更到子目4009.50下的各类橡胶管,此类橡胶管用于加拿大关税税目8702.10.90或8702.90.90,美国关税税目8702.10.00B或8702.90.00B,或墨西哥关税税目8702.10.01,8702.10.02,8702.90.01,8702.90.02或8702.90.03,子目8703.21至8703.90,8704.21或8704.31,或品目87.11所列机动车辆,不论从任何其他品目是否也有变更,前提条件是区域价值成分: (1)以交易价值法计,不低于60%,或者 (2)以净成本法计,不低于50%;或者 除品目40.10至40.17之外,从任何其他品目变更到子目4009.50下的各类橡胶管,但是不包括用于加拿大关税税目8702.10.90或8702.90.90,美国关税税目8702.10.00B或8702.90.00B,或墨西哥关税税目8702.10.01,8702.10.02,8702.90.01,8702.90.02或8702.90.03,子目8703.21至8703.90,8704.21或8704.31,或品目87.11所列机动车辆的橡胶管。
40.10-40.11[9]	除品目40.09至40.17之外,从任何其他品目变更到品目40.10至40.11。
4012.10	除加拿大关税税目4012.20.20,美国关税税目4012.20.20A或4012.20.50A,或墨西哥关税税目4012.20.01之外,从任何其他品目变更到子目4012.10。
4012.20-4012.90	除品目40.09至40.17之外,从任何其他品目变更到子目4012.20至4012.90。
40.13-40.15	除品目40.09至40.17之外,从任何其他品目变更到品目40.13至40.17。
4016.10-4016.92	除品目40.09至40.17之外,从任何其他品目变更到子目4016.10至4016.92。
4016.93	
4016.93.aa	除加拿大关税税目4008.19.10或4008.29.10,美国关税税目4008.19.10A,4008.19.50A,4008.29.00A或4008.29.00B,或墨西哥关税税目4008.19.01或4008.29.01之外,从任何其他品目变更到加拿大关税税目4016.93.10,美国关税税目4016.93.00B,或墨西哥关税税目4016.93.04。
4016.93[10]	除品目40.09至40.17之外,从任何其他品目变更到子目4016.93。
4016.94-4016.95	除品目40.09至40.17之外,从任何其他品目变更到子目4016.94至4016.95。
4016.99[11]	
4016.99.aa	从任何其他品目变更到加拿大关税税目4016.99.30,美国关税税目4016.99.25A或4016.99.50B,或墨西哥关税税目4016.99.10,前提条件是区域价值成分以净成本法计,不低于50%。
4016.99	除品目40.09至40.17之外,从任何其他品目变更到子目4016.99。
40.17	除品目40.09至40.17之外,从任何其他品目变更到品目40.17。
第八类	生皮和原皮,皮革、毛皮及其制品;鞍具和挽具;旅行用品、手提包和类似箱包;动物肠线(蚕绞丝除外)制品(第41~43章)
第41章	生皮(毛皮除外)及皮革
41.01-41.03	从任何其他各章变更到品目41.01至41.03。

续表

41.04	除品目41.05至41.11之外,从任何其他品目变更到品目41.04。
41.05	从品目41.01至41.03,加拿大关税税目4105.19.10,美国关税税目4105.19.00A,或墨西哥关税税目4105.19.01,或任何其他各章变更到品目41.05。
41.06	从品目41.01到至41.03,加拿大关税税目4106.19.10,美国关税税目4106.19.00A,或墨西哥关税税目4106.19.01,或任何其他各章变更到品目41.06。
41.07	从品目41.01至41.03,加拿大关税税目4107.10.10,美国关税税目4107.10.00A,或墨西哥关税税目4107.10.02,或任何其他各章变更到品目41.07。
41.08-41.11	除品目41.04至41.11之外,从任何其他品目变更到品目41.08至41.11。
第42章	皮革制品;鞍具及挽具;旅行用品、手提包和类似箱包;动物肠线(蚕胶丝除外)制品
42.01	从任何其他各章变更到品目42.01。
4202.11	从任何其他各章变更到子目4202.11。
4202.12	除品目54.07,54.08或55.12至55.16,或加拿大关税税目5903.10.20,5903.20.20,5903.90.20,5906.99.20或5907.00.13,美国关税税目5903.10.15,5903.10.18,5903.10.20,5903.10.25,5903.20.15,5903.20.18,5903.20.20,5903.20.25,5903.90.15,5903.90.18,5903.90.20,5903.90.25,5906.99.20,5906.99.25,5907.00.10A,5907.00.90A,5907.00.10B或5907.00.90B,或墨西哥关税税目5903.10.01,5903.20.01,5903.90.02,5906.99.03或5907.00.06之外,从任何其他各章变更到子目4202.12。
4202.19-4202.21	从任何其他各章变更到子目4202.19至4202.21。
4202.22	除品目54.07,54.08或55.12至55.16,或加拿大关税税目5903.10.20,5903.20.20,5903.90.20,5906.99.20或5907.00.13,美国关税税目5903.10.15,5903.10.18,5903.10.20,5903.10.25,5903.20.15,5903.20.18,5903.20.20,5903.20.25,5903.90.15,5903.90.18,5903.90.20,5903.90.25,5906.99.20,5906.99.25,5907.00.10A,5907.00.90A,5907.00.10B,5907.00.90B,5907.00.90B,或墨西哥关税税目5903.10.01,5903.20.01,5903.90.02,5906.99.03或5907.00.06之外,从任何其他各章变更到子目4202.22。
4202.29-4202.31	从任何其他各章变更到子目4202.29至4202.31。
4202.32	除品目54.07,54.08或55.12至55.16,或加拿大关税税目5903.10.20,5903.20.20,5903.90.20,5906.99.20,5907.00.13,美国关税税目5903.10.15,5903.10.18,5903.10.20,5903.10.25,5903.20.15,5903.20.18,5903.20.20,5903.20.25,5903.90.15,5903.90.18,5903.90.20,5903.90.25,5906.99.20,5906.99.25,5907.00.10A,5907.00.90A,5907.00.10B,5907.00.90B,或墨西哥关税税目5903.10.01,5903.20.01,5903.90.02,5906.99.03或5907.00.06之外,从任何其他各章变更到子目4202.32。
4202.39-4202.91	从任何其他各章变更到子目4202.39至4202.91。
4202.92	除品目54.07,54.08或55.12至55.16,或加拿大关税税目5903.10.20,5903.20.20,5903.90.20,5906.99.20,5907.00.13,美国关税税目5903.10.15,5903.10.18,5903.10.20,5903.10.25,5903.20.15,5903.20.18,5903.20.20,5903.20.25,5903.90.15,5903.90.18,5903.90.20,5903.90.25,5906.99.20,5906.99.25,5907.00.10A,5907.00.90A,5907.00.10B,5907.00.90B,或墨西哥关税税目5903.10.01,5903.20.01,5903.90.02,5906.99.03或5907.00.06之外,从任何其他各章变更到子目4202.92。

续表

4202.99	从任何其他各章变更到子目 4202.99。
42.03 - 42.06	从任何其他各章变更到品目 42.03 至 42.06。
第 43 章	毛皮、人造毛皮及其制品
43.01	从任何其他各章变更到品目 43.01。
43.02	从任何其他品目变更到品目 43.02。
43.03 - 43.04	从该组之外的任何品目变更到品目 43.03 至 43.04。
第九类	木及木制品;木炭;软木及软木制品;稻草、秸秆、茅草或其他编结材料制品;篮筐及柳条编结品(第 44 ~ 46 章)
第 44 章	木及木制品;木炭
44.01 - 44.21	从任何其他品目,包括该组之内的另一品目,变更到品目 44.01 至 44.21。
第 45 章	软木及软木制品
45.01 - 45.02	从任何其他各章变更到品目 45.01 至 45.02。
45.03 - 45.04	从该组之外的任何品目变更到品目 45.03 至 45.04。
第 46 章	稻草、秸秆、茅草或其他编结材料制品;篮筐及柳条编结品
46.01	从任何其他各章变更到品目 46.01。
46.02	从任何其他品目变更到品目 46.02。
第十类	木浆或其他纤维状纤维素浆;纸或纸板的废碎品;纸和纸板及其制品(第 47 ~ 49 章)
第 47 章	木浆或其他纤维状纤维素浆;纸或纸板的废碎品
47.01 - 47.07	从任何其他各章变更到品目 7.01 至 47.07。
第 48 章	纸和纸板;纸浆、纸或纸板制品
48.01 - 48.07	从任何其他各章变更到品目 48.01 至 48.07。
48.08 - 48.09	从该组之外的任何品目变更到品目 48.08 至 48.09。
48.10 - 48.13	从任何其他各章变更到品目 48.10 至 48.13。
48.14 - 48.15	从该组之外的任何品目变更到品目 48.14 至 48.15。
48.16	除品目 48.09 之外,从任何其他品目变更到品目 48.16。
48.17 - 48.23	从该组之外的任何品目变更到品目 48.17 至 48.23。
第 49 章	印刷书籍、报纸、图画和其他印刷品;手稿、打字稿及设计图纸
49.01 - 49.11	从任何其他各章变更到品目 49.01 至 49.11。
第十一类	纺织品及其制品(第 50 ~ 63 章) 注释:纺织品与服装规则应与附件 300 - 乙(纺织品与服装)一道解读。对这些规则而言,"完全"一语系指货物完全或只由所提及的一种材料制作。
第 50 章	丝绸
50.01 - 50.03	从任何其他各章变更到品目 50.01 至 50.03。

续表

50.04 - 50.06	从该组之外的任何品目变更到品目 50.04 至 50.06。
50.07	从任何其他品目变更到品目 50.07。
第 51 章	羊毛、动物细毛或粗毛;马毛纱线及其机织物
51.01 - 51.05	从任何其他各章变更到品目 51.01 至 51.05。
51.06 - 51.10	从该组之外的任何品目变更到品目 51.06 至 51.10。
51.11 - 51.13	除品目 51.06 至 51.10,52.05 至 52.06,54.01 至 54.04,或 55.09 至 55.10 之外,从该组之外的任何品目变更到品目 51.11 至 51.13。
第 52 章	棉花
52.01 - 52.07	除品目 54.01 至 54.05,或 55.01 至 55.07 之外,从其他任何各章变更到品目 52.01 至 52.07。
52.08 - 52.12	除品目 51.06 至 51.10,52.05 至 52.06,54.01 至 54.04,或 55.09 至 55.10 之外,从该组之外的任何品目变更到品目 52.08 至 52.12。
第 53 章	其他植物纺织纤维;纸纱线及其机织物
53.01 - 53.05	从任何其他各章变更到品目 53.01 至 53.05。
53.06 - 53.08	从该组之外的任何品目变更到品目 53.06 至 53.08。
53.09	除品目 53.07 至 53.08 之外,从任何其他品目变更到品目 53.09。
53.10 - 53.11	除品目 53.07 至 53.08 之外,从该组之外的任何品目变更到品目 53.10 至 53.11。
第 54 章	化学纤维长丝
54.01 - 54.06	除品目 52.01 至 52.03,或 55.01 至 55.07 之外,从任何其他各章变更到品目 54.01 到 54.06。
54.07	
5407.60.aa	除品目 51.06 至 51.10,52.05 至 52.06,或 55.09 至 55.10 之外,从加拿大关税税目 5402.43.10 或 5402.52.10,美国关税税目 5402.43.00A 或 5402.52.00A,或墨西哥关税税目 5402.43.01 或 5402.52.02,或任何其他各章变更到加拿大关税税目 5407.60.10,美国关税税目 5407.60.05A,5407.60.10A 或 5407.60.20A,或墨西哥关税税目 5407.60.02。
54.07	除品目 51.06 至 51.10,52.05 至 52.06,或 55.09 至 55.10 之外,从任何其他各章变更到品目 54.07。
54.08	除品目 51.06 至 51.10,52.05 至 52.06,或 55.09 至 55.10 之外,从任何其他各章变更到品目 54.08。
第 55 章	化学纤维短纤
55.01 - 55.11	除品目 52.01 至 52.03,或 54.01 至 54.05 之外,从任何其他各章变更到品目 55.01 到 55.11。
55.12 - 55.16	除品目 51.06 至 51.10,52.05 至 52.06,54.01 至 54.04,或 55.09 至 55.10 之外,从该组之外的任何品目变更到品目 55.12 至 55.16。
第 56 章	絮胎、毡呢及无纺织物;特种纱线;线、绳、索、缆及其制品
56.01 - 56.09	除品目 51.06 至 51.13,52.04 至 52.12,53.07 至 53.08,或 53.10 至 53.11 之外,从任何其他各章变更到品目 56.01 至 56.09。

续表

第 57 章[12]	地毯及纺织材料的其他铺地制品
57.01 - 57.05	除品目 51.06 至 51.13,52.04 至 52.12,53.08 或 53.11,第 54 章,或品目 55.08 至 55.16 之外,从任何其他各章变更到品目 57.01 至 57.05。
第 58 章	特种机织物;簇绒织物;蕾丝;挂毯;装饰带;刺绣品
58.01 - 58.11	除品目 51.06 至 51.13,52.04 至 52.12,53.07 至 53.08,或 53.10 至 53.11,或第 54 章至第 55 章之外,从任何其他各章变更到品目 58.01 至 58.11。
第 59 章	浸渍、涂布、包覆或层压的织物;工业用纺织制品
59.01	除品目 51.11 至 51.13,52.08 至 52.12,53.10 至 53.11,54.07 至 54.08,或 55.12 至 55.16 之外,从任何其他各章变更到品目 59.01。
59.02	除品目 51.06 至 51.13,52.04 至 52.12,或 53.06 至 53.11,或第 54 章至第 55 章之外,从任何其他品目变更到品目 59.02。
59.03 - 59.08	除品目 51.11 至 51.13,52.08 至 52.12,53.10 至 53.11,54.07 至 54.08,或 55.12 至 55.16 之外,从任何其他各章变更到品目 59.03 至 59.08。
59.09	除品目 51.11 至 51.13,52.08 至 52.12,或 53.10 至 53.11, 第 54 章,或品目 55.12 至 55.16 之外,从任何其他各章变更到品目 59.09。
59.10	除品目 51.06 至 51.13,52.04 至 52.12,53.07 至 53.08,或 53.10 至 3.11,或第 54 章至第 55 章之外,从任何其他品目变更到品目 59.10。
59.11	除品目 51.11 至 51.13,52.08 至 52.12,53.10 至 53.11,54.07 至 54.08,或 55.12 至 55.16 之外,从任何其他各章变更到品目 59.11。
第 60 章	针织物或钩编织物
60.01 - 60.02	除品目 51.06 至 51.13,第 52 章,品目 53.07 至 53.08,或 53.10 至 53.11,或第 54 章至第 55 章之外,从任何其他各章变更到品目 60.01 至 60.02。
第 61 章[13]	针织或钩编的服装及衣着附件 注释 1:对可见衬里面料而言,从该组之外的任何其他品目变更到以下任何品目或子目之一: 51.11 至 51.12,5208.31 至 5208.59,5209.31 至 5209.59,5210.31 至 5210.59,5211.31 至 5211.59,5212.13 至 5212.15,5212.23 至 5212.25,5407.42 至 5407.44,5407.52 至 5407.54,5407.60,5407.72 至 5407.74,5407.82 至 5407.84,5407.92 至 5407.94,5408.22 至 5408.24(不含加拿大关税税目 5408.22.10,5408.23.10 或 5408.24.10,美国关税税目 5408.22.00A,5408.23.10A,5408.23.20 或 5408.24.00A,墨西哥关税税目 5408.22.04,5408.23.05 或 5408.24.01),5408.32 至 5408.34,5512.19,5512.29,5512.99,5513.21 至 5513.49,5514.21 至 5515.99,5516.12 至 5516.14,5516.22 至 5516.24,5516.32 至 5516.34,5516.42 至 5516.44,5516.92 至 5516.94,6001.10,6001.92,6002.43,或 6002.91 至 6002.93。 注释 2:为了确定本章所涉货物的原产地,适用该货物的规则应仅适用决定该货物海关税则分类的成分,并且该成分必须满足该货物规则中规定的关税税目变更要求。如果规则要求货物还必须满足本章注释一所列可见衬里面料的关税税目变更要求,则此要求只适用服装主体部分中表面积最大的可见衬里面料,衣袖除外,并且不适用可拆除的衬里部分。
6101.10 - 6101.30	除品目 51.06 至 51.13,52.04 至 52.12,53.07 至 53.08,或 53.10 至 53.11,第 54 章,或品目 55.08 至 55.16,或 60.01 至 60.02 之外,从任何其他各章变更到子目 6101.10 至 6101.30,前提条件是: (1)货物在一个或一个以上的缔约方境内剪裁(或针织成形)并缝制或以其他方式组装拼制,以及 (2)第 61 章注释一所列可见衬里面料满足该章规定的关税税目变更要求。

续表

6101.90	除品目51.06至51.13,52.04至52.12,53.07至5308,或53.10至53.11,第54章,或品目55.08至55.16,或60.01至60.02之外,从任何其他各章变更到子目6101.90,前提条件是货物在一个或一个以上的缔约方境内剪裁(或针织成形)并缝制或以其他方式组装拼制。
6102.10－6102.30	除品目51.06至51.13,52.04至52.12,53.07至53.08,或53.10至53.11,第54章,或品目55.08至55.16,或60.01至60.02之外,从任何其他各章变更到子目6102.10至6102.30,前提条件是: (1)货物在一个或一个以上的缔约方境内剪裁(或针织成形)并缝制或以其他方式组装拼制,以及 (2)第61章注释一所列可见衬里面料满足该章规定的关税税目变更要求。
6102.90	除品目51.06至51.13,52.04至52.12,53.07至53.08,或53.10至53.11,第54章,或品目55.08至55.16,或60.01至60.02之外,从任何其他各章变更到子目6102.90,前提条件是货物在一个或一个以上的缔约方境内剪裁(或针织成形)并缝制或以其他方式组装拼制。
6103.11－6103.12	除品目51.06至51.13,52.04至52.12,53.07至53.08,或53.10至53.11,第54章,或品目55.08至55.16,或60.01至60.02之外,从任何其他各章变更到子目6103.11至6103.12,前提条件是: (1)货物在一个或一个以上的缔约方境内剪裁(或针织成形)并缝制或以其他方式组装拼制,以及 (2)第61章注释一所列可见衬里面料满足该章规定的关税税目变更要求。
6103.19	
6103.19.aa	除品目51.06至51.13,52.04至52.12,53.07至53.08,或53.10至53.11,第54章,或品目55.08至55.16,或60.01至60.02之外,从任何其他各章变更到加拿大关税税目6103.19.90,美国关税税目6103.19.40,或墨西哥关税税目6103.19.02或6103.19.99,前提条件是为货物在一个或一个以上的缔约方境内剪裁(或针织成形)并缝制或以其他方式组装拼制。
6103.19	除品目51.06至51.03,52.04至52.12,53.07至53.08,或53.10至53.13,第54章,或品目55.08至55.16,或60.01至60.02之外,从任何其他各章变更到子目6103.19,前提条件是: (1)货物在一个或一个以上的缔约方境内剪裁(或针织成形)并缝制或以其他方式组装拼制,以及 (2)第61章注释一所列可见衬里面料满足该章规定的关税税目变更要求。
6103.21－6103.29	除品目51.06至51.03,52.04至52.12,53.07至53.08,或53.10至53.13,第54章,或品目55.08至55.16,或60.01至60.02之外,从任何其他各章变更到子目6103.19至6103.29,前提条件是: (1)货物在一个或一个以上的缔约方境内剪裁(或针织成形)并缝制或以其他方式组装拼制,以及 (2)对品目61.01所列服装或品目61.03所列夹克衫或运动衫而言,只要是羊毛、动物细毛、棉或化学纤维短纤制成,并且作为上述子目所列套装的部件进口,第61章注释一所列可见衬里面料满足该章规定的关税税目变更。

续表

6103.31 - 6103.33	除品目51.06至51.13,52.04至52.12,53.07至53.08,或53.10至53.11,第54章,55.08至55.16,或60.01至60.02之外,从任何其他各章变更到子目6103.31至6103.33,前提条件是: (1)货物在一个或一个以上的缔约方境内剪裁(或针织成形)并缝制或以其他方式组装拼制,以及 (2)第61章注释一所列可见衬里面料满足该章规定的关税税目变更要求。
6103.39	
6103.39.aa	除品目51.06至51.13,52.04至52.12,53.07至53.08,或53.10至53.11,第54章,或品目55.08至55.16,或60.01至60.02之外,从任何其他各章变更到加拿大关税税目6103.39.90,美国关税税目6103.39.20A或6103.39.20B,或墨西哥关税税目6103.39.02或6103.39.99,前提条件是货物在一个或一个以上的缔约方境内剪裁(或针织成形)并缝制或以其他方式组装拼制。
6103.39	除品目51.06至51.13,52.04至52.12,53.07至53.08,或53.10至53.11,第54章,或品目55.08至55.16之外,从任何其他各章变更到子目6103.39,前提条件是: (1)货物在一个或一个以上的缔约方境内剪裁(或针织成形)并缝制或以其他方式组装拼制,以及 (2)第61章注释一所列可见衬里面料满足该章规定的关税税目变更要求。
6103.41 - 6103.49	除品目51.06至51.13,52.04至52.12,53.07至53.08,或53.10至53.11,第54章,或品目55.08至55.16,或60.01至60.02之外,从任何其他各章变更到子目6103.41至6103.49,前提条件是货物在一个或一个以上的缔约方境内剪裁(或针织成形)并缝制或以其他方式组装拼制。
6104.11 - 6104.13	除品目51.06至51.13,52.04至52.12,53.07至53.08,或53.10到53.11,第54章,或品目55.08至55.16,或60.01至60.02之外,从任何其他各章变更到子目6104.11至6104.12,前提条件是: (1)货物在一个或一个以上的缔约方境内剪裁(或针织成形)并缝制或以其他方式组装拼制,以及 (2)第61章注释一所列可见衬里面料满足该章规定的关税税目变更要求。
6104.19	
6104.19.aa	除品目51.06至51.13,52.04至52.12,53.07至53.08,或53.10至53.11,第54章,或品目55.08至55.16,或60.01至60.02之外,从任何其他各章变更到加拿大关税税目6104.19.90,美国关税税目6104.19.20A或6104.19.20B,或墨西哥关税税目6104.19.02或6104.19.99,前提条件是货物在一个或一个以上的缔约方境内剪裁(或针织成形)并缝制或以其他方式组装拼制。
6104.19	除品目51.06至51.13,52.04至52.12,53.07至53.08,或53.10至53.11,第54章,或品目55.08至55.16,或60.01至60.02之外,从任何其他各章变更到子目6104.19,前提条件是: (1)货物在一个或一个以上的缔约方境内剪裁(或针织成形)并缝制或以其他方式组装拼制,以及 (2)第61章注释一所列可见衬里面料满足该章规定的关税税目变更要求。

续表

6104.21－6104.29	除品目51.06至51.13,52.04至52.12,53.07至53.08,或53.10至53.11,第54章,或品目55.08至55.16,或60.01至60.02之外,从任何其他各章变更到子目6104.21至6104.29,前提条件是: (1)货物在一个或一个以上的缔约方境内剪裁(或针织成形)并缝制或以其他方式组装拼制,以及 (2)对品目61.02所列服装,品目61.04所列夹克衫或运动衫,或品目61.04所列短裙而言,只要是羊毛、动物细毛、棉或化学纤维短纤制成,并且作为上述子目所列套装的部件进口,第61章注释一所列可见衬里面料满足该章规定的关税税目变更。
6104.31－6104.33	除品目51.06至51.13,52.04至52.12,53.07至53.08,或53.10至53.11,第54章,或品目55.08至55.16,或60.01至60.02之外,从任何其他各章变更到子目,从任何其他各章变更到子目6104.31至6104.33,前提条件是: (1)货物在一个或一个以上的缔约方境内剪裁(或针织成形)并缝制或以其他方式组装拼制,以及 (2)第61章注释一所列可见衬里面料满足该章规定的关税税目变更要求。
6104.39	
6104.39.aa	除品目51.06至51.13,52.04至52.12,53.07至53.08,或53.10至53.11,第54章,或品目55.08至55.16,或60.01至60.02之外,从任何其他各章变更到加拿大关税税目6104.39.90,美国关税税目6104.39.20A或6104.39.20B,或墨西哥关税税目6104.39.02或6104.39.99,前提条件是货物在一个或一个以上的缔约方境内剪裁(或针织成形)并缝制或以其他方式组装拼制。
6104.39	除品目51.06至51.13,52.04至52.12,53.07至53.08,或53.10至53.11,第54章,或品目55.08至55.16,或60.01至60.02之外,从任何其他各章变更到子目6104.39,前提条件是: (1)货物在一个或一个以上的缔约方境内剪裁(或针织成形)并缝制或以其他方式组装拼制,以及 (2)第61章注释一所列可见衬里面料满足该章规定的关税税目变更要求。
6104.41－6104.49	除品目51.06至51.13,52.04至52.12,53.07至53.08,或53.10至53.11,第54章,或品目55.08至55.16,或60.01至60.02之外,从任何其他各章变更到子目6104.41至6104.49,前提条件是货物在一个或一个以上的缔约方境内剪裁(或针织成形)并缝制或以其他方式组装拼制。
6104.51－6104.53	除品目51.06至51.13,52.04至52.12,53.07至53.08,或53.10至53.11,第54章,或品目55.08至55.16,或60.01至60.02之外,从任何其他各章变更到子目6104.51至6104.53,前提条件是: (1)货物在一个或一个以上的缔约方境内剪裁(或针织成形)并缝制或以其他方式组装拼制,以及 (2)第61章注释一所列可见衬里面料满足该章规定的关税税目变更要求。
6104.59	
6104.59.aa	除品目51.06至51.13,52.04至52.12,53.07至53.08,或53.10到53.11,第54章,或品目55.08至55.16,或60.01到60.02之外,从任何其他各章变更到加拿大关税税目6104.59.90,美国关税税目6104.59.20A或6104.59.20B,或墨西哥关税税目6104.59.02或6104.59.99,其他条件是货物在一个或一个以上的缔约方境内剪裁(或针织成形)并缝制或以其他方式组装拼制。

续表

6104.59	除品目51.06至51.13,52.04至52.12,53.07至53.08,或53.10至53.11,第54章,或品目55.08至55.16,或60.01至60.02之外,从任何其他各章变更到子目6104.59.90,前提条件是: (1)货物在一个或一个以上的缔约方境内剪裁(或针织成形)并缝制或以其他方式组装拼制,以及 (2)第61章注释一所列可见衬里面料满足该章规定的关税税目变更要求。
6104.61－6104.69	除品目51.06至51.13,52.04至52.12,53.07至53.08,或53.10至53.11,第54章,或品目55.08至55.16,或60.01至60.02之外,从任何其他各章变更到子目6104.69至6104.61,前提条件是货物在一个或一个以上的缔约方境内剪裁(或针织成形)并缝制或以其他方式组装拼制。
61.05－61.06	除品目51.06至51.13,52.04至52.12,53.07至53.08,或53.10至53.11,第54章,或品目55.08至55.16,或60.01至60.02之外,从任何其他各章变更到品目61.06至61.05,前提条件是货物在一个或一个以上的缔约方境内剪裁(或针织成形)并缝制或以其他方式组装拼制。
6107.11－6107.19	除品目51.06至51.13,52.04至52.12,53.07至53.08,或53.10至53.11,第54章,或品目55.08至55.16,或60.01至60.02之外,从任何其他各章变更到子目6107.19至6107.11,前提条件是货物在一个或一个以上的缔约方境内剪裁(或针织成形)并缝制或以其他方式组装拼制。
6107.21	从以下各项变更到子目6107.21: (1)从加拿大关税税目6002.92.10,美国关税税目6002.92.00A,或墨西哥关税税目6002.92.01,前提条件是除衣领、衣袖、腰带或松紧带之外,货物全部由此类织物制成,并且货物在一个或一个以上的缔约方境内剪裁并缝制或以其他方式组装拼制,或者 (2)除品目51.06至51.13,52.04至52.12,53.07至53.08,或53.10至53.11,第54章,或品目55.08至55.16,或60.01至60.02之外,从任何其他各章,前提条件是货物在一个或一个以上的缔约方境内剪裁(或针织成形)并缝制或以其他方式组装拼制。
6107.22－6107.99	除品目51.06至51.13,52.04至52.12,53.07至53.08,或53.10至53.11,第54章,或品目55.08至55.16,或60.01至60.02之外,从任何其他各章变更到子目6107.22至6107.99,前提条件是货物在一个或一个以上的缔约方境内剪裁(或针织成形)并缝制或以其他方式组装拼制。
6108.11－6108.19	除品目51.06至51.13,52.04至52.12,53.07至53.08,或53.10至53.11,第54章,或品目55.08至55.16,或60.01至60.02之外,从任何其他各章变更到子目6108.11至6108.19,前提条件是货物在一个或一个以上的缔约方境内剪裁(或针织成形)并缝制或以其他方式组装拼制。
6108.21	从以下各项变更到子目6108.21: (1)从加拿大关税税目6002.92.10美国关税税目6002.92.00A,或墨西哥关税税目6002.92.01,前提条件是除腰带、松紧带或花边之外,货物全部由此类织物制成,并且货物在一个或一个以上的缔约方境内剪裁并缝制或以其他方式组装拼制,或者 (2)除品目51.06至51.13,52.04至52.12,53.07至53.08,或53.10至53.11,第54章,或品目55.08至55.16,或60.01至60.02之外,从任何其他各章,前提条件是货物在一个或一个以上的缔约方境内剪裁(或针织成形)并缝制或以其他方式组装拼制。

续表

6108.22 - 6108.29	除品目 51.06 至 51.13,52.04 至 52.12,53.07 至 53.08,或 53.10 至 53.11,第 54 章,或品目 55.08 至 55.16,或 60.01 至 60.02 之外,从任何其他各章变更到子目 6108.22 至 6108.29,前提条件是货物在一个或一个以上的缔约方境内剪裁(或针织成形)并缝制或以其他方式组装拼制。
6108.31	从以下各项变更到子目 6108.31: (1)从加拿大关税税目 6002.92.10,美国关税税目 6002.92.00A,或墨西哥关税税目 6002.92.01,前提条件是除衣领、衣袖、腰带、松紧带或花边之外,货物全部由此类织物制成,并且货物在一个或一个以上的缔约方境内剪裁(或针织成形)并缝制或以其他方式组装拼制,或者 (2)除品目 51.06 至 51.13,52.04 至 52.12,53.07 至 53.08,或 53.10 至 53.11,第 54 章,或品目 55.08 至 55.16,或 60.01 至 60.02 之外,从任何其他各章,前提条件是货物在一个或一个以上的缔约方境内剪裁(或针织成形)并缝制或以其他方式组装拼制。
6108.32 - 6108.39	除品目 51.06 至 51.13,52.04 至 52.12,53.07 至 53.08,或 53.10 至 53.11,第 54 章,或品目 55.08 至 55.16,或 60.01 至 60.02 之外,从任何其他各章变更到子目 6108.32 至 6108.39,前提条件是货物在一个或一个以上的缔约方境内剪裁(或针织成形)并缝制或以其他方式组装拼制。
6108.91 - 6108.99	除品目 51.06 至 51.13,52.04 至 52.12,53.07 至 53.08,或 53.10 至 53.11,第 54 章,或品目 55.08 至 55.16,或 60.01 至 60.02 之外,从任何其他各章变更到子目 6108.91 至 6108.99,前提条件是货物在一个或一个以上的缔约方境内剪裁(或针织成形)并缝制或以其他方式组装拼制。
61.09 - 61.11	除品目 51.06 至 51.13,52.04 至 52.12,53.07 至 53.08,或 53.10 至 53.11,第 54 章,或 55.08 至 55.16,60.01 至 60.02 之外,任何其他各章变更到品目 61.09 至 61.11,前提条件是货物在一个或一个以上的缔约方境内剪裁(或针织成形)并缝制或以其他方式组装拼制。
6112.11 - 6112.19	除品目 51.06 至 51.13,52.04 至 52.12,53.07 至 53.08,或 53.10 至 53.11,第 54 章,或 55.08 至 55.16,或 60.01 至 60.02 之外,从任何其他各章变更到子目 6112.11 至 6112.19,前提条件是货物在一个或一个以上的缔约方境内剪裁(或针织成形)并缝制或以其他方式组装拼制。
6112.20	除品目 51.06 至 51.13,52.04 至 52.12,53.07 至 53.08,或 53.10 至 53.11,第 54 章,或 55.08 至 55.16,或 60.01 至 60.02 之外,从任何其他各章变更到子目 6112.20,前提条件是: (1)货物在一个或一个以上的缔约方境内剪裁(或针织成形)并缝制或以其他方式组装拼制,或者 (2)对品目 61.01、61.02、62.01 或 62.02 所列服装而言,只要是羊毛、动物细毛、棉或化学纤维短纤制成,并且作为该子目所列滑雪套装的部件进口,第 61 章注释一所列可见衬里面料满足该章规定的关税税目变更。
6112.31 - 6112.49	除品目 51.06 至 51.13,52.04 至 52.12,53.07 至 53.08,或 53.10 至 53.11,第 54 章,或品目 55.08 至 55.16,或 60.01 至 60.02 之外,从任何其他各章变更到子目 6112.31 到 6112.49,前提条件是货物在一个或一个以上的缔约方境内剪裁(或针织成形)并缝制或以其他方式组装拼制。

续表

61.13－61.17	除品目51.06至51.13,52.04至52.12,53.07至53.08,或53.10至53.11,第54章,或品目55.08至55.10,或60.01至60.02之外,从任何其他各章变更到品目61.13到61.17,前提条件是货物在一个或一个以上的缔约方境内剪裁(或针织成形)并缝制或以其他方式组装拼制。
第62章	非针织或非钩编的服装及衣着附件 注释1:对可见衬里而言,自该组之外的任何其他品目变更到以下任何品目或子目之一: 51.11至51.12,5208.31至5208.59,5209.31至5209.59,5210.31至5210.59,5211.31至5211.59,5212.13至5212.15,5212.23至5212.25,5407.42至5407.44,5407.52至5407.54,5407.60,5407.72至5407.74,5407.82至5407.84,5407.92至5407.94,5408.22至5408.24(不包括加拿大关税税目5408.22.10,5408.23.10或5408.24.10,美国关税税目5408.22.00A,5408.23.10A,5408.23.20A或5408.24.00,或墨西哥关税税目5408.22.04,5408.23.05或5408.24.01),5408.32至5408.34,5512.19,5512.29,5512.99,5513.21至5513.49,5514.21至5515.99,5516.12至5516.14,5516.22至5516.24,5516.32至5516.34,5516.42至5516.44,5516.92至5516.94,6001.10,6001.92,6002.43,或6002.91至6002.93。 注释2:本章所列服装类货物应视为原产,如果货物在一个或一个以上的缔约方境内剪裁并缝制或以其他方式组装拼制,并且除衣领或衣袖之外,外层面料全部由以下一种或多种面料制成: (1)子目5801.23所列棉绒织物,以重量计含棉85%或以上; (2)子目5801.22所列灯芯绒织物,以重量计含棉85%或以上,并且每厘米斜纹裁剪超过7.5; (3)子目5111.11或5111.19所列织物,如系手织,则在机宽幅不超过76厘米,在英国根据哈里斯斜纹软呢商会有限公司的规则与条例织成,并经该公司认证; (4)子目5112.30所列织物,每平方米重量不超过340克,含羊毛,动物细毛重量不超过20%,并且化学纤维短纤重量不超过15%;或者 (5)子目5513.11或5513.21所列细亚麻织物,方形结构,单纱超过76公制支数,每平方厘米含经纱和纬纱60～70根,每平方米重量不超过110克。 注释3:为了确定本章所涉货物的原产地,适用该货物的规则应仅适用决定该货物海关税则分类的成分,并且该成分必须满足该货物规则中规定的关税税目变更要求。如果规则要求货物必须同时满足本章注释一所列可见衬里面料的关税税目变更要求,则此要求只适用服装主体部分中表面积最大的可见衬里面料,衣袖除外,并且不适用可拆除的衬里部分。
6201.11－6201.13	除品目51.06至51.13,52.04至52.12,53.07至53.08,或53.10至53.11,第54章,或品目55.08至55.16,58.01至58.02,或60.01至60.02之外,从任何其他各章节变更到子目6201.11至6201.13,前提条件是: (1)货物在一个或一个以上的缔约方境内剪裁并缝制或以其他方式组装拼制,以及 (2)第62章注释一所列可见衬里面料满足该章规定的关税税目变更要求。
6201.19	除品目51.06至51.13,52.04至52.12,53.07至53.08,或53.10至53.11,第54章,或品目55.08至55.16,58.01至58.02,或60.01至60.02之外,从任何其他各章变更到子目6201.19,前提条件是货物在一个或一个以上的缔约方境内剪裁并缝制或以其他方式组装拼制。

续表

6201.91－6201.93	除品目51.06至51.13,52.04至52.12,53.07至53.08,或53.10至53.11,第54章,或品目55.08至55.16,58.01至58.02,或60.01至60.02之外,从任何其他各章变更到子目6201.91至6201.93,前提条件是: (1)货物在一个或一个以上的缔约方境内剪裁并缝制或以其他方式组装拼制,以及 (2)第62章注释一所列可见衬里面料满足该章规定的关税税目变更要求。
6201.99	除品目51.06至51.13,52.04至52.12,53.07至53.08,或53.10至53.11,第54章,或品目55.08至55.16,58.01至58.02,或60.01至60.02之外,从任何其他各章变更到子目6201.99,前提条件是货物在一个或一个以上的缔约方境内剪裁并缝制或以其他方式组装拼制。
6202.11－6202.13	除品目51.06至51.13,52.04至52.12,53.07至53.08,或53.10至53.11,第54章,或品目55.08至55.16,58.01至58.02,或60.01至60.02之外,从任何其他各章变更到子目6202.11至6202.13,前提条件是: (1)货物在一个或一个以上的缔约方境内剪裁并缝制或以其他方式组装拼制,以及 (2)第62章注释一所列可见衬里面料满足该章规定的关税税目变更要求。
6202.19	除品目51.06至51.13,52.04至52.12,53.07至53.08,或53.10至53.11,第54章,或品目55.08至55.16,58.01至58.02,或60.01至60.02之外,从任何其他各章变更到子目6202.19,前提条件是货物在一个或一个以上的缔约方境内剪裁并缝制或以其他方式组装拼制。
6202.91－6202.93	除品目51.06至51.13,52.04至52.12,53.07至53.08,或53.10至53.11,第54章,或品目55.08至55.16,58.01至58.02,或60.01至60.02之外,从任何其他各章变更到子目6202.91至6202.93,前提条件是: (1)货物在一个或一个以上的缔约方境内剪裁并缝制或以其他方式组装拼制,以及 (2)第62章注释一所列可见衬里面料满足该章规定的关税税目变更要求。
6202.99	除品目51.06至51.13,52.04至52.12,53.07至53.08,或53.10至53.11,第54章,或品目55.08至55.16,58.01至58.02,或60.01至60.02之外,从任何其他各章变更到子目6202.99,前提条件是货物在一个或一个以上的缔约方境内剪裁并缝制或以其他方式组装拼制。
6203.11－6203.12	除品目51.06至51.13,52.04至52.12,53.07至53.08,或53.10至53.11,第54章,或品目55.08至55.16,58.01至58.02,或60.01至60.02之外,从任何其他各章变更到子目6203.11至6203.12,前提条件是: (1)货物在一个或一个以上的缔约方境内剪裁并缝制或以其他方式组装拼制,以及 (2)第62章注释一所列可见衬里面料满足该章规定的关税税目变更要求。
6203.19	
6203.19.aa	除品目51.06至51.13,52.04至52.12,53.07至53.08,或53.10至53.11,第54章,或品目55.08至55.16,58.01至58.02,或60.01至60.02之外,从任何其他各章变更到加拿大关税税目6203.19.90,美国关税税目6203.19.40A或6203.19.40B,或墨西哥关税税目6203.19.02或6203.19.99,前提条件是货物在一个或一个以上的缔约方境内剪裁并缝制或以其他方式组装拼制。
6203.19	除品目51.06至51.13,52.04至52.12,53.07至53.08,或53.10至53.11,第54章,或品目55.08至55.16,58.01至58.02,或60.01至60.02之外,从任何其他各章变更到子目6203.19,前提条件是: (1)货物在一个或一个以上的缔约方境内剪裁并缝制或以其他方式组装拼制,以及 (2)第62章注释一所列可见衬里面料满足该章规定的关税税目变更要求。

续表

6203.21 - 6203.29	除品目 51.06 至 51.13,52.04 至 52.12,53.07 至 53.08,或 53.10 至 53.11,第 54 章,或品目 55.08 至 55.16,58.01 至 58.02,或 60.01 至 60.02 之外,从任何其他各章变更到子目 6203.21 至 6203.29,前提条件是: (1)货物在一个或一个以上的缔约方境内剪裁并缝制或以其他方式组装拼制,以及 (2)对品目 62.01 所列服装或品目 62.03 所列夹克衫或运动衫而言,只要是羊毛、动物细毛、棉或化学纤维短纤制成,并且作为上述子目所列套装的部件进口,第 62 章注释一所列可见衬里面料满足该章规定的关税税目变更。
6203.31 - 6203.33	除品目 51.06 至 51.13,52.04 至 52.12,53.07 至 53.08,或 53.10 至 53.11,第 54 章,或品目 55.08 至 55.16,58.01 至 58.02,或 60.01 至 60.02 之外,从任何其他各章变更到子目 6203.31 至 6203.33,前提条件是: (1)货物在一个或一个以上的缔约方境内剪裁并缝制或以其他方式组装拼制,以及 (2)第 62 章注释一所列可见衬里面料满足该章规定的关税税目变更要求。
6203.39	
6203.39.aa	除品目 51.06 至 51.13,52.04 至 52.12,53.07 至 53.08,或 53.10 至 53.11,第 54 章,或品目 55.08 至 55.16,58.01 至 58.02,或 60.01 至 60.02 之外,从任何其他各章变更到加拿大关税税目 6203.39.90,美国关税税目 6203.39.40A 或 6203.39.40B,或墨西哥关税税目 6203.39.02 或 6203.39.99,前提条件是货物在一个或一个以上的缔约方境内剪裁并缝制或以其他方式组装拼制。
6203.39	除品目 51.06 至 51.13,52.04 至 52.12,53.07 至 53.08,或 53.10 至 53.11,第 54 章,或品目 55.08 至 55.16,58.01 至 58.02,或 60.01 至 60.02 之外,从任何其他各章变更到 6203.39,前提条件是: (1)货物在一个或一个以上的缔约方境内剪裁并缝制或以其他方式组装拼制,以及 (2)第 62 章注释一所列可见衬里面料满足该章规定的关税税目变更要求。
6203.41 - 6203.49	除品目 51.06 至 51.13,52.04 至 52.12,53.07 至 53.08,或 53.10 至 53.11,第 54 章,或品目 55.08 至 55.16,58.01 至 58.02,或 60.01 至 60.02 之外,从任何其他各章变更到子目 6203.41 至 6203.49,前提条件是货物在一个或一个以上的缔约方境内剪裁并缝制或以其他方式组装拼制。
6204.11 - 6204.13	除品目 51.06 至 51.13,52.04 至 52.12,53.07 至 53.08,或 53.10 至 53.11,第 54 章,或品目 55.08 至 55.16,58.01 至 58.02,或 60.01 至 60.02 之外,从任何其他各章变更到子目 6204.11 至 6204.13,前提条件是: (1)货物在一个或一个以上的缔约方境内剪裁并缝制或以其他方式组装拼制,以及 (2)第 62 章注释一所列可见衬里面料满足该章规定的关税税目变更要求。
6204.19	
6204.19.aa	除品目 51.06 至 51.13,52.04 至 52.12,53.07 至 53.08,或 53.10 至 53.11,第 54 章,或品目 55.08 至 55.16,58.01 至 58.02,或 60.01 至 60.02 之外,从任何其他各章变更到加拿大关税税目 6204.19.90,美国关税税目 6204.19.30A 或 6204.19.30B,或墨西哥关税税目 6204.19.02 或 6204.19.99,前提条件是货物在一个或一个以上的缔约方境内剪裁并缝制或以其他方式组装拼制。
6204.19	除品目 51.06 至 51.13,52.04 至 52.12,53.07 至 53.08,或 53.10 至 53.11,第 54 章,或品目 55.08 至 55.16,58.01 至 58.02,或 60.01 至 60.02 之外,从任何其他各章变更到子目 6204.19,前提条件是: (1)货物在一个或一个以上的缔约方境内剪裁并缝制或以其他方式组装拼制,以及 (2)第 62 章注释一所列可见衬里面料满足该章规定的关税税目变更要求。

续表

6204.21 - 6204.29	除品目 51.06 至 51.13,52.04 至 52.12,53.07 至 53.08,或 53.10 至 53.11,第 54 章,或品目 55.08 至 55.16,58.01 至 58.02,或 60.01 至 60.02 之外,从任何其他各章变更到子目 6204.21 至 6204.29,前提条件是: (1)货物在一个或一个以上的缔约方境内剪裁并缝制或以其他方式组装拼制,以及 (2)对品目 62.02 所列服装,品目 62.04 所列夹克衫或运动衫,或品目 62.04 所列短裙而言,只要是羊毛、动物细毛、棉或化学纤维短纤制成,并且作为上述子目所列套装的部件进口,第 62 章注释一所列可见衬里面料满足该章规定的关税税目变更。
6204.31 - 6204.33	除品目 51.06 至 51.13,52.04 至 52.12,53.07 至 53.08,或 53.10 至 53.11,第 54 章,或品目 55.08 至 55.16,58.01 至 58.02,或 60.01 至 60.02 之外,从任何其他各章变更到子目 6204.31 至 6204.33,前提条件是: (1)货物在一个或一个以上的缔约方境内剪裁并缝制或以其他方式组装拼制,以及 (2)第 62 章注释一所列可见衬里面料满足该章规定的关税税目变更要求。
6204.39	
6204.39.aa	除品目 51.06 至 51.13,52.04 至 52.12,53.07 至 53.08,或 53.10 至 53.11,第 54 章,或品目 55.08 至 55.16,58.01 至 58.02,或 60.01 至 60.02 之外,从任何其他各章变更到加拿大关税税目 6204.39.90,美国关税税目 6204.39.60 或 6204.39.80,或墨西哥关税税目 6204.39.02 或 6204.39.99,前提条件是货物在一个或一个以上的缔约方境内剪裁并缝制或以其他方式组装拼制。
6204.39	除品目 51.06 至 51.13,52.04 至 52.12,53.07 至 53.08,或 53.10 至 53.11,第 54 章,或品目 55.08 至 55.16,58.01 至 58.02,或 60.01 至 60.02 之外,从任何其他各章变更到子目 6204.39,前提条件是: (1)货物在一个或一个以上的缔约方境内剪裁并缝制或以其他方式组装拼制,以及 (2)第 62 章注释一所列可见衬里面料满足该章规定的关税税目变更要求。
6204.41 - 6204.49	除品目 51.06 至 51.13,52.04 至 52.12,53.07 至 53.08,或 53.10 至 53.11,第 54 章,或品目 55.08 至 55.16,58.01 至 58.02,或 60.01 至 60.02 之外,从任何其他各章变更到子目 6204.3341 至 6204.49,前提条件是货物在一个或一个以上的缔约方境内剪裁并缝制或以其他方式组装拼制。
6204.51 - 6204.53	除品目 51.06 至 51.13,52.04 至 52.12,53.07 至 53.08,或 53.10 至 53.11,第 54 章,或品目 55.08 至 55.16,58.01 至 58.02,或 60.01 至 60.02 之外,从任何其他各章变更到子目 6204.51 至 6204.53,前提条件是: (1)货物在一个或一个以上的缔约方境内剪裁并缝制或以其他方式组装拼制,以及 (2)第 62 章注释一所列可见衬里面料满足该章规定的关税税目变更要求。
6204.59	
6204.59.aa	除品目 51.06 至 51.13,52.04 至 52.12,53.07 至 53.08,或 53.10 至 53.11,第 54 章,或品目 55.08 至 55.16,58.01 至 58.02,或 60.01 至 60.02 之外,从任何其他各章变更到加拿大关税税目 6204.59.90,美国关税税目 6204.59.40A 或 6204.59.40B,墨西哥关税税目 6204.59.02,6204.59.04 或 6204.59.99,前提条件是货物在一个或一个以上的缔约方境内剪裁并缝制或以其他方式组装拼制。
6204.59	除品目 51.06 至 51.13,52.04 至 52.12,53.07 至 53.08,或 53.10 至 53.11,第 54 章,或品目 55.08 至 55.16,58.01 至 58.02,或 60.01 至 60.02 之外,从任何其他各章变更到子目 6204.59,前提条件是: (1)货物在一个或一个以上的缔约方境内剪裁并缝制或以其他方式组装拼制,以及 (2)第 62 章注释一所列可见衬里面料满足该章规定的关税税目变更要求。

续表

6204.61 - 6204.69	除品目 51.06 至 51.13,52.04 至 52.12,53.07 至 53.08,或 53.10 至 53.11,第 54 章,或品目 55.08 至 55.16,58.01 至 58.02,或 60.01 至 60.02 之外,从任何其他各章变更到子目 6204.61 至 6204.69,前提条件是货物在一个或一个以上的缔约方境内剪裁并缝制或以其他方式组装拼制。
6205.10	除品目 51.06 至 51.13,52.04 至 52.12,53.07 至 53.08,或 53.10 至 53.11,第 54 章,或品目 55.08 至 55.16,58.01 至 58.02,或 60.01 至 60.02 之外,从任何其他各章变更到子目 6204.61,前提条件是货物在一个或一个以上的缔约方境内剪裁并缝制或以其他方式组装拼制。
6205.20 - 6205.30	注释:棉或化学纤维男衬衫应视为原产,如果货物在一个或一个以上的缔约方境内剪裁并缝制,并且除衣领或衣袖之外,外层面料全部由以下一种或多种面料制成: (1)子目 5208.21,5208.22,5208.29,5208.31,5208.32,5208.39,5208.41,5208.42,5208.49,5208.51,5208.522 或 5208.59 所列面料,平均纱线支数超过 135 公制支数; (2)子目 5513.11 或 5513.21 所列面料,非方形结构,每平方厘米含经纱和纬纱超过 70 根,平均纱线支数[14]超过 70 公制支数; (3)子目 5210.21 或 5210.31 所列面料,非方形结构,每平方厘米含经纱和纬纱超过 70 根,平均纱线支数超过 70 公制支数; (4)子目 5208.22 或 5208.32 所列面料,非方形结构,每平方厘米含经纱和纬纱超过 75 根,平均纱线支数超过 65 公制支数; (5)子目 5407.81, 5407.82 或 5407.83 所列面料,每平方米重量不超过 170 克,有多臂织机织造的多笔提花组织; (6)子目 5208.42 或 5208.49 所列面料,非方形结构,每平方厘米含经纱和纬纱超过 85 根,平均纱线支数超过 85 公制支数; (7)子目 5208.51 所列面料,方形结构,每平方厘米含经纱和纬纱超过 75 根,单纱制成,平均纱线支数为 95 公制支数或以上。 (8)子目 5208.41 所列面料,方形结构,色织格布图案,每平方厘米含经纱和纬纱超过 85 根,单纱制成,平均纱线支数为 95 公制支数或以上,其特征为经纱和维纱的纱线色差产生方格效果;或者 (9)子目 5208.41 所列面料,经纱植物染料着色,维纱白色或植物染料着色,平均纱线支数超过 65 公制支数。 除品目 51.06 至 51.13,52.04 至 52.12,53.07 至 53.08,或 53.10 至 53.11,第 54 章,或品目 55.08 至 55.16,58.01 至 58.02,或 60.01 至 60.02 之外,从任何其他各章变更到子目 6205.20 至 6205.30,前提条件是货物在一个或一个以上的缔约方境内剪裁并缝制或以其他方式组装拼制。
6205.90	除品目 51.06 至 51.13,52.04 至 52.12,53.07 至 53.08,或 53.10 至 53.11,第 54 章,或品目 55.08 至 55.16,58.01 至 58.02,或 60.01 至 60.02 之外,从任何其他各章变更到子目 6205.90,前提条件是货物在一个或一个以上的缔约方境内剪裁并缝制或以其他方式组装拼制。
62.06 - 62.10	除品目 51.06 至 51.13,52.04 至 52.12,53.07 至 53.08,或 53.10 至 53.11,第 54 章,或品目 55.08 至 55.16,58.01 至 58.02,或 60.01 至 60.02 之外,从任何其他各章变更到子目 62.06 至 62.10,前提条件是货物在一个或一个以上的缔约方境内剪裁并缝制或以其他方式组装拼制。

续表

6211.11 - 6211.12	除品目51.06至51.13,52.04至52.12,53.07至53.08,或53.10至53.11,第54章,或品目55.08至55.16,58.01至58.02,或60.01至60.02之外,从任何其他各章变更到子目6211.11至6211.12,前提条件是货物在一个或一个以上的缔约方境内剪裁并缝制或以其他方式组装拼制。
6211.20	除品目51.06至51.13,52.04至52.12,53.07至53.08,或53.10至53.11,第54章,或品目55.08至55.16,58.01至58.02,或60.01至60.02之外,从任何其他各章变更到子目6211.20,前提条件是: (1)货物在一个或一个以上的缔约方境内剪裁并缝制或以其他方式组装拼制,以及 (2)对品目61.01、62.01或62.02所列服装而言,只要是羊毛、动物细毛、棉或化学纤维短纤制成,并且作为本子目所列滑雪套装的部件进口,第62章注释一所列可见衬里面料满足该章规定的关税税目变更。
6211.31 - 6211.49	除品目51.06至51.13,52.04至52.12,53.07至53.08,或53.10至53.11,第54章,或品目55.08至55.16,58.01至58.02,或60.01至60.02之外,从任何其他各章变更到子目6211.31至6211.49,前提条件是货物在一个或一个以上的缔约方境内剪裁并缝制或以其他方式组装拼制。
6212.10	从任何其他各章变更到子目6212.10,前提条件是货物在一个或一个以上的缔约方境内剪裁并缝制或以其他方式组装拼制。
6212.20 - 6212.90	除品目51.06至51.13,52.04至52.12,53.07至53.08,或53.10至53.11,第54章,或品目55.08至55.16,58.01至58.02,或60.01至60.02之外,从任何其他各章变更到子目6212.90至6212.20,前提条件是货物在一个或一个以上的缔约方境内剪裁并缝制或以其他方式组装拼制。
62.13 - 62.17	除品目51.06至51.13,52.04至52.12,53.07至53.08,或53.10至53.11,第54章,或品目55.08至55.16,58.01至58.02,或60.01至60.02之外,从任何其他各章变更到品目62.13至62.17,前提条件是货物在一个或一个以上的缔约方境内剪裁并缝制或以其他方式组装拼制。
第63章	其他纺织制成品;成套物品;旧服装及旧纺织品;碎织物 注释:为了确定本章所涉货物的原产地,适用该货物的规则应仅适用决定该货物海关税则分类的成分,并且该成分必须满足该货物规则中规定的关税税目变更要求。
63.01 - 63.02	除品目51.06至51.13,52.04至52.12,53.07至53.08,或53.10至53.11,第54章,或品目55.08至55.16,58.01至58.02,或60.01至60.02之外,从任何其他各章变更到子目63.02至63.01,前提条件是货物在一个或一个以上的缔约方境内剪裁(或针织成形)并缝制或以其他方式组装拼制。
63.03	
6303.92.aa	除品目51.06至51.13,52.04至52.12,53.07至53.08,或53.10至53.11,第54章,或品目55.08至55.16,58.01至58.02,或60.01至60.02之外,从加拿大关税税目5402.43.10或5402.52.10,或美国关税税目5402.43.00A或5402.52.00A,或墨西哥关税税目5402.43.01或5402.52.02,或任何其他各章变更到加拿大关税税目6303.92.10,美国关税税目6303.92.00A或6303.92.00B,或墨西哥关税税目5402.43.01或5402.52.02,前提条件是货物在一个或一个以上的缔约方境内剪裁并缝制或以其他方式组装拼制。

续表

63.03	除品目51.06至51.13,52.04至52.12,53.07至53.08,或53.10至53.11,第54章,或品目55.08至55.16,58.01至58.02,或60.01至60.02之外,从任何其他各章变更到品目63.03,前提条件是货物在一个或一个以上的缔约方境内剪裁(或针织成形)并缝制或以其他方式组装拼制。
63.04-63.10	除品目51.06至51.13,52.04至52.12,53.07至53.08,或53.10至53.11,第54章,或品目55.08至55.16,58.01至58.02,或60.01至60.02之外,从任何其他各章变更到品目63.04至63.10,前提条件是货物在一个或一个以上的缔约方境内剪裁(或针织成形)并缝制或以其他方式组装拼制。
第十二类	鞋类、帽类、雨伞、阳伞、手杖、带座手杖、鞭子、马鞭及其零件;已加工羽毛及其制品;人造花;人发制品(第64~67章)
第64章	鞋类、护腿和类似品及其零件
64.01-64.05	除子目6406.10之外,从该组之外的任何品目变更到品目64.01至64.05,前提条件是以净成本法计,区域价值成本不低于55%。
6406.10	除品目64.01至64.05之外,从任何其他子目变更到子目6406.10,前提条件是以净成本法计,区域价值成本不低于55%。
6406.20-6406.99	从任何其他各章变更到子目6406.20至6406.99。
第65章	帽类及其零件
65.01-65.02	从任何其他各章变更到品目65.01至65.02。
65.03-65.07	从该组之外的任何品目变更到品目65.03至65.07。
第66章	雨伞、阳伞、手杖、带座手杖、鞭子、马鞭及其零件
66.01	从任何其他品目变更到品目66.01,但是同时满足以下两项的除外: (1)子目6603.20;以及 (2)品目39.20至39.21,50.07,51.11至51.13,52.08至52.12,53.09至53.11,54.07至54.08,55.12至55.16,56.02至52.0,58.01至58.11,59.01至59.11,60.01至60.02。
66.02	从任何其他品目变更到品目66.02。
66.03	从任何其他各章变更到品目66.03。
第67章	已加工羽毛、羽绒及其制品;人造花;人发制品
67.01	
6701.00.aa	从任何其他关税税目变更到加拿大关税税目6701.00.10,美国关税税目6701.00.00A,或墨西哥关税税目6701.00.01或6701.00.02。
67.01	从任何其他各章变更到品目67.01。
67.02	从任何其他品目变更到品目67.02。
67.03	从任何其他各章变更到品目67.03。
67.04	从任何其他品目变更到品目67.04。
第十三类	石料、石膏、水泥、石棉、云母或类似材料的制品;陶瓷产品;玻璃及玻璃器皿(第68~70章)
第68章	石料、石膏、水泥、石棉、云母或类似材料的制品

续表

68.01 - 68.11	从任何其他各章变更到品目68.01至68.11。
6812.10	从任何其他各章变更到子目6812.10。
6812.20	从任何其他子目变更到子目6812.20。
6812.30 - 6812.40	从该组之外的其他子目变更到子目6812.30至6812.40。
6812.50	从任何其他子目变更到子目6812.50。
6812.60 - 6812.90	从该组之外的任何子子目变更到子目6812.60至6812.90。
68.13	从任何其他品目变更到品目68.13。
68.14 - 68.15	从任何其他各章变更到品目68.14至68.15。
第69章	陶瓷产品
69.01 - 69.14	从任何其他各章变更到品目69.01至69.14。
第70章	玻璃及玻璃器皿
70.01 - 70.02	从任何其他各章变更到品目70.01至70.02。
70.03 - 70.09[15]	从该组之外的任何品目变更到品目70.03至70.09。
70.10 - 70.20	除品目70.07至70.20之外,从任何其他品目变更到品目70.10至70.20。
第十四类	天然或养殖珍珠,宝石或半宝石,贵金属,包贵金属,及其制品;仿首饰;硬币(第71章)
第71章	天然或养殖珍珠,宝石或半宝石,贵金属,包贵金属,及其制品;仿首饰;硬币(第71章)
71.01 - 71.12	从任何其他各章变更到品目71.01至71.12。
71.13 - 71.18	注释:只要珍珠是在一个或一个以上的缔约方境内获得,临穿成串或永久成串的珍珠,但是未加环扣或贵金属或宝石的其他装饰性特征,应被视为原产货物。 从该组之外的任何品目变更到品目71.13至71.18。
第十五类	贱金属及其制品(第72~83章)
第72章	钢铁
72.01	从任何其他各章变更到品目72.01。
7202.11 - 7202.60	从任何其他各章变更到子目7202.11至7202.60。
7202.70	除子目2613.10之外,从任何其他各章变更到子目7202.70。
7202.80 - 7202.99	从任何其他各章变更到子目7202.80至7202.99。
72.03 - 72.05	从任何其他各章节变更到品目72.03至72.05。
72.06 - 72.07	从该组之外的任何品目变更到品目72.06至72.07。
72.08 - 72.16	从该组之外的任何品目变更到品目72.08至72.16。
72.17	除品目72.13至72.15之外,从任何其他品目变更到品目72.17。
72.18 - 72.22	从该组之外的任何品目变更到品目72.18至72.22。
72.23	除品目72.21至72.22之外,从任何其他品目变更到品目72.23。
72.24 - 72.28	从该组之外的任何品目变更到品目72.24至72.28。

续表

72.29	除品目 72.27 至 72.28 之外,从任何其他品目变更到品目 72.29。
第 73 章	钢铁制品
73.01 - 73.03	从任何其他各章变更到品目 73.01 至 73.03
7304.10 - 7304.39	从任何其他各章变更到子目 7304.10 至 7304.39。
7304.41	
7304.41.aa	从子目 7304.49 或任何其他各章变更到加拿大关税税目 7304.41.10,美国关税税目 7304.41.00A 或 7304.41.00B,或墨西哥关税税目 7304.41.02。
7304.41	从任何其他各章变更到子目 7304.41。
7304.49 - 7304.90	从任何其他各章变更到子目 7304.49 至 7304.90。
73.05 - 73.07	从任何其他各章变更到品目 73.05 至 73.07。
73.08	除对品目 72.16 所列角材、型材或异型材进行的以下工艺造成的变化之外,从任何其他品目变更到品目 73.08: (1)钻孔、冲压、切槽、切割、弯曲或清扫,不论是单独还是成组进行; (2)为组合结构添加辅助物或焊接件; (3)为装卸目的添加辅助物; (4)为工字形钢材添加焊接件、连接件或辅助物,前提条件是焊接件、连接件或辅助物的最大尺寸不超过工字形钢材凸缘的内部平面之间的尺寸; (5)涂漆、镀锌或以其他方式涂层;或者 (6)添加无钢元素底盘使其成为适合钢柱的产品,不论是单独还是与钻孔、冲压、切槽或切割同时进行。
73.09 - 73.11	从该组之外的任何品目变更到品目 73.09 至 73.11。
73.12 - 73.14	从任何其他品目,包括该组之内的另一品目,变更到品目 73.12 至 73.14。
7315.11 - 7315.12	从任何其他品目变更到品目 7315.11 至 7315.12;或者 从子目 7315.19 变更到子目 7315.11 至 7315.12,不论从任何其他品目是否也有变更,前提条件是区域价值成分: (1)以交易价值法计,不低于 60%,或者 (2)以净成本法计,不低于 50%。
7315.19	从任何其他品目变更到子目 7315.19。
7315.20 - 7315.89	从任何其他品目变更到子目 7315.20 至 7315.89;或者 从子目 7315.90 变更到子目 7315.20 至 7315.89,不论从任何其他品目是否也有变更,前提条件是区域价值成分: (1)以交易价值法计,不低于 60%,或者 (2)以净成本法计,不低于 50%。
7315.90	从任何其他品目变更到子目 7315.90。
73.16	除品目 73.12 或 73.15 之外,从任何其他品目变更到品目 73.16。
73.17 - 73.18	从该组之外的任何品目变更到品目 73.17 至 73.18。
73.19 - 73.20	从该组之外的任何品目变更到品目 73.19 至 73.20。
7321.11	

续表

7321.11.aa	除加拿大关税税目 7321.90.51,7321.90.52 或 7321.90.53,美国关税税目 7321.90.30A,7321.90.30B 或 7321.90.30C,或墨西哥关税税目 7321.90.05,7321.90.06 或 7321.90.07之外,从任何其他子目变更到加拿大关税税目 7321.11.19,美国关税税目 7321.11.30,或墨西哥关税税目 7321.11.02。
7321.11	从任何其他品目变更到子目 7321.11;或者 从子目 7321.90 变更到子目 7321.11,不论从任何其他品目是否也有变更,前提条件是区域价值成分: (1)以交易价值法计,不低于 60%,或者 (2)以净成本法计,不低于 50%。
7321.12 - 7321.83	从任何其他品目变更到子目 7321.12 至 7321.83;或者 从子目 7321.90 变更到子目 7321.12 至 7321.83,不论从任何其他品目是否也有变更,前提条件是区域价值成分: (1)以交易价值法计,不低于 60%,或者 (2)以净成本法计,不低于 50%。
7321.90	
7321.90.aa	从任何其他关税税目变更到加拿大关税税目 7321.90.51,美国关税税目 7321.90.30A,或墨西哥关税税目 7321.90.05。
7321.90.bb	从任何其他关税税目变更到加拿大关税税目 7321.90.52,美国关税税目 7321.90.30B,或墨西哥关税税目 7321.90.06。
7321.90.cc	从任何其他关税税目变更到加拿大关税税目 7321.90.53,美国关税税目 7321.90.30C,或墨西哥关税税目 7321.90.07。
7321.90	从任何其他品目变更到子目 7321.90。
73.22 - 73.23	从该组之外的任何品目变更到品目 73.22 至 73.33。
7324.10 - 7324.29	从任何其他品目变更到子目 7324.10 至 7324.29;或者 从子目 7324.90 变更到子目 7324.10 至 7324.29,不论从任何其他品目是否也有变更,前提条件是区域价值成分: (1)以交易价值法计,不低于 60%,或者 (2)以净成本法计,不低于 50%。
7324.90	从任何其他品目变更到子目 7324.90。
73.25 - 73.26	从该组之外的任何其他品目变更到品目 73.25 至 73.26。
第 74 章	铜及其制品
74.01 - 74.02	从任何其他各章变更到品目 74.01 至 74.02。
74.03	从任何其他各章变更到品目 74.03;或者 从品目 74.01 或 74.02,或加拿大关税税目 7404.00.11,7404.00.21 或 7404.00.91,美国关税税目 7404.00.00A,或墨西哥关税税目 9404.00.03,不论从任何其他各章节是否也有变更,前提条件是区域价值成分: (1)以交易价值法计,不低于 60%,或者 (2)以净成本法计,不低于 50%。
74.04	只要废料和碎料如本章第 415 条的定义,在一个或一个以上的缔约方境内完全获得或生产,对品目 74.04 所列海关税则分类不要求变更。

续表

74.05 - 74.07	从任何其他各章变更到品目 74.05 至 74.07;或者 从品目 74.01 或 74.02,或加拿大关税税目 7404.00.11,7404.00.21 或 7404.00.91,美国关税税目 7404.00.00A,或墨西哥关税税目 7404.00.03 变更到品目 74.05 至 74.07,前提条件是: (1)以交易价值法计,不低于 60%,或者 (2)以净成本法计,不低于 50%。
7408.11	
7408.11.aa	从任何其他各章变更到加拿大关税税目 7408.11.11 或 7408.11.12,美国关税税目 7408.11.60,或墨西哥关税税目 7408.11.01;或者 从品目 74.01 或 74.02,或加拿大关税税目 7404.00.11,7404.00.21 或 7404.00.91,美国关税税目 7404.00.00A,或墨西哥关税税目 7404.00.03 变更到加拿大关税税目 7408.11.11 或 7408.11.12,美国关税税目 7408.11.60,或墨西哥关税税目 7408.11.01,不论从任何其他各章是否也有变更,前提条件是区域价值成分: (1)以交易价值法计,不低于 60%,或者 (2)以净成本法计,不低于 50%。
7408.11	除品目 74.07 之外,从任何其他品目变更到子目 7408.11。
7408.19 - 7408.29	除品目 74.07 之外,从任何其他品目变更到子目 7408.19 至 7408.29。
74.09	从任何其他品目变更到品目 74.09。
74.10	除品目 74.09 之外,从任何其他品目变更到品目 74.10。
74.11	除加拿大关税税目 7407.10.13, 7407.10.22,7407.21.13,7407.21.22,7407.22.14,7407.22.22, 7407.29.13 或 7407.29.22,美国关税税目 7407.10.10A,7407.21.10A,7407.22.10A 或 7407.29.10A,或墨西哥关税税目 7407.10.03,7407.21.03,7407.22.03 或 7407.29.03,或品目 74.09 之外,从任何其他品目变更到品目 74.11。
74.12	除品目 74.11 之外,从任何其他品目变更到品目 74.12。
74.13	除品目 74.07 至 74.08 之外,从任何其他品目变更到品目 74.13;或者 从品目 74.07 至 74.08 变更到品目 74.13,不论任何其他品目是否也有变更,前提条件是区域价值成分: (1)以交易价值法计,不低于 60%,或者 (2)以净成本法计,不低于 50%。
74.14 - 74.18	从任何其他品目,包括该组之内的另一品目,变更到品目 74.14 至 74.18。
7419.10	除品目 74.07 之外,从任何其他品目变更到子目 7419.10。
7419.91 - 7419.99	从任何其他品目变更到子目 7419.91 至 7419.99。
第 75 章	镍及其制品
75.01 - 75.04	从任何其他各章变更到品目 75.01 至 75.04。
75.05	从任何其他品目变更到品目 75.05。
75.06	
7506.10.aa	从任何其他关税税目变更到加拿大关税税目 7506.10.22,美国关税税目 7506.10.50,或墨西哥关税税目 7506.10.01。
7506.20.aa	从任何其他关税税目变更到加拿大关税税目 7506.20.92,美国关税税目 7506.20.50A,或墨西哥关税税目 7506.20.01。

续表

75.06	从任何其他品目变更到品目 75.06。
75.07 - 75.08	除该组之外的任何品目变更到品目 75.07 至 75.08。
第 76 章	铝及其制品
76.01 - 76.03	从任何其他各章变更到品目 76.01 至 76.03。
76.04 - 76.06	从该组之外的任何品目变更到品目 76.04 至 76.06。
76.07	从任何其他品目变更到品目 76.07。
76.08 - 76.09	从该组之外的任何税目变更到品目 76.08 至 76.09。
76.10 - 76.13	从任何其他品目,包括该组之内的另一品目,变更到品目 76.10 至 76.13。
76.14	除品目 76.04 至 76.05 之外,从任何其他品目变更到品目 76.14。
76.15 - 76.16	从任何其他品目,包括该组之内的另一品目,变更到品目 76.15 至 76.16。
第 78 章	铅及其制品
78.01 - 78.02	从任何其他各章变更到品目 78.01 至 78.02。
78.03 - 78.06	从任何其他各章变更到品目 78.03 至 78.06;或者 从第 78 章中任何前提品目,包括该组之内的另一品目,变更到品目 78.03 至78.06,不论从任何其他各章是否也有变更,前提条件是区域价值成分: (1)以交易价值法计,不低于 60%,或者 (2)以净成本法计,不低于 50%。
第 79 章	锌及其制品
79.01 - 79.03	从任何其他各章变更到品目 79.01 至 79.03。
79.04 - 79.07	从任何其他各章变更到品目 79.04 至 79.07;或者 从第 78 章中任何其他品目,包括该组之内的另一品目,变更到品目 79.04 至79.07,不论从任何其他各章是否也有变更,前提条件是区域价值成分: (1)以交易价值法计,不低于 60%,或者 (2)以净成本法计,不低于 50%。
第 80 章	锡及其制品
80.01 - 80.02	从任何其他各章变更到品目 80.01 至 80.02。
80.03 - 80.04	从该组之外的任何品目变更到品目 80.03 至 80.04。
80.05 - 80.07	从该组之外的任何品目变更到品目 80.05 至 80.07。
第 81 章	其他贱金属、金属陶瓷及其制品
8101.10 - 8101.91	从任何其他各章变更到子目 8101.10 至 8101.91。
8101.92	从任何其他子目变更到子目 8101.92。
8101.93	从任何其他各章变更到子目 8101.93。
8101.99	从任何其他子目变更到子目 8101.99。
8102.10 - 8102.91	从任何其他各章变更到子目 8102.10 至 8102.91。

续表

8102.92	从任何其他子目变更到子目 8102.92。
8102.93	除加拿大关税税目 8102.92.10,美国关税税目 8102.92.00a,或墨西哥关税税目 8102.92.01 之外,从任何其他子目变更到子目 8102.93。
8102.99	从任何其他子目变更到子目 8102.99。
8103.10	从任何其他各章变更到子目 8103.10。
8103.90	从任何其他子目变更到子目 8103.90。
8104.11 - 8104.30	从任何其他各章变更到子目 8104.11 至 8104.30。
8104.90	从任何其他子目变更到子目 8104.90。
8105.10	从任何其他各章变更到子目 8105.10。
8105.90	从任何其他子目变更到子目 8105.90。
81.06	从任何其他各章变更到品目 81.06。
8107.10	从任何其他各章变更到子目 8107.10。
8107.90	从任何其他子目变更到子目 8107.90。
8108.10	从任何其他各章变更到子目 8108.10。
8108.90	从任何其他子目变更到子目 8108.90。
8109.10	从任何其他各章变更到子目 8109.10。
8109.90	从任何其他子目变更到子目 8109.90。
81.10	从任何其他各章变更到品目 81.10。
81.11	
8111.00. aa	从任何其他关税税目变更到加拿大关税税目 8111.00.21,8111.00.22,8111.00.40,美国关税税目 8111.00.60,或墨西哥关税税目 8111.00.01。
81.11	从任何其他各章变更到品目 81.11。
81.12 - 81.13	从任何其他各章变更到品目 81.12 至 81.13。
第 82 章	贱金属工具、器具、刀具、汤匙和餐叉及其零件
82.01 - 82.15	从任何其他各章变更到品目 82.01 至 82.15。
第 83 章	贱金属杂项制品
8301.10 - 8301.50	从任何其他各章变更到子目 8301.10 至 8301.50;或者 从子目 8301.60 变更到子目 8301.10 至 8301.50,不论从任何其他各章是否也有变更,其他条件是区域价值成分: (1)以交易价值法计,不低于 60%,或者 (2)以净成本法计,不低于 50%。
8301.60 - 8301.70	从任何其他各章变更到子目 8301.60 至 8301.70。
83.02 - 83.04	从任何其他品目,包括该组之内的另一品目,变更到品目 83.02 至 83.04。

续表

8305.10 - 8305.20	从任何其他各章变更到子目 8305.10 至 8305.20；或者 从子目 8305.90 变更到子目 8305.10 至 8305.20，不论从任何其他各章是否也有变更，其他条件是区域价值成分： (1)以交易价值法计，不低于 60%，或者 (2)以净成本法计，不低于 50%。
8305.90	从任何其他品目变更到子目 8305.90。
83.06 - 83.07	从任何其他各章变更到品目 83.06 至 83.07。
8308.10 - 8308.20	从任何其他各章变更到子目 8308.10 至 8308.20；或者从子目 8308.90 变更到子目 8308.10 至 8308.20，不论从任何其他各章是否也有变更，前提条件是区域价值成分： (1)以交易价值法计，不低于 60%，或者 (2)以净成本法计，不低于 50%。
8308.90	从任何其他品目变更到子目 8308.90。
83.09 - 83.10	从任何其他各章变更到子目 83.09 至 83.10。
8311.10 - 8311.30	从任何其他各章变更到子目 8311.10 至 8311.30；或者 从子目 8311.90 变更到子目 8311.10 至 8311.30，不论从任何其他各章是否也有变更，前提条件是区域价值成分： (1)以交易价值法计，不低于 60%，或者 (2)以净成本法计，不低于 50%。
8311.90	从任何其他品目变更到子目 8311.90。
第十六类	机器和机械器具、电气设备及其零件；录音机和放声机、电视图像和声音的录制和重放设备及其零件和附件(第 84 ~ 85 章)
第 84 章	核反应堆、锅炉、机器、机械器具及其零件 注释 1：本章所称“印刷电路板组件”这一术语，系指包含一个或多个品目 83.54 所列印刷电路的货物，该货物装有一个或多个有源元件，可带也可不带无源元件。本注释所称“有源元件”，系指品目 85.41 所列二极管、晶体管和其他类似半导体器件，无论其是否感光，以及品目 85.42 所列集成电路和微电子组件。 注释 2：加拿大关税税目 8473.30.10，美国关税税目 8473.30.40C，或墨西哥关税税目 8473.30.02 包含子目 8471.92 所列打印机的以下零件： (1)控制或命令组件，包括一个以上的下述组件：印刷电路组件、硬盘或软盘驱动、键盘、用户界面； (2)光源组件，包括一个以上的下述组件：发光二极管组件、气体激光器、多角镜组件、专用铸模； (3)激光影像组件，包括一个以上的下述组件：感光带或感光滚筒、墨粉盒元件、墨粉显像元件、装墨(卸墨)元件、清洁元件； (4)定影组件，包括一个以上的下述组件：定影辊、压实辊、发热元件、出油分配器、清洁元件、电气控制； (5)喷墨标印组件，包括一个以上的下述组件：热敏印头、油墨分配器、喷嘴和储墨元件、油墨加热器； (6)维护、密封组件，包括一个以上的下述组件：真空元件、喷墨遮盖元件、密封元件、洗涤元件； (7)纸张处理组件，包括一个以上的下述组件：纸张传送带、滚轴、印刷杆、进纸口、装纸辊、储纸元件、出纸托盘元件；

续表

	(8)热转移成像组件,包括一个以上的下述组件:热敏印头、清洁元件、进给辊或卷取辊; (9)电离成像组件,包括一个以上的下述组件:离子生成和发射元件、空气辅助元件、印刷电路组件、电荷接收带或电荷接收滚筒、墨粉盒元件、墨粉分配单元、显影剂储存和分配元件、成像元件、装墨(卸墨)元件、清洁元件;或者 (10)上述组件的组合。
8401.10 - 8401.30	从任何其他品目变更到子目8401.10至8401.30;或者 从子目8401.40变更到子目8401.10至8401.30,不论从任何其他品目是否也有变更,前提条件是区域价值成分: (1)以交易价值法计,不低于60%,或者 (2)以净成本法计,不低于50%。
8401.40	从任何其他品目变更到子目8401.40。
8402.11 - 8402.20	从任何其他品目变更到子目8402.11至8402.20;或者 从子目8402.90变更到子目8402.11至8402.20,不论从任何其他品目是否也有变更,前提条件是区域价值成分: (1)以交易价值法计,不低于60%,或者 (2)以净成本法计,不低于50%。
8402.90	从任何其他品目变更到子目8402.90;或者 对子目8402.90所列海关税则分类不要求变更,前提条件是区域价值成分: (1)以交易价值法计,不低于60%,或者 (2)以净成本法计,不低于50%。
8403.10	从任何其他品目变更到子目8403.10;或者 从子目8403.90变更到子目8403.10,不论从任何其他品目是否也有变更,其他条件是区域价值成分: (1)以交易价值法计,不低于60%,或者 (2)以净成本法计,不低于50%。
8403.90	从任何其他品目变更到子目8403.90。
8404.10 - 8404.20	从任何其他品目变更到子目8404.10至8404.20; 从子目8404.90变更到子目8404.10至8404.20,不论从任何其他品目是否也有变更,前提条件是区域价值成分: (1)以交易价值法计,不低于60%,或者 (2)以净成本法计,不低于50%。
8404.90	从任何其他品目变更到子目8404.90。
8405.10	从任何其他品目变更到子目8405.10;或者 从子目8405.90变更到子目8405.10,不论从任何其他品目是否也有变更,前提条件是区域价值成分: (1)以交易价值法计,不低于60%,或者 (2)以净成本法计,不低于50%。
8405.90	从任何其他品目变更到子目8405.90。

续表

8406.11 - 8406.19	除加拿大关税税目 8406.90.22,8406.90.24,8406.90.32 或 8406.90.34,美国关税税目 8406.90.10A,8406.90.10C,8406.90.90A 或 8406.90.90C,或墨西哥关税税目 8406.90.01 或 8406.90.02 之外,从该组之外的任何子目变更到子目 8406.11 至 8406.19。
8406.90	
8406.90.aa	从加拿大关税税目 8406.90.21 或 8406.90.31,美国关税税目 8406.90.10B 或 8406.90.90B,或墨西哥关税税目 8406.90.03,或任何其他品目变更到加拿大关税税目 8406.90.22 或 8406.90.32,美国关税税目 8406.90.10A 或 8406.90.90A,或墨西哥关税税目 8406.90.01。
8406.90.bb	从任何其他关税税目变更到加拿大关税税目 8406.90.24 或 8406.90.34,美国关税税目 8406.90.10C 或 8406.90.90C,或墨西哥关税税目 8406.90.02。
8406.90	从任何其他品目变更到子目 8406.90。
84.07 - 84.08[16]	从任何其他品目,包括该组之内的另一品目,变更到子目 84.07 至 84.08,前提条件是区域价值成分: (1)以交易价值法计,不低于 60%,或者 (2)以净成本法计,不低于 50%。
8409.10[17]	从任何其他品目变更到子目 8409.10。
8409.91[18]	从任何其他品目变更到子目 8409.10;或者 对子目 8409.91 所列海关税则分类不要求变更,前提条件是区域价值成分: (1)以交易价值法计,不低于 60%,或者 (2)以净成本法计,不低于 50%。
8409.99[19]	从任何其他品目变更到子目 8409.99;或者 对子目 8409.99 所列海关税则分类不要求变更,前提条件是区域价值成分: (1)以交易价值法计,不低于 60%,或者 (2)以净成本法计,不低于 50%。
8410.11 - 8410.13	从任何其他品目变更到子目 8410.11 至 8410.13;或者 从子目 8410.90 变更到子目 8410.11 至 8410.13,不论从任何其他品目是否也有变更,前提条件是区域价值成分: (1)以交易价值法计,不低于 60%,或者 (2)以净成本法计,不低于 50%。
8410.90	从任何其他品目变更到子目 8410.90。
8411.11 - 8411.82	从任何其他品目变更到子目 8411.11 至 8411.82;或者 从子目 8411.91 至 8411.99 变更到子目 8411.11 至 8411.82,不论从任何其他品目是否也有变更,前提条件是区域价值成分: (1)以交易价值法计,不低于 60%,或者 (2)以净成本法计,不低于 50%。
8411.91 - 8411.99	从任何其他品目变更到子目 8411.91 至 8411.99。

续表

8412.10 - 8412.80	从任何其他品目变更到子目 8412.10 至 8412.80;或者 从子目 8412.90 变更到子目 8412.10 至 8412.80,不论从任何其他品目是否也有变更,前提条件是区域价值成分: (1)以交易价值法计,不低于 60%,或者 (2)以净成本法计,不低于 50%。
8412.90	从任何其他品目变更到子目 8412.90。
8413.11 - 8413.82[20]	从任何其他品目变更到子目 8413.11 至 8413.82;或者 从子目 8413.91 至 8413.92 变更到子目 8413.11 至 8413.82,不论从任何其他品目是否也有变更,前提条件是区域价值成分: (1)以交易价值法计,不低于 60%,或者 (2)以净成本法计,不低于 50%。
8413.91	从任何其他品目变更到子目 8413.91。
8413.92	从任何其他品目变更到子目 8413.92;或者 对子目 8413.92 所列海关税则分类不要求变更,前提条件是区域价值成分: (1)以交易价值法计,不低于 60%,或者 (2)以净成本法计,不低于 50%。
8414.10 - 8414.20	从任何其他品目变更到子目 8414.10 至 8414.20;或者 从子目 8414.90 变更到子目 8414.10 至 8414.20,不论从任何其他品目是否也有变更,其他条件是区域价值成分: (1)以交易价值法计,不低于 60%,或者 (2)以净成本法计,不低于 50%。
8414.30	除加拿大关税税目 8414.90.21 或 8414.90.51,美国关税税目 8414.90.20A 或 8414.90.20B,或墨西哥关税税目 8414.90.14 之外,从任何其他子目变更到子目 8414.30。
8414.40 - 8414.80[21]	从任何其他品目变更到子目 8414.40 至 8414.80;或者 从子目 8414.90 变更到子目 8414.40 至 8414.80,不论从任何其他品目是否也有变更,其他条件是区域价值成分: (1)以交易价值法计,不低于 60%,或者 (2)以净成本法计,不低于 50%。
8414.90	从任何其他品目变更到子目 8414.90;或者 对子目 8414.90 所列海关税则分类不要求变更,前提条件是区域价值成分: (1)以交易价值法计,不低于 60%,或者 (2)以净成本法计,不低于 50%。
8415.10	除加拿大关税税目 8415.90.11,8415.90.21,8415.90.31 或 8415.90.41,美国关税税目 8415.90.00A 或 8415.90.00B,或墨西哥关税税目 8415.90.01,或包括一个以上的下述元件(即压缩器、冷凝器、蒸发器、连接管)的组件之外,从任何其他子目变更到子目 8415.10。

续表

8415.81 - 8415.83[22]	除加拿大关税税目 8415.90.11,8415.90.21,8415.90.31 或 8415.90.41,美国关税税目 8415.90.00A 或 8415.90.00B,或墨西哥关税税目 8415.90.01,或包括一个以上的下述元件(即压缩器、冷凝器、蒸发器、连接管)的组件之外,从该组之外的任何子目变更到子目 8415.81 至 8415.83;或者 从加拿大关税税目 8415.90.11,8415.90.21,8415.90.31 或 8415.90.41,美国关税税目 8415.90.00A 或 8415.90.00B,或墨西哥关税税目 8415.90.01,或包括一个以上的下述元件(即压缩器、冷凝器、蒸发器、连接管)的组件变更到子目 8415.81 至 8415.83,不论从该组之外的任何其他子目是否也有变更,前提条件是区域价值成分: (1)以交易价值法计,不低于 60%,或者 (2)以净成本法计,不低于 50%。
8415.90	
8415.90.aa	从任何其他关税税目变更到加拿大关税税目 8415.90.11,8415.90.21,8415.90.31 或 8415.90.41,美国关税税目 8415.90.00A 或 8415.90.00B,或墨西哥关税税目 8415.90.01。
8415.90	从任何其他品目变更到子目 8415.90。
8416.10 - 8416.30	从任何其他品目变更到子目 8416.10 至 8416.30;或者 从子目 8416.90 变更到子目 8416.10 至 8416.30,不论从任何其他品目是否也有变更,前提条件是区域价值成分: (1)以交易价值法计,不低于 60%,或者 (2)以净成本法计,不低于 50%。
8416.90	从任何其他品目变更到子目 8416.90。
8417.10 - 8417.80	从任何其他品目变更到子目 8417.10 至 8417.80;或者 从子目 8417.90 变更到子目 8417.10 至 8417.80,不论从任何其他品目是否也有变更,前提是区域价值成分: (1)以交易价值法计,不低于 60%,或者 (2)以净成本法计,不低于 50%。
8417.90	从任何其他品目变更到子目 8417.90。
8418.10 - 8418.21	除子目 8418.91,加拿大关税税目 8418.99.11,8418.99.21,8418.99.31,8418.99.41 或 8418.99.51,美国关税税目 8418.99.00A,或墨西哥关税税目 8418.99.12,或包括一个以上的下述元件(即压缩器、冷凝器、蒸发器、连接管)的组件之外,从该组之外的任何子目变更到子目 8418.10 至 8418.2。
8418.22	从任何其他品目变更到子目 8418.22;或者 从子目 8418.99 变更到子目 8418.22,不论从任何其他品目是否也有变更,前提条件是区域价值成分: (1)以交易价值法计,不低于 60%,或者 (2)以净成本法计,不低于 50%。
8418.29 - 8418.40	除子目 8418.91,加拿大关税税目 8418.99.11,8418.99.21,8418.99.31,8418.99.41 或 8418.99.51,美国关税税目 8418.99.00A,或墨西哥关税税目 8418.99.12,或包括一个以上的下述元件(即压缩器、冷凝器、蒸发器、连接管)的组件之外,从该组之外的任何子目变更到子目 8418.29 至 8418.40。

续表

8418.50-8418.69	从任何其他品目变更到子目8418.50至8418.69;或者 从子目8418.91至8418.99变更到子目8418.50至8418.69,不论从任何其他品目是否也有变更,前提条件是区域价值成分: (1)以交易价值法计,不低于60%,或者 (2)以净成本法计,不低于50%。
8418.91	从任何其他子目变更到子目8418.91。
8418.99	
8418.99.aa	从任何其他关税税目变更到加拿大关税税目8418.99.11,8418.99.21,8418.99.31,8418.99.41或8418.99.51,美国关税税目8418.99.00A,或墨西哥关税税目8418.99.12。
8418.99	从任何其他品目变更到子目8418.99。
8419.11-8419.89	从任何其他品目变更到子目8419.11至8419.89;或者 从子目8419.90变更到子目8419.11至8419.89,不论从任何其他品目是否也有变更,前提条件是区域价值成分: (1)以交易价值法计,不低于60%,或者 (2)以净成本法计,不低于50%。
8419.90	从任何其他品目变更到子目8419.90;或者 对子目8419.90所列海关税则分类不要求变更,前提条件是区域价值成分: (1)以交易价值法计,不低于60%,或者 (2)以净成本法计,不低于50%。
8420.10	从任何其他品目变更到子目8420.10;或者 从子目8420.91至8420.99变更到子目8420.10,不论从任何其他品目是否也有变更,前提条件是区域价值成分: (1)以交易价值法计,不低于60%,或者 (2)以净成本法计,不低于50%。
8420.91-8420.99	从任何其他品目变更到子目8420.91至8420.99
8421.11	从任何其他品目变更到子目8421.11;或者 从子目8421.91变更到子目8421.11,不论从任何其他品目是否也有变更,前提条件是区域价值成分: (1)以交易价值法计,不低于60%,或者 (2)以净成本法计,不低于50%。
8421.12	除加拿大关税税目8421.91.11,8421.91.12,8537.10.11,8537.10.19,8537.10.41或8537.10.49,美国关税税目8421.91.00A,8421.91.00B或8537.10.00A,或墨西哥关税税目8421.91.02,8421.91.03或8537.10.05之外,从任何其他子目变更到子目8412.12。
8421.19-8421.39[23]	从任何其他品目变更到子目8421.19至8421.39;或者 从子目8421.91至8421.99变更到子目8421.19至8421.39,不论从任何其他品目是否也有变更,前提条件是区域价值成分: (1)以交易价值法计,不低于60%,或者 (2)以净成本法计,不低于50%。
8421.91	

续表

8421.91.aa	从任何其他关税税目变更到加拿大关税税目8421.91.11,美国关税税目8421.91.00A,或墨西哥关税税目8421.91.02。
8421.91.bb	从任何其他关税税目变更到加拿大关税税目8421.91.12,美国关税税目8421.91.00B,或墨西哥关税税目8421.91.03。
8421.91	从任何其他品目变更到子目8421.91。
8421.99	从任何其他品目变更到子目8421.99;或者 子目8421.99所列海关税则分类不要求变更,前提条件是区域价值成分: (1)以交易价值法计,不低于60%,或者 (2)以净成本法计,不低于50%。
8422.11	除加拿大关税税目8422.90.11,8422.90.12,8422.90.22, 8422.90.23,8537.10.11,8537.10.19,8537.10.41或8537.10.49,美国关税税目8422.90.05A,8422.90.05B或8537.10.00A,或墨西哥关税税目8422.90.05,8422.90.06或8537.10.05,或含有水泵(不论是否电动)以及控制、过滤和喷洒水的辅助装置的水循环系统之外,从任何其他子目变更到子目8422.11。
8422.19-8422.40	从任何其他品目变更到子目8422.19至8422.40;或者 从子目8422.90变更到子目8422.19至8422.40,不论从任何其他品目是否也有变更,前提条件是区域价值成分: (1)以交易价值法计,不低于60%,或者 (2)以净成本法计,不低于50%。
8422.90	
8422.90.aa	从任何其他关税税目变更到加拿大关税税目8422.90.11或8422.90.22,美国关税税目8422.90.05A,或墨西哥关税税目8422.90.05。
8422.90.bb	从任何其他关税税目变更到加拿大关税税目8422.90.12或8422.90.23,美国关税税目8422.90.05B,或墨西哥关税税目8422.90.06。
8422.90	从任何其他品目变更到子目8422.90。
8423.10-8423.89	从任何其他品目变更到子目8423.10至8423.89;或者 从子目8423.90变更到子目8423.10至8423.89,不论从任何其他品目是否也有变更,前提条件是区域价值成分: (1)以交易价值法计,不低于60%,或者 (2)以净成本法计,不低于50%。
8423.90	从任何其他品目变更到子目8423.90。
8424.10-8424.89	从任何其他品目变更到子目8423.10至8424.89;或者 从子目8423.90变更到子目8423.10至8423.89,不论从任何其他品目是否也有变更,前提条件是区域价值成分: (1)以交易价值法计,不低于60%,或者 (2)以净成本法计,不低于50%。
8424.90	从任何其他品目变更到子目8424.90。

续表

84.25-84.26	除品目 84.31 之外,从任何其他品目,包括该组之内的另一品目,变更到子目 84.25 至 84.26;或者 从子目 84.31 变更到子目 84.25 至 84.26,不论从任何其他品目,包括该组之内的另一品目,是否也有变更,前提条件是区域价值成分: (1)以交易价值法计,不低于 60%,或者 (2)以净成本法计,不低于 50%。
8427.10	
8427.10.aa	除子目 8431.20 或 8483.40 或品目 85.01 之外,从任何其他品目变更到加拿大关税税目 8427.10.10,美国关税税目 8427.10.00A,或墨西哥关税税目 8427.10.03 或 8427.10.04。 从子目 8431.20 或 8483.40 或品目 85.01 变更到加拿大关税税目 8427.10.10,美国关税税目 8427.10.00A,或墨西哥关税税目 8427.10.03 或 8427.10.04,无论从任何其他品目是否也有变更,前提条件是区域价值成分: (1)以交易价值法计,不低于 60%,或者 (2)以净成本法计,不低于 50%。
8427.10	除子目 8431.20 之外,从任何其他品目变更到子目 8427.10;或者 从子目 8431.20 变更到子目 8427.10,不论从任何其他品目是否也有变更,前提条件是区域价值成分: (1)以交易价值法计,不低于 60%,或者 (2)以净成本法计,不低于 50%。
8427.20	
8427.20.aa	除品目 84.07 或 84.08 或子目 8431.20 或 8483.40 之外,从任何其他品目变更到加拿大关税税目 8427.20.10,美国关税税目 8427.20.00A,或墨西哥关税税目 8427.20.04或 8427.20.05;或者 从品目 84.07 或 84.08 或子目 8431.20 或 8483.40 变更到加拿大关税税目 8427.20.10,美国关税税目 8427.20.00A,或墨西哥关税税目 8427.20.04 或 8427.20.05,不论从任何其他品目是否也有变更,前提条件是区域价值成分: (1)以交易价值法计,不低于 60%,或者 (2)以净成本法计,不低于 50%。
8427.20	除子目 8431.20 之外,从任何其他品目变更到子目 8427.20;或者 从子目 8431.20 变更到子目 8427.20,不论从任何其他品目是否也有变更,前提条件是区域价值成分: (1)以交易价值法计,不低于 60%,或者 (2)以净成本法计,不低于 50%。
8427.90	除子目 8431.20 之外,从任何其他品目变更到子目 8427.90;或者 从子目 8431.20 变更到子目 8427.90,不论从任何其他品目是否也有变更,前提条件是区域价值成分: (1)以交易价值法计,不低于 60%,或者 (2)以净成本法计,不低于 50%。

续表

84.28 - 84.30	除品目 84.31 之外，从该组之外的任何品目变更到品目 84.28 至 84.30；或者 从品目 84.31 变更到品目 84.28 至 84.30，不论该组之外的任何品目是否也有变更，前提条件是区域价值成分： (1) 以交易价值法计，不低于 60%，或者 (2) 以净成本法计，不低于 50%。
8431.10	从任何其他品目变更到子目 8431.10；或者 对子目 8431.10 所列海关税则分类不要求变更，前提条件是区域价值成分： (1) 以交易价值法计，不低于 60%，或者 (2) 以净成本法计，不低于 50%。
8431.20	从任何其他品目变更到子目 8431.20。
8431.31	从任何其他品目变更到子目 8431.31；或者 对子目 8431.31 所列海关税则分类不要求变更，前提条件是区域价值成分： (1) 以交易价值法计，不低于 60%，或者 (2) 以净成本法计，不低于 50%。
8431.39	从任何其他品目变更到子目 8431.39；或者 对子目 8431.31 所列海关税则分类不要求变更，前提条件是区域价值成分： (1) 以交易价值法计，不低于 60%，或者 (2) 以净成本法计，不低于 50%。
8431.41 - 8431.42	从任何其他品目变更到子目 8431.41 至 8431.42。
8431.43	从任何其他品目变更到子目 8431.43；或者 对子目 8431.43 所列海关税则分类不要求变更，前提条件是区域价值成分： (1) 以交易价值法计，不低于 60%，或者 (2) 以净成本法计，不低于 50%。
8431.49	从任何其他品目变更到子目 8431.49；或者 对子目 8431.49 所列海关税则分类不要求变更，前提条件是区域价值成分： (1) 以交易价值法计，不低于 60%，或者 (2) 以净成本法计，不低于 50%。
8432.10 - 8432.80	从任何其他品目变更到子目 8432.10 至 8432.80；或者 从子目 8432.90 变更到子目 8432.10 至 8432.80，不论从任何其他品目是否也有变更，前提条件是区域价值成分： (1) 以交易价值法计，不低于 60%，或者 (2) 以净成本法计，不低于 50%。
8432.90	从任何其他品目变更到子目 8432.90。
8433.11 - 8433.60	从任何其他品税目变更到子 8433.11 至 8433.60；或者 从子目 8433.90 变更到子目 8433.11 到 8433.60，不论从任何其他品目是否也有变更，前提条件是区域价值成分： (1) 以交易价值法计，不低于 60%，或者 (2) 以净成本法计，不低于 50%。
8433.90	从任何其他品目变更到子目 8433.90。

续表

8434.10－8434.20	从任何其他品目变更到子目8434.10至8434.20;或者 从子目8434.90变更到子目8434.10至8434.20,不论从任何其他品目是否也有变更,前提条件是区域价值成分: (1)以交易价值法计,不低于60%,或者 (2)以净成本法计,不低于50%。
8434.90	从任何其他品目变更到子目8434.90。
8435.10	从任何其他品目变更到子目8435.10;或者 从子目8435.90变更到子目8435.10,不论从任何其他品目是否也有变更,前提条件是区域价值成分: (1)以交易价值法计,不低于60%,或者 (2)以净成本法计,不低于50%。
8435.90	从任何其他品目变更到子目8435.90。
8436.10－8436.80	从任何其他品目变更到子目8435.10至8436.80;或者 从子目8436.91至8436.99变更到子目8436.10至8436.80,不论从任何其他品目是否也有变更,前提条件是区域价值成分: (1)以交易价值法计,不低于60%,或者 (2)以净成本法计,不低于50%。
8436.91－8436.99	从任何其他品目变更到子目8436.91至8436.99。
8437.10－8437.80	从任何其他品目变更到子目8437.10至8437.80;或者 从子目8437.90变更到子目8437.10至8437.80,不论从任何其他品目是否也有变更,前提条件是区域价值成分: (1)以交易价值法计,不低于60%,或者 (2)以净成本法计,不低于50%。
8437.90	从任何其他品目变更到子目8437.90。
8438.10－8438.80	从任何其他品目变更到子目8438.10至8438.80;或者 从子目8438.90变更到子目8438.10至8438.80,不论从任何其他品目是否也有变更,前提条件是区域价值成分: (1)以交易价值法计,不低于60%,或者 (2)以净成本法计,不低于50%。
8438.90	从任何其他品目变更到子目8438.90。
8439.10－8439.30	从任何其他品目变更到子目8439.10至8439.30;或者 从子目8439.91至8439.99变更到子目8439.10至8439.30,不论从任何其他品目是否也有变更,前提条件是区域价值成分: (1)以交易价值法计,不低于60%,或者 (2)以净成本法计,不低于50%。
8439.91－8439.99	从任何其他品目变更到子目8439.91至8439.99。

续表

8440.10	从任何其他品目变更到子目 8440.10;或者 从子目 8440.90 变更到子目 8440.10,不论从任何其他品目是否也有变更,前提条件是区域价值成分: (1)以交易价值法计,不低于 60%,或者 (2)以净成本法计,不低于 50%。
8440.90	从任何其他品目变更到子目 8440.90。
8441.10－8441.80	从任何其他品目变更到子目 8441.10 至 8441.80;或者 从子目 8440.90 变更到子目 8440.10 至 8441.80,不论从任何其他品目是否也有变更,前提条件是区域价值成分: (1)以交易价值法计,不低于 60%,或者 (2)以净成本法计,不低于 50%。
8441.90	从任何其他品目变更到子目 8441.90;或者 对子目 8441.90 所列海关税则分类不要求变更,前提条件是区域价值成分: (1)以交易价值法计,不低于 60%,或者 (2)以净成本法计,不低于 50%。
8442.10－8442.30	从任何其他品目变更到子目 8442.10 至 8442.30;或者 从子目 8442.40 至 8442.50 变更到子目 8442.10 至 8442.30,不论从任何其他品目是否也有变更,前提条件是区域价值成分: (1)以交易价值法计,不低于 60%,或者 (2)以净成本法计,不低于 50%。
8442.40－8442.50	从任何其他品目变更到子目 8442.40 至 442.50。
8443.11－8443.50	从任何其他品目变更到子目 8443.11 至 8443.50;或者 从子目 8443.60 至 8443.90 变更到子目 8443.11 至 8443.50,不论从任何其他品目是否也有变更,前提条件是区域价值成分: (1)以交易价值法计,不低于 60%,或者 (2)以净成本法计,不低于 50%。
8443.60	从任何其他品目变更到子目 8443.60;或者 从子目 8443.90 变更到子目 8443.60,不论从任何其他品目是否也有变更,前提条件是区域价值成分: (1)以交易价值法计,不低于 60%,或者 (2)以净成本法计,不低于 50%。
8443.90	从任何其他品目变更到子目 8443.90。
84.44－84.47	除品目 84.48 之外,从该组之外的任何品目变更到品目 84.44 至 84.47;或者 从品目 84.48 变更到品目 84.44 至 84.47,不论从任何其他品目是否也有变更,前提条件是区域价值成分: (1)以交易价值法计,不低于 60%,或者 (2)以净成本法计,不低于 50%。

续表

8448.11 - 8848.19	从任何其他品目变更到子目 8448.11 至 8448.19;或者 从子目 8448.20 至 8448.59 变更到子目 8448.11 至 8448.19,不论从任何其他品目是否也有变更,前提条件是区域价值成分: (1)以交易价值法计,不低于 60%,或者 (2)以净成本法计,不低于 50%。
8448.20 - 8448.59	从任何其他品目变更到子目 8448.20 至 8448.59。
84.49	从任何其他品目变更到子目 84.49。
8450.11 - 8450.20	除加拿大关税税目 8450.90.11,8450.90.12,8450.90.21,8450.90.22,8450.90.31,8450.90.32,8450.90.41,8450.90.42,8537.10.11,8537.10.19,8537.10.41 或 8537.10.49,美国关税税目 8450.90.00A,8450.90.00B 或 8537.10.00A,或墨西哥关税税目 8450.90.01,8450.90.02 或 8537.10.05,或包含一个以上的下述元件(即搅拌器、电机、变速器、离合器)的垫圈组合件之外,从该组之外的任何子目变更到子目 8450.11 至 8450.20。
8450.90	
8450.90.aa	从任何其他关税税目变更到加拿大关税税目 8450.90.11,8450.90.21,8450.90.31,8450.90.41,美国关税税目 8450.90.00,或墨西哥关税税目 8450.90.01。
8450.90.bb	从任何其他关税税目变更到加拿大关税税目 8450.90.12,8450.90.22,8450.90.32,8450.90.42,美国关税税目 8450.90.00,或墨西哥关税税目 8450.90.02。
8450.90	从任何其他品目变更到子目 8450.90。
8451.10	从任何其他品目变更到子目 8451.10;或者 从子目 8451.90 变更到子目 8451.10,不论从任何其他品目是否也有变更,前提条件是区域价值成分: (1)以交易价值法计,不低于 60%,或者 (2)以净成本法计,不低于 50%。
8451.21 - 8451.29	除加拿大关税税目 8451.90.11,8451.90.12,8451.90.21,8451.90.22,8451.90.31 或 8451.90.32,美国关税税目 8451.90.00A 或 8451.90.00B,或墨西哥关税税目 8451.90.01 或 8451.90.02,或子目 8537.10 之外,从该组之外的任何子目变更到子目 8451.21 至 8451.29。
8451.30 - 8451.80	从任何其他品目变更到子目 8451.30 至 8451.80;或者 从子目 8451.90 变更到子目 8451.30 至 8451.80,不论从任何其他品目是否也有变更,前提条件是区域价值成分: (1)以交易价值法计,不低于 60%,或者 (2)以净成本法计,不低于 50%。
8451.90	
8451.90.aa	从任何其他关税税目变更到加拿大关税税目 8451.90.11,8451.90.21 或 8451.90.31,美国关税税目 8451.90.00A,或墨西哥关税税目 8451.90.01。
8451.90.bb	从任何其他关税税目变更到加拿大关税税目 8451.90.12,8451.90.22 或 8451.90.32,美国关税税目 8451.90.00B,或墨西哥关税税目 8451.90.02。
8451.90	从任何其他品目变更到子目 8451.90。

续表

8452.10－8452.30	从任何其他品目变更到子目8452.10至8452.30;或者 从子目8452.40或8452.90变更到子目8452.10至8452.30,不论从任何其他品目是否也有变更,前提条件是区域价值成分: (1)以交易价值法计,不低于60%,或者 (2)以净成本法计,不低于50%。
8452.40－8452.90	从任何其他品目变更到子目8452.40至8452.90。
8453.10－8453.80	从任何其他品目变更到子目8453.10至8453.80;或者 从子目8453.90变更到子目8453.10至8453.80,不论从任何其他品目是否也有变更,前提条件是区域价值成分: (1)以交易价值法计,不低于60%,或者 (2)以净成本法计,不低于50%。
8453.90	从任何其他品目变更到子目8453.90。
8454.10－8454.30	从任何其他品目变更到子目8454.10至8454.30;或者 从子目8454.90变更到子目8454.10至8454.30,不论从任何其他品目是否也有变更,前提条件是区域价值成分: (1)以交易价值法计,不低于60%,或者 (2)以净成本法计,不低于50%。
8454.90	从任何其他品目变更到子目8454.90。
8455.10－8455.22	除加拿大关税税目8455.90.10,美国关税税目8455.90.00A,或墨西哥关税税目8455.90.01之外,从该组之外的任何子目变更到子目8455.10至8455.22。
8455.30	从任何其他品目变更到子目8455.30;或者 从子目8455.90变更到子目8455.30,不论从任何其他品目是否也有变更,前提条件是区域价值成分: (1)以交易价值法计,不低于60%,或者 (2)以净成本法计,不低于50%。
8455.90	从任何其他品目变更到子目8455.90。
8456.10	除一个以上的下列各项之外,从任何其他品目变更到子目8456.10: • 加拿大关税税目8466.93.11或8466.93.91,美国关税税目8466.93.10A,8466.93.50A或8466.93.70A,或墨西哥关税税目8466.93.04, • 子目8537.10, • 子目9013.20。
8456.20－8456.90	除一个以上的下列各项之外,从任何其他品目变更到8456.20至8456.90: • 子目8413.50至8413.60, • 加拿大关税税目8466.93.11或8466.93.11,美国关税税目8466.93.10A,8466.93.50A或8466.93.70A,或墨西哥关税税目8466.93.04, • 子目8501.32或8501.52, • 子目8537.10。
84.57	除品目84.59或一个以上的下列各项之外,从任何其他品目变更到品目84.57: • 子目8413.50至8413.60, • 加拿大关税税目8466.93.11或8466.93.91,美国关税税目8466.93.10A,8466.93.50A或8466.93.70A,或墨西哥关税税目8466.93.04, • 子目8501.32或8501.52, • 子目8537.10。

续表

8458.11	除一个以上的下列各项之外,从任何其他品目变更到子目 8458.11: • 子目 8413.50 至 8413.60, • 加拿大关税税目 8466.93.11 或 8466.93.91,美国关税税目 8466.93.10A, 8466.93.50A或 8466.93.70A,或墨西哥关税税目 8466.93.04, • 子目 8501.32 或 8501.52, • 子目 8537.10。
8458.19	除加拿大关税税目 8466.93.11 或 8466.93.91,美国关税税目 8466.93.10A, 8466.93.50A或 8466.93.70A,或墨西哥关税税目 8466.93.04,或子目 8501.32 或 8501.52 之外,从任何其他品目变更到子目 8458.19。
8458.91	除一个以上的下列各项之外,从任何其他品目变更到子目 8458.91: • 子目 8413.50 至 8413.60, • 加拿大关税税目 8466.93.11 或 8466.93.91,美国关税税目 8466.93.10A, 8466.93.50A或 8466.93.70A,或墨西哥关税税目 8466.93.04, • 子目 8501.32 或 8501.52, • 子目 8537.10。
8458.99	除加拿大关税税目 8466.93.11 或 8466.93.91,美国关税税目 8466.93.10A, 8466.93.50A或 8466.93.70A,或墨西哥关税税目 8466.93.04,或子目 8501.32 或 8501.52 之外,从任何其他品目变更到子目 8458.99。
8459.10	除加拿大关税税目 8466.93.11 或 8466.93.91,美国关税税目 8466.93.10A, 8466.93.50A或 8466.93.70A,或墨西哥关税税目 8466.93.04,或子目 8501.32 或 8501.52 之外,从任何其他品目变更到子目 8459.10。
8459.21	除一个以上的下列各项之外,从任何其他品目变更到子目 8459.21: • 子目 8413.50 至 8413.60, • 加拿大关税税目 8466.93.11 或 8466.93.91,美国关税税目 8466.93.10A, 8466.93.50A或 8466.93.70A,或墨西哥关税税目 8466.93.04, • 子目 8501.32 或 8501.52, • 子目 8537.10;或者 从一个以上的下列各项变更到子目 8459.21: • 子目 8413.50 至 8413.60, • 加拿大关税税目 8466.93.11 或 8466.93.91,美国关税税目 8466.93.10A, 8466.93.50A或 8466.93.70A,或墨西哥关税税目 8466.93.04, • 子目 8501.32 或 8501.52, • 子目 8537.10, 不论从任何其他品目是否也有变更,前提条件是区域价值成分: (1)以交易价值法计,不低于 60%,或者 (2)以净成本法计,不低于 50%。
8459.29	除加拿大关税税目 8466.93.11 或 8466.93.91,美国关税税目 8466.93.10A, 8466.93.50A或 8466.93.70A,或墨西哥关税税目 8466.93.04,子目 8501.32 或 8501.52 之外,从任何其他品目变更到子目 8459.29。

续表

8459.31	除一个以上的下列各项之外,从任何其他品目变更到子目 8459.31: • 子目 8413.50 至 8413.60, • 加拿大关税税目 8466.93.11 或 8466.93.91,美国关税税目 8466.93.10A, 8466.93.50A或 8466.93.70A,或墨西哥关税税目 8466.93.04, • 子目 8501.32 或 8501.52, • 子目 8537.10;或者 从一个以上的下列各项变更到子目 8459.31: • 子目 8413.50 至 8413.60, • 加拿大关税税目 8466.93.11 或 8466.93.91,美国关税税目 8466.93.10A, 8466.93.50A或 8466.93.70A,或墨西哥关税税目 8466.93.04, • 子目 8501.32 或 8501.52, • 子目 8537.10, 不论从任何其他品目是否也有变更,前提条件是区域价值成分: (1)以交易价值法计,不低于 60%,或者 (2)以净成本法计,不低于 50%。
8459.39	除加拿大关税税目 8466.93.11 或 8466.93.91,美国关税税目 8466.93.10A, 8466.93.50A或 8466.93.70A,或墨西哥关税税目 8466.93.04,或子目 8501.32 或 8501.52 之外,从任何其他品目变更到子目 8459.39。
8459.40 - 8459.51	除一个以上的下列各项之外,从任何其他品目变更到子目 8459.40 至 8459.51: • 子目 8413.50 至 8413.60, • 加拿大关税税目 8466.93.11 或 8466.93.91,美国关税税目 8466.93.10A, 8466.93.50A或 8466.93.70A,或墨西哥关税税目 8466.93.04, • 子目 8501.32 或 8501.52, • 子目 8537.10;或者 从一个以上的所列各项变更到子目 8459.40 至 8459.51: • 子目 8413.50 至 8413.60, • 加拿大关税税目 8466.93.11 或 8466.93.91,美国关税税目 8466.93.10A, 8466.93.50A或 8466.93.70A,或墨西哥关税税目 8466.93.04, • 子目 8501.32 或 8501.52, • 子目 8537.10, 不论从任何其他品目是否也有变更,前提条件是区域价值成分: (1)以交易价值法计,不低于 60%,或者 (2)以净成本法计,不低于 50%。
8459.59	除加拿大关税税目 8466.93.11 或 8466.93.91,美国关税税目 8466.93.10A, 8466.93.50A或 8466.93.70A,或墨西哥关税税目 8466.93.04,或子目 8501.32 或 8501.52 之外,从任何其他品目变更到子目 8459.59。

续表

8459.61	除一个以上的下列各项之外,从任何其他品目变更到子目8459.61: • 子目8413.50至8413.60, • 加拿大关税税目8466.93.11或8466.93.91,美国关税税目8466.93.10A,8466.93.50A或8466.93.70A,或墨西哥关税税目8466.93.04, • 子目8501.32或8501.52, • 子目8537.10;或者 从一个以上的下列各项变更到子目8459.61: • 子目8413.50至8413.60, • 加拿大关税税目8466.93.11或8466.93.91,美国关税税目8466.93.10A,8466.93.50A或8466.93.70A,或墨西哥关税税目8466.93.04, • 子目8501.32或8501.52, • 子目8537.10, 不论从任何其他品目是否也有变更,前提条件是区域价值成分: (1)以交易价值法计,不低于60%,或者 (2)以净成本法计,不低于50%。
8459.69	除加拿大关税税目8466.93.11或8466.93.91,美国关税税目8466.93.10A,8466.93.50A或8466.93.70A,或墨西哥关税税目8466.93.04,或子目8501.32或8501.52之外,从任何其他品目变更到子目8459.69。
8459.70	
8459.70.aa	从一个以上的下列各项之外,从任何其他品目变更到加拿大关税税目8466.93.11或8466.93.91,美国关税税目8466.93.10A,8466.93.50A,或墨西哥关税税目8466.93.70A: • 子目8413.50至8413.60, • 加拿大关税税目8466.93.11或8466.93.91,美国关税税目8466.93.10A,8466.93.50A或8466.93.70A,或墨西哥关税税目8466.93.04, • 子目8501.32或8501.52, • 子目8537.10;或者 从一个以上的下列各项变更到加拿大关税税目8459.70.10,美国关税税目8459.70.00A,或墨西哥关税税目8459.70.03: • 子目8413.50至8413.60, • 加拿大关税税目8466.93.11或8466.93.91,美国关税税目8466.93.10A,8466.93.50A或8466.93.70A,或墨西哥关税税目8466.93.04, • 子目8501.32或8501.52, • 子目8537.10, 不论从任何其他品目是否也有变更,前提条件是区域价值成分: (1)以交易价值法计,不低于60%,或者 (2)以净成本法计,不低于50%。
8459.70	除加拿大关税税目8466.93.11或8466.93.91,美国关税税目8466.93.10A,8466.93.50A或8466.93.70A,或墨西哥关税税目8466.93.04,或子目8501.32或8501.52之外,从任何其他品目变更到子目8459.70。

续表

8460.11	除一个以上的下列各项之外,从任何其他品目变更到子目 8460.11: • 子目 8413.50 至 8413.60, • 加拿大关税税目 8466.93.11 或 8466.93.91,美国关税税目 8466.93.10A,8466.93.50A或8466.93.70A,或墨西哥关税税目 8466.93.04, • 子目 8501.32 或 8501.52, • 子目 8537.10。
8460.19	除加拿大关税税目 8466.93.11 或 8466.93.91,美国关税税目 466.93.10A,8466.93.50A或8466.93.70A,或墨西哥关税税目 8466.93.04,或子目 8501.32 或 8501.52 之外,从任何其他品目变更到子目 8460.19。
8460.21	除一个以上的下列各项之外,从任何其他品目变更到子目 8460.21: • 子目 8413.50 至 8413.60, • 加拿大关税税目 8466.93.11 或 8466.93.91,美国关税税目 8466.93.10A,8466.93.50A或8466.93.70A,或墨西哥关税税目 8466.93.04, • 子目 8501.32 或 8501.52, • 子目 8537.10。
8460.29	除加拿大关税税目 8466.93.11 或 8466.93.91,美国关税税目 8466.93.10A,8466.93.50A或8466.93.70A,或墨西哥关税税目 8466.93.04,或子目 8501.32 或 8501.52 之外,从任何其他品目变更到子目 8460.29。
8460.31	除一个以上的下列各项之外,从任何其他品目变更到子目 8460.31: • 子目 8413.50 至 8413.60, • 加拿大关税税目 8466.93.11 或 8466.93.91,美国关税税目 8466.93.10A,8466.93.50A或8466.93.70A,或墨西哥关税税目 8466.93.04, • 子目 8501.32 或 8501.52, • 子目 8537.10。
8460.39	除加拿大关税税目 8466.93.11 或 8466.93.91,美国关税税目 8466.93.10A,8466.93.50A或8466.93.70A,墨西哥关税税目 8466.93.04,或子目 8501.32 或 8501.52 之外,从任何品目变更到子目 8460.39。
8460.40	
8460.40.aa	除一个以上的下列各项之外,从任何其他品目变更到加拿大关税税目 8460.40.10,美国关税税目 8460.40.00A,或墨西哥关税税目 8460.40.02: • 子目 8413.50 至 8413.60, • 加拿大关税税目 8466.93.11 或 8466.93.91,美国关税税目 8466.93.10A,8466.93.50A或8466.93.70A,或墨西哥关税税目 8466.93.04, • 子目 8501.32 或 8501.52, • 子目 8537.10。
8460.40	除加拿大关税税目 8537.10,美国关税税目 8466.93.10A,8466.93.50A 或 8466.93.70A,或墨西哥关税税目 8466.93.04,或子目 8501.32 或 8501.52 之外,从任何其他品目变更到子目 8460.40。
8460.90	

续表

8460.90.aa	除一个以上的下列各项之外,从任何其他品目变更到加拿大关税税目8460.90.11或8460.90.91,美国关税税目8460.90.00A,或墨西哥关税税目8460.90.03: • 子目8413.50至8413.60, • 加拿大关税税目8466.93.11或8466.93.91,美国关税税目8466.93.10A,8466.93.50A或8466.93.70A,或墨西哥关税税目8466.93.04, • 子目8501.32或8501.52, • 子目8537.10。
8460.90	除加拿大关税税目8466.93.11或8466.93.91,美国关税税目8466.93.10A,8466.93.50A或8466.93.70A,或墨西哥关税税目8466.93.04,或子目8501.32或8501.52之外,从任何其他品目变更到子目8460.90。
8461.10	
8461.10.aa	除一个以上的下列各项之外,从任何其他品目变更到加拿大关税税目8461.10.10,美国关税税目8461.10.00A,或墨西哥关税税目8461.10.03: • 子目8413.50至8413.60, • 加拿大关税税目8466.93.11或8466.93.91,美国关税税目8466.93.10A,8466.93.50A或8466.93.70A,或墨西哥关税税目8466.93.04, • 子目8501.32或8501.52, • 子目8537.10。
8461.10	除加拿大关税税目8466.93.11或8466.93.91,美国关税税目8466.93.10A,8466.93.50A或8466.93.70A,或墨西哥关税税目8466.93.04之外,从任何其他品目变更到子目8461.10。
8461.20	
8461.20.aa	除一个以上的下列各项之外,从任何其他品目变更到加拿大关税税目8461.20.11或8461.20.21,美国关税税目8461.20.00A,或墨西哥关税税目8461.20.01: • 子目8413.50至8413.60, • 加拿大关税税目8466.93.11或8466.93.91,美国关税税目8466.93.10A,8466.93.50A或8466.93.70A,或墨西哥关税税目8466.93.04, • 子目8501.32或8501.52, • 子目8537.10。
8461.20	除加拿大关税税目8466.93.11或8466.93.91,美国关税税目8466.93.10A,8466.93.50A或8466.93.70A,或墨西哥关税税目8466.93.04之外,从任何其他品目变更到子目8461.20。
8461.30	
8461.30.aa	除一个以上的下列各项之外,从任何其他品目变更到加拿大关税税目8461.30.10,美国关税税目8461.30.00A,或墨西哥关税税目8461.30.01: • 子目8413.50至8413.60, • 加拿大关税税目8466.93.11或8466.93.91,美国关税税目8466.93.10A,8466.93.50A或8466.93.70A,或墨西哥关税税目8466.93.04, • 子目8501.32或8501.52, • 子目8537.10。

续表

8461.30	除加拿大关税税目 8466.93.11 或 8466.93.91,美国关税税目 8466.93.10A,8466.93.50A或 8466.93.70A,或墨西哥关税税目 8466.93.04 之外,从任何其他品目变更到子目 8461.30。
8461.40	除加拿大关税税目 8466.93.11 或 8466.93.91,美国关税税目 8466.93.10A,8466.93.50A 或 8466.93.70A,或墨西哥关税税目 8466.93.04 之外,从任何其他品目变更到子目 8461.40。
8461.50	
8461.50.aa	除一个以上的下列各项之外,从任何其他品目变更到加拿大关税税目 8461.50.10,美国关税税目 8461.50.00A,或墨西哥关税税目 8461.50.03: • 子目 8413.50 至 8413.60, • 加拿大关税税目 8466.93.11 或 8466.93.91,美国关税税目 8466.93.10A,8466.93.50A或 8466.93.70A,或墨西哥关税税目 8466.93.04, • 子目 8501.32 或 8501.52, • 子目 8537.10。
8461.50	除加拿大关税税目 8466.93.11 或 8466.93.91,美国关税税目 8466.93.10A,8466.93.50A或 8466.93.70A,或墨西哥关税税目 8466.93.04 之外,从任何其他品目变更到子目 8461.50。
8461.90	
8461.90.aa	除一个以上的下列各项之外,从任何其他品目变更到加拿大关税税目 8461.90.11 或 8461.90.91,美国关税税目 8461.90.00A,或墨西哥关税税目 8461.90.02: • 子目 8413.50 至 8413.60, • 加拿大关税税目 8466.93.11 或 8466.93.91,美国关税税目 8466.93.10A,8466.93.50A或 8466.93.70A,或墨西哥关税税目 8466.93.04, • 子目 8501.32 或 8501.52, • 子目 8537.10。
8461.90	除加拿大关税税目 8466.93.11 或 8466.93.91,美国关税税目 8466.93.10A,8466.93.50A或 8466.93.70A,或墨西哥关税税目 8466.93.04 之外,从任何其他品目变更到子目 8461.90。
8462.10	除加拿大关税税目 8466.94.11,8466.94.91 或 8483.50.20,美国关税税目 8466.94.10,8466.94.50A,8483.50.80A 或 8483.50.80B,或墨西哥关税税目 8466.94.02或 8483.50.05 之外,从任何其他品目变更到子目 8462.10。
8462.21	除一个以上的下列各项之外,从任何其他品目变更到子目 8462.21: • 子目 8413.50 至 8413.60, • 加拿大关税税目 8466.94.11 或 8466.94.91,美国关税税目 8466.94.10A 或 8466.94.50A,或墨西哥关税税目 8466.94.02, • 加拿大关税税目 8483.50.20,美国关税税目 8483.50.80A 或 8483.50.80B,或墨西哥关税税目 8483.50.05, • 子目 8501.32 或 8501.52, • 子目 8537.10。

续表

8462.29	除加拿大关税税目 8466.94.11，8466.94.91 或 8483.50.20，美国关税税目 8466.94.10A，8466.94.50A，8483.50.80A 或 8483.50.80B，或墨西哥关税税目 8466.94.02 或 8483.50.05 之外，从任何其他品目变更到子目 8462.29。
8462.31	除一个以上的下列各项之外，从任何其他品目变更到子目 8462.31： • 子目 8413.50 至 8413.60， • 加拿大关税税目 8466.94.11 或 8466.94.91，美国关税税目 8466.94.10A 或 8466.94.50A，或墨西哥关税税目 8466.94.02， • 加拿大关税税目 8483.50.20，美国关税税目 8483.50.80A 或 8483.50.80B，或墨西哥关税税目 8483.50.05， • 子目 8501.32 或 8501.52， • 子目 8537.10。
8462.39	除加拿大关税税目 8466.94.11，8466.94.91 或 8483.50.20，美国关税税目 8466.94.10A，8466.94.50A，8483.50.80A 或 8483.50.80B，或墨西哥关税税目 8466.94.02 或 8483.50.05 之外，从任何其他品目变更到子目 8462.39。
8462.41	除一个以上的下列各项之外，从任何其他品目变更到子目 8462.41： • 子目 8413.50 至 8413.60， • 加拿大关税税目 8466.94.11 或 8466.94.91，美国关税税目 8466.94.10A 或 8466.94.50A，或墨西哥关税税目 8466.94.02， • 加拿大关税税目 8483.50.20，美国关税税目 8483.50.80A 或 8483.50.80B，或墨西哥关税税目 8483.50.05， • 子目 8501.32 或 8501.52， • 子目 8537.10。
8462.49	除加拿大关税税目 8466.94.11，8466.94.91 或 8483.50.20，美国关税税目 8466.94.10A，8483.50.80A 或 8483.50.80B，或墨西哥关税税目 8466.94.02 或 8483.50.05 之外，从任何其他品目变更到子目 8462.49。
8462.91	
8462.91.aa	除一个以上的下列各项之外，从任何其他品目变更到加拿大关税税目 8462.91.10，美国关税税目 8462.91.00A，墨西哥关税税目 8462.91.05： • 子目 8413.60 至 8413.60， • 加拿大关税税目 8466.94.11 或 8466.94.91，美国关税税目 8466.94.10A 或 8466.94.50A，墨西哥关税税目 8466.94.02， • 加拿大关税税目 8483.50.20，美国关税税目 8483.50.80A 或 8483.50.80B，或墨西哥关税税目 8483.50.05， • 子目 8501.32 或 8501.32， • 子目 8537.10。
8462.91	除加拿大关税税目 8466.94.11，8466.94.91 或 8483.50.20，美国关税税目 8466.94.10A，8466.94.50A，8483.50.80A 或 8483.50.80B，或墨西哥关税税目 8466.94.02 或 8483.50.05 之外，从任何其他品目变更到子目 8462.91。
8462.99	

续表

8462.99.aa	除一个以上的下列各项之外,从任何其他品目变更到加拿大关税税目 8462.99.10,美国关税税目 8462.99.00A,或墨西哥关税税目 8462.99.05: • 子目 8413.50 至 8413.60, • 加拿大关税税目 8466.94.11 或 8466.94.91,美国关税税目 8466.94.10A 或 8466.94.50A,或墨西哥关税税目 8466.94.02, • 加拿大关税税目 8483.50.20,美国关税税目 8483.50.80A 或 8483.50.80B,或墨西哥关税税目 8483.50.05, • 子目 8501.32 或 8501.52, • 子目 8537.10。
8462.99	除加拿大关税税目 8466.94.11,8466.94.91 或 8483.50.20,美国关税税目 8466.94.10A,8466.94.50A,8483.50.80A 或 8483.50.80B,或墨西哥关税税目 8466.94.02 或 8483.50.05 之外,从任何其他品目变更到子目 8462.99。
84.63	除加拿大关税税目 8466.94.11,8466.94.91 或 8483.50.20,美国关税税目 8466.94.10A,8466.94.50A,8483.50.80A 或 8483.50.80B,或墨西哥关税税目 8466.94.02 或 8483.50.05,或子目 8501.32 或 8501.52 之外,从任何其他品目变更到品目 84.63。
84.64	除子目 8466.91 之外,从任何其他品目变更到品目 84.64;或者 从子目 8466.91 变更到品目 84.64,不论从任何其他品目是否也有变更,前提条件是区域价值成分: (1)以交易价值法计,不低于 60%,或者 (2)以净成本法计,不低于 50%。
84.65	除子目 8466.92 之外,从任何其他品目变更到品目 84.65;或者 除子目 8466.92 之外,从任何其他品目变更到品目 84.65,不论从任何其他品目是否也有变更,前提条件是区域价值成分: (1)以交易价值法计,不低于 60%,或者 (2)以净成本法计,不低于 50%。
84.66	从任何其他品目变更到品目 84.66。
8467.11 - 8467.89	从任何其他品目变更到子目 8467.11 至 8467.89;或者 从子目 8467.91,8467.92 或 8467.99 变更到子目 8467.11 至 8467.89,不论从任何其他品目是否也有变更,前提条件是区域价值成分: (1)以交易价值法计,不低于 60%,或者 (2)以净成本法计,不低于 50%。
8467.91 - 8467.99	从任何其他品目变更到子目 8467.91 至 8467.99。
8468.10 - 8468.80	从任何其他品目变更到子目 8468.10 至 8468.80;或者 无论是否有其他类目的改变,只要区域价值含量不低于以下标准,从子目 8468.90 变更到子目 8468.10 至 8468.80,不论从任何其他品目是否也有变更,前提条件是区域价值成分: (1)以交易价值法计,不低于 60%,或者 (2)以净成本法计,不低于 50%。
8468.90	从任何其他品目变更到子目 8468.90。
84.69	

续表

8469.10.aa	除品目 84.73 之外,从任何其他品目变更到加拿大关税税目 8469.10.20,美国关税税目 8469.10.00A,或墨西哥关税税目 8469.10.02;或者 从品目 84.73 变更到加拿大关税税目 8469.10.20,美国关税税目 8469.10.00A,或墨西哥关税税目 8469.10.02,不论从任何其他品目是否也有变更,前提条件是区域价值成分以净成本法计,不低于 50%。
84.69	除品目 84.73 之外,从任何其他品目变更到品目 84.69;或者 从品目 84.73 变更到品目 84.69,不论从任何其他品目是否也有变更,前提条件是区域价值成分: (1)以交易价值法计,不低于 60%,或者 (2)以净成本法计,不低于 50%。
84.70	除品目 84.73 之外,从任何其他品目变更到品目;或者 从品目 84.73 变更到品目 84.70,不论从任何其他品目是否也有变更,前提条件是区域价值成分: (1)以交易价值法计,不低于 60%,或者 (2)以净成本法计,不低于 50%。
8471.10	除品目 84.73 之外,从任何其他品目变更到子目 8471.10;或者 从品目 84.73 变更到子目 8471.10,不论从任何其他品目是否也有变更,前提条件是区域价值成分: (1)以交易价值法计,不低于 60%,或者 (2)以净成本法计,不低于 50%。
8471.20 - 8471.91	从该组之外的任何子目变更到子目 8471.20 至 8471.91。
8471.92	
8471.92.aa	除子目 8540.30,或加拿大关税税目 8540.91.10,美国关税税目 8540.91.40A,或墨西哥关税税目 8540.91.03 之外,从任何其他子目变更到加拿大关税税目 8471.92.31,美国关税税目 8471.92.40A 或 8471.92.40B,或墨西哥关税税目 8471.92.02。
8471.92.bb	除加拿大关税税目 8473.30.10,8473.30.21 或 8473.30.22,美国关税税目 8473.30.40A 或 8473.30.40C,或墨西哥关税税目 8473.30.02 或 8473.30.03 之外,从任何其他关税税目变更到加拿大关税税目 8471.92.21,美国关税税目 8471.92.65A,8471.92.65B 或 8471.92.70A,或墨西哥关税税目 8471.92.03。
8471.92.cc	除加拿大关税税目 8473.30.21 或 8473.30.22,美国关税税目 8473.30.40A,或墨西哥关税税目 8473.30.03 之外,从任何其他关税税目变更到加拿大关税税目 8471.92.22,美国关税税目 8471.92.65C,8471.92.65D 或 8471.92.70B,或墨西哥关税税目 8471.92.08。
8471.92.dd	除加拿大关税税目 8473.30.10,8473.30.21 或 8473.30.22,美国关税税目 8473.30.40A 或 8473.30.40C,或墨西哥关税税目 8473.30.02 或 8473.30.03 之外,从任何其他关税税目变更到加拿大关税税目 8471.92.23,美国关税税目 8471.92.65E,8471.92.65F 或 8471.92.70C,或墨西哥关税税目 8471.92.04。
8471.92.ee	除加拿大关税税目 8473.30.10,美国关税税目 8473.30.40C,或墨西哥关税税目 8473.30.02 之外,从任何其他关税税目变更到加拿大关税税目 8471.92.24,美国关税税目 8471.92.65G,8471.92.65H 或 8471.92.70D,或墨西哥关税税目 8471.92.05。

续表

8471.92.ff	除加拿大关税税目 8473.30.10，美国关税税目 8473.30.40C，或墨西哥关税税目 8473.30.02 之外，从任何其他关税税目变更到加拿大关税税目 8471.92.25，美国关税税目 8471.92.65I，8471.92.65J 或 8471.92.70E，或墨西哥关税税目 8471.92.06。
8471.92.gg	除加拿大关税税目 8473.30.10，美国关税税目 8473.30.40C，或墨西哥关税税目 8473.30.02 之外，从任何其他关税税目变更到加拿大关税税目 8471.92.26，美国关税税目 8471.92.65K，8471.92.65L 或 8471.92.70F，或墨西哥关税税目 8471.92.07。
8471.92	从任何其他子目变更到子目 8471.92。
8471.93	从任何其他子目变更到子目 8471.93。
8471.99	
8471.99.aa	从任何其他关税税目变更到加拿大关税税目 8471.99.91，美国关税税目 8471.99.15，或墨西哥关税税目 8471.99.01。
8471.99.bb	从任何其他关税税目变更到加拿大关税税目 8471.99.92，美国关税税目 8471.99.32或 8471.99.34，或墨西哥关税税目 8471.99.02。
8471.99.cc	从任何其他关税税目变更到加拿大关税税目 8471.99.98，美国关税税目 8471.99.60，或墨西哥关税税目 8471.99。
8471.99	从加拿大关税税目 8471.99.91，8471.99.92 或 8471.99.98，美国关税税目 8471.99.15，8471.99.32，8471.99.34 或 8471.99.60，或墨西哥关税税目 8471.99.01，8471.99.02 或 8471.99.03，或任何其他子目变更到子目 8471.99 所列任何其他关税税目。
84.72	除品目 84.73 之外，从任何其他品目变更到品目 84.72；或者 从品目 84.73 变更到品目 84.72，不论从任何其他品目是否也有变更，前提条件是区域价值成分： (1)以交易价值法计，不低于 60%，或者 (2)以净成本法计，不低于 50%。
8473.10	
8473.10.aa	从任何其他品目变更到加拿大关税税目 8473.10.91，美国关税税目 8473.10.00A，或墨西哥关税税目 8473.10.01。
8473.10.bb	从任何其他品目变更到加拿大关税税目 8473.10.92 或 8473.10.93，美国关税税目 8473.10.00B，或墨西哥关税税目 8473.10.02；或者 对加拿大关税税目 8473.10.92 或 8473.10.93，美国关税税目 8473.10.00B，或墨西哥关税税目 8473.10.02 所列海关税则分类不要求变更，前提条件是区域价值成分： (1)以交易价值法计，不低于 60%，或者 (2)以净成本法计，不低于 50%。
8473.21	从任何其他品目变更到子目 8473.21；或者 对子目 8473.21 所列海关税则分类不要求变更，前提条件是区域价值成分： (1)以交易价值法计，不低于 60%，或者 (2)以净成本法计，不低于 50%。
8473.29	从任何前提品目变更到子目 8473.29；或者 对子目 8473.29 所列海关税则分类不要求变更，前提条件是区域价值成分： (1)以交易价值法计，不低于 60%，或者 (2)以净成本法计，不低于 50%。

续表

8473.30	
8473.30.aa	从任何其他关税税目变更到加拿大关税税目 8473.30.21 或 8473.30.22,美国关税税目 8473.30.40A,或墨西哥关税税目 8473.30.03。
8473.30.bb	从任何其他关税税目变更到加拿大关税税目 8473.30.23,美国关税税目 8473.30.40B,或墨西哥关税税目 8473.30.04。
8473.30.cc	从任何其他关税税目变更到加拿大关税税目 8473.30.10,美国关税税目 8473.30.40C,或墨西哥关税税目 8473.30.02。
8473.30.ee	从任何其他关税税目变更到美国关税税目 8473.30.40E。
8473.30	从任何其他品目变更到子目 8473.30。
8473.40	从任何其他品目变更到子目 8473.40;或者 对子目 8473.40 所列海关税则分类不要求变更,前提条件是区域价值成分: (1)以交易价值法计,不低于 60%,或者 (2)以净成本法计,不低于 50%。
8474.10 - 8474.80	从任何其他品目变更到子目 8474.10 至 8474.80;或者 从子目 8474.90 变更到子目 8474.10 至 8474.80,不论从任何其他品目是否也有变更,前提条件是区域价值成分: (1)以交易价值法计,不低于 60%,或者 (2)以净成本法计,不低于 50%。
8474.90	从任何其他品目变更到子目 8474.90;或者 对子目 8474.90 所列海关税则分类不要求变更,前提条件是区域价值成分: (1)以交易价值法计,不低于 60%,或者 (2)以净成本法计,不低于 50%。
8475.10 - 8475.20	从任何其他品目变更到子目 8475.10 至 8475.20;或者 从子目 8475.90 变更到子目 8475.10 至 8475.20,不论从任何其他品目是否也有变更,前提条件是区域价值成分: (1)以交易价值法计,不低于 60%,或者 (2)以净成本法计,不低于 50%。
8475.90	从任何其他品目变更到子目 8475.90。
8476.11 - 8476.19	从任何其他品目变更到子细目 8476.11 至 8476.19;或者 从子目 8476.90 变更到子目 8476.11 至 8476.19,不论从任何其他品目是否也有变更,前提条件是区域价值成分: (1)以交易价值法计,不低于 60%,或者 (2)以净成本法计,不低于 50%。
8476.90	从任何其他品目变更到子目 8476.90。
8477.10	除加拿大关税税目 8477.90.11 或 8477.90.21,美国关税税目 8477.90.00A,或墨西哥关税税目 8477.90.01,或一个以上的下列各项之外,从任何其他子目变更到子目 8477.10: • 加拿大关税税目 8477.90.12 或 8477.90.22,美国关税税目 8477.90.00B,或墨西哥关税税目 8477.90.02, • 子目 8537.10。

续表

8477.20	除加拿大关税税目 8477.90.11 或 8477.90.21,美国关税税目 8477.90.00a,或墨西哥关税税目 8477.90.01,或一个以上的下列各项之外,从任何其他子目变更到子目 8477.20: • 加拿大关税税目 8477.90.12 或 8477.90.22,美国关税税目 8477.90.00B,或墨西哥关税税目 8477.90.02, • 子目 8537.10。
8477.30	除加拿大关税税目 8477.90.11 或 8477.90.21,美国关税税目 8477.90.00A,或墨西哥关税税目 8477.90.01,或一个以上的下列各项之外,从任何其他子目变更到子目 8477.30: • 加拿大关税税目 8477.90.13 或 8477.90.23,美国关税税目 8477.90.00C,或墨西哥关税税目 8477.90.03, • 子目 8537.10。
8477.40 – 8477.80	从其他任何品目变更到子目 8477.40 至 8477.80;或者 从子目 8477.90 变更到子目 8477.40 至 8477.80,不论从任何其他品目是否也有变更,前提条件是区域价值成分: (1)以交易价值法计,不低于 60%,或者 (2)以净成本法计,不低于 50%。
8477.90	从任何其他品目变更到子目 8477.90。
8478.10	从任何其他品目变更到子目 8478.10;或者 从子目 8478.90 变更到子目 8478.10,不论从任何其他品目是否也有变更,前提条件是区域价值成分: (1)以交易价值法计,不低于 60%,或者 (2)以净成本法计,不低于 50%。
8478.90	从任何其他品目变更到子目 8478.90。
8479.10 – 8479.81	从任何其他品目变更到子目 8479.10 至 8479.81;或者 从子目 8479.90 变更到子目 8479.10 至 8479.81,不论从任何其他品目是否也有变更,前提条件是区域价值成分: (1)以交易价值法计,不低于 60%,或者 (2)以净成本法计,不低于 50%。
8479.82	
8479.82.aa	除加拿大关税税目 8479.90.61,8479.90.62,8479.90.63 或 8479.90.64,美国关税税目 8479.90.80B,8479.90.80C,8479.90.80D 或 8479.90.80E,或墨西哥关税税目 8479.90.17,8479.90.18,8479.90.19 或 8479.90.20,或上述关税税目的组合之外,从任何其他关税税目变更到墨西哥关税税目 8479.82.03。

续表

8479.82	从任何其他品目变更到子目 8479.82;或者 从子目 8479.90 变更到子目 8479.82,不论从任何其他品目是否也有变更,前提条件是区域价值成分: (1)以交易价值法计,不低于 60%,或者 (2)以净成本法计,不低于 50%。
8479.89	
8479.89.aa	除加拿大关税税目 8479.90.61,8479.90.62,8479.90.63 或 8479.90.64,美国关税税目 8479.90.80B,8479.90.80C,8479.90.80D,8479.90.80E,或墨西哥关税税目 8479.90.17,8479.90.18,8479.90.19 或 479.90.20,或上述关税税目的组合之外,从任何其他关税税目变更到加拿大关税税目 8479.89.91 或美国关税税目 8479.89.60B。
8479.89	从任何其他品目变更到子目 8479.89;或者 从子目 8479.90 变更到子目 8479.89,不论从任何其他品目是否也有变更,前提条件是区域价值成分: (1)以交易价值法计,不低于 60%,或者 (2)以净成本法计,不低于 50%。
8479.90	
8479.90.aa	从任何其他关税税目变更到加拿大关税税目 8479.90.61,美国关税税目 8479.90.80B,或墨西哥关税税目 8479.90.17。
8479.90.bb	从任何其他关税税目变更到加拿大关税税目 8479.90.62,美国关税税目 8479.90.80C,或墨西哥关税税目 8479.90.18。
8479.90.cc	从任何其他关税税目变更到加拿大关税税目 8479.90.63,美国关税税目 8479.90.80D,或墨西哥关税税目 8479.90.19。
8479.90.dd	从任何其他关税税目变更到加拿大关税税目 8479.90.64,美国关税税目 8479.90.80E,或墨西哥关税税目 8479.90.20。
8479.90	从任何其他品目变更到子目 8479.90。
84.80	从任何其他品目变更到品目 84.80。
8481.10 - 8481.80[24]	从任何其他品目变更到子目 8481.10 至 8481.80;或者 从子目 8481.90 变更到子目 8481.10 至 8481.80,不论从任何其他品目是否也有变更,前提条件是区域价值成分: (1)以交易价值法计,不低于 60%,或者 (2)以净成本法计,不低于 50%。
8481.90	从任何其他品目变更到子目 8481.90。

续表

8482.10 - 8482.80[25]	除加拿大关税税 8482.99.11 或 8482.99.91,美国关税税目 8482.99.10A,8482.99.30A,8482.99.50A 或 8482.99.70A,或墨西哥关税税目 8482.99.01 或 8482.99.03 之外,从该组之外的任何子目变更到子目 8482.10 至 8482.80;或者 从加拿大关税税目 8482.99.11 或 8482.99.91,美国关税税目 8482.99.10A,8482.99.30A,8482.99.50A 或 8482.99.70A,或墨西哥关税税目 8482.99.01 或 8482.99.03 变更到子目 8482.10 至 8482.80,不论从该组之外的任何子目是否也有变更,前提条件是区域价值成分: (1)以交易价值法计,不低于 60%,或者 (2)以净成本法计,不低于 50%。
8482.91 - 8482.99	从任何其他品目变更到子目 8482.91 至 8482.99。
8483.10[26]	从任何其他品目变更到子目 8483.10;或者 从子目 8483.90 变更到子目 8483.10,不论从任何其他品目是否也有变更,前提条件是区域价值成分: (1)以交易价值法计,不低于 60%,或者 (2)以净成本法计,不低于 50%。
8483.20[27]	除子目 8482.10 至 8482.80,加拿大关税税目 8482.99.11 或 8482.99.91,美国关税税目 8482.99.10A,8482.99.30A,8482.99.50A 或 8482.99.70A,或墨西哥关税税目 8482.99.01 或 8482.99.03,或子目 8483.90 之外,从任何其他子目变更到子目 8483.20;或者 从子目 8482.10 至 8482.80,加拿大关税税目 8482.99.11 或 8482.99.91,美国关税税目 8482.99.10A,8482.99.30A,8482.99.50A 或 8482.99.70A,或墨西哥关税税目 8482.99.01 或 8482.99. 03,或子目 8483.90 变更到子目 8483.20,不论从任何其他子目是否也有变更,前提条件是区域价值成分: (1)以交易价值法计,不低于 60%,或者 (2)以净成本法计,不低于 50%。
8483.30[28]	从任何其他品目变更到子目 8483.30;或者 从子目 8483.90 变更到子目 8483.30,不论从任何其他品目是否也有变更,前提条件是区域价值成分: (1)以交易价值法计,不低于 60%,或者 (2)以净成本法计,不低于 50%。
8483.40 - 8483.60[29]	除子目 8482.10 至 8482.80,加拿大关税税目 8482.99.11 或 8482.99.91,美国关税税目 8482.99.10A,8482.99.30A,8482.99.50A 或 8482.99.70A,或墨西哥关税税目 8482.99.01 或 8482.99.03,或子目 8483.90 之外,从该组之外的任何子目变更到子目 8483.40 至 8483.60;或者 从子目 8483.10 至 8482.80,加拿大关税税目 8482.99.11 或 8482.99.91,美国关税税目 8482.99.10A,8482.99.30A,8482.99.50A 或 8482.99.70A,或墨西哥关税税目 8482.99.01 或 8482.99.03,或子目 8483.90 变更到子目 8483.40 至 8483.60,不论从该组之外的任何子目是否也有变更,前提条件是区域价值成分: (1)以交易价值法计,不低于 60%,或者 (2)以净成本法计,不低于 50%。
8483.90	从任何其他品目变更到子目 8483.90。
84.84 - 84.85	从任何其他品目,包括该组之内的另一品目,变更到品目 84.84 至 84.85。

续表

第 85 章	电机、电气设备及其零件;录音机和放声机、电视图像和声音的录制和重放设备及其零件和附件 注释 1:本章所称“印刷电路板组件”这一术语,系指包括一个或多个品目 85.34 所列印刷电路的货物,该货物装有一个或多个有源元件,可带也可不带无源元件。本注释所称“有源元件”,系指品目 85.41 所列二极管、晶体管和类似半导体器件,无论其是否感光,以及品目 85.42 所列集成电路和微电子组件。 注释 2:加拿大关税税目 8517.90.31,美国关税税目 8517.90.70A,或墨西哥关税税目 8517.90.10 包括传真机的以下零件: (1)控制或命令组件,包括一个以上的下述部件:印刷电路组件、调制解调器、硬盘或软盘驱动器、键盘、用户界面; (2)光学模块组件,包括一个以上的下述部件:光学灯、电荷耦合器和适当的光学器件、镜片、反光镜; (3)激光成像组件,包括一个以上的下述部件:感光带或感光筒、碳粉容器装置、显影装置、充电/放电装置、清洗装置; (4)喷墨标记组件,包括一个以上的下述部件:热敏打印头、油墨分配装置、喷嘴和储存装置、油墨加热器; (5)热转移成像组件,包括一个以上的下述部件:热敏打印头、清洁装置、供应辊或接收辊; (6)离子成像组件,包括一个以上的下述部件:离子产生和排放装置、空气协助装置、印刷电路组件、电荷受体带或受体缸、碳粉容器装置、碳粉分配装置、显影接受与分配装置、显影装置、充电(放电)装置、清洁装置; (7)定影组件,包括一个以上的下述部件:定影装置、压力辊、加热元件、释放油机、清洗装置、电器控制; (8)纸张处理组件,包括一个以上的下述部件:纸张传送带、轧辊、印刷杆、滑动托架、夹持辊、纸张储存装置、出纸口接盘;或者 (9)上述组件的组合。 注释 3:在本章中: (1)“高清晰度”用于电视接收器和阴极射线显像管上,系指此类货物具有: 1)屏幕的宽高比等于或大于 16:9,以及 2)显示屏能够展示 700 条以上的扫描线;以及 (2)视频显示对角线的测定是通过测量视频显示面板可见部分的最大直线长度。 注释 4:加拿大关税税目 8529.90.38 或 8529.90.39,美国关税税目 8529.90.10,8529.90.15C,8529.90.20C 或 8529.90.35C,或墨西哥关税税目 8529.90.18 包括电视接收器(含视频监控器和视频投影机)的以下部件: (1)视频中频放大和检测系统; (2)视频处理和放大系统; (3)同步和偏转电路; (4)调谐器和调谐器控制系统; (5)音频检测和放大系统。 注释 5:在加拿大关税税目 8540.91.10,美国关税税目 8540.91.40A,或墨西哥关税税目 8540.91.03 中,“前面板部件”这一术语系指: (1)对彩色阴极射线电视显像管而言,由一块玻璃面板和一个荫罩或荫栅构成的部件,供最终使用,可装入彩色阴极射线电视显像管(包括视频监视器或视频投影机的阴极射线显像管),该部件已经进行必要的化学和物理处理,在电子束的激发下,将荧光体精确地投射到玻璃面板上以成像;或者 (2)对单色阴极射线显像管而言,由一块玻璃面板或一个玻璃封装构成的部件,可装入单色阴极射线电视显像管(包括视频监视器或视频投影机的阴极射线显像管),该部件已经进行必要的化学和物理处理,在电子束的激发下,将荧光体精确地投射到玻璃面板或玻璃封装以成像。 注释 6:电视组合元件的原产地,应根据假设它仅仅是电视接收器而应对元件适用的规则,予以确定。

续表

85.01[30]	除加拿大关税税目 8503.00.11 至 8503.00.19,美国关税税目 8503.00.40A,8503.00.60A或8503.00.60C,或墨西哥关税税目 8503.00.01 或 8503.00.05 之外,从任何其他品目变更到品目 85.01;或者 从加拿大关税税目 8503.00.11 至 8503.00.19,美国关税税目 8503.00.40A,8503.00.60A或8503.00.60C,或墨西哥关税税目 8503.00.01 或 8503.00.05 变更到品目 85.01,不论从任何其他品目是否也有变更,前提条件是区域价值含成分: (1)以交易价值法计,不低于60%,或者 (2)以净成本法计,不低于50%。
85.02	除品目 84.06,84.11,85.01 或 85.03 之外,从任何其他品目变更到品目 85.02;或者 从品目 84.06,84.11,85.01 或 85.03 变更到品目 85.02,不论从任何其他品目是否也有变更,前提条件是区域价值成分: (1)以交易价值法计,不低于60%,或者 (2)以净成本法计,不低于50%。
85.03	从任何其他品目变更到品目 85.03。
8504.10 - 8504.34	从任何其他品目变更到子目 8504.10 至 8504.34;或者 从子目 8504.90 变更到子目 8504.10 至 8504.34,不论从任何其他品目是否也有变更,前提条件是区域价值成分: (1)以交易价值法计,不低于60%,或者 (2)以净成本法计,不低于50%。
8504.40	
8504.40.aa	从任何其他子目变更到加拿大关税税目 8504.40.40 或墨西哥关税税目 8504.40.12。
8504.40.bb	除加拿大关税税目 8504.90.12,8504.90.13, 8504.90.14,8504.90.15,8504.90.16 或 8504.90.17,美国关税税目 8504.90.00A,或墨西哥关税税目 8504.90.07 或 8504.90.09 之外,从任何其他子目变更到加拿大关税税目 8504.40.50,美国关税税目 8504.40.00A 或 8504.40.00B,或墨西哥关税税目 8504.40.13。
8504.40	从任何其他品目变更到子目 8504.40;或者 从子目 8504.90 变更到子目 8504.40,不论从任何其他品目是否也有变更,前提条件是区域价值成分: (1)以交易价值法计,不低于60%,或者 (2)以净成本法计,不低于50%。
8504.50	从任何其他品目变更到子 8504.50;或者 从子目 8504.90 变更到子目 8504.50,不论从任何其他品目是否也有变更,前提条件是区域价值成分: (1)以交易价值法计,不低于60%,或者 (2)以净成本法计,不低于50%。
8504.90	
8504.90.bb	从任何其他关税税目变更到加拿大关税税目 8504.90.80 或墨西哥关税税目 8504.90.08。
8504.90	从任何其他品目变更到子目 8504.90。

续表

8505.11 - 8505.30	从任何其他品目变更到子目 8505.11 至 8505.30;或者 从子目 8505.90 变更到子目 8505.11 至 8505.30,不论从任何其他品目是否也有变更,前提条件是区域价值成分: (1)以交易价值法计,不低于 60%,或者 (2)以净成本法计,不低于 50%。
8505.90	从任何其他品目变更到子目 8505.90。
8506.11 - 8506.20	从任何其他品目变更到子目 8506.11 至 8506.20;或者 从子目 8506.90 变更到子目 8506.11 至 8506.20,不论从任何其他品目是否也有变更,前提条件是区域价值成分: (1)以交易价值法计,不低于 60%,或者 (2)以净成本法计,不低于 50%。
8506.90	从任何其他品目变更到子目 8506.90。
8507.10 - 8507.80[31]	从任何其他品目变更到子目 8507.10 至 8507.80;或者 从子目 8507.90 变更到子目 8507.10 至 8507.80,不论从任何其他品目是否也有变更,前提条件是区域价值成分: (1)以交易价值法计,不低于 60%,或者 (2)以净成本法计,不低于 50%。
8507.90	从任何其他品目变更到子目 8507.90。
8508.10 - 8508.80	除品目 85.01,或加拿大关税税目 8508.90.10,美国关税税目 8508.90.00A,或墨西哥关税税目 8508.90.01 之外,从该组之外的任何其他子目变更到子目 8508.10 至 8508.80;或者 从品目 85.01,或加拿大关税税目 8508.90.10,美国关税税目 8508.90.00A,或墨西哥关税税目 8508.90.01 变更到子目 8508.10 至 8508.80,不论从任何其他子目是否也有变更,前提条件是区域价值成分: (1)以交易价值法计,不低于 60%,或者 (2)以净成本法计,不低于 50%。
8508.90	从任何其他品目变更到子目 8508.90。
8509.10 - 8509.40	除品目 85.01,或加拿大关税税目 8509.90.11,8509.90.21,8509.90.31 或 8509.90.41,美国关税税目 8509.90.20A,8509.90.30A 或 8509.90.40A,或墨西哥关税税目 8509.90.02 之外,从该组之外的任何其他子目变更到子目 8509.10 至 8509.4;或者 从品目 85.01,或加拿大关税税目 8509.90.11,8509.90.21,8509.90.31 或 8509.90.41,美国关税税目 8509.90.20A,8509.90.30A 或 8509.90.40A,或墨西哥关税税目 8509.90.02 变更到子目 8509.10 至 8509.40,不论从任何其他子目是否也有变更,前提条件是区域价值成分: (1)以交易价值法计,不低于 60%,或者 (2)以净成本法计,不低于 50%。
8509.80	从任何其他品目变更到子目 8509.80;或者 从子目 8509.90 变更到子目 8509.80,不论从任何其他品目是否也有变更,前提条件是区域价值成分: (1)以交易价值法计,不低于 60%,或者 (2)以净成本法计,不低于 50%。

续表

8509.90	从任何其他品目变更到子目8509.90。
8510.10-8510.20	从任何其他品目变更到子目8510.10至8510.20;或者 从子目8510.90变更到子目8510.10至8510.20,不论从任何其他品目是否也有变更,前提条件是区域价值成分: (1)以交易价值法计,不低于60%,或者 (2)以净成本法计,不低于50%。
8510.90	从任何其他品目变更到子目8510.90。
8511.10-8511.80[32]	从任何其他品目变更到子目8511.10至8511.80;或者 从子目8511.90变更到子目8511.10至8511.80,不论从任何其他品目是否也有变更,前提条件是区域价值成分: (1)以交易价值法计,不低于60%,或者 (2)以净成本法计,不低于50%。
8511.90	从任何其他品目变更到子目511.90。
8512.10-8512.40[33]	从任何其他品目变更到子目8512.10至8512.40;或者 从子目8512.90变更到子目8512.10至8512.40,不论从任何其他品目是否也有变更,前提条件是区域价值成分: (1)以交易价值法计,不低于60%,或者 (2)以净成本法计,不低于50%。
8512.90	从任何其他品目变更到子目8512.90。
8513.10	从任何其他品目变更到子目8513.10;或者 从子目8513.90变更到子目8513.10,不论从任何其他品目是否也有变更,前提条件是区域价值成分: (1)以交易价值法计,不低于60%,或者 (2)以净成本法计,不低于50%。
8513.90	从任何其他品目变更到子目8513.90。
8514.10-8514.40	从任何其他品目变更到子目8514.10至8514.40;或者 从子目8514.90变更到子目8514.10至8514.40,不论从任何其他品目是否也有变更,前提条件是区域价值成分: (1)以交易价值法计,不低于60%,或者 (2)以净成本法计,不低于50%。
8514.90	从任何其他品目变更到子目8514.90。
8515.11-8515.80	从任何其他品目变更到子目8515.11至8515.80;或者 从子目8515.90变更到子目8515.11至8515.80,不论从任何其他品目是否也有变更,前提条件是区域价值成分: (1)以交易价值法计,不低于60%,或者 (2)以净成本法计,不低于50%。
8515.90	从任何其他品目变更到子目8515.90。

续表

8516.10 - 8516.29	从子目 8516.80 或任何其他品目变更到子目 8516.10 至 8516.29;或者 从子目 8516.90 变更到子目 8516.10 至 8516.29,不论从子目 8516.80 或任何其他品目是否也有变更,前提条件是区域价值成分: (1)以交易价值法计,不低于 60%,或者 (2)以净成本法计,不低于 50%。
8516.31	除子目 8516.80 或品目 85.01 之外,从任何其他子目变更到子目 8516.31。
8516.32	从子目 8516.80 或任何其他品目变更到子目 8516.32;或者 从子目 8516.90 变更到子目 8516.32,不论从子目 8516.80 或任何其他品目是否也有变更,前提条件是区域价值成分: (1)以交易价值法计,不低于 60%,或者 (2)以净成本法计,不低于 50%。
8516.33	除品目 85.01,子目 8516.80,或加拿大关税税目 8516.90.21,美国关税税目 8516.90.60A,或墨西哥关税税目 8516.90.07 之外,从任何其他子目变更到子目 8516.33。
8516.40	除品目 84.02,子目 8481.40,或加拿大关税税目 8516.90.71,美国关税税目 8516.90.60B,或墨西哥关税税目 8516.90.08 之外,从任何其他子目变更到子目 8516.40。
8516.50	除加拿大关税税目 8516.90.41,8516.90.41 或 8516.90.42,美国关税税目 8516.90.60C或 8516.90.60D,或墨西哥关税税目 8516.90.09 或 8516.90.10 之外,从任何其他子目变更到子目 8516.50。
8516.60	
8516.60.aa	除加拿大关税税目 8516.90.51,8516.90.52,8516.90.53,8537.10.11,8537.10.19,8537.10.41 或 8537.10.49,美国关税税目 8516.90.20A,8516.90.20B,8516.90.20C或 8537.10.00A,或墨西哥关税税目 8516.90.11,8516.90.12,8516.90.13或8537.10.05 之外,从任何其他关税税目变更到加拿大关税税目 8516.60.20,美国关税税目 8516.60.40,或墨西哥关税税目 8516.60.02。
8516.60	从子目 8516.80 或任何其他品目变更到子目 8516.60;或者 从子目 8516.90 变更到子目 8516.60,不论从子目 8516.80 或任何其他品目是否也有变更,前提条件是区域价值成分: (1)以交易价值法计,不低于 60%,或者 (2)以净成本法计,不低于 50%。
8516.71	从子目 8516.80 或其他任何品目变更到子目 8516.71;或者 从子目 8516.90 变更到子目 8516.71,不论从子目 8516.80 或任何其他品目是否也有变更,前提条件是区域价值成分: (1)以交易价值法计,不低于 60%,或者 (2)以净成本法计,不低于 50%。

续表

8516.72	除加拿大关税税目 8516.90.61,美国关税税目 8516.90.60E,或墨西哥关税税目 8516.90.03,或子目 9032.10 之外,从任何其他子目变更到子目 8516.72;或者 从加拿大关税税目 8516.90.61,美国关税税目 8516.90.60E,或墨西哥关税税目 8516.90.03,或子目 9032.10 变更到子目 8516.72,不论从任何其他子目是否也有变更,前提条件是区域价值成分: (1)以交易价值法计,不低于 60%,或者 (2)以净成本法计,不低于 50%。
8516.79	从子目 8516.80 或任何其他品目变更到子目 8516.79;或者 从子目 8516.90 变更到子目 8516.79,不论从子目 8516.80 或任何其他品目是否也有变更,前提条件是区域价值成分: (1)以交易价值法计,不低于 60%,或者 (2)以净成本法计,不低于 50%。
8516.80	从任何其他品目变更到子目 8516.80;或者 从子目 8516.90 变更到子目 8516.80,不论从任何其他品目是否也有变更,前提条件是区域价值成分: (1)以交易价值法计,不低于 60%,或者 (2)以净成本法计,不低于 50%。
8516.90	
8516.90.cc	从任何其他关税税目变更到加拿大关税税目 8516.90.42,美国关税税目 8516.90.60C,或墨西哥关税税目 8516.90.09。
8516.90.dd	从任何其他关税税目变更到加拿大关税税目 8516.90.41,美国关税税目 8516.90.60D,或墨西哥关税税目 8516.90.10。
8516.90.ee	从任何其他关税税目变更到加拿大关税税目 8516.90.51,美国关税税目 8516.90.20A,或墨西哥关税税目 8516.90.11。
8516.90.ff	从任何其他关税税目变更到加拿大关税税目 8516.90.52,美国关税税目 8516.90.20B,或墨西哥关税税目 8516.90.12。
8516.90.gg	从任何其他关税税目变更到加拿大关税税目 8516.90.53,美国关税税目 8516.90.20C,或墨西哥关税税目 8516.90.13。
8516.90	从任何其他品目变更到子目 8516.90。
8517.10	除加拿大关税税目 8517.90,8517.90.12,8517.90.13,8517.90.14 或 8517.90.41,美国关税税目 8517.90.05B,8517.90.10B,8517.90.15B,8517.90.30A,8517.90.30B,8517.90.35B,8517.90.40B,8517.90.55B,8517.90.60B,8517.90.70D 或 8517.90.80B,或墨西哥关税税目 8517.90.12 或 8517.90.15 之外,从任何其他子目变更到子目 8517.10。

续表

8517.20－8517.30	从任何其他子目,包括该组之内的另一子目,变更到子目8517.20至8517.30,前提条件是对加拿大关税税目8473.30.21,8473.30.22,8517.90.11,8517.90.12,8517.90.13,8517.90.14,8517.90.43或517.90.44,美国关税税目8473.30.40A,8517.90.05A,8517.90.05B,8517.90.10A,8517.90.10B,8517.90.15A,8517.90.15B 8517.90.30B,8517.90.35A,8517.90.35B,8517.90.40A,8517.90.40B,8517.90.55B,8517.90.60A,8517.90.60B,8517.90.70D或8517.90.80B,或墨西哥关税税目8473.30.03,8517.90.13或8517.90.15所列印刷电路组件: (1)除非第二项另有规定,货物包含的九个印刷电路组件的每组并联或其任何部分,只有一个印刷电路组件可为非原产印刷电路组件,以及 (2)如果货物包含的印刷电路组件少于三个,所有印刷电路组件须为原产印刷电路组件。
8517.40	
8517.40.bb	从任何其他关税税目变更到加拿大关税税目8517.40.91,美国关税税目8517.40.50,或墨西哥关税税目8517.40.03,前提条件是对加拿大关税税目8473.30.21,8473.30.22,8517.90.11,8517.90.12,8517.90.13,8517.90.14,8517.90.43或8517.90.44,美国关税税目8473.30.40A,8517.90.05A,8517.90.05B,517.90.10A,8517.90.10B,8517.90.15A,8517.90.15B,8517.90.30B,8517.90.35A,8517.90.35B,8517.90.40A,8517.90.40B,8517.90.55B,8517.90.60A,8517.90.60B,8517.90.70D或8517.90.80B,或墨西哥关税税目8473.30.03,8517.90.13或8517.90.15所列印刷电路组件: (1)除非第二项另有规定,货物包含的九个印刷电路组件的每组并联或其任何部分,只有一个印刷电路组件可为非原产印刷电路组件,以及 (2)如果货物包含的印刷电路组件少于三个,所有印刷电路组件须为原产印刷电路组件。
8517.40	从任何其他子目变更到子目8517.40。
8517.81	
8517.81.aa	除加拿大关税税目8517.90.31,美国关税税目8517.90.70A,或墨西哥关税税目8517.90.10之外,从任何其他关税税目变更到墨西哥关税税目8517.81.05。
8517.81	从任何其他子目变更到子目8517.81,前提条件是对加拿大关税税目8473.30.21,8473.30.22,8517.90.11,8517.90.12,8517.90.13,8517.90.14,8517.90.43或8517.90.44,美国关税税目8473.30.40A,8517.90.05A,8517.90.05B,8517.90.10A,8517.90.10B,8517.90.15A,8517.90.15B,8517.90.30B,8517.90.35A,8517.90.35B,8517.90.40A,8517.90.40B,8517.90.55B,8517.90.60A,8517.90.60B,8517.90.70D或8517.90.80B,或墨西哥关税税目8473.30.03,8517.90.13或8517.90.15所列印刷电路组件: (1)除非第二项另有规定,货物包含的九个印刷电路组件的每组并联或其任何部分,只有一个印刷电路组件可为非原产印刷电路组件,以及 (2)如果货物包含的印刷电路组件少于三个,所有印刷电路组件须为原产印刷电路组件。
8517.82	

续表

8517.82.aa	除加拿大关税税目 8517.90.31,美国关税税目 8517.90.70A,或墨西哥关税税目 8517.90.10 之外,从任何其他关税税目变更到加拿大关税税目 8517.82.10 或美国关税税目 8517.82.00A。
8517.82	从任何其他子目变更到子目 8517.82。
8517.90	
8517.90.aa	除加拿大关税税目 8517.90.11,8517.90.12,8517.90.13 或 8517.90.14,美国关税税目 8517.90.05B,8517.90.10B,8517.90.15B,8517.90.30B,8517.90.35B,8517.90.40B,8517.90.55B,8517.90.60B,8517.90.70D 或 8517.90.80B,或墨西哥关税税目 8517.90.15 之外,从任何其他关税税目变更到加拿大关税税目 8517.90.41,美国关税税目 8517.90.30A,或墨西哥 8517.90.12。
8517.90.bb	从任何其他关税税目变更到加拿大关税税目 8517.90.43 或 8517.90.44,美国关税税目 8517.90.05A,8517.90.10A,8517.90.15A,8517.90.35A,8517.90.40A 或 8517.90.60A,或墨西哥关税税目 8517.90.13,前提条件是对加拿大关税税目 8473.30.21,8473.30.22,8517.90.11,8517.90.12,8517.90.13,8517.90.14,8517.90.42,8517.90.45 或 8517.90.46,美国关税税目 8473.30.40A,8517.90.05B,8517.90.10B,8517.90.15B,8517.90.30B,8517.90.35B,8517.90.40B,8517.90.55A,8517.90.55B,8517.90.60B,8517.90.70C,8517.90.70D,8517.90.80A 或 8517.90.80B,或墨西哥关税税目 8473.30.03,8517.90.14 或 8517.90.15 所列印刷电路组件: (1)除非第二项另有规定,货物包含的九个印刷电路组件的每组并联或其任何部分,只有一个印刷电路组件可为非原产印刷电路组件,以及 (2)如果货物包含的印刷电路组件少于三个,所有印刷电路组件须为原产印刷电路组件。
8517.90.cc	从任何其他关税税目变更到加拿大关税税目 8517.90.31,美国关税税目 8517.90.70A,或墨西哥关税税目 8517.90.10。
8517.90.dd	从任何其他关税税目变更到加拿大关税税目 8517.90.42,8517.90.45 或 8517.90.46,美国关税税目 8517.90.55A,8517.90.70C 或 8517.90.80A,或墨西哥关税税目 8517.90.14。
8517.90.ee	从任何其他关税税目变更到加拿大关税税目 8517.90.11,8517.90.12,8517.90.13 或 8517.90.14,美国关税税目 8517.90.05B,8517.90.10B,8517.90.15B,8517.90.30B,8517.90.35B,8517.90.40B,8517.90.55B,8517.90.60B,8517.90.70D 或 8517.90.80B,或墨西哥关税税目 8517.90.15。
8517.90.ff	从任何其他品目变更到加拿大关税税目 8517.90.21,8517.90.22,8517.90.23 或 8517.90.24,美国关税税目 8517.90.05C,8517.90.10C,8517.90.15C,8517.90.30C,8517.90.35C,8517.90.40C,8517.90.55C,8517.90.60C,8517.90.70E 或 8517.90.80C,或墨西哥关税税目 8517.90.16。
8517.90.gg	从加拿大关税税目 8517.90.21,8517.90.22,8517.90.23 或 8517.90.24,美国关税税目 8517.90.05C,8517.90.10C,8517.90.15C,8517.90.30C,8517.90.35C,8517.90.40C,8517.90.55C,8517.90.60C,8517.90.70E 或 8517.90.80C,或墨西哥关税税目 8517.90.16,或任何其他品目变更到加拿大关税税目 8517.90.91,8517.90.92 或 8517.90.93,美国关税税目 8517.90.05D,8517.90.10D,8517.90.15D,8517.90.30D,8517.90.35D,8517.90.40D,8517.90.55D,8517.90.60D,8517.90.70F 或 8517.90.80D,或墨西哥关税税目 8517.90.99。

续表

8517.90	从任何品目变更到子目 8517.90。
8518.10 - 8518.21	从任何品目变更到子目 8518.10 至 8518.21;或者 从子目 8518.90 变更到子目 8518.10 至 8518.21,不论从任何其他品目是否也有变更,前提条件是区域价值成分: (1)以交易价值法计,不低于 60%,或者 (2)以净成本法计,不低于 50%。
8518.22	从任何品目变更到子目 8518.22;或者 从子目 8518.29 或 8518.90 变更到子目 8518.22,不论从任何其他品目是否也有变更,前提条件是区域价值成分: (1)以交易价值法计,不低于 60%,或者 (2)以净成本法计,不低于 50%。
8518.29	从任何品目变更到子目 8518.29;或者 从子目 8518.90 变更到子目 8518.29,不论从任何其他品目是否也有变更,前提条件是区域价值成分: (1)以交易价值法计,不低于 60%,或者 (2)以净成本法计,不低于 50%。
8518.30	
8518.30.aa	从任何其他关税税目变更到加拿大关税税目 8518.30.10,美国关税税目 8518.30.10,或墨西哥关税税目 8518.30.03。
8518.30	从任何品目变更到子目 8518.30;或者 从子目 8518.90 变更到子目 8518.30,不论从任何其他品目是否也有变更,前提条件是区域价值成分: (1)以交易价值法计,不低于 60%,或者 (2)以净成本法计,不低于 50%。
8518.40 - 8518.50	从任何品目变更到子目 8518.40 至 8518.50;或者 从子目 8518.90 变更到子目 8518.40 至 8518.50,不论从任何其他品目是否也有变更,前提条件是区域价值成分: (1)以交易价值法计,不低于 60%,或者 (2)以净成本法计,不低于 50%。
8518.90	从任何品目变更到子目 8518.90。
8519.10 - 8519.99[34]	除加拿大关税税目 8522.90.31,8522.90.32 或 8522.90.39,美国关税税目 8522.90.40A,8522.90.40B,8522.90.60A 或 8522.90.90A,或墨西哥关税税目 8522.90.14 之外,从任何其他子目,包括该组之内的另一子目,变更到子目 8519.10 至 8519.99。
8520.10 - 8520.90	除加拿大关税税目 8522.90.31,8522.90.32,8522.90.33,8522.90.34 或 8522.90.39,美国关税税目 8522.90.40A,8522.90.40B,8522.90.60A 或 8522.90.90A,或墨西哥关税税目 8522.90.14 之外,从任何其他子目,包括该组之内的另一子目,变更到子目 8520.10 至 8520.90。

续表

8521.10－8521.90	除加拿大关税税目 8522.90.31，8522.90.32，8522.90.34，8522.90.35 或 8522.90.39，美国关税税目 8522.90.40A，8522.90.40B，8522.90.60A 或 8522.90.90A，或墨西哥关税税目 8522.90.14 之外，从任何其他子目，包括该组之内的另一子目，变更到子目 8521.10 至 8521.90。
85.22	从任何其他品目变更到品目 85.22。
85.23－85.24	从任何其他品目，包括该组之内的另一品目，变更到品目 85.23 至 85.24。
8525.10－8525.20	从该组之外的任何子目变更到子目 8525.10 至 8525.20，前提条件是对加拿大关税税目 8529.90.11，8529.90.12，8529.90.13 或 8529.90.14，美国关税税目 8529.90.15A，8529.90.20A，8529.90.30A，8529.90.35A，8529.90.40A，8529.90.40B，8529.90.45A 或 8529.90.50A，或墨西哥关税税目 8529.90.16 所列印刷电路组件： (1)除非第二项另有规定，货物包含的九个印刷电路组件的每组并联或其任何部分，只有一个印刷电路组件可为非原产印刷电路组件，以及 (2)如果货物包含的印刷电路组件少于三个，所有印刷电路组件须为原产印刷电路组件。
8525.30	
8525.30.aa	除加拿大关税税目 8525.30.12 或 8525.30.22，美国关税税目 8525.30.00B，或墨西哥关税税目 8525.30.04 之外，从任何其他关税税目变更到加拿大关税税目 8525.30.11或 8525.30.21，美国关税税目 8525.30.00A，或墨西哥关税税目 8525.30.03。
8525.30	除加拿大关税税目 8529.90.11，8529.90.12，8529.90.13 或 8529.90.14，美国关税税目 8529.90.15A，8529.90.20A，8529.90.30A，8529.90.35A，8529.90.40A，8529.90.40B，8529.90.45A 或 8529.90.50A，或墨西哥关税税目 8529.90.16 之外，从任何其他子目变更到子目 8525.30。
8526.10	除子目 8525.20，加拿大关税税目 8529.90.20，美国关税税目 8529.90.40C 或 8529.90.40D，或墨西哥关税税目 8529.90.17，或下列两项以上之外，从任何其他子目变更到子目 8526.10： • 子目 8471.92 或 8529.90 所列显示装置，装有阴极射线显像管、平板屏幕或类似显示装置， • 子目 8529.10， • 加拿大关税税目 8529.90.11，8529.90.12，8529.90.13 或 8529.90.14，美国关税税目 8529.90.15A，8529.90.20A，8529.90.30A，8529.90.35A，8529.90.40A，8529.90.40B，8529.90.45A 或 8529.90.50A，或墨西哥关税税目 8529.90.16。
8526.91－8526.92	除品目 85.29 之外，从任何其他品目变更到子目 8526.91 至 8526.92；或者 从品目 85.29 变更到子目 8526.91 至 8526.92，不论从任何其他品目是否也有变更，前提条件是区域价值成分： (1)以交易价值法计，不低于 60%，或者 (2)以净成本法计，不低于 50%。
8527.11－8527.39[35]	除加拿大关税税目 8529.90.11，8529.90.12，8529.90.13 或 8529.90.14，美国关税税目 8529.90.15A，8529.90.20A，8529.90.30A，8529.90.35A，8529.90.40A，8529.90.40B，8529.90.45A 或 8529.90.50A，或墨西哥关税细税目 8529.90.16 之外，从任何其他子目，包括该组之内的另一子目，变更到子目 8527.11 至 8527.39。

续表

8527.90	从任何其他子目变更到子目 8527.90,前提条件是加拿大关税税目 8529.90.11, 8529.90.12, 8529.90.13 或 8529.90.14, 美国关税税目 8529.90.15A, 8529.90.20A, 8529.90.30A, 8529.90.35A, 8529.90.40A, 8529.90.40B, 8529.90.45A或8529.90.50A,或墨西哥关税税目 8529.90.16 所列印刷电路组件: (1)除非第二项另有规定,货物包含的九个印刷电路组件的每组并联或其任何部分,只有一个印刷电路组件可为非原产印刷电路组件,以及 (2)如果货物包含的印刷电路组件少于三个,所有印刷电路组件须为原产印刷电路组件。
8528.10	
8528.10.aa	除加拿大关税税目 8529.90.11,8529.90.12,8529.90.13,8529.90.14,8529.90.31, 8529.90.32,8529.90.38 或 8529.90.39,美国关税税目 8529.90.10,8529.90.15A, 8529.90.15C, 8529.90.15D, 8529.90.20A, 8529.90.20C, 8529.90.20D, 8529.90.30A, 8529.90.35A, 8529.90.35C, 8529.90.35D, 8529.90.40A, 8529.90.40B,8529.90.45A 或 8529.90.50A,或墨西哥关税税目 8529.90.16, 8529.90.18或 8529.90.19 之外,从任何其他品目变更到加拿大关税税目 8528.10.21,8528.10.31,8528.10.41 或 8528.10.51,美国关税税目 8528.10.30A 或 8528.10.60B,或墨西哥税目 8528.10.01 或 8528.10.08。
8528.10.bb	除加拿大关税税目 8540.11.22,美国关税税目 8540.11.00A,或墨西哥关税税目 8540.11.01,或下列一项以上的之外,从加拿大关税税目 8528.10.11,8528.10.12, 8528.10.18 或 8528.10.19,美国关税税目 8528.10.60A,或墨西哥关税税目 8528.10.07或8528.10.14,或任何其他品目变更到加拿大关税税目 8528.10.22, 8528.10.32, 8528.10.42 或 8528.10.52, 美国关税税目 8528.10.30B 或 8528.10.60C,或墨西哥关税税目 8528.10.02 或 8528.10.09: • 加拿大关税税目 7011.20.10,美国关税税目 7011.20.00A,或墨西哥关税税目 7011.20.02 或 7011.20.03, • 加拿大关税税目 8540.91.10,美国关税税目 8540.91.40A,或墨西哥关税税目 8540.91.03。 注释:自 1999 年 1 月 1 日起,针对关税税目 8528.10.bb 的上述原产地规则应改为以下规则:
8528.10.bb	除加拿大关税税目 8529.90.31,8529.90.32 或 8540.11.22,美国关税税目 8529.90.15D,8529.90.20D,8529.90.35D 或 8540.11.00A,或墨西哥关税税目 8529.90.19或 8540.11.01,或下列一项以上的之外,从任何其他品目变更到加拿大关税税目 8528.10.22,8528.10.32,8528.10.42 或 8528.10.52,或美国关税税目 8528.10.30B 或 8528.10.60C,或墨西哥关税税目 8528.10.02 或 8528.10.09: • 加拿大关税税目 7011.20.10,美国关税税目 7011.20.00A,或墨西哥关税税目 7011.20.02 或 7011.20.03, • 加拿大关税税目 8540.91.10,美国关税税目 8540.91.40A,或墨西哥关税税目 8540.91.03。

续表

8528.10.cc	除加拿大关税税目8540.12.90,美国关税税目8540.12.40A或8540.12.80A,或墨西哥关税税目8540.12.99,或下列一项以上的之外,从加拿大关税税目8528.10.11,8528.10.12,8528.10.18或8528.10.19,美国关税税目8528.10.60A,或墨西哥关税税目8528.10.07或8528.10.14,或任何其他品目变更到加拿大关税税目8528.10.24,8528.10.34,8528.10.44或8528.10.54,或美国关税税目8528.10.30C或8529.10.60D,或墨西哥关税税目8528.10.03或8528.10.10: • 加拿大关税税目7011.20.10,美国关税税目7011.20.00A,或墨西哥关税税目7011.20.02或7011.20.03, • 加拿大关税税目8540.91.10,美国关税税目8540.91.40A,或墨西哥关税税目8540.91.03。
8528.10.dd	除加拿大关税税目8540.11.11,8540.11.12或8540.91.10,美国关税税目8540.11.00C,8540.11.00D或8540.91.40A,或墨西哥关税税目8540.11.03,8540.11.04或8540.91.03之外,从加拿大关税税目8528.10.11,8528.10.12,8528.10.18或8528.10.19,美国关税税目8528.10.60A,或墨西哥关税税目8528.10.07或8528.10.14,或任何其他品目变更到加拿大关税税目8528.10.23,8528.10.33,8528.10.43或8528.10.53,美国关税税目8528.10.30D或8528.10.60E,或墨西哥关税税目8528.10.04或8528.10.11。此外,如果用于电视接收器元件,加拿大关税税目8542.11.10,美国关税税目8542.11.00A,或墨西哥关税税目8542.11.02所列半导体中的不超过半数,可为非原产;或者除加拿大关税税目8540.11.11,8540.11.12或8540.91.10,美国关税税目8540.11.00C,8540.11.00D或8540.91.40A,或墨西哥关税税目8540.11.03,8540.11.04或8540.91.03之外,从加拿大关税税目8528.10.11,8528.10.12,8528.10.18或8528.10.19,美国关税税目8528.10.60A,或墨西哥关税税目8528.10.07或8528.10.14,或任何其他品目变更到加拿大关税税目8528.10.23,8528.10.33,8528.10.43或8528.10.53,美国关税税目8528.10.30D或8528.10.60E,或墨西哥关税税目8528.10.04或8528.10.11。此外,区域价值成分: (1)以交易价值法计,不低于60%,或者 (2)以净成本法计,不低于50%。
8528.10.ee	除加拿大关税税目8540.12.10或8540.91.10,美国关税税目8540.12.40B,8540.12.80B或8540.91.40A,或墨西哥关税税目8540.12.01或8540.91.03之外,从加拿大关税税目8528.10.11,8528.10.12,8528.10.18或8528.10.19,美国关税税目8528.10.60A,或墨西哥关税税目8528.10.07或8528.10.14,或任何其他品目变更到加拿大关税税目8528.10.25,8528.10.35,8528.10.45或8528.10.55,美国关税税目8528.10.30E或8528.10.60F,或墨西哥关税税目8528.10.05或8528.10.12。此外,如果用于电视接收器元件,加拿大关税税目8542.11.10,美国关税税目8542.11.00A,或墨西哥关税税目8542.11.02所列半导体中的不超过半数,可为非原产;或者 除加拿大关税税目8540.12.10或8540.91.10,美国关税税目8540.12.40B,8540.12.80B或8540.91.40A,或墨西哥关税税目8540.12.01或8540.91.03之外,从加拿大关税税目8528.10.11,8528.10.12,8528.10.18或8528.10.19,美国关税税目8528.10.60A,墨西哥关税税目8528.10.07或8528.10.14,或任何其他品目变更到加拿大关税税目8528.10.25,8528.10.35,8528.10.45或8528.10.55,美国关税税目8528.10.30E或8528.10.60F,或墨西哥关税税目8528.10.05或8528.10.12。此外,区域价值成分: (1)以交易价值法计,不低于60%,或者 (2)以净成本法计,不低于50%。

续表

8528.10.ff	除加拿大关税税目 8529.90.40,美国关税税目 8529.90.35E,或墨西哥关税税目 8529.90.20 之外,从加拿大关税税目 8528.10.11,8528.10.12,8528.10.18 或 8528.10.19,美国关税税目 8528.10.60A,或墨西哥关税税目 8528.10.07 或 8528.10.14,或任何其他品目变更到加拿大关税税目 8528.10.26,8528.10.36,8528.10.46 或 8528.10.56,美国关税税目 8528.10.30F 或 8528.10.60G,或墨西哥关税税目 8528.10.06 或 8528.10.13。
8528.10.gg	除加拿大关税税目 8529.90.31 或 8529.90.32,美国关税税目 8529.90.15D,8529.90.20D或 8529.90.35D,或墨西哥关税税目 8529.90.19 之外,从任何其他品目变更到加拿大关税税目 8528.10.11,8528.10.12,8528.10.18 或 8528.10.19,美国关税税目 8528.10.60A,墨西哥关税税目 8528.10.07 或 8528.10.14。
8528.10	从加拿大关税税目 8528.10.11,8528.10.12,8528.10.18 或 8528.10.19,美国关税税目 8528.10.60A,墨西哥关税税目 8528.10.07 或 8528.10.14,或任何其他品目变更到子目 8528.10,前提条件是区域价值成分: (1)以交易价值法计,不低于60%,或者 (2)以净成本法计,不低于50%。
8528.20	从任何其他品目变更到子目 8528.20,前提条件是对加拿大关税税目 8529.90.11,8529.90.12,8529.90.13,8529.90.14,8529.90.38 或 8529.90.39,美国关税税目 8529.90.10,8529.90.15A,8529.90.15C,8529.90.20A,8529.90.20C,8529.90.30A,8529.90.35A,8529.90.35C,8529.90.40A,8529.90.40B,8529.90.45A 或 8529.90.50A,或墨西哥关税税目 8529.90.16 或 8529.90.18 所列印刷电路组件: (1)除非第二项另有规定,货物包含的九个印刷电路组件的每组并联或其任何部分,只有一个印刷电路组件可为非原产印刷电路组件,以及 (2)如果货物包含的印刷电路组件少于三个,所有印刷电路组件须为原产印刷电路组件。
8529.10	从任何其他品目变更到子目 8529.10。
8529.90	
8529.90.aa	从任何其他关税税目变更到加拿大关税税目 8529.90.11,8529.90.12,8529.90.13 或 8529.90.14,美国关税税目 8529.90.15A,8529.90.20A,8529.90.30A,8529.90.35A,8529.90.40A,8529.90.40B,8529.90.45A 或 8529.90.50A,或墨西哥关税税目 8529.90.16。
8529.90.bb	从任何其他关税税目变更到加拿大关税税目 8529.90.20,美国关税税目 8529.90.40C或 8529.90.40D,或墨西哥关税税目 8529.90.17。
8529.90.cc	从任何其他关税税目变更到加拿大关税税目 8529.90.38 或 8529.90.39,美国关税税目 8529.90.10,8529.90.15C,8529.90.20C 或 8529.90.35C,或墨西哥关税税目 8529.90.18。
8529.90.dd	从任何其他关税税目变更到加拿大关税税目 529.90.31 或 8529.90.32,美国关税税目 8529.90.15D,8529.90.20D 或 8529.90.35D,或墨西哥关税税目 8529.90.19。
8529.90.ee	从任何其他关税税目变更到加拿大关税税目 8529.90.40,美国关税税目 8529.90.35E,或墨西哥关税税目 8529.90.20。

续表

8529.90.ff	从任何其他关税税目变更到加拿大关税税目 8529.90.51,8529.90.52,8529.90.53 或 8529.90.54,美国关税税目 8529.90.15B,8529.90.20B,8529.90.30B,8529.90.35B,8529.90.45C 或 8529.90.50B,或墨西哥关税税目 8529.90.21。
8529.90.gg	从任何其他品目变更到加拿大关税税目 8529.90.60,美国关税税目 8529.90.30C 或 8529.90.50C,或墨西哥关税税目 8529.90.22;或者 对加拿大关税税目 8529.90.60,美国关税税目 8529.90.30C 或 8529.90.50C,或墨西哥关税税目 8529.90.22 所列海关税则分类不要求变更,前提条件是区域价值成分: (1)以交易价值法计,不低于 60%,或者 (2)以净成本法计,不低于 50%。
8529.90	从任何其他品目变更到子目 8529.90。
8530.10 – 8530.80	从任何其他品目变更到子目 8530.10 至 8530.80;或者 从子目 8530.90 变更到子目 8530.10 至 8530.80,不论从任何其他品目是否也有变更,前提条件是区域价值成分: (1)以交易价值法计,不低于 60%,或者 (2)以净成本法计,不低于 50%。
8530.90	从任何其他品目变更到子目 8530.90。
8531.10	除加拿大关税税目 8531.90.11 或 8531.90.21,美国关税税目 8531.90.00A,或墨西哥关税税目 8531.90.03 之外,从任何其他子目变更到子目 8531.10。
8531.20	从任何其他品目变更到子目 8531.20;或者 从子目 8531.90 变更到子目 8531.20,不论从任何其他品目是否也有变更,前提条件是区域价值成分: (1)以交易价值法计,不低于 60%,或者 (2)以净成本法计,不低于 50%。
8531.80	
8531.80.aa	从任何其他子目变更到美国关税税目 8531.80.00A 或 8531.80.00B,前提条件是加拿大关税税目 8531.90.11 或 8531.90.21,美国关税税目 8531.90.00A,或墨西哥关税税目 8531.90.03 所列印刷电路组件 (1)除非第二项另有规定,货物包含的九个印刷电路组件的每组并联或其任何部分,只有一个印刷电路组件可为非原产印刷电路组件,以及 (2)如果货物包含的印刷电路组件少于三个,所有印刷电路组件须为原产印刷电路组件。
8531.80	从任何其他品目变更到子目 8531.80;或者 从子目 8531.90 变更到子目 8531.80,不论从任何其他品目是否也有变更,前提条件是区域价值成分: (1)以交易价值法计,不低于 60%,或者 (2)以净成本法计,不低于 50%。
8531.90	从任何其他品目变更到子目 8531.90。

续表

8532.10	从任何其他品目变更到子目 8532.10;或者 从子目 8531.90 变更到子目 8531.10,不论从任何其他品目是否也有变更,前提条件是区域价值成分: (1)以交易价值法计,不低于 60%,或者 (2)以净成本法计,不低于 50%。
8532.21-8532.30	从任何其他子目,包括该组之内的另一子目,变更到子目 8532.21 至 8532.30。
8532.90	从任何其他品目变更到子目 8532.90。
8533.10-8533.39	从任何其他子目,包括该组之内的另一子目,变更到子目 8533.10 至 8533.39。
8533.40	除加拿大关税税目 8533.90.11,美国关税税目 8533.90.00A,或墨西哥关税税目 8533.90.02 之外,从任何其他子目变更到子目 8533.40。
8533.90	从任何其他品目变更到子目 8533.90。
85.34	从任何其他品目变更到品目 85.34。
85.35	
8535.90.aa	除加拿大关税税目 8538.90.20,美国关税税目 8538.90.00B,或墨西哥关税税目 8538.90.12 之外,从任何其他关税税目变更到加拿大关税税目 8535.90.30,美国关税税目 8535.90.00A,或墨西哥关税税目 8535.90.08,8535.90.20 或 8535.90.24;或者 从加拿大关税税目 8538.90.20,美国关税税目 8538.90.00B,或墨西哥关税税目 8538.90.12 变更到加拿大关税税目 8535.90.30,美国关税税目 8535.90.00A,或墨西哥关税税目 8535.90.08,8535.90.20 或 8535.90.24,不论从任何其他关税税目是否也有变更,前提条件是区域价值成分: (1)以交易价值法计,不低于 60%,或者 (2)以净成本法计,不低于 50%。
85.35	除加拿大关税税目 8538.90.30 或 8538.90.60,美国关税税目 8538.90.00A 或 8538.90.00C,或墨西哥关税税目 8538.90.13 或 8538.90.14 之外,从任何其他品目变更到品目 85.35;或者 从加拿大关税税目 8538.90.30 或 8538.90.60,美国关税税目 8538.90.00A 或 8538.90.00C,或墨西哥关税税目 8538.90.13 或 8538.90.14 变更到品目 85.35,不论从其他任何品目是否也有变更,前提条件是区域价值成分: (1)以交易价值法计,不低于 60%,或者 (2)以净成本法计,不低于 50%。
85.36[36]	
8536.30.aa	除加拿大关税税目 8538.90.20,美国关税税目 8538.90.00B,或墨西哥关税税目 8538.90.12 之外,从任何其他关税税目变更到加拿大关税税目 8536.30.12,美国关税税目 8536.30.00A,或墨西哥关税税目 8536.30.05;或者 加拿大关税税目 8538.90.20,美国关税税目 8538.90.00B,或墨西哥关税税目 8538.90.12 变更到加拿大关税税目 8536.30.12,美国关税税目 8536.30.00A,或墨西哥关税税目 8536.30.05,不论从任何其他关税税目是否也有变更,前提条件是区域价值成分: (1)以交易价值法计,不低于 60%,或者 (2)以净成本法计,不低于 50%。

续表

8536.50.aa	除加拿大关税税目8538.90.20,美国关税税目8538.90.00B,或墨西哥关税税目8538.90.12之外,从任何其他关税税目变更到加拿大关税税目8536.50.21或8536.50.29,或美国关税税目8536.50.00A;或者 从加拿大关税税目8538.90.20,美国关税税目8538.90.00B,或墨西哥关税税目8538.90.12变更到加拿大关税税目8536.50.21或8536.50.29,或美国关税税目8536.50.00A,不论从任何其他关税税目是否也有变更,前提条件是区域价值成分: (1)以交易价值法计,不低于60%,或者 (2)以净成本法计,不低于50%。
8536.90.aa	除加拿大关税税目8538.90.20,美国关税税目8538.90.00B,或墨西哥关税税目8538.90.12之外,从任何其他关税税目变更到墨西哥关税税目8536.90.07或8536.90.27;或者 从加拿大关税税目8538.90.20,美国关税税目8538.90.00B,或墨西哥关税税目8538.90.12变更到墨西哥关税税目8536.90.07或8536.90.27,不论从任何其他关税税目是否也有变更,前提条件是区域价值成分: (1)以交易价值法计,不低于60%,或者 (2)以净成本法计,不低于50%。
85.36	除加拿大关税税目8538.90.30或8538.90.60,美国关税税目8538.90.00A或8538.90.00C,或墨西哥关税税目8538.90.13或8538.90.14之外,从任何其他品目变更到品目85.36;或者 从加拿大关税税目8538.90.30或8538.90.60,美国关税税目8538.90.00A或8538.90.00C,或墨西哥关税税目8538.90.13或8538.90.14变更到品目85.36,不论从其他任何品目是否也有变更,前提条件是区域价值成分: (1)以交易价值法计,不低于60%,或者 (2)以净成本法计,不低于50%。
85.37[37]	除加拿大关税税目8538.90.30或8538.90.60,美国关税税目8538.90.00A或8538.90.00C,或墨西哥关税税目8538.90.13或8538.90.14之外,从任何其他品目变更到品目85.37;或者 从加拿大关税税目8538.90.30或8538.90.60,美国关税税目8538.90.00A或8538.90.00C,或墨西哥关税税目8538.90.13或8538.90.14变更到品目85.37,不论从其他任何品目是否也有变更,前提条件是区域价值成分: (1)以交易价值法计,不低于60%,或者 (2)以净成本法计,不低于50%。
85.38	从任何其他品目变更到品目85.38。
8539.10-8539.40[38]	从任何其他品目变更到子目8539.10至8539.40;或者 从子目8539.90变更到子目8539.10至8539.40,不论从任何其他品目是否也有变更,前提条件是区域价值成分: (1)以交易价值法计,不低于60%,或者 (2)以净成本法计,不低于50%。
8539.90	从任何其他品目变更到子目8539.90。

续表

8540.11	
8540.11.aa	除一个以上下列各项的之外,从任何其他子目变更到加拿大关税税目 8540.11.22,美国关税税目 8540.11.00A,或墨西哥关税税目 8540.11.01: • 加拿大关税税目 7011.20.10,美国关税税目 7011.20.00A,或墨西哥关税税目 7011.20.02 或 7011.20.03, • 加拿大关税税目 8540.91.10,美国关税税目 8540.91.40A,或墨西哥关税税目 8540.91.03。
8540.11.bb	除一个以上下列各项的之外,从任何其他子目变更到加拿大关税税目 8540.11.21,美国关税税目 8540.11.00B,或墨西哥关税税目 8540.11.02: • 加拿大关税税目 7011.20.10,美国关税税目 7011.20.00A,或墨西哥关税税目 7011.20.02 或 7011.20.03, • 加拿大关税税目 8540.91.10,美国关税税目 8540.91.40A,或墨西哥关税税目 8540.91.03。
8540.11.cc	除加拿大关税税目 8540.91.10,美国关税税目 8540.91.40A,或墨西哥关税税目 8540.91.03 之外,从任何其他子目变更到加拿大关税税目 8540.11.12,美国关税税目 8540.11.00C,或墨西哥关税税目 8540.11.03。
8540.11.dd	除加拿大关税税目 8540.91.10,美国关税税目 8540.91.40A,或墨西哥关税税目 8540.91.03 之外,从任何其他子目变更到加拿大关税税目 8540.11.11,美国关税税目 8540.11.00D,或墨西哥关税税目 8540.11.04。
8540.11	从任何其他品目变更到子目 8540.11;或者 从子目 8540.91 变更到子目 8540.11,不论从其他任何品目是否也有变更,前提条件是区域价值成分: (1)以交易价值法计,不低于 60%,或者 (2)以净成本法计,不低于 50%。
8540.12	注释:适用 8540.12.aa 所列货物,装有第 85 章注释 5 第二项所指玻璃面板,以及加拿大关税税目 7011.20.10、美国关税税目 7011.20.00A 或墨西哥关税税目 7011.20.02或 7011.20.03 所列玻璃锥:
8540.12.aa	除一个以上的下列各项的之外,从任何其他子目变更到加拿大关税税目 8540.12.90,美国关税税目 8540.12.40A 或 8540.12.80A,或墨西哥关税税目 8540.12.99: • 加拿大关税税目 7011.20.10,美国关税税目 7011.20.00A,或墨西哥关税税目 7011.20.02 或 7011.20.03, • 加拿大关税税目 8540.91.10,美国关税税目 8540.91.40A,或墨西哥关税税目 8540.91.03。 注释:适用 8540.12.aa 所列货物,装有第 85 章注释 5 第二项所指玻璃封套:
8540.12.aa	除加拿大关税税目 8540.91.10,美国关税税目 8540.91.40A,或墨西哥关税税目 8540.91.03 之外,从任何其他子目变更到加拿大关税税目 8540.12.90,美国关税税目 8540.12.40A 或 8540.12.80A,或墨西哥关税税目 8540.12.99。
8540.12.bb	除加拿大关税税目 8540.91.10,美国关税税目 8540.91.40A,或墨西哥关税税目 8540.91.03 之外,从任何其他子目变更到加拿大关税税目 8540.12.10,美国关税税目 8540.12.40B 或 8540.12.80B,或墨西哥关税税目 8540.12.01。

续表

8540.12	从任何其他品目变更到子目 8540.12;或者 从子目 8540.91 变更到子目 8540.12,不论从其他任何品目是否也有变更,前提条件是区域价值成分: (1)以交易价值法计,不低于 60%,或者 (2)以净成本法计,不低于 50%。
8540.20	从任何其他品目变更到子目 8540.20;或者 从子目 8540.91 至 8540.99 变更到子目 8540.20,不论从其他任何品目是否也有变更,前提条件是区域价值成分: (1)以交易价值法计,不低于 60%,或者 (2)以净成本法计,不低于 50%。
8540.30	除加拿大关税税目 8540.91.10,美国关税税目 8540.91.40A,或墨西哥关税税目 8540.91.03 之外,从任何其他子目变更到子目 8540.30。
8540.41 - 8540.49	除加拿大关税税目 8540.99.10,美国关税税目 8540.99.00A,或墨西哥关税税目 8540.99.05 之外,从该组之外的任何子目变更到子目 8540.41 至 8540.49。
8540.81 - 8540.89	从任何其他子目,包括该组之内的另一子目,变更到子目 8540.81 至 8540.89。
8540.91	
8540.91.aa	从任何其他关税税目变更到加拿大关税税目 8540.91.10,美国关税税目 8540.91.40A,或墨西哥关税税目 8540.91.03。
8540.91	从任何其他品目变更到子目 8540.91。
8540.99	
8540.99.aa	从任何其他关税税目变更到加拿大关税税目 8540.99.10,美国关税税目 8540.99.00A,或墨西哥关税税目 8540.99.05。
8540.99	从任何其他品目变更到子目 8540.99。
85.41 - 85.42	注释:虽有第 411 条(装运)的规定,子目 8541.10 至 8541.60 或 8542.11 至 8542.80 所列货物如果根据以下规则,符合原产货物的资格,可在缔约方境外进一步加工,并且进口至一缔约方境内后,将视为原产自该缔约方境内,前提条件是此类进一步加工不会造成海关税则分类变更到该组之外的子目。 从任何其他子目,包括该组之内的另一子目,变更到子目 8541.10 至 8542.90。
8543.10 - 8543.30	从任何其他品目变更到子目 8543.10 至 8543.30;或者 从子目 8543.90 变更到子目 8543.10 至 8543.30,不论从任何其他品目是否也有变更,前提条件是区域价值成分: (1)以交易价值法计,不低于 60%,或者 (2)以净成本法计,不低于 50%。
8543.80	

续表

8543.80.aa	除子目 8504.40,或加拿大关税税目 8543.90.11,8543.90.12,8543.90.13 或 8543.90.14,美国关税税目 8543.90.40A,8543.90.40B 或 8543.90.80A,或墨西哥关税税目 8543.90.01 之外,从任何其他子目变更到加拿大关税税目 8543.80.60,美国关税税目 8543.80.90A,或墨西哥关税税目 8543.80.20;或者 从子目 8504.40,或加拿大关税税目 8543.90.11,8543.90.12,8543.90.13 或 8543.90.14,美国关税税目 8543.90.40A,8543.90.40B 或 8543.90.80A,或墨西哥关税税目 8543.90.01 变更到加拿大关税税目 8543.80.60,美国关税税目 8543.80.90A,或墨西哥关税税目 8543.80.20,不论从任何其他子目是否也有变更,前提条件是区域价值成分: (1)以交易价值法计,不低于 60%,或者 (2)以净成本法计,不低于 50%。
8543.80	从任何其他品目变更到子目 8543.80;或者 从子目 8543.90 变更到子目 8543.80,不论从任何其他品目是否也有变更,前提条件是区域价值成分: (1)以交易价值法计,不低于 60%,或者 (2)以净成本法计,不低于 50%。
8543.90	从任何其他品目变更到子目 8543.90。
8544.11 - 8544.60[39]	除品目 74.08,74.13,76.05 或 76.14 之外,从该组之外的任何子目变更到子目 8544.11 至 8544.60;或者 从品目 74.08,74.13,76.05 或 76.14 变更到子目 8544.11 至 8544.60,不论从任何其他子目,包括子目 8544.11 至 8544.60 之内的另一子目,是否也有变更,前提条件是区域价值成分: (1)以交易价值法计,不低于 60%,或者 (2)以净成本法计,不低于 50%。
8544.70	除品目 70.02 或 90.01 之外,从任何其他子目变更到子目 8544.70;或者 从品目 70.02 或 90.01 变更到子目 8544.70,不论从任何其他子目是否也有变更,前提条件是区域价值成分: (1)以交易价值法计,不低于 60%,或者 (2)以净成本法计,不低于 50%。
85.45 - 85.48	从任何其他品目,包括该组之内的另一品目,变更到品目 85.45 至 85.48。
第十七类	车辆、航空器、船舶及相关运输设备(第 86~89 章)
第 86 章	铁道或电车道机车、车辆及其零件;铁道或电车道轨道固定装置及其零件和附件;各种机械(包括电动机械)交通信号设备
86.01 - 86.06	除品目 86.07 之外,从任何其他品目,包括该组之内的另一品目,变更到品目 86.01 至 86.06;或者 从品目 86.07 变更到品目 86.01 至 86.06,不论从任何其他品目是否也有变更,前提条件是区域价值成分: (1)以交易价值法计,不低于 60%,或者 (2)以净成本法计,不低于 50%。
8607.11 - 8607.12	从任何其他品目变更到子目 8607.11 至 8607.12。
8607.19	

续表

8607.19.aa	从任何其他品目变更到加拿大关税税目 8607.19.11,美国关税税目 8607.19.10A,或墨西哥关税税目 8607.19.02 或 8607.19.06;或者 从加拿大关税税目 8607.19.13,美国关税税目 8607.19.10B,或墨西哥关税税目 8607.19.07 变更到加拿大关税税目 8607.19.11,美国关税税目 8607.19.10A,或墨西哥关税税目 8607.19.02 或 8607.19.06,不论从任何其他品目是否也有变更,前提条件是区域价值成分: (1)以交易价值法计,不低于 60%,或者 (2)以净成本法计,不低于 50%。
8607.19.cc	从任何其他品目变更到加拿大关税税目 8607.19.12,美国关税税目 8607.19.20A,或墨西哥关税税目 8607.19.03;或者 从加拿大关税税目 8607.19.13,美国关税税目 8607.19.20B,或墨西哥关税税目 8607.19.03 变更到加拿大关税税目 8607.19.12,美国关税税目 8607.19.20A,或墨西哥关税税目 8607.19.03,不论从任何其他品目是否也有变更,前提条件是区域价值成分: (1)以交易价值法计,不低于 60%,或者 (2)以净成本法计,不低于 50%。
8607.19	从任何其他品目变更到子目 8607.19。
8607.21 - 8607.99	从任何其他品目变更到子目 8607.21 至 8607.99。
86.08 - 86.09	从任何其他品目,包括该组之内的另一品目,变更到品目 86.08 至 86.09。
第 87 章	车辆及其零件和附件,但铁道或电车道车辆除外
87.01[40]	从任何其他品目变更到品目 87.01,前提条件是以净成本法计,区域价值成分不低于 50%。
87.02[41]	
8702.10.aa	从任何其他品目变更到加拿大关税税目 8702.10.10,美国关税税目 8702.10.00A,或墨西哥关税税目 8702.10.03,前提条件是以净成本法计,区域价值成分不低于 50%。
8702.10.bb	从任何其他品目变更到加拿大关税税目 8702.10.90,美国关税税目 8702.10.00B,或墨西哥关税税目 8702.10.01,前提条件是以净成本法计,区域价值成分不低于 50%。
8702.90.aa	从任何其他品目变更到加拿大关税税目 8702.90.10,美国关税税目 8702.90.00A,或墨西哥关税税目 8702.90.04,前提条件是以净成本法计,区域价值成分不低于 50%。
8702.90.bb	从任何其他品目变更到加拿大关税税目 8702.90.90,美国关税税目 8702.90.00B,或墨西哥关税税 8702.90.01,8702.90.20 或 8702.90.03,前提条件是以净成本法计,区域价值成分不低于 50%。
8703.10	从任何其他品目变更到子目 8703.10,前提条件是区域价值成分: (1)以交易价值法计,不低于 60%,或者 (2)以净成本法计,不低于 50%。

续表

8703.21 - 8703.90[42]	从任何其他品目变更到子目 8703.21 至 8703.90,前提条件是以净成本法计,区域价值成分不低于 50%。
8704.10[43]	从任何其他品目变更到子目 8704.10,前提条件是以净成本法计,区域价值成分不低于 50%。
8704.21[44]	从任何其他品目变更到子目 8704.21,前提条件是以净成本法计,区域价值成分不低于 50%。
8704.22 - 8704.23[45]	从任何其他品目变更到子目 8704.22 至 8704.23,前提条件是以净成本法计,区域价值成分不低于 50%。
8704.31[46]	从任何其他品目变更到子目 8704.31,前提条件是以净成本法计,区域价值成分不低于 50%。
8704.32 - 8704.90[47]	从任何其他品目变更到子目 8704.32 至 8704.90,前提条件是以净成本法计,区域价值成分不低于 50%。
87.05[48]	从任何其他品目变更到品目 87.05,前提条件是以净成本法计,区域价值成分不低于 50%。
87.06[49]	
8706.00.aa	从任何其他各章变更到加拿大关税税目 8706.00.20,美国关税税目 8706.00.10A,或墨西哥关税税目 8706.00.02,前提条件是以净成本法计,区域价值成分不低于 50%。
8706.00.bb	从任何其他各章变更到加拿大关税税目 8706.00.10 或 8706.00.90,美国关税税目 8706.00.10B, 8706.00.25, 8706.00.30 或 8706.00.50,或墨西哥关税税目 8706.00.99,前提条件是以净成本法计,区域价值成分不低于 50%。
87.07[50]	从任何其他各章变更到品目 87.07;或者 从子目 87.08 变更到品目 87.07,不论从任何其他品目是否也有变更,前提条件是以净成本法计,区域价值成分不低于 50%。
8708.10[51]	从任何其他品目变更到子目 8708.10;或者 从子目 8708.99 变更到子目 8708.10,不论从任何其他品目是否也有变更,前提条件是以净成本法计,区域价值成分不低于 50%。
8708.21[52]	从任何其他品目变更到子目 8708.21;或者 从子目 8708.99 变更到子目 8708.21,不论从任何其他品目是否也有变更,前提条件是以净成本法计,区域价值成分不低于 50%。
8708.29[53]	从任何其他品目变更到子目 8708.29;或者 对子目 8708.29 所列海关税则分类不要求变更,前提条件是以净成本法计,区域价值成分不低于 50%。
8708.31	从任何其他品目变更到子目 8708.31;或者 从子目 8708.39 或 8708.99 变更到子目 8708.31,不论从任何其他品目是否也有变更,前提条件是以净成本法计,区域价值成分不低于 50%。
8708.39[54]	从任何其他品目变更到子目 8708.39;或者 从子目 8708.31 或 8708.99 变更到子目 8708.39,不论从任何其他品目是否也有变更,前提条件是以净成本法计,区域价值成分不低于 50%。

续表

8708.40[55]	从任何其他品目变更到子目 8708.40;或者 从子目 8708.99 变更到子目 8708.40,不论从任何其他品目是否也有变更,前提条件是以净成本法计,区域价值成分不低于 50%。
8708.50[56]	
8708.50.aa	除子目 8482.10 至 8482.80 之外,从任何其他品目变更到加拿大关税税目 8708.50.20,美国关税税目 8708.50.50,或墨西哥关税税目 8708.50.06 或 8708.50.07;或者 从子目 8482.10 至 8482.80 或 8708.99 变更到加拿大关税税目 8708.50.20,美国关税税目 8708.50.50,或墨西哥关税税目 8708.50.06 或 8708.50.07,不论从任何其他品目是否也有变更,前提条件是以净成本法计,区域价值成分不低于 50%。
8708.50	从任何其他品目变更到子目 8708.50;或者 从子目 8708.99 变更到子目 8708.50,不论从任何其他品目是否也有变更,前提条件是以净成本法计,区域价值成分不低于 50%。
8708.60[57]	
8708.60.aa	除子目 8482.10 至 8482.80 之外,从任何其他品目变更到加拿大关税税目 8708.60.20,美国关税税目 8708.60.50,或墨西哥关税税目 8708.60.07;或者 从子目 8482.10 至 8482.80 或 8708.99 变更到加拿大关税税目 8708.60.20,美国关税税目 8708.60.50,或墨西哥关税税目 8708.60.07,不论从任何其他品目是否也有变更,前提条件是以净成本法计,区域价值成分不低于 50%。
8708.60	从任何其他品目变更到子目 8708.60;或者 从子目 8708.99 变更到子目 8708.60,不论从任何其他品目是否也有变更,前提条件是以净成本法计,区域价值成分不低于 50%。
8708.70[58]	从任何其他品目变更到子目 8708.70;或者 从子目 8708.998 变更到子目 708.70,不论从任何其他品目是否也有变更,前提条件是以净成本法计,区域价值成分不低于 50%。
8708.80[59]	
8708.80.aa	从任何其他子目变更到加拿大关税税目 8708.80.10,美国关税税目 8708.80.10A 或 8708.80.50A,或墨西哥关税税目 8708.80.04,前提条件是以净成本法计,区域价值成分不低于 50%。
8708.80	从任何其他品目变更到子目 8708.80;或者 从子目 8708.99 变更到子目 8708.80,不论从任何其他品目是否也有变更,前提条件是以净成本法计,区域价值成分不低于 50%。
8708.91[60]	从任何其他品目变更到子目 8708.91;或者 从子目 8708.99 变更到子目 8708.91 的改变。
8708.92[61]	从任何其他品目变更到子目 8708.92;或者 从子目 8708.99 变更到子目 8708.92,不论从任何其他品目是否也有变更,前提条件是以净成本法计,区域价值成分不低于 50%。

续表

8708.93[62]	从任何其他品目变更到子目8708.93;或者 从子目8708.99变更到子目8708.93,不论从任何其他品目是否也有变更,前提条件是以净成本法计,区域价值成分不低于50%。
8708.94[63]	从任何其他品目变更到子目8708.94;或者 从子目8708.99变更到子目8708.94,不论从任何其他品目是否也有变更,前提条件是以净成本法计,区域价值成分不低于50%。
8708.99[64]	
8708.99.aa	从任何其他子目变更到加拿大关税税目8708.99.15,8708.99.25或8708.99.96,美国关税税目8708.99.10A、8708.99.20A或8708.99.50A,或墨西哥关税税目8708.99.42,前提条件是以净成本法计,区域价值成分不低于50%。
8708.99.bb	除子目8482.10至8482.80,或加拿大关税税目8482.99.11或8482.99.91,美国关税税目8482.99.10A、8482.99.30A、8482.99.50A或8482.99.70A,或墨西哥关税税目8482.99.01或8482.99.03之外,从任何其他品目变更到加拿大关税税目8708.99.16,8708.99.26或8708.99.97,美国关税税目8708.99.10B、8708.99.20B或8708.99.50B,或墨西哥关税税目8708.99.43;或者 从子目8482.10至8482.80,或加拿大关税税目8482.99.11或8482.99.91,美国关税税目8482.99.10A、8482.99.30A、8482.99.50A或8482.99.70A,或墨西哥关税税目8482.99.01或8482.99.03变更到加拿大关税税目8708.99.16、8708.99.26或8708.99.07,美国关税税目8708.99.10B、8708.99.20B或8708.99.50B,或墨西哥关税税目8708.99.43,不论从任何其他品目是否也有变更,前提条件是以净成本法计,区域价值成分不低于50%。
8708.99	从任何其他品目变更到子目8708.99;或者 对子目8708.99所列海关税则分类不要求变更,前提条件是以净成本法计,区域价值成分不低于50%。
8709.11-8709.19	从任何其他品目变更到子目8709.11至8709.19;或者 从子目8709.90变更到子目8709.11至8709.19,不论从任何其他品目是否也有变更,前提条件是区域价值成分: (1)以交易价值法计,不低于60%,或者 (2)以净成本法计,不低于50%。
8709.90	从任何其他品目变更到子目8709.90。
87.10	从任何其他品目变更到品目87.10。
87.11	除品目87.14之外,从任何其他品目变更到品目87.11;或者 从品目87.14变更到品目87.11,不论从任何其他品目是否也有变更,前提条件是区域价值成分: (1)以交易价值法计,不低于60%,或者 (2)以净成本法计,不低于50%。
87.12	除品目87.14之外,从任何其他品变更到品目87.12;或者 从品目87.14变更到品目87.12,不论从任何其他品目是否也有变更,前提条件是区域价值成分: (1)以交易价值法计,不低于60%,或者 (2)以净成本法计,不低于50%。

续表

87.13	除品目 87.14 之外,从任何其他品目变更到品目 87.13;或者 从品目 87.14 变更到品目 87.13,不论从任何其他品目是否也有变更,前提条件是区域价值成分: (1)以交易价值法计,不低于 60%,或者 (2)以净成本法计,不低于 50%。
87.14	从任何其他品目变更到品目 87.14。
87.15	从任何其他品目变更到品目 87.15。
8716.10 - 8716.80	从任何其他品目变更到子目 8716.10 至 8716.80;或者 从子目 8716.90 变更到子目 8716.10 至 8716.80,不论从任何其他品目是否也有变更,前提条件是区域价值成分: (1)以交易价值法计,不低于 60%,或者 (2)以净成本法计,不低于 50%。
8716.90	从任何其他品目变更到子目 8716.9。
第 88 章	航空器、航天器及其零件
8801.10 - 8803.90	从任何其他子目,包括该组之内的另一子目,变更到子目 8801.10 至 8803.90。
88.04 - 88.05	从任何其他品目,包括该组之内的另一品目,变更到品目 88.08 至 88.05。
第 89 章	船舶及浮动结构体
89.01 - 89.02	从任何其他各章变更到品目 89.01 至 89.02;或者 从第 89 章中任何其他品目,变更该组之内的另一品目,变更到品目 89.01 至89.02,不论从任何其他各章是否也有变更,前提条件是区域价值成分: (1)以交易价值法计,不低于 60%,或者 (2)以净成本法计,不低于 50%。
89.03	从任何其他品目变更到品目 89.03,前提条件是区域价值成分: (1)以交易价值法计,不低于 60%,或者 (2)以净成本法计,不低于 50%。
89.04 - 89.05	从任何其他各章变更到品目 89.04 至 89.05;或者 从第 89 章中任何其他品目,包括该组之内的另一品目,变更到品目 89.04 至89.05,不论从任何其他各章是否也有变更,前提条件是区域价值成分: (1)以交易价值法计,不低于 60%,或者 (2)以净成本法计,不低于 50%。
89.06 - 89.08	从任何其他品目,变更该组之内的另一品目,变更到品目 89.06 至 89.08。
第十八类	光学、照相、电影、计量、检验、精密、医疗或外科仪器及设备;钟表、乐器及其零件和附件(第 90 ~ 92 章)

续表

第 90 章	光学、照相、电影、计量、检验、精密、医疗或外科仪器及设备;上述物品的零件和附件 注释 1:本章所称“印刷电路板组件”这一术语,系指包含一个或多个品目 83.54 所列印刷电路的货物,该货物装有一个或多个有源元件,可带也可不带无源元件。本注释所称“有源元件”,系指品目 85.41 所列二极管、晶体管和其他类似半导体器件,无论其是否感光,以及品目 85.42 所列集成电路和微电子组件。 注释 2:第 90 章所列货物原产地的确定,应不考虑货物包含的品目 84.71 所列任何自动数据处理设备或其部件,或品目 84.73 所列零件和附件。 注释 3:加拿大关税税目 9009.90.10,美国关税税目 9009.90.00A 或 9009.90.00B,或墨西哥关税税目 9009.90.02 包括子目 9009.12 所列复印设备的以下零件: (1)显像组件,装有一个以上的下列部件:感光带或感光筒、墨粉容器元件、墨粉分配元件、显像接受元件、显像分配元件、充电(放电)元件、清洁元件; (2)光学组件,装有一个以上的下列部件:镜头、反光镜、照明源、文件曝光玻璃; (3)用户控制组件,装有一个以上的下列部件:印刷电路组件、电源、用户输入键盘、导线束、显示元件(阴极射线型或平板); (4)定像组件,装有一个以上的下列部件:上色辊、压实辊、发热元件、出油分配器、清洁元件、电气控制; (5)纸张处理组件,装有一个以上的下列部件:纸张传送带、滚轴、打印杆、夹持辊、纸张存储元件、出纸托盘;或者 (6)上述组件的组合。
9001.10	除品目 70.02 之外,从任何其他各章变更到子目 9001.10;或者 从品目 70.02 变更到子目 9001.10,不论从任何其他各章是否也有变更,前提条件是区域价值成分: (1)以交易价值法计,不低于 60%,或者 (2)以净成本法计,不低于 50%。
9001.20 - 9001.90	从任何其他品目变更到子目 9001.20 至 9001.90。
90.02	除品目 90.01 之外,从任何其他品目变更到品目 90.02。
9003.11 - 9003.19	从任何其他品目变更到子目 9003.11 至 9003.19;或者 从子目 9003.90 变更到子目 9003.11 至 9003.19,不论从任何其他品目是否也有变更,前提条件是区域价值成分: (1)以交易价值法计,不低于 60%,或者 (2)以净成本法计,不低于 50%。
9003.90	从任何其他品目变更到子目 9003.90。
90.04	从任何其他各章变更到品目 90.04;或者 从第 90 章中任何其他品目变更到品目 90.04,不论从任何其他各章是否也有变更,前提条件是区域价值成分: (1)以交易价值法计,不低于 60%,或者 (2)以净成本法计,不低于 50%。
9005.10 - 9005.80	除品目 90.01 至 90.02,或加拿大关税税目 9005.90.11 或 9005.90.91,美国关税税目 9005.90.00A,或墨西哥关税税目 9005.90.03 之外,从该组之外的任何子目变更到子目 9005.10 至 9005.80。

续表

9005.90	
9005.90.aa	除品目90.01或90.02之外,从任何其他品目变更到加拿大关税税目9005.90.11或9005.90.91,美国关税税目9005.90.00A,或墨西哥关税税目9005.90.03。
9005.90	从任何其他品目变更到子目9005.90。
9006.10-9006.69	从任何其他品目变更到子目9006.10至9006.69;或者 从子目9006.91或9006.99变更到子目9006.10至9006.69,不论从任何其他品目是否也有变更,前提条件是区域价值成分: (1)以交易价值法计,不低于60%,或者 (2)以净成本法计,不低于50%。
9006.91-9006.99	从任何其他品目变更到子目9006.91至9006.99。
9007.11	从任何其他品目变更到子目9007.11;或者 从子目9007.91变更到子目9007.11,不论从任何其他品目是否也有变更,前提条件是区域价值成分: (1)以交易价值法计,不低于60%,或者 (2)以净成本法计,不低于50%。
9007.19	
9007.19.aa	从任何其他关税税目变更到加拿大关税税目9007.19.10,美国关税税目9007.19.00A,或墨西哥关税税目9007.19.01。
9007.19	从任何其他品目变更到子目9007.19;或者 从子目9007.91变更到子目9007.19,不论从任何其他品目是否也有变更,前提条件是区域价值成分: (1)以交易价值法计,不低于60%,或者 (2)以净成本法计,不低于50%。
9007.21-9007.29	从任何其他品目变更到子目9007.21至9007.29;或者 从子目9007.92变更到子目9007.21至9007.29,不论从然后去其他品目是否也有变更,前提条件是区域价值成分: (1)以交易价值法计,不低于60%,或者 (2)以净成本法计,不低于50%。
9007.91	从任何其他品目变更到子目9007.91。
9007.92	从任何其他品目变更到子目9007.92;或者 对子目9007.92所列海关税则分类不要求变更,前提条件是区域价值成分: (1)以交易价值法计,不低于60%,或者 (2)以净成本法计,不低于50%。
9008.10-9008.40	从任何其他品目变更到子目9008.10至9008.40;或者 从子目9008.90变更到子目9008.10至9008.40,不论从任何其他品目是否也有变更,前提条件是区域价值成分: (1)以交易价值法计,不低于60%,或者 (2)以净成本法计,不低于50%。
9008.90	从任何其他品目变更到子目9008.90。

续表

9009.11	从任何其他子目变更到子目 9009.11。
9009.12	除加拿大关税税目 9009.90.10,美国关税税目 9009.90.00A 或 9009.90.00B,或墨西哥关税税目 9009.90.02 之外,从任何其他关税税目变更到子目 9009.12。
9009.21 - 9009.30	从任何其他子目,包括该组之内的另一细目,变更到子目 9009.21 至 9009.30。
9009.90	
9009.90.aa	从加拿大关税税目 9009.90.90,美国关税税目 9009.90.00C 或 9009.90.00D,或墨西哥关税税目 9009.90.99,或任何其他品目变更到加拿大关税税目 9009.90.10,美国关税税目 9009.90.00A 或 9009.90.00B,或墨西哥关税税目 9009.90.02,前提条件是第 90 章注释 3 所指此类组件中至少有一种是原产。
9009.90	从任何其他品目变更到子目 9009.90。
9010.10 - 9010.30	从任何其他品目变更到子目 9010.10 至 9010.30;或者 从子目 9010.90 变更搭配子目 9010.10 至 9010.30,不论从任何其他品目是否也有变更,前提条件是区域价值成分: (1)以交易价值法计,不低于 60%,或者 (2)以净成本法计,不低于 50%。
9010.90	从任何其他品目变更到子目 9010.90。
9011.10 - 9011.80	从任何其他品目变更到子目 9011.10 至 9011.80;或者 从子目 9011.90 变更到子目 9011.10 至 9011.80,不论从任何其他品目是否也有变更,前提条件是区域价值成分: (1)以交易价值法计,不低于 60%,或者 (2)以净成本法计,不低于 50%。
9011.90	从任何其他品目变更到子目 9011.90。
9012.10	从任何其他品目变更到子目 9012.10;或者 从子目 9012.90 变更到子目 9012.10,不论从任何其他品目是否也有变更,前提条件是区域价值成分: (1)以交易价值法计,不低于 60%,或者 (2)以净成本法计,不低于 50%。
9012.90	从任何其他品目变更到子目 9012.90。
9013.10 - 9013.80	从任何其他品目变更到子目 9013.10 至 9013.80;或者 从子目 9013.90 变更到子目 9013.10 至 9013.80,不论从任何其他品目是否也有变更,前提条件是区域价值成分: (1)以交易价值法计,不低于 60%,或者 (2)以净成本法计,不低于 50%。
9013.90	从任何其他品目变更到子目 9013.90。
9014.10 - 9014.80	从任何其他品目变更到子目 9014.10 至 9014.80;或者 从子目 9014.90 变更到子目 9014.10 至 9014.80,不论从任何其他品目是否也有变更,前提条件是区域价值成分: (1)以交易价值法计,不低于 60%,或者 (2)以净成本法计,不低于 50%。

续表

9014.90	从任何其他品目变更到子目9014.90。
9015.10－9015.80	从任何其他品目变更到子目9015.10至9015.80；或者 从子目9015.90变更到子目9015.10至9015.80，不论从任何其他子目是否也有变更，前提条件是区域价值成分： （1）以交易价值法计，不低于60%，或者 （2）以净成本法计，不低于50%。
9015.90	从任何其他品目变更到子目9015.90；或者 对子目9015.90中的海关税则分类不要求变更，前提条件是区域价值成分： （1）以交易价值法计，不低于60%，或者 （2）以净成本法计，不低于50%。
90.16	从任何其他品目变更到品目90.16。
9017.10－9017.80	从任何其他品目变更到子目9017.10至9017.80；或者 从子目9017.90变更到子目9017.10至9017.80，不论从任何其他品目是否也有变更，前提条件是区域价值成分： （1）以交易价值法计，不低于60%，或者 （2）以净成本法计，不低于50%。
9017.90	从任何其他品目变更到子目9017.90。
9018.11	
9018.11.aa	除加拿大关税税目9018.11.91，美国关税税目9018.11.00B，或墨西哥关税税目9018.11.02之外，从任何其他关税税目变更到加拿大关税税目9018.11.10，美国关税税目9018.11.00A，或墨西哥关税税目9018.11.01。
9018.11	从任何其他品目变更到子目9018.11。
9018.19	
9018.19.aa	除加拿大关税税目9018.19.91，美国关税税目9018.19.80B，或墨西哥关税税目9018.19.17之外，从任何其他关税税目变更到加拿大关税税目9018.19.10，美国关税税目9018.19.80A，或墨西哥关税税目9018.19.16。
9018.19	从任何其他品目变更到子目9018.19。
9018.20－9018.50	从任何其他品目变更到子目9018.20至9018.50。
9018.90	
9018.90.aa	除加拿大关税税目9018.90.91，美国关税税目9018.90.70B，或墨西哥关税税目9018.90.26之外，从任何其他关税税目变更到加拿大关税税目9018.90.10，美国关税税目9018.90.70A，或墨西哥关税税目9018.90.25。
9018.90	从任何其他品目变更到子目9018.90。
90.19－90.21	从该组之外的任何品目变更到品目90.19至90.21。
9022.11	除加拿大关税税目9022.90.10，美国关税税目9022.90.90A，或墨西哥关税税目9022.90.04之外，从任何其他子目变更到子目9022.11。
9022.19	除子目9022.30，或加拿大关税税目9022.90.10，美国关税税目9022.90.90A，或墨西哥关税税目9022.90.04之外，从任何其他子目变更到子目9022.19。

续表

9022.21	除加拿大关税税目9022.90.20,美国关税税目9022.90.90B,或墨西哥关税税目9022.90.05之外,从任何其他子目变更到子目9022.21。
9022.29-9022.30	从任何其他品目变更到子目9022.29至9022.30;或者 从子目9022.90变更到子目9022.29至9022.30,不论从任何其他品目是否也有变更,前提条件是区域价值成分: (1)以交易价值法计,不低于60%,或者 (2)以净成本法计,不低于50%。
9022.90	
9022.90.aa	从任何其他关税税目变更到加拿大关税税目9022.90.10,美国关税税目9022.90.90A,或墨西哥关税税目9022.90.04。
9022.90	从任何其他品目变更到子目9022.90;或者 对9022.90所列海关税则分类不要求变更,前提条件是区域价值成分: (1)以交易价值法计,不低于60%,或者 (2)以净成本法计,不低于50%。
90.23	从任何其他品目变更到品目90.23。
9024.10-9024.80	从任何其他品目变更到子目9024.10至9024.80;或者 从子目9024.90变更到子目9024.10至9024.80,不论从任何其他品目是否也有变更,前提条件是区域价值成分: (1)以交易价值法计,不低于60%,或者 (2)以净成本法计,不低于50%。
9024.90	从任何其他品目变更到子目9024.90。
9025.11-9025.80	从任何其他品目变更到子目9025.11至9025.80。 从子目9025.90变更到子目9025.11至9025.80,不论从任何其他品目是否也有变更,前提条件是区域价值成分: (1)以交易价值法计,不低于60%,或者 (2)以净成本法计,不低于50%。
9025.90	从任何其他品目变更到子目9025.90。
9026.10-9026.80	从任何其他品目变更到子目9026.10至9026.80;或者 从子目9026.90变更到子目9026.10至9026.80,不论从任何其他品目是否也有变更,前提条件是区域价值成分: (1)以交易价值法计,不低于60%,或者 (2)以净成本法计,不低于50%。
9026.90	从任何其他品目变更到子目9026.90。
9027.10-9027.50	从任何其他品目变更到子目9027.10至9027.50;或者 从子目9027.90变更到子目9027.10至9027.50,不论从任何其他品目是否也有变更,前提条件是区域价值成分: (1)以交易价值法计,不低于60%,或者 (2)以净成本法计,不低于50%。
9027.80	

续表

9027.80.aa	除子目 8505.19,加拿大关税税目 9027.90.31,9027.90.32,美国关税税目 9027.90.44A,或墨西哥关税税目 9027.90.04 之外,从任何其他子目变更到加拿大关税税目 9027.80.20,美国关税税目 9027.80.40A,或墨西哥关税税目 9027.80.08。
9027.80	从任何其他品目变更到子目 9027.80;或者 从 9027.90 子目变更到子目 9027.80,不论从任何其他品目是否也有变更,前提条件是区域价值成分: (1)以交易价值法计,不低于 60%,或者 (2)以净成本法计,不低于 50%。
9027.90	从任何其他品目变更到子目 9027.90。
9028.10 - 9028.30	从任何其他品目变更到子目 9028.10 至 9028.50;或者 从子目 9028.90 变更到子目 9028.10 至 9028.50,不论从任何其他品目是否也有变更,前提条件是区域价值成分: (1)以交易价值法计,不低于 60%,或者 (2)以净成本法计,不低于 50%。
9028.90	从任何其他品目变更到子目 9028.90。
9029.10 - 9029.20	从任何其他品目变更到子目 9029.10 至 9029.20;或者 从子目 9029.90 变更到子目 9029.10 至 9029.20,不论从任何其他品目是否也有变更,前提条件是区域价值成分: (1)以交易价值法计,不低于 60%,或者 (2)以净成本法计,不低于 50%。
9029.90	从任何其他品目变更到子目 9020.90。
9030.10	从任何其他品目变更到子目 9030.10;或者 从子目 9030.90 变更到子目 9030.10,不论从任何其他品目是否也有变更,前提条件是区域价值成分: (1)以交易价值法计,不低于 60%,或者 (2)以净成本法计,不低于 50%。
9030.20 - 9030.39	除加拿大关税税目 9030.90.21 或 9030.90.23,美国关税税目 9030.90.40A,9030.90.40B,9030.90.80A 或 9030.90.80B,或墨西哥关税税目 9030.90.02 之外,从任何其他子目,包括该组之内的另一子目,变更到子目 9030.20 至 9030.39。
9030.40 - 9030.89	从任何其他品目变更到子目 9030.40 至 9030.89;或者 从子目 9030.90 变更到子目 9030.40 至 9030.89,不论从任何其他品目是否也有变更,前提条件是区域价值成分: (1)以交易价值法计,不低于 60%,或者 (2)以净成本法计,不低于 50%。
9030.90	从任何其他品目变更到子目 9030.90。
9031.10 - 9031.30	从任何其他品目变更到子目 9031.10 至 9031.30;或者 从子目 9031.90 变更到子目 9031.10 至 9031.30,不论从任何其他品目是否也有变更,前提条件是区域价值成分: (1)以交易价值法计,不低于 60%,或者 (2)以净成本法计,不低于 50%。

续表

9031.40	
9031.40.aa	除子目 8537.10,或加拿大关税税目 9031.90.61,美国关税税目 9031.90.40A,或墨西哥关税税目 9031.90.02 之外,从任何其他关税税目变更到加拿大关税税目 9031.40.10,美国关税税目 9031.40.00A,或墨西哥关税税目 9031.40.02。
9031.40	从任何其他品目变更到子目 9031.40;或者 从子目 9031.90 变更到子目 9031.40,无论从任何其他品目是否也有变更,前提条件是区域价值成分: (1)以交易价值法计,不低于 60%,或者 (2)以净成本法计,不低于 50%。
9031.80[65]	从任何其他品目变更到子目 9031.80;或者 从子目 9031.90 变更到子目 9031.80,无论从任何其他品目是否也有变更,前提条件是区域价值成分: (1)以交易价值法计,不低于 60%,或者 (2)以净成本法计,不低于 50%。
9031.90	从任何其他品目变更到子目 9031.90。
9032.10 - 9032.89[66]	从任何其他品目变更到子目 9032.10 至 9032.89;或者 从子目 9032.90 变更到子目 9032.10 至 9032.89,无论从任何其他品目是否也有变更,前提条件是区域价值成分: (1)以交易价值法计,不低于 60%,或者 (2)以净成本法计,不低于 50%。
9032.90	从任何其他品目变更到子目 9032.90。
90.33	从任何其他品目变更到子品目 90.33。
第 91 章	钟表及其零件
91.01 - 91.07	从任何其他各章变更到品目 91.01 至 91.07;或者 从品目 91.14 变更到品目 91.01 至 91.07,不论从任何其他各章是否也有变更,前提条件是区域价值成分: (1)以交易价值法计,不低于 60%,或者 (2)以净成本法计,不低于 50%。
91.08 - 91.10	从任何其他品目,包括该组之内的另一品目,变更到品目 91.08 至 91.10,前提条件是区域价值成分: (1)以交易价值法计,不低于 60%,或者 (2)以净成本法计,不低于 50%。
9111.10 - 9111.80	从子目 9111.90 或任何其他品目变更到子目 9111.10 至 9111.80,前提条件是区域价值成分: (1)以交易价值法计,不低于 60%,或者 (2)以净成本法计,不低于 50%。
9111.90	从任何其他品目变更到子目 9111.90,前提条件是区域价值成分: (1)以交易价值法计,不低于 60%,或者 (2)以净成本法计,不低于 50%。

续表

9112.10－9112.80	从子目9112.90或任何其他品目变更到子目9112.10至9112.80，前提条件是区域价值成分： (1)以交易价值法计，不低于60%，或者 (2)以净成本法计，不低于50%。
9112.90	从任何其他品目变更到子目9112.90，前提条件是区域价值成分： (1)以交易价值法计，不低于60%，或者 (2)以净成本法计，不低于50%。
91.13	从任何其他品目变更到品目91.13，前提条件是区域价值成分： (1)以交易价值法计，不低于60%，或者 (2)以净成本法计，不低于50%。
91.14	从任何其他品目变更到品目91.14。
第92章	乐器及其零件和附件
92.01－92.08	从任何其他各章变更到品目92.01至92.08；或者 从品目92.09变更到品目92.01至92.08，不论从任何其他各章是否也有变更，前提条件是区域价值成分： (1)以交易价值法计，不低于60%，或者 (2)以净成本法计，不低于50%。
92.09	从任何其他品目变更到品目92.09。
第十九类	武器、弹药及其零件和附件(第93章)
第93章	武器、弹药及其零件和附件
93.01－93.04	从任何其他各章变更到品目93.01至93.04；或者 从品目93.05变更到品目93.01至93.04，不论从任何其他各章是否也有变更，前提条件是区域价值成分： (1)以交易价值法计，不低于60%，或者 (2)以净成本法计，不低于50%。
93.05	从任何其他品目变更到品目91.14。
93.06－93.07	从任何其他各章变更到品目93.06至93.07。
第二十类	杂项制品(第94～96章)
第94章	家具；寝具、褥垫、弹簧床垫、软坐垫及类似的填充制品；未列名灯具和照明装置；发光标志、发光铭牌及类似品；活动房屋
9401.10－9401.80[67]	从任何其他各章变更到子目9401.10至9401.80；或者 从子目9401.90变更到子目9401.10至9401.80，不论从任何其他各章是否也有变更，前提条件是区域价值成分： (1)以交易价值法计，不低于60%，或者 (2)以净成本法计，不低于50%。
9401.90	从任何其他品目变更到子目9401.90。
94.02	从任何其他各章变更到品目94.02。

续表

9403.10 - 9403.80	从其他任何各章变更到子目 9403.10 至 9403.80;或者 从子目 9403.90 变更到子目 9403.10 至 9403.80,不论从任何其他各章是否也有变更,前提条件是区域价值成分: (1)以交易价值法计,不低于 60%,或者 (2)以净成本法计,不低于 50%。
9403.90	从任何其他品目变更到子目 9401.90。
9404.10 - 9404.30	从任何其他各章变更到子目 9404.10 至 9404.30。
9404.90	除品目 50.07,51.11 至 51.13、52.08 至 52.12、53.09 至 53.11、54.07 至 54.08,或 55.12 至 55.16 之外,从任何其他各章变更到子目 9404.90。
9405.10 - 9405.60	从任何其他各章变更到子目 9405.10 至 9405.60;或者 从子目 9405.91 至 9405.99 变更到子目 9405.10 至 9405.60,不论从任何其他各章是否也有变更,前提条件是区域价值成分: (1)以交易价值法计,不低于 60%,或者 (2)以净成本法计,不低于 50%。
9405.91 - 9405.99	从任何其他品目变更到子目 9405.91 至 9405.99。
94.06	从任何其他各章变更到品目 94.06。
第 95 章	玩具、游戏品、运动用品及其零件与附件
95.01	从任何其他各章变更到品目 95.01。
9502.10	从任何其他各章变更到子目 9502.10;或者 从子目 9502.91 至 9502.99 变更到子目 9502.10,不论从任何其他各章是否也有变更,前提条件是区域价值成分: (1)以交易价值法计,不低于 60%,或者 (2)以净成本法计,不低于 50%。
9502.91 - 9502.99	从任何其他品目变更到子目 9502.91 至 8422.99。
95.03 - 95.05	从任何其他各章变更到品目 95.03 至 95.05。
9506.11 - 9506.29	从任何其他各章变更到子目 9506.11 至 9506.29。
9506.31[68]	从任何其他各章变更到子目 9506.31;或者 从子目 9506.39 变更到子目 9506.31,不论从任何其他各章是否也有变更,前提条件是区域价值成分: (1)以交易价值法计,不低于 60%,或者 (2)以净成本法计,不低于 50%。
9506.32	从任何其他各章变更到子目 9506.32。
9506.39	
9506.39.aa	从任何其他各章变更到墨西哥关税税目 9506.39.01;或者 从入境其他关税税目变更到墨西哥关税税目 9506.39.01,不论从任何其他各章是否也有变更,前提条件是区域价值成分: (1)以交易价值法计,不低于 60%,或者 (2)以净成本法计,不低于 50%。

续表

9506.39	从任何其他各章变更到子目 9506.39。
9506.40 - 9506.99	从任何其他各章变更到子目 9506.40 至 9506.99。
95.07 - 95.08	从任何其他各章变更到品目 95.07 至 95.08。
第 96 章	杂项制品
96.01 - 96.05	从任何其他各章变更到品目 96.01 至 96.05。
9606.10	从任何其他各章变更到子目 9606.10。
9606.21 - 9606.29	从任何其他各章变更到子目 9606.21 至 9606.29;或者 从子目 9206.29 至 9206.30 变更到子目 9606.21 至 9606.29,不论从任何其他各章是否也有变更,前提条件是区域价值成分: (1)以交易价值法计,不低于 60%,或者 (2)以净成本法计,不低于 50%。
9606.30	从任何其他品目变更到子目 9606.30。
9607.11 - 9607.19	从任何其他各章变更到子目 9607.11 至 9607.19;或者 从子目 9607.20 变更到子目 9607.11 至 9607.19,不论从任何其他各章是否也有变更,前提条件是区域价值成分: (1)以交易价值法计,不低于 60%,或者 (2)以净成本法计,不低于 50%。
9607.20	从任何其他品目变更到子目 9607.20。
9608.10 - 9608.50	从任何其他各章变更到子目 9608.10 至 9608.50;或者 从子目 9608.60 至 9608.99 变更到子目 9608.10 至 9608.50,不论从任何其他各章是否也有变更,前提条件是区域价值成分: (1)以交易价值法计,不低于 60%,或者 (2)以净成本法计,不低于 50%。
9608.60 - 9608.99	从任何其他品目变更到子目 9608.60 至 9608.99。
96.09 - 96.12	从任何其他各章变更到品目 96.09 至 96.12。
9613.10 - 9613.80	从任何其他各章变更到子目 9613.10 至 9613.80;或者 从子目 9613.90 变更到子目 9613.10 至 9613.80,不论从任何其他各章是否也有变更,前提条件是区域价值成分: (1)以交易价值法计,不低于 60%,或者 (2)以净成本法计,不低于 50%。
9613.90	从任何其他品目变更到子目 9613.90。
9614.10	从任何其他各章变更到子目 9614.10。
9614.20	除子目 9614.90 之外,从任何其他子目变更到子目 9614.20。
9614.90	从任何其他品目变更到子目 9614.90。
9615.11 - 9615.19	从任何其他各章变更到子目 9615.11 至 9615.19;或者 从子目 9613.90 变更到子目 9615.11 至 9615.19,不论从任何其他各章是否也有变更,前提条件是区域价值成分: (1)以交易价值法计,不低于 60%,或者 (2)以净成本法计,不低于 50%。

续表

9615.90	从任何其他品目变更到子目9615.90。
96.16-96.18	从任何其他各章变更到品目96.16至96.18。
第二十一类	艺术品、收藏品及古物(第97章)
第97章	艺术品、收藏品及古物
97.01-97.06	从任何其他各章变更到品目97.01至97.06。

脚注

1. 为第4章设立的新关税税目,见第2节之后的表格。

2. 品目12.02另见附件703.2第1节第10条与第11条。

3. 另见附件703.2第1节第10条与第11条,以及第2节第9条与第10条。

4. 另见附件703.2第1节第10条与第11条。

5. 加拿大关税税目2106.90.21,美国关税税目2106.90.12,或墨西哥关税税目2106.90.05,另见附件703.2第1节第10条与第11条,以及第2节第9条与第10条。

6. 对品目24.02所列货物适用第405条的条款时,"7%"应改为"9%"。如果货物用于第87章所列机动车辆,可适用第403条的条款。

7. 如果货物用于第87章所列机动车辆,可适用第403条的条款。

8. 如果货物用于第87章所列机动车辆,可适用第403条的条款。

9. 如果子目4010.10或品目40.11所列货物用于第87章所列机动车辆,可适用第403条的条款。

10. 如果货物用于第87章所列机动车辆,可适用第403条的条款。

11. 如果货物用于第87章所列机动车辆,可适用第403条的条款。

12. 另见附件300-乙(纺织品与服装),附录6(1)。

13. 另见附件300-乙(纺织品与服装),附录6(1)。

14. "平均纱线支数"定义,见附件300-乙第10节。

15. 如果子目7007.11或7009.10所列货物用于第87章所列机动车辆,可适用第403条的条款。

16. 如果货物用于第87章所列机动车辆,可适用第403条的条款。

17. 如果货物用于第87章所列机动车辆,可适用第403条的条款。

18. 如果货物用于第87章所列机动车辆,可适用第403条的条款。

19. 如果货物用于第87章所列机动车辆,可适用第403条的条款。

20. 如果货物用于第87章所列机动车辆,可适用第403条的条款。

21. 如果子目8414.59所列货物用于第87章所列机动车辆,可适用第403款。

22. 如果货物用于第87章所列机动车辆,可适用第403条的条款。

23. 如果子目8421.39所列货物用于第87章所列机动车辆,可适用第403条的条款。

24. 如果子目8481.20,8481.30或8481.80所列货物用于第87章所列机动车辆,可适用第403条的条款。

25. 如果货物用于第87章所列机动车辆,可适用第403条的条款。

26. 如果货物用于第87章所列机动车辆,可适用第403条的条款。

27. 如果货物用于第 87 章所列机动车辆,可适用第 403 条的条款。

28. 如果货物用于第 87 章所列机动车辆,可适用第 403 条的条款。

29. 如果子目 8483.40 或 8483.50 所列货物用于第 87 章所列机动车辆,可适用第 403 条的条款。

30. 如果子目 8501.10,8501.20,8501.31 或 8501.32 所列货物用于第 87 章所列机动车辆,可适用第 403 条的条款。

31. 如果货物用于第 87 章所列机动车辆,可适用第 403 条的条款。

32. 如果子目 8511.30,8511.40 或 8511.50 所列货物用于第 87 章所列机动车辆,可适用第 403 条的条款。

33. 如果子目 8512.20 或 8512.40 素来所列货物用于第 87 章所列机动车辆,可适用第 403 条的条款。

34. 如果子目 8519.91 所列货物用于第 87 章所列机动车辆,可适用第 403 条的条款。

35. 如果子目 8527.21 或 8527.29 所列货物用于第 87 章所列机动车辆,可适用第 403 条的条款。

36. 如果子目 8536.50 或 8536.90 所列货物用于第 87 章所列机动车辆,可适用第 403 条的条款。

37. 如果子目 8537.10 所列货物用于第 87 章所列机动车辆,可适用第 403 条的条款。

38. 如果子目 8539.10 或 8539.21 所列货物用于第 87 章所列机动车辆,可适用第 403 条的条款。

39. 如果子目 8544.30 所列货物用于第 87 章所列机动车辆,可适用第 403 条的条款。

40. 适用第 403 条的条款。

41. 适用第 403 条的条款。

42. 适用第 403 条的条款。

43. 适用第 403 条的条款。

44. 适用第 403 条的条款。

45. 适用第 403 条的条款。

46. 适用第 403 条的条款。

47. 适用第 403 条的条款。

48. 适用第 403 条的条款。

49. 适用第 403 条的条款。

50. 适用第 403 条的条款。

51. 适用第 403 条的条款。

52. 适用第 403 条的条款。

53. 适用第 403 条的条款。

54. 适用第 403 条的条款。

55. 适用第 403 条的条款。

56. 适用第 403 条的条款。

57. 适用第 403 条的条款。

58. 适用第 403 条的条款。

59. 适用第 403 条的条款。

60. 适用第 403 条的条款。

61. 适用第 403 条的条款。

62. 适用第 403 条的条款。

63. 适用第 403 条的条款。

64. 适用第 403 条的条款。

65. 如果货物用于第 87 章所列机动车辆,可适用第 403 条的条款。

66. 如果子目 9032.89 所列货物用于第 87 章所列机动车辆,可适用第 403 条的条款。

67. 如果子目 9401.20 所列货物用于第 87 章所列机动车辆,可适用第 403 条的条款。

68. 美国和加拿大将高尔夫球杆(不论是否成套)归入子目 9506.31;高尔夫球杆的零件归入子目 9506.39。墨西哥只将成套的高尔夫球杆归入子目 9506.31;单个高尔夫球杆和高尔夫球杆的零件归入关税税目 9506.39 下的子目 9506.39.01。

《北美自由贸易协定》新关税税目

关税税目	加拿大	美国	墨西哥	说明
1806.10. aa	1806.10.10	1806.10.41 1806.10.42A 1806.10.42B	1806.10.01	以重量计,含糖 90% 或 90% 以上
1901.10. aa	1901.10.31	1901.10.00A 1901.10.00B 1901.10.00C 1901.10.00D	1901.10.01	以重量计,含乳固体 10% 以上
1901.20. aa	1901.20.11 1901.20.21	1901.20.00A 1901.20.00B 1901.20.00C 1901.20.00D 1901.20.00E 1901.20.00F	1901.20.02	以重量计,含乳脂 25% 以上,非供零售用
1901.90. aa	1901.90.31	1901.90.30A 1901.90.30B 1901.90.30C 1901.90.30D 1901.90.30E 1901.90.40A 1901.90.40B 1901.90.40C 1901.90.40D 1901.90.80A 1901.90.80B 1901.90.80C 1901.90.80D 1901.90.80E 1901.90.80F 1901.90.80G	1901.90.03	以重量计,乳品制剂含乳固体 10% 以上

续表

关税税目	加拿大	美国	墨西哥	说明
2008.11.aa	2008.11.20	2008.11.00B 2008.11.00C 2008.11.00D	2008.11.01	脱皮花生
2101.10.aa	2101.10.11	2101.10.20A	2101.10.01	原味速溶咖啡
2103.20.aa	2103.20.10	2103.20.20	2103.20.01	番茄酱
2106.90.bb 2106.90.cc 2106.90.dd	2106.90.91 2106.90.92 2106.90.32	2106.90.16A 2106.90.16B 2106.90.19A 2106.90.19B 2106.90.05A 2106.90.05B 2106.90.05C 2106.90.15A 2106.90.15B 2106.90.15C 2106.90.15D 2106.90.40A 2106.90.40B 2106.90.40C 2106.90.40D 2106.90.50A 2106.90.50B 2106.90.50C 2106.90.50D 2106.90.50E 2106.90.50F 2106.90.65A	2106.90.06 2106.90.07 2106.90.08	添加矿物质或维生素的浓缩果汁或蔬菜汁： 单一的纯果汁或纯蔬菜汁 混合果汁或蔬菜汁 以重量计，含乳固体 10% 以上
2202.90.aa 2202.90.bb 2202.90.cc	2202.90.31 2202.90.32 2202.90.40	2202.90.30A 2202.90.30B 2202.90.35 2202.90.39A 2202.90.39B 2202.90.10 2202.90.20A 2202.90.20B 2202.90.20C	2202.90.02 2202.90.03 2202.90.04	添加矿物质或维生素的果汁或蔬菜汁： 单一纯果汁或纯蔬菜汁 混合果汁或蔬菜汁 含乳饮料
2309.90.aa	2309.90.31 2309.90.32	2309.90.30A 2309.90.30B 2309.90.30C	2309.90.10 2309.90.11	以重量计，含乳固体 10% 以上
2401.10.aa	2401.10.10	2401.10.20A	2401.10.01	外包烟叶
2403.91.aa	2403.91.10	2403.91.20	2403.91.01	用于外包烟叶

续表

关税税目	加拿大	美国	墨西哥	说明
4008.19.aa	4008.19.10	4008.19.10A 4008.19.50A	4008.19.01	型材
4008.29.aa	4008.29.10	4008.29.00A 4008.29.00B	4008.29.01	型材
4012.20.aa	4012.20.20	4012.20.20A 4012.20.50A	4012.20.01	用于车辆，包括拖拉机，供乘客或货物公路运输，或者用于品目 87.05 所列车辆
4016.93.aa	4016.93.10	4016.93.00B	4016.93.04	用于第 87 章所列汽车产品
4016.99.aa	4016.99.30	4016.99.25A 4016.99.50B	4016.99.10	振动控制产品，用于品目 87.07 至 87.05 所列车辆
4105.19.aa	4105.19.10	4105.19.00A	4105.19.01	蓝湿皮革
4106.19.aa	4106.19.10	4106.19.00A	4106.19.01	蓝湿皮革
4107.10.aa	4107.10.10	4107.10.00A	4107.10.02	蓝湿皮革
5402.43.aa	5402.43.10	5402.43.00A	5402.43.01	完全用聚酯纺制，细度不低于 75 分特，但是不超过 80 分特，每根纱线的长丝数量为 24
5402.52.aa	5402.52.10	5402.52.00A	5402.52.02	完全用聚酯纺制，细度不低于 75 分特，但是不超过 80 分特，每根纱线的长丝数量为 24
5407.60.aa	5407.60.10	5407.60.05A 5407.60.10A 5407.60.20A	5407.60.02	完全用聚酯纺制，细度不低于 75 分特，但是不超过 80 分特，每根纱线的长丝数量为 24，捻度每米 900 转或以上
5408.22.aa	5408.22.10	5408.22.00A	5408.22.04	铜铵人造丝
5408.23.aa	5408.23.10	5408.23.10A 5408.23.20A	5408.23.05	铜铵人造丝
5408.24.aa	5408.24.10	5408.24.00A	5408.24.01	铜铵人造丝
5903.10.aa	5903.10.20	5903.10.15 5903.10.18 5903.10.20 5903.10.25	5903.10.01	化学纤维
5903.20.aa	5903.20.20	5903.20.15 5903.20.18 5903.20.20 5903.20.25	5903.20.01	化学纤维
5903.90.aa	5903.90.20	5903.90.15 5903.90.18 5903.90.20 5903.90.25	5903.90.02	化学纤维

续表

关税税目	加拿大	美国	墨西哥	说明
5906.99.aa	5906.99.20	5906.99.20 5906.99.25	5906.99.03	化学纤维
5907.00.aa	5907.00.13	5907.00.10A 5907.00.90A 5907.00.10B 5907.00.90B	5907.00.06	化学纤维
6002.92.aa	6002.92.10	6002.92.00A	6002.92.01	圆筒针织，全棉纱，单纱超过100公制支数
6103.19.aa	6103.19.90	6103.19.40	6103.19.02 6103.19.99	人造纤维或棉以外的纺织材料
6103.39.aa	6103.39.90	6103.39.20A 6103.39.20B	6103.39.02 6103.39.99	人造纤维除外
6104.19.aa	6104.19.90	6104.19.20A 6104.19.20B	6104.19.02 6104.19.99	人造纤维除外
6104.39.aa	6104.39.90	6104.39.20A 6104.39.20B	6104.39.02 6104.39.99	人造纤维除外
6104.59.aa	6104.59.90	6104.59.20A 6104.59.20B	6104.59.02 6104.59.99	人造纤维除外
6203.19.aa	6203.19.90	6203.19.40A 6203.19.40B	6203.19.02 6203.19.99	棉或人造纤维除外
6203.39.aa	6203.39.90	6203.39.40A 6203.39.40B	6203.39.02 6203.39.99	人造纤维除外
6204.19.aa	6204.19.90	6204.19.30A 6204.19.30B	6204.19.02 6204.19.99	人造纤维除外
6204.39.aa	6204.39.90	6204.39.60 6204.39.80	6204.39.02 6204.39.99	人造纤维除外
6204.59.aa	6204.59.90	6204.59.40A 6204.59.40B	6204.59.02 6204.59.04 6204.59.99	人造纤维除外
6303.92.aa	6303.92.10	6303.92.00A 6303.92.00B	6303.92.01	用加拿大关税税目5407.60.10，美国关税税目5407.60.05A、5407.60.10A或5407.60.20A，或墨西哥关税税目5407.60.02所述纤维纺制
6701.00.aa	6701.00.10	6701.00.00A	6701.00.01 6701.00.02	羽毛或羽绒制品
7011.20.aa	7011.20.10	7011.20.00A	7011.20.02 7011.20.03	锥体

续表

关税税目	加拿大	美国	墨西哥	说明
7304.41.aa	7304.41.10	7304.41.00A 7304.41.00B	7304.41.02	外径小于 19 毫米
7321.11.aa	7321.11.19	7321.11.30	7321.11.02	家用炉或灶(便携式除外)
7321.90.aa 7321.90.bb 7321.90.cc	7321.90.51 7321.90.52 7321.90.53	7321.90.30A 7321.90.30B 7321.90.30C	7321.90.05 7321.90.06 7321.90.07	零件: 家用炉或灶(便携式除外): 烤箱,不论是否组装 烤架面板,不论是否带燃烧炉或控制装置 门组件,包括一个以上的下列组件:内板、外板、窗、绝缘体
7404.00.aa	7404.00.11 7404.00.21 7404.00.91	7404.00.00A	7404.00.03	废电机;铜废碎料,以重量计含铜少于 94%
7407.10.aa	7407.10.13 7407.10.22	7407.10.10A	7407.10.03	空心型材
7407.21.aa	7407.21.13 7407.21.22	7407.21.10A	7407.21.03	空心型材
7407.22.aa	7407.22.14 7407.22.22	7407.22.10A	7407.22.03	空心型材
7407.29.aa	7407.29.13 7407.29.22	7407.29.10A	7407.29.03	空心型材
7408.11.aa	7408.11.11 7408.11.12	7408.11.60	7408.11.01	截面最大直径不超过 9.5 毫米
7506.10.aa	7506.10.22	7506.10.50A	7506.10.01	厚度不超过 0.15 毫米的金属薄片
7506.20.aa	7506.20.92	7506.20.50A	7506.20.01	厚度不超过 0.15 毫米的金属薄片
8102.92.aa	8102.92.10	8102.92.00A	8102.92.01	条和棒
8111.00.aa	8111.00.21 8111.00.22 8111.00.40	8111.00.60	8111.00.01	锰粉和锰制品
8406.90.aa 8406.90.bb 8406.90.cc	8406.90.22 8406.90.32 8406.90.24 8406.90.34 8406.90.21 8406.90.31	8406.90.10A 8406.90.90A 8406.90.10C 8406.90.90C 8406.90.10B 8406.90.90B	8406.90.01 8406.90.02 8406.90.03	转子,已经制成,供最后组装用 叶片,不论是旋转或固定的转子,未进一步制作,只做清洗或机械加工以便拆除尾翅、内浇口、直浇口和冒口,或便于最后组装

续表

关税税目	加拿大	美国	墨西哥	说明
8407.34.aa 8407.34.bb	8407.34.10 8407.34.20	8407.34.10A 8407.34.20A 8407.34.90A 8407.34.10B 8407.34.20B 8407.34.90B	8407.34.02 8407.34.99	发动机,汽缸容量超过1000毫升,但是不超过2000毫升 发动机,汽缸容量超过2000毫升
8414.59.aa	参见 8414.80.aa	8414.59.80B	参见 8414.80.aa	子目8414.80未列的机动车辆用涡轮增压器或机械增压器
8414.80.aa	8414.80.10	8414.80.10B	8414.80.14	子目8414.59未列的机动车辆用涡轮增压器或机械增压器
8414.90.aa	8414.90.21 8414.90.51	8414.90.20A 8414.90.20B	8414.90.14	定子和转子,用于子目8414.30所列货物
8415.90.aa	8415.90.11 8415.90.21 8415.90.31 8415.90.41	8415.90.00A 8415.90.00B	8415.90.01	底盘、底板和外机
8418.99.aa	8418.99.11 8418.99.21 8418.99.31 8418.99.41 8418.99.51	8418.99.00A	8418.99.12	门组件,包括一个以上的下列组件:内板、外板、绝缘、铰链、拉手
8421.39.aa	8421.39.20	8421.39.00B	8421.39.09	催化转换器
8421.91.aa 8421.91.bb	8421.91.11 8421.91.12	8421.91.00A 8421.91.00B	8421.91.02 8421.91.03	干燥箱,用于子目8421.12所列货物,以及装有干燥箱的衣服烘干机的其他零件家具,用于收纳子目8421.12所列货物
8422.90.aa 8422.90.bb	8422.90.11 8422.90.22 8422.90.12 8422.90.23	8422.90.05A 8422.90.05B	8422.90.05 8422.90.06	盛水箱,用于子目8422.11所列货物,以及装有盛水箱的家用洗碟机的其他零件门组件,用于子目8422.11所列货物
8427.10.aa	8427.10.10	8427.10.00A	8427.10.03 8427.10.04	驾驶式,平衡重式叉车
8427.20.aa	8427.20.10	8427.20.00A	8427.20.04 8427.20.05	驾驶式,平衡重式叉车

续表

关税税目	加拿大	美国	墨西哥	说明
8450.90.aa 8450.90.bb	8450.90.11 8450.90.21 8450.90.31 8450.90.41 8450.90.12 8450.90.22 8450.90.32 8450.90.42	8450.90.00A 8450.90.00B	8450.90.01 8450.90.02	浴盆及浴盆组件家具,用于收纳子目 8450.11 至 8450.20 所列货物
8451.90.aa 8451.90.bb	8451.90.11 8451.90.21 8451.90.31 8451.90.12 8451.90.22 8451.90.32	8451.90.00A 8451.90.00B	8451.90.01 8451.90.02	干燥箱,用于子目 8451.21 或 8451.29 所列货物,以及装有干燥箱的干燥机的其他零件家具,用于收纳子目 8451.21 或 8451.29 所列货物
8455.90.aa	8455.90.10	8455.90.00A	8455.90.01	铸件或焊件,每件重量不超过 90 吨,用于品目 84.55 所列机器
8459.70.aa	8459.70.10	8459.70.00A	8459.70.03	数控式
8460.40.aa	8460.40.10	8460.40.00A	8460.40.02	数控式
8460.90.aa	8460.90.11 8460.90.91	8460.90.00A	8460.90.03	数控式
8461.10.aa	8461.10.10	8461.10.00A	8461.10.03	数控式
8461.20.aa	8461.20.11 8461.20.21	8461.20.00A	8461.20.01	数控式
8461.30.aa	8461.30.10	8461.30.00A	8461.30.01	数控式
8461.50.aa	8461.50.10	8461.50.00A	8461.50.03	数控式
8461.90.aa	8461.90.11 8461.90.91	8461.90.00A	8461.90.02	数控式
8462.91.aa	8462.91.10	8462.91.00A	8462.91.05	数控式
8462.99.aa	8462.99.10	8462.99.00A	8462.99.05	数控式
8466.93.aa	8466.93.11 8466.93.91	8466.93.10A 8466.93.50A 8466.93.70A	8466.93.04	机架、底座、工作台、端头、尾座、托架、吊架、横向导轨、控制杆、扶手、锯把手、磨头、车座、尾架、主轴箱、打桩机、框架、柄轴支架刀杆支架、弓形铸件、焊接件、预制件

续表

关税税目	加拿大	美国	墨西哥	说明
8466.94.aa 8466.94.aa	8466.94.11 8466.94.91 8466.94.11 8466.94.91	8466.94.10A 8466.94.50A	8466.94.02	机架、底座、工作台、立柱、托架、框架、承枕、冕状齿轮、滑槽、杠、顶针座和主轴箱的铸件、焊接件、预制件
8469.10.aa	8469.10.20	8469.10.00A	8469.10.02	文字处理设备
8471.92.aa 8471.92.bb 8471.92.cc 8471.92.dd 8471.92.ee 8471.92.ff 8471.92.gg 8471.92.hh 8471.92.ii 8471.92.jj 8471.92.kk 8471.92.ll	8471.92.31 8471.92.21 8471.92.22 8471.92.23 8471.92.24 8471.92.25 8471.92.26 8471.92.10 8471.92.32 8471.92.34 8471.92.39 8471.92.33 8471.92.40 8471.92.50 8471.92.90	8471.92.40A 8471.92.40B 8471.92.65A 8471.92.65B 8471.92.70A 8471.92.65C 8471.92.65D 8471.92.70B 8471.92.65E 8471.92.65F 8471.92.70C 8471.92.65G 8471.92.65H 8471.92.70D 8471.92.65I 8471.92.65J 8471.92.70E 8471.92.65K 8471.92.65L 8471.92.70F 8471.92.10 8471.92.40C 8471.92.40D 8471.92.30 8471.92.90A 8471.92.90B 8471.92.80 8471.92.90C 8471.92.90D	8471.92.02 8471.92.03 8471.92.08 8471.92.04 8471.92.05 8471.92.06 8471.92.07 8471.92.09 8471.92.10 8471.92.11 8471.92.12 8471.92.99	彩色阴极射线管显示器 打印机元件 激光器 每分钟可打印20张以上 其他 光条电子式 喷墨打印 热转移 离子谱印刷 输入和输出组合元件 单色阴极射线管显示器元件；超过30.5厘米的平板显示器元件；彩色阴极射线管显示器之外的其他显示器元件 不带阴极射线管并且显示屏对角线不超过30.5厘米的显示器元件 光学扫描器和磁性油墨识别器 其他输入或输出元件
8471.99.aa 8471.99.bb 8471.99.cc	8471.99.91 8471.99.92 8471.99.98	8471.99.15 8471.99.32 8471.99.34 8471.99.60	8471.99.01 8471.99.02 8471.99.03	控制或适配器组件 电源 用于自动数据处理设备或此类组件的组件

续表

关税税目	加拿大	美国	墨西哥	说明
8473.10.aa 8473.10.bb	8473.10.91 8473.10.92 8473.10.93	8473.10.00A 8473.10.00B	8473.10.01 8473.10.02	品目 84.69 所列自动数据处理设备的零件 品目 84.69 所列其他设备的零件
8473.30.aa 8473.30.bb 8473.30.cc 8473.30.dd 8473.30.ee	8473.30.21 8473.30.22 8473.30.23 8473.30.10 参见 8504.90.bb	8473.30.40A 8473.30.40B 8473.30.40C 8473.30.40D 8473.30.40E	8473.30.03 8473.30.04 8473.30.02 参见 8504.90.aa 参见 8504.90.bb	印刷电路组件,不用于品目 84.71所列自动数据处理设备的电源 印刷电路组件的零件和附件,包括面板和闩锁 第 84 章注释 2 所指、用于子目 8471.92 所列打印机的其他零件 印刷电路组件,用于品目 84.71 所列自动数据处理设备的电源 电源的其他零件,用于品目 84.71所列自动数据处理设备
8477.90.aa 8477.90.bb 8477.90.cc	8477.90.11 8477.90.21 8477.90.12 8477.90.22 8477.90.13 8477.90.23	8477.90.00A 8477.90.00B 8477.90.00C	8477.90.01 8477.90.02 8477.90.03	底座、床座、压盘、夹紧缸、注塑件、焊件、预制件 螺杆注塑机筒 液压件,包括一个以上的下列组件:歧管、阀门、气筒、机油冷却器
8479.82.aa	参见 8479.89.aa 参见 8479.89.aa	参见 8479.89.aa 参见 8479.89.aa	8479.82.03	垃圾压实机
8479.89.aa	8479.89.91	8479.89.60B	参见 8479.82.aa	垃圾压实机
8479.90.aa 8479.90.bb 8479.90.cc 8479.90.dd	8479.90.61 8479.90.62 8479.90.63 8479.90.64	8479.90.80B 8479.90.80C 8479.90.80D 8479.90.80E	8479.90.17 8479.90.18 8479.90.19 8479.90.20	框架组件,包括一个以上的下列组件:底板、侧架、导螺杆、前板 冲压件,包括冲压包装和(或)冲压盖 集装箱组件,包括一个以上的下列组件:集装箱底座、集装箱包装、滑轨、集装箱前柜或前箱箱或盒

续表

关税税目	加拿大	美国	墨西哥	说明
8482.99.aa	8482.99.11 8482.99.91	8482.99.10A 8482.99.30A 8482.99.50A 8482.99.70A	8482.99.01 8482.99.03	内环(内圈)或外环(外圈)
8483.50.aa	8483.50.20	8483.50.80A 8483.50.80B	8483.50.05	飞轮
8501.32.aa	8501.32.12	8501.32.40A	8501.32.06	为子目 8703.90 所列电动车辆提供主要电源的电动机
8503.00.aa	8503.00.11 8503.00.12 8503.00.13 8503.00.14 8503.00.15 8503.00.16 8503.00.17 8503.00.18 8503.00.19	8503.00.40A 8503.00.60A 8503.00.60C	8503.00.01 8503.00.05	定子和转子,用于品目 85.01 所列货物
8504.40.aa 8504.40.bb	8504.40.40 8504.40.50	参见 8471.99.bb 8504.40.00A 8504.40.00B	8504.40.12 8504.40.13	电源,用于品目 84.71 所列自动数据处理设备 电动机的控速器
8504.90.aa 8504.90.bb	8504.90.12 8504.90.13 8504.90.14 8504.90.15 8504.90.16 8504.90.17 8504.90.80	8504.90.00A 参见 8473.30.dd 参见 8473.30.ee	8504.90.07 8504.90.09 8504.90.08	印刷电路组件,用于子目 8504.40 和 8504.90 所列货物 电源的其他零件,用于品目 84.71 所列自动数据处理设备
8507.20.aa	8507.20.10	8507.20.00B	8507.20.05	为电动轿车提供主要电源的电池
8507.30.aa	8507.30.10	8507.30.00B	8507.30.04	为电动轿车提供主要电源的电池
8507.40.aa	8507.40.10	8507.40.00B	8507.40.04	为电动轿车提供主要电源的电池
8507.80.aa	8507.80.10	8507.80.00B	8507.80.04	为电动轿车提供主要电源的电池
8508.90.aa	8508.90.10	8508.90.00A	8508.90.01	外壳

续表

关税税目	加拿大	美国	墨西哥	说明
8509.90.aa	8509.90.11 8509.90.21 8509.90.31 8509.90.41	8509.90.20A 8509.90.30A 8509.90.40A	8509.90.02	外壳
8516.60.aa	8516.60.20	8516.60.40	8516.60.02	烤箱、烹饪用炉和灶
8516.90.aa 8516.90.bb 8516.90.cc 8516.90.dd 8516.90.ee 8516.90.ff 8516.90.gg 8516.90.hh	8516.90.21 8516.90.71 8516.90.42 8516.90.41 8516.90.51 8516.90.52 8516.90.53 8516.90.61	8516.90.60A 8516.90.60B 8516.90.60C 8516.90.60D 8516.90.20A 8516.90.20B 8516.90.20C 8516.90.60E	8516.90.07 8516.90.08 8516.90.09 8516.90.10 8516.90.11 8516.90.12 8516.90.13 8516.90.03	用于子目8516.33所列货物的外壳 用于子目8516.40所列货物的外壳和钢制底座 子目8516.50所列货物的组件,包括一个以上的下列组件:烤箱、结构支撑底盘、门、外壳 子目8516.50所列货物的印刷电路组件 用于加拿大关税税目8516.60.20,美国关税税目8516.60.40,或墨西哥关税税目8516.60.02所列货物: 烤箱,不论是否组装 烤架面板,不论是否带加热元件或控制器门组件,包括一个以上的下列组件:内板、外板、窗、绝缘体 烤面包机的外壳
8517.40.aa 8517.40.bb 8517.40.cc	8517.40.10 8517.40.91 8517.40.92	8517.40.10 8517.40.50 8517.40.70	8517.40.02 8517.40.03 8517.40.04	调制解调器,用于品目84.71所列数据处理设备 用于载波电话线路系统的其他设备 用于载波电话线路系统的其他设备
8517.81.aa	参见 8517.82.aa	参见 8517.82.aa	8517.81.05	传真机
8517.82.aa	8517.82.10	8517.82.00A	参见 8517.81.aa	传真机

续表

关税税目	加拿大	美国	墨西哥	说明
8517.90.cc 8517.90.hh 8517.90.aa 8517.90.bb 8517.90.dd 8517.90.ee 8517.90.ff 8517.90.gg	8517.90.31 8517.90.39 8517.90.41 8517.90.43 8517.90.44 8517.90.42 8517.90.45 8517.90.46 8517.90.11 8517.90.12 8517.90.13 8517.90.14 8517.90.21 8517.90.22 8517.90.23 8517.90.24 8517.90.91 8517.90.92 8517.90.93	8517.90.70A 8517.90.70B 8517.90.30A 8517.90.05A 8517.90.10A 8517.90.15A 8517.90.35A 8517.90.40A 8517.90.60A 8517.90.55A 8517.90.70C 8517.90.80A 8517.90.05B 8517.90.10B 8517.90.15B 8517.90.30B 8517.90.35B 8517.90.40B 8517.90.55B 8517.90.60B 8517.90.70D 8517.90.80B 8517.90.05C 8517.90.10C 8517.90.15C 8517.90.30C 8517.90.35C 8517.90.40C 8517.90.55C 8517.90.60C 8517.90.70E 8517.90.80C 8517.90.05D 8517.90.10D 8517.90.15D 8517.90.30D 8517.90.35D 8517.90.40D 8517.90.55D 8517.90.60D 8517.90.70F 8517.90.80D	8517.90.10 8517.90.11 8517.90.12 8517.90.13 8517.90.14 8517.90.15 8517.90.16 8517.90.99	传真机零件 第85章注释2所列传真机零件 其他 装有印刷电路组件的其他零件 电视机零件 子目8517.20、8517.30、8517.81以及加拿大关税税目8517.40.91，美国关税税目8517.40.50，或墨西哥关税税目8517.40.03所列货物的零件 其他 其他零件 印刷电路组件 印刷电路组件的零件，包括面板和闩锁 其他

续表

关税税目	加拿大	美国	墨西哥	说明
8518.30.aa	8518.30.10	8518.30.10	8518.30.03	电话听筒
8522.90.aa	8522.90.31 8522.90.32 8522.90.33 8522.90.34 8522.90.35 8522.90.39	8522.90.40A 8522.90.40B 8522.90.60A 8522.90.90A	8522.90.14	印刷电路组件,用于品目85.19、85.20和85.21所列设备
8525.30.aa 8525.30.bb	8525.30.11 8525.30.21 8525.30.12 8525.30.22	8525.30.00A 8525.30.00B	8525.30.03 8525.30.04	陀螺稳定电视摄像机 演播室电视摄像机,不包括肩扛式和其他便携式摄像机
8527.90.aa	8527.90.91	参见 8531.80.aa	8527.90.13	寻呼警报装置
8528.10.aa 8528.10.bb 8528.10.cc 8528.10.dd 8528.10.ee 8528.10.ff 8528.10.gg	8528.10.21 8528.10.31 8528.10.41 8528.10.51 8528.10.22 8528.10.32 8528.10.42 8528.10.52 8528.10.24 8528.10.34 8528.10.44 8528.10.54 8528.10.23 8528.10.33 8528.10.43 8528.10.53 8528.10.25 8528.10.35 8528.10.45 8528.10.55 8528.10.26 8528.10.36 8528.10.46 8528.10.56 8528.10.11 8528.10.12 8528.10.18 8528.10.19	8528.10.30A 8528.10.60B 8528.10.30B 8528.10.60C 8528.10.30C 8528.10.60D 8528.10.30D 8528.10.60E 8528.10.30E 8528.10.60F 8528.10.30F 8528.10.60G 8528.10.60A	8528.10.01 8528.10.08 8528.10.02 8528.10.09 8528.10.03 8528.10.10 8528.10.04 8528.10.11 8528.10.05 8528.10.12 8528.10.06 8528.10.13 8528.10.07 8528.10.14	非高清,配有一个用于直接观看的显像管(非投影型),视频显示器对角线不超过14英寸(35.56厘米) 非高清,配有一个用于直接观看的显像管(非投影型),视频显示器对角线超过14英寸(35.56厘米) 非高清,投影型,配有阴极射线管 高清,非投影型,配有阴极射线管 高清,投影型,配有阴极射线管和平板显示屏 未完成或未组装的(包括由第85章注释4所列所有零件构成的电视接收器组件并且另外加上电源,以及由第85章注释4第1、2、3项和第5项所列零件构成的视频监视器和录像放映机的组件并且另外加上电源),未装阴极射线管、平板显示屏或类似的显示器

续表

关税税目	加拿大	美国	墨西哥	说明
8529.90.aa 8529.90.bb 8529.90.cc 8529.90.dd 8529.90.ee 8529.90.ff 8529.90.gg	8529.90.11 8529.90.12 8529.90.13 8529.90.14 8529.90.20 8529.90.38 8529.90.39 8529.90.31 8529.90.32 8529.90.40 8529.90.51 8529.90.52 8529.90.53 8529.90.54 8529.90.60	8529.90.15A 8529.90.20A 8529.90.30A 8529.90.35A 8529.90.40A 8529.90.40B 8529.90.45A 8529.90.50A 8529.90.40C 8529.90.40D 8529.90.10 8529.90.15C 8529.90.20C 8529.90.35C 8529.90.15D 8529.90.20D 8529.90.35D 8529.90.35E 8529.90.15B 8529.90.20B 8529.90.30B 8529.90.35B 8529.90.45C 8529.90.50B 8529.90.30C 8529.90.50C	8529.90.16 8529.90.17 8529.90.18 8529.90.19 8529.90.20 8529.90.21 8529.90.22	印刷电路组件,用于品目85.25至85.28所列货物 无线电收发两用机,用于子目8526.10所列设备,别处未分类 第85章注释4所列零件,但是加拿大关税税目8529.90.11、8529.90.12、8529.90.13或8529.90.14,美国关税税目8529.90.15A、8529.90.20A、8529.90.30A、8529.90.35A、8529.90.40A、8529.90.40B、8529.90.45A或8529.90.50A,或墨西哥关税税目8529.90.16所列印刷电路组件除外 第85章注释4所列零件的组合 平板屏幕组件,用于加拿大关税税目8528.10.26、8528.10.36、8528.10.46或8528.10.56,美国关税税目8528.10.30F或8528.10.60G,或墨西哥关税税目8528.10.06或8528.10.13所列货物 印刷电路组件的零件,包括面板和闩锁 品目85.25和85.27所列货物的其他零件(手机零件除外)
8531.80.aa	参见 8527.90.aa	8531.80.00A 8531.80.00B	参见 8527.90.aa	寻呼警报装置
8531.90.aa	8531.90.11 8531.90.21	8531.90.00A	8531.90.03	印刷电路组件
8533.40.aa	8533.40.10	8533.40.00A	8533.40.07	金属氧化物变阻器
8533.90.aa	8533.90.11	8533.90.00A	8533.90.02	用于子目8533.40所列货物,陶瓷或金属材料制成,对温度变化有电力或机械反应
8535.90.aa	8535.90.30	8535.90.00A	8535.90.08 8535.90.20 8535.90.24	电动机启动器和电动机过载保护装置
8536.30.aa	8536.30.12	8536.30.00A	8536.30.05	电动机过载保护装置
8536.50.aa	8536.50.21 8536.50.29	8536.50.00A	参见 8536.90.aa	电动机启动器
8536.90.aa	参见 8536.50.aa	参见 8536.50.aa	8536.90.07 8536.90.27	电动机启动器

续表

关税税目	加拿大	美国	墨西哥	说明
8537.10.aa 8537.10.bb	8537.10.11 8537.10.19 8537.10.41 8537.10.49 8537.10.31 8537.10.39	8537.10.00A 8537.10.00B	8537.10.05 8537.10.06	与外壳或支架一起组装成,用于品目 84.21、84.22、84.50 或 85.16 所列货物 电动机控制中心
8538.90.aa 8538.90.bb 8538.90.cc	8538.90.20 8538.90.30 8538.90.60	8538.90.00B 8538.90.00A 8538.90.00C	8538.90.12 8538.90.13 8538.90.14	用于加拿大关税税目 8535.90.30、8536.30.12、8536.50.21 或 8536.50.29,美国关税税目 8535.90.00A,8536.30.00A 或 8536.50.00A,或墨西哥关税税目 8535.90.08、8535.90.20、8535.90.24、8536.30.05、8536.90.07或 8536.90.27 所列货物,陶瓷或金属材料制成,对温度变化有电力或机械反应 印刷电路组件 模塑零件
8540.11.aa 8540.11.bb 8540.11.cc 8540.11.dd	8540.11.22 8540.11.21 8540.11.12 8540.11.11	8540.11.00A 8540.11.00B 8540.11.00C 8540.11.00D	8540.11.01 8540.11.02 8540.11.03 8540.11.04	非高清,非投影,视频显示器对角线超过 14 英寸(35.56 厘米) 非高清,非投影,视频显示器对角线不超过 14 英寸(35.56 厘米) 高清,视频显示器对角线超过 14 英寸(35.56 厘米) 高清,视频显示器对角线不超过 14 英寸(35.56 厘米)
8540.12.aa 8540.12.bb	8540.12.90 8540.12.10	8540.12.40A 8540.12.80A 8540.12.40B 8540.12.80B	8540.12.99 8540.12.01	非高清 高清
8540.91.aa	8540.91.10	8540.91.40A	8540.91.03	前面板组件
8540.99.aa	8540.99.10	8540.99.00A	8540.99.05	电子枪;射频交互式结构,用于子目 8540.41 至 8540.49 所列微波管
8542.11.aa	8542.11.10	8542.11.00A	8542.11.02	用于高清电视机的单片集成电路,数量超过 10 万闸
8543.80.aa	8543.80.60	8543.80.90A	8543.80.20	微波放大器

续表

关税税目	加拿大	美国	墨西哥	说明
8543.90.aa	8543.90.11 8543.90.12 8543.90.13 8543.90.14	8543.90.40A 8543.90.40B 8543.90.80A	8543.90.01	印刷电路组件
8607.19.aa 8607.19.bb 8607.19.cc 8607.19.dd	8607.19.11 8607.19.13 8607.19.12 8607.19.13	8607.19.10A 8607.19.10B 8607.19.20A 8607.19.20B	8607.19.02 8607.19.06 8607.19.07 8607.19.03 8607.19.07	车轴 车轴零件 车轮,不论是否装配车轴 车轮零件
8702.10.aa 8702.10.bb	8702.10.10 8702.10.90	8702.10.00A 8702.10.00B	8702.10.03 8702.10.01 8702.10.02	设计载客16人或16人以上,包括司机 其他
8702.90.aa 8702.90.bb	8702.90.10 8702.90.90	8702.90.00A 8702.90.00B	8702.90.04 8702.90.01 8702.90.02 8702.90.03	设计载客16人或16人以上,包括司机 其他
8706.00.aa 8706.00.bb	8706.00.20 8706.00.10 8706.00.90	8706.00.10A 8706.00.15 8706.00.10B 8706.00.25 8706.00.30 8706.00.50	8706.00.02 8706.00.99	品目87.03、子目8704.21和8704.31所列汽车的底盘 其他车辆的底盘
8708.10.aa	8708.10.10	8708.10.00A	8708.10.01	保险杠,但是不包括保险杠零件
8708.29.aa 8708.29.bb 8708.29.cc 8708.29.dd	8708.29.11 8708.29.96 8708.29.97 8708.29.12 8708.29.20 8708.29.98	8708.29.00A 8708.29.00B 8708.29.00C 参见 8708.99.cc	8708.29.23 8708.29.21 8708.29.22 参见 8708.99.cc	车身冲压件 安全气囊的充气器和模块 门组件 用于机动车辆的安全气囊,未列入子目8708.99
8708.50.aa	8708.50.20	8708.50.50	8708.50.06 8708.50.07	用于品目87.03所列车辆
8708.60.aa	8708.60.20	8708.60.50	8708.60.07	用于品目87.03所列车辆
8708.70.aa	8708.70.11 8708.70.91	8708.70.10A 8708.70.30A 8708.70.80A	8708.70.01 8708.70.02 8708.70.03 8708.70.04 8708.70.05 8708.70.99	车轮,但是不包括车轮零件或附件

续表

关税税目	加拿大	美国	墨西哥	说明
8708.80.aa	8708.80.10	8708.80.10A 8708.80.50A	8708.80.04	麦克富森支柱
8708.93.aa	8708.93.11 8708.93.91	8708.93.10A 8708.93.50A	8708.93.01 8708.93.02 8708.93.03 8708.93.04	离合器,但是不包括离合器零件
8708.99.aa 8708.99.bb 8708.99.cc 8708.99.dd 8708.99.ee 8708.99.ff 8708.99.gg 8708.99.hh	8708.99.15 8708.99.25 8708.99.96 8708.99.16 8708.99.26 8708.99.97 参见 8708.29.dd 8708.99.11 8708.99.21 8708.99.92 8708.99.12 8708.99.22 8708.99.93 8708.99.13 8708.99.23 8708.99.94 8708.99.14 8708.99.24 8708.99.95 8708.99.19 8708.99.29 8708.99.99	8708.99.10A 8708.99.20A 8708.99.50A 8708.99.10B 8708.99.20B 8708.99.50B 8708.99.10C 8708.99.20C 8708.99.50C 8708.99.10D 8708.99.20D 8708.99.50D 8708.99.10E 8708.99.20E 8708.99.50E 8708.99.10F 8708.99.20F 8708.99.50F 8708.99.10G 8708.99.20G 8708.99.50G 8708.99.10H 8708.99.20H 8708.99.50H	8708.99.42 8708.99.43 8708.99.48 8708.99.44 8708.99.45 8708.99.46 8708.99.47 8708.99.99	含橡胶的抗震货物 双层凸缘的轮毂组件,装有滚珠轴承 用于机动车辆的安全气囊,未列入子目 8708.29 半轴和传动轴 传动系的其他零件 悬架系统的零件 转向系统的零件 子目 8708.99 未列名的其他零件和附件
9005.90.aa	9005.90.11 9005.90.91	9005.90.00A	9005.90.03	装有品目 90.01 或 90.02 所列货物
9007.19.aa	9007.19.10	9007.19.00A	9007.19.01	陀螺稳定
9009.90.aa 9009.90.bb	9009.90.10 9009.90.90	9009.90.00A 9009.90.00B 9009.90.00C 9009.90.00D	9009.90.02 9009.90.99	子目 9009.12 所列复印设备的零件,列入第 90 章注释 3 其他
9018.11.aa 9018.11.bb	9018.11.10 9018.11.91	9018.11.00A 9018.11.00B	9018.11.01 9018.11.02	心电图仪 印刷电路组件
9018.19.aa 9018.19.bb	9018.19.10 9018.19.91	9018.19.80A 9018.19.80B	9018.19.16 9018.19.17	病人监护系统 用于参数采集模块的印刷电路组件

续表

关税税目	加拿大	美国	墨西哥	说明
9018. 90. aa 9018. 90. bb	9018. 90. 10 9018. 90. 91	9018. 90. 70A 9018. 90. 70B	9018. 90. 25 9018. 90. 26	除颤器 印刷电路组件，用于加拿大关税税目 9018. 90. 10，美国关税税目 9018. 90. 70A，或墨西哥关税税目 9018. 90. 25 所列货物
9022. 90. aa 9022. 90. bb	9022. 90. 10 9022. 90. 20	9022. 90. 90A 9022. 90. 90B	9022. 90. 04 9022. 90. 05	辐射发生器组件 辐射束传送组件
9027. 80. aa	9027. 80. 20	9027. 80. 40A	9027. 80. 08	核磁共振器
9027. 90. aa	9027. 90. 31 9027. 90. 32 9027. 90. 33	9027. 90. 44A	9027. 90. 04	印刷电路组件，用于子目9027. 80 所列货物
9030. 90. aa	9030. 90. 21 9030. 90. 23	9030. 90. 40A 9030. 90. 40B 9030. 90. 80A 9030. 90. 80B	9030. 90. 02	印刷电路组件
9031. 40. aa	9031. 40. 10	9031. 40. 00A	9031. 40. 02	坐标测量机
9031. 90. aa	9031. 90. 61	9031. 90. 40A	9031. 90. 02	用于加拿大关税税目 9031. 40. 10，美国关税税目 9031. 40. 00A，或墨西哥关税税目 9031. 40. 02 所列货物的底座和框架
9506. 39. aa	参见 9506. 31	参见 9506. 31	9506. 39. 01	单个高尔夫球杆

附　　件

附件一:现行措施的保留与自由化承诺

1. 一缔约方明细表载明该缔约方根据第 1108 条(投资)第 1 款、第 1206 条(跨境服务贸易)第 1 款与第 1409 条(金融服务)第 4 款,对与以下各条赋予的义务不一致的现行措施的保留:

(1)第 1102 条、第 1202 条或第 1405 条(国民待遇),

(2)第 1103 条、第 1203 条或第 1406 条(最惠国待遇),

(3)第 1205 条(当地存在),

(4)第 1106 条(业绩要求),或者

(5)第 1107 条(高级管理层与董事会),

并且在某些情况下,规定迅速或未来的自由化承诺。

2. 各项保留载明以下部分的内容:

(1)"产业",系指所作保留的一般产业;

(2)"子产业",系指所作保留的具体产业;

(3)"行业分类",系指在适用的情况下,根据国内行业分类代码,保留所涉活动;

(4)"保留类别",具体说明所作保留针对的第一款所指义务;

(5)"政府层级",表明维持所作保留的措施的政府层级;

(6)"措施",指明所作保留的"说明"部分限定的法律、法规或其他措施。"措施"部分所列一项措施:

1)系指在本协定生效之日,修订、延续或更新的措施,以及

2)包括在该措施授权下采取或维持并与该措施一致的任何附属措施;

(7)"说明",列明在本协定生效之日可能有的自由化承诺,以及所作保留的现行措施中其余的不一致规定;以及

(8)"逐步取消",规定在本协定生效之日后可能有的自由化承诺。

3. 在解释一项保留时,应考虑保留的所有部分的内容。对保留的解释应根据保留针对的各章中的相关条款。只要:

(1)"逐步取消"部分规定逐步取消该措施中的不一致规定,在所有其他部分中应以"逐步取消"部分为准;

(2)"说明"部分对"措施"部分作了自由化承诺的限定,在所有其他部分中应以带有此种限定的"措施"部分为准;以及

(3)"措施"部分没有此种限定,在所有其他部分中应以"措施"部分为准,除非"措施"部分与从整体考虑的其他部分之间存在任何实质性的重大不一致之处,因此作出以"措施"部分为准的结论是不合理的,在此种情况下,不一致之处应以其他部分为准。

4. 如果一缔约方维持一项措施，要求服务供应商必须是其境内的公民、永久居民或居民，以此作为在其境内提供服务的条件，则针对第 1202 条、第 1203 条或第 1205 条或者第 1404 条、第 1405 条或第 1406 条为该措施所作的保留，应视为在该措施范围内针对第 1102 条、第 1103 条或第 1106 条的保留。

5. 在本附件中：

"墨西哥行业与产品分类"，系指国家统计、地理与信息协会发布的 1988 年《墨西哥行业与产品分类》中所列代码；

"特许权"，系指国家给予一人开发自然资源或提供服务的授权，在授权中墨西哥国民与墨西哥企业比外国人有优先权；

"中心产品分类"，系指联合国统计署发布的 1991 年《临时中心产品分类》(统计文件，M 系列，第 77 号)中所列中心产品分类代码；

"外国人排斥条款"，系指企业章程中明文规定，该企业不得允许外国人直接或间接成为该企业的合伙人或股东；

"国际货物"，系指原产地或目的地不在一缔约方境内的货物；

"墨西哥企业"，系指根据墨西哥法律组成的企业；以及

"标准行业分类"，系指：

(1)对加拿大而言，加拿大统计局发布的 1980 年第四版《标准行业分类》中所列代码；以及

(2)对美国而言，美国行政管理与预算局发布的 1987 年《标准行业分类手册》中所列编码。

附件二:未来措施的保留

1. 根据第1108条(投资)第3款与第1206条(跨境服务贸易)第3款,一缔约方明细表载明该缔约方所作的保留,对特定的产业、子产业或活动可维持现行的措施或者采取新的或更具限制性的措施,并且上述措施与以下各条赋予的义务不一致:

(1)第1102条或第1202条(国别待遇);

(2)第1103条或第1203条(最惠国待遇);

(3)第1205条(当地存在);

(4)第1106条(业绩要求);或者

(5)第1107条(高级管理层与董事会)。

2. 各项保留载明以下部分的内容:

(1)"产业",系指所作保留的一般产业;

(2)"子产业",系指所作保留的具体产业;

(3)"行业分类",系指在适用的情况下,根据国内行业分类代码,保留所涉活动;

(4)"保留类别",具体说明所作保留针对的第一款所指义务;

(5)"说明",列明保留所涉产业、子产业或活动的范围;以及

(6)"现行措施",为了提高透明度,明确适用保留所涉产业、子产业或活动的现行措施。

3. 在解释一项保留时,应考虑保留的所有部分的内容。在所有其他部分中应以"说明"部分为准。

4. 在本附件中:

"墨西哥行业与产品分类",系指国家统计、地理与信息协会发布的1988年《墨西哥行业与产品分类》中所列代码;

"中心产品分类",系指联合国统计署发布的1991年《临时中心产品分类》(统计文件,M系列,第77号)中所列中心产品分类代码;以及

"标准行业分类",系指:

(1)对加拿大而言,加拿大统计局发布的1980年第四版《标准行业分类》中所列代码;以及

(2)对美国而言,美国行政管理与预算局发布的1987年《标准行业分类手册》中所列编码。

加拿大明细表

产业	原居民事务
子产业	
行业分类	
保留类别	国民待遇(第1102条、第1202条) 最惠国待遇(第1103条、第1203条) 当地存在(第1205条) 业绩要求(第1106条)
说明	跨境服务与投资 加拿大保留采取或维持任何措施的权利,将给予原居民的任何权利或优惠,拒绝给予另一缔约方投资者及其投资或另一缔约方服务供应商。
现行措施	1982年《宪法法案》,即1982年《1982加拿大法案》(联合王国)第二部分第11章

产业	所有产业
子产业	
行业分类	
保留类别	国民待遇(第1102条)
说明	投资 对另一缔约方投资者或其投资对海滨土地的所有权,加拿大保留采取或维持与居民要求相关的任何措施的权利。
现行措施	1982年《宪法法案》,即1982年《1982加拿大法案》(联合王国)第二部分第11章

产业	通信
子产业	电信传输网络与服务、无线通信与海底电缆
行业分类	中心产品分类752——电信服务 中心产品分类7543——连接服务 中心产品分类7549——不另分类的其他电信服务(仅限电信传输网络与服务)
保留类别	国民待遇(第1102条) 最惠国待遇(第1103条) 高级管理层与董事会(第1107条)
说明	投资 对电信传输网络与电信传输服务、无线通信与海底电缆的投资,加拿大保留采取或维持任何措施的权利,包括所有权限制以及有关公司行政人员、董事和公司注册地的措施。 本项保留不适用增强或增值服务的供应商,只要其基本电信传输设施是租赁自公共电信传输网络供应商。

续表

产业	通信
现行措施	《加拿大贝尔法案》,1987 年《加拿大法典》第 19 章 《不列颠哥伦比亚电话公司特别法案》,1916 年《加拿大法典》第 66 章 《加拿大环球电信公司重组与资产剥离法案》,1987 年《加拿大法典》第 12 章 《加拿大电信卫星公司重组与资产剥离法案》,1991 年《加拿大法典》第 52 章 《无线通信法案》,1985 年《加拿大修订法典》第 R-2 章 《电报法案》,1985 年《加拿大修订法典》第 T-5 章 《电信政策框架》,1987 年

产业	通讯
子产业	电信传输网络与服务、无线通信与海底电缆
行业分类	中心产品分类 752——电信服务(不包括增强或增值服务) 中心产品分类 7543——连接服务 中心产品分类 549——未在其他地方进行归类的其他电信服务(仅限于电信运输网络及其服务)
保留类别	国民待遇(第 1202 条) 最惠国待遇(第 1203 条) 当地存在(第 1205 条)
说明	跨境服务 对无线通信、海底电缆以及提供电信传输网络与电信传输服务,加拿大保留采取或维持任何措施的权利。上述措施可适用诸如市场准入、频谱分配、价目表、内载波协议、服务的条款与条件、网络与服务的互联,以及路由器要求等阻碍在跨境基础上提供电信传输网络与电信传输服务、无线通信与海底电缆的事项。 电信传输服务通常涉及用户提交的信息在两点或多点之间的实时传输,并且用户信息的形式或内容在终端到终端之间没有任何变化,不论此类服务是否向公众普遍提供。这些服务包括通过有线、无线通信或任何其他电磁传播手段提供的语音与数据服务。 本项保留不适用与提供跨境增强或增值服务有关的措施。
现行措施	《加拿大贝尔法案》,1987 年《加拿大法典》第 19 章 《不列颠哥伦比亚电话公司特别法案》,1916 年《加拿大法典》第 66 章 《铁路法案》,1985 年《加拿大修订法典》第 R-3 章 《无线通信法案》,1985 年《加拿大修订法典》第 R-2 章 《电信政策框架》,1987 年 《电信决议》,加拿大广播电视电信委员会,包括第 85 条第 19 款、第 90 条第 3 款、第 91 条第 21 款、第 92 条第 11 款与第 92 条第 12 款

产业	政府财政
子产业	证券
行业分类	标准行业分类 8152——财政与经济管理
保留类别	国民待遇(第 1102 条)
说明	投资 对另一缔约方国民收购、销售或以其他方式处置由加拿大政府、省或地方政府发行的债券、国库券或其他种类的债务证券,加拿大保留采取或维持任何措施的权利。
现行措施	《财政管理法》,1985 年《加拿大修订法典》第 F-11 章

产业	少数民族事务
子产业	
行业分类	
保留类别	国民待遇(第1102条、第1202条) 当地存在(第1205条) 业绩要求(第1106条) 高级管理层与董事会(第1107条)
说明	跨境服务与投资 加拿大保留采取或维持任何措施的权利,给予社会或经济上的弱势少数民族权利或优惠。
现行措施	

产业	社会服务
子产业	
行业分类	
保留类别	国民待遇(第1102条、第1202条) 最惠国待遇(第1203条) 当地存在(第1205条) 高级管理层与董事会(第1107条)
说明	跨境服务与投资 对提供公共执法与狱政服务以及出于公共目的而设立或维持的以下社会服务,即收入保障或保险、社会保障或保险、社会福利、公共教育、公共培训、保健以及儿童护理,加拿大保留采取或维持任何措施的权利。
现行措施	

产业	运输
子产业	空运
行业分类	标准行业分类4513——不定期空运服务、专业航空服务、行业航空服务
保留类别	国民待遇(第1102条) 最惠国待遇(第1103条) 高级管理层与董事会(第1107条)
说明	投资 加拿大保留采取或维持任何措施的权利,将在加拿大收购或设立提供专业航空服务的投资,仅限于加拿大国民或在加拿大组成的公司,并且其主要营业地为加拿大,其首席执行官和至少三分之二的董事为加拿大国民,至少75%的有表决权的股份为在其他方面满足此类要求的人士持有和控制。
现行措施	《航空法案》,1985年《加拿大修订法典》第A-2章 《航空条例》,1978年《加拿大铁路与运输案例汇编》第2章 《航空器标示与注册条例》,《成文法令与条例汇编》/90-59

产业	运输
子产业	水运
行业分类	标准行业分类4129——其他重型工程(仅限疏浚) 标准行业分类4541——货物与乘客水运 标准行业分类4542——渡运 标准行业分类4543——海洋拖船 标准行业分类4549——其他水运 标准行业分类4552——港口与码头运营(仅限码头停泊、添加燃料和其他船舶作业) 标准行业分类4553——海洋打捞 标准行业分类4554——领航服务、水运 标准行业分类4559——水运附带的其他服务(不包括码头经营活动的陆地业务)
保留类别	国民待遇(第1102条、第1202条) 最惠国待遇(第1103条、第1203条) 当地存在(第1205条) 业绩要求(第1106条) 高级管理层与董事会(第1107条)
说明	跨境服务与投资 加拿大保留采取或维持与投资或提供沿海运输服务相关的任何措施的权利,沿海运输服务包括: (1)在加拿大境内及其专属经济区的各点之间,货物或乘客的船舶运输; (2)在大陆架水域,与勘探、开采或运输大陆架上的矿物或非生物自然资源有关的货物或乘客运输;以及 (3)在加拿大境内及其专属经济区,从事具有商业性质的任何海洋船舶活动,以及在大陆架水域,从事与勘探、开采或运输大陆架上的矿物或非生物自然资源有关的具有商业性质的任何其他海洋活动。 本项保留除其他事项之外,还涉及对有权参与此类活动的服务供应商的当地存在要求,向外国船舶颁发临时沿海运输许可的标准,以及向外国船舶颁发沿海运输许可的数量限制。
现行措施	《沿海贸易法案》,1992年《加拿大法典》第31章 《加拿大航运法案》,1985年《加拿大修订法典》第S-9章 《海关法案》,1985年《加拿大修订法典》第1章(第二号增补本) 《关税与国内税离岸适用法案》,1985年《加拿大修订法典》第C-53章

产业	运输
子产业	水运
行业分类	标准行业分类4541——货物与乘客水运 标准行业分类4542——渡运 标准行业分类4543——海洋拖船 标准行业分类4549——其他水运 标准行业分类4551——海洋货物装卸 标准行业分类4552——港口与码头运营 标准行业分类4553——海洋打捞 标准行业分类4554——领航服务、水运 标准行业分类4559——水运附带的其他服务

续表

产业	运输
保留类别	国民待遇(第1102条、第1202条) 最惠国待遇(第1103条、第1203条) 当地存在(第1205条) 业绩要求(第1106条) 高级管理层与董事会(第1107条)
说明	跨境服务与投资 加拿大保留采取或维持任何措施的权利,将给予墨西哥或任何其他国家在相当于受美国明细表附件二第Ⅱ-U-9页约束的产业或活动领域的服务供应商或投资者或其投资的利益,拒绝给予美国服务供应商或投资者或其投资。
现行措施	

产业	运输
子产业	水运
行业分类	标准行业分类4541——货物与乘客水运 标准行业分类4542——渡运 标准行业分类4543——海洋拖船 标准行业分类4549——其他水运 标准行业分类4551——海洋货物装卸 标准行业分类4551——港口与码头运营 标准行业分类4552——海洋打捞 标准行业分类4553——领航服务、水运 标准行业分类4554——水运附带的其他服务
保留类别	最惠国待遇(第1203条)
说明	跨境服务 在污染控制(包括对油轮的双层船壳要求)、安全航行、驳船检验标准、水质、领航、滥用药物控制与海洋通信等领域,加拿大保留采取或维持任何措施的权利,以履行与其他国家达成的与在共同利益水域的海洋活动有关的协定、安排以及其他正式或非正式的承诺。
现行措施	《美国海洋营救法案》,1985年《加拿大修订法典》第U-3章 各种协定与安排,包括: 1)《五大湖区领航安排备忘录》; 2)《加拿大与美国海洋污染意外事故联合应急行动计划》; 3)《加拿大与美国关于东部和西部海岸"罗兰-C"远程导航服务的协定》;以及 4)《丹麦与加拿大海洋污染联合极地协定》。

墨西哥明细表

产业	所有产业
子产业	
行业分类	
保留类别	国民待遇(第1102条、第1202条)

续表

产业	所有产业
说明	跨境服务与投资 墨西哥保留采取或维持任何措施的权利,以限制收购、销售或以其他方式处置由联邦、州或地方政府发行的债券、国库券或任何其他类别的债务证券,但是第十四章(金融服务)定义的“另一缔约方金融机构”持有的除外。
现行措施	

产业	通信
子产业	娱乐(广播与多点分配系统)
行业分类	墨西哥行业与产品分类 941104——广播节目的私人制作与传输(仅限广播节目、多点分配系统与不间断音乐的传输) 墨西哥行业与产品分类 941105——电视节目的制作、传输与中继的私人服务(仅限电视节目、多点分配系统与高清电视的传输与中继)
保留类别	国民待遇(第 1102 条、第 1202 条) 最惠国待遇(第 1103 条、第 1203 条) 当地存在(第 1205 条) 高级管理层与董事会(第 1107 条)
说明	跨境服务与投资 对投资或提供广播、多点分配系统、不间断音乐与高清电视服务,墨西哥保留采取或维持任何措施的权利。本项保留不适用与广播或电视节目的制作、销售或许可相关的措施。
现行措施	《墨西哥合众国政治宪法》第 32 条 《公共通信法》 《联邦广播电视法》 《墨西哥外商投资促进与管理法》

产业	通信
子产业	电信
行业分类	墨西哥行业与产品分类 720006——其他电信服务(仅限航空移动与固定服务)
保留类别	国民待遇(第 1102 条、第 1202 条) 最惠国缔约(第 1103 条、第 1203 条) 当地存在(第 1205 条)
说明	跨境服务与投资 对投资或提供航空管制、航空气象、航空电信,以及与航空导航服务有关的其他电信服务,墨西哥保留采取或维持任何措施的权利。
现行措施	《墨西哥合众国政治宪法》第 32 条 《公共通信法》 《墨西哥外商投资促进与管理法》 《建立技术上独立的机构“墨西哥空域航行服务局”的法令》,1978 年 10 月 3 日

产业	通信
子产业	电信传输网络
行业分类	墨西哥行业与产品分类 720003——电话服务 墨西哥行业与产品分类 720004——电话亭服务 墨西哥行业与产品分类 720006——其他电信服务（不包括增强或增值服务） 墨西哥行业与产品分类 502003——电信设施
保留类别	国民待遇（第 1102 条、第 1202 条） 最惠国待遇（第 1103 条、第 1203 条） 当地存在（第 1205 条）
说明	跨境服务与投资 对投资或提供电信传输网络与电信传输服务，墨西哥保留采取或维持任何措施的权利。 电信传输网络包括提供电信传输服务的设施，例如本地基本电话服务、长途电话服务（全国与国际）、农村电话服务、移动电话服务、电话亭服务、卫星服务、中继、寻呼、移动通讯、海洋电信服务、空中电话、电传，以及数据传输服务。 电信传输服务通常涉及用户提交的信息在两点或多点之间的实时传输，并且用户信息的形式或内容在终端到终端之间没有任何变化，不论此类服务是否向公众普遍提供。
现行措施	《墨西哥合众国政治宪法》第 32 章 《一般通信法》 《墨西哥外商投资促进与管理法》 《电信条例》

产业	通信与运输
子产业	邮政服务、电信与铁路
行业分类	墨西哥行业与产品分类 720001——邮政服务 墨西哥行业与产品分类 720005——电报服务、无线电报服务、无线电报 墨西哥行业与产品分类 720006——其他电信服务（仅限卫星通信） 墨西哥行业与产品分类 711101——铁路运输服务（仅限墨西哥铁路网范围内的交通运营、管理与控制，铁路通行权的监管与管理，铁路基础设施的构建、运营与维护）
保留类别	最惠国待遇（第 1203 条） 当地存在（第 1205 条）
说明	跨境服务 对提供邮政服务（一类邮件的运营、管理与组织）、电报服务、无线电报服务、卫星通信服务（卫星系统的建立、拥有与运营，以及国际联网的地面卫星站的建立、拥有与运营）、铁路服务（墨西哥铁路网范围内的交通运营、管理与控制，铁路通行权的监管与管理，铁路基础设施的构建、运营与维护），墨西哥保留采取或维持任何措施的权利。
现行措施	《墨西哥合众国政治宪法》第 28 章 《公共通信法》 《墨西哥国家铁路组织法》 《墨西哥邮政服务法》

产业	能源
子产业	石油与其他碳氢化合物 基本石化 电力 核能 放射性矿物的处理
保留类别	最惠国待遇(第 1203 条) 当地存在(第 1205 条)
说明	跨境服务 在符合附件 602.3 的前提下,对能源与基本石化产品相关的服务,墨西哥保留采取或维持任何措施的权利。
现行措施	《墨西哥合众国政治宪法》第 27 条与第 28 条 《关于宪法第 27 条对核原料的管理法》 《关于宪法第 27 条对石油的管理法》 《墨西哥石油公司及其附属实体的组织法》

产业	少数民族事务
子产业	
行业分类	
保留类别	国民待遇(第 1202 条) 当地存在(第 1205 条)
说明	跨境服务 墨西哥保留采取或维持任何措施的权利,给予社会或经济上的弱势少数民族权利或优惠。
现行措施	《墨西哥合众国政治宪法》第 4 条

产业	专业、技术与特种服务
子产业	专业服务
行业分类	墨西哥行业与产品分类 951002——法律服务(包括外国法律咨询)
保留类别	国民待遇(第 1102 条、第 1202 条) 最惠国待遇(第 1103 条、第 1203 条) 当地存在(第 1205 条) 高级管理层与董事会(第 1107 条)
说明	跨境服务与投资 在符合墨西哥明细表附件六第Ⅵ－M－2 页的前提下,对美国人提供法律服务与外国法律咨询服务,墨西哥保留采取或维持任何措施的权利。
现行措施	《关于宪法第 5 条对在联邦地区从事专业服务的管理法》 《墨西哥外商投资促进与管理法》

产业	社会服务
子产业	
行业分类	
保留类别	国民待遇(第 1102 条、第 1202 条) 当地存在(第 1205 条) 高级管理层与董事会(第 1107 条)
说明	跨境服务与投资 对提供公共执法与狱政服务以及出于公共目的而设立或维持的以下社会服务，即收入保障或保险、社会保障或保险、社会福利、公共教育、公共培训、保健以及儿童护理，墨西哥保留采取或维持任何措施的权利。
现行措施	《墨西哥合众国政治宪法》第 4 条、第 17 条、第 18 条、第 25 条、第 26 条、第 28 条与第 123 条

产业	运输
子产业	专业人员
行业分类	墨西哥行业与产品分类 951023——其他专业服务(仅限船长)；飞机飞行员；船东；船舶机械师；船舶技工；机场管理人员；港务局局长；港口领航员；报关员；悬挂墨西哥国旗的船舶或飞机上的工作人员
保留类别	国民待遇(第 1202 条) 最惠国待遇(第 1203 条) 当地存在(第 1205 条)
说明	跨境服务 只有出生即为墨西哥国民的人方可担任以下职务： (1)船长、飞行员、船东、船舶机械师、船舶技工，以及悬挂墨西哥国旗的船舶或飞机的工作人员； (2)港口领航员、港务局局长与机场管理人员；以及 (3)报关员。
现行措施	《墨西哥合众国政治宪法》第 32 条

美国明细表

产业	所有产业
子产业	
行业分类	
保留类别	国民待遇(第 1102 条) 最惠国待遇(第 1103 条)
说明	投资 对加拿大投资者或其投资对海滨土地的所有权，美国保留采取或维持与居民要求相关的任何措施的权利。
现行措施	

产业	通信
子产业	有线电视
行业分类	中心产品分类753——广播与电视有线服务
保留类别	国民待遇(第1102条) 最惠国待遇(第1103条)
说明	投资 在符合第2106条的前提下,对限制美国人在该国从事有线电视网运营企业的所有权的任何国家,美国保留采取或维持给予该国人同等待遇的任何措施的权利。
现行措施	

产业	通信
子产业	电信传输网络与服务以及无线通信
行业分类	中心产品分类752——电讯服务(不包括增强型或增值服务) 中心产品分类7543——连接服务 中心产品分类7549——不另分类的其他电信服务(仅限电信传输网络与服务)
保留类别	国民待遇(第1102条、第1202条) 最惠国待遇(第1103条、第1203条) 当地存在(第1205条) 高级管理层与董事会(第1107条)
说明	跨境服务与投资 对投资或提供电信传输网络、电信传输服务或无线通信,美国保留采取或维持任何措施的权利。上述措施可适用诸如市场准入、频谱分配、价目表、内载波协议、服务的条款与条件,以及网络与服务之间互联等事宜。 电信传输服务通常涉及用户提供的信息在两点或多点之间的实时传输,并且用户信息的形式或内容在终端到终端之间没有任何变化,不论此类服务是否向公众普遍提供。这些服务包括通过任何电磁方式提供的语音与数据服务。无线通信包括通过无线电的所有通信,包括广播。 本项保留不适用与增强或增值服务有关的措施,也不适用广播或电视节目的制作、销售或许可。
现行措施	《1934年通信法》,《美国法典》第47篇第151节及其后各节,特别参见第310(1)与(2)节(公用载波服务、航空导航服务、航空固定服务,以及广播服务的无线电许可) 《联邦通信委员会决议》,"具有国际竞争力的运营商",102 F. C. C. 2d 812(1985年),在"国际公用载波服务条例"中已作修订,CC摘要第91-360号,FCC 92-463(1992年11月6日发布) 《海底电缆着陆法》,《美国法典》第47篇第34-9节,特别参见第35节(海底电缆) 《1962年通信卫星法》,《美国法典》第47篇第701-57节 《电报法》,《美国法典》第47篇第17节(服务阿拉斯加的电报电缆) 《1990年儿童电视法》,《美国法典》第47篇第303a节 《1990年电视节目改进法》,《美国法典》第47篇第303c节

产业	社会服务
子产业	
行业分类	
保留类别	国民待遇(第 1102 条、第 1202 条) 当地存在(第 1205 条) 高级管理层与董事会(第 1107 条)
说明	跨境服务与投资 对提供公共执法与狱政服务以及出于公共目的而设立或维持的以下社会服务,即收入保障或保险、社会保障或保险、社会福利、公共教育、公共培训、保健以及儿童护理,墨西哥保留采取或维持任何措施的权利。
现行措施	

产业	少数民族事务
子产业	
行业分类	
保留类别	国民待遇(第 1102 条、第 1202 条) 当地存在(第 1205 条) 业绩要求(第 1106 条) 高级管理层与董事会(第 1107 条)
说明	跨境服务与投资 美国保留采取或维持任何措施的权利,给予社会或经济上的弱势少数民族权利或优惠,包括根据《阿拉斯加原居民理赔法》在阿拉斯加州各项法律下成立的公司。
现行措施	《阿拉斯加原居民理赔》,《美国法典》第 43 篇第 1601 节以及其后各节。

产业	专业服务
子产业	法律服务
行业分类	标准行业分类 8111——法律服务
保留类别	国民待遇(第 1102 条、第 1202 条) 最惠国待遇(第 1103 条、第 1203 条) 当地存在(第 1205 条) 高级管理层与董事会(第 1107 条)
说明	跨境服务与投资 在符合美国明细表附件六第Ⅵ－U－2 页的前提下,对墨西哥人提供包括法律咨询服务在内的法律服务,美国保留采取或维持任何措施的权利。
现行措施	

产业	出版
子产业	报纸出版
行业分类	标准行业分类 2711——报纸:出版,或出版与印刷
保留类别	国民待遇(第 1102 条) 最惠国待遇(第 1103 条)
说明	投资 在符合第 2106 条的前提下,对限制美国人对从事日报出版的企业的所有权的任何国家,而且该报主要面向该国读者并在该国发行,美国保留采取或维持给予该国人同等待遇的任何措施的权利。 对本项保留而言,日报系指每周至少出版五天的报纸。
现行措施	

产业	运输
子产业	水运
行业分类	标准行业分类 091——商业捕鱼(仅限渔船和在专属经济区内的捕鱼活动) 标准行业分类 1629——不另分类的大型工程(仅限海洋疏浚) 标准行业分类 4412——深海国外货物运输(仅限悬挂美国国旗的船舶的推广项目) 标准行业分类 4424——深海国内货物运输(包括沿海货物运输、深海国内货物运输、东西海岸之间的货物运输、目的地为非毗邻领土的货物水上运输) 标准行业分类 4432——五大湖区与圣劳伦斯航道的货物运输 标准行业分类 4449——不另分类的货物水上运输(包括运河驳船业务、运河货物运输、近岸内航道货物运输、除五大湖之外的湖泊货物运输、原木漂流和拖曳、除圣劳伦斯航道之外的河流货物运输、海湾货物运输) 标准行业分类 4481——除轮渡之外的深海客运(仅限悬挂美国国旗的船舶的推广计划) 标准行业分类 4482——轮渡 标准行业分类 4489——不另分类的水路客运(包括汽船、沼泽越野旅行、游览船业务、河流与运河水路客运、观光艇、计程游艇) 标准行业分类 4491——海洋货物装卸(仅限在美国领水之内运输用品与货物的船舶船员在船上的活动,以及受互惠条件限制的船员所作的沿岸操作) 标准行业分类 4492——拖船与拖轮服务 标准行业分类 4499 ——不另分类的水运服务(仅限货物打捞、商业船舶的包租、驳运、加油、海上救助、领航、汽船租赁、电缆敷设)
保留类别	国民待遇(第 1102 条、第 1202 条) 最惠国待遇(第 1103 条、第 1203 条) 当地存在(第 1205 条) 业绩要求(第 1106 条) 高级管理层与董事会(第 1107 条)

续表

产业	运输
说明	跨境服务与投资 对提供海洋运输服务以及运营悬挂美国国旗的船舶,美国保留采取或维持任何措施的权利,包括以下各项: (1)对从事沿海贸易运输服务的船舶与其他海洋构筑物如海上钻井平台的投资、拥有、控制与运营要求,包括从事国内近海贸易、沿岸贸易、在美国领水、大陆架水域和内陆水道的沿海贸易运输服务; (2)对从事外贸的悬挂美国国旗的船舶的投资、拥有、控制与运营要求; (3)对在美国领水与专属经济区从事捕鱼和相关活动的船舶的投资、拥有、控制与运营要求; (4)对悬挂美国国旗的船舶的登记要求; (5)对满足特定条件的船东、运营商与船舶提供推广计划,包括税收优惠; (6)对悬挂美国国旗的船舶上的船员的认证、许可与国籍要求; (7)对悬挂美国国旗的船舶的人员配备要求; (8)联邦海事委员会管辖权内的所有事宜; (9)双边以及其他国际海洋协定与谅解的谈判和实施; (10)对船员从事沿岸工作的限制; (11)对进入美国水域的船舶吨位税和导航附加费的评估;以及 (12)对在美国领水从事领航服务的领航员的认证、许可与国籍要求。 以下活动不包括在保留之内: (1)造船与修船;以及 (2)港口经营活动的陆地业务,包括船坞运营与维护、陆地和船舶之间的直接装卸、海洋货物搬运、码头运营与维护、船舶清洁、码头装卸、船舶与货车、火车、管道和停泊码头之间的货物转运,海滨终点站作业、小型船只清洁、运河业务、船舶拆卸、铁路干船坞的运作、验船师、回收失事报废船舶(货物除外)的废材,以及各类船级社。
现行措施	《1920 年海商法》第 19 节与第 27 节,《美国法典》第 46 篇第 876 节与第 883 节以及其后各节 《琼斯法案弃权法》,《法律总汇》第 46 卷第 1120 节,《美国法典》第 46 篇,参见之前的第 1 节 《1916 年航运法》,《美国法典》第 46 篇第 802 节与第 808 节 《1936 年海商法》,《美国法典》第 46 篇第 1151 节以及其后各节,第 1160 - 61 节,第 1171 节以及其后各节,第 1241(b)节,第 1241 - 1 节,第 1244 节与第 1271 节以及其后各节 《1946 年商船买卖法》,《美国法典》第 50 篇第 1738 节 《美国法典》第 46 篇第 121 节,第 292 节与第 316 节 《美国法典》第 46 篇第 12101 节以及其后各节,以及第 31301 节以及其后各节 《美国法典》第 46 篇第 8904 节与第 31328(2)节 《客轮法》,《美国法典》第 46 篇第 289 节 《美国法典》第 42 篇第 9601 节以及其后各节;《美国法典》第 33 篇第 2701 节以及其后各节;《美国法典》第 33 篇第 1251 节以及其后各节 《美国法典》第 46 篇第 3301 节以及其后各节,第 3701 节以及其后各节,第 8103 节,以及第 12107(2)节 《1984 年航运法》,《美国法典》第 46 篇第 1708 节与第 1712 节 《尼克尔森法》,《美国法典》第 46 篇第 251 节 1987 年《商业捕鱼船舶反变更注册国法》,《美国法典》第 46 篇第 2101 节,以及《美国法典》第 46 篇 12108 节

续表

产业	运输
	《美国法典》第43篇第1841节 《美国法典》第22篇第1980节 《海港间航行法》,《美国法典》第46篇第843节 《美国法典》第46篇第9302节,《美国法典》第46篇第8502节;《关于五大湖区领航操作的协定》,1978年8月23日与1979年3月29日与渥太华换文,《条约与国际法案系列》第9445节 《马格努森渔业保护与管理法》,《美国法典》第16篇第1801节以及其后各节 《美国法典》第19篇第1466节 《1972年北太平洋溯河产卵鱼类保护法》,公法第102-587号;《1992年海洋法》,第七部 《金枪鱼公约法》,《美国法典》第16篇第951节以及其后各节 《1988年南太平洋金枪鱼法》,《美国法典》第16篇第973节以及其后各节 《1982年北太平洋大比目鱼法》,《美国法典》第16篇第773节以及其后各节 《大西洋金枪鱼公约法》,《美国法典》第16篇第971节以及其后各节 《1984年北冰洋海洋生物自然资源公约法》,《美国法典》第16篇第2431节以及其后各节 《1985年太平洋大马哈鱼条约法》,《美国法典》第16篇第3631节以及其后各节

附件三:国家保留的活动——墨西哥明细表

第1节:墨西哥国家保留的活动

墨西哥保留从事以下活动的排他性权利,并且保留拒绝允许对以下活动进行投资的权利:

1. 石油、其他碳氢化合物与基本石化产品

(1)活动描述

1)原油与天然气的勘探和开采;原油与天然气的炼制或加工;以及人造燃气、基本石化产品及其给料与管道的生产;以及

2)对以下货物的对外贸易、运输、存储和分销,包括一手销售:原油、天然气与人造气、提炼或加工原油与天然气而获得的第六章(能源与基本石化产品)所涉货物,以及基本石化产品。

(2)措施

- 《墨西哥合众国政治宪法》第25条、第27条与第28条
- 《关于宪法第27条对石油的管理法》
- 《墨西哥石油公司及其附属实体的组织法》

2. 电力

(1)活动描述:在墨西哥境内将电力供应作为公共服务,包括包括发电、输电、变电、配电和售电。

(2)措施

- 《墨西哥合众国政治宪法》第25条、第27条与第28条
- 《电力能源公共服务法》

3. 核能与放射性矿物质的处理

(1)活动描述:放射性矿物质的勘探、开采与加工,核燃料周期,核能的生产,核废料的运输与储存,核燃料的使用与再加工以及对其他用途的管理,以及重水的生产。

(2)措施

- 《墨西哥合众国政治宪法》第25条、第27条与第28条
- 《关于宪法第27条对核原料的管理法》

4. 卫星通信

(1)活动描述:卫星系统和与国际互联的地面卫星站的建立、运营和所有权。

(2)措施:

- 《墨西哥合众国政治宪法》第25条与第28条
- 《公共通信法》

5. 电报服务

措施:

- 《墨西哥合众国政治宪法》第 25 条与第 28 条
- 《公共通信法》

6. 无线电报服务

措施:

- 《墨西哥合众国政治宪法》第 25 条与第 28 条
- 《公共通信法》

7. 邮政服务

(1)活动描述:一类邮件的运营、管理与组织

(2)措施:

- 《墨西哥合众国政治宪法》
- 《墨西哥邮政服务法》

8. 铁路

(1)活动描述:墨西哥铁路系统之内的交通的运营、管理与监控;铁路通行权的监管与管理;铁路基础设施的运营、建设与维护。

(2)措施:

- 《墨西哥合众国政治宪法》第 25 条与第 28 条
- 《墨西哥国家铁路组织法》

9. 纸币(货币)发行与硬币铸造

措施:

- 《墨西哥合众国政治宪法》第 25 条与第 28 条
- 《墨西哥银行组织法》
- 《墨西哥货币法》
- 《墨西哥合众国金融法》

10. 海运和内陆港口的监控、检验与监管

措施:

- 《海商法》
- 《公共通信法》

11. 空港和直升机机场的监控、检验与监管

措施:

- 《公共通信法》

列明上述措施的目的在于提高透明度,还包括在该措施授权下采取或维持的并与该措施一致的任何附属措施。

第 2 节:对国家保留的活动取消管制

1. 第 1 节所述各项活动为墨西哥国家所保留,并且墨西哥法律禁止在该领域进行私人股权投资。如果墨西哥准许私人投资通过劳务合同、特许、贷款安排或任何其他类型的合同安排,参与此类活动,此种参与不得解释为影响国家对此类活动所作的保留。

2. 如果墨西哥修订法律,允许对第 1 节所述一项活动进行私人股权投资,虽有第 1102 条

的规定,墨西哥仍可对外国投资参与实施限制,并且在附件一中载明相关限制。如果墨西哥出售从事第 1 节所述活动的企业的资产或所有权权益,墨西哥还可减损第 1102 条对私人股权投资参与的相关规定,并且在附件一中载明相关减损。

第 3 节:墨西哥国家以前保留的活动

如果一项活动在 1992 年 1 月 1 日为墨西哥国家所保留,但是自本协定生效之日起,不再为墨西哥国家所保留,墨西哥可将国有资产或从事该活动的国有企业所有权权益的初次出售对象,限定为《墨西哥宪法》定义的墨西哥国民控股的企业。自初次出售起不超过三年的期限内,墨西哥可限制将此种资产或所有权权益转让给《墨西哥宪法》定义的墨西哥国民控股的其他企业。三年期限届满之后,应适用第 1102 条规定的国民待遇义务。本项规定受第 1108 条约束。

附件四：最惠国待遇的例外

加拿大明细表

对本协定生效之日前生效或签署的所有双边或多边国际协定提供的待遇，加拿大对第1103条作出例外规定。

对本协定生效之日后生效或签署的国际协定，加拿大对此类协定给予以下产业的待遇，对第1103条作出例外规定：

（1）航空；

（2）渔业；

（3）海事，包括海上救援；或者

（4）电信传输网络与电信传输服务[本项例外并不适用第十三章（电信）所涉措施]。

对根据第1108条第2款尚未列入附件一的国家措施，加拿大对本协定生效之日后两年内签署的国际协定，对第1103条作出例外规定。

为进一步明确，第1103条不适用为促进经济发展的任何当前或未来的对外援助项目，例如，对中美洲和加勒比海地区的能源经济合作项目（《圣荷西条约》），以及《经济合作与发展组织关于出口信贷的协定》。

墨西哥明细表

对本协定生效之日前生效或签署的所有双边或多边国际协定提供的待遇，墨西哥对第1103条作出例外规定。

对本协定生效之日后生效或签署的国际协定，墨西哥对此类协定给予以下产业的待遇，对第1103条作出例外规定：

（1）航空；

（2）渔业；

（3）海事，包括海上救援；或者

（4）电信传输网络与电信传输服务[本项例外并不适用第十三章（电信）所涉措施，也不适用广播或电视节目的制作、销售或许可]。

对根据第1108条第2款尚未列入附件一的国家措施，墨西哥对本协定生效之日后两年内签署的国际协定，对第1103条作出例外规定。

为进一步明确，第1103条不适用为促进经济发展的任何当前或未来的对外援助项目，例如，对中美洲和加勒比海地区的能源经济合作项目（《圣荷西条约》），以及《经济合作与发展组织关于出口信贷的协定》。

美国明细表

对本协定生效之日前生效或签署的所有双边或多边国际协定提供的待遇，美国对第1103

条作出例外规定。

对本协定生效之日后生效或签署的国际协定，美国对此类协定给予以下产业的待遇，对第1103条作出例外规定：

(1)航空；

(2)渔业；

(3)海事，包括海上救援；或者

(4)电信传输网络与电信传输服务[本项例外并不适用第十三章(电信)所涉措施，也不适用广播或电视节目的制作、销售或许可]。

对根据第1108条第2款尚未列入附件一的国家措施，美国对本协定生效之日后两年内签署的国际协定，对第1103条作出例外规定。

为进一步明确，第1103条不适用为促进经济发展的任何当前或未来的对外援助项目，例如，对中美洲和加勒比海地区的能源经济合作项目(《圣荷西条约》)，以及《经济合作与发展组织关于出口信贷的协定》。

附件五:数量限制

1. 一缔约方明细表载明该缔约方根据第1207条维持的非歧视性数量限制。

2. 每项条目载明以下部分的内容:

(1)“产业”,系指维持数量限制的一般产业;

(2)“子产业”,系指维持数量限制的具体产业;

(3)“行业分类”,系指在适用的情况下,根据国内行业分类代码,数量限制所涉活动;

(4)“政府层级”,表明维持数量限制的政府层级;

(5)“措施”,明确维持数量限制所依据的措施,以及

(6)“说明”,列明数量限制所涉产业、子产业或活动的范围。

3. 在本附件中:

“墨西哥行业与产品分类”,系指国家统计、地理与信息协会发布的1988年《墨西哥行业与产品分类》中所列代码;

“中心产品分类”,系指联合国统计署发布的1991年《临时中心产品分类》(统计文件,M系列,第77号)中所列中心产品分类代码;以及

“标准行业分类”,系指:

(1)对加拿大而言,加拿大统计局发布的1980年第四版《标准行业分类》中所列代码;以及

(2)对美国而言,美国行政管理与预算局发布的1987年《标准行业分类手册》中所列编码。

加拿大明细表

产业	通信
子产业	邮政服务
行业分类	标准行业分类4841——邮政服务
政府层级	联邦
措施	《加拿大邮政公司法案》,《加拿大修订法典》第C-10章 《信件定义条例》,《成文法令与条例汇编》/83-481
说明	加拿大邮政公司拥有收取、传送和投递《信件定义条例》定义的“信件”的专有权,并且他人出售邮票须征得其同意。

产业	通信
子产业	无线通信
行业分类	中心产品分类752——电信
政府层级	联邦

续表

产业	通信
措施	《无线通信法案》,1985年《加拿大修订法典》第CR-2章
说明	拟议运行私人无线传输系统的人,须经通信部的许可。许可的颁发受频谱的供应以及关于其用途的政策的约束。一般而言,为开发非私人网络而使用频谱具有优先权。

产业	能源
子产业	电力输送
行业分类	标准行业分类4911——电力系统行业
政府层级	联邦
措施	《国家能源委员会法案》,1985年《加拿大修订法典》第N-7章
说明	国际电力传输线路的建设与运营,须经国家能源委员会的批准。

产业	能源
子产业	石油与天然气运输
行业分类	标准行业分类461——管道运输行业
政府层级	联邦
措施	《国家能源委员会法案》,1985年《加拿大修订法典》第N-7章
说明	所有省际或国际石油或天然气运输管道的建设与运营,须经国家能源委员会的批准。如果所涉管道长度超过40千米,须举行公开听证会,并取得公共便利性与必要性证书。管道长度短于40千米的,可由法令授权,而不必举行公开听证会。管道的所有变更和延伸,须经国家能源委员会的批准。 经国家能源委员会管理的管道输送石油与天然气的所有通行费以及所有收费事宜,须向国家能源委员会提出申请或获得批准。可能举行公开听证会,考虑通行费与收费事宜。

产业	食品、饮料与制药行业
子产业	白酒、葡萄酒与啤酒商店
行业分类	6021——白酒商店 6022——葡萄酒商店 6023——啤酒商店
政府层级	联邦
措施	《酒精类饮品的进口法案》,1985年《加拿大修订法典》第Ⅰ-3章
说明	《酒精类饮品的进口法案》授予各省级政府对进入其辖区的任何酒精类饮品的进口专属权。

产业	运输
子产业	陆运
行业分类	标准行业分类457——公共客运交通系统
政府层级	联邦(授权于各省)
措施	1987年《国家运输法案》,1985年《加拿大修订法典》(第三增补本)第28章
说明	省级交通委员会获得授权,允许人们在当地公共汽车服务的同等基础上,在各自省份和地区提供跨省(省际和跨境)公共汽车服务。除新不伦瑞克省、爱德华王子岛省和育空领地之外,其他各省均允许在公共便利性与必要性测试的基础上,提供当地和跨省公共汽车服务。

墨西哥明细表

产业	通信
子产业	电信
行业分类	墨西哥行业与产品分类720006——其他电信服务(仅限私人网络)
政府层级	联邦
措施	《公共通信法》第一卷,第三章 《电信管理条例》第二章与第四章
说明	私人网络电路容量的转售,不得超过该容量的30%。

产业	民营教育服务
子产业	
行业分类	墨西哥行业与产品分类921101——民营学前教育服务 墨西哥行业与产品分类921102——民营小学教育服务 墨西哥行业与产品分类921103——民营初中教育服务 墨西哥行业与产品分类921104——民营高中教育(预备学校)服务 墨西哥行业与产品分类921105——民营高等教育服务 墨西哥行业与产品分类921106——学前、小学、初中、高中与高等学校相结合的民营教育服务
政府层级	联邦与州
措施	《墨西哥合众国政治宪法》第三条与第五条 《联邦教育法》第一章、第二章、第三章与第四章 《高等教育协调法》第一章与第二章 《关于宪法第5条对在联邦地区从事专业服务的管理法》第一章与第三章,第一节与第二节 《关于宪法第5条对在联邦地区从事专业服务的管理法实施细则》第五章
说明	提供小学、中学、"师范"或工人或农民教育服务,须经公共教育部部长或州主管机构的事前明示批准。此类批准的颁发或撤销在个案的基础上,根据公共便利性与必要性,由公共教育部部长或州主管机构作出。 根据墨西哥法律,对此类批准的拒绝或撤销,不提供任何法律救济。

产业	运输
子产业	陆运
行业分类	墨西哥行业与产品分类 973103——停车服务(停车与车库服务) 墨西哥行业与产品分类 973104——运输过磅服务 墨西哥行业与产品分类 973105——拖车服务 墨西哥行业与产品分类 973106——与陆运相关的其他服务(墨西哥行业与产品分类 9731、7112 与 7113 未曾涉及的)
政府层级	联邦
措施	《公共通信法》
说明	提供陆运相关的服务,须获得通信与交通部部长颁发的许可。

美国明细表

产业	通信
子产业	电信(无线通信)
行业分类	中心产品分类 752——电信服务
政府层级	联邦
措施	《1934 年通信法》,《美国法典》第 47 篇第 151 节以及其后各节
说明	希望通过无线电在美国境内以及在美国与美国境外的地方之间进行通信的任何人,须就无线通信所有频道的使用权而非所有权,获得联邦通信委员会的许可。 此类许可证不得解释为创设超过该许可证的条款、条件与期限的任何权利。 《1934 年通信法》要求联邦通信委员会在颁发无线电台许可时,裁定此种许可是否满足公共利益、便利与需要,并且授权联邦电信委员会根据该裁定,实施限制条件。如果联邦电信委员会无法判定此种许可将满足公共利益、便利与需要,联邦通信委员会必须拒绝无线电许可的申请。

产业	通信
子产业	有线电视服务
行业分类	中心产品分类 753——广播电视有线服务
政府层级	联邦
措施	《1934 年通信法》,《美国法典》第 47 篇第 151 节以及其后各节 《联邦通信委员会规则》第 76.501 节、第 74.931.5.5 节、第 53.54 条与第 21.912 条 《1992 年有线电视消费者保护与竞争法》,公法第 102 - 385 号,《法律汇编》(1992 年)第 106 篇第 1460 页 《联邦行政法规法典》第 47 篇第 76.501 节、第 74.931.5.5 节、第 63.54 节与第 21.912 节

续表

产业	通信
说明	如果一有线电视系统拥有、运营、控制一电视台或拥有该电视台的股权,并且该电视台的B级电压电平信号与该有线电视系统的服务区域重合,则该有线电视系统不得发射任何电视传输信号[第76.501.1节]。 一有线电视系统可直接或间接拥有、运营、控制一全国电视网或拥有该全国电视网的股权,例如,美国广播公司、哥伦比亚广播公司或全国广播公司,前提条件是该有线电视系统不超过: (1)全国范围基础上家庭数的10%,如果与该有线电视系统拥有可辨识股权的所有其他有线网络合计在一起;以及 (2)任何一阿比特兰主要影响区内家庭数的50%,但是面临一竞争系统的有线电视系统不被计入这一50%的限额[第76.501.2节]。 如果一教学电视固定服务电视台(用于教育机构的电视服务)位于一有线电视公司特许经营区域20英里以内,则该有线电视公司不得自该教学电视固定服务电视台的被许可方处租借剩余的播放时间或容量[第74.931.5.5节]。 一电话公共公司不得向其电话服务区域的观众直接提供(例如,拥有、控制或制作)视频节目,但是可在公共公司的基础上发行此类节目,并且最多只能持有视频节目制作公司非控股金融权益的5%[第63.54.1节与第63.54.5节]。 一电话公共公司不得向该公司直接或间接拥有、运营、控制或共同控制的任何实体,提供通信频道或架空线路传输空间或其他租借安排,如果此类设施或安排是用于或涉及向该公司电话服务区域的观众提供视频节目[第63.54.2节]。 一电话公共公司不得收购其服务区域的有线设施,并且利用该设施直接向用户提供视频拨号音服务或从事与提供视频节目有关的活动[第63.54.5.3节]。 在一有线运营商提供唯一服务的有线电视特许经营区域,不得授权该运营商使用指定用于多频道多点分配服务(2150~2165兆赫与2596~2644兆赫的波段)的频率,如果多频道多点分配服务电视台受保护服务区域的一部分位于该有线电视运营商特许区域内(第21.912节)。 一有线运营商在其拥有有线系统特许的同一地区,除了特许服务之外,不得持有多频道多点分配服务或卫星共用天线电视服务的许可[《1992年有线电视消费者保护与竞争法》(下称《1992年有线电视法》)第11节]。 一有线运营商在收购或初次建立有线系统后三年之内,不得出售或以其他方式转让其有线系统的所有权(《1992年有线电视法》第13节)。

产业	能源
子产业	天然气运输
行业分类	标准行业分类4922——天然气输送 标准行业分类4923——天然气输送与配送 标准行业分类4924——天然气配送
政府层级	联邦
措施	《美国法典》第15篇第717f节 《联邦行政法规法典》第18篇第157节

续表

产业	能源
说明	一天然气公司或在完成运输设施的建设或扩建计划后将成为天然气公司的一公司，建设、扩建、收购或经营该设施，须获得公共便利性与必要性证书。此外，在州际贸易中运输或为转售而销售天然气，须获得证书。 联邦能源管理委员会必须就永久许可证书的申请，举行听证会，并且向利害关系方通知此类听证会。申请公告在《联邦纪事》上发布。 联邦能源管理委员会对更换施工建设、维修、应急设施、辅助设施以及某些类型的龙头，不要求公共便利性与必要性证书。 钻探油井或者测试或清洗新的天然气管道设施的天然气服务，免除许可证书的要求。 某些“紧急”销售、运输或交易，免除许可证书的要求。凡需要许可证书的，联邦能源管理委员会在永久许可证书裁定期间，可为紧急情况下的销售或运输，颁发临时许可证书。

产业	邮政服务
子产业	
行业类别	标准行业分类 4311——美国邮政服务公司
政府层级	联邦
措施	《美国法典》第 39 篇第 401 节以及其后各节 《美国法典》第 18 篇第 1693 节 《联邦行政法规法典》第 39 篇第 310 节与第 320 节
说明	美国邮政服务公司获得一般授权，“在美国及其领地与属地接收、传送并投递书信和印刷品、包裹和类似品”。该邮政服务公司还拥有“提供和销售邮票”的专有权。 美国邮政服务公司之外的邮件公司可投递信件，如果除其他要求以外，每封信件都用信封加以密封，用邮票支付适当的邮资，邮票被发件人划销并且邮件公司在信封上背书。 邮政法规中的“信件”定义排除了电报、书籍与杂志，以及其他物品。法规还允许信件随货物运送，由发信人、无须支付报酬由他人以及特殊送件人运送。邮政服务公司已中止其关于私人“特快邮件”服务的规定。

产业	娱乐
子行业	国家公园特许经营
行业分类	标准产业分类 7999——不另法律的娱乐与休闲服务
政府层级	联邦
措施	《美国法典》第 16 篇第 20 节与第 20a 节
说明	在美国国家公园经营旅馆、餐馆、礼品店、快餐店、设备租用、骑马服务、导游服务、垂钓指南服务、登山服务、公共汽车运输以及其他服务，须经特许。国家公园管理局管理此类服务的所有方面，包括建筑规范、服务费率与营业时间。 国家公园管理局只对其确认为“必要且适当”的服务，授予特许经营权。在制定国家公园运作规划时，公园管理局决定何种经营，包括特许经营权，是“必要且适当”的。作为此种决定的结果，公园管理局可决定一特定的特许经营权是不需要的。

附件六：其他承诺

1. 一缔约方明细表载明该缔约方根据第 1208 条作出的对非歧视性措施实行自由化的承诺。

2. 每项承诺载明以下部分的内容：

(1)"产业"，系指实行自由化承诺的一般产业；

(2)"子产业"，系指实行自由化承诺的具体产业；

(3)"行业分类"，系指在适用的情况下，根据国内行业分类代码，非歧视性措施所涉活动；

(4)"政府层级"，表明维持即将实行自由化的非歧视性措施的政府层级；

(5)"措施"，明确即将实行自由化的非歧视性措施；以及

(6)"说明"，阐述该缔约方对非歧视性措施实行自由化的承诺。

3. 在解释一项承诺时，应考虑承诺的所有部分的内容。在所有其他部分中，应以"说明"部分为准。

4. 在本附件中：

"墨西哥行业与产品分类"，系指国家统计、地理与信息协会发布的 1988 年《墨西哥行业与产品分类》中所列代码；

"中心产品分类"，系指联合国统计署发布的 1991 年《临时中心产品分类》(统计文件，M 系列，第 77 号)中所列中心产品分类代码；以及

"标准行业分类"，系指：

(1)对加拿大而言，加拿大统计局发布的 1980 年第四版《标准行业分类》中所列代码；以及

(2)对美国而言，美国行政管理与预算局发布的 1987 年《标准行业分类手册》中所列编码。

加拿大明细表

产业	专业服务
子产业	律师
行业分类	标准行业分类 7761——律师与公证员办事处
政府层级	省级
措施	不列颠哥伦比亚省：《法律职业法》，1987 年《不列颠哥伦比亚法律汇编》第 25 章 安大略省：《律师协会法》，1990 年《安大略修订法律汇编》第 L－8 章 萨斯喀彻温省：《法律职业法》，1990 年《萨斯喀彻温法律汇编》第 L－10.1 章
说明	在墨西哥或美国准予执业的律师以及总部设于墨西哥或美国的律师事务所，将获许在不列颠哥伦比亚省、安大略省与萨斯客彻温省，以及在本协定生效之日前允许此类服务的任何其他各省，提供外国法律咨询服务，并且为此目的，设立律师事务所。

墨西哥明细表

产业	通信
子产业	娱乐服务(电影)
行业类别	墨西哥行业与产品分类941102——私营发行与影片出租服务
政府层级	联邦
措施	《电影业法》 《电影业法实施细则》
说明	跨境服务 墨西哥境外制作的电影的“发行人”每进口五部影片到墨西哥,必须为国家电影中心提供其中两部影片的拷贝,每部可仅提供一本拷贝。

产业	专业、技术与特种服务
子产业	专业服务
行业类别	墨西哥行业与产品分类951002——法律服务(仅限外国法律咨询)
政府层级	联邦与州
措施	
说明	1. 墨西哥将保证: 1)在加拿大一省或美国一州授权执业的律师试图在墨西哥从事外国法律咨询服务的,可获得此类服务的许可,如果该省或该州给予在墨西哥授权执业的律师同等待遇;以及 2)总部设于加拿大一省或美国一州的律师事务所试图在墨西哥设立机构,通过获得许可的外国法律顾问提供法律服务,将获得批准,如果该省或该州给予总部设于墨西哥的律师事务所同等待遇。 2. 对根据第1款第2项在墨西哥设立的外国法律咨询事务所雇佣或与其有关联的外国律师,墨西哥将根据第1款第1项拒绝给予利益,如果该律师在加拿大一省或美国一州未获得执业许可,并且该省或该州批准在墨西哥授权执业的律师在其境内从事外国法律咨询服务。 3. 在符合第1款与第2款的前提下,墨西哥将对墨西哥境内的外国法律咨询服务业务,采取措施,包括联合与雇佣在墨西哥授权执业的律师的事宜。

产业	运输
子产业	陆运
行业分类	墨西哥行业与产品分类711201——建筑材料的公路运输服务 墨西哥行业与产品分类711202——公路运输搬运服务 墨西哥行业与产品分类711203——专业化货物运输的其他服务 墨西哥行业与产品分类711204——普通货车运输服务 墨西哥行业与产品分类711311——城际公共汽车服务 墨西哥行业与产品分类711318——学校与旅游运输服务(仅限旅游运输服务)
政府层级	联邦与州
措施	
说明	授权在墨西哥提供公共汽车或货车运输服务的公司可使用自备设备、具有购买选择权的租赁车辆(金融租赁)、出租车辆(经营租赁),或短期租借车辆。 联邦政府将就租赁与出租业务,采取措施。

美国明细表

产业	通信
子产业	传播
行业分类	中心产品分类7524——节目传送服务
政府层级	联邦
措施	《1934年通信法》,《美国法典》第47篇第309节与第325节
说明	美国将保证,根据《1934年通信法》(下称《通信法》)第325节,考虑授权颁发的申请,以便将节目传送到外国电台再重新传送到美国,联邦通信委员会将不会出于照顾与墨西哥电台竞争美国节目制造商的美国电台,而考虑所涉电台的国籍。相反,联邦通信委员会将根据《通信法》第309节,按照国内转播电台申请所适用的标准,适用此种授权颁发的申请。 此外,第325节许可证的期限在所有情况下,将自一年延展到五年,只要能够确信转播电台现在和将来完全遵守适用的条约。在评估《通信法》所要求的公众利益、便利性与必要性,以便根据第325节颁发许可时,首要标准是避免造成或继续造成对美国广播电台的电波干扰,而此种干扰违反适用条约的规定。在根据第309节评估本条标准以及任何其他标准时,美国将保证,第325节程序的进行不会构成对贸易不必要的限制。

产业	专业服务
子产业	法律服务
行业分类	标准行业分类8111——法律服务
政府层级	州
措施	《阿拉斯加州律师协会规则》第44.1节 《加利福尼亚州法庭规则》第988节 《康涅狄格州法律全书》第24A节 《哥伦比亚特区上诉法院规则》第46(3)(4)节(华盛顿哥伦比亚特区) 《管理佛罗里达州律师协会的规则》,第16章,《管理佛罗里达州律师协会的规则修正案》通过,《南方法律汇编》(1992年)第二辑第605卷第252页 《佐治亚州律师协会的规则与条例》,第二部分,规则2-101,第四节 《夏威夷州最高法院规则》第14章 《伊利诺伊州修订法典》第110A章,第712节(《最高法院规则》第712章) 《密歇根州律师主考官委员会规则》第5(5)章 《新泽西州最高法院规则》第1:21-9章 《纽约州行政法规法典》第22篇第521节 《俄亥俄州最高法院管理律师协会的规则》第11章 《管理俄勒冈州律师执业的规则》第10章 《得克萨斯州管理律师协会入会的规则》第16章 《华盛顿州法院规则》第14章
说明	在加拿大或墨西哥授权执业的律师或者总部设于加拿大或墨西哥的律师事务所,将获准在阿拉斯加州、加利福尼亚州、康涅狄格州、哥伦比亚特区、佛罗里达州、佐治亚州、夏威夷州、伊利诺伊州、密歇根州、新泽西州、纽约州、俄亥俄州、俄勒冈州州、得克萨斯州与华盛顿州,或在本协定生效之日前许可此类服务的任何其他各州,提供外国法律咨询服务,并且为此目的,设立律师事务所。

附录七：保留、具体承诺与其他事项

1. 一缔约方明细表第一节载明该缔约方根据第1409条（金融服务）第1款，对与以下各条赋予的义务不一致的现行措施所作出的保留：

（1）第1403条（金融机构的设立）；

（2）第1404条（跨境贸易）；

（3）第1405条（国民待遇）；

（4）第1406条（最惠国待遇）；

（5）第1407条（新的金融机构与数据处理）；或者

（6）第1408条（高级管理层与董事会）。

2. 第一节中每项保留载明以下部分的内容：

（1）“产业”，系指所作保留的一般产业；

（2）“子产业”，系指所作保留的具体产业；

（3）“行业分类”，系指在适用的情况下，根据国内行业分类代码，保留所涉活动；

（4）“保留类别”，具体说明保留针对的第一款所指义务；

（5）“政府层级”，表明维持所作保留的措施的政府层级；

（6）“措施”，明确所作保留的“说明”部分限定的法律、法规或其他措施。“措施”部分所列一项措施

1）系指在本协定生效之日，修订、延续或更新的措施，以及

2）包括在该措施授权下采取或维持并与该措施一致的任何附属措施；

（7）“说明”，列明根据本附件中一缔约方明细表其他各节条款，在本协定生效之日可能的自由化措施，以及所作保留的现行措施中的其余不一致规定；以及

（8）“逐步取消”，规定本协定生效之日后可能的自由化承诺。

3. 在解释一项保留时，应考虑保留的所有部分的内容。对保留的解释应根据保留针对的各章中的相关条款。只要

（1）“逐步取消”部分规定逐步取消该措施中的不一致规定，在所有其他部分中应以“逐步取消”部分为准；

（2）“说明”部分对“措施”部分作了自由化承诺的限定，在所有其他部分中应以带有此种限定的“措施”部分为准；以及

（3）“措施”部分没有此种限定，在所有其他部分中应以“措施”部分为准，除非“措施”部分与从整体考虑的其他部分之间存在任何实质性的重大不一致之处，因此作出以“措施”部分为准的结论是不合理的，在此种情况下，不一致之处应以其他部分为准。

4. 一缔约方明细表第二节载明该缔约方根据第1409条第2款，对该缔约方可能采取或维

持的与第1403条、第1404条、第1405条、第1406条、第1407条与第1408条赋予的义务不一致的措施所作的保留。

5. 一缔约方明细表第三节载明该缔约方根据第1409条第3款,对措施实行自由化所作的承诺。

6. 在本附件中:

"墨西哥行业与产品分类",系指国家统计、地理与信息协会发布的1988年《墨西哥行业与产品分类》中所列代码;

"中心产品分类",系指联合国统计署发布的1991年《临时中心产品分类》(统计文件,M系列,第77号)中所列中心产品分类代码;以及

"标准行业分类",系指:

(1)对加拿大而言,加拿大统计局发布的1980年第四版《标准行业分类》中所列代码;以及

(2)对美国而言,美国行政管理与预算局发布的1987年《标准行业分类手册》中所列编码。

加拿大明细表

第一节

产业	金融
子产业	保险
行业分类	
保留类别	跨境贸易(第1404条)
政府层级	联邦
措施	《保险公司法》,1991年《加拿大法典》第47章 《再保险(加拿大公司)条例》,《成文法令与条例汇编》/92-298 《再保险(外国公司)条例》,《成文法令与条例汇编》/92-596
说明	人寿保险公司或再保险公司之外的一加拿大保险公司自一非居民再保险公司购买的再保险业务,只限于不超过购买再保险的保险公司所承担风险的25%。
逐步取消	无

第二节

1. 加拿大对跨境证券服务贸易,保留采取任何措施的权利,以减损第1404条第1款,或对美国而言,减损第1406条。

2. 为了限制外资持有加拿大控股的金融机构,并且为了限制在加拿大的外资银行子公司的国内总资产,加拿大保留采取或维持措施的权利,要求另一缔约方的企业由该缔约方的一个或多个居民控制,以便有权获得本章下的利益。为此目的:

(1)由一个或多个另一缔约方居民控制的一企业,系指直接或间接由这些居民控制;

(2)一企业是法人实体并且由一人或多人控制,如果

1)该企业股票中可投票选举企业董事的超过50%的有投票权股票由上述一人或多人实益拥有,并且如果行使投票权,这些股票中带有的投票权足以选出该企业中大多数的董事,或者

2)上述一人或多人实际上直接或间接控制该企业;

(3)一企业是非法人实体并且由一人或多人控制,如果

1）该企业中超过50%的所有权权益，无论如何指定，由上述一人或多人实益拥有，并且上述一人或多人能够管理企业业务和事务，或者

2）上述一人或多人实际上直接或间接控制该企业；

（4）有限合伙由普通合伙人控制；

（5）通常居住在一个国家，一般系指在相关年份，在该国逗留的一段时间或合计时间达到183天或183天以上；以及

（6）通常居住在另一缔约方的人，系指

1）对企业而言，根据该缔约方的法律合法建立或组成并且由第2目所指该缔约方的一个或多人直接或间接控制，以及

2）对个人而言，通常居住在该缔约方境内的个人。

第三节

1. 为了限制外资持有加拿大控股的金融机构，并且为了限制在加拿大的外资银行子公司的国内总资产，加拿大根据《银行法》、《保险公司法（加拿大）》、《信托与贷款公司法（加拿大）》以及《投资公司法》，给予美国居民和美国居民控制的机构的待遇，应同样给予墨西哥。

2. 加拿大应对墨西哥居民控制的设于加拿大的外资银行子公司，免除在加拿大境内开设分行之前须经加拿大财政部部长批准的规定，正如加拿大对美国居民控制的设于加拿大的外资银行子公司免除这一规定一样。

墨西哥明细表

第一节

产业	金融服务
子产业	控股公司 商业银行
行业分类	控股公司（不适用） 墨西哥行业与产品分类811030——商业银行
保留类别	金融机构的设立（第1403条） 国民待遇（第1405条）
政府层级	联邦
措施	《金融机构管理法》第18条 《信贷机构法》第11条与第15条
说明	对控股公司与商业银行的外国投资总额，限制在普通股本的30%。上述百分比限制不适用对本附件第2节与第3节定义并且受其条款与条件约束的外资金融子公司的投资额。
逐步取消	无

产业	金融服务
子产业	证券公司 证券专营公司
行业分类	墨西哥行业与产品分类812001——证券公司 证券专营公司（不适用）

续表

产业	金融服务
保留类别	金融机构的设立(第 1403 条) 国民待遇(第 1405 条)
政府层级	联邦
措施	《证券市场法》第 17 – Ⅱ条
说明	对证券公司与证券专营公司的外国投资总额限制在股本的 30%,外国个人投资额限控制在股本的 10%,但是墨西哥公民的个人投资额经财政与公共信贷部批准,可增至股本的 15%。上述百分比限制不适用对本附件第 2 节与第 3 节定义并且受其条款与条件约束的外国金融子公司的投资额。
逐步取消	无

产业	金融服务
子产业	一般储存机构 金融租赁公司 金融保理公司 担保公司
行业分类	墨西哥行业与产品分类 811042——一般储存机构 墨西哥行业与产品分类 811043——金融租赁公司 金融保理公司(不适用) 墨西哥行业与产品分类 813001——担保公司
保留类别	金融机构的设立(第 1403 条) 国民待遇(第 1405 条)
政府层级	联邦
措施	《辅助信贷机构的组织与活动一般法》第 8 – Ⅲ –1 条 《联邦担保机构法》第 15 – ⅩⅢ条
说明	对一般存储机构、金融租赁公司、金融保理公司与担保公司的外国投资总额,须低于实收资本的 50%。上述百分比限制不适用对本附件第 2 节与第 3 节定义并且受其条款与条件约束的外国金融子公司的投资额。
逐步取消	无

产业	金融服务
子产业	信用合作社 金融代理公司 外汇公司
行业分类	墨西哥行业与产品分类 811041——信用合作社 金融代理公司(不适用) 墨西哥行业与产品分类 811044——外汇公司
保留类别	金融机构的设立(第 1403 条) 国民待遇(第 1405 条)

续表

产业	金融服务
政府层级	联邦
措施	《辅助信贷机构的组织与活动一般法》第 8 - Ⅲ - 1 条与第 82 - Ⅲ条 《信贷机构法》第 92 条 《财政与公共信贷部规则》
说明	对信用合作社、金融代理公司与外汇公司不允许外商投资。该限制不适用对本附件第 2 节与第 3 节定义并且受其条款与条件约束的外国金融子公司的投资额。
逐步取消	无

产业	金融服务
子产业	开发银行
行业分类	墨西哥行业与产品分类 811021——开发银行
保留类别	金融机构的设立(第 1403 条) 国民待遇(第 1405 条)
政府层级	联邦
措施	《信贷机构法》第 33 条
说明	对发展银行不允许外商投资。
逐步取消	无

产业	金融服务
子产业	保险公司
行业分类	墨西哥行业与产品分类 813002——保险公司
保留类别	金融机构的设立(第 1403 条) 国民待遇(第 1405 条)
政府层级	联邦
措施	《保险机构与互助协会一般法》第 29 - Ⅰ条款
说明	对保险公司的外国投资总额须低于实收资本的 50%。上述比例限制不适用本附件第 2 节与第 3 节定义的外国金融子公司的投资额,也不适用对保险公司的投资额,这两者均受本附件第 2 节与第 3 节的条款与条件的约束。
逐步取消	无

产业	金融服务
子产业	控股公司 证券公司 证券专营公司 一般存储机构 金融租赁公司 金融保理公司 存款贷款公司 投资公司管理公司 投资公司 担保公司 保险公司
行业分类	控股公司（不适用） 墨西哥行业与产品分类 813002——证券公司 证券专营公司（不适用） 墨西哥行业与产品分类 811042——一般存储机构 墨西哥行业与产品分类 811043——金融租赁公司 金融保理公司（不适用） 存款贷款公司（不适用） 墨西哥行业与产品分类 812003——投资公司管理公司 墨西哥行业与产品分类 812002——投资公司 墨西哥行业与产品分类 813001——担保公司 墨西哥行业与产品分类 813002——保险公司
保留类别	金融机构的设立（第 1403 条） 国民待遇（第 1405 条）
政府层级	联邦
措施	《金融机构管理法》第 18 条 《证券市场法》第 17 - Ⅱ条 《辅助信贷机构的组织与活动一般法》第 8 - Ⅲ - 1 条与第 38 - G 条 《投资公司法》第 9 - Ⅲ条与第 29 - Ⅵ条 《联邦担保机构法》第 15 - Ⅻ条 《保险机构与互助协会一般法》第 29 - Ⅰ条
说明	外国政府与外国国有企业不得直接或间接投资控股公司、证券公司、证券专营公司、一般存储机构、金融租赁公司、金融保理公司、存款贷款公司、投资公司管理公司、投资公司、担保公司或保险公司。
逐步取消	无

产业	金融服务
子产业	商业银行
行业分类	墨西哥行业与产品分类 811030——商业银行
保留类别	金融机构的设立（第 1403 条） 国民待遇（第 1405 条）
政府层级	联邦

续表

产业	金融服务
措施	《信贷机构法》第 15 条
说明	行使政府职能的外国实体不得直接或间接投资商业银行。
逐步取消	无

产业	金融服务
子产业	保险
行业分类	墨西哥行业与产品分类 813002——保险
保留类别	跨境贸易(第 1404 条) 国民待遇(第 1405 条)
政府层级	联邦
措施	《保险机构与互助协会一般法》第 3 条
说明	墨西哥对跨境保险服务贸易,保留其现行的禁止与限制,但是现在不包括限制个人通过自然人的流动性,购买人寿与健康保险的权利。对墨西哥居民自另一缔约方跨境保险提供商购买以下类型保险的能力,墨西哥不保留目前的限制: (1)通过个人的自然流动,自愿购买的个人旅游保险(包括非居民旅游者的旅行意外险与机动车辆险,但是不包括第三者责任险); (2) 1)自愿购买的对国际过境货物在各缔约方之间自原产地至最后目的地的货物保险,以及 2)自愿购买的对机动车辆在货物运输过程中使用期间的保险(不包括第三者责任险),前提条件是此种机动车辆是在墨西哥境外上牌和注册[包括海运、商业航空、航天发射与货运(含卫星)中的车辆];以及 (3)自愿购买的第 1 项与第 2 项所指保险附带的中介服务。 为进一步明确,本项保留并不适用再保险。
逐步取消	无

产业	金融服务
子产业	银行
行业分类	墨西哥行业与产品分类 811021——开发银行 墨西哥行业与产品分类 811030——商业银行
保留类别	金融机构的设立(第 1403 条) 跨境贸易(第 1404 条) 国民待遇(第 1405 条)
政府层级	联邦
措施	《全国金融组织法》第 7 条 《国家陆军、空军与海军银行组织法》

续表

产业	金融服务
说明	墨西哥开发银行完全保留以下活动： (1)托管行政或司法机构存放或存放在行政或司法机构的证券与现金基金，并且托管根据墨西哥措施而扣押的货物；以及 (2)管理国防部、海军部与墨西哥武装部队人员的储蓄基金、退休计划，以及任何其他基金或财产，并且从事与此类人员财务资源有关的其他财务活动。
逐步取消	无

第二节：金融机构的设立与运行

保留类别	金融机构的设立(第1403条) 国民待遇(第1405条)

1. 除非本节第9款与第10款另有具体规定，在过渡期内应适用本节第2款至第10款。

2. 对本节表格所列各种类型的金融机构，墨西哥准许外资金融子公司的最大资本，以占墨西哥同一类型所有金融机构总资本的百分比计算，不得超过本节表格设定的百分比。

金融机构类型	准许的最大个人资本 (占同一类型所有金融机构总资本的百分比)
商业银行	1.5%
证券公司	4.0%
保险公司	
• 意外保险	1.5%
• 人寿与健康保险	1.5%

如果另一缔约方投资者收购设于墨西哥的一金融机构，被收购机构法定资本与收购方已经控制的任何外资金融子公司法定资本的总和，在收购之时或在收购之后的过渡期内任何时间，不得超过本款表格设定的适用限额。

本款不适用另一缔约方保险投资者(或其子公司)根据本节第7款或本明细表第3节第4款，所投资的新设或现存的墨西哥保险公司。

3. 为了适当管理本节设定的资本限额，应适用以下规定：

(1)各外资金融子公司的法定资本应由墨西哥决定，并且此类机构的实收资本不得低于其批准设立之时的法定资本。设立之后，墨西哥可允许法定资本超过实收资本。任何墨西哥措施(审慎措施除外)不得降低法定资本至实收资本以下。在国民待遇的基础上，各外资金融子公司的最大业务规模应根据其资本或法定资本中较少者确定。

(2)墨西哥对外资金融子公司具有规避本明细表设定的资本限额效果的资产或负债转移，保留实施限制的权利。本项规定不适用进行隔夜存款的资金的善意转移或银行负债的善意转移。

4. 任何外资金融子公司不得发行次级债券，但是向拥有和控制该子公司的另一缔约方投资者发行的除外。

5. 同一类型所有外资金融子公司的法定资本总额，以占墨西哥该类型所有金融机构资本总额的百分比计算，不得超过本款表格设定的该类型机构的百分比，但是本节第6款所列保险公司除外。自本协定生效之日起一年后，此类初始限额应每年等额递增，并且在过渡期最后一年年始达到本款表格规定的最后限额：

金融机构类型	占资本总额的百分比	
	初始限额	最终限额
商业银行	8%	15%
证券公司	10%	20%
保理公司	10%	20%
租赁公司	10%	20%

本协定签署之日前在墨西哥设立的外资银行分行，在本协定签署之日业已存在的任何资本不受本明细表所述任何一项总资本限额的限制。

6. 所有外资保险子公司的法定资本总额，以墨西哥所有保险公司总资本的百分比计算，在以下各个日期开始的每一年期间，不得超过本款表格设定的百分比：

日期	占总资本的百分比
1994 年 1 月 1 日	6%
1995 年 1 月 1 日	8%
1996 年 1 月 1 日	9%
1997 年 1 月 1 日	10%
1998 年 1 月 1 日	11%
1999 年 1 月 1 日	12%

如果本协定生效之日早于 1994 年 1 月 1 日，该生效之日应为本表初始日期，本协定生效之日的各个周年日应为本表下一个接续日，并且本表所列百分比适用据此调整的每一期间。如果本协定生效之日晚于 1994 年 1 月 1 日，本表所列初始日期与相应限额应维持不变。

本节第 2 款与第 6 款所述单个资本与总资本的限额，应根据人寿与非人寿保险业务（通过单独核算）分别计算，但是这两种类型的保险业务可由同一或不同的外资金融子公司运营。

7. 另一缔约方的保险投资者可选择投资墨西哥的替代性程序，通过对新设或现存的墨西哥保险公司逐步投入股本权益，并且因此将该墨西哥公司排除在本节第 2 款与第 6 款设定的资本限额之外。为了获得此种资格，墨西哥公民持有的该墨西哥保险公司普通投票权股票的百分比，在以下各个日期开始的每一年期间，不得低于本款表格设定的水平：

日期	墨西哥股本权益
1994 年 1 月 1 日	70%
1995 年 1 月 1 日	65%
1996 年 1 月 1 日	60%
1997 年 1 月 1 日	55%
1998 年 1 月 1 日	49%
1999 年 1 月 1 日	25%

如果本协定生效之日早于1994年1月1日，该生效之日应为本表初始日期，本协定生效之日的各个周年日应为本表下一个接续日，并且本表所列百分比适用据此调整的每一期间。如果本协定生效之日晚于1994年1月1日，本表所列初始日期与相应限额应维持不变。

2000年1月1日及其以后（或者，如果本协定生效之日早于1994年1月1日，则在该日第六个周年日及其以后），本款所列墨西哥公民所有权百分比要求应不再适用。

本明细表第3节第4款，在其所列范围内对本款作了进一步修订。

8. 如果外资金融子公司是本明细表第3节第2款意义上的有限业务财务机构，其总资产不得超过以下两个数目之和的3%：

（1）墨西哥所有商业银行的总资产；加上

（2）墨西哥所有类型的有限业务财务机构的总资产。

汽车制造公司子公司关于该制造商车辆的贷款，不得受3%这一限额的约束，也不得在确定对3%这一限额的遵守情况时考虑在内。

9. 本节第2款、第5款、第6款与第8款的限额，应在过渡期结束后取消。如果外资金融子公司法定资本总额，以占墨西哥所有此类金融机构总资本的百分比计算，达到本款表格所列此类机构的百分比，则墨西哥应有权在过渡期结束后的四年期间，在其当时达到的水平上将该资本总额百分比冻结一次：

商业银行	25%
证券公司	30%

如果适用冻结措施，该限制的期限不得超过三年。

10. 在过渡期内（以及对本节第9款而言，在该款所述附加期内），墨西哥可拒绝颁发设立外资金融子公司的许可，如果颁发此类许可之后，同一类型所有外资金融子公司的法定资本总额将会超过本节第5款、第6款、第8款与第9款中该类机构的适用百分比限额。

11. 本节第12款至第17款的规定应在本协定生效之日立即适用，并且此后一直有效，除非上述各款另有具体规定。对根据本节第12款至第15款采取或维持的措施的任何修正或修订，不得降低该措施在此种修正或修订之前与第1403条至第1408条的相符程度。

12. 墨西哥可要求外资金融子公司（外资保险子公司除外）由另一缔约方的一投资者全资拥有。墨西哥也可限制任何外资金融子公司在任何其他国家境内设立代理公司、分公司或其他直接或间接的子公司。

13. 在过渡期之后，另一缔约方投资者对设于墨西哥的商业银行或其资产或负债的收购，须经墨西哥在个案的基础上，经过合理审慎的考虑，予以批准，如果被收购商业银行资本与收购方已经控制的任何外资商业银行子公司资本的总和将不会超过墨西哥所有商业银行资本总额的4%。

14. 墨西哥可采取措施（1）将在墨西哥设立外资金融子公司的资格，限定于在另一缔约方境内直接或通过任何子公司从事大致相同类型金融服务的另一缔约方投资者；（2）限制此类投资者（连同其子公司）在墨西哥设立不超过一个同类机构。对上句而言，在确定另一缔约方投资者从事何种类型的业务时，各类保险应被视为一种金融服务；但是人寿与非人寿保险业务可由同一或不同的外国金融子公司运营。

	政府保险项目
保留类别	金融机构的设立(第 1403 条) 跨境贸易(第 1404 条) 国民待遇(第 1405 条)

15. 墨西哥保险公司或伊达尔戈保险公司开展的现行墨西哥政府保险项目(包括政府雇员、机关、机构与公共实体的保险)的活动与业务,只要此类公司由墨西哥政府控制,并且在政府控制终止之后一段商业上合理的期限内,即排除在第 1403 条、第 1404 条与第 1405 条之外。

	跨境贸易
保留类别	跨境贸易(第 1404 条)

16. 为了避免损害墨西哥货币与汇率政策的执行,只要相关交易以墨西哥比索结算,另一缔约方跨境金融服务供应商不得向墨西哥境内或为墨西哥居民提供金融服务,并且墨西哥居民不得向另一缔约方跨境金融服务供应商购买金融服务。

	外资商业银行现有的业务
保留类别	金融机构的设立(第 1403 条) 国民待遇(第 1405 条) 最惠国待遇(第 1406 条) 新的金融服务与数据处理(第 1407 条) 高级管理层与董事会(第 1408 条)

17. 本协定的利益不得延至本协议生效之日在墨西哥业已存在的外资银行分行。只要此类分行以分行形式运作,现行法律制度将继续适用该分行。此类分行应获准根据本节条款,转变为子公司,并且转变完成之后,应受本协定约束。如果转变,本协定签署之日此类分行现有的资本不得计入该外资商业银行子公司的个别资本限额或商业银行总资本限额。

第三节:具体承诺

1. 墨西哥应保留自行决定权,在个案的基础上,批准商业银行或证券公司与设于墨西哥的商业或工业公司结成任何联营关系,如果墨西哥认为此类联营无害,并且对银行业而言,(1)金额不大,或者(2)该商业或工业公司的金融相关活动至少占其年度全球收入的 90%,并且其非金融活动的类别在墨西哥认为的可接受范围之内。与设于墨西哥之外的非居民商业或工业公司的联营,不得成为在墨西哥设立或收购商业银行或证券公司的申请被拒绝的理由。

2. 另一缔约方的非银行投资者应获准在墨西哥设立一个或多个有限业务金融机构,分别提供消费贷款、商业贷款、抵押贷款或信用卡服务,其待遇不低于根据墨西哥措施而适用国内相似公司的待遇。墨西哥可允许有限业务金融机构开展与该机构主要授权业务密切相关的贷款服务。在符合正常的条款与条件的前提下,此类机构应有机会在证券市场为其业务经营筹集资金。墨西哥可限制此类有限业务金融机构接受存款。

3. 自本协定生效之日起两年内,墨西哥应研究设立比目前证券公司拥有更多有限权利的有限业务证券公司的可取性,并且如果可取,应研究其设立办法。此类有限业务证券公司视其开展的业务类型与范围,应有不同的资本要求,可允许其最低资本要求低于墨西哥证券公司现行的最低资本要求。作为第 1412 条要求召开的委员会第二次年会的一部分,墨西哥应向其他各缔约方报告其调查结果,包括设立新型证券公司的任何计划。

4. 虽有本明细表第2节第7款的规定,如果另一缔约方保险投资者及其子公司在1992年7月1日拥有经墨西哥特别批准的一墨西哥保险公司10%或10%以上的积极投资额或所有权权益,该投资者可:(1)行使1992年7月1日存在的有关该墨西哥保险公司所有权权益的任何合同权或选择权;以及(2)在1996年1月1日之前或自本协定生效之日起两年内,收购该墨西哥保险公司的控股权益,最高可达100%。在前句第(2)子句所述有效日期之前,前句所指另一缔约方保险公司投资者(包括其子公司)可行使前句第(1)子句所述任何现存的合同权或选择权,并且在与本明细表第2节第7款一致的范围内,选择扩大其在该墨西哥保险公司的权益,或维持其现有权益。墨西哥应保留自行决定权,允许加速实施本款首句所指另一缔约方保险公司投资者对墨西哥保险公司的股权参与时间表。

5. 如果根据第2节,另一缔约方投资者在墨西哥获准设立或收购,并且已经设立或收购,商业银行或证券公司,该投资者还可根据墨西哥措施的条款规定,在墨西哥设立金融控股公司,并且因此设立或收购其他类型的墨西哥金融机构。

6. 墨西哥在过渡期内实施其许可与核准程序的方式,不得对最终由另一缔约方国民控制的该缔约方企业拒绝给予其明细表所述现行措施自由化的利益。

定义

在本明细表第2节与第3节中:

"资本",系指在国民待遇基础上适用的、墨西哥各类措施定义的以下各项:

金融机构类型	"资本"概念
商业银行	*capital neto* 净资本
证券公司	*capital global* 总资本
保险公司	
• 意外事故	*requerimiento bruto de solvencia* 索赔的总偿付能力 (意外事故保险拨款)
• 人寿与健康	*requerimiento bruto de solvencia* 索赔的总偿付能力 (人寿与健康保险拨款)
保理公司	*capital contable* 会计资本
租赁公司	*capital contable* 会计资本

"另一缔约方投资者",系指第1403条第5款定义的另一缔约方投资者;

"外资商业银行子公司",系指外资金融子公司并且其为商业银行;

"外资金融子公司",系指设于墨西哥并且由另一缔约方投资者所有和控制的金融机构;

"外资保险子公司",系指外资金融子公司并且其为保险公司;

"另一缔约方保险投资者",系指另一缔约方投资者并且其为保险公司;以及

“过渡期”，系指自本协定生效之日开始至2000年1月1日或本协定生效之日起六年后结束，结束日以后两者中较早者为准。

美国明细表

第一节

产业	金融服务
子产业	银行
行业分类	标准行业分类6021——国民商业银行
保留类别	高级管理层与董事会(第1408条)
政府层级	联邦
措施	《国民银行法》,《美国法典》第12篇第72节
说明	国民银行所有董事须为美国公民。因为国民银行行长须为董事,因此国民银行行长须为美国公民。附属外资银行或外资银行所有的国民银行属于例外。此类银行只需美国公民在董事会中占绝大多数,因此不必雇用美国公民作为银行行长。 国民银行董事中的三分之二必须(1)在选出前一年已经定居,并且(2)继续定居在该银行所在州或在距离银行100英里以内。
逐步取消	无

产业	金融服务
子产业	银行
行业分类	标准行业分类6021——国民商业银行 标准行业分类6022——州商业银行 标准行业分类6029——其他商业银行 标准行业分类6081——外资银行分行与代理机构 标准行业分类6712——银行控股公司 外资银行(不适用)
保留类别	国民待遇(第1405条)
政府层级	联邦
措施	《1956年银行控股公司法》,《美国法典》第12篇第1842.4节 《1978年国际银行法》,《美国法典》第12篇第3103.1.5节
说明	联邦机构不得批准在美国设有全面业务分行的外资银行在某一州(目标州)设立银行子公司或收购银行子公司权益,除非目标州的措施明示许可国内银行控股公司的此类设立或收购,并且该国内银行控股公司的银行业务主要地点(该术语定义见于《银行控股公司法》)设在该外资银行的“本州”(该术语定义见于《国际银行法》)。 联邦机构也不得批准《银行控股公司法》定义的银行业务主要地点设在另一州的银行控股公司,包括外资银行,在某一州(目标州)设立银行子公司或收购银行子公司权益,除非目标州的措施明示许可来自该公司或该银行的银行业务主要地点所在州的银行控股公司的此类设立或收购。 由于此类联邦措施与某些州立措施,在美国设有直接吸收存款的分行或银行子公司的外资银行不允许在某些州设立银行或收购银行权益,如同来自该外资银行的银行业务主要地点所在州或该外资银行本州的国内银行控股公司一样。除了其他措施之外,以下各种措施均属此类:

续表

产业	金融服务
	(1)某些地区控股公司法明文规定,外资银行不得拥有当地银行; (2)某些州立法律要求银行公司的大部分存款存在美国境内、美国特定地区或特定州内,但是此类法律暗示,外资银行不属于合格所有者的定义; (3)在美国尚未拥有银行子公司的外资银行被视为不符合合格"银行控股公司"的条件,无权在美国拥有银行;以及 (4)如果外资银行的主要营业地所在州与其本州不同,并且目的州给予来自这些州的银行控股公司更好的待遇,则该外资银行将受到更具限制性的法规约束。
逐步取消	无

产业	金融服务
子产业	银行
行业分类	标准行业分类 6082——对外贸易与国际银行机构
保留类别	国民待遇(第 1405 条)
政府层级	联邦
措施	《联邦储备法》,《美国法典》第 12 篇第 619 节
说明	埃奇公司(联邦法律特许的专业国际银行公司)可被国内银行与银行控股公司持有,也可被愿意将其业务活动限制在相关银行业务的国内非银行公司持有。埃奇公司的外资持股仅限外资银行与外资银行的美国子公司。其他外国人不得直接或间接拥有埃奇公司。
逐步取消	无

产业	金融服务
子产业	银行
行业分类	标准行业分类 6081——外资银行分行
保留类别	国民待遇(第 1405 条)
政府层级	联邦
措施	《1978 年国际银行法》,《美国法典》第 12 篇第 3104. c 节
说明	为了吸收或保留账户余额少于 10 万美元的国内零售存款账户,外资银行须设立已经投保的银行子公司。此项禁令不适用 1991 年 12 月 19 日起开展已经投保的吸收存款业务的外资银行分行。
逐步取消	无

产业	金融服务
子产业	银行
行业分类	标准行业分类 6081——外资银行分行与代理机构
保留类别	国民待遇(第 1405 条)
政府层级	联邦
措施	《联邦储备法》,《美国法典》第 12 篇第 221 节、第 302 节与第 321 节
说明	在美国设有分行或代理机构的外资银行不得成为联邦储备体系的成员,并且因此不得投票选举联邦储备银行的董事。
逐步取消	无

产业	金融服务
子产业	银行与证券
行业分类	标准行业分类 6021——国民商业银行 标准行业分类 6022——州商业银行 标准行业分类 6029——其他商业银行 标准行业分类 6081——外资银行分行与代理机构 标准行业分类 6221——证券经纪人、交易商与上市公司
保留类别	国民待遇(第 1405 条) 最惠国待遇(第 1406 条)
政府层级	联邦
措施	《1988 年一级交易商法》,《美国法典》第 22 篇第 5341 节至第 5342 节
说明	《1988 年一级交易商法》禁止委任外国公司作为美国政府债务承担的一级交易商,除非外国公司母国在本国承销和分销政府债务票据时,给予美国公司同本国公司相同的竞争机会。
逐步取消	无

产业	金融服务
子产业	银行与证券
行业分类	标准行业分类 6289——证券或商品交易相关服务
保留类别	跨境贸易(第 1404 条) 国民待遇(第 1405 条) 最惠国待遇(第 1406 条) 高级管理层与董事会(第 1408 条)
政府层级	联邦
措施	《1939 年信托契约法》,《美国法典》第 15 篇第 77jjj. 1 节
说明	根据《1939 年信托契约法》,设在美国之外的外国公司不可作为在美国销售的债务证券契约的独家受托人,如果美国机构受托人不能作为该外国公司母国销售的证券的独家受托人。
逐步取消	无

产业	金融服务
子产业	银行与证券
行业分类	标准行业分类 6211——证券经纪人、交易商与上市公司
保留类别	最惠国待遇(第 1406 条)
政府层级	联邦
措施	《1934 年证券交易法》,《美国法典》第 15 篇第 780.3 节 《联邦行政法规法典》第 17 篇第 240.15c3-3 节
说明	主要业务地点设在加拿大的经纪人与交易商,可在加拿大的银行保留其法定准备金,接受加拿大主管机构的监管。主要业务地点设在任何其他国家的经纪人与交易商,须在美国保留准备金。
逐步取消	无

产业	金融服务
子产业	商品期货与期权
行业分类	标准行业分类 6221——商品合同经纪人与交易商 标准行业分类 6231——商品交易 标准行业分类 6282——投资咨询 标准行业分类 6289——商品交易相关服务
保留类别	跨境贸易(第 1404 条) 新的金融服务与数据处理(第 1407 条)
政府层级	联邦
措施	《商品交易法》,《美国法典》第 7 篇第 2 节与第 13-1 节
说明	联邦法律禁止在美国报价或销售洋葱期货合同、洋葱期权合同与洋葱期货的期权合同,以及与此相关的服务。
逐步取消	无

产业	金融服务
子产业	保险
行业分类	标准行业分类 6351——保证保险
保留类别	跨境贸易(第 1404 条) 国民待遇(第 1405 条)
政府层级	联邦
措施	《美国法典》第 31 篇第 9304 节
说明	外资保险公司分公司不允许为美国政府合同提供履约保证。
逐步取消	无

产业	金融服务
子产业	银行与证券
行业分类	标准行业分类 6081——外资银行分行与代理机构 标准行业分类 6282——投资咨询
保留类别	国民待遇(第 1405 条)
政府层级	联邦
措施	《1940 年投资顾问法》,《美国法典》第 15 篇第 80b－2 节与第 80b－3 节
说明	外资银行如果在美国从事证券咨询服务,必须根据《1940 年投资顾问法》,注册为投资顾问,国内银行免除注册的要求。
逐步取消	无

第二节

对加拿大,美国保留采取有关跨境证券贸易的任何措施的权利,减损第 1404 条第 1 款或第 1406 条。

第三节

只要一墨西哥金融财团在本协定生效之日前在墨西哥设立财团之时,合法收购合格的墨西哥银行与在美国拥有或控制证券公司的墨西哥证券公司,美国承诺,允许该墨西哥财团通过该美国证券公司,继续从事该财团收购之日该证券公司所从事的活动,期限为自收购之日起五年。该美国证券公司:

(1)在此期限内,不得通过在美国的收购以进行扩张;以及

(2)应受限制该公司与其子公司之间交易的措施约束,只要该措施与国民待遇一致。

在本节中:“合格的墨西哥金融财团”,系指此前未从本项承诺获益的墨西哥金融财团;“合格的墨西哥银行”,系指在 1992 年 1 月 1 日在美国拥有或控制银行子公司或者经营分行或代理机构的任何墨西哥信贷银行。

图书在版编目(CIP)数据

北美自由贸易协定/叶兴国,陈满生译. —北京:法律出版社,2011.6
ISBN 978-7-5118-2167-6

Ⅰ.①北… Ⅱ.①叶…②陈… Ⅲ.①北美自由贸易协定 Ⅳ.①F744

中国版本图书馆 CIP 数据核字(2011)第097603号

责任编辑/李天一　　**装帧设计**/李　瞻

出版/法律出版社　　**编辑统筹**/市场研发部
总发行/中国法律图书有限公司　　**经销**/新华书店
印刷/北京北苑印刷有限责任公司　　**责任印制**/吕亚莉

开本/787×1092 毫米　1/16　　**印张**/33.5　**字数**/802 千
版本/2011 年 8 月第 1 版　　**印次**/2011 年 8 月第 1 次印刷

法律出版社/北京市丰台区莲花池西里 7 号(100073)
电子邮件/info@lawpress.com.cn　　**销售热线**/010-63939792/9779
网址/www.lawpress.com.cn　　**咨询电话**/010-63939796

中国法律图书有限公司/北京市丰台区莲花池西里 7 号(100073)
全国各地中法图分、子公司电话:
第一法律书店/010-63939781/9782　**西安分公司**/029-85388843　**重庆公司**/023-65382816/2908
上海公司/021-62071010/1636　**北京分公司**/010-62534456　**深圳公司**/0755-83072995

书号:ISBN 978-7-5118-2167-6　　**定价:**98.00 元